“十二五”普通高等教育本科国家级规划教材

经济管理类课程教材·金融系列

证券投资学

Securities Investment

（第五版）

Fifth Edition

吴晓求　主编

中国人民大学出版社

·北京·

出版说明

自改革开放以来，中国的金融走上了高速发展的快车道，获得了前所未有的发展，有关院校都开设了金融课程，以便培养我国急需的人才。

一套高质量的教材是提高教学质量的前提之一。教材规定了教学内容，是教师授课取材之源，是学生求知和复习之本，没有优秀的教材，无法提高教学质量。中国人民大学出版社推出“经济管理类课程教材·金融系列”旨在推动国内金融人才培养工作的发展。

组织编写这套教材时，我们遵照以下原则：

1. 教材实行本土化。为了更快地与国际接轨，许多人主张采用“拿来主义”原则，直接引进国外的教材。实践证明，我国与发达国家相比，国情不同，文化背景不同，思维方式不同，语言表述方式不同，广大的专家和教授一致认为：我们培养的是中国金融人才，是为中国的金融服务的，教材还是本土化为宜。在了解我国现况之后，再学习国外的知识，把中国的背景知识与国际接轨才是我们最需要的。该套教材均为本土原创作品。

2. 精选作者，保证教材质量。金融与国家的政策联系紧密，应用性强，培养的学生既要懂理论又要会应用，既要与

国际接轨，又要考虑中国的国情。该套教材涵纳全国“政、产、学、研”方面的作者，从源头上保证了这套书的质量。

3. 要始终保持教材的“精”与“新”。现代金融日新月异，课程设置不断变化。该套教材根据形势的发展，不断推出新课程教材，并不断修订、完善。

4. 形式多种多样，方便教材使用者。书中每章都设有“本章小结”、“本章关键问题”和“本章思考题”等栏目，此外，各书还有配套的“学习指导书”，方便读者学习和使用。

总之，这套系列教材紧密结合当前国内外金融研究的最新成果与金融政策发展的实际情况，全面讲述金融基本理论和基本知识。我们相信“经济管理类课程教材·金融系列”的推出，能够为读者掌握现代金融知识、培养人才起到应有的作用。

中国人民大学出版社

2004 年 1 月

第五版前言

吴晓求　教授（Professor Wu Xiaoqiu）

自本教材第四版（2014 年 2 月）出版发行以来，又过去了 5 年时间。从 2014 年 2 月至 2019 年 8 月，全球资本市场走出了 2008 年金融危机的阴影，其中美国资本市场最为稳健和强劲。2019 年 7 月 15 日，道琼斯指数创下了 27 359.16 点的历史纪录。与此同时，中国资本市场波澜起伏、剧烈波动——在 2014 年 11 月至 2015 年 6 月期间，上证指数从 2 400 点左右快速上升到 5 178 点的高位，而后出现了快速下跌，一度跌至 2 850 点的低位，由此爆发了中国资本市场有史以来最严重的危机。迄今为止，中国资本市场仍没有走出 2015 年股市危机的阴影。

在这 5 年多的时间里，世界发生了一系列重大事件，其中最引人注目、对世界经济和资本市场影响最严重的事件莫过于特朗普政府在 2018 年 7 月 6 日发起的中美贸易战，继而发展到以 2019 年 5 月 16 日美国政府将华为公司列入所谓的“实体清单”为标志的科技战，再进一步升级到以 2019 年 8 月 5 日美国财政部确定中国是所谓的“汇率操纵国”为标志的金融战。没有迹象表明，这一场由美国政府挑起的中美经济冲突有放缓的趋势。

在此期间，中国资本市场除 2015 年爆发了市场危机，呈现出剧烈波动、多数时间处于相对低点的状态外，在对外开放和制度改革等方面，同样做了有益的探索，发生了重大而积极的变化。在市场对外开放方面，最重要的举措就是沪港通（2014 年 11 月 17 日）和深港通（2016 年 12 月 5 日）的开通。在资本市场制度改革方面，最重要的标志就是在新设立的科创板实行了注册制（2019 年 7 月 22 日）。

上述国际环境的重大变化以及国内资本市场发生的重要事件和重大改革，是本教材第五版修订的基本背景。与 2014 年修订的第四版相比，第五版的篇章结构变化不大，但在一些章节的内容表述、专栏资料、计算试题、延伸阅读和章后作业等方面存在不小的修改、更新及校正。总体而言，本教材第五版的修订尽可能地反映了这 5 年（2014—2019 年）的市场变化、制度改革和政策调整内容。

参加本教材第五版修订的专家和学者有（按章次为序）：导论：吴晓求；第 1 章：谭松涛；第 2 章、第 3 章：许荣；第 4 章：孟庆斌；第 5 章、第 7 章：李凤云；第 6 章：李少君，岳小博；第 8 章、第 9 章：李向科；第 10 章、第 11 章、第 12 章：应展宇；第 13 章：类承曜；第 14 章：汤珂；第 15 章：李勇。吴晓求教授制定了本教材第五版的修订大纲，并在 2019 年 4 月 25 日召开的修订讨论会上，与多数参与修订的专家和教授逐章、逐节、逐目地进行了修订内容的讨论，最后由吴晓求教授定稿。

本教材第五版的修订和出版得到了中国人民大学出版社的大力支持，中国人民大学中国资本市场研究院的赵振玲做了细致的联络及繁杂的编务工作。与此同时，我必须感谢本教材自 2000 年面世以来第一版至第四版的作者或修订者的贡献，他们高水平的写作和高质量的修订，为本教材第五版的修订工作打下了坚实的基础。

吴晓求

2019 年 8 月 9 日于

中国人民大学中国资本市场研究院

第四版前言

自本教材第三版出版发行以来，又过了近5年。在2009年至2013年的这5年里，全球资本市场经历了大幅度波动，量化宽松政策、欧债危机、去杠杆化、投行转型、风险管控等是这一时期的流行语。与此同时，中国资本市场则进入了漫长的低迷期，实体经济虽有强劲复苏，但因经济预期不明朗和市场结构性因素，市场表现与实体经济增长呈现出明显的背离，中国资本市场似乎仍未走出“金融危机”的阴影。

中国资本市场在此期间的表现虽不尽如人意，但市场结构性改革和制度及交易工具的创新则是前所未有的。股指期货、融资融券交易、创业板、新三板、券商金融市场主体地位的改革（所谓券商创新）、私募基金法律地位的确立以及重新设立的国债期货交易等，都是这一时期中国资本市场改革和创新的重要标志。在此期间，中国资本市场的交易技术和交易策略等得到了进一步丰富和发展，另类投资、量化投资亦有较迅速的发展。这是本教材（第四版）修订的重要背景。

就在本教材（第四版）修订期间，2013年8月16日发生了中国证券市场发展史上著名的“光大证券事件”。“光大证券事件”的起因为策略交易系统的技术性缺陷而形成的所谓“乌龙事件”，恶名为“为减少交易损失而进行的ETF和股指期货的对冲交易”，这种在公开信息披露之前进行的对冲交易本质上是一种内幕交易。基于此，本教材（第四版）增加了与量化投资和交易策略相关的内容。

与2009年的第三版比较，第四版在篇章结构上增加了

"量化分析与交易策略篇"（共两章），其他篇的章节亦做了一些小的结构调整；在具体内容上，删减了一些过时的内容和不准确的提法，增加了新的更加贴切的阅读背景资料。总体而言，第四版与第三版相比，有较大进步。

参加第四版修订或撰写工作的有（以章次为序）：吴晓求教授（导论），杜斌博士（第 1 章），许荣教授（第 2 章、第 3 章），胡召平博士（第 4 章），李凤云副教授（第 5 章、第 7 章），李少君博士（第 6 章），李向科副教授（第 8 章、第 9 章），应展宇教授（第 10 章、第 11 章、第 12 章），类承曜副教授（第 13 章），汤珂教授（第 14 章），李勇副教授（第 15 章）。其中，第 14 章"量化投资与信息比率"、第 15 章"配对交易策略"是新增加的内容，由中国人民大学汉青经济与金融高级研究院汤珂教授、李勇副教授分别撰写。吴晓求教授拟订了本教材（第四版）的修订计划，提出了具体的修订建议，在阅览了本教材（第四版）全部内容后定稿。

在本教材第四版修订和新增内容过程中，吴晓求教授曾在 2013 年 9 月 24 日召开修订者（作者）和校内外有关专家参加的讨论会，听取他们对本教材第四版修订稿的意见。除修订者（作者）外，中信证券另类投资部量化投资专家刘宇、天相投资首席分析师邹高、中国人民大学商学院孟庆斌博士、中国人民大学财政金融学院谭松涛副教授等参加了讨论会，并提出了有益的建议。

本教材（第四版）的修订和出版得到了中国人民大学出版社的大力支持，中国人民大学金融与证券研究所赵振玲亦做了大量繁杂的编务工作；同时，还必须感谢本教材前三版的作者和修订者，他们高水平的原创工作，为本教材（第四版）的修订工作打下了坚实的基础。

吴晓求

第三版前言

自本教材第二版出版发行以来，又过去了 5 年。在这 5 年（2003—2008 年）中，中国资本市场发生了根本性变革——股权分置改革顺利完成，上市公司结构有了重大调整，市场规模迅速扩大，市场功能有了进一步改善，资本市场对中国经济的影响日益明显，资本市场已发展成为推动中国金融体系变革的重要力量。目前，资本市场已与人们的经济生活息息相关。2008 年 10 月由美国次贷危机引发的全球性金融危机终于爆发。2008 年全球金融危机有着深刻的制度原因和复杂的金融因素，势必对全球实体经济和未来全球金融体系的变革产生深远影响。建立新的全球金融体系和金融秩序将是这场金融危机的重要后果之一。这部教材第三版是在这样一个背景下修订完成的。

与第二版相比，第三版无论是在内容还是结构上都做了一定幅度的调整、完善和修改。第三版由第二版的五篇压缩成四篇，删去了第二版中的“市场监管篇”；在章节内容上，增加了第 14 章内容，即债券组合管理，特别是可转债的内容，同时将第二版中的“公司分析”扩展成两章内容，即“公司财务分析”和“公司价值分析”。在具体内容上，丰富了相关理论、人物、观点、事件等的背景材料，以提高本教材的可读性；大大增加了有关章节的计算题；缩减了基础知识的介绍篇幅。总体而言，第三版在结构、内容、可读性等方面都有进一步的完善和丰富。

参加第三版修订工作的有（以章次为序）：吴晓求（导

论)、陶长高(第1章、第2章)、左志方(第3章、第14章)、许荣(第4章、第5章)、李少君(第6章、第7章)、李向科(第8章、第9章、第10章)、应展宇(第11章、第12章、第13章)。应展宇、许荣协助吴晓求做了一些统纂工作,刘发春协助做了一些繁杂的编务工作。最后,由吴晓求审读定稿。

必须指出的是,第三版的修改和出版得到了中国人民大学出版社的大力帮助和支持,同时,还必须感谢第一版的作者和第二版的作者及修改者。

吴晓求

2008年11月19日于文化大厦

中国人民大学金融与证券研究所

第二版前言

自本教材第一版出版发行以来，已过去了近四年。2000—2003年是中国资本市场发生重大转型和变革的时期，用今天的眼光来看待这部教材（第一版），似有很多不足之处，资料和数据也显陈旧。借本教材入选教育部普通高等教育“十五”国家级规划教材之际，决定对这本教材做较全面的修改、补充和完善。

与第一版相比，第二版在结构上没有根本性调整，只是在“组合管理篇”中新增了第12章的内容，其余各篇、章、节均做了篇幅不等的修改、删减和内容补充，有些明显过时的数据、没有典型意义的案例则予以删除。

参加第二版修订工作的有吴晓求（导论）、李悦（总论篇）、许荣（基本分析篇）、李向科（技术分析篇）、应展宇（组合管理篇之第10章、第11章）、李雯（市场监管篇）。汪勇祥执笔撰写了第12章，应展宇参加了该章的写作讨论。最后，由吴晓求审读全书并定稿，毛宏灵协助做了一些繁杂的编务工作。

本教材第二版的修改和出版，得到了中国人民大学出版社王克方编审的帮助和支持。

吴晓求

2003年11月11日于贤进楼

第一版前言

本教材是中国人民大学财政金融学院财政、金融（含证券专门化）和保险专业开设证券投资学课程的选用教材。本教材由吴晓求教授起草写作大纲并任主编，赵锡军副教授任副主编，任淮秀教授参加了写作大纲的讨论。具体写作分工如下（按章序排列）：吴晓求，导言；崔勇，第 1 章、第 3 章、第 6 章和附录三；李雯，第 2 章和附录一；袁致才，第 4 章、第 5 章；李向科，第 7 章、第 8 章和第 9 章；季冬生，第 10 章、第 11 章第 1 节和第 2 节；赵锡军，第 11 章第 3 节、第 4 节和第 12 章；陈璋，附录二；许荣为第 1 章提供了部分资料。最后，吴晓求教授通读了全书，并做了适当修改。

在写作本教材时，作者参考了国内外已出版的相关教材、著作和论文。参考的主要教材是：陈共、周升业、吴晓求主编的《中国证券业从业人员业务培训系列教材》（第二版）（中国人民大学出版社，1997）之第二分册《证券市场基础知识》、第三分册《证券发行与承销》、第四分册《证券上市与交易》、第五分册《证券投资分析》，陈共主编的《证券学》（中国人民大学出版社，1994）和吴晓求主编的《证券投资学》（中国金融出版社，1998）。

由于作者水平有限，书中肯定有不妥之处，读者如有什么意见和建议，可向我们反映，联系电话：（010）62511128。

吴晓求

2000 年 1 月

目　录

导　论

学习目标

● 准确把握现代经济的基本特征和现代金融的含义及判断标准。

● 全面理解现代金融与传统金融的区别，深刻把握资本市场在现代金融发展中的作用。

● 正确认识资本市场在中国经济发展中的功能和作用，正确把握中国资本市场的发展方向及发展路径。

(一)

现代经济，既是一种以知识为本的经济，又是一种金融化的经济。现代科学技术在产业集群中大规模的扩散效应和对产业结构升级换代的加速催化作用，是知识经济的基本内核，具有强大杠杆功能的现代金融的形成则是金融经济到来的重要标志。现代科学技术的发展及其在产业中的扩散，是现代经济增长的原动力，而现代金融则使这种原动力以乘数效应推动着经济的增长。作为推动现代经济增长的两个巨轮，现代科学技术和现代金融缺一不可。在一个开放的经济体系中，如果仅有发达的科学技术，而没有一个功能强大的现代金融体系，科学技术推动经济增长的效率就会受到影响，人类的知识资源就难以得到优化和高效配置；如果仅有一个发达的现代金融体系而没有强大的科学技术的支持，所谓的现代经济迟早都会进入泡沫经济状态。所以，一个开放的经济体系要想在国际激烈的竞争环境中处于优势状态，既要有深厚的科学技术基础，又要有发达且健全的现代金融体系。

(二)

对于现代经济的基本特征，人们有种种不同的概括。但是，经济全球化、市场一体化和资产证券化应是其最显著的特征。经济全球化意味着经济体系之间的分工越来越专业化，产业越来越精细化，意味着在竞争基础上的合作比任何时候都重要，经济体系在相互竞争又相互合作的基础上各自获得比较优势和比较利益。市场一体化是经济全球化的必然延伸。

市场一体化的基本含义是经济增长的诸要素通过没有阻碍的市场得以流动，从而提高要素的配置效率。随着经济体系的演变和升级，市场一体化的外延在发生重大变化。在20世纪90年代之前，市场一体化主要表现为贸易市场的一体化，WTO对世界贸易市场的一体化起了极其重要的推动作用。贸易市场的一体化提高了货物在不同经济体系之间的流动效率。人类社会进入21世纪之后，市场一体化的重心正在从贸易市场一体化转向金融市场一体化。市场一体化的这种转向，意味着经济结构的深刻变革。

资产证券化是金融市场一体化的重要基础。资产证券化的核心要义是，通过标准化的资产分割以提高资产的流动性，从而使风险流动和分散化成为可能。流动性是衡量资产是否具有投资价值或者是否可以投资的首要要素，是资产生命力的体现。没有流动性的资产，是不符合现代投资理念的。资产证券化的趋势深刻地影响着人们的投资理念和财富管理方式。

经济全球化、市场（特别是金融市场）一体化和资产证券化趋势，将会从根本上影响或改变现代经济的运行方式和发展模式。

(三)

在经济全球化、市场一体化和资产证券化的大背景下，现代经济将呈现一系列新的特征。随着经济全球化和金融市场一体化的发展，经济体系之间将更加开放、更富有流动性，财富的聚合速度日益加快，市场竞争更加激烈，经济运行的轴心正在悄然地发生滑移，实体经济与现代金融的关系日益复杂且相互影响。与此同时，由于经济活动中金融杠杆的作用明显加强，经济运行的风险正在明显增大。随着资产证券化速度的加快，社会财富形态也在发生重要变化。财富的物质形态逐步淡化，资产或财富的金融化、证券化趋势日益明显。资产或财富处在快速流动的状态——财富或在流动中增值，或在流动中消失。我们真的即将或已经步入了金融经济的时代。

（四）

随着经济体系的演变和升级，全球经济运行的轴心似乎正在转向现代金融业，即使发生了 2008 年全球金融危机，这种转向似乎并没有停止。如果说 20 世纪经济运行的轴心是以钢铁、汽车等为代表的现代工业，那么 21 世纪经济运行的轴心正在向现代金融业转移。现代金融业不仅源源不断地为实体经济的运行和发展提供润滑及动力，而且更为重要的是，它推动着实体经济的分化、重组和升级。正是从这个意义上说，发达市场经济的本质就是金融经济。

现代金融之所以可以成为现代经济运行的强大发动机，就在于它具有一套设置精巧、功能卓越的杠杆系统。实体经济体系发展到今天，已经变得非常庞大而凝重。如果没有现代金融这个强大的发动机，现代经济就将步履蹒跚。

我们应当清楚地看到，现代金融一方面以其设置精巧、功能卓越的杠杆系统推动着日益凝重的实体经济不断运行和向前发展，从而在形式上维系着与实体经济体系的统一；另一方面，又在资产价格的变化和财富的聚合速度等方面表现出与实体经济相分离的趋势。作为现代金融体系重要基础的资本市场，其资产价格的变动趋势和幅度与实体经济运行状态的高度相关性，似乎正在受到越来越严峻的考验。“皮之不存，毛将焉附”这样的亘古真理，在今天真的受到了挑战？我经常在想，经济的金融化趋势，究竟是在加速推动经济的发展、结构的调整，从而使现代经济进入一种更高的境界，还是在根基上腐蚀直至摧毁现代经济体系，使其不断地进入一种“泡沫经济”的状态，从而使资本市场危机乃至不同程度的金融危机频频出现？它是通向光明的阳关大道，还是进入黑暗的万丈深渊？对于这些问题，现在要下一个明确的结论似乎为时过早，但有一点似乎可以肯定：人类社会不会倒退，物物交换的时代已经成为久远的历史。

（五）

可以确信，在今天的不同经济体系中，现代金融所扮演的角色和所起的作用是有差别的。在发达市场经济国家，现代金融在维系本国经济正常运转的同时，也在悄然无息地带着文明的面具掠夺、瓜分他国的财富。而在新兴市场国家（地区）和市场经济欠发达国家，现代金融一方面以杠杆化的功能快速推动着这些国家和地区的经济发展，另一方面又极有可能成为这些国家和地区的财富漏出机制。所以，现代金融既是维持全球经济持续增长的强大发动机，也是全球财富在国际上重新分配的重要机制。这主要是因为，经济全球化和金融市场一体化的趋势，使财富及经济增长资源在国际上流动的障碍得以渐渐消除，而财富的金融资产化和金融资产的证券化，又极大地提高了财富和资产的流动性。有迹象表明，今天的经济运行和财富流动速度要大大快于 20 世纪。在这种条件下，建立在强大杠杆系统基础上的现代金融体系，的确会成为一些国家瓜分另一些国家财富和资源的重要机制，成为小部分人瓜分大部分人财富的手段。19 世纪及其之前，对世界市场的瓜分，对财富和资源的掠夺，靠的是殖民政策。20 世纪的前半叶靠的是战争，而现在似乎靠的是现代金融机器。我认为，在 20 世纪最后几年发生在亚洲一些国家的金融危机，以及 2008 年起源于美国次贷危机的全球金融危机就是现代金融阴暗面的充分暴露。最大限度地防止现代金融阴暗面的扩散，是当今世界重要国家的政府在金融领域面临的最重要任务。

（六）

在一个经济体系中，推动传统金融迈向现代金融的主要推动力是发达的资本市场。换句话说，是否有一个发达的资本市场是衡量一个经济体系的金融架构是处在传统金融阶段还是处在现代金融阶段的特征性标志。所以，发达的资本市场是金融深化的催化剂，是现代金融体系的心脏。试图清晰而准确地勾画出传统金融与现代金融的区别似乎并不十分容易，但以下三点应该说是显而易见的：

（1）与实体经济的关联度不同。传统金融与实体经济具有较高的关联度，实体经济的运行状况在传统金融体系中有比较明确的反映。现代金融与实体经济的关联度在慢慢减弱，实体经济的运行状况既不显著也不及时地反映在现代金融资产价格的变化上。比较常见的情况是，在现代金融体系中，金融市场资产价格的变化与实体经济的运行状况虽然可能保持趋势上的一致性，但两者的变动幅度在短期内有着极其明显的差异，并不是个案现象。较为经常的情况是，金融资产特别是权益类证券化金融资产的价格波动幅度要远高于实体经济的变动（增长或衰退）幅度。[①] 如果我们对现代金融与实体经济的关系做这种理解和把握，那么有一种观点（或者说理论）似乎就应做适当的修正：当金融资产特别是权益类证券化金融资产的价格上涨速度快于实体经济增长时，就简单地认为金融体系出现了泡沫。这种观点或理论至少忽略了现代经济活动中财富或资产的金融化过程，忽略了伴随着这种金融化过程的金融结构的市场化变化。

（2）在促进实体经济发展中所起的作用不同。传统金融主要是为实体经济的正常运行提供润滑或者说血液，在这里，实体经济是“皮”，传统金融是“毛”，传统金融完全服务于甚至依附于实体经济；而现代金融不仅为实体经济提供润滑或血液，而且还为其成长提供强大的推动力。正是从这个意义上说，现代金融已经成为现代经济的核心。

① 吴晓求．实体经济与资产价格变动的相关性分析．中国社会科学，2006（6）.

(3) 作用原理不同。传统金融的作用原理是低杠杆化的。低杠杆化是指资金运用的乘数效应较低。现代金融的作用原理是高杠杆化的，即资金活动具有明显的乘数效应。所以，与传统金融相比，现代金融的运行速度要快得多，效率要高得多，当然风险也要大得多。可以预计，在这种情况下，如果全球经济体系或其中的某些经济体发生危机的话，那首先肯定是金融危机；然后，可能扩散到实体经济中。这与 20 世纪 30 年代的经济危机的逻辑顺序迥然不同。这一逻辑判断实际上已被 2008 年全球金融危机所印证。

（七）

必须明确，现代金融的一些消极阴暗面虽然存在，甚至还会有某种程度的扩散，但对经济发展与社会进步的巨大推动作用，仍是现代金融的主流功能。目前，各经济体系之间的竞争主要体现在科学技术竞争和金融能力竞争上。对于中国这样一个经济潜力巨大且已成为全球第二大经济体的国家，必须要从国家战略的高度和经济发展的逻辑角度，而不是用实用主义的态度去认识和发展资本市场。

经过 40 多年的改革、开放和发展，中国已经从一个贫穷、落后、封闭的国家转变成一个 1 具有较强竞争力、国际化程度越来越高、具有巨大潜在成长性的经济大国。1978 年，中国的 GDP 只有 3 650 亿元人民币，2000 年为 8.94 万亿元人民币。到 2018 年则达到 92 万亿元人民币，约合 13.1 万亿美元。在经济规模快速扩张的过程中，建立在比较优势基础上的现代制造业发挥了关键作用。过去 40 年，由全球经济结构调整引发的全球制造业向中国大规模的转移，成就了中国经济大国的地位。中国现在正面临着一个新的战略目标：如何从一个经济大国转变成一个经济强国？

关于经济强国的标志，研究者提出了很多指标，除了经济规模这一基础指标外，财富规模一定是其中最核心、最重要的指标。随着金融市场特别是资本市场的发展，金融资产特别是证券化金融资产正在成为社会财富的主要表现形式。在目前的经济金融结构下，一个国家由经济大国迈向经济强国过程中的一个趋势性指标是金融资产特别是流动性强的证券化金融资产一定会呈现出较快增长的态势。中国也不例外。

在现代金融的诸多功能中，有一个功能应给予充分关注，那就是建立在市场定价机制和存量资产证券化基础上的财富孵化、贮藏和增值功能。现代金融的这种财富杠杆化增值功能，主要来源于资本市场。经济的持续增长、经济规模的不断扩大和经济竞争力的增强，从资本市场角度看，意味着推动经济增长的存量资产价值的大幅提升。如果将这些存量资产不断证券化，基于资本市场的杠杆效应，那就意味着证券化金融资产（其中主要是权益类金融资产）的规模和速度会以高于实际经济的成长规模和速度成长。所以，可以得出这样的结论，一个国家金融资产特别是证券化金融资产较快成长（有人把这种成长称为金融资产的膨胀）的基本前提是：经济的持续增长，经济规模的不断扩大，推动经济持续成长的存量资产（主要是权益类资产）证券化趋势以及资本市场合理的定价机制。基于这种分析，可以得出这样一种判断：伴随中国经济的持续成长，由于（权益类）资产证券化趋势日益明显并有加快的迹象，在未来相当长的时期里，中国的金融资产特别是证券化金融资产会有一个较快速度的成长和发展，以致人们认为金融资产进入了一个膨胀时期。这样的金融资产膨胀实际上是一种不可逆的趋势。虽然 2008 年由美国次贷危机引发的全球金融危机使这种快速增长的趋势暂时得以收敛，但增长的趋势并没有停止。这种不可逆的趋势也就是中国由经济大国转向经济强国的重要特征之一。

存量资产特别是权益类存量资产的大规模证券化过程，从传统金融视角看，就是金融资产的膨胀过程。这种膨胀的动力来源于金融结构的内部裂变，即具有财富成长杠杆效应的来自资本市场的证券化权益类金融资产以比传统非证券化的金融资产快得多的速度在成长。中国目前正处在这样一个金融结构裂变的时期。正是从这个意义上说，中国资本市场具备了大发展的基本条件。

上述分析实际是在说明这样一个道理或描述这样一个逻辑过程：资本市场是存量资产特别是权益类存量资产大规模证券化的基本平台，是存量资产市场化定价的平台，是金融结构发生裂变的平台，进而是金融资产增长的平台。所以，资本市场发展在推动中国由经济大国迈向经济强国的过程中起着特别重要的作用。

（八）

中国资本市场的发展，将使中国成为一个资本大国。中国成为资本大国，是中国金融崛起的主导力量和核心标志。中国金融的崛起或许是 21 世纪前半叶全球金融最重大、最波澜壮阔的历史事件，资本市场也越来越成为 21 世纪大国金融博弈的舞台。随着中国金融的发展和不断崛起，作为 2008 年全球金融危机最重要的后果之一，国际金融秩序和金融市场格局正在发生或将要发生重大的甚至是格局性的变化，国际货币体系会因为人民币的国际化而发生结构性变革。

> 随着人民币国际化的推进，未来人民币将成为全球最重要的三大国际性货币之一，因而以相对发达的资本市场为核心的中国金融体系也将成为全球多极金融中心之一极，将成为人民币及人民币计价资产的定价中心，拥有人民币及人民币计价资产的定价权。
>
> 全球金融中心之一极正在向中国漂移。
>
> 时至今日，虽然在发展过程中历经曲折和磨难，但金融结构变革的逻辑使我们仍然坚信中国的这一金融战略目标的正确性和可行性。

（九）

然而，客观现实似乎展现出另一种景象。在中国发展资本市场的30多年时间里，对投资者而言，曲折多于坦途、磨难多于希望、痛苦多于喜悦。中国资本市场曲折磨难的历史与我们设计的战略目标，游离多于渐近。为什么会是这样呢？应该说与我们长期误读资本市场有关，与我们没有正确理解资本市场在中国经济社会发展中的特殊作用有关。

在中国资本市场的政策设计和发展理念中，在相当长的时期里，我们都是重资本市场的融资功能，轻资本市场的投资功能；重为企业（上市公司）服务，轻为投资者服务；关注资本市场资金池的作用，忽视资本市场资产池的培育。时至今日，这种误读仍在延续。

事实上，对资本市场而言，核心功能正好与我们的误读相左：投资的功能甚于融资的功能，为投资者服务或者说保护投资者利益甚于关注融资者（企业）的利益，资产池的作用大于资金池的作用。然而，我们对资本市场的理解正好与此相反。

正确认识资本市场在中国经济社会发展中的作用，是发展资本市场的重要前提。我们认为，在中国，资本市场在推动中国经济发展和社会进步中至少具有以下六个方面的作用：

（1）资本市场作为现代金融的核心，推动着中国经济的持续快速增长。

截至2018年底，中国经济规模（GDP）达到92万亿元人民币，约合13.1万亿美元。资本市场从资本筹集、公司治理、风险释放、财富增长到信息透明度等方面不仅推动了经济的持续增长，而且大大提升了经济增长的质量。

（2）资本市场加快了社会财富特别是金融资产的增长。

经济的发展需要财富的集聚和优化配置，社会的进步需要以财富的大幅增加为前提。没有社会财富的增加，说社会会进步，这不可信。以资本市场为基础的现代金融体系，不仅是经济成长的发动机，而且从理论上说为社会创造了一种与经济增长相匹配的财富成长模式，建立了一种经济增长基础上的人人可自由参与的财富分享机制。当然，从中国的实践看，这个作用似乎受到了很大削弱。

（3）资本市场为中国企业特别是国有企业的改革和机制转型提供了天然的市场化平台，从而极大地提升了中国企业的市场竞争力。

没有资本市场，中国企业特别是国有企业就不可能建立起真正意义上的现代企业制度。资本市场使单个股东或者少数股东组成的企业成为社会公众公司，对中国企业来说，这就是一种彻底的企业制度变革。这种制度变革，使中国企业从为所欲为、无知无畏的状态，转变成既有制约又有激励的现代企业。

（4）资本市场推动了中国传统金融体系的变革，进而使其逐渐向现代金融体系演变。

现代金融体系是指以资本市场为基础的金融体系；传统金融体系是指以传统商业银行为基础的金融体系，也就是没有资本市场或者说资本市场不发达条件下的商业银行主导的那个金融体系。在现代社会，金融体系不仅是资源配置的机制和媒介资金供求关系的机制，而且还是一种风险分散机制。以资本市场为基础的金融体系，已然具有资源配置特别是存量资源调整、风险分散和财富成长与分享这三大功能，这就是在中国必须发展资本市场的根本原因所在。

(5) 资本市场发展培育了数以千万计的具有风险意识的投资者，从而极大地提高了中国投资者群体的政策意识、大局意识、金融意识和民主意识。

从来没有一所学校，也从来没有一种教育方式，能像资本市场那样，让中国的普通老百姓、普通的投资者那样真切地关心国家大事，那样深入地了解国家政策的变化，那样富有理性地行使经济民主权利。例如，投资者很关心“大事件”的发生，关心货币政策会有什么变化，关心为什么提高存款准备金而不加息，关心经济增长模式的转型，关心中美经贸关系的未来变化，等等；这些问题过去都是经济学家和政府部门关心思考的，现在我们数以百万计的投资者都在思考这样宏大而高深的问题。投资者不仅关注国内大事，也关心国际大事。他们关心中美经贸摩擦对我们有什么影响，关心美联储的量化宽松（QE）政策，甚至关心美日联合军事演习，如此等等。资本市场让他们关心我们国家的未来，关心国际安全，关心经济政策的变化。试问：有哪一所学校能做到这些？

资本市场使投资者富有理性地行使经济民主的权利。投资者在研究信息之后，如果发现这家企业没有成长性，不值得投资，他们就会“用脚投票”。这种决策是富有理性的。参加股东大会，任何股东都可以民主地表达自己的看法。

因此，在中国，资本市场既是投资者的乐园、经济前行的“发动机”，也是现代社会公民意识孕育的摇篮。而这正是中国社会文明、民主、法制建设的重要基础。资本市场对投资者风险意识的形成、国民素质的提高、公民意识的培育，比任何流于形式的口头教育都要好得多。

(6) 资本市场给全社会提供多样化的、收益风险在不同层次匹配的、可以自主选择并具有相当流动性的证券化金融资产。

在消费品市场上，我们经常强调消费者对消费品的自主选择权，这是消费者自主权的核心内容，也是市场经济发达的重要标志。与消费者的自主选择权相对应的是，投资者也必须拥有自主选择投资品或资产的权利，这既是一国市场经济发达程度的重要标志，也是金融市场是否发达的重要标志。给投资者提供多样化的、不同收益与风险相匹配的、具有充分流动性且信息透明的金融产品，是一国金融体系和资本市场的基本任务。

对投资者自主选择金融资产权利的压抑，是金融压抑的重要表现。金融压抑有种种表现，其中对投资者自主选择金融资产权利的压抑，是金融压抑的典型形式。资本市场的大发展，将彻底释放这种压抑，从而使金融投资充满活力和创造力，这正是经济充满活力的重要源泉。

如果我们能从这样的高度去理解发展资本市场的重要意义，我们就能找到发展资本市场的正确道路，就能找到一个促使资本市场动态均衡增长并与实体经济相互促进的政策和方法。

(十)

正确的认识必须通过恰当的政策来体现。要使中国资本市场发展与实体经济相匹配并具有可持续性，我们必须调整发展中国资本市场的政策重心，寻找基于全球视野的中国资本市场的政策支点。

在相当长的时期里，由于我们没有正确理解发展资本市场的战略意义，严重误读了资本市场。需求管理政策实际上成为中国资本市场发展的主导政策。在实际操作中，这种主导中国资本市场发展的需求管理政策又演变成一种以抑制需求为重点的政策。如果市场出现了持续性上涨，通常都会归结为由过量的需求造成的，随之而来的是不断出台抑制证券投资需求的政策，以防止所谓的资产泡沫化。如果长期实施这样的需求管理政策，必然严重压抑资本市场的成长，使资本市场呈现出一种周而复始的简单循环过程，在较低的层面上不断地复制一个个运行周期。在这样的政策环境支配下，资本市场既没有任何发展，也不可能对实体经济的成长和金融体系的变革起到任何积极作用。中国30多年的资本市场发展过程基本上就处在这样一个周而复始的状态。

要使中国资本市场走出原有的无效率的运行周期，除了必须进行制度变革、端正认识和厘清战略目标外，还必须制定与战略目标相匹配的发展政策，寻找推动中国资本市场发展的政策支点。这样的政策是什么？政策支点又在哪里？

我认为，当前中国资本市场的政策取向一定是发展型政策。这种发展型政策的核心理念必须是供给优化主导型的，而不是需求管理主导型的。现行中国资本市场政策的支点在于扩大供给、优化结构并合理地疏导需求。单一抑制需求的政策理念必须摒弃。

在资本市场上，税收政策是最典型、最有影响力的需求管理政策。在资本市场上，频繁运用税收政策来影响人们的投资行为以达到调控市场的目的，是对发展资本市场战略意义认识不清的典型表现，对市场的正常发展会带来全面的负面影响，也会人为地加剧市场波动。从长期看，势必严重阻碍市场的正常成长。所以，在资本市场发展过程中，特别是对中国这样一个新兴加转型的市场而言，一定要慎用税收杠杆，要保持税收政策的稳定性。

在资本市场上，针对二级市场投资行为的税种主要有证券交易印花税和资本利得税。证券交易印花税对二级市场的交易行为、交易量和市场流动性会产生直接的影响，短期内具有类似于市场“清醒剂”的作用。而资本利得税则是从根本上改变市场的收益-风险结构，从而对市场资金流向产生重大影响。从已有的实践和资本市场现状看，开征资本利得税势必严重阻碍资本市场发展，甚至会引发市场危机。从中国资本市场发展战略出发，在相当长的时期里，我们绝不可通过开征资本利得税来抑制人们的投资行为，而只能通过结构性金融政策去疏导人们的金融投资需求。

如前所述，在中国，发展资本市场的政策重心在于优化供给，或者说供给政策是中国资本市场的主导型政策。这种主导型供给政策的核心内容是在优化结构的基础上适时适度扩大供给。

（十一）

与供给政策相匹配，中国资本市场的需求政策有两个基本点：一是积极疏导内部需求，不断调整金融资产结构，推动居民部门的金融资产结构由银行存款向银行存款和证券化金融资产并存的格局转变。不断提高证券化金融资产在金融资产中的占比，是中国金融结构市场化改革的重要目标。二是大力拓展外部需求。引进境外投资者，逐步提高境外投资者在中国资本市场中的投资比重。这是中国资本市场对外开放和实现市场供求关系动态平衡的重要措施，对中国资本市场的国际化意义重大。

（1）积极疏导内部需求是当前中国资本市场需求疏导政策实施的基本要点。我们必须摒弃长期以来所形成的抑制需求（即抑制资金进入资本市场）的政策理念。经过 40 多年的改革开放和发展，中国社会已经进入金融资产结构大调整的时代，投资者期盼着收益与风险在不同层次匹配的多样化金融资产的出现。在金融资产结构正在发生裂变的今天，投资者越来越偏好收益与风险在较高层次匹配并具有较好流动性的证券化金融资产，已是一个不可逆的基本趋势。正确的政策应是顺势而为，而不是逆势而动。

这里所说的内部需求是指居民部门对各类金融资产的需求，而疏导内部需求是指基于投资者对证券化金融资产的偏好，通过政策的引导而使其资金源源不断地进入资本市场以改革传统金融资产结构的过程。在这里，内部需求分为增量需求和存量需求。增量需求仅指投资者现期收入减去现期消费之后剩余部分对证券化金融资产的需求，而存量需求则是指投资者在存量金融资产结构调整过程中对证券化金融资产的需求。提高增量资金进入资本市场的比例，是资本市场需求疏导政策的第一步，也是短期政策重点。而通过调整存量金融资产结构以引导存量需求、不断增加存量资金进入资本市场的规模是资本市场需求疏导政策的长期措施。

（2）不断扩大资本市场的对外开放度，积极稳妥地拓展外部需求，逐步形成一个与巨大潜在供给相对应的外部超级需求，是中国资本市场需求政策调整的战略重点。

股权分置改革的成功，已使中国资本市场进入了全流通的时代。全流通使中国资本市场的流通市值已经超过 40 万亿元人民币，存量减持套现的压力日益增大。面对大规模的存量供给压力，仅靠疏导内部需求是难以达到市场的战略平衡的，必须寻找与此相匹配的外部超级需求者。对中国资本市场来说，虽然合格境外机构投资者（QFII）、人民币合格境外机构投资者（RQFII）等是外部需求者，但绝不是外部超级需求者。伴随着中国金融体系改革和资本市场的对外开放，外部超级需求者的形成可能是一个渐进的过程，或许要经过一个从高门槛的 QFII 到 QFII 的泛化，再到境外（国外）一般投资者的进入这样的演进过程。就中国资本市场的战略目标而言，引进外部超级需求者显得迫切而重要。

（十二）

在未来，中国资本市场要成为全球重要的资产配置市场，要实现中国金融的崛起，从而成为 21 世纪全球新的金融中心，以下两个外部条件是基本前提。

1. 人民币国际化

我们认为，随着中国经济实力的不断增长和经济的不断开放，人民币国际化进程需要加快。中美经贸关系的巨大不确定性，的确为人民币国际化带来了新的不确定因素，但中国经济的不断扩大开放以及国际经济合作仍是一个基本趋势。我们有理由相信，人民币成为国际金融市场上完全可自由兑换的货币，只是一个时间问题。在此基础上，人民币成为国际金融市场上与美元和欧元并重的三大国际性货币之一，也不是一个不可企及的战略目标。人民币国际化将为中国资本市场的发展和中国金融的结构性改革提供良好的外部金融环境，是使中国资本市场成为全球多极金融中心之一极最重要的基础条件之一。具有良好信用且有充分流动性和开放度的人民币，给人民币计价资产带来了持续的良好预期。

2. 构造以提高市场透明度为核心的资本市场法律制度和规则体系

良好的法律制度和法制环境对中国资本市场的发展及金融的结构性改革至关重要，其中资本市场法律制度和以此为基础而制定的规则体系的不断完善最为重要。中国资本市场的法律制度的建设和规则体系的完善，必须体现两个基本原则：

（1）透明度原则，即资本市场法律制度的建设和规则体系的完善，必须保证市场具有足够的透明度。从世界各国的实践看，透明度是资本市场赖以存在和发展的基石，是资本市场功能得以充分发挥的必要条件，是“三公”原则实现的基础。透明度的核心是信息披露的真实性和公开性。① 中国资本市场的法律制度和规则体系近几年虽然有了一定的完善，但从总体上看，仍存在很大缺陷。② 透明度不足是中国资本市场未来进行战略转型和实现战略目标面临的最严重挑战之一。

（2）国际惯例原则。受股权分置等历史因素的影响，在相当多的方面，中国资本市场的法律制度和市场规则体系仍体现了“中国特色”。过于“中国特色”的资本市场法律制度和规则体系，显然不利于中国资本市场的开放和发展，也是中国资本市场成为全球多极金融中心之一极的严重障碍。总体而论，就中国资本市场的法律制度和规则体系来说，体现“国际惯例”是其主流，否则这种法律制度和规则体系

①② 吴晓求．中国资本市场分析要义．北京：中国人民大学出版社，2006.

就会成为中国资本市场国际化的阻碍力量。

中国特色资本市场法律制度和规则体系赖以存在的制度基础——股权分置已成为历史。我们进入了一个制度规范的时代。所以，我们应当用战略的眼光，用建设一个强大的资本市场的目标，前瞻性地制定和完善与中国资本市场战略转型及战略目标相适应的法律制度和规则体系。① 一个体现公平、正义、透明、发展理念的法律制度，将使未来的中国成为一个富裕、文明、和谐的现代中国。

（十三）

资本市场发展经历了数百年的漫长历史，其中有欢乐、有悲怆，有理性繁荣、有泡沫破灭，有对未来的憧憬和期待，也有落花流水般的无奈心情，这是资本市场的天然属性。在人类社会进入 21 世纪后，资本市场发展除了难改其天生属性外，也呈现出一些新的特征、新的变化，那就是资本市场从来没有像今天这样如此重要、如此令人瞩目。在中国，资本市场的变化一直是人们最关注的热点问题之一。在经济全球化和经济金融化的今天，放眼望去，资本市场似乎悄然成为大国金融博弈的核心平台，而金融博弈是国际经济竞争的支点。

资本市场之所以成为全球大国金融博弈的核心平台，主要是因为：

（1）现代金融的基石是资本市场，资本市场在资源配置过程中发挥着难以替代的基础性作用。

（2）资本市场越来越成为现代经济的强大发动机。这种强大发动机集增量融资、存量资源调整、财富创造和风险流量化等功能于一身，以精美绝伦的结构性功能推动着日益庞大的实体经济不断向前发展。

（3）资本市场在推动实体经济成长的同时，也在杠杆化地创造规模巨大、生命力活跃的金融资产，并据此催生着金融结构的裂变，推动金融的不断创新和变革。

（4）资本市场通过改变财富的流动状态而使风险由存量状态演变成流量状态，金融风险的流量化使风险配置成为一种现实的可能，使现代金融成为一种艺术，使金融结构的设计成为一种国家战略。

我们必须用这样的理念、从这样的高度去理解资本市场，只有这样才能找到发展资本市场的正确道路。

本章小结

现代经济最显著的基本特征是经济全球化、市场一体化、资产证券化。在这些基本特征的背景下，现代经济伴随着经济全球化和金融市场一体化的步伐不断

① 吴晓求，等．中国资本市场：制度变革与政策调整．北京：北京大学出版社，2013；吴晓求．中国资本市场：从制度和规则角度的分析．财贸经济，2013（1）．

呈现出新的特征，其运行的轴心正在向现代金融业转移。因此，一个开放的经济体系要想在国际经济竞争环境中处于优势状态，既要有深厚的科学技术基础，又要有发达而健全的现代金融体系。现代金融不仅源源不断地为实体经济的运行和发展提供润滑及动力，而且更为重要的是，它推动着实体经济的分化、重组和升级。正是从这个意义上说，发达市场经济的本质就是金融经济。现代金融的基石是资本市场。是否有一个发达的资本市场是衡量一个经济体系的金融架构是处在传统金融阶段还是处在现代金融阶段的特征性标志。发达的资本市场是金融深化的催化剂，是现代金融体系的心脏。因此，推动资本市场的发展是推动中国由经济大国迈向经济强国的关键环节。正确认识资本市场对中国经济社会发展的作用，对于我们找到发展资本市场的正确道路、找到一个促使资本市场动态均衡增长并与实体经济相互促进的政策和路径，从而为资本市场的发展创造有利的外部条件有着重要的指导意义。

本章关键问题

1. 现代经济的基本特征显著表现为经济全球化、市场一体化、资产证券化，如何正确理解这三个方面的基本特征？

2. 现代金融与传统金融的区别主要表现在：一是与实体经济的关联度不同。二是在促进实体经济发展中所起的作用不同。三是作用原理不同。如何正确理解这三个方面的区别？

3. 正确理解现代金融与实体经济的关系。

4. 发展资本市场的正确理念是什么？如何正确认识资本市场对经济社会发展的作用？

5. 发展资本市场应该与什么样的政策制度相匹配？如何理解主导型供给政策？

6. 深入理解中国资本市场要成为全球重要的资产配置市场，成为21世纪全球新的金融中心，所需要的两个外部条件。

7. 充分理解资本市场成为全球大国金融博弈的核心平台的主要原因。

本章思考题

1. 现代经济在新时期有哪些新特征？

2. 为什么说现代金融中建立在市场定价机制和存量资产证券化基础上的财富孵化、贮藏和增值功能很重要？

3. 资本市场如何加快社会财富的增长？

4. 如何看待中国资本市场内外部需求的变化？

5. 如何看待中国资本市场的当前政策？为什么要以主导型的供给政策为政策重心？

6. 中国要成为一个经济强国，应建立一个什么样的资本市场和金融体系？

第一篇　基本知识篇

中国人民大学金融与证券研究所自1997年1月成立以来，坚持“研、产、学”相结合的办所方针，探索出一条独特的人文社会科学研究机构发展模式。上图为1999年10月吴晓求教授（正面中间者）主持该研究所第一届核心研究员会议。

2001年1月16日，黄达、董辅礽、刘鸿儒、萧灼基、王传伦等教授参加在中国人民大学举办的第五届（2001年度）中国资本市场论坛，论坛主题是“中国资本市场：创新与可持续发展”。

第 1 章 证券投资工具

学习目标

- 了解风险的基本概念。
- 掌握债券的基本概念、分类和收益率的计算。
- 掌握普通股和优先股的基本概念、基本特征及区别。
- 掌握证券投资基金的基本分类、概念和区别。
- 掌握金融衍生工具的主要类型、金融功能和缺陷。

1.1 投资概述

1.1.1 什么是投资

在现实生活中，投资活动几乎无处不在，投资概念对经济学学科来说也是十分基本的。但是，在很多经济学教材中，投资的概念被大家当作理所当然已经理解的东西来使用。实际上，如果每人都给“投资”（investment）下定义的话，我们就会发现，人们对“投资”的理解是五花八门的。不同的理解，往往意味着不同的定义。

本书对投资的定义主要是从投资的过程进行理解。投资是指货币转化为资本的过程。在货币转化为资本的过程中，需要借助于投资媒介或者说投资对象。一般来说，投资媒介可分为真实资产和金融资产两种。真实资产是指一些可看到、可触摸的物件，如房地产、名表、古董、名画和黄金等；金融资产是指一种契约，保障持有人获得契约内所规定的权益，如股票、债券、期货、期权等。两者的显著区别在于资产的套现和变卖能力。相对而言，金融资产的套现和变卖能力要强于真实资产。而投资者决定投资真实资产还是金融资产，或者投资者具体要投资哪种真实资产或哪种金融资产，往往取决于其投资目的。

因此，任何投资者在投资前，首先都要明确其投资目的。投资目的有很多种，总体而言，投资者进行投资主要出于以下几个目的：

（1）本金保障。这是最常见的投资目的，投资者通过投资保存资本或者资金的购买力。只要持有的现金数量大于生活所需，在通货膨胀的情况下，若不通过有效益的投资，现金的购买力就会受到侵蚀。所以，投资的目的就是保障资金的购买力不受到侵蚀。

（2）资本增值。对某些投资者来说，他们要求不单是保值，而且还要获得资本的增值。通过投资工具，以期本金能迅速增长，使财富得以累积。

（3）经常性收益。一般已拥有若干资产和回避风险的人，只期待本金获得保障，且能定期地获得一些经常性收益作为生活费用，如退休人士通过退休投资计划来获取稳定的退休金。

投资者在获取投资收益的同时，也面临着投资所带来的风险。不同投资者会因自身生活背景和条件的不同，风险承受能力有所不同，故他们的投资目的也会有所不同，进而投资取向、投资作风以及所选择的投资工具也会有所不同。所以在制订投资计划时，投资者宜先行了解投资目的和风险承受能力等因素，而后才能树立成熟的投资理念。因此，要真正地理解投资，还必须对风险以及风险偏好有很好的认识。

专栏 1－1　　投资与投机

其实，投资与投机之间并没有那么严格的界限。在投资过程中，有时人们按照对风险资产持有时间的长短对投资和投机进行划分，将购买后持有较长时间的行为称为投资行为（或者称为长期投资），将购买后持有较短时间就卖出的行为称为投机行为。也有人按照购买资产后获取投资收益的方式进行划分，将买入资产后以获取红利（或利息）收入为目的的行为称为投资，将买入后通过价差交易获利的行为称为投机。显然，我们可以看到，这两种划分方式其实都难以科学、准确地将投资和投机区分开来。

事实上，从决策的角度来说，无论是投资还是投机，投资者都是根据自己对风险资产未来收益状况的认识，以及他们对这一收益水平发生概率的判断，做出是否购买该资产以及购买数额的决定。投资和投机的区别仅在于，投资者在进行决策时更看重收益的发生概率，当资产价格的上涨概率较高时，投资者才愿意购入该资产。对于投机活动来说，投机者更看重资产价格未来的上涨幅度。有时候，即使这种上涨出现的概率很低，但只要它的上涨幅度非常高，投机者也愿意购买一定量的上述资产，从而“博取”高收益、低概率事件的发生。

从这个意义上说，一笔交易究竟是投资行为还是投机行为，与购买者持有的时间长度以及投资收益的方式并没有必然的关系。

1.1.2 风险和风险偏好

“风险”一词的由来，最普遍的一种说法是其源自中国远古时期。在远古时期，以打鱼捕捞为生的渔民，每次出海前都要祈祷，祈求神灵保佑自己能够平安归来，其中主要的祈祷内容就是让神灵保佑自己在出海时能够风平浪静、满载而归；他们在长期的捕捞实践中，深深地体会到“风”给他们带来的无法预测、无法确定的危险，他们认识到，在出海捕捞打鱼的生活中，“风”就意味着“险”，因此有了“风险”一词的由来。

而另一种说法认为“风险”一词源自国外，“风险”（risk）一词是舶来品，有人认为来自阿拉伯语，有人认为来自西班牙语或拉丁语，但比较权威的说法是来自意大利语中的“RISQUE”一词。在其早期的运用中，也是被理解为客观的危险，体现为自然现象或者航海遇到礁石、风暴等事件。

现代意义上的风险一词，已经大大超越了“遇到危险”的狭义含义，而是“遇到破坏或损失的机会或危险”。可以说，经过两百多年的演绎，风险一词越来越概念化，它随着人类活动的复杂性和深刻性而逐步深化，并被赋予了哲学、经济学、社会学、统计学甚至文化艺术领域的更广泛、更深层次的含义，且与人类的决策和行为后果联系得越来越紧密，风险一词也成为人们生活中出现频率很高的词汇。

无论如何定义风险一词的由来，其基本的核心含义已经突破原来的范围，而且风险的内涵不断深化。综上所述，风险可以理解为“未来结果的不确定性或损失”，也可以进一步定义为“个人和群体在未来获得收益和遇到损失的可能性以及对这种可能性的判断与认知”。

专栏 1－2　　关于风险内涵的理解

目前，学术界对风险的内涵还没有统一的认识。由于对风险的理解和认识程度不同，或对风险的研究角度不同，不同学者对风险的概念有不同的解释，但可以归纳为以下几种代表性观点：

(1) 风险是事件未来可能结果发生的不确定性。Mowbray（1995）称风险为不确定性；Williams（1985）将风险定义为在给定的条件和某一特定时期，未来结果的变动；马奇（March）和夏皮拉（Shapira）认为，风险是事物可能结果的不确定性，可由收益分布的方差测度；布恩米利（Brnmiley）认为，风险是公司收入流的不确定性；马科维茨（Markowitz）

和夏普（Sharp）等将证券投资的风险定义为该证券资产的各种可能收益率的变动程度，并用收益率的方差来度量证券投资的风险，通过量化风险的概念改变了投资大众对风险的认识。由于方差计算的方便性，风险的这种定义在实际中得到了广泛的应用。

（2）风险是损失发生的不确定性。Rosenb（1972）将风险定义为损失的不确定性。Crane（1984）认为，风险意味着未来损失的不确定性。这种观点又分为主观学说和客观学说两类。主观学说认为不确定性是主观的、个人的和心理上的一种观念，是个人对客观事物的主观估计，而不能以客观的尺度予以衡量，不确定性的范围包括发生与否的不确定性、发生时间的不确定性、发生状况的不确定性以及发生结果严重程度的不确定性。客观学说以风险客观存在为前提，以风险事故观察为基础，以数学和统计学观点加以定义，认为风险可用客观的尺度来度量。例如，佩费尔将风险定义为可测度的客观概率的大小，奈特认为风险是可测定的不确定性。

（3）风险是指可能发生损失的损害程度的大小。马科维茨在别人质疑的基础上，排除可能收益率高于期望收益率的情况，提出了下方风险（downside risk）的概念，即实现的收益率低于期望收益率的风险，并用半方差（semi-variance）来计量下方风险。

（4）利用对波动的标准统计方法定义风险。在1993年发表的30国集团的《衍生证券的实践与原则》报告中，对已知头寸或组合的市场风险的定义为：经过某一时间间隔，具有一定置信区间的最大可能损失，并将这种方法命名为Value at Risk，简称VaR法，同时竭力推荐各国银行使用这种方法；1996年国际清算银行在《巴塞尔协议修正案》中也允许各国银行使用自己内部的风险估值模型去设立对付市场风险的资本金；1997年乔瑞（P. Jorion）在研究金融风险时，利用“在正常的市场环境下，给定一定的时间区间和置信度水平，预期最大损失（或最坏情况下的损失）”的测度方法来定义和度量金融风险，他也将这种方法简称VaR法。

（5）利用不确定性的随机性特征来定义风险。风险的不确定性包括模糊性与随机性两类。模糊性的不确定性，主要取决于风险本身所固有的模糊属性，要采用模糊数学的方法来刻画与研究；而随机性的不确定性，主要是由于风险外部的多因性（即各种随机因素的影响）造成的必然反映，要采用概率论与数理统计的方法进行研究。

不同的投资者对于同一风险可能有不同的看法，这就是投资者的风险偏好。一般来说，风险偏好可以归纳为以下三大类，即风险规避、风险中性、风险喜好。对于风险规避者来说，风险本身会降低他们的效用水平；对于风险喜好者来说，风险本身会增加他们的效用；对于风险中性者来说，是否承担风险对他们的效用水平不

会造成任何影响。

从投资者效用函数的几何图形上看，在“效用-收益”的平面里，风险规避投资者的效用函数是一个单调递增、边际递减的凹函数（见图1－1）。在这种情况下，一个确定性收益带来的效用水平要比期望收益相同但存在不确定性的风险资产带来的期望效用更高。风险中性投资者的效用函数是一条直线（见图1－2）。在这种情况下，只要两个资产带来的期望收益相同，那么投资者对这两个风险资产的偏好就是一样的。风险喜好投资者的效用函数是一个单调递增、边际递增的凸函数（见图1－3）。在这种情况下，与一个确定性的收益相比，投资者更喜欢具有相同期望收益但存在不确定性的风险资产。

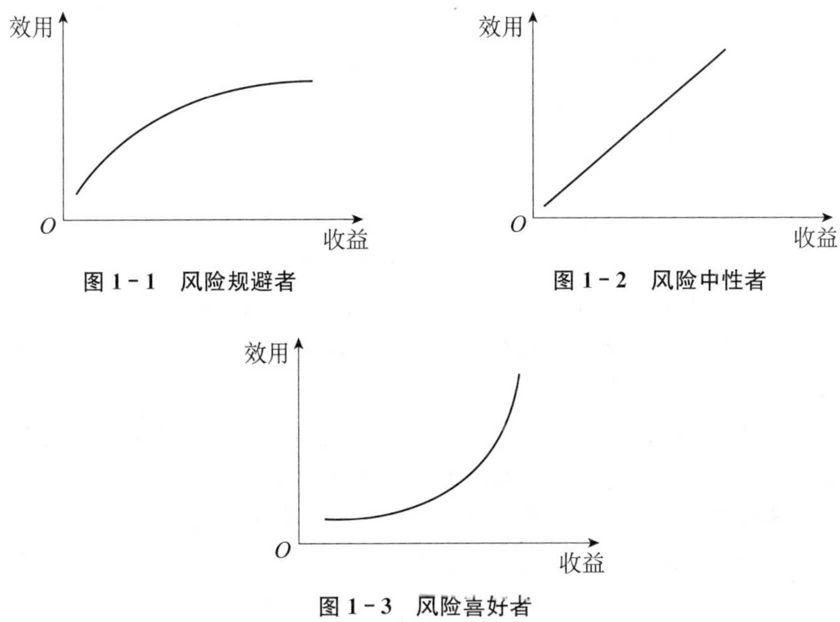

图1－1　风险规避者

图1－2　风险中性者

图1－3　风险喜好者

专栏1－3　　风险偏好测试表

风险偏好测试表能够帮助投资者准确地对自我风险承受能力、投资理念、投资性格等进行专业的自我认知测试，是投资者进行投资理财之前比较重要的准备工作。

下面这些题是金融理财师针对客户风险偏好、风险承受能力以及投资理念等设计的。

1. 你购买一项投资，在一个月后跌去了15%的总价值。假设该投资的其他任何基本面要素没有改变，你会怎么做？________

(a) 坐等投资回到原有价值

(b) 卖掉它，以免日后如果它不断跌价，让你寝食难安、夜不成寐

(c) 买入更多，因为如果以当初价格购买时认为是个好决定，现在应该看上去机会更好

2. 你购买一项投资，在一个月后暴涨了40%。假设你找不出更多的相关信息，你会怎么做？________

(a) 卖掉它

(b) 继续持有它，期待未来可能更多的收益

(c) 买入更多——也许它还会涨得更高

3. 你比较愿意做下列哪件事？________

(a) 投资于今后六个月不大上升的激进增长型基金

(b) 投资于货币市场基金，但会目睹今后六个月激进增长型基金增长翻番

4. 下列哪个选项你感觉最好？________

(a) 你的股票投资翻了一番

(b) 你投资于基金，从而避免了因为市场下跌而造成的你一半投资的损失

5. 下列哪件事会让你最开心？________

(a) 你在报纸竞赛中赢了100 000元

(b) 你从一个富有的亲戚那里继承了100 000元

(c) 你冒着风险，投资的2 000元期权带来了100 000元的收益

(d) 任何上述一项——你很高兴100 000元的收益，无论是通过什么渠道

6. 你现在住的公寓马上要改造成酒店式公寓。你可以用80 000元买下现在的住处，或把这个买房的权利以20 000元卖掉。你改造过的住处的市场价格为120 000元。你知道，如果买下它，可能要花至少6个月才能卖掉，而每个月的养房费要1 200元。此外，为买下它，你必须向银行按揭并支付首付款。若你不想住在这里了，你会怎么做？________

(a) 就拿20 000元，卖掉这个买房权

(b) 先买下房子，再卖掉

7. 你继承了叔叔价值100 000元的房子，已付清了所有的按揭贷款。尽管房子在一个时尚社区，并且预期以高于通货膨胀率的水平升值，但是房子现在很破旧。目前，房子正在出租，每月有1 000元的租金收入。不过，如果房子重新装修后，租金可以有1 500元。装修费可以用房子来抵押以获得贷款，你会怎么做？________

(a) 卖掉房子

(b) 保持现有租约

(c) 装修它，再出租

8. 你为一家私营的处于上升期的小型电子企业工作。公司正在通过向员工出售股票募集资金。管理层计划使公司上市，但至少要在4年以后。如果你买股票，你的股票只能在公司股票公开交易后方可卖出。与此同时，

股票不分红。公司一旦上市，股票会以你购买的10～20倍的价格交易。你会做多少投资？________

(a) 一股也不买

(b) 一个月的薪水

(c) 三个月的薪水

(d) 六个月的薪水

9. 你的老邻居是一位经验丰富的石油地质学家，他正组织包括他自己在内的一群投资者，为开发一个油井而集资。如果油井成功，那么它会带来50～100倍的投资收益；如果失败，所有的投资就一文不值了。你的邻居估计成功概率有20%，你会做多少投资？________

(a) 0

(b) 一个月的薪水

(c) 三个月的薪水

(d) 六个月的薪水

10. 你获知几家房产开发商正积极地关注某个地区的一片未开发的土地。你现在有个机会来买这块土地部分地段的期权。期权价格是你2个月的薪水，你估计收益会相当于10个月的薪水。你会怎么做？________

(a) 购买这个期权

(b) 随便它去——你觉得和你没关系

11. 你在某个电视竞赛中有下列选择，你会怎么选择？________

(a) 1 000元现钞

(b) 50%的机会获得4 000元

(c) 20%的机会获得10 000元

(d) 5%的机会获得100 000元

12. 假设通货膨胀率目前很高，硬通资产（如稀有金属、收藏品和房地产）预计会随通货膨胀率同步上涨。你目前的所有投资是长期债券，你会怎么做？________

(a) 继续持有债券

(b) 卖掉债券，把一半的钱投资基金，另一半投资硬通资产

(c) 卖掉债券，把所有的钱投资硬通资产

(d) 卖掉债券，把所有的钱投资硬通资产，还借钱来买更多的硬通资产

13. 你在一项博彩游戏中，已经输了500元。为了赢500元，你准备的翻本钱是多少？________

(a) 不来了，你现在就放弃

(b) 100元

(c) 250元

(d) 500元

(e) 超过500元

1. (a) 3 (b) 1 (c) 4
2. (a) 1 (b) 3 (c) 4
3. (a) 1 (b) 3
4. (a) 2 (b) 1
5. (a) 2 (b) 1 (c) 4 (d) 1
6. (a) 1 (b) 2
7. (a) 1 (b) 2 (c) 3
8. (a) 1 (b) 2 (c) 4 (d) 6
9. (a) 1 (b) 3 (c) 6 (d) 9
10. (a) 3 (b) 1
11. (a) 1 (b) 3 (c) 5 (d) 9
12. (a) 1 (b) 2 (c) 3 (d) 4
13. (a) 1 (b) 2 (c) 4 (d) 6 (e) 8

得分参考：21分以下，风险规避者；21～35分，风险中性者；35分以上，风险喜好者。

1.2 债 券

1.2.1 债券的概念

债券（bond）是一种金融契约，是政府、金融机构、工商企业等机构在直接向社会借债筹措资金时，向投资者发行的，同时承诺按一定利率支付利息并按约定条件偿还本金的债权债务凭证。债券的本质是债的证明书，具有法律效力。债券购买者（或投资者）与发行人之间是一种债权债务关系，债券发行人就是债务人，投资者（或债券购买者）就是债权人。

由此，债券的概念包含了以下四层含义：

（1）债券的发行人（政府、金融机构、企业等机构）是资金的借入者。

（2）购买债券的投资者是资金的借出者。

（3）发行人（借入者）需要在一定时期还本付息。

（4）债券是债权债务的证明书，具有法律效力。债券购买者（或投资者）与发行人之间是一种债权债务关系，债券发行人就是债务人，投资者（或债券持有人）就是债权人。

1.2.2 债券的基本要素

根据上述定义，债券是发行人依照法定程序发行的、约定在一定期限向债券持有人或投资者还本付息的有价证券。债券是一种债务凭证，反映了发行人与购买者之间的债权债务关系。债券尽管种类多种多样，但在内容上都要包含一些基本的要素。这些要素是指发行的债券上必须载明的基本内容，这是明确债权人和债务人权利与义务的主要约定，具体包括：

（1）债券面值。债券面值是指债券的票面价值，是发行人对债券持有人在债券到期后应偿还的本金数额，也是企业向债券持有人按期支付利息的计算依据。债券面值与债券实际的发行价格并不一定是一致的，发行价格大于面值称为溢价发行，小于面值称为折价发行。

（2）票面利率。债券的票面利率是指债券利息与债券面值的比率，是发行人承诺以后一定时期支付给债券持有人报酬的计算标准。债券票面利率的确定主要受到银行利率、发行者的资信状况、偿还期限和利息计算方法以及当时资金市场上资金供求情况等因素的影响。

（3）付息期。债券的付息期是指企业在发行债券后的利息支付时间。它可以是到期一次支付，或1年、半年、每季度支付一次。在考虑货币时间价值和通货膨胀因素的情况下，付息期对债券投资者的实际收益有很大影响。到期一次付息的债券，其利息通常是按单利计算的；而年内分期付息的债券，其利息是按复利计算的。

（4）偿还期。债券的偿还期是指企业债券上载明的偿还债券本金的期限，即债券发行日至到期日之间的时间间隔。公司要结合自身资金周转状况及外部资本市场的各种影响因素来确定公司债券的偿还期。

1.2.3 债券的特征

债券作为一种债权债务凭证，与其他有价证券一样，也是一种虚拟资本，而非真实资本（如后面提到的股票、期货、期权等）。

债券作为一种重要的融资手段和金融工具，具有如下特征：

（1）偿还性。债券一般都规定有偿还期限，发行人必须按约定条件偿还本金并支付利息。

（2）流通性。债券一般都可以在流通市场上自由转让。

（3）安全性。与股票相比，债券通常规定有固定的利率。该利率与企业绩效没有直接联系，因而债券的收益比较稳定、风险较小。此外，在企业破产时，相对于股票持有者，债券持有者享有对企业剩余资产的优先索取权。

（4）收益性。债券的收益性主要表现在两个方面：一是投资债券可以给投资者定期或不定期地带来利息收入；二是投资者可以利用债券价格的变动，通过买卖债券赚取差额。

1.2.4 债券的分类

1.2.4.1 根据是否约定利息划分

（1）零息债券。未约定支付利息，一般低于面值发行。

（2）附息债券。约定半年或一年支付一次利息，按利率是否固定又可分为固定利率债券和浮动利率债券。

（3）息票累积债券。债券到期一次性归还本息，其间不支付利息。

1.2.4.2 根据债券券面形态划分

（1）实物债券。它是具有标准格式实物券面的债券。在其券面上，一般印制了债券面额、债券利率、债券期限、债券发行人全称、还本付息方式等各种债券票面要素，不记名、不挂失，可上市流通。

（2）凭证式债券。债权人认购债券的收款凭证，而不是债券发行人制定的标准格式的债券。

（3）国家储蓄债——凭证式国债收款凭证。可记名、挂失，不可上市流通。持有期提前支取，按持有天数支付利息。

（4）记账式债券。无实物形态的票券，利用账户通过计算机系统完成债券发行、交易及兑付的全过程，我国从 1994 年开始发行。记账式债券可记名、挂失，可上市流通，安全性好。

1.2.4.3 根据发行主体划分

（1）政府债券（国债），是国家为筹集资金而向投资者出具的、承诺在一定时期支付利息和到期偿还本金的债务凭证。由于它的发行主体是国家，所以具有最高的信用度，被公认为最安全的投资工具。

（2）金融债券，是银行等金融机构作为筹资主体为筹措资金而向投资者发行的一种有价证券。

（3）公司债券，是由公司依照法定程序发行的、约定在一定期限还本付息的有价证券。

1.2.4.4 根据是否有财产担保划分

（1）抵押债券，是以企业财产作为担保的债券，按抵押品的不同又可以分为一般抵押债券、不动产抵押债券、动产抵押债券和证券信用抵押债券。抵押债券可以分为封闭式和开放式两种。“封闭式”公司债券的发行额会受到限制，即不能超过其抵押资产的价值；“开放式”公司债券的发行额不受限制。抵押债券的价值取决于担保资产的价值。抵押品的价值一般超过它所提供担保债券价值的 25%～35%。

（2）信用债券，是不以任何公司财产作为担保、完全凭信用发行的债券。其持有人只对公司的非抵押资产具有追索权，企业的盈利能力是这些债券投资人的主要担保。因为信用债券没有财产担保，所以在债券契约中都要加入保护性条款，如不能将资产抵押给其他债权人、不能兼并其他企业、未经债权人同意不能出售资产、不能发行其他长期债券等。

1.2.4.5 根据是否能转换为公司股票划分

（1）可转换债券，是指在特定时期内可以按某一固定的比例转换成普通股的债券。它具有债务与权益双重属性，属于一种混合性筹资方式。由于可转换债券赋予债券持有人将来成为公司股东的权利，因此其利率通常低于不可转换债券。若将来转换成功，在转换前发行企业达到了低成本筹资的目的，在转换后又可节省股票的发行成本。根据《中华人民共和国公司法》的规定，发行可转换债券应由我国证券监管部门批准，发行公司应同时具备发行公司债券和发行股票的资格。

（2）不可转换债券，是指不能转换为普通股的债券，又称普通债券。由于不可转换债券没有赋予债券持有人将来成为公司股东的权利，所以其利率一般高于可转换债券。

1.2.4.6 根据利率是否固定划分

（1）固定利率债券，是将利率印在票面上并按其向债券持有人支付利息的债券。该利率不随市场利率的变化而调整，因而固定利率债券可以较好地抵制通货紧缩风险。

（2）浮动利率债券，是指债券利率随市场利率变动而调整的债券。因为浮动利率债券的利率同当前市场利率挂钩，而当前市场利率又考虑了通货膨胀率的影响，所以浮动利率债券可以较好地抵制通货膨胀风险。

1.2.4.7 根据是否能够提前偿还划分

（1）可赎回债券，是指在债券到期前，发行人可以按事先约定的赎回价格收回的债券。公司发行可赎回债券主要是考虑到公司未来的投资机会和回避利率风险等问题，以增加公司资本结构调整的灵活性。发行可赎回债券最关键的问题是赎回期限和赎回价格的制定。

（2）不可赎回债券，是指不能在债券到期前收回的债券。

1.2.4.8 根据偿还方式不同划分

（1）一次到期债券，是发行公司于债券到期日一次偿还全部债券本金的债券。

（2）分期到期债券，是指在债券发行的当时就规定有不同到期日的债券，即分批偿还本金的债券。分期到期债券可以减轻发行公司集中还本的财务负担。

1.2.5 债券的收益率计算

人们在投资债券时，最关心的就是债券有多少收益。债券收益必须考虑货币的时间价值。

我们知道，在今天的100元与1年后的100元之间进行选择时，我们都愿意今天拿到100元，这实际上就是货币的时间价值。如何准确地计算出货币的时间价值呢？我们首先要明确两组概念：终值与现值，单利与复利。

终值是指现在的资金在未来某个时刻的价值，现值是指未来某个时刻的资金在现在的价值。单利与复利是利息的两种计算方式。按照单利计息，是指无论时间多长，只按本金计算利息，上期的利息不计入本金内重复计算利息。按照复利计息，是指除本金计算利息外，要将期间所生利息一并加入本金计算利息，即所谓的“利滚利”。

1. 终值的计算

(1) 单利终值的计算。

设 FV 为单利终值，P 为本金，r 为每期利率，n 为计息的期数，则单利终值为：

$$\mathrm{FV}=P(1+nr)$$

(2) 复利终值的计算。

设 FV 为复利终值，P 为本金，r 为每期利率，n 为计息的期数，那么

第 1 期末的复利终值为：

$$\mathrm{FV}_1=P(1+r)$$

第 2 期末的复利终值为：

$$\mathrm{FV}_2=\mathrm{FV}_1(1+r)=P(1+r)(1+r)=P(1+r)^2$$

第 3 期末的复利终值为：

$$\mathrm{FV}_3=\mathrm{FV}_2(1+r)=P(1+r)^2(1+r)=P(1+r)^3$$

依此类推，第 n 期末的复利终值为：

$$\mathrm{FV}_n=\mathrm{FV}_{n-1}(1+r)=P(1+r)^{n-1}(1+r)=P(1+r)^n$$

【例 1-1】 投资者将 10 000 元本金存入银行，一年定期存款利率为 2.5%，每年底将本息再转存一年期定期存款，5 年后本息共有多少？

解： 按复利计算资金终值：

$$\mathrm{FV}=10\ 000\times(1+2.5\%)^5=11\ 314.08\text{（元）}$$

【例 1-2】 投资者将 30 000 元本金投资 5 年零 3 个月，年利率为 4.5%，每年按复利付息一次。求投资期末的本息和。

解： 3 个月相当于 0.25 年，则 $n=5.25$，所以

$$\mathrm{FV}=30\ 000\times(1+4.5\%)^{5.25}=37\ 799.13\text{（元）}$$

在现实经济生活中，一笔投资每年可能多次收到利息，利息可以半年付、季付、月付、周付，甚至日付。在我们给出的复利终值计算公式中，需要指出的是，r 是每期利率，要用年利率除以每年付息的次数；n 是计息的期数，要用投资年数乘以每年付息的次数。

(3) 年金终值的计算。

年金是指在相同的间隔时间内陆续收到或付出相同金额的款项，比如分期付款买房、分期偿还贷款、发放养老金等，都属于年金收付的形式。按照收付的时间，年金终值的计算可以划分为以下两类：

1) 普通年金终值的计算。

普通年金（后付年金）是指在各期期末收入或付出的年金。若 A 表示每期期末收付的金额，F_k 为金额 A 在 k 期后的终值，n 为复利期数，则年金终值为：

$$\mathrm{FV}=F_0+F_1+F_2+\cdots+F_{n-2}+F_{n-1}$$

设 r 为每期利率，则复利终值公式为：

$$F_k=F_0(1+r)^k \qquad k=0,1,2,3,\cdots,n-1$$

而 $F_0=A$，所以

$$\begin{aligned}FV &= F_0+F_1+F_2+\cdots+F_{n-1}\\ &= A+A(1+r)+A(1+r)^2+\cdots+A(1+r)^{n-1}\\ &= A[(1+r)^n-1]/r\end{aligned}$$

【例1-3】 投资者购买面值为5 000元的10年期债券，年利率为6%，每年末付息一次，第一次付息在一年之后。如果投资者持有该债券直至到期日，将每年得到的利息以年利率4%进行再投资，10年后他一共将获得多少资金？

解： 这是一个求普通年金终值的问题。每年末利息收入为300元(=5 000×6%)，构成一笔10年期的普通年金，将利息进行再投资的终值就是普通年金的终值：

$$FV=300\times[(1+4\%)^{10}-1]/4\%=3\ 601.83\text{（元）}$$

投资者10年后获得的本息和为：

$$5\ 000+3\ 601.83=8\ 601.83\text{（元）}$$

2）预付年金终值的计算。

预付年金是在每期期初收入或付出的年金，它的终值与普通年金终值的推导过程大同小异。若 A 表示每期期初收付的金额，F_k 为金额 A 在 k 期后的终值，n 为复利期数，r 为每期利率，则预付年金的终值是：

$$\begin{aligned}FV &= F_1+F_2+\cdots+F_{n-1}+F_n\\ &= A(1+r)+A(1+r)^2+\cdots+A(1+r)^{n-1}+A(1+r)^n\\ &= A\{[(1+r)^n-1]/r\}(1+r)\end{aligned}$$

【例1-4】 在上例中，债券若改为每年初付息一次，从投资者购买时开始支付，重新求10年后投资者获得的本息和。

解： 每年初获得的利息构成一笔10年期的预付年金，可以运用预付年金终值公式求出利息再投资的终值：

$$\begin{aligned}FV &= 300\times\{[(1+4\%)^{10}-1]/4\%\}\times(1+4\%)\\ &= 3\ 601.83\times(1+4\%)\\ &= 3\ 745.90\text{（元）}\end{aligned}$$

第10年末获得的本息和为：

$$5\ 000+3\ 745.90=8\ 745.90\text{（元）}$$

2. 现值的计算

(1) 复利现值。

求现值的过程与求终值的过程正好相反。根据复利终值的计算公式：

$$FV = P(1+r)^n$$

得到复利现值为：

$$P = FV/(1+r)^n$$

【例1-5】 投资者在考虑是否购买这样一种附息债券，它的面值为1 000元，票面利率为10%，每年末付息，从一年后开始支付，5年后到期，市场价格是1 170元。如果投资者要求的年收益率为6.2%，他购买该债券是否值得？

解：首先应该按投资者要求的收益率，计算出该债券未来一系列支付的现值：

第×年	支付的终值	支付的现值（r=6.2%）
1	100 元	94.16 元
2	100 元	88.66 元
3	100 元	83.49 元
4	100 元	78.61 元
5	1 100 元	814.27 元
		现值的总和＝1 159.19 元

该附息债券的利息与本金支付按要求的收益率贴现的现值小于它的市场价格，因此，如果投资者按市场价格购买该债券，他获得的实际收益率将会小于要求的收益率，投资会得不偿失。

（2）年金现值。

1）普通年金现值的计算。

普通年金现值是指一定时期内每期期末收付的等额款项的复利现值之和。若 A 表示每期期末收付的金额，P_k 为第 k 期金额 A 的现值，n 为复利期数，则普通年金的现值是：

$$PV = P_1 + P_2 + \cdots + P_{n-1} + P_n$$

设 r 为每期利率，根据复利现值公式，有

$$P_k = A(1+r)^{-k} \qquad k = 1, 2, 3, \cdots, n-1, n$$

$$PV = A(1+r)^{-1} + A(1+r)^{-2} + \cdots + A(1+r)^{-(n-1)} + A(1+r)^{-n}$$
$$= A[1-(1+r)^{-n}]/r$$

【例 1-6】 在例 1-5 中，债券的利息支付构成了一笔 5 年期的普通年金，它的现值等于：

$$100 \times [1-(1+6.2\%)^{-5}]/6.2\% = 418.95(\text{元})$$

本金的复利现值等于：

$$1\,000/(1+6.2\%)^5 = 740.25(\text{元})$$

两者之和是 1 159.20 元，这与上例中按每期复利现值求和得到的结果是近似相等的，之所以存在差别是因为我们在保留小数点位数时进行了四舍五入。

【例 1-7】 银行同意向某人提供一笔 200 000 元的住房贷款，期限为 30 年，每月底的还款额相等。贷款收取的年利率为 12%，银行每月应当向客户收取多少还款？

解：银行希望获得的普通年金现值为 200 000 元，每月收取还款意味着每年收取 12 次，年金收入的次数 n 为 30×12＝360，调整后的每期利率 r 为 12%/12＝1%。运用普通年金现值的计算公式可得：

$$200\,000 = A[1-(1+1\%)^{-360}]/1\%$$
$$A = 2\,057.23(\text{元})$$

因此，银行每月应当向客户收取还款 2 057.23 元。

2）预付年金现值的计算。

在普通年金现值推导的基础上稍做修改，我们可以推出预付年金现值的计算公式。预付年金的现值是：

$$PV=P_0+P_1+P_2+\cdots+P_{n-1}$$

设 r 为每期利率，根据复利现值公式，我们有

$$PV=A+A(1+r)^{-1}+A(1+r)^{-2}+\cdots+A(1+r)^{-(n-1)}$$
$$=A\{[1-(1+r)^{-n}]/r\}(1+r)$$

【例 1-8】 在例 1-5 中，把利息支付时间改为每年初，从购买时开始支付，其他条件不变。重新判断该债券是否值得投资。

解： 该债券的利息支付成为一笔 5 年期的每年 100 元的预付年金，其现值等于：

$$100\times\{[1-(1+6.2\%)^{-5}]/6.2\%\}\times(1+6.2\%)=418.95\times(1+6.2\%)$$
$$=444.92(\text{元})$$

第 5 年末收回 1 000 元本金，其复利现值等于：

$$1\ 000/(1+6.2\%)^5=740.25(\text{元})$$

两者之和是 1 185.17 元，高于该债券现行的市场价格（1 170 元）。因此，如果投资者购买该债券，获得的实际收益率将会高于要求的收益率，因而值得投资。

3）永续年金现值的计算。

永续年金是无限期定额支付的年金，它没有终止的时间，也就没有终值。永续年金现值的计算可以由普通年金现值的计算公式推导出来。

普通年金的现值为：

$$PV=A[1-(1+r)^{-n}]/r$$

当 n 趋近于无穷大时，$(1+r)^{-n}$ 趋近于 0。因此，永续年金的现值是：

$$PV=A/r$$

【例 1-9】 一种面值为 1 000 元的永续债券，票面利率为 9%，每年底付息一次，一年后开始支付，市场价格为 988 元。投资者要求的年收益率为 10%，购买该债券是否值得?

解： 该债券的支付是一笔永续年金，按要求的收益率贴现的现值为：

$$PV=90/10\%=900(\text{元})$$

900 元小于当前的市场价格。因此，投资该债券的实际收益率必将小于 10%，该债券不具有投资吸引力。

资金现值的计算是确定金融产品价格的基础，任何金融产品的定价都相当于求解投资产生的预期现金流的现值。

3. 债券收益率

为了精确衡量债券收益，一般使用债券收益率这个指标。债券收益率是债券收益与其投入本金的比率，通常用年率表示。债券收益不同于债券利息。债券利息仅指债券票面利率与债券面值的乘积。但是，由于人们在债券持有期内还可以在债券市场上进行买卖，以赚取价差，因此债券收益除利息收入外，还包括买卖盈亏差价。

决定债券收益率的主要因素有债券的票面利率、期限、面值和购买价格。最基本的债券收益率计算公式为：

$$债券收益率=\frac{到期本息和-发行价格}{发行价格\times 偿还期限}\times 100\%$$

由于债券持有人可能在债券偿还期内转让债券，因此债券的收益率还可以分为债券出售者的收益率、债券购买者的收益率和债券持有期间的收益率。各自的计算公式如下：

$$债券出售者的收益率=\frac{卖出价格-发行价格+持有期间的利息}{发行价格\times 持有年限}\times 100\%$$

$$债券购买者的收益率=\frac{到期本息和-买入价格}{买入价格\times 剩余期限}\times 100\%$$

$$债券持有期间的收益率=\frac{卖出价格-买入价格+持有期间的利息}{买入价格\times 持有年限}\times 100\%$$

比如某人于2017年1月1日以102元的价格购买了一张面值为100元、利率为10%、每年1月1日支付一次利息的2013年发行的5年期国库券，并持有到2018年1月1日到期，则

$$债券购买者的收益率=\frac{100+100\times 10\%-102}{102\times 1}\times 100\%=7.8\%$$

$$债券出售者的收益率=\frac{102-100+100\times 10\%\times 4}{100\times 4}\times 100\%=10.5\%$$

再如，某人于2015年1月1日以120元的价格购买了一张面值为100元、利率为10%、每年1月1日支付一次利息的2014年发行的10年期国库券，并在2018年1月1日以140元的价格卖出，则

$$债券持有期间的收益率=\frac{140-120+100\times 10\%\times 3}{120\times 3}\times 100\%=13.9\%$$

以上计算公式没有考虑把获得的利息进行再投资的因素。把所获利息的再投资收益计入债券收益，据此计算出来的收益率就是复利收益率。

1.2.6 债券筹资的特点

1.2.6.1 债券筹资的优点

对于企业来说，通过债券进行融资具有以下主要优点：

（1）资本成本低。债券的利息可以税前列支，具有抵税作用；另外，债券投资人比股票投资人的投资风险低，因此其要求的报酬率也较低，故公司债券的资本成本也要低于普通股。

（2）具有财务杠杆作用。债券的利息是固定的费用，债券持有人除获取利息外，不能参与公司净利润的分配，因而债券筹资具有财务杠杆作用，在息税前利润增加的情况下，会使股东的收益以更快的速度增加。

（3）所筹集资金属于长期资金。发行债券所筹集的资金一般属于长期资金，

可供企业在 1 年以上的时间内使用，这就为企业安排投资项目提供了有力的资金支持。

(4) 债券筹资的范围广、金额大。债券筹资的对象十分广泛，它既可以向各类银行或非银行金融机构筹资，也可以向其他法人单位、个人筹资，因此筹资比较容易，并可筹集较大金额的资金。

1.2.6.2 债券筹资的缺点

对于企业来说，通过债券进行融资具有以下缺点：

(1) 财务风险大。债券有固定的到期日和固定的利息支出，当企业资金周转出现困难时，易使企业陷入财务困境，甚至破产清算。因此，筹资企业在通过发行债券筹资时，必须考虑利用债券筹资方式所筹集资金开展的投资项目未来收益的稳定性和增长性问题。

(2) 限制性条款多，资金使用缺乏灵活性。因为债权人没有参与企业管理的权利，为了保障债权人债权的安全，债券合同中通常会包括各种限制性条款。这些限制性条款会影响企业资金使用的灵活性。

1.3 股 票

1.3.1 股票的概念

股票是股份有限公司在筹集资本时向出资人或投资者发行的股份凭证，代表其持有者（即股东）对股份公司的所有权。这种所有权是一种综合权利，如参加股东大会、投票表决、参与公司的重大决策、收取股息或分享红利等。

股票持有者凭股票从股份公司取得的收入是股息，股息的发派取决于公司的股息政策。优先股股东可以获得固定金额的股息，而普通股股东的股息是与公司的利润相关的。普通股股东股息的发派在优先股股东之后，必须所有的优先股股东满额获得他们曾被承诺的股息之后，普通股股东才有权利获得股息。股票只是对一个股份公司拥有的实际资本的所有权证书，是参与公司决策和索取股息的凭证，不是实际资本，它只是间接地反映了实际资本运动的状况，从而表现为一种虚拟资本。

由此，从股票的概念来看，股票主要包含以下几个内容：

(1) 股票是一种出资证明，当一个自然人或法人向股份有限公司参股投资时，便可获得股票作为出资的凭证。

(2) 股票持有者凭借股票来证明自己的股东身份、参加股份公司的股东大会，并对股份公司的经营发表意见。

(3) 股票持有者凭借股票参与股份发行企业的利润分配，并在企业破产清算时，可以享受剩余财产分配权。

专栏 1－4　　股票的历史

股票至今已有400多年的历史，它伴随着股份公司的出现而出现。随着企业经营规模的扩大与资本供给的不足，要求通过一种方式来让公司获得大量的资本金，于是产生了以股份公司形态出现的、股东共同出资经营的企业组织。股份公司的变化和发展产生了股票形态的融资活动；股票融资的发展产生了股票交易的需求；股票的交易需求促成了股票市场的形成和发展；而股票市场的发展最终又促进了股票融资活动和股份公司的完善及发展。

股票最早出现于资本主义国家。由于股票能够有效积聚社会闲散资金，从而成为早期资本主义国家殖民扩张的工具。世界上最早的股份有限公司制度诞生于1602年在荷兰成立的东印度公司。在股份公司这种企业组织形式出现以后，很快为资本主义国家广泛利用，成为资本主义国家企业组织的重要形式之一。伴随着股份公司的诞生和发展，以股票形式集资入股的方式也得到发展，并且产生了买卖交易、转让股票的需求。这样，就带动了股票市场的出现和形成，并促使股票市场得到完善和发展。1611年，东印度公司的股东在阿姆斯特丹股票交易市场就进行了股票交易，并且后来有了专门的经纪人撮合交易。阿姆斯特丹股票交易市场形成了世界上第一个股票市场。目前，股份有限公司已成为最基本的企业组织形式之一；股票已成为大企业筹资的重要渠道和方式，也是投资者投资的基本选择方式；股票市场（包括股票的发行和交易）与债券市场成为证券市场的重要组成部分。

1.3.2 股票的特征

股票具有以下特征：

（1）不可偿还性。股票是一种无偿还期限的有价证券，投资者在认购了股票后，就不能再要求退股，只能到二级市场卖给第三者。股票的转让只意味着公司股东的改变，并不减少公司资本。从期限上看，只要公司存在，它所发行的股票就存在，股票的期限等于公司存续的期限。

（2）参与性。股东有权出席股东大会，选举公司董事会，参与公司的重大决策。股票持有者的投资意志和享有的经济利益，通常是通过行使股东参与权来实现的。股东参与公司决策的权利大小，取决于所持的股份多少。从实践中看，只要股东持有的股票数量达到左右决策结果所需的实际多数，股东就能掌握公司的决策控制权。

（3）收益性。股东凭其持有的股票，有权从公司领取股息或红利，获取投资的收益。股息或红利的大小，主要取决于公司的盈利水平和公司的盈利分配政策。股票的收益性，还表现在股票投资者可以获得价差收入或实现资产保值增值。通过低价买入和高价卖出股票，投资者可以赚取价差利润。以美国可口可乐公司的股票为例，如果在1990年底投资1 000美元买入该公司股票，到2006年7月便能以超过11 000美元的市场价格卖出，可赚取十多倍的利润。在通货膨胀时，股票价格会随着公司原有资产重置价格的上升而上涨，从而避免了资产贬值。

（4）流通性。股票的流通性是指股票在不同投资者之间的可交易性。流通性通常以可流通的股票数量、股票成交量以及股价对交易量的敏感程度来衡量。可流通股数越多，成交量越大，价格对成交量越不敏感（价格不会随着成交量一同变化），股票的流通性就越好，反之就越差。股票的流通，使投资者可以在市场上卖出所持有的股票，以取得现金。通过股票的流通和股价的变动，可以看出人们对于相关行业和上市公司的发展前景及盈利潜力的判断。那些在流通市场上吸引大量投资者、股价不断上涨的行业和公司，可以通过增发股票，不断吸收大量资本进入生产经营活动，进而取得优化资源配置的效果。

（5）价格的波动性和风险性。股票在交易市场上作为交易对象，与商品一样，有自己的市场行情和市场价格。由于股票价格要受到诸如公司经营状况、供求关系、银行利率、大众心理等多种因素的影响，其波动有很大的不确定性。正是这种不确定性，有可能使股票投资者遭受损失。价格波动的不确定性越大，投资风险也越大。因此，股票是一种高风险的金融产品。例如，称雄于世界计算机产业的国际商用机器公司（IBM），当其业绩不凡时，每股价格曾高达170美元，但在其地位遭到挑战、出现经营失策而招致亏损时，股价又下跌到40美元。如果投资者在高价位买进该股，就会遭受严重损失。

1.3.3 股票分类

1.3.3.1 按上市地区划分

就注册地在中国内地的上市公司来说，其所发行的股票因为上市地区不同主要分为以下几种：

（1）A股。A股的正式名称是人民币普通股票。它是由我国境内的公司发行，供境内机构、组织或个人以及合格境外机构投资者（QFII）以人民币认购和交易的普通股股票。

（2）B股。B股又称人民币特种股票，是指那些在中国内地注册、在中国内地上市的特种股票。以人民币标明面值，只能以外币认购和交易。

（3）H股。H股是境内公司发行的以人民币标明面值，供境外投资者用外币认购，在香港联合交易所上市的股票。

（4）N股。N股是境内公司发行的以人民币标明面值，供境外投资者用外币认购，在纽约证券交易所［2006年6月1日，纽约证券交易所与泛欧证券交易所合并组成纽约证交所-泛欧证交所公司（NYSE-Euronext）］上市的股票。但在实践当中，大多数非美国公司（不包括加拿大公司）都采用存托凭证（ADR）形式而非普通股的方式进入美国股票市场。存托凭证是一种以证书形式发行的可转让证券，通常代表一家外国公司的已发行股票。另外，还有越来越多的中国企业在纳斯达克（NASDAQ）挂牌，NASDAQ是美国的一个电子证券交易机构，是全国证券业协会行情自动传报系统（National Association of Securities Dealers Automated Quotations System）的缩写，在这一市场挂牌的中国企业股票一般被称为纳指中国概念股。

（5）S股。S股是境内公司发行的以人民币标明面值，供境外投资者用外币认购，在新加坡交易所上市的股票。这些企业的生产、经营等核心业务和注册地均在中国内地。

1.3.3.2 按股票代表的股东权利划分

（1）普通股。普通股是指在公司的经营管理、盈利及财产的分配上享有普通权利的股份，代表满足所有债权偿付要求及优先股股东的收益权与求偿权要求后对企业盈利和剩余财产的索取权。普通股构成公司资本的基础，是股票的一种基本形式。目前，在上海和深圳证券交易所上市交易的股票都是普通股。普通股股东按其所持的股份比例享有以下基本权利：①公司决策参与权。普通股股东有权参与股东大会，并有建议权、表决权和选举权，也可以委托他人代表其行使股东权利。②利润分配权。普通股股东有权从公司利润分配中得到股息。普通股的股息是不固定的，由公司盈利状况及其分配政策决定。普通股股东必须在优先股股东取得固定股息之后才有权享受股息分配权。③优先认股权。如果公司需要扩张而增发普通股股票，现有普通股股东有权按其持股比例，以低于市价的某一特定价格优先购买一定数量的新发行股票，从而保持其对企业所有权的原有比例。④剩余资产分配权。当公司破产或清算时，若公司的资产在偿还欠债后还有剩余，其剩余部分按先优先股股东、后普通股股东的顺序进行分配。

（2）优先股。优先股在利润分红及剩余财产分配的权利方面，优先于普通股。优先股股东有两种权利：①优先分配权。在公司分配利润时，拥有优先股的股东与持有普通股的股东相比，分配在先，但是享受固定金额的股利，即优先股的股利是相对固定的（例如，若公司不对优先股股东进行股利分配，则不能对普通股股东进行股利分配，因为优先股股东优先于普通股股东分配股利）。②剩余财产优先分配权。若公司清算，在分配剩余财产时，优先股在普通股之前分配。在很多国家，当公司决定连续几年不分配股利时，优先股股东可以进入股东大会来表述他们的意见，以保护他们自己的权利。

专栏 1－5　　优先股与普通股的区别

根据优先股和普通股的不同特点，优先股和普通股有如下区别：

(1) 股息。优先股相对于普通股可优先获得股息。如果企业在年度内没有足够现金派发优先股股息，普通股是不能分发股息的。股息数量由公司董事会决定，但当企业获得优厚利润时，优先股不会获得超额收益。

(2) 剩余财产优先分配权。当企业宣布破产并变卖企业资产后，只有在全面偿还优先股股东后，剩下的才由普通股股东分享。

(3) 投票权。优先股股东没有参与企业决策的投票权，但在企业长期无法派发优先股股息时，优先股股东有权派代表加入董事会，以协助改善企业财务状况。

(4) 优先购股权。普通股股东在企业发行新股时，可获优先购买与持股量相称的新股，以防止持股比例被稀释，但优先股股东无权获得优先发售。此外，优先股与债券的区别见表1-1。

表1-1 优先股与债券的区别统计表

	优先股	债券
持有人身份	公司股东，优先股股东在优先股股息上没有法律约束力，若公司无力派发股息，不可以此理由提出法律控诉，但有权派代表加入董事会，以协助改善财务状况	公司债权人，故债权人在债券利息上具有法律权利，若公司无力派发利息，可以此理由提出法律控诉
回报	稳定，回报率较高	固定，回报率较低
风险	低	更低
公司破产	求偿权在债券之后	优先求偿权
到期日	无到期日	有到期日

1.3.3.3 其他分类

(1) 记名股票和无记名股票。这主要是根据股票是否记载股东姓名来划分的。记名股票是在股票上记载股东的姓名，如需转让，必须经公司办理过户手续。无记名股票是在股票上不记载股东的姓名，如需转让，通过交付就可生效。

(2) 有票面值股票和无票面值股票。这主要是根据股票是否记明每股金额来划分的。有票面值股票是在股票上记载每股的金额。无票面值股票只是记明股票和公司资本总额，或每股占公司资本总额的比例。

(3) 单一股票和复数股票。这主要是根据股票上表示的份数来划分的。单一股票是指每张股票表示一股。复数股票是指每张股票表示数股。

(4) 表决权股票和无表决权股票。这主要是根据股票持有者有无表决权来划分的。普通股票持有者都有表决权，优先股票（在某些方面享有特别利益）的持有者在表决权上常受到限制。无表决权的股东不能参与公司决策。

1.3.4 股票的内在价值

股票的内在价值是指股票未来现金流的现值，它是股票的真实价值，又称理论价值。根据通行的股票价值决定理论，公司股票的内在价值由其未来的现金流（即股利）的现值决定，即

$$V_t=\sum_{i=1}^{\infty}E_t\left[\frac{d_{t+i}}{(1+r_t)^i}\right]$$

式中，r_t 为 t 期股票的预期股利贴现率或资本成本；$E[d_{t+i}]$ 为以 t 期股票的预期股利收益表示的 t 期股票的内在价值。

根据公式，股票的内在价值依赖于公司的资本成本和对未来股利分配的预期。如果能够正确地预期股票的未来股息分配，股票的价格便可很容易地确定下来。遗憾的是，对未来的预期是不确定的，从而导致股票的内在价值也很难准确地确定，这在一定程度上导致了泡沫现象的产生。

当股票的价格水平相对于经济基础条件决定的内在价值出现非平稳的向上偏移时，可以将其定义为价格泡沫，这种偏移的数学期望可以作为泡沫的度量。导致价格泡沫的原因是复杂的，在实际经济活动中，与预期相关联的过度投机行为、幼稚投机者交易行为、规范失灵、诈骗行为和道德风险等都可能成为导致泡沫现象的原因。一般来说，在投机性泡沫产生时，价格往往会突然攀升，价格的攀升趋势可能会使市场产生价格上升的进一步预期，并且吸引新的买主，形成自我实现的正反馈过程。价格泡沫一旦被市场发现，就会产生与原来相反的预期，出现使市场价格回归理论价格的市场力，价格可能迅速而急剧地下降，导致泡沫的破灭。历史上曾爆发过南海泡沫、郁金香泡沫、日本泡沫经济、纳斯达克高科技股泡沫等事件，这些泡沫在膨胀时期使得资产价格都出现了数倍甚至数十倍的增长，但泡沫的破灭无一例外地对所在国经济产生了重大的不利影响。

专栏 1－6　郁金香泡沫

郁金香泡沫，又称郁金香效应。作为人类历史上有记载的最早的投机活动，荷兰的“郁金香泡沫”昭示了此后人类社会的一切投机活动，尤其是金融投机活动中的各种要素和环节：对财富的狂热追求、羊群效应、理性的完全丧失、泡沫的最终破灭和千百万人的倾家荡产。

“郁金香泡沫”是人类历史上第一次有记载的金融泡沫。16 世纪中期，郁金香从土耳其被引入西欧，不久，人们对这种植物产生了狂热的兴趣。到 17 世纪初期，一些珍品卖到了不同寻常的高价，而富人们也竞相在他们的花园中展示最新和最稀有的品种。到 17 世纪 30 年代初期，这一时尚导致了一场经典的投机狂热。人们购买郁金香已经不再是为了其内在的价值

或作观赏之用，而是期望其价格能无限上涨并因此获利（这种总是期望有人愿意出更高价的想法，长期以来被称为投资的博傻理论）。

1635年，一种叫Childer的郁金香品种单株卖到了1 615弗罗林（florins，荷兰货币单位）。如果你想搞清楚这样一笔钱在17世纪早期荷兰的经济中是什么价值，你只需要知道4头公牛（与一辆拖车等值）仅要花费480弗罗林，而1 000磅（约454公斤）奶酪也仅需花费120弗罗林。可是，郁金香的价格还是继续上涨。第二年，一株稀有品种的郁金香（当时的荷兰全境只有两株）以4 600弗罗林的价格售出；除此以外，购买者还需要额外支付一辆崭新的马车、两匹灰马和一套完整的马具。

但是，所有的金融泡沫正如它们在现实世界中的名称所喻示的一样脆弱。当人们意识到这种投机并不创造财富，而只是转移财富时，总有人会清醒过来，到这个时候，"郁金香泡沫"就该破灭了。在某个时刻，当某个无名小卒卖出郁金香——或者更有勇气些，卖空郁金香时，其他人就会跟从；很快，卖出的狂热与此前购买的狂热不相上下。于是，价格崩溃了，成千上万的人在这个万劫不复的大崩溃中倾家荡产。

专栏1-7　日本泡沫经济

在第二次世界大战后，日本经济遭受严重打击，为了支持企业恢复生产，日本政府推出扶植和保护银行顺利营运的优惠措施。由于企业生产处于恢复阶段，企业利润留存严重不足，从而决定了当时以间接金融为主、直接金融为辅的金融政策，银行成为企业发展资金的主要提供者。为此，政府对金融业进行严格管制，同时也高度保护金融业，银行业在经济中发挥着关键的作用。这种金融体制使日本战后的经济得以突飞猛进地发展，但日本银行业分工过细和政府的过度保护，导致银行业出现管理呆板、竞争力差和活力不足等诸多弊端，尤其是随着经济走向成熟化，其体制的负面作用更加显著。

自20世纪80年代中期以来，日本经济急剧增长，外贸顺差逐年增加，日本中央银行一直采取低利率政策，主要是为了刺激企业长期投资和挽救深受不良债权困扰的金融机构。但是，低利率政策也带来了一些负面效应，低利率和股市的低迷导致国内日元资产的运用几乎无利可图；与此同时，美国的利率处于较高水平，吸引大批日本投资者将日元换成美元，购买美国债券和股票，造成日元资产大幅外流。

1985年9月22日，西方五国财长聚首于纽约，签订了旨在扭转美元升值局面的《广场协议》。此后，西方各主要国家在外汇市场上大规模抛售美元，造成美元大幅下跌，而日元汇率大幅上升，引起了日元货币供应量的膨胀。1987—1990 年期间，日本货币供给量的增长率达到 10%以上。从 1984 年开始，日本经济出现景气衰退。日本大藏省实行了大规模的缓和金融政策，中央银行的贴现率从 1986 年 1 月起连续 5 次降低，由 5%降低到 1987 年的 2.5%。低利率和充足的货币供给为金融泡沫的产生创造了条件，大量资产流向股票市场，导致股票价格迅速上升。

20 世纪 80 年代中期，日本企业在财务战略上的技术革新，促使企业将资金从事金融投资，以获取高额利润，导致企业一方面将充裕的资金投向股市和房地产市场，以获取更大收益，另一方面又趁股市上升之际，从金融市场上筹集更多的资金。企业筹集的资金并未完全用到长期投资上，很大一部分又流向股市和房地产市场，从而进一步促进了泡沫的膨胀。

由于企业通过金融市场可以获得廉价资金，作为金融中介的银行业便要为自己的资金寻找投资机会。一方面，银行业直接或间接地将资金投向证券市场或房地产市场；另一方面，银行业极力开发信贷市场，积极推销土地抵押贷款和股票抵押贷款，不动产抵押贷款在银行信贷余额中所占的比重由 1984 年的 17%上升到 20%左右。企业资金和银行资金进入股市和房地产市场，导致了两市价格一路飙升，由此又吸引了大量居民储蓄资金进入房地产市场和金融市场，日本的金融泡沫因此迅速膨胀起来。1988 年，东京中心地区商业用地的价格是 1983 年的 350%，住宅用地价格增长了 300%。据估计，1990 年日本土地总市值达到 15 万亿美元，是面积比日本大 25 倍的美国土地资产总值的 4 倍，相当于日本当年国内生产总值的 5 倍多。

在土地价格暴涨的同时，日本股票市场的日经指数也飞速上升。1985 年日经指数为 12 000 点上下，1989 年为 39 000 点，股票市价总值从 1985 年底的 224.2 万亿日元升至 1989 年底的 894.9 万亿日元，增加了 3 倍，是当年名义 GDP（402 万亿日元）的 2.23 倍。据统计，1985—1989 年期间，在东京证券交易所上市的制造业企业，本业利润为 1.25 万亿日元，但在房地产市场和股票市场上的收入却达到 1.91 万亿日元。

日本从 1986 年以来实行低利率政策，由于国际协作的需要一直未能采取紧缩政策，日本银行在 1989 年针对 2%的通货膨胀率才将再贴现利率提高到 4.25%，直至连续 5 次调高利率，投资者的信心因此遭到严重打击，股票价格开始暴跌，日经指数在 1992 年 8 月跌破 15 000 点大关。由前面的分析可知，金融泡沫破灭与房地产泡沫具有内生关系，因而金融泡沫的破灭也就导致房地产泡沫破灭。日本东京的房地产价格一路下滑，到 1997 年，商业用地价格下跌了 72%，住宅用地价格下跌了 55%。至此，日本经济泡沫已经破灭。而资产价格泡沫的破灭直接导致了日本的经济衰退和企业破产，表 1-2 显示了企业的倒闭数。

表 1-2　日本泡沫经济的破灭导致企业倒闭数

年度	倒闭企业数（个）	负债总额（亿日元）
1990	6 468	19 959
1991	10 723	81 488
1992	14 069	70 615
1993	14 564	68 477
1994	14 061	56 294
1995	15 108	92 411
1996	14 834	81 299
1997	16 464	140 447
1998	18 488	137 484

专栏 1-8　2015 年中国股市危机

2015 年 6 月 15 日（星期一），上证综指以 5 174 点开盘，而后在 17 个交易日内，一路狂泻到 3 507 点，并于 7 月 9 日下探 3 373 点。从 6 月 15 日到 7 月 8 日，上证综指的累计跌幅达到 32.2%，中小板指数的跌幅为 38.4%，创业板指数的跌幅为 39.7%。在此期间，我国股票市场除了间歇式地在几个交易日出现短暂喘息之外，崩盘式下跌成为股市的主要特征。然而，这并不是 2015 年夏天的全部故事。在经历了短暂的反弹、下跌和再次反弹后，我国股票市场从 8 月 18 日开始，在 7 个交易日内再次出现了一轮暴跌。上证综指从 18 日开盘的 3 999 点（日内最高达到 4 006 点）一路下跌到 2 850 点，跌幅为 28.7%；创业板由 2 721 点下跌到 1 843 点，跌幅为 32.3%（见图 1-4）。

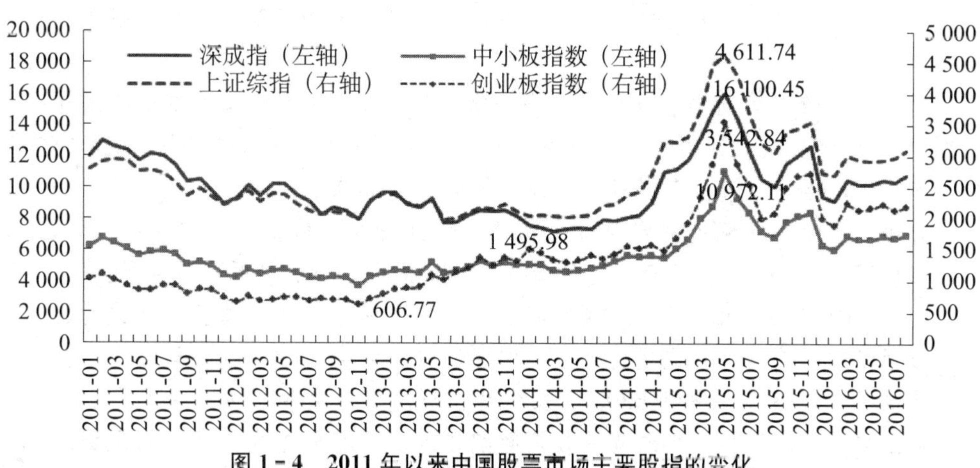

图 1-4　2011 年以来中国股票市场主要股指的变化

2014—2015 年的牛市与此前的股市有很大不同，由于杠杆是此次股市泡沫产生和破灭的直接推手，因此有人将本次牛市称为“杠杆上的牛市”。根据清华大学国家金融研究院基于渤海证券相关数据的测算，在2014年10月至2015年6月的股市上涨期间，峰值阶段进入股市的杠杆资金为5.4万亿～6万亿元。其中，场外配资的规模为3万亿～3.8万亿元。在场外配置中，又以信托渠道杠杆资金的规模最大，占60%，为1.8万亿～2.2万亿元。

由于杠杆资金在交易过程中涉及保证金制度，当资产价格因为某些冲击在短期内出现猛烈的下跌时，即便投资者仍看好该证券的长期价值，也会因为在短期内无法支付保证金而被迫减仓。当市场中的大量投资者都面临减仓压力时，资产价格就会面临崩盘的局面。最终造成市场陷入“资产价格下跌→投资者财富损失，杠杆率上升→要求追加保证金→投资者资金短缺，减仓→市场流动性枯竭→资产价格进一步下跌”的循环中。如此进行下去，在杠杆的作用下，市场流动性下降和价格下降形成了一个互相加强的循环，这就是普林斯顿大学的布伦纳迈耶（Brunnermeier）和佩德森（Pedersen）两位学者提出的“流动性螺旋”。在这个螺旋中，高杠杆既是触发器，又是放大器。资产价格下跌引发杠杆坍塌，迫使资产快速贱卖，进而引发更大规模的价格下跌。

2015年2月，证券监管部门开始对股市因价格快速上涨而积累的风险有所重视，并在其后的几个月内不断发出警示。

2015年2月6日，股市传出监管部门要求券商严格执行《证券公司融资融券业务管理办法》，禁止证券公司通过代销伞形信托、P2P平台、自主开发相关融资服务系统等形式，为客户与他人、客户与客户之间的融资融券活动提供任何便利和服务。

3月20日，证监会在新闻发布会上，进一步提示“近期，股市上涨是对市场经济增长等多个因素的综合反映，有其必然性和合理性，在目前经济下行压力依然较大的情况下，投资者应当警惕市场风险，切忌盲目跟风炒作等”。

4月17日，证监会新闻发布会的第一条内容就是“证监会提醒投资者理性投资”。其具体内容为：投资者踊跃入市，说明他们对中国资本市场充满信心，但不少新投资者对股市涨跌缺乏经验和感受，对风险缺乏认识和警惕。为此，提醒投资者要做足功课、理性投资，尊重市场、敬畏市场，牢记股市有风险、量力而行，不要被“卖房炒股、借钱炒股”所误导。

5月21日，由中国证券业协会组织部分券商召开的监管会议正式对配资活动进行清理。在这次会议上，中国证券业协会要求证券公司停止与恒生电子签订协议、利用HOMS系统为客户间配资提供服务或便利、利用第三方系统通过接口接入实现客户间配资以及以其他方式为客户间配资提供服务或便利等违法、违规行为。

6月12日，也就是股市开始调整前一周的周五，证监会发言人提出：证监会再次重申，证券公司不得为场外配资提供接口。（证券公司）不得通过网上接口为任何个人和机构提供场外配资，为非法证券活动提供便利。翌日，证监会发布《关于加强证券公司信息系统外部接入管理的通知》，将证监会发言人的表述以正式文件的形式予以确认。

配资清理打响了股市调整的第一枪。随着股价的下跌，首先受到影响的是高杠杆的场外配资盘。许多场外配资盘要求股票价格下跌 10%就要进行补仓。当这一部分场外配资盘跌至警告线时，出现了第一波的强制平仓。随后，这一波股价下跌潮引发了连锁反应。由于出现了大量卖盘，股价被进一步拉低，致使更多的场外配资盘被强制平仓，造成市场信心开始动摇。而多头急于平仓，又加剧了股价的进一步下跌，导致受影响的群体从高杠杆投资者向低杠杆投资者、私募基金、公募基金、券商等机构投资者扩散。7 月 5 日，由高杠杆崩塌引发的流动性螺旋已造成整个市场流动性的枯竭。由于连续的开盘跌停、大面积的私募清盘和公募基金赎回，场内融资盘开始摇摇欲坠。当时的资料显示，个股价格经常在上午 10：30 和下午 2：30 出现大幅跳水，而很多股票经常被天量卖单钉死在跌停板上。这些特征正是由强制平仓交易导致的（唐涯，2015）。市场流动性的萎缩导致市场的跌停潮从高泡沫的中小创股票向原本质地较好、流动性较高的优质股票传染，使市场信心在很短的时间里土崩瓦解。

总结 2015 年中国股市危机，我们可以发现以下几个特点：第一，资产价格的崩盘通常是在泡沫高涨的情况下发生的。在股市危机发生前，2015 年深市 A 股的平均月市盈率最高达到 79.25，创业板的平均月市盈率最高达到 150。第二，经过近 40 年的发展，中国股票市场仍没有摆脱政策的影响，资产价格很容易在政府隐性背书的情况下出现飙涨。但是，随着市场规模的快速扩张和投资者的成熟，政策在与市场规律进行博弈时，其效果越来越差。第三，在市场投资者结构没有发生本质变化、个人投资者依然是市场交易主体的情况下，中国股票市场在很大程度上仍受到非理性情绪的影响。在市场投资者结构没有发生本质变化的前提下，我国股票市场价格急涨急跌、牛短熊长等特征很难得到改变。第四，在上市发行制度没有本质变化、上市仍是一种稀缺资源的情况下，"壳"的价值将成为很多公司估值的重要部分，也就是资产价格扭曲的问题不可能得到有效解决。

1.4 证券投资基金

1.4.1 证券投资基金概述

证券投资基金是一种实行组合投资、专业管理、利益共享、风险共担的集合投资方式。与股票、债券不同，证券投资基金是一种间接投资工具，基金投资者、基金管理人和基金托管人是基金运作中的主要当事人。

证券投资基金通过发行基金份额的方式募集资金，个人投资者或机构投资者通过购买一定数量的基金份额参与基金投资。基金所募集的资金在法律上具有独立性，由选定的基金托管人保管，并委托基金管理人进行股票、债券的分散化组合投资。基金投资者是基金的所有者。基金投资收益在扣除由基金管理人和基金托管人所承担费用后的盈余全部归基金投资者所有，并依据各个投资者所购买基金份额的多少在投资者之间进行分配。

与直接投资股票或债券不同，证券投资基金是一种间接投资工具。一方面，证券投资基金以股票、债券等金融有价证券为投资对象；另一方面，基金投资者通过购买基金份额的方式间接地进行证券投资。

世界上不同国家和地区对证券投资基金的称谓有所不同。在美国，公司型开放式投资基金被称为“共同基金”，在英国和中国香港地区被称为“单位信托基金”，在欧洲一些国家被称为“集合投资基金”或“集合投资计划”，在日本和中国台湾地区则被称为“证券投资信托基金”。

1.4.2 证券投资基金的特点

1.4.2.1 集合理财、专业管理

基金将众多投资者的资金集中起来，委托基金管理人进行共同投资，表现出一种集合理财的特点。通过汇集众多投资者的资金，积少成多，有利于发挥资金规模优势、降低投资成本。基金由基金管理人进行投资管理和运作。基金管理人一般拥有大量的专业投资研究人员和强大的信息网络，能够更好地对证券市场进行全方位的动态跟踪与深入分析。中小投资者将资金交给基金管理人管理，使其也能享受到专业化的投资管理服务。

1.4.2.2 组合投资、分散风险

为降低投资风险，一些国家的法律通常规定基金必须以组合投资的方式进行基金的投资运作，从而使“组合投资、分散风险”成为基金的一大特色。中小投资者由于资金量小，一般无法通过购买数量众多的股票来分散投资风险。基金通常会购买几十种甚至上百种股票，投资者购买基金就相当于用很少的资金购买了一篮子股票。在多数情况下，某些股票价格下跌造成的损失可以用其他股票价格上涨带来的盈利来弥补，因此投资者可以充分享受到组合投资、分散风险的好处。

1.4.2.3 利益共享、风险共担

证券投资基金实行“利益共享、风险共担”的原则。基金投资者是基金的所有者。基金投资收益在扣除由基金承担的费用后的盈余全部归基金投资者所有，并依据各投资者所持的基金份额比例进行分配。为基金提供服务的基金托管人、基金管理人只能按规定收取一定比例的托管费、管理费，并不参与基金收益的分配。

1.4.2.4 严格监管、信息透明

为切实保护投资者的利益，增强投资者对基金投资的信心，各国（地区）基金监管机构都对基金业实行严格的监管，对各种有损于投资者利益的行为进行严厉的打击，并强制要求基金及时、准确、充分地披露信息。在这种情况下，严格监管与信息透明也就成为基金的另一个显著特点。

1.4.2.5 独立托管、保障安全

基金管理人负责基金的投资操作，本身并不参与基金财产的保管，基金财产的保管由独立于基金管理人的基金托管人负责，这种相互制约、相互监督的制衡机制为投资者的利益提供了重要的保障。

1.4.3 证券投资基金的分类

根据证券投资基金的组织形式、基金单位是否变动、投资渠道、资金募集方式的不同，可对其进行不同的分类。

按照组织形式划分，证券投资基金可以分为契约型基金和公司型基金。契约型基金是指以信托法为基础，根据当事人各方之间订立的信托契约，由基金发起人发起设立的基金，基金发起人向投资者发行基金单位来筹集资金。契约型基金又称信托型基金。公司型基金是指以公司法为基础设立、通过发行基金单位筹集资金并投资于各类证券的基金。公司型基金的认购人和持有人是基金的股东，股东选举产生的董事会代表股东负责基金运作的相关事宜。

按照基金单位是否变动划分，基金可分为封闭式基金和开放式基金，两者的主要区别见表1-3。封闭式基金是指基金单位的数目在基金设立时就已确定，在基金存续期内基金单位的数目一般不会发生变化，但出现基金扩募的情况除外。尽管封闭式基金的基金单位数不变，但基金的资产规模随单位资产净值的变化而变化。由于封闭式基金发行的是不可赎回证券，基金不必随时准备将基金资产变现以应对投资者赎回的请求。开放式基金是指基金股份总数是可以变动的基金，它既可以向投资者销售任意多的基金单位，也可以随时应投资者要求赎回已发行的基金单位。基金单位总数的变动必然带来基金资产的变化。如果基金向投资者发行新的股份，基金就可以用新筹集的资金进行投资，基金的资产也相应增加；如果投资者赎回基金股份，基金则将投资组合中的现金或非现金资产变现用于支付。

表1-3 开放式基金与封闭式基金的区别统计表

	开放式基金	封闭式基金
基金规模和存续期限	基金单位根据投资人申购和赎回的需要而随时增减	存续期内基金规模不变
交易关系	申购和赎回始终在基金投资者和基金管理者之间	交易在基金投资者之间完成

续表

	开放式基金	封闭式基金
交易价格	根据基金单位资产净值加、减一定费用确定	由市场供求关系确定
交易费用	投资者需要缴纳的费用均包含在基金价格之中	在基金价格之外要付出一定比例的证券交易税和手续费
投资策略	为应付投资者赎回的需要，保留现金更多，一般投资于变现能力强的资产	流动性要求相对较低，可进行长期投资
基金管理人的约束	由于受到流动性限制，对基金管理人的约束较强	对基金管理人的约束相对较弱

投资基金按照投资渠道的不同，可分为股票基金、债券基金、货币市场基金。股票基金的投资标的主要是股票，债券基金的投资标的是债券，而货币市场基金的投资标的主要为货币市场的金融产品，如短期国债、外汇等。

证券投资基金按照是否公开发行，可分为公募基金（public offering fund）和私募基金（private placement fund）。公募基金是向社会不特定公众发行，而私募基金则向特定对象发行。在美国，公募发行的公司型基金通常被称为共同基金（mutual fund），而私募基金主要为对冲基金（hedge fund），两者之间的主要区别见表 1-4。

表 1-4　共同基金与对冲基金的特征比较表

	共同基金	对冲基金
投资者人数	限制性不强，根据美国有关法律，投资者人数必须达到一定规模才能上市。	严格限制。美国《证券法》规定，若以个人名义参加，最近两年里个人年收入至少在 20 万美元以上；若以家庭名义参加，夫妇俩最近两年的收入至少在 30 万美元以上；若以机构名义参加，净资产至少在 100 万美元以上。1996 年做出新的规定：参加者由 100 人扩大到 500 人。参加者的条件是个人必须拥有价值 500 万美元以上的投资证券。
监管	严格监管。因为投资者是普通大众，缺乏对市场的必要了解，严格监管是出于避免大众风险、保护弱者以及保证社会安全的考虑。	监管不严格。美国 1933 年《证券法》、1934 年《证券交易法》和 1940 年的《投资公司法》曾规定投资者人数不足 100 人的机构在成立时不需要向美国证券交易委员会等金融主管部门登记，并可免于管制。这是因为，对冲基金的投资者主要是少数十分老练而富有的人，自我保护能力较强。
筹资方式	公募。	美国 1933 年《证券法》规定，基金在吸引顾客时不得利用任何传媒做广告。投资者主要通过四种方式参与：依据在上流社会获得的所谓“可靠投资消息”；直接认识某个对冲基金的管理者；通过别的基金转入；由投资银行、证券中介公司或投资咨询公司的特别介绍。
信息披露程度	信息公开。	信息不公开，无须披露财务及资产状况。

续表

	共同基金	对冲基金
财务杠杆	很低。	具有高财务杠杆性。对冲基金往往利用银行信用，通过反复抵押高流动性的证券资产，获得高达几倍甚至几十倍的信贷资金。在一般情况下，对冲基金运作的财务杠杆系数为2～5倍，在紧急情况下可达20倍，甚至更高。全球范围对冲基金未使用财务杠杆的比重为27.0%，使用财务杠杆的比重为73.0%，其中杠杆系数在2倍以下的占对冲基金总数的45.1%，杠杆系数超过2倍的比例为27.9%。
经营业绩	由于投资渠道的限制，与对冲基金相比，其经营业绩略为逊色。	通常较优。由于对冲基金的投资领域更为宽泛（包括一些风险较高的领域）、经营更为灵活，因而业绩通常较好。1990年1月至1998年8月间年均回报率为17%，高于一般的股票投资基金、退休基金和共同基金（同期，华尔街标准普尔500家股票的年均增长率仅为12%）。一些经营较好的对冲基金每年的投资回报率在这一时期高达30%～50%。最近几年，虽然对冲基金的收益率有所降低，但2003年的平均收益率仍然超过15%。需要注意的是，在1998年后，很多对冲基金的业绩不尽如人意（如老虎基金、量子基金就先后倒闭）。

1.4.4 证券投资基金的管理和托管

1.4.4.1 基金管理人

基金管理人是指凭借专门的知识与经验，运用所管理基金的资产，根据法律法规及基金章程或基金契约的规定，按照科学的投资组合原理进行投资决策，谋求所管理的基金资产不断增值，并使基金持有人获取尽可能多收益的机构。根据我国相关法律法规的规定，基金管理人的职责主要有：依法募集资金，办理基金份额的发售和登记事宜；办理基金备案手续；对所管理的不同基金财产分别管理、分别记账，进行证券投资；按照基金合同的约定确定基金收益分配方案，及时向基金份额持有人分配收益；进行基金会计核算并编制基金财务会计报告；编制中期和年度基金报告；计算并公告基金资产净值，确定基金份额申购、赎回价格；办理与基金财产管理业务活动有关的信息披露事项；按照规定召集基金份额持有人大会；保存基金财产管理业务活动的记录、账册、报表和其他相关资料；以基金管理人名义，代表基金份额持有人利益行使诉讼权利或者实施其他法律行为；国务院证券监督管理机构规定的其他职责。

1.4.4.2 基金托管人

证券投资基金托管，是指由依法设立并取得基金托管资格的商业银行或者其他金融机构担任托管人，按照法律法规的规定及基金合同的约定，对基金履行安全保管基金财产、办理清算交割、复核审查资产净值、开展投资监督、召集基金份额持有人大会等职责的行为。基金托管人是基金持有人利益的代表，是基金资产的名义持有人或管理机构。为了保证基金资产的安全，基金应按照资产管理和保管分开的原则进行运作，并由专门的基金托管人保管基金资产。基金托管人的主要职责有：①为所托管的不同基金财产分别设置资金账户、证券账户等投资交易必需的相关账户，确保基金财产的独立与完整；②建立与基金管理人的对账机制，定期核对资金头寸、证券账目、资产净值等数据，及时核查认购与申购资金的到账、赎回资金的支付以及投资资金的支付与到账情况，并对基金的会计凭证、交易记录、合同协议等重要文件档案保存15年以上；③对基金财产的投资信息和相关资料负保密义务，除法律、行政法规和其他有关规定以及监管机构的审计要求外，不得向任何机构或者个人泄露相关信息和资料。

1.5 金融衍生工具

20世纪70年代至90年代，随着金融自由化和国际化的逐步发展，任何有价资产的持有者都会面临由汇率或利率变动造成直接损失或间接损失的风险。虽然分散资产可以降低非系统性风险，但对系统性风险却完全没有帮助。因此，市场对一些能够对冲风险的工具，需求十分殷切。在高度自由竞争的环境下，金融衍生工具市场的出现满足了这类需求，其实是一个很自然的过程。金融衍生工具以合约形式制定，其价值往往引申自另一个或多个基础变数。这些变数可以是任何形式的资产的价格，如股票、货币、商品等资产的价格，亦可以是指数或其他经济指标等。金融衍生工具市场能够迅速发展到今天的规模，还有赖于其他因素，包括科技和计算机的进步、银行和金融机构的积极推广、相关理论的形成等。

1.5.1 金融衍生工具市场参与者

市场上从事金融衍生工具买卖的参与者，基本上分为三类：对冲者（hedgers）或称保值者、投机者（speculators）和套利者（arbitrageurs）。对冲者的主要目的是避免或降低面对的风险；投机者则与对冲者相反，投机者期望的是市场未来的不确定性，他们并不一定持有资产，或对未来投资做保值，而在于获得资产未来真实价格和现在的远期价格之间的差额；套利者是通过两个或以上的不同市场，同时买卖某种（或两种类似的）资产或商品，以期获得无风险的利润。

1.5.2 金融衍生工具

1.5.2.1 期　货

期货的英文为futures，是由“未来”一词演化而来的，其含义是：交易双方不必在买卖发生的初期交割，而是共同约定在未来的某一时刻交割，因此在国内就称其为“期货”。

最初的期货交易是从现货远期交易发展而来的，最初的现货远期交易是双方口头承诺在某一时间交收一定数量的商品，后来随着交易范围的扩大，口头承诺逐渐被买卖契约代替。这种契约行为日益复杂化，需要有中间人担保，以便监督买卖双方按期交货和付款，于是便出现了1570年伦敦开设的世界第一家商品远期合同交易所——皇家交易所。为了适应商品经济的不断发展，1985年芝加哥谷物交易所推出了一种被称为“期货合约”的标准化协议，取代原先沿用的远期合同。芝加哥谷物交易所在使用这种标准化合约时，允许合约转手买卖，并逐步完善了保证金制度，于是一种专门买卖标准化合约的期货市场就形成了，期货成为投资者的一种投资理财工具。

1. 期货与股票的区别

期货与股票的投资报酬不一样：期货交易由于其保证金的杠杆原理，可以放大收益，达到“四两拨千斤”的效果。期货只需付出合约总值10%以下的本钱；股票则必须100%投入资金，要融资则需付出利息代价。与投资报酬成倍增长一样，期货的投资风险与股票相比，也是成倍增长。

2. 期货合约的主要特点

(1) 期货合约的商品品种、数量、质量、等级、交货时间、交货地点等条款都是既定的，是标准化的，唯一的变量是价格。期货合约的标准通常由期货交易所设计，经国家监管机构审批上市。

(2) 期货合约是在期货交易所组织下成交的，具有法律效力，而价格又是在交易所的交易厅里通过公开竞价方式产生的；国外大多采用公开叫价方式，而我国均采用计算机交易。

(3) 期货合约的履行由交易所担保，不允许私下交易。

(4) 期货合约可通过交收现货或进行对冲交易来履行或解除合约义务。

3. 期货合约的组成要素

(1) 交易品种。

(2) 交易数量和单位。

(3) 最小变动价位，报价必须是最小变动价位的整数倍。

(4) 每日价格最大波动限制，即涨（跌）停板。当市场价格涨到最大涨幅时，我们称“涨停板”；反之，称“跌停板”。

(5) 合约月份。

(6) 交易时间。

(7) 最后交易日（指某期货合约在合约交割月份中进行交易的最后一个交易日）。

(8) 交割时间（指该合约规定进行实物交割的时间）。

(9) 交割标准和等级。

(10) 交割地点。

(11) 保证金。

(12) 交易手续费。

4. 期货合约的功能

(1) 吸引套期保值者利用期货市场买卖合约来锁定成本，规避因现货市场的商品价格波动风险而可能造成的损失。

(2) 吸引投机者进行风险投资交易，增加市场流动性。

5. 期货交易的特征

(1) 期货交易的双向性。期货交易与股市的一个最大区别就是期货可以双向交易，期货可以买空，也可以卖空。在价格上涨时可以低买高卖，在价格下跌时可以高卖低补。做多可以赚钱，做空也可以赚钱，所以说期货无熊市。在熊市中，股市会萧条，而期货市场却风光依旧、机会依然。

(2) 期货交易的杠杆作用。杠杆原理是期货投资的魅力所在。期货市场里的交易无须支付全部资金，目前国内期货交易只需要支付5%的保证金就可获得未来交易的权利。

由于保证金的运用，原本的行情被以十余倍放大。我们假设某日铜价涨了3%，如果操作对了，我们的资金利润率就达60%（=3%÷5%），远远超过股票投资。

(3) 期货是零和市场，但大于负市场。期货是零和市场，期货市场本身并不创造利润。在某时段里，不考虑资金的进出和提取交易费用，期货市场的总资金量是不变的，市场参与者的盈利来自另一个交易者的亏损。

6. 期货套利方法

期货市场的套利主要有三种形式，即跨交割月份套利、跨市场套利及跨商品套利。

(1) 跨交割月份套利（跨月套利）。投机者在同一市场利用同一种商品不同交割期之间价格差距的变化，买进某交割月份期货合约的同时，卖出另一交割月份的同类期货合约以谋取利润的活动。其实质是利用同一商品期货合约的不同交割月份之间差价的相对变动来获利，这是最常用的一种套利形式。

例如，如果你注意到5月份大豆和7月份大豆的价格差异超出正常的交割、储存费，你应买入5月份的大豆合约而卖出7月份的大豆合约。此后，当7月份的大豆合约与5月份的大豆合约更接近而缩小了两个合约的价格差时，你就能从价格差的变动中获得一笔收益。跨月套利与商品绝对价格无关，而仅与不同交割期之间的价差变化趋势有关。

(2) 跨市场套利（跨市套利）。跨市套利是在不同交易所之间的套利交易行为。当同一商品期货合约在两个或更多的交易所进行交易时，由于区域间的地理差别，各商品合约间存在一定的价差关系。投机者利用同一商品在不同交易所期货价格的不同，在两个交易所同时买进和卖出期货合约以谋取利润。

当同一商品在两个交易所中的价格差额超出了将商品从一个交易所的交割仓库运送到另一交易所的交割仓库的费用时，可以预计，它们的价格差额将会缩小并在未来某一时期体现真正的跨市场交割成本。比如伦敦金属交易所（LME）与上海期货交易所（SHFE）都进行阴极铜的期货交易，每年两个市场间会出现几次价差超出正常范围的情况，这为交易者的跨市套利提供了机会。例如，当LME的铜价低于SHFE时，交易者可以在买入LME铜合约的同时，卖出SHFE的铜合约，待两个市场价格关系恢复正常时再将买卖合约对冲平仓并从中获利，反之亦然。

（3）跨商品套利。跨商品套利是指利用两种不同的但是相互关联的商品之间的期货价格差异进行套利，即买进（卖出）某交割月份某商品的期货合约，而同时卖出（买入）另一种相同交割月份、另一关联商品的期货合约。

跨商品套利必须具备以下条件：

第一，两种商品之间应具有关联性与相互替代性。

第二，交易受同一因素制约。

第三，通常应在相同的交割月份买进和卖出期货合约。

在某些市场中，一些商品的关系符合真正套利的要求。比如在谷物中，如果大豆的价格太高，玉米可以成为它的替代品。这样，两者的价格变动趋于一致。另一常用的商品间套利是原材料商品与制成品之间的跨商品套利，如大豆及其两种产品——豆粕和豆油的套利交易。大豆经过压榨后，生产出豆粕和豆油。在大豆与豆粕、大豆与豆油之间都存在一种天然联系，这种联系能限制它们价差的大小。

要想从相关商品的价差关系中获利，套利者必须了解这种关系的历史和特性。例如，一般来说，大豆的价格上升（或下降），豆粕的价格必然上升（或下降），如果你预测豆粕价格的上升幅度小于大豆价格的上升幅度（或豆粕价格的下降幅度大于大豆价格的下降幅度），那么你应在交易所买进大豆的同时，卖出豆粕，待机平仓获利；反之，如果你预测豆粕价格的上升幅度大于大豆价格的上升幅度（或豆粕价格的下降幅度小于大豆价格的下降幅度），则你应在卖出大豆的同时，买进豆粕，待机平仓获利。

专栏1-9　　金融期货的主要品种

一、股指期货

1. 股指期货与其他金融期货、商品期货的共同特征

（1）合约标准化。期货合约的标准化是指除价格外，期货合约的所有条款都是预先规定好的，具有标准化特点。期货交易通过买卖标准化的期货合约进行。

（2）交易集中化。期货市场是一个高度组织化的市场，并且实行严格的管理制度，期货交易在期货交易所内集中完成。

（3）对冲机制。期货交易可以通过反向对冲操作结束履约责任。

（4）每日无负债结算制度。在每日交易结束后，交易所根据当日结算价对每一会员的保证金账户进行调整，以反映该投资者的盈利或损失。如果价格向不利于投资者持有头寸的方向变化，那么在每日结算后，投资者就要追加保证金，如果保证金不足，投资者的头寸就可能被强制平仓。

（5）杠杆效应。股指期货采用保证金交易。

2. 股指期货自身的独特特征

(1) 股指期货的标的物为特定的股价指数，报价单位以指数点计。

(2) 合约的价值以一定的货币乘数与股价指数的乘积来表示。

(3) 股指期货的交割采用现金交割，不是通过交割股票而是通过结算差价并用现金来结清头寸。

3. 股指期货与商品期货交易的区别

(1) 标的指数不同。股指期货的标的物为特定的股价指数，不是真实的标的资产；而商品期货交易的对象是具有实物形态的商品。

(2) 交割方式不同。股指期货采用现金交割，在交割日通过结算差价并用现金来结清头寸；而商品期货则采用实物交割，在交割日通过实物所有权的转让进行清算。

(3) 合约到期日的标准化程度不同。股指期货合约的到期日都是标准化的，一般到期日在 3 月、6 月、9 月、12 月等几种；而商品期货合约的到期日根据商品特性的不同而不同。

(4) 持有成本不同。股指期货的持有成本主要是融资成本，不存在实物贮存费用，有时所持有的股票还有股利，如果股利超过融资成本，还会产生持有收益；而商品期货的持有成本包括贮存成本、运输成本、融资成本。因此，股指期货的持有成本低于商品期货。

(5) 投机性能不同。股指期货对外部因素的反应比商品期货更敏感，价格的波动更为频繁和剧烈，因而股指期货比商品期货具有更强的投机性。

二、国债期货

1. 国债期货的概念

国债期货是指通过有组织的交易场所预先确定买卖价格并于未来特定时间内进行钱券交割的国债派生交易方式。国债期货属于金融期货的一种，是一种高级的金融衍生工具。国债期货产生于 20 世纪 70 年代的美国，当时美国处于“石油危机”中，其通胀日趋严重、利率波动频繁。固定利率国债的持有者对风险管理和债券保值的强烈需求，使得具备套期保值功能的国债期货应运而生。

2. 国债期货合约简介

与一般期货相比，国债期货最大的特殊性在于它的标的合约为“名义标准国债”（或者称为“虚拟债券”）。1992 年，我国推出国债期货。1993 年末，我国的国债期货向社会大众开放。由于当时交易所分散、市场分割、交易制度差异很大、交割制度欠合理，市场成为高度投机的场所，最终 1995 年 2 月 23 日“国债 327 事件”爆发，随后国债期货交易被终止，一别 18 年。2013 年 2 月 13 日，中国金融期货交易所低调推出国债期货仿真交易。7 月 5 日，中国证监会批准中国金融期货交易所开展国债期货交易。中国金融期货交易所（以下简称“中金所”）首次推出的国债期货合约标的是面额为100万元人民币、票面利率为3%的5年期名义标准国债。

在国债期货中，我们经常看到两个重要且特有的概念。

(1) 转换因子（conversion factor，CF）。由于现券市场中的可交割债券的利率和期限都可能与期货合约中的标准国债不同，因而在期货交割时需要一个转换。转换因子就是反映这种折算关系的系数。

名义标准国债的使用主要是为了避免单一交割标的造成的流动性不佳和交割不便，同时可以起到紧密联系到期日相近的国债的市场价格的作用。各种不同期限和票面利率的实际国债通过转换因子与名义标准国债一一对应。

基于中金所国债期货合约，转换因子可以按如下方式计算。假设 c 为某可交割国债的票面利率，T 为剩余期限（4～7年），I 为交割日距下一次付息日的应计利息，则有

$$\mathrm{CF}=\left(\sum_{t=1}^{T}\frac{c}{1.03^{t}}+\frac{100}{1.03^{T}}-I\right)/100$$

通过转换因子的计算公式，我们可以得到：

1）对于给定交割月份和利率的国债期货合约来说，一种可交割债券的转换因子将是固定不变的，不会受时间改变和该债券交割变化以及期货价格变化的影响。

2）当可交割债券的实际票面利率高于国债期货合约的票面利率（3%）时，其转换因子大于1，并且实际票面利率越高，转换因子越大；反之，当可交割债券的实际票面利率低于国债期货合约的票面利率（3%）时，其转换因子小于1，并且实际票面利率越小，转换因子越小。

3）可交割债券剩余期限越短，转换因子就越接近于1。

(2) 最便宜可交割国债［cheapest-to-deliver（CTD）bond］。从转换因子的原理可以看出，转换因子的计算过程对市场的到期收益率有两个关键假设：①到期收益率是平坦的，因此每个节点的贴现率都为3%；②市场上剩余期限为4～7年的固定利率债券的到期收益率在未来一直保持在3%的水平上。但实际中，市场到期收益率曲线并不是平坦地位于3%的水平上。因此，当市场上4～7年期现券的到期收益率低于3%时，使用3%的贴现率计算出来的转换因子低估了债券价值。如果使用市场真实的到期收益率对单位化的债券进行贴现，则计算出的现值更高。按照市场到期收益率计算出的现值就是现券的市场价格。所以，此时市场上单位化的现券价格比转换因子要高，期货空头就会选择实际价格最便宜的债券进行交割，这只债券成为最便宜可交割国债。

3. 国债期货案例——“327国债事件”始末①

327是一个国债产品，兑付办法是票面利率8%加保值贴息。由于保值

① 期货日报网，2012-02-09。

贴息的不确定性，该产品在期货市场上有一定的投机价值，成为当年最热门的炒作素材，而由此引发的327案，也成为中国证券史上的“巴林事件”。英国《金融时报》将1995年2月23日称为中国证券史上最黑暗的一天。

(1)“327国债事件”背景。

“327”是“92（3）国债06月交收”国债期货合约的代号，对应1992年发行、1995年6月到期兑付的3年期国债，该券发行总量是240亿元人民币。

当时，我国国债发行极难。在1990年以前，国债一直是靠行政分配的方式发行的。国债的转让流通起步于1988年，1990年才形成全国性的二级市场。个人投资者普遍把国债作为一种变相的长期储蓄存款，很少有进入市场交易的兴趣。

通过多次国际考察，决策者对国际金融市场有了较多的了解，感觉应当有金融工具的创新。在当时的体制框架内和认识水平上，搞股票指数期货是不可能的，而国债的发行正在受到国家的大力鼓励。借鉴美国的经验，1992年12月28日，上海证券交易所首次设计并尝试推出了12个品种的期货合约。

在国债期货试行的两周内，交易清淡，仅成交19手。1993年7月10日，情况发生了历史性的变化。在这一天，财政部颁布了《关于调整国库券发行条件的公告》，公告称：在通货膨胀居高不下的背景下，政府决定将参照中央银行公布的保值贴补率给予一些国债品种保值补贴。自此，国债收益率开始出现不确定性，因而国债期货市场的炒作空间扩大了。

所谓的保值贴息是指，由于通货膨胀带来人民币贬值，从而使国债持有者的实际财富减少，为了补偿国债持有人的这项损失，财政部会拿出一部分钱作为利息的增加，称为保值贴息。从经济学的角度来看，保值贴息应该与通货膨胀率的实际值相等，而在国际惯例上，大多数国家（包括现在的中国）已经取消了这一补贴。其原因在于，国债购买者在购买时应当自行预见金融产品收益的不确定性。

20世纪90年代中期，我国开放了国债期货交易试点，采用国际惯例，实行保证金制度，虽然它远高于1%的国际标准，但2.5%的保证金制度仍然把可交易量扩大到40倍，从而有效提高了国债期货产品的流动性。

由于期货价格主要取决于相应的现货价格预期，因此影响现货价格的因素也就成了期货市场的炒作题材。影响1992年3年期国债现券价格的主要因素有：

1）基础价格。92（3）现券的票面利率为9.5%，如果不计保值和贴息，到期本息之和为128.50元。

2）保值贴补率。92（3）现券从1993年7月11日起实行保值，因而在 1995 年 7 月到期兑付时保值贴补率的高低，影响着 92（3）现券的实际价值。

3）贴息问题。1993 年 7 月 1 日，人民币三年期储蓄存款利率上调至 12.24%，这与 92（3）现券的票面利率拉出了 2.74 个百分点的利差，而 1994 年 7 月 10 日财政部发布的公告仅仅规定了 92（3）等国债品种将与居民储蓄存款一样享受保值贴补，并未说明 92（3）现券是否将随着储蓄利率的提高进行同步调整。因此，92（3）现券是否加息成为市场一大悬念，直接影响到 92（3）现券的到期价值。

4）1995 年新券流通量的多寡也直接影响到 92（3）期券的炒作。由于上海证交所采用混合交收的制度，如果新券流通量大，且能成为混合交收的基础券种，那么空方将有更多的选择余地，市场将有利于空方；如果相反，则对多方有利。

这些价格的不确定因素为 92（3）国债期货的炒作提供了空间。

（2）事件的发展经过。

1995 年，国家宏观调控提出三年内大幅降低通货膨胀率的措施，到 1994 年底 1995 年初的时段，通胀率已经被控下调了 2.5 个百分点左右。众所周知，在 1991—1994 年中国通胀率一直居高不下的这三年里，保值贴息率一直处在7%～8%的水平上。根据这些数据，时任万国证券总经理、有中国证券教父之称的管金生预测，327 国债的保值贴息率不可能上调，即使不下降，也应维持在 8%的水平上。按照这一计算，327 国债将以 132 元的价格兑付。因此，当市价在 147～148 元波动的时候，万国证券联合辽宁国发（集团）公司（以下简称“辽国发”）成为市场空头主力。

而另一边是当时隶属于财政部的中国经济开发有限公司（以下简称“中经开”），有理由认为，它当时已经知道财政部将上调保值贴息率。因此，中经开成为多头主力。

1995 年 2 月 23 日，财政部发布公告称，327 国债将按 148.50 元兑付，空头判断彻底错误。当日，中经开率领多方借利好大肆买入，将价格推到了 151.98 元。随后，辽国发的高岭、高原兄弟在形势对空头极其不利的情况下由空翻多，将其 50 万手做空单迅速平仓，反手买入 50 万手做多，327 国债在 1 分钟内涨了 2 元。这对于万国证券意味着一个沉重打击——60 亿元人民币的巨额亏损。管金生为了维护自身利益，在收盘前 8 分钟，做出避免巨额亏损的疯狂举措：大举透支卖出国债期货，做空国债。下午 16：22，在手头并没有足够保证金的前提下，空方突然发难，先以 50 万手把价位从 151.30 元轰到 150 元，然后把价位打到 148 元，最后一个 730 万手的巨大卖单把价位打到 147.40 元。这笔 730 万手卖单面值 1 460 亿元。当日开盘的多方全部爆仓，并且由于时间仓促，多方根本没有来得及有所反应，使得这次激烈的多空绞杀终于以万国证券盈利而告终。而另一方，以中经开为代表的多头，则出现了约40亿元的巨额亏损。

2月23日晚上22：00，上交所在经过紧急会议后宣布：23日16：22：13之后的所有交易是异常的、无效的，经过此调整，当日国债成交额为5 400亿元，当日327国债的收盘价为违规前最后签订的一笔交易价格151.30元。也就是说，当日收盘前8分钟内多头的所有卖单无效，327国债的兑付价由会员协议确定。上交所的这一决定，使万国证券的尾盘操作收获瞬间化为泡影。万国证券亏损56亿元人民币，濒临破产。

2月24日，上交所发出《关于加强国债期货交易监管工作的紧急通知》，就国债期货交易的监管问题做出六项规定：①从2月24日起，对国债期货交易实行涨（跌）停板制度；②严格加强最高持仓合约限额的管理工作；③切实建立客户持仓限额的规定；④严禁会员公司之间相互借用仓位；⑤对持仓限额使用结构实行控制；⑥严格国债期货资金使用管理。与此同时，为了维持市场稳定，开办了协议平仓专场。

（3）事件尾声。

3月份全国“两会”召开之际，全国政协委员、著名经济学家戴园晨发言，要求对万国证券的违规予以严肃的查处。

5月17日，中国证监会鉴于中国当时不具备开展国债期货交易的基本条件，发出《关于暂停全国范围内国债期货交易试点的紧急通知》，开市仅两年零六个月的国债期货无奈地画上了句号。中国第一个金融期货品种宣告夭折。

9月20日，国家监察部、中国证监会等部门都公布了对“327国债事件”的调查结果和处理决定，决定如下：“这次事件是一起在国债期货市场发展过快、交易所监管不严和风险控制滞后的情况下，由上海万国证券公司、辽宁国发（集团）公司引起的国债期货风波。”该决定认为，上海证交所对市场存在过度投机所带来风险的估计严重不足，交易规则不完善，风险控制滞后，监督管理不严，致使在短短几个月内屡次发生严重违规交易引起的国债期货风波，在国内外造成了极坏的影响。经过四个多月深入调查取证，国家监察部、中国证监会等部门根据有关法规，对有关责任人分别做出了开除公职、撤销行政领导等纪律处分和调离、免职等组织处分，涉嫌触犯刑律的移送司法机关处理，对违反规定的证券机构进行经济处罚。

三、外汇期货

外汇期货（foreign exchange futures）是交易双方约定在未来某一时间，依据现在约定的比例，以一种货币交换另一种货币的标准化合约的交易。外汇期货是以汇率为标的物的期货合约，用来规避汇率风险，它是金融期货中最早出现的品种。

20世纪70年代初布雷顿森林体系的解体使固定汇率制度被浮动汇率制度所取代，主要西方国家的货币纷纷与美元脱钩，汇率波动频繁，市场风险加大。与此同时，经济的全球化使得越来越多的企业面临汇率波动的风险，市场迫切需要规避这种风险的工具，外汇期货就是在这种背景下产生的。自1972年5月芝加哥商业交易所（CME）的国际货币市场分部推出第一张外汇期货合约以来，随着国际贸易的发展和世界经济一体化进程的加快，外汇期货交易一直保持着旺盛的发展势头。它不仅为广大投资者和金融机构等经济主体提供了有效的套期保值工具，而且也为套利者和投机者提供了新的获利手段。

目前，全世界的期货市场主要有芝加哥期货市场、纽约商品交易所、悉尼期货市场、新加坡期货市场、伦敦期货市场。期货市场至少要包括两个部分：一是交易市场；二是清算中心。期货的买方或卖方在交易所成交后，清算中心就成为其交易对方，直至期货合同实际交割为止。外汇期货交易的主要品种有美元、英镑、日元、加拿大元、澳大利亚元等。从世界范围看，外汇期货的主要市场在美国，而且基本集中在芝加哥商业交易所的国际货币市场（IMM）、中美洲商品交易所（MCE）和费城期货交易所（PBOT）。国际货币市场主要进行澳大利亚元、英镑、欧元、加拿大元、日元的期货合约交易；中美洲商品交易所进行英镑、加拿大元、欧元、日元的期货交易；费城期货交易所主要交易欧元、英镑、加拿大元、澳大利亚元、日元、瑞士法郎。此外，外汇期货的主要交易所还有伦敦国际金融期货交易所（LIFFE）、新加坡国际货币交易所（SIMEX）、东京国际金融期货交易所（TIFFE）、法国国际期货交易所（MATIF）等，每个交易所基本都有本国货币与其他主要货币交易的期货合约。

在外汇市场上，存在着一种传统的远期外汇交易方式，它与外汇期货交易在许多方面有着相同或相似之处，常常被误认为期货交易。在此，有必要对它们做出简单的区分。远期外汇交易是指交易双方在成交时约定于未来某日期、按成交时确定的汇率交收一定数量某种外汇的交易方式。远期外汇交易一般由银行和其他金融机构相互通过电话、传真等方式达成，交易数量、期限、价格自由商定，比外汇期货更加灵活。在套期保值时，远期交易的针对性更强，往往可以使风险全部对冲。但是，远期交易的价格不具备期货价格那样的公开性、公平性与公正性。远期交易没有交易所、清算所为中介，流动性远低于期货交易，而且面临着对手的违约风险。

外汇期货合约是以外汇作为交割内容的标准化期货合同，它主要包括以下几个方面的内容：

第一，外汇期货合约的交易单位。每一份外汇期货合约都由交易所规定标准交易单位。

第二，交割月份。在国际货币市场上，所有外汇期货合约的交割月份都是一样的，为每年的3月、6月、9月和12月。交割月的第三个星期三为该月的交割日。

第三，通用代号。在具体操作中，交易所和期货佣金商以及期货行情表都是用代号来表示外汇期货。

第四，最小价格波动幅度。国际货币市场对每一种外汇期货报价的最小波动幅度做了规定。在交易场内，经纪人所做的出价或叫价只能是最小价格波动幅度的倍数。

与股票、债券等基础性金融资产相比，期货的投资报酬更高，但投资风险也更大。我们可从巴林银行事件来初步了解期货的投资风险。

1. 事件发生

1995 年 2 月，具有 230 多年历史、在世界 1 000 家大银行中按核心资本排名第 489 位的英国巴林银行宣布倒闭，这一消息在国际金融界引起了强烈震动。巴林银行 1763 年创建于伦敦，它既为投资者提供资金和有关建议，又像一个“商人”一样自己做买卖——也像其他商人一样承担风险。由于善于变通、富于创新，巴林银行很快就在国际金融领域获得巨大的成功。它的业务范围非常广泛：无论是到刚果开采铁矿，从澳大利亚贩运羊毛，还是开掘巴拿马运河，巴林银行都可以为之提供贷款。由于巴林银行在银行业中的卓越贡献，巴林银行的经营者先后获得了 5 个爵位，巴林银行也成为英国乃至世界极具影响力的商业银行。

巴林银行的倒闭是由于该行在新加坡的期货公司因交易形成的巨额亏损。1992 年新加坡巴林银行期货公司开始进行金融期货交易后不久，前台首席交易员（而且是后台结算主管）里森就开立了“88888”账户。开户表格上注明此账户是“新加坡巴林银行期货公司的误差账户”，只能用于冲销错账，但这个账户却被用来进行交易，甚至成了里森赔钱的“隐藏所”。里森通过指使后台结算操作人员在每天交易结束后和第二天交易开始前，在“88888”账户与巴林银行的其他交易账户之间做假账进行调整，里森反映在总行其他交易账户上的交易始终是盈利的，而把亏损掩盖在“88888”账户中。

里森作为一个交易负责人，曾经通过大阪股票交易所、东京股票交易所和新加坡国际金融交易所买卖日经 225 股票指数期货和日本政府债券期货，从中赚取微薄的差价。由于差价有限，因此交易量很大。通过这种风险较低的差价交易，也一度为巴林银行赚取了巨额利润，在 1994 年头 7 个月获利 3 000 万美元。

2. 在股指期货等衍生品交易上的亏损分析

巴林银行倒闭是由于其子公司——新加坡巴林银行期货公司持有大量未经保值的期货和选择权头寸出现了巨额亏损。经调查发现，新加坡巴林银行期货公司 1995 年交易的期货合约是日经 225 指数期货、日本政府债券期货和欧洲日元期货，实际上所有的亏损都是由前两种合约引起的。

（1）来自日经 225 指数期货的亏损。自 1994 年下半年起，里森认为日经225指数即将上涨，因而逐渐买入日经225指数期货。不料，1995年1月17日关西大地震后，日本股市不断下跌，里森的投资损失惨重。里森当时认为股票市场对神户地震反应过激，股价将会回升。为弥补亏损，里森一再加大投资，在1月16—26日再次大规模建多仓，用以翻本。他的策略是继续买入日经225指数期货，其日经225指数期货头寸为19506合约5 640张。据估计，其9503合约多头平均买入价为18 130点；2月23日后，日经225指数急剧下挫，9503合约收盘跌至17 473点以下，导致无法弥补损失，累计亏损达到480亿日元。

(2) 来自日本政府债券的空头期货合约的亏损。里森认为日本股票市场的股价将会回升，而日本政府债券的价格将会下跌，因此在1995年1月16—24日大规模建日经225指数期货多仓；与此同时，又卖出大量日本政府债券期货。里森在“88888”账户中的未套期保值合约数从1月16日的2 050手多头合约转换为1月24日的26 379手空头合约，但1月17日关西大地震后，在日经225指数出现大跌的同时，日本政府债券的价格却出现了普遍上升，使里森购买的日本政府债券的空头期货合约也出现了较大亏损，在1月1日到2月27日期间就亏损了1.9亿英镑。

(3) 来自股指期权的亏损。里森在进行以上期货交易时，还同时进行日经225指数期货期权交易，大量卖出马鞍式选择权，即在相同的执行价格下卖出一张看涨期权，同时卖出一张看跌期权，以获取期权费。里森通过卖出选择权获得了很多期权费来支付大量的追加保证金，里森希望在一段时间内市场能够保持足够稳定，让选择权能够以接近执行价的价格到期作废，从而使该交易获利。采取这种策略的内在风险在于市场突然和未预期的波动。马鞍式期权获利的机会是建立在日经225指数小幅波动上的，但由于日经225指数的大幅下跌，这不仅使看跌期权变为价内期权，而且会因为波动率的增大使选择权价值进一步增大，从而使卖方遭受更大的亏损。因此，日经225指数出现大跌，里森作为马鞍式选择权的卖方出现了严重亏损——到2月27日，其期权头寸的累计账面亏损已达184亿日元。

里森终于意识到，他已回天无力，于是便携妻子仓促外逃。2月24日，巴林银行因被追交保证金，才发现里森期货交易的账面损失为4亿～4.5亿英镑，约合6亿～7亿美元，已接近巴林银行集团本身的资本和储备之和。26日，英格兰银行宣布对巴林银行进行破产清算，寻找买主。27日，东京股市日经225指数再急挫664点，又令巴林银行的损失增加了2.8亿美元。截至1995年3月2日，巴林银行的亏损额达9.16亿英镑，约合14亿美元。3月5日，国际荷兰集团与巴林银行达成协议，接管其全部资产与负债，更名为巴林银行有限公司。3月9日，此方案获英格兰银行及法院批准。至此，巴林银行230年的历史终于画上了句号。

1.5.2.2 期　权

1. 期权的概念

期权（option）是在期货的基础上产生的一种金融工具，是指在未来一定时期可以买卖的权利，是买方向卖方支付一定数量的金额（指期权费）后拥有的在未来一段时间内（指美式期权）或未来某特定日期（指欧式期权）以事先规定好的价格（指履约价格）向卖方购买或出售一定数量特定标的物的权利，但不负有必须买进或卖出的义务。

期权主要有如下几个构成因素：①执行价格（又称履约价格、敲定价格）。期权的买方在行使权利时事先规定的标的物买卖价格。②期权费。期权的买方支付的期权价格，即买方为获得期权而付给期权卖方的费用。③履约保证金。期权卖方必须存入交易所用于履约的财力担保。④看涨期权和看跌期权。看涨期权是指在期权合约有效期内按执行价格买进一定数量标的物的权利；看跌期权是指卖出标的物的权利。当期权买方预期标的物价格会超出执行价格时，他就会买进看涨期权；相反，就会买进看跌期权。

按执行时间的不同，期权主要可分为两种，即欧式期权和美式期权。欧式期权是指只有在合约到期日才被允许执行的期权，它在大部分场外交易中被采用。美式期权是指可以在合约有效期内的任意一天被执行的期权，多为场内交易所采用。下面举例说明：

（1）看涨期权。1月1日，标的物是铜期货，它的期权执行价格为1 850美元/吨。A买入这个权利，付出5美元；B卖出这个权利，收入5美元。2月1日，铜期货的价格上涨至1 905美元/吨，看涨期权的价格涨至55美元。此时，A可采取两个策略：

第一，行使权利。A有权按1 850美元/吨的价格从B手中买入铜期货；B在A提出这个行使期权的要求后，必须予以满足，即便B手中没有铜，也只能以1 905美元/吨的市价在期货市场上买入并以1 850美元/吨的执行价卖给A，而A可以1 905美元/吨的市价在期货币场上抛出，获利50美元（=1 905−1 850−5）。B则损失50美元（=1 850−1 905+5）。

第二，售出权利。A可以55美元的价格售出看涨期权，因此A获利50美元（=55−5）。

如果铜价下跌，即铜期货的市价低于敲定价格1 850美元/吨，A就会放弃这个权利，只损失5美元期权费，B则净赚5美元。

（2）看跌期权。1月1日，铜期货的执行价格为1 750美元/吨，A买入这个权利，付出5美元；B卖出这个权利，收入5美元。2月1日，铜价跌至1 695美元/吨，看跌期权的价格涨至55美元。此时，A可采取两个策略：

第一，行使权利。A可以按1 695美元/吨的市价从市场上买入铜，而以1 750美元/吨的价格卖给B，B必须接受，A从中获利50美元（=1 750−1 695−5），B损失50美元。

第二，售出权利。A 可以 55 美元的价格售出看跌期权，A 获利 50 美元（=55-5）。

如果铜期货价格上涨，A 就会放弃这个权利而损失 5 美元，B 则净得 5 美元。

通过上面的例子，可以得出以下结论：一是期权的买方（无论是看涨期权还是看跌期权）只有权利而无义务。他的风险是有限的（亏损的最大值为期权费），但在理论上，其获利是无限的。二是期权的卖方（无论是看涨期权还是看跌期权）只有义务而无权利。在理论上，他的风险是无限的，但收益是有限的（收益的最大值为期权费）。三是期权的买方无须付出保证金，卖方则必须支付保证金，并以其作为必须履行义务的财务担保。

2. 期权合约的基本因素

期权合约是指期权买方向期权卖方支付了一定数额的期权费后，即获得在规定的期限内按事先约定的执行价格买进或卖出一定数量相关商品期货合约权利的一种标准化合约。期权合约的构成要素主要有以下几个：买方、卖方、期权费、执行价格、通知和到期日等。

期权的履约有以下三种情况：

（1）买卖双方都可以通过对冲的方式履约。

（2）买方也可以通过将期权转换为期货合约的方式履约（在期权合约规定的执行价格水平获得一个相应的期货部位）。

（3）任何期权到期不用，自动失效。如果期权是虚值，期权买方就不会行使期权，任期权到期失效。这样，期权买方最多损失所交的期权费。

3. 期权的期权费

前已述及期权的期权费，就是购买或售出期权合约的价格。对于期权买方来说，为了换取期权赋予买方的一定权利，他必须支付一笔期权费给期权卖方；对于期权的卖方来说，他卖出期权并承担了必须履行期权合约的义务，因而他收取一笔期权费作为报酬。由于期权费是由买方负担的，是买方在出现最不利的变动时所需承担的最高损失金额，因此期权费又称“保险金”。

4. 期权交易原理

买进一定执行价格的看涨期权，在支付一笔很少的期权费后，便可享有买入相关期货的权利。一旦价格果真上涨，便履行看涨期权，以低价获得期货多头，然后按上涨的价格水平高价卖出相关期货合约，获得差价利润，在弥补支付的期权费后还有盈余。如果价格不但没有上涨，反而下跌，则可放弃或低价转让看涨期权，其最大损失为期权费。看涨期权的买方之所以支付一定数额的期权费买入看涨期权，是因为通过对相关期货市场价格变动的分析，认定相关期货市场价格有较大幅度上涨的可能性。一旦市场价格果真大幅度上涨，那么他将会因低价买进期货而获取较大的利润，只要卖价与买价的差额大于他买入期权所付的期权费，即可获利；他也可以在市场上以更高的期权费卖出该期权合约，从而对冲获利。如果看涨期权买方对相关期货市场价格变动趋势判断不准确，一方面，如果市场价格只有小幅度上涨，买方可履约或对冲，获取一点利润，弥补期权费支出的损失；另一方面，如果市场价格下跌，买方可不履约，其最大损失是支付的期权费。

5. 期权交易与期货交易的关系

期权交易与期货交易之间既有区别又有联系。其联系是：第一，两者均是以买卖远期标准化合约为特征的交易。第二，在价格关系上，期货市场价格对期权交易合约的执行价格及期权费确定均有影响。一般来说，期权交易的执行价格是以期货合约所确定的远期买卖同类商品的交割价为基础，而两者价格的差额又是确定期权费的重要依据。第三，期货交易是期权交易的基础，交易的内容一般均为是否买卖一定数量期货合约的权利。期货交易越发达，期权交易的开展就越有基础。因此，期货市场发育成熟和规则完备为期权交易的产生及开展创造了条件；期权交易的产生和发展又为套期保值者及投机者进行期货交易提供了更多可选择的工具，从而扩大和丰富了期货市场的交易内容。第四，期货交易可以做多做空，交易者不一定进行实物交收。期权交易同样可以做多做空，买方不一定要实际行使这个权利，只要有利，也可以把这个权利转让出去。卖方不一定非履行这个义务不可，也可在期权买入者行使权利前通过买入相同期权的方法以解除他所承担的责任。第五，由于期权的标的物为期货合约，因此在期权履约时，买卖双方会得到相应的期货部位。

1.5.2.3 其他金融衍生工具

除了期货、期权金融衍生工具外，其他主要金融衍生工具包括远期合同和互换合同。

(1) 远期合同。远期合同是指合同双方约定在未来某一日期以约定价值，由买方向卖方购买某一数量的标的项目的合同。

(2) 互换合同。互换合同是指合同双方在未来某一期间内交换一系列现金流量的合同。按合同标的项目不同，互换可以分为利率互换、货币互换、商品互换、权益互换等。其中，利率互换和货币互换比较常见。

1.6 另类投资工具

1.6.1 另类投资概述

另类投资（alternative investment），又称替代投资、非主流投资。另类投资并不是一个新生事物，但过去一直是有钱人小圈子内的游戏，其最显著的特点是风险高、透明度低。另类投资是指在股票、债券及期货等公开交易平台之外的投资方式。另类投资运作的一个根本理念是：市场未必有效率，许多企业、项目的价格没有体现其内在价值，因而离公共交易平台越远，价格与价值之间的偏差可能越高。因此，另类投资的重点就是没有上市，但具有包装潜力的企业和项目，通过购买、重组、包装、套现，将收购的企业或项目的价值体现出来。

按照投资对象的性质，我们可将另类投资细分为另类金融投资和另类实物投资。现实中的另类实物投资，从钱币、邮票、徽章到红酒、木头、城堡，无奇不有，种类繁杂。而另类金融投资产品因流动性相对较好，且不用存储，因而是大多数投资者的主要选择，包括金融衍生品（derivative）、私募股权（private equity）、风险投资（venture capital）、杠杆并购（leveraged buyout）等诸多品种，本书将对近年来最受关注和最为常见的金融衍生品及私募股权做介绍。

1.6.2 另类投资的特点

另类投资最重要的一个特点就是其与传统投资相关性小。这在传统投资陷入困境的大环境下，为投资者实现持续的绝对收益提供了有效途径。

由于另类投资不在公共交易平台上交易，其另一个必然的特点便是缺少流动性，交易成本较高。一个项目从购入到套现通常需要几年的时间，于是另类投资基金一般设有5年或10年的锁定期，中途赎回很困难。与此同时，另类投资产品价值的发现与评估往往因为缺乏足够的历史数据支持，因而对投资者提出了更高的专业技能要求。

1.6.3 另类投资工具

1.6.3.1 金融衍生品

2007年夏天爆发的次贷风波，一方面向世人展示了美国房地产行业泡沫破裂对全球金融行业的巨大冲击，另一方面也让一系列另类金融衍生品开始广为世人所关注，如ABS（asset-backed security）、MBS（mortgage-backed security）、CDO（collateralized debt obligation）、CDO的平方、CDO的立方、CDS（credit default swap）等。在危机发生后，一种叫作信用违约互换（credit default swap，CDS）的金融衍生品曾一度被认为是这场金融风波的“罪魁祸首”。对于这一点，我们姑且不论，在此仅对次贷风波涉及的主要金融产品做简要介绍。在这场金融风波中，CDS并不是一个孤立的产品，所以在介绍CDS之前，我们还必须同时介绍一些更为基础的金融衍生工具。

1. 资产支持证券

资产支持证券（ABS）是一种债券性质的金融工具，其向投资者支付的本息来自基础资产池（pool of underlying assets）产生的现金流或剩余权益。与股票和一般债券不同，资产支持证券不是对某经营实体的利益要求权，而是对基础资产池所产生的现金流和剩余权益的要求权，是一种以资产信用为支持的证券。产品类型包括简单的过手证券（pass-through security）和复杂的结构证券（structured security），如MBS、CMO（collateralized mortgage obligation）等。

资产支持证券的投资者主要是银行、保险公司、货币市场基金、共同基金、养老基金和对冲基金等。由于大多数资产支持证券的存续期限、偿付结构、信用增级手段等各不相同，因而其交易主要在场外交易（OTC）市场进行，通过电话双边报价、协议成交，因此除标准化程度较高的 MBS 外，其他类型的 ABS 一般流动性不足、价格透明度不高。

2. 担保债务凭证

担保债务凭证（CDO）是一种固定收益的资产证券化产品，结构化的产品设计使其能够满足投资人多元化的投资需求。

传统 ABS 的资产池可能为信用卡应收账款、租赁租金、汽车贷款债权、住宅抵押贷款债权等，而 CDO 背后的支撑则是一些债务工具，如高收益的债券（high-yield bonds）、新兴市场公司债（emerging market corporate debt）或国家债券（sovereign debt），亦可包含传统的 ABS、住宅抵押贷款证券化（residential mortgage-backed securities，RMBS）及商用不动产抵押贷款证券化（commercial mortgage-backed securities，CMBS）等资产证券化商品。

相对于 ABS，CDO 是更为复杂的证券，这主要体现在 CDO 的分级设计上。CDO 一般分为高级（senior）、夹层级（mezzanine）两层，再加上一般由发行人自己持有的一层作为最底层，最底层一般被称为权益性证券（equity tranche）。如有损失发生，则损失由最底层先吸收，然后依次由夹层级（通常信用评级为 B 水平）和高级（通常信用评级为 A 水平）承担，见图 1－5。

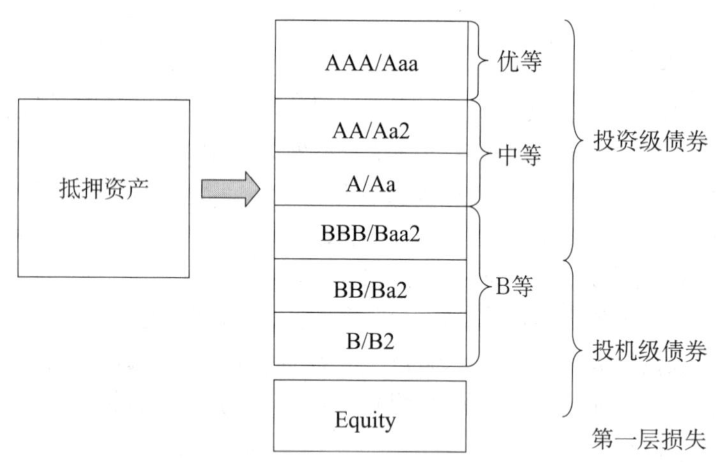

图 1－5 债券评级及其风险

资料来源：根据花旗银行分析师报告数据整理。

由图 1－5 可以看出，CDO 借助结构化设计实现了产品自身的信用增强，在提高证券安全性的同时也实现了流动性的大幅提高。再加上 2001 年李祥林（David X. Li）利用高斯关联结构模型（Gaussian copula model）解决了 CDO 快速定价问题，使 CDO 开始受到众多理财经理、基金经理、保险公司、投资银行、养老基金的青睐，在市场上广泛流通。在流动性充盈的时代，有的甚至以其他 CDO 产品的中级或次级作为基础资产创造新的 CDO 产品，这就被称为 CDO 的平方以及 CDO

的立方，见图1-6。

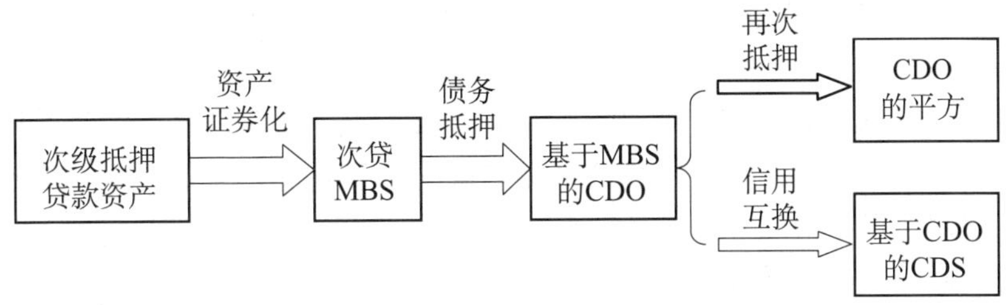

图1-6 次贷衍生产品创新路线图

3. 信用违约互换

信用违约互换（CDS）是国外债券市场中最常见的信用衍生产品。在信用违约互换交易中，违约互换购买者将定期向违约互换出售者支付一定费用（称为信用违约互换点差），一旦出现信用风险（主要指债券主体无法偿付），违约互换出售者将向购买者赔付以覆盖购买者的损失，从而使违约互换购买者能有效规避债券的信用风险。

在购买信用违约互换后，债券的信用风险将由信用级别非常高的CDS的出售者承担，这样就使附带CDS合约债券的信用风险在理论上接近于零。CDS的出现让债券脱离了发行人本身信用状况的束缚，从而使信用债券的发行得到了极大拓展。低信用等级的债券，附加一个CDS合约，就能很容易找到买家，而CDS的出售方也能得到持续的保费。因此，自1994年摩根大通首次设计CDS并发售以来，CDS就很受欢迎，尤其在2000年以后，该金融产品在国外发达金融市场得到了迅速发展。2007年底，美国商业银行系统持有的CDS产品名义面额已高达62万亿美元。

虽然一次又一次的金融创新使资产包的非系统性风险基本上被完全规避，但整个房地产行业的系统性风险丝毫没有减少，一旦出现小概率系统性风险的冲击，整个市场面临的就是崩溃式的威胁。

专栏1-10 信用风险缓释工具——中国的CDS

信用风险缓释工具（credit risk mitigation，CRM）是指包括信用风险缓释合约、信用风险缓释凭证及其他用于管理信用风险的简单的基础性信用衍生产品。总体来说，CRM是CDS加中国国情，它是一个“2+N”的创新产品体系，其中以信用风险缓释合约（CRMA）和信用风险缓释凭证（CRMW）为核心产品，同时还包含了今后市场成员可进行自主创新的简单的基础性信用衍生产品。虽然CRM包含不同的产品形式，但其核心功能在于缓释信用风险，为市场参与者提供有效的信用风险管理手段。

其中，CRMA是典型的传统场外金融衍生交易工具，由信用保护卖方就约定的标的债务向买方提供信用风险保护，而买方则按照约定的标准和方式向卖方支付信用保护费用。2010 年 11 月 5 日，我国的首批信用风险缓释合约上线交易，共有 9 家交易商达成 20 笔合约交易，名义本金合计 18.4 亿元人民币。参与首批交易的机构涵盖了中外资商业银行和信用增进机构。每笔合约均针对单笔特定的标的债务，标的债务类型包括短期融资券、中期票据和贷款，其中针对短期融资券的 3 笔，针对中期票据的 9 笔，针对贷款的 8 笔，涵盖 10 个不同的标的实体。合约期限以 1 年期为主，同时涵盖了从 36 天到 2.21 年不等的各种期限长度。与此同时，合约中涉及的“信用事件后的结算方式”既包括实物结算，也包括现金结算。

CRMW 是更加标准化的信用衍生产品，是由标的实体以外的第三方创设，为凭证持有人提供信用风险保护，可在二级市场交易流通的证券。CRMW 实行“集中登记、集中托管、集中清算”。

资料来源：根据中国银行间市场交易商协会网站披露信息整理。

1.6.3.2 私募股权

私募股权（private equity，PE）投资是指通过定向私募方式从机构投资者或者富裕的个人投资者处筹集资金，投资于非上市企业的股权，或上市公司的非公开交易股权的投资方式。私募股权投资有狭义和广义之分。狭义的私募股权投资主要是指对创业阶段后期，处于发展或者成熟阶段，已经形成一定规模并有着稳定现金流的企业的投资，在这一阶段投资的私募股权投资一般都是以首次公开发行股票（IPO）为主要退出手段。广义的私募股权投资涵盖企业首次公开发行股票之前，包括种子期、初创期、发展期、扩展期、成熟期各阶段的权益性投资。表 1-5 对广义私募股权的概念做了一个归纳。①

表 1-5 广义的私募股权细分

类型	特点
风险投资（venture capital）	主要在创新企业的种子期、初创期进行投资
发展资本（development capital）	主要提供企业扩大和发展的资金
并购基金（buyout fund）	主要提供企业进入扩张后期进行对外收购、兼并所需资金
夹层资本（mezzanine capital）	主要提供企业稳定发展之后进一步扩张所需资金
重振资本（turnaround）	主要提供企业改制、金融改革所需资金
Pre-IPO 资本	提供正式公开上市之前所需资金，如过桥融资等

私募股权投资基金因为其募集方式、投资标的等原因而具有以下几个特点：

（1）投资期限长。对非上市企业进行股权投资的盈利模式决定了该类投资的长期性和不确定性。一个企业从获得股权融资到首次公开发行股票或者被收购、兼并，

① 中国风险投资研究院．中国风险投资年鉴发展篇．北京：民主与建设出版社，2010.

过程是非常漫长的，少则 2～3 年，多则 5～7 年，一些经典的成功案例甚至达到了 8～10 年。

（2）以有限合伙企业为主要的组织形式。有限合伙企业能够有效实现企业管理权和出资权的分离，方便结合管理人和资金方各自的优势。与此同时，国际上普遍施行的税制都不将合伙企业本身作为纳税主体，其所有的收入和支出都按照“流经原则”直接分配给各合伙人，合伙人根据收入的种类申报所得税。因此，有限合伙企业成为国内外私募股权投资基金的主要组织形式，如黑石、红杉等都是合伙制企业。

（3）一般不控股被投资企业。私募股权投资基金在投资时，一般只会持有被投资企业不超过 30%的股份，而不会控股被投资企业。一方面，出于私募股权投资基金分散投资的投资策略；另一方面，控股实业要付出大量的人力资本，一个投资经理往往要管理数个项目而没有精力进行企业的日常管理；最后一个重要原因就是企业控制人转让股权的难度要比非控制人转让股权大得多。

（4）主要投资于成长期和扩张期的企业。美国私募股权投资协会（NVCA）的统计表明，约有 80%的私募股权投资基金投资于成长期或扩张期的企业，仅有 4%左右投资于初创期企业，另有 14%左右投资于成熟期企业。虽然投资于初创期企业可能回报更高，但是风险也更大。而成熟期的企业因为融资通道比较畅通，能够给予基金的收益也有限。

1.6.3.3 大宗商品

大宗商品（bulk commodities）是指可以进入流通领域但非零售环节，具有商品属性并用于工农业生产和消费的大批量买卖的物质商品。根据彭博大宗商品指数的构造来看，大宗商品主要有三类，即能源商品、基础原材料和农副产品，包括原油、天然气、有色金属、贵金属、铁矿石、部分类型的农产品等。由于很多大宗商品都是工业生产的原材料，处于产业链的上游，因此大宗商品的价格变化往往会传导到产业链的中下游，进而影响整个经济体系的表现。

一般来说，大宗商品有以下特点：一是现货市场的供给量和需求量大，供需双方有参与交易的意愿。二是现货市场的价格波动大。无论是供给方还是需求方都希望通过金融衍生工具锁定远期价格，以规避价格波动造成的损失。三是大宗商品易于分级和标准化。由于期货合约需要事先规定好交割商品的质量标准，因此大宗商品必须是质量稳定且易于分级和标准化的品种。四是易于存储和运输。由于大宗商品可能涉及交割，这就要求标的商品易于存储、运输，从而确保交割能够顺利完成。

影响大宗商品价格走势的因素主要有三个：一是大宗商品现货市场的供给和需求状况。当现货市场需求扩张、现货价格上涨时，期货价格也会随之上涨。这是大宗商品商品属性的体现。早期，大宗商品的投资主要是实体经济各行业为了锁定原材料价格、控制价格波动风险而进行的。例如，航空公司担心航油价格上涨造成自身成本的增加，可以通过原油期货来锁定远期价格，减少重要原材料价格的波动给公司盈利带来的影响。二是美国货币政策的松紧状况，主要体现为美国经济的通货膨胀趋势和美元走势。由于大宗商品都是以美元为基础货币进行定价，如果美元升值，大宗商品就会贬值；反之，如果美元贬值，大宗商品往往会升值。另外，当通货膨胀高企的时候，作为实物资产的大宗商品价格会上涨，收益提升；反之，当通货膨胀维持在较低水平的时候，大宗商品的投资表现往往不会太好。因此，从投资的角度来说，大宗商品的一个重要功能就是对冲通货膨胀。三是大宗商品的金融属性。由于通货膨胀的上升往往会降低股票和债券构成的投资组合的收益率水平，因此，把大宗商品加入股票和债券的投资组合，有助于资产组合的风险分散。近年来，大宗商品以及相关衍生品已成为大类资产配置的主要方式之一，并逐渐成为全球投资者特别是机构投资者青睐的投资方式，在多元化资产投资组合中占有重要地位。大宗商品的金融属性在过去十余年的时间里逐渐成为影响其价格水平的一个重要因素。

图 1-7 给出了 1991—2017 年彭博大宗商品指数的表现。从这一图形可以看出，大宗商品的价格波动性大、周期性强。自 2008 年以来，受中国、印度等新兴经济体对大宗商品的需求下降，美国利率上升，美元走强等多种因素的影响，大宗商品指数经历了一个持续下跌的走势，年均亏损幅度达到 6.5%。这也体现了大宗商品投资的风险所在。

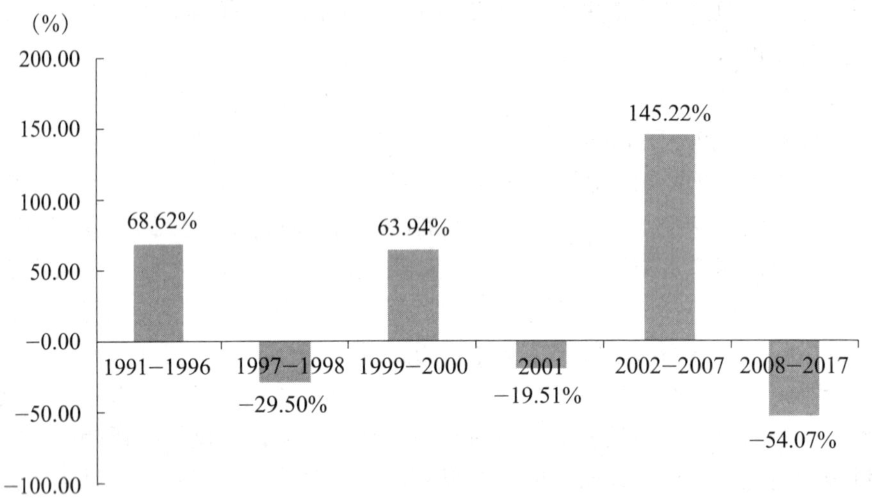

图 1-7 彭博大宗商品指数收益表现

专栏 1-11 《福布斯》中国 2018 最佳 PE 投资机构 30 强榜单[①]

《福布斯》（中文版）2012 年首次对中国优秀的 PE 投资机构进行调研，推出首届“中国最佳 PE 投资机构”30 强榜单。《福布斯》重点考察这些机

① 福布斯中文网。

构过去5年（2014年1月1日至2018年8月31日）的退出项目以及业绩（对于入选机构，《福布斯》只考察其中国区的项目）。表1-6为前30名汇总（排名不分先后）。

表1-6 “中国最佳PE投资机构”30强榜单

排名	机构名称	英文名称	成立年份	机构简介
1	霸菱亚洲	Baring Private Equity Asia	1997	主要投资领域包括工业、汽车、媒体、矿业、零售（消费品）、环保、教育、医疗、服务业等。
2	鼎晖投资	CDH Investments	2002	鼎晖投资与100多家国内外的投资机构保持着密切的合作伙伴关系，陆续投资了200多家企业，其中60余家企业在国内外上市。
3	复星创富	Fosun Capital	2007	复星创富是复星集团全资设立的股权投资管理公司，专注于智能制造、环保新能源、时尚消费、TMT、大健康、汽车及工业服务六大领域的投资，投资企业近百家，其中超过20家企业已成功在国内或海外挂牌上市。
4	高瓴资本集团	Hillhouse Capital Group	2005	高瓴资本集团覆盖TMT、医疗健康、消费和企业服务等领域，并且横跨最早期的种子投资、风险投资，私募股权投资，上市公司投资，以及并购投资等股权投资的全部阶段。
5	高盛	Goldman Sachs	1984	高盛为中国国有企业（如中国石化、中国海洋石油、国家电网、中国工商银行、中国人寿和平安保险）及知名民营企业（如百度、碧桂园、广州富力地产和新浪）执行了多宗具有里程碑意义的资本市场方案。
6	光大控股	China Everbright Limited	1997	中国光大控股有限公司与投资者共同培育了众多具有高增长潜力的企业。在2014年4月“沪港通”及2016年12月“深港通”启动后，光大控股成为可供交易的首批港股通股票之一。
7	光际资本	Everbright IDG Industrial Fund		光际资本由光大控股和IDG资本的优势力量组成核心投资团队，充分发挥它们在投资、投行、资本运作和资产管理等方面的综合优势，通过成熟的经营模式，帮助境内外大型优质企业利用资本市场做大做强。

续表

排名	机构名称	英文名称	成立年份	机构简介
8	广发信德	Guangfa Xinde Investment	2008	广发信德下设 7 个投资团队，分别为医疗健康投资部、TMT 投资部、消费与现代服务业投资部、节能环保新材料投资部、并购投资部、创业投资部以及夹层 &债权投资部。
9	国信弘盛	Guosen H&S	2008	国信弘盛是国信证券旗下的全资私募基金管理子公司，基金管理规模超百亿元人民币，总部设于深圳，在北京、上海皆设有分部。
10	海富产业投资基金	Haitong-Fortis PE Fund Management	2004	目前管理中国-比利时直接股权投资基金和海富长江成长股权投资（湖北）合伙企业（有限合伙）。
11	海林投资	Hyleen Capital	2005	海林投资是中国最早关注产业投资的机构之一，它管理着国内最大的专注于光电与创新领域的产业基金。目前，海林投资已成为覆盖创业投资、并购整合、财务顾问、资本管理四大业务的创新型产业投资机构。
12	弘毅投资	Hony Capital	2003	弘毅投资为联想控股成员企业，管理的基金总规模（按人民币计）约 720 亿元（截至 2018 年 8 月），专注于医疗健康、消费、现代服务等行业，并注重传统行业与互联网的结合。
13	华平投资	Warburg Pincus	1966	华平投资于 1994 年进入中国，目前在中国的投资总额逾百亿美元。近年来，华平投资在中国的投资步伐不断加快、规模不断增长。
14	加华伟业	Harvest Capital	2007	加华伟业专注于中国消费服务产业投资。该公司管理的基金规模逾百亿元，曾成功投资洽洽食品、加加酱油、居然之家等数十家中国消费服务行业的龙头企业。
15	建银国际	CCBI	2004	建银国际是中国建设银行股份有限公司的投行旗舰，旗下相关子公司的业务围绕 Pre-IPO、IPO 与 Post-IPO 三大环节形成涵盖众多产品的完整投行产业链。
16	景林	Greenwoods	2004	景林的主要投资领域包括医疗健康、消费服务、TMT 及先进制造等。

续表

排名	机构名称	英文名称	成立年份	机构简介
17	九鼎投资	JD Capital		截至2018年6月30日，九鼎投资管理的人民币与美元高收益股权投资基金的本金为345.68亿元；累计投资规模为314.49亿元。
18	KKR集团	KKR	1976	KKR集团关注企业长期发展的业务基础，致力于对拥有良好发展前景、能够吸引优质管理团队的龙头企业的投资与合作机会。
19	凯雷投资集团	The Carlyle Group	1987	凯雷投资集团利用“凯雷一家”全球网络、深厚的行业知识、资深的企业营运专家团队和投资组合公司的数据，为每一项投资建立和实施量身定做的增值计划。
20	老虎环球基金	Tiger Global Management	1980	老虎环球基金的投资领域包括互联网、汽车、教育、消费类等。
21	摩根士丹利	Morgan Stanley Private Equity Asia	1993	摩根士丹利的投资领域包括金融、制造业、消费服务、建筑建材、医药、化工等。
22	平安财智	Pingan Bright Fortune	2008	平安财智继承了平安证券轻资本、轻资产运营的理念，自2012年起便开始由自有资金直投向第三方资管模式转型，走向私募资管业务模式。
23	平安资本	Ping An Capital	2007	平安资本自2007年开始投资了超过100家境内外企业，投资规模为700多亿元。目前，平安资本拥有一支80多人的募、投、管、退团队，重点投资有成熟商业模式和很大发展空间的行业领先企业。
24	盛世景	Sensegain Asset Management Group	2006	盛世景的公司注册资本为2.02亿元，是全产业链的资产管理机构。
25	首钢基金	Shougang Fund	2011	首钢基金是首钢集团由钢铁制造业向城市综合服务商转型的排头兵。截至2017年底，首钢基金管理基金16只，管理规模为506亿元。
26	云锋基金	Yunfeng Capital	2010	云锋基金的投资领域包括新零售、新金融、新制造、新技术、新能源、文娱、健康等。

续表

排名	机构名称	英文名称	成立年份	机构简介
27	挚信资本	Trustbridge Partners	2006	挚信资本的投资领域包括互联网、医疗服务、消费类产品及服务、新能源、环保等。
28	中金资本	CICC Capital	2017	中金资本作为中金公司唯一的私募投资基金业务平台，统一管理中金公司的境内外私募投资基金业务。中金资本管理的资产规模约 3 000 亿元，拥有超过 200 人的专业投资管理团队。
29	中信产业投资基金	CITIC	2008	中信产业投资基金专注于科技和互联网、工业和能源、金融和商业服务、消费和休闲、医疗和健康、不动产六大重点投资领域。
30	中植资本	ZhongZhi Capital Management	2011	中植资本成立至今，累计投资规模超过 400 亿元。目前，该公司已与近百家上市公司、非上市公司建立了战略合作关系，并拥有香港上市平台——中植资本国际。

本章小结

本章首先讲述了关于证券的一般性基础知识，包括投资、投机、风险等。在此基础上，本章结合中国证券市场实际，系统介绍了股票、债券、证券投资基金、金融衍生工具四大类主要证券投资工具的定义、类型、基本特征和金融功能等方面的基本理论及基础知识。最后，本章介绍了另类投资工具，并对其中的金融衍生品和私募股权做了简要介绍。

本章关键问题

- 证券的定义、产生和基本类型
- 股票的定义、特征
- 普通股和优先股的比较
- 我国目前的股权结构特征
- 债券的定义、类型和基本特征
- 证券投资基金的含义、性质和主要类型
- 封闭式投资基金与开放式投资基金的比较
- 证券投资基金的投资限制与投资组合

- 证券投资基金的管理与托管
- 金融衍生工具的产生、主要类型、金融功能和缺陷
- 另类投资工具的主要特点和工具

本章思考题

一、名词解释

风险	债券	货币的时间价值	股票	普通股
优先股	基金	证券投资基金	契约型基金	公司型基金
封闭式基金	开放式基金	基金管理人	基金托管人	金融衍生工具
期货	远期	期权	互换	

二、简答题

1. 简述有价证券的种类和特征。
2. 简述债券的种类。
3. 简述债券收益率的公式。
4. 股票有哪几种主要类型?
5. 简述普通股的基本特征和主要种类。
6. 普通股股东享有哪些主要权利?
7. 简述优先股股票的基本特征。
8. 证券投资基金与股票、债券有哪些异同?
9. 证券投资基金主要有哪几种类型?
10. 金融衍生工具可分为哪些种类?
11. 金融衍生工具的主要功能有哪些?
12. 另类投资的基本理念是什么?

三、计算题

1. 某人于2010年1月1日以110元的价格购买了一张面值为100元、利率为5%、每年1月1日支付一次利息的2008年发行的10年期国债,并在2016年1月1日以115元的价格卖出,问该投资者的收益率是多少?

2. 假设一只债券的存续期是3年零2个月,票面利率为4%(复利频率为半年),求转换因子。

四、案 例

现以做多国债现货、做空国债期货的套利形式倒推国债期货价格。假定选择代码为010213的2002年记账式(十三期)国债,其到期日为2017年9月20日,票面利率为2.6%,每半年付息一次,付息日分别为3月20日与9月20日,是剩余期限为5年半的固定利息国债,属于可交割债券。

2月17日,此国债报价为95.85,同时国债期货3月合约TF1203的报价为97.85,其理论价格设为P,在此点位购买1万张010213,同时卖空一手TF1203,相当于买入现货的同时锁定了卖出价格。

购买现货的成本 =(可交割国债报价+上一付息日以来的累计利息)×10 000
=(95.85+1.3×150/182)×10 000
=969 214

考虑现金成本后，至交割日3月12日的购买成本为971 311（按年利率3.5%计算）：

转换因子=0.979 553

持有至3月12日交割，投资者交割获得的总收入为：

总收入=(卖空锁定的国债期货报价×转换因子+累计利息)×10 000
=(P×0.979 553+1.3×173/182)×10 000

由无套利原则，有

总收入=总成本

推算出理论价格

P=97.89

此理论价格与实际报价相差了0.04点，从理论上说，国债期货价格被稍微低估，可以进行卖国债同时买国债期货的反向套利。但是，如果考虑到交易成本、交易时的冲击成本、期货保证金的资金成本以及国债现货缺乏卖空机制无法反向套利等因素，97.85的期货报价理论上仍在无套利区间之内。

第 2 章

证券市场

学习目标

- 掌握证券市场的基本功能和分类。
- 熟悉证券市场的主要历史发展阶段。
- 了解证券市场的微观主体，熟悉证券投资过程，熟悉主要的证券市场指数。
- 了解证券市场监管机构、监管内容以及近年来的证券市场监管改革。

2.1 证券市场概述

证券市场是股票、债券、证券投资基金、金融衍生工具等各种有价证券发行和买卖的场所。证券市场通过证券信用的方式融通资金，通过证券的买卖活动引导资金流动，有效合理地配置社会资源，支持和推动经济发展，因而是金融市场中最重要的组成部分。金融市场体系见图 2-1。

与一般商品市场相比，证券市场具有四个基本特征：①证券市场的交易对象是股票、债券、证券投资基金等有价证券，而一般商品市场的交易对象则是具有不同使用价值的商品。②证券市场上的股票、债券等有价证券具有多重职能，它们既可以用来筹措资金，解决资金短缺问题，又可以用来投资，为投资者带来收益，也可以用于保值，以避免或减少物价上涨带来的货币贬值损失，还可以通过投机等技术性操作争取价差收益。而一般商品市场上的商品则只能用于满足人们的特定需要。③证券市场上证券价格的实质是对所有权让渡的市场评估，或者说是预期收益的市场价格，与市场利率关系密切；而一般商品市场的商品价格，其实质则是商品价值的货币表现，直接取决于生产商品的社会必要劳动时间。④证券市场的风险较大、

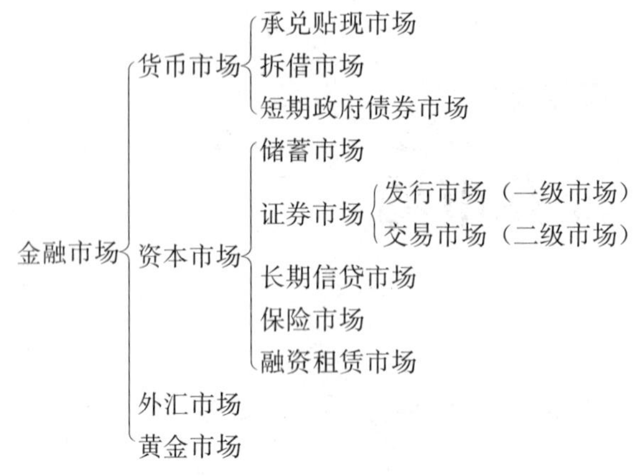

图 2－1 金融市场体系

影响因素复杂，具有较大的波动性和不可预测性；而一般商品市场的风险较小，实行的是等价交换原则，波动较小，市场前景具有较大的可测性。

2.1.1 实物资产、金融资产与证券市场

2.1.1.1 实物资产与金融资产

1. 实物资产和金融资产的概念及区别

社会的物质财富最终取决于社会经济的生产能力，即社会成员创造产品和服务的能力。这种生产能力是社会经济中实物资产的函数，包括土地、建筑物、机械以及创造产品和服务的知识。

与实物资产相对应的是金融资产，如股票和债券。这几类证券不过是几张纸，或者更有可能是计算机条目，它们不会直接影响生产力，但是这类资产代表了对实物资产收益（或政府收益）的索取权。例如，即使不能拥有自己的汽车制造厂，我们仍然可以通过购买汽车公司股票来分享汽车生产的收益。

在实物资产为国民经济创造净利润的同时，金融资产只是确定收益在投资者中的分配。人们可以选择是即期消费还是未来投资。如果选择投资，可以通过购买各种证券将他们的财富投资于金融资产。投资者购买企业发行的证券，企业就用融到的资金去支付实物资产，如厂房、设备、技术或存货。因此，投资者购买证券的收益最终来自企业用所融资金购买的实物资产产生的利润。

实物资产与金融资产之间存在明显的区别。家庭财富包括储蓄、股票或债券等金融资产。家庭所持有的证券对家庭来说是资产，因为它代表了对发行公司收益的索取权；反之，对发行者来说却是负债。因此，在汇总家庭和企业的资产负债表时，金融资产会相互抵销，只剩下实物资产作为净资产。国家财富包括建筑物、设备、商品存货与土地。

2. 金融资产分类

通常将金融资产分为三类：固定收益证券、权益证券和衍生产品。

固定收益证券承诺了固定的收益流，或按照某一固定公式计算的现金流。例如，企业债券发行者通常会保证债券持有者每年能够得到定额的利息收入。而浮动利率债券向债券持有者承诺的收益会随当期利率的变化而变化。例如，某种债券可能按照一年期国债利率上浮2%来支付利息。除非债务人破产，否则债券的偿付是固定的或按照某一固定公式计算出来的。因此，固定收益证券的投资收益受发行公司财务状况的影响最小。

但是，固定收益证券的期限和支付条款多种多样。货币市场是指短期固定收益市场，其证券的流动性强而且风险很低。一年期国债或银行存单均属于货币市场证券。相反，固定收益资本市场包括长期证券，如长期国债、地方政府债券以及企业债券。这些债券包括从违约风险低的安全型债券（如国债）到风险相对大的高收益型“垃圾”债券。它们在对投资者的偿付和对发行人破产的防范方面设计的条款极其繁多。

与固定收益证券相比，公司的普通股（或称权益或股权证券）代表了公司所有权份额。股权所有者不再享有任何特定的收益，但在分红时可以获得公司派发的股息，同时还拥有与持股数额相应的公司实物资产的所有权。如果公司经营成功，该公司股票的价值就会上涨；如果失败，股票价值就会降低。权益投资的收益直接与公司实物资产经营的成败紧密相连。因此，股权投资的风险比固定收益证券投资的风险大。

衍生产品（如期权和期货合约）的收益取决于其他资产（如股票和债券）的价格。例如，某公司股票的价格在行权期内仍然低于执行价格，那么该公司股票的看涨期权就会变得一文不值。相反，如果股票价格在行权期内高于执行价格，看涨期权的价值就高。除期权外，其他比较重要的衍生证券还有期货和互换合约。

衍生产品已成为投资中不可缺少的一部分，其最初的功能是规避或转移风险，如农民可以通过出售小麦期货来规避小麦降价的风险。使用衍生产品进行风险管理的现象非常普遍。但是，衍生产品也能用于高风险的投机。这种投机行为一旦失利，就会造成巨大的损失。虽然这种损失引起了人们的广泛关注，但是衍生产品的主要功能仍是风险管理而不是投机。衍生产品将继续在投资组合的构造和金融系统中扮演重要角色。

除上述金融资产外，个人也可以直接投资于实物资产，如房地产、稀有金属、农产品等，这些也能构成投资组合的一部分。

2.1.1.2 证券市场

前面已经指出，实物资产决定财富状况，而金融资产仅仅代表对实物资产的索取权。但是，金融资产及其得以交易的市场在经济体系中具有十分重要的作用。正是金融资产使得我们能够创造经济体系中的大部分实物资产。

1. 证券市场的基本功能

证券市场综合反映了国民经济的各个维度，被称为国民经济的“晴雨表”，客观上为观察和监控经济运行提供了最直接的指标，它的基本功能包括：

（1）筹资-投资功能。证券市场的筹资-投资功能是指证券市场一方面为资金需求者提供了通过发行证券筹集资金的机会，另一方面为资金供给者提供了投资对象。在证券市场上交易的任何证券，既是投资工具又是筹资工具。在经济运行过程中，既有资金盈余者，又有资金短缺者。资金盈余者为使自己的资金价值增值，必须寻找投资对象；而资金短缺者为了发展自己的业务，就要向社会筹集资金。为了筹集资金，资金短缺者可以通过发行各种证券达到筹资目的，资金盈余者则可以通过买入证券而实现投资目的。筹资和投资是证券市场基本功能不可分割的两个方面，忽视其中任何一个方面都会导致市场的严重缺陷。

（2）资本定价功能。证券市场的第二大基础功能就是为资本决定价格。证券是资本的表现形式，所以证券的价格实际上是证券所代表的资本的价格。证券的价格是证券市场上证券供求双方共同作用的结果。证券市场的运行形成了证券需求者和供给者的竞争关系，这种竞争能够使资本获得高投资回报，市场的需求大，相应的证券价格就高；反之，证券的价格就低。因此，证券市场提供了资本的合理定价机制。

（3）资本配置功能。证券市场的资本配置功能是指通过证券价格引导资本的流动，从而实现资本合理配置的功能。在证券市场上，证券价格的高低是由该证券所能提供的预期回报率的高低来决定的。证券价格的高低实际上是该证券筹资能力的反映。能提供高回报率的证券一般来自经营好、发展潜力巨大的企业，或者来自新兴行业的企业。由于这些证券的预期回报率高，其市场价格也相对较高，从而筹资能力就强。这样，证券市场就引导资本流向能产生高回报的企业或行业，使资本运用得到尽可能高的效率，从而实现资本的合理配置。

2. 证券市场分类

（1）按证券市场功能的不同，可分为一级市场和二级市场。

1）一级市场（发行市场）。一级市场是通过发行股票进行筹资活动的市场，一方面为资本的需求者提供筹集资金的渠道，另一方面为资本的供应者提供投资场所。发行市场是实现资本职能转化的场所，它通过发行股票，把社会闲散资金转化为生产资本。由于发行活动是股市一切活动的源头和起始点，故又称发行市场为一级市场。

2）二级市场（交易市场）。二级市场是有价证券的交易场所。二级市场是有价证券的流通市场，是已发行的有价证券进行买卖交易的场所。二级市场为有价证券提供流动性，使证券持有者可以随时卖掉手中的有价证券，用以变现（如果证券持有者不能随时将自己手中的有价证券变现，将会造成无人购买有价证券）。由于二级市场为有价证券的变现提供了途径，所以二级市场还可以为有价证券定价，向证券持有者表明证券的市场价格。二级市场的功能表现为：促进短期闲散资金转化为长期建设资金；调节资金供求，引导资金流向，为商业的直接融资提供渠道；二级市场的股价变动能反映出整个社会的经济情况；维持股票的合理价格，交易自由、信息灵通、管理缜密，保证买卖双方的利益都受到严密的保护。

已发行的股票一经上市，就进入二级市场。投资人根据自己的判断和需要买进或卖出股票，其交易价格由买卖双方来决定，投资人在同一天中买入股票的价格是不同的。

3）二级市场与一级市场的联系。二级市场与一级市场关系密切，两者既相互依存，又相互制约。一级市场提供的证券及其发行的种类、数量与方式决定着二级市场上流通证券的规模、结构与速度，而二级市场作为证券买卖的场所，对一级市场起着积极的推动作用。组织完善、经营有方、服务良好的二级市场将一级市场上所发行的证券进行快速有效的分配与转让，使其流通到其他更需要、更适当的投资者手中，并为证券的变现提供现实的可能。此外，二级市场上的证券供求状况与价格水平等都将有力地影响一级市场上证券的发行。因此，没有二级市场，证券发行不可能顺利进行，一级市场也难以为继，扩大发行则更不可能。

（2）按上市条件的不同，可分为主板市场和二板市场。

1）主板市场。主板市场也称一板市场，是指传统意义上的证券市场（通常指股票市场），是一个国家或地区证券发行、上市及交易的主要场所。主板市场先于创业板市场产生，两者既相互区别又相互联系，是多层次市场的重要组成部分。相对创业板市场而言，主板市场是资本市场中最重要的组成部分，在很大程度上能够反映经济发展状况，有“晴雨表”之称。主板市场对发行人的营业期限、股本大小、盈利水平、最低市值等方面的要求标准较高，上市企业多为大型成熟企业，具有较大的资本规模以及稳定的盈利能力。

2）二板市场。二板市场又称创业板市场，有些国家称其为自动报价市场、自动柜台交易市场、高科技板证券市场等。它的定位是为具有高成长性的中小企业和高科技企业提供融资服务，是一条中小企业的直接融资渠道，也是针对中小企业的资本市场。与主板市场相比，在二板市场上市的企业标准和上市条件相对较低，中小企业更容易上市募集发展所需资金。二板市场的建立能直接推动中小高科技企业的发展。此外，二板市场是不同于主板市场的独特的资本市场，具有自身的特点，其功能主要表现在两个方面：一是在风险投资机制中的作用，即承担风险资本的退出窗口作用；二是作为资本市场所固有的功能，包括优化资源配置、促进产业升级等。而对企业来讲，上市除了融通资金外，还有提高企业知名度、分担投资风险、规范企业运作等作用。建立二板市场，是完善风险投资体系，为中小高科技企业提供直接融资服务的重要一环。

（3）按交易对象的不同，可分为股票市场、债券市场、基金市场和衍生品市场。

1）股票市场。股票市场是进行各种股票发行和买卖交易的场所。股票市场按其基本职能划分，又可分为股票发行市场和股票交易市场，两者在职能上是互补的。股票交易市场又称流通市场、二级市场，是已发行股票的交易与转让市场。发行市场则是股票发行人向投资者发售股票、进行筹资活动的市场。

2）债券市场。债券市场是进行各种债券发行和买卖交易的场所。债券市场按其基本职能来划分，也可分为债券发行市场和债券交易市场，两者也是紧密联系、相互依存、相互作用的。发行市场是交易市场的存在基础，发行市场中的债券发行条件及发行方式影响交易市场中债券的价格及流动性。交易市场能促进发行市场的发展，为发行市场所发行的债券提供变现场所，保证了债券的流动性。交易市场的债券价格及流动性，直接影响发行市场中新债券的发行规模、条件等。

3）基金市场。基金市场是指进行基金证券发行和转让的市场。由于投资基金是一种利益共享、风险共担的集合投资制度，它通过发行基金证券，集中投资者的资金，交由基金托管人托管，由基金管理人管理，主要从事股票、债券等金融工具投资。基金证券本身作为一种投资工具，也可以自由买卖和转让，从而也就形成了投资基金的流通市场。

4）衍生品市场。衍生品市场是各类衍生品发行和交易的市场。衍生品市场按其主要品种又可细分为期货市场、期权市场、远期市场和互换市场。随着金融创新在全球范围内的不断深化，衍生品市场已成为金融市场不可或缺的组成部分。

（4）按组织形式的不同，可分为场内市场和场外市场。

1）场内市场。场内是指证券交易所。证券交易所是最主要的证券交易场所，它是交易市场的核心。证券交易所必须根据国家有关证券法律规定，有组织、规范化地进行证券买卖。证券交易所交易与一般商品交易不同，通常集中于某一固定的场所进行交易，一般是在商业或金融中心设有证券交易所并配有现代化的电脑、电话等设备，规定交易的开盘和收盘时间。在交易制度安排上，采用公平、持续的双向性拍卖撮合竞价成交，或者实行做市商报价制度。在管理上，具有严密的组织管理机构，只有证券交易所的会员才能在交易市场从事交易活动，非会员投资者必须通过具有证券交易所会员资格的证券经纪商进行证券交易。在证券交易所上市交易的证券必须符合有关条件，并经严格审查批准。此外，证券交易所还提供各项服务，比如为投资者提供有参考价值的信息。证券交易所是证券流通市场的中心，起着重要作用。

2）场外市场。场外通常是指柜台市场（店头市场）以及第三市场、第四市场，场外市场是指在正式的证券交易所之外进行证券交易的市场。柜台交易一般通过证券交易商来进行，通常采用协议价格成交。这种协商大多在交易商之间进行，有时也在交易商与证券投资者之间进行。以柜台方式交易的证券，可能是已上市证券，也包括部分未上市证券。中国的全国中小企业股份转让系统（即俗称的“新三板市场”）是经国务院批准设立的全国性场外市场，它与场内市场是功能互补、相互促进的关系。新三板市场的成立，标志着我国多层次资本市场建设走向深化。

2.1.2 证券市场的发展阶段

从世界证券市场的发展历程来看，其大致经历了以下三个阶段。

2.1.2.1 自由放任阶段（17世纪初至20世纪20年代末）

随着市场经济和股份制的发展，证券市场的规模和影响也在不断扩大。1891—

1900 年世界证券发行金额为 1 004 亿法国法郎。20 世纪初，资本主义由自由竞争阶段过渡到垄断阶段，证券市场适应了资本主义经济发展的需要，有效地促进了资本的积累，从而获得了巨大发展。证券市场的结构也发生了很大变化，在证券市场中占主要地位的已不再是政府公债，而是股票和公司债券，它们占证券发行总额的 60%。

当时的证券市场缺乏相关的法律法规，证券的发行和交易基本上处在自由放任的阶段。证券业呈现出无序竞争的局面，证券交易所纷纷成立，各种证券鱼龙混杂，证券价格远离其实际价值，证券欺诈和证券投机现象十分严重。1929 年 10 月 29 日，证券市场出现了被称为“黑色星期一”的暴跌，而股票市场的暴跌对经济危机起到了推波助澜的作用。在危机过后的相当长时间内，证券市场仍然处在萧条之中。

2.1.2.2 法制建设阶段（20 世纪 30 年代初至 60 年代末）

在 20 世纪 30 年代大危机过后，各国政府意识到了加强对证券市场监管的重要性。因此，各国政府针对证券业的法律法规纷纷出台，并对证券的发行和交易活动进行了全面的规范及限制。这些证券法律法规的制定，为证券市场的健康发展奠定了坚实的基础，证券市场逐步走上了规范发展的道路。

美国在这一阶段对证券市场实行了统一立法，颁布了一系列联邦证券法，包括《证券法》(1933 年)、《证券交易法》(1934 年)、《公共事业控股公司法》(1935 年)、《信托契约法》(1939 年)、《投资公司法》(1940 年) 和《投资顾问法》(1940 年) 等。英国也颁布了《反欺诈（投资）法》(1958 年)、《公司法》(1948 年和 1967 年) 等法律法规。这些法律法规的颁布，强有力地促进了证券市场公开、公平、公正目标的实现，从而最大限度地发挥了证券市场的功能，促进了证券市场的持续发展。

2.1.2.3 迅速发展阶段（20 世纪 70 年代至今）

从 20 世纪 70 年代开始，世界证券市场进入了高速发展阶段。随着资产证券化趋势的不断发展，从西方发达国家到新兴的发展中国家，各国的证券市场都呈现出蓬勃繁荣的景象，证券市场在世界经济中的作用和地位愈加突出。比如美国、英国等国家，其股市市值与 GDP 之比都超过了 100%。除规模得到迅速发展外，证券市场的结构也不断得到优化，而金融衍生产品市场的发展更为迅速。

专栏 2－1　　我国证券市场的发展历程

中国证券市场的萌芽出现在清末。在 19 世纪 70 年代后，清政府洋务派兴办了一些股份制企业。随着这些企业的出现，股票应运而生。为便利这些股票的转让交易，证券市场亦随之产生。我国最早的证券交易市场是创立于光绪末年、由上海外商组织的“上海股份公所”和“上海众业公所”。在这两个交易所买卖的证券，主要是外国企业股票、公司债券、南洋一带的橡胶股票、中国政府的金币公债以及外国设在上海的行政机构发行的债券等，特别是其中的外国企业股票和橡胶股票交易占了很大的份额。中国人自己创办的交易所在辛亥革命前还不多见。在1912年以后，中国证券交易的规模逐渐扩大。1919年，北京成立了证券交易所，这是全国第一家专营证券业务的交易所；上海则成立了上海华商证券交易所。

在新中国成立后，证券交易所被取消。1990年12月1日，深圳证券交易所开始试营业。1990年12月19日，上海证券交易所正式开业。1991年7月3日，在试营业7个月之后，深圳证券交易所正式营业。1998年12月29日，第九届全国人民代表大会常务委员会第六次会议通过《中华人民共和国证券法》，并于1999年7月1日正式实施。这标志着维系证券交易市场运作的法规体系趋向完善。

为了积极推进资本市场改革和稳定发展，国务院于2004年1月发布了《关于推进资本市场改革开放和稳定发展的若干意见》，为资本市场新一轮改革和发展奠定了基础。2004年5月，中国证监会批准深圳证券交易所在主板市场内开设中小企业板块。2005年4月，中国证监会发布《关于上市公司股权分置改革试点有关问题的通知》，启动股权分置改革试点工作。2005年9月，中国证监会发布《上市公司股权分置改革管理办法》，标志着我国的股权分置改革全面推进。上市公司股权分置改革是通过非流通股股东和流通股股东之间的利益平衡协商机制消除A股市场股份转让制度性差异的制度安排，不仅顺利解决了上市公司股份原本不能全流通的历史问题，而且为资本市场其他各项改革和制度创新创造了条件。2005年11月，修订后的《证券法》和《公司法》颁布，并于2006年1月起实施。2007年，新修订的《期货管理条例》发布实施；同年，《证券公司监督管理条例》和《证券公司风险处置条例》正式发布实施。有关资本市场的监管法规和部门规章也得到了相应的调整与完善。

为充分发挥资本市场的功能，市场各方对多层次市场体系和产品结构的多样化进行了积极的探索。中小板市场、创业板市场的推出和代办股份转让系统的出现，是中国在建设多层次资本市场体系方面迈出的重要一步。可转换公司债券、银行信贷资产证券化产品、住房抵押贷款证券化产品、企业资产证券化产品、银行不良资产证券化产品、企业或证券公司发行的集合收益计划产品以及权证等新品种的出现，丰富了资本市场交易品种。

2009年10月30日，创业板在深圳证券交易所开市，成为中国多层次资本市场建设的又一重要里程碑。2009年底，证监会又适时启动了以沪深300股指期货和融资融券制度为代表的重大创新，对中国证券市场的完善和发展具有深远影响。2010年3月18日，中国证监会批准第一批6家证券公司开始融资融券业务试点。2010年3月31日，上海证券交易所和深圳证券交易所开始接受融资融券交易的申报。2010年4月16日，我国股指期货开始上市交易。

2015年12月4日，上海证券交易所、深圳证券交易所、中金所正式发布指数熔断机制相关规定，熔断基准指数为沪深300指数，采用5%和7%两档阈值。从熔断机制自2016年1月1日起正式实施，并于1月4日、1月7日因分别触发7%的最大熔断阈值致使证券交易所提前休市，而后于2016年1月8日暂停。熔断机制是我国借鉴国际经验、应对价格剧烈波动的一次重要尝试。

2018年11月5日，习近平主席出席首届中国国际进口博览会开幕式并发表主旨演讲，宣布在上海证券交易所设立科创板并试点注册制。在注册制下，证券发行审核机构只对注册文件进行形式审查，不进行实质判断，由市场本身对上市公司进行选择和判断。2019年3月4日，《上海证券交易所科创板股票发行上市审核问答》正式发布，使科创板的配套规则进一步明晰；3月18日，科创板上市审核系统上线。科创板和注册制的蓬勃发展，将为中国资本市场注入新的活力。

截至2019年4月，沪、深证券交易所的上市公司达到3 627家，沪、深市场总值达到55.5万亿元。表2-1显示了中国证券市场的上市公司总数、总股本及总市值的变动情况。

表2-1　2001—2018年中国证券市场的规模变动

年度	上市公司总数（家）	总股本（亿股）	总市值（亿元）
2001	1 154	4 820.40	43 522.20
2002	1 223	5 452.96	38 329.13
2003	1 285	5 987.10	42 457.71
2004	1 373	6 707.47	37 209.23
2005	1 377	7 156.65	32 430.15
2006	1 421	12 654.83	89 403.52
2007	1 530	16 954.72	327 140.02
2008	1 604	18 852.25	121 366.44
2009	1 700	20 567.52	243 939.12
2010	2 063	26 984.49	265 422.59
2011	2 342	29 745.11	214 758.09
2012	2 494	31 833.62	230 357.62
2013	2 489	33 822.04	239 077.19
2014	2 613	36 795.10	372 546.96
2015	2 827	43 014.82	531 304.20
2016	3 052	48 750.29	507 685.88
2017	3 485	53 746.67	567 086.08
2018	3 584	57 581.02	434 924.02

资料来源：Wind资讯。

专栏 2-2　股权分置改革

上市公司的股权结构是影响上市公司价值的重要因素。我国上市公司的股权结构曾经有复杂的历史，股权分置改革是我国上市公司股权结构状况变革的里程碑。

在 2005 年股权分置改革前，我国上市公司的股权被人为划分成国家股、法人股和流通股。其中，持股的法人绝大部分是国有经济主体。在这种情况下，国家股和法人股共同构成了国有股主体。其中，国家股是国家直接持股，法人股是国家间接持股。据统计，流通的国家股与法人股大约占了总股权的 60%～70%。其中，国家股和法人股是不能在二级市场流动的，所以又称非流通股，持有非流通股的股东为非流通股股东。投资者通过二级市场进行买卖的只有流通股，这部分占总股权的 30%～40%。流通股和非流通股在本质上都是对上市公司剩余求偿权的凭证，无论从享受股息、分红还是投票权的角度，流通股和非流通股的权利都是相同的。两者的本质区别在于，这种人为划定的流通股和非流通股由于存在是否能在二级市场交易的差别，所以两者定价的模式也就不同。流通股通过二级市场交易方式，按照市场价格定价，而非流通股通常以净资产为基础给予一定溢价（如 20%）的方式进行定价。这种人为划分出流通股和非流通股的股权结构称为股权分置。

一、股权分置的危害

股权分置的产生有其特殊的历史背景，该制度在当时的条件下促进了我国资本市场的发展。但是，伴随着我国资本市场的不断发展，股权分置的危害也逐渐体现出来。从结构和功能上看，股权分置使得中国资本市场长期以来都处在不正常状态。已有的分析表明①，股权分置既是上市公司"融资饥渴症"产生的制度基础，又是资金使用效率低下、业绩不断下滑、关联交易盛行、内幕交易频频的重要原因。有学者认为，股权分置对中国资本市场的未来发展有八大危害，并对这八大危害进行了深入分析。② 在这八大危害中，又有三大最严重的危害，这些严重的危害使中国资本市场丧失了发展的动力。

首先，股权分置把上市公司变成股东之间的利益冲突体，而不是利益共同体。股权分置从制度上造就了流通股股东和非流通股股东之间的利益冲突，使上市公司分裂为动力不同、目标不同的两条船。非流通股股东把利益的攫取主要放在流通股股东身上，而不是放在提高盈利水平、提升公

① 吴晓求．中国资本市场：股权分裂与流动性变革．北京：中国人民大学出版社，2004.

② 吴晓求．股权分裂的八大危害．财贸经济，2004（5）.

司竞争力上。他们通过基于股权分置的高溢价融资，攫取流通股股东的利益，从而实现自身资产价值的快速增值。因为流通股股东的资产价值与市场价格存在高度相关性，而非流通股股东的资产价值则与市场价格无关，所以流通股股东承担了资本市场上的系统性风险及非系统性风险，而非流通股股东的利益与股票价格高低无关。

其次，股权分置损害了资本市场的定价功能。在正常的制度环境下，并购以及以并购为机制的存量资源配置是资本市场最重要的功能。实际上，增量融资并不是资本市场的核心功能。就增量融资而言，资本市场的功能不及商业银行强大，但在存量资源的配置和重组中，资本市场则是无以匹敌的，商业银行对此无能为力。这是因为资本市场创造了一种存量资源的流动机制，从而在技术层面上提供了公司并购重组的基础，商业银行无法提供存量资源的流动机制。股权分置的存在，使存量资源的再配置功能消失了，剩下的只是扭曲的增量融资。整个市场开始疯狂地追求增量融资，甚至把增量融资的多少作为评判资本市场重要性的主要标准。

最后，股权分置使中国资本市场不可能形成有助于企业长期发展的科学考核标准和有效激励机制。在成熟市场中，公司资产的市值是考核管理层的核心指标。然而，股权分置的存在，使这种考核机制不复存在。确立了有利于企业长期发展的科学考核机制，我们才能建立起包括期权制度在内的有效的激励机制。在股权分置时代，期权制度只是一个美丽的传说，不可能实现，因为在现实中缺乏实施期权制度的市场平台。在股权分置时代，股票期权主要表现为给非流通股期权。这种期权使持有者享受不到企业成长的财富效应，从而无法体现持有者的市场价值，因而起不到应有的激励作用。

二、股权分置改革中的对价支付

股权分置改革的核心议题是“对价”。有学者认为，非流通股股东给流通股股东支付对价缺乏法律依据。也有学者认为，支付对价的法律依据是《合同法》。因为在我国近 1 400 家上市公司的招股说明书和上市公告书中都曾有约定：“发起人股份暂不流通。”“暂不流通”就是一种契约、一种约定，如果现在要改变这种契约和约定，除非契约主动解除方有足够的证据或充分的理由保证契约变更接受方不会因为契约的改变而使其权益受到损害，否则就必须支付相应的对价以对冲由于契约变化而带来的潜在风险。支付对价的形式可以是现金，也可以是其他形式的金融资产，甚至可以是法定义务的承诺。

在金融理论中，任何能够给未来带来收益的权利都是可以定价的。一种资产（权利）有没有价格，不在于其物理形态，而在于未来带来现金流的能力。资产的流动权是一种可能为持有者带来收益的权利。如果非流通股要获得与流通股相同的流动权，那就意味着非流通股股东要为此付出相应的价格。非流通股股东之所以要申请获取这种权利，是因为这种权利能给非流通股股东带来新的潜在利益，这种新的潜在利益至少包括三部分：一是有利于非流通股股东资产避险能力的提高；二是可以使非流通股股东获得公司利润增长、综合竞争力提升带来的杠杆化资产增值效应；三是使非流通股股东有机会取得资产的市场差价收益。所以，非流通股股东申请的流动权在商业上是可以定价的，而获取这种权利是要付出成本的。

这个成本付给谁？当然是付给契约变动的接受方，即 A 股流通股股东。除此之外，任何人、任何市场主体、任何非市场主体都没有权利享有这种给付。

三、股权分置改革完成后中国资本市场的变化

在股权分置改革完成后，中国资本市场将在以下几个方面发生重要变化：

(1) 资本市场的资产估值功能将逐步恢复并不断完善，资产价值将从注重账面值过渡到注重盈利能力，“净资产”这样的财务概念将从资产估值的核心指标中慢慢退出，取而代之的是资产的未来现金流能力。

(2) 市场有效性会有一定程度的提高，市场对实体经济反应的敏感度会有所提高，“政策市”的烙印会随着市场功能的完善而慢慢淡去。

(3) 资本市场的功能将发生根本性的转型，从“货币池”转为“资产池”。

(4) 股权结构与公司治理有可能发生重要变化。如果在股权分置改革过程中不进行交易制度的改革，那么上市公司的股权结构与公司治理可能会从“一股独大”慢慢演变成股权高度分散化，进而演变成“内部人控制”的公司治理模式。

(5) 大股东行为将完成从股东之间的内部博弈到市场博弈的转变，股东行为特别是大股东行为将渐趋理性。

(6) 上市公司的考核目标将从静态目标转为动态目标，与此相适应，激励机制也将从侧重于短期激励转向侧重于长期激励。

(7) 中国资本市场的规则体系包括发行制度、交易制度、信息披露、购并规则以及退市机制等都将进行根本性调整，基本的方向是从“中国特色”向“国际惯例”过渡。

(8) 市场预期机制将逐步形成，人们的投资理念会随之发生重要变化——从单纯追求市场价差收益逐步过渡到注重收益与风险的匹配。①

① 吴晓求．股权分置改革后的中国资本市场．北京：中国人民大学出版社，2006.

2.2 证券市场的运行机制

2.2.1 证券市场的微观主体

2.2.1.1 证券发行人

证券发行人是指为筹措资金而发行债券、股票等证券的发行主体，它包括：

1. 公司（企业）

公司的组织形式可分为独资制、合伙制和公司制。现代公司主要采取股份有限公司和有限责任公司两种形式，其中只有股份有限公司才能发行股票。公司发行股票所筹集的资本属于自有资本，而通过发行债券所筹集的资本属于借入资本，发行股票和长期公司（企业）债券是公司（企业）筹资的主要途径，发行短期债券则是补充流动资金的重要手段。随着科技进步和资本有机构成的不断提高，公司（企业）作为证券发行主体的地位有不断上升的趋势。在公司证券中，通常将银行及非银行金融机构发行的证券称为金融证券。金融机构作为证券市场发行主体，既发行债券，也发行股票。欧美等西方国家能够发行证券的金融机构一般是股份公司，所以将金融机构发行的证券归为公司证券。而我国和日本则把金融机构发行的债券定义为金融债券，从而突出了金融机构作为证券市场发行主体的地位，但股份制的金融机构发行的股票并没有被定义为金融证券，而是被归类为一般的公司股票。

2. 政府和政府机构

随着国家干预理论的兴起，政府（中央政府和地方政府）以及中央政府直属机构已成为证券发行的重要主体之一，但政府发行证券的品种一般只限于债券。

中央政府发行债券所筹集的资金既可以用于协调财政资金短期周转、弥补财政赤字、兴建政府投资的大型基础性的建设项目，也可以用于实施某种特殊的政策，在战争期间还可用于弥补战争经费的开支。地方政府债券一般用于交通、通信、住宅、教育、医疗和污水处理系统等地方性公共设施的建设。

由于中央政府握有税收、货币发行等特权，在通常情况下，中央政府债券不存在违约风险，因此这一类证券被视为无风险证券，相应的证券收益率被称为“无风险收益率”，是金融市场上最重要的价格指标。

中央银行作为证券发行主体，主要涉及两类证券：第一类是中央银行股票。在一些国家（如美国），中央银行采取了股份制组织结构，通过发行股票筹集资金，但是中央银行的股东并不享有决定中央银行政策的权利，只能按期收取固定的红利，其股票类似于优先股。第二类是中央银行出于调控货币供给量的目的而发行的特殊债券。中国人民银行从2003年起开始发行中央银行票据，期限从3个月到3年不等，主要用于对冲金融体系中过多的流动性。

专栏 2-3 证券发行审核制度

世界各国对证券发行的管理都是通过审核制度来实现的。审核制度主要有三种：注册制，核准制，审批制。

1. 注册制

注册制，又称申报制、登记制，是指发行人在发行证券时，应当而且只需依法全面、准确地将投资者做出决策所需的重要资料予以充分、完全地披露，并向证券监管机构申报；证券监管机构不负实质审查义务，不对证券自身的价值做出任何判断，而仅审查资料的全面性、真实性、准确性和及时性；在发行人公开和申报有关资料后，证券监管机构未提出补充或修订意见或者未以停止命令阻止注册生效者，即视为已依法注册，发行人就可发行证券。

注册制能够简化审核程序、减轻审核负担，并且有利于具有发展潜力和相应风险的企业通过证券市场及时募集到所需资金，从而获得发展机会。然而，证券发行制度的简化也会使一些质量较差的企业进入证券市场，因此注册制需要建立在信息公开的基础上，同时强调信息披露的真实性。

2. 核准制

核准制，又称实质审查制或实质管理制，是指发行人不仅要依法全面、准确、及时地将投资者做出投资决策所需的重要信息予以充分披露，而且必须符合法律法规规定的实质条件，证券发行人只有在得到证券监管机构的核准后才能发行证券；证券监管机构不仅要审查发行人公开信息的真实性、准确性和完整性，而且要对证券的投资价值进行实质性审查。此外，发行人必须符合法定条件，否则发行申请将被否决。

因为核准制对拟发行的证券进行实质上和形式上的双重审查，所以获准发行证券的投资价值有一定的保障，可以有效防止不良证券进入市场、提高证券市场的整体质量水平。但在核准制下，证券的发行效率受到约束，从而影响了证券市场的资源配置功能。与此同时，严格的实质性审查不利于发展新兴事业，主要是具有潜力和风险性较高的公司可能因一时不具备较高的发行条件而被排斥在外。

3. 审批制

审批制是公司在申请股票发行时须经过审批的证券发行管理制度，是完全计划发行的模式，实行“额度控制”。拟发行公司在申请公开发行股票时，要经过地方政府或中央企业主管部门，向所属证券管理部门提出发行股票申请，经证券管理部门受理，在审核同意并转报证券监管机构核准发行额度后，可提出上市申请，再经审核、复审，由证监会出具批准发行的有关文件，方可发行。从 1990 年至 2000 年，中国股票发行采取这种行政制度。

当前，我国的证券发行审核制度因证券的种类不同而不同：对股票发行采取核准制，对债券发行采取审批制。2018 年 11 月 5 日，习近平出席首届中国国际进口博览会开幕式并发表主旨演讲，宣布在上海证券交易所设立科创板并试点注册制。科创板及注册制的到来将增强我国资本市场的融资功能，扩大股票供给并丰富资本市场结构，为构建与中国大国经济相匹配的大国金融提供新的活力。

2.2.1.2 证券投资人

证券投资人是指通过买入证券进行投资的各类机构法人和自然人。相应地，证券投资人可以分为机构投资者和个人投资者两大类。

1. 机构投资者

（1）政府机构。政府机构参与证券投资的目的主要是为了调剂资金余缺和进行宏观调控。在各级政府及政府机构出现资金剩余时，可通过购买政府债券、金融债券投资于证券市场。

中央银行以公开市场操作作为政策手段，通过买卖政府债券或金融债券影响货币供应量进行宏观调控。

我国国有资产管理部门或其授权部门持有国有股，履行国有资产的保值增值和通过国家控股、参股来支配更多社会资源的职责。

（2）金融机构。参与证券投资的金融机构包括证券经营机构、银行业金融机构、保险经营机构、合格境外机构投资者、主权财富基金以及其他金融机构等。

1）证券经营机构。证券经营机构是证券市场上最活跃的投资者，以其自有资本、营运资金和受托投资资金进行证券投资。我国证券经营机构主要是证券公司。按照《证券法》的规定，证券公司可以通过从事证券自营业务和证券资产管理业务，以自己的名义或其代理客户进行证券投资。

2）银行业金融机构。银行业金融机构包括商业银行、农村信用合作社等吸收公众存款的金融机构及政策性银行。

3）保险经营机构。保险公司是全球最重要的机构投资者之一，一度超过投资基金成为投资规模最大的机构投资者，除大量投资于政府债券、高等级公司债券外，还广泛涉足基金和股票投资。

4）合格境外机构投资者（QFII）。QFII 制度是一国（地区）在货币没有实现完全可自由兑换、资本项目尚未完全开放的情况下，有限度地引进外资、开放资本市场的一项过渡性制度。这种制度要求，若外国投资者要进入一国证券市场，必须符合一定条件，经该国有关部门审批通过后汇入一定额度的外汇资金并转换为当地货币，通过受到严格监管的专门账户投资当地证券市场。

5）主权财富基金。随着国际经济、金融形势的不断变化，目前不少国家尤其是发展中国家拥有了大量的官方外汇储备，为管理好这部分资金，成立了代表国家进行投资的主权财富基金。

6）其他金融机构。其他金融机构包括信托投资公司、企业集团财务公司、金融租赁公司等。这些机构通常也在自身章程和监管机构许可的范围内进行证券投资。

（3）企业和事业法人。企业可以用自己的积累资金或暂时不用的资金进行证券投资。企业既可以通过股票投资实现对其他企业的控股或参股，也可以将暂时闲置的资金通过自营或委托专业机构进行证券投资以获取收益。

（4）各类基金。基金性质的机构投资者包括证券投资基金、社保基金、企业年金和社会公益基金。

2. 个人投资者

个人投资者是从事证券投资的社会自然人，他们是证券市场最广泛的投资者。

2.2.1.3 证券市场中介机构

证券市场中介机构是指为证券的发行、交易提供服务的各类机构。在证券市场中起中介作用的是证券公司（securities company）和证券服务机构。

1. 证券公司

证券公司是指依照《公司法》规定设立的并经国务院证券监督管理机构审查批准而成立的专门经营证券业务，具有独立法人地位的金融机构。

从证券公司的功能划分，可分为证券经纪商、证券自营商和证券承销商。

（1）证券经纪商，即证券经纪公司，是指代理买卖证券的证券机构，它们接受投资人委托、代为买卖证券，并收取一定手续费（即佣金），如江海证券经纪公司。

（2）证券自营商，即综合型证券公司，是指除了拥有证券经纪公司的权限外，还可以自行买卖证券的证券机构，它们的资金雄厚，可直接进入交易所为自己买卖股票，如国泰君安证券。

（3）证券承销商是指以包销或代销形式帮助发行人发售证券的机构。实际上，许多证券公司都是兼营这 3 种业务的。

专栏 2－4　　国外投资银行介绍

在国外，证券公司又称投资银行（investment banking），它还从事证券发行、证券交易、兼并收购等业务。但是，伴随着金融综合化经营趋势的不断深入，一些传统商业银行也开始从事投资银行业务，如瑞银集团、美国银行等。而由次贷危机所引发的金融危机的发生，使传统投资银行的“精英式”经营模式受到重挫。贝尔斯登（Bear Stearns）、美林证券（Merrill Lynch）、雷曼兄弟（Lehman Brothers）等先后倒闭或被收购，高盛（Goldman Sachs）和摩根士丹利（Morgan Stanley）则转型为银行控股公司，传统的投资银行受到了严重挑战。

---

2. 证券服务机构

证券服务机构是指依法设立的从事证券服务业务的法人机构，主要包括证券投资咨询机构、证券登记结算机构、财务顾问机构、资信评级机构、资产评估机构、会计师事务所、律师事务所等。

2.2.1.4 自律性组织

证券市场的自律性组织主要包括证券交易所和行业协会。部分国家（地区）的证券登记结算机构也具有自律性质。在我国，按照《证券法》的规定，证券自律管理机构是证券交易所和证券业协会。根据《证券登记结算管理办法》，我国的证券登记结算机构实行行业自律管理。

2.2.1.5 证券监管机构

在我国，证券监管机构是中国证监会及其派出机构。中国证监会是国务院直属的证券监督管理机构，按照国务院授权和相关法律规定对证券市场进行集中、统一监管。它的主要职责是：依法制定有关证券市场监督管理的规章、规则，负责监督有关法律法规的执行，负责保护投资者的合法权益，对全国的证券发行、证券交易、中介机构的行为等依法实施监管，维持公平、有序的证券市场。

2.2.2 证券交易场所

证券交易场所分为证券交易所和场外交易市场两大类。

2.2.2.1 证券交易所

证券交易所是依据国家有关法律，经政府证券主管机关批准设立的集中进行证券交易的有形场所。我国有两大证券交易所：上海证券交易所和深圳证券交易所。

1. 证券交易所的功能

从股票交易实践可以看出，证券交易所有助于保证股票市场运行的连续性，实现资金的有效配置，形成合理的价格，减少证券投资的风险。

2. 证券交易所的分类

证券交易所分为会员制证券交易所和公司制证券交易所两种。这两种证券交易所既可以是政府或公共团体出资经营的，也可以是私人出资经营的，还可以是政府与私人共同出资经营的。

（1）会员制证券交易所。会员制证券交易所是不以营利为目的，由会员自治自律、互相约束，参与经营的会员可以参加股票交易中的股票买卖与交割的交易所。这种交易所的佣金和上市费用较低，从而在一定程度上可以从事上市股票的场外交易。但是，由于经营交易所的会员本身就是股票交易的参加者，因而在股票交易中难免出现交易的不公正性。与此同时，因为参与交易的买卖方只限于证券交易所的会员，新会员的加入一般要经过原会员的一致同意，这就形成了一种事实上的垄断，不利于提高服务质量和降低收费标准。

在会员制证券交易所中，理事会的职责主要有：决定政策，并由总经理负责编制预算，然后送交成员大会审定；维持会员纪律，对违反规章的会员给予罚款、停止营业与除名处分；批准新会员进入；核定新股票上市；决定如何将上市股票分配到交易厅专柜；等等。

目前，我国上海证券交易所和深圳证券交易所都是会员制证券交易所。

(2) 公司制证券交易所。公司制证券交易所是以营利为目的，提供交易场所和服务人员，以便利证券商的交易与交割的证券交易所。从股票交易实践可以看出，这种证券交易所要收取发行公司的上市费与证券成交的佣金，其主要收入来自买卖成交额的一定比例。另外，经营这种交易所的人员不能参与证券买卖，因而在一定程度上可以保证交易的公平。

在公司制证券交易所中，总经理向董事会负责，主要负责证券交易所的日常事务。董事的职责是：核定重要章程及业务、财务方针；拟订预算、决算及盈余分配计划；核定投资；核定参加股票交易的证券商名单；核定证券商应缴纳的营业保证金、买卖经手费及其他款项的数额；核议上市股票的登记、变更、撤销、停业及上市费的征收；审定向股东大会提出的议案及报告；决定经理人员和评价委员会成员的选聘、解聘及核定其他项目。监事的职责包括审查年度决算报告及监察业务，检查一切账目等。自 20 世纪 90 年代以来，世界上许多证券交易所已由会员制改为公司制，从传统非营利性的会员制组织改造为营利性股份公司，如瑞典的斯德哥尔摩证券交易所以及香港联交所等。

3. 证券交易所的成员

不论是公司制的交易所，还是会员制的交易所，其参加者都是证券经纪人和自营商。

(1) 会员。会员包括股票经纪人、证券自营商及专业会员。

股票经纪人主要是指佣金经纪人，即专门替客户买卖股票并收取佣金的经纪人。交易所规定，只有会员才能进入大厅进行股票交易。因此，非会员投资者若想在交易所买卖股票，就必须通过股票经纪人。

证券自营商是指不为顾客买卖股票，而是为自己买卖股票的证券公司，根据其业务范围可以分为直接经营人和零数交易商。直接经营人是指在交易所注册的、可直接在交易所买卖股票的会员，这种会员不需支付佣金，其利润来源于短期股票价格的变动。零数交易商是指专门从事零数交易的交易商（零数交易是指不够一单位所包含股数的交易），这种交易商不能收取佣金，其收入主要来源于以低于整份交易的价格从证券公司客户手中购入证券，然后以高于整份交易的价格卖给零数股票的购买者所赚取的差价。

专业会员是指在交易所大厅专门买卖一种或多种股票的交易所会员，其职责是让有关股票维持一个自由的、连续的市场。专业会员的交易对象是其他经纪人，按规定不能直接同公众买卖证券。在股票交易实践中，专业会员既可以经纪人身份参与股票的买卖业务，也可以自营商身份参与股票的买卖业务，但他不能同时身兼二职参加股票买卖。

(2) 交易人。交易人在进入交易所后，就被分为特种经纪人和场内经纪人。

特种经纪人是交易所大厅的中心人物，每位特种经纪人都身兼数职，主要有：充当其他股票经纪人的代理人；直接参加交易，以轧平买卖双方的价格差距，促成交易；在大宗股票交易中扮演拍卖人的角色，负责对其他经纪人的出价和开价进行评估，确定一个公平的价格；负责本区域的交易，促其成交；向其他经纪人提供各种信息。

场内经纪人主要有佣金经纪人和独立经纪人。佣金经纪人如前所述，此处不再介绍。独立经纪人主要是指一些独立的个体企业家。一个公司如果没有自己的经纪人，就可以成为独立经纪人的客户，每做一笔交易，公司需付一笔佣金。在实践中，独立经纪人都会竭力按公司要求进行股票买卖，以获取良好信誉和丰厚报酬。

(3) 客户与经纪人之间的关系。在股票投资交易活动中，客户与经纪人是相互依赖的关系，主要表现在下列四方面：

第一，授权人与代理人的关系。客户作为授权人，经纪人作为代理人，经纪人必须为客户着想，为其利益提供帮助。经纪人所得收益为佣金。

第二，债务人与债权人的关系。这是在保证金信用交易中客户与经纪人之间关系的表现。客户在保证金交易方式下购买股票时，仅支付保证金若干，不足之数向经纪人借款。不管该项借款是由经纪人贷出还是由商业银行垫付，此时的经纪人均为债权人，客户均为债务人。

第三，抵押关系。客户在需要款项时，须持股票向经纪人作抵押借款，客户为抵押人，经纪人为被抵押人，等以后股票售出时，经纪人可从其款项中扣除借款数目。在经纪人本身无力贷款的情况下，可以客户的股票向商业银行再抵押。

第四，信托关系。客户将金钱和证券交由经纪人保存，经纪人为客户的准信托人。经纪人在信托关系中不得使用客户的财产为自身谋利。客户若想从事股票买卖，必须先在股票经纪人公司开立账户，以便获得各种必要资料，然后再行委托，而经纪人不得违抗或变动客户的委托。

专栏 2-5　　全球知名的证券交易所

一、纽约证券交易所

纽约证券交易所（以下简称“纽约证交所”）是当今世界上最大的证券交易市场。它的交易大厅正门位于纽约布罗德大街18号，是一座早期的爱德华式建筑：6根凹槽科林斯式的圆柱，装饰华丽的三角门墙上刻着几个浅浮雕人像，中间站着的是一个被称作“诚实”的女人像，两旁有两个较小的男人雕像。在这座充满文艺复兴风格的建筑物里，每天都上演着令全世界注目的商界搏杀和经济神话。

然而，纽约证券交易所在诞生之初并没有如此富丽堂皇的办公场所。200多年前，也就是1792年5月17日，24个经纪人在华尔街68号门口的一棵梧桐树下，签订了著名的《梧桐树协议》，这是纽约证券交易所的前身。此后 100 多年间，“证券投机”成为普通美国人最热衷的发财手段之一，而纽约证交所也随之蓬勃发展，但纽约证交所的交易大厅始终是华尔街 40 号一个租金为 200 美元/月的小房间。越来越多的经纪人和投资者几乎要将这个小房间挤爆。1901 年，纽约证交所终于决定建造新的交易大厅。于是，全纽约最著名的 8 位建筑设计师拿出各自的方案参加竞标，结果乔治·普斯特的方案中标。1903 年 4 月 22 日，耗资达 400 万美元的交易大厅落成，33 米宽、42.5 米长、22 米高的大厅成为当时纽约最大的市内建筑。

1920 年 9 月 16 日中午 12 点整，交易大厅门口发生爆炸，造成 33 人死亡、超过 400 人受伤。这起恐怖事件的凶手至今仍逍遥法外，在大厅建筑外墙上，爆炸的痕迹依然清晰可辨。不过，在此次爆炸发生后不久，华尔街便迎来了“繁荣的七年”。1922—1929 年纽约证交所内股票价格飙升的消息差不多每天都醒目地刊登在各地报纸的头版上。

然而，1929 年 9—10 月，纽约股市时起时落，终于在 10 月 21 日，“黑色星期一”到来了，超过 600 万股的交易额导致抛售狂潮，以后的几天虽然略有回升，但到了 10 月 24 日这一天，纽约的股票市场突然崩溃，交易所大厅一片混乱，有关自杀的谣言不断传来。到 10 月 29 日，股价平均下跌约 40 个百分点，260 亿美元化为乌有，这一天也作为 1929 年大恐慌之日而载入史册。

此后，纽约证交所经历了各式各样的风波，包括不断出现的“黑色星期一”和“黑色星期五”、因电脑故障暂停交易带来的信誉影响——但有一点毋庸置疑，作为全球最大和最重要的股票交易市场，纽约证交所已成为监视世界经济运转状况的中心。

二、纳斯达克

纳斯达克是全球第一个电子化的股票市场。它诞生于 1971 年 2 月 8 日，开始时只是一个计算机公告牌系统，经营者曾打算用它在股票买卖中进行讨价还价，但由于成本太高而作罢。后来，纳斯达克开发出了电子交易系统，还以“未来几百年中的股票市场”为口号进行大规模广告宣传，终于引起许多高科技企业的关注，并渐渐成为当今世界上最著名的证交所之一。

纳斯达克的圆形交易大厅是大家非常熟悉的。然而，这座传统的交易大厅更多只是一种“摆设”，因为其电子交易系统是当今世界上功能最强大、效率最高的股票买卖工具。纳斯达克的电子交易系统名为 ECNs，在全球共装置了 50 万台计算机终端，向世界各个角落的交易商、基金经理和经纪人传送 5 000 多种证券的全面报价和最新交易信息。但是，这些终端机并不能直接用于证券交易。

如果美国以外的证券经纪人和交易商要进行交易，一般要通过计算机终端取得市场信息，然后用电话通知在美国的全国证券交易商协会会员公司进行有关交易。由于采用电脑化交易系统，纳斯达克的管理与运作成本低、效率高，同时也增加了市场的公开性、流动性与有效性。

纳斯达克总部位于纽约时代广场旁的康泰纳士大楼，那里没有一般证券交易所常有的各种硬件设施，取而代之的是一个大型摄影棚，还有高科技投影荧幕。每天，大量来自欧美各国的财经新闻记者会到这里进行即时行情报道。

三、东京证券交易所

东京证券交易所（以下简称"东京证交所"）是亚洲最大的证券交易所，也是仅次于美国纽约证交所的世界第二大证券市场。东京证交所的交易大厅设在东京兜町，分设股票交易大厅和债券交易大厅。股票交易大厅是一个被透明玻璃墙围起来的圆柱形空间，内设6个"U"形交易台，其中5个进行国内股票交易，1个进行国外股票交易。在交易台两侧，设有众多证券公司驻处，证券公司的派驻人员在此办公，接受来自证券公司的电话及通过计算机网络发来的买卖订单，并回传交易结果。

东京证交所的大多数股票是通过网络成交的，因此东京证交所的计算机系统一直是人们诟病的对象：2006年，"活力门"网络公司编造虚假信息拉抬股价，东京证交所交易量暴增，超过其计算机系统处理能力极限，结果当天下午2：40，东京证交所被迫停止交易。2005年12月，东京证交所交易员的操作出现重大失误，他自己发现后，试图取消错误指令，可计算机系统毫无反应，结果日经指数因此重挫300点，东京证交所总裁鹤岛泽夫也因此引咎辞职。

四、伦敦证券交易所

伦敦证券交易所（以下简称"伦敦证交所"）是世界上挂牌上市公司最多的证券市场。该交易所的诞生充满了传奇色彩：17世纪，驻英国的俄国公司希望开辟由北冰洋通往中国的航线，而东印度公司也希望开辟通往印度的航线。为了给这两项航海活动募集资金，两家公司开始在伦敦交易街的露天市场发行股票，伦敦证交所的雏形就此形成。在这条交易街上，由于股票买卖活动日益频繁，因而1773年不得不由露天市场迁入司威丁街的室内，并正式改名为"伦敦证交所"。在此后的200多年间，伦敦证交所不断发展。1972年，伦敦证交所的交易大厅搬入针线街的证券交易塔内。

证券交易塔似乎并不是个吉利的地方。1992年7月20日，爱尔兰共和军在该建筑物的一间男厕所内放置炸弹，爆炸波及供游客参观的走廊，迫使交易所关闭了这条走廊，并且从此禁止游客参观。

2004年7月，伦敦证交所交易大厅又搬至帕特诺斯特广场的新大楼中。与证券交易塔的古色古香不同，新交易大厅从外观上看就是一座现代化的办公大楼。想当初，交易员在露天市场上要喊破喉咙才能完成一笔买卖，如今在现代化的办公楼内，所有股票交易只要在计算机上进行操作便可完成。

五、法兰克福证券交易所

德国的法兰克福证券交易所（以下简称“法兰克福证交所”）是当今世界上规模最大、运转效率最高的证券交易所之一。它位于德国中西部的莱茵河畔，掌控了全德国85%的股票交易。法兰克福证交所成立于1585年（当时，中国还是明朝的万历十三年），其历史比伦敦证交所还要悠久。当年叱咤欧洲金融界的罗斯柴尔德家族就曾在这里纵横捭阖，甚至把法、英等国国王的喜怒哀乐都玩弄于掌心。在第二次世界大战中，该证交所的交易大厅被盟军炸毁，但德国人依靠自己坚韧不拔的意志，在很短的时间里重建了交易大厅，也重建了法兰克福在欧洲金融界的中心地位。

法兰克福证交所的交易大厅是一栋两层楼的建筑，其门口有两座铜像，一座是牛，另一座是熊，象征着股市里的“牛市”与“熊市”。交易大厅在外观上并无特别之处，但里面柔和的蓝色光线既让人感觉富丽堂皇，又不显得过于艳丽躁动。

法兰克福证交所最出名的是其股票交易系统——Xetra。该系统从1997年投入使用以来，被证明是世界上最成功的股票交易软件，有了它，法兰克福证交所成为泛欧洲的股票交易平台，与18个国家的260个参与机构进行联络；有了它，法兰克福证交所每天成交近40万笔生意毫无问题；有了它，法兰克福证交所的交易大厅里只需要150名参与者“坐镇”，其余交易者完全可以在其他地方办公。

六、香港联交所

香港联交所是香港联合交易所有限公司的简称。香港最早的证券交易可以追溯到1866年。中国香港第一家证券交易所——香港股票经纪协会于1891年成立，1914年易名为香港证券交易所；1921年，中国香港又成立了第二家证券交易所——香港证券经纪人协会；1947年，这两家交易所合并为香港证券交易所有限公司。到20世纪60年代后期，中国香港原有的一家交易所已满足不了股票市场繁荣和发展的需要，因而在1969年以后相继成立了远东、金银、九龙三家证券交易所，香港证券市场进入四家交易所并存的所谓“四会时代”。1973—1974年的股市暴跌，充分暴露了中国香港证券市场四会并存局面所引致的各种弊端。1986年3月27日，四家交易所正式合并组成香港联合交易所。4月2日，香港联交所开业，并开始享有在中国香港建立、经营和维护证券市场的专营权。

七、上海证券交易所

上海证券交易所（以下简称“上交所”）位于上海陆家嘴，成立于1990年11月26日，同年12月19日开业。上交所是不以营利为目的的法人，归中国证监会直接管理。

上交所的市场交易采用电子竞价交易方式，所有上市交易证券的买卖均须通过计算机主机进行公开申报竞价，由主机按照价格优先、时间优先的原则自动撮合成交。

上交所是国际证监会组织、亚洲暨大洋洲交易所联合会、世界交易所联合会的成员。截至2018年底，上交所共有上市公司1 450家，上市股票数1 494只，在世界交易所联合会2018年底的排名中，上交所的股票市场总市值（3.9万亿美元）和IPO融资额（113.5亿美元）均排名第4。

八、深圳证券交易所

深圳证券交易所（以下简称“深交所”）位于深圳罗湖区，是中国内地的两大交易所之一。它的起步最早应追溯到1986年。当时一些企业为了摆脱经营困境，进行了股份制改造。1988年4月1日，深圳发展银行在特区证券公司的柜台上开始了最早的证券交易。随后，深圳市国投证券部和中行证券部相继开业，万科、金田、安达、原野（世纪星源的前身）等也陆续发行了股票并上柜交易。“老五家”股票在“老三家”证券部开展柜台交易，构成了深圳证券市场的雏形。

1989年11月，深圳市政府做出了建立深圳证券交易所的决定。1990年12月1日，深交所试营业。深交所成立初期是归属中国人民银行深圳市分行管理，1993年4月1日深圳证券管理委员会成立以后，管理归属由中国人民银行划归深圳证券管理委员会。随着深交所的交易逐步活跃、上市公司数量逐渐扩大、影响范围不断扩大，自1997年8月15日起，国务院决定，将深交所划归中国证监会直接管理，深交所的总经理和副总经理由中国证监会任命，理事长、副理事长由中国证监会提名，理事会经选举产生。

2000年10月，为配合创业板市场筹建，深交所A股的新股发行及上市被全部停止。在2004年5月17日设立中小企业板（以下简称“中小板”）后，2004年6月25日新和成等八家公司挂牌上市，标志着深交所又重新恢复了新企业上市，但只是涉及中小企业。2009年10月23日，中国创业板举行开板启动仪式，首批上市28家创业板公司。截至2019年3月底，深交所共有上市公司2 153家，其中主板为473家、中小板为931家、创业板为749家，总市值为22.57万亿元；挂牌债券（含资产支持证券）为5 229只，挂牌面值为1.96万亿元；挂牌基金为520只，资产净值为1 684.56亿元。

2.2.2.2 场外交易市场

1. 场外交易市场概述

场外交易市场是相对于交易所市场而言的，是在证券交易所之外进行证券买卖的市场。传统的场内市场和场外市场在物理概念上的区分为：交易所市场的交易是集中在交易大厅内进行的；场外市场，又称“柜台市场”或“店头市场”，是分散在各个证券商柜台的市场，无集中交易场所和统一的交易制度。但是，随着信息技术的发展，证券交易的方式逐渐演变为通过网络系统将订单汇集起来，再由电子交易系统处理，场内市场和场外市场的物理界限逐渐模糊。

目前，场内市场和场外市场的概念演变为风险分层管理的概念，即不同层次市场按照上市品种的风险大小，通过对上市或挂牌条件、信息披露制度、交易结算制度、证券产品设计以及投资者约束条件等做出差异化安排，实现资本市场交易产品的风险纵向分层。

2. 场外交易市场的功能

场外交易市场是我国多层次资本市场体系的重要组成部分，主要具备以下功能：

（1）拓宽融资渠道，改善中小企业融资环境。不同融资渠道的资金具有不同的性质和相互匹配关系，优化融资结构对于促进企业发展、保持稳定的资金供给至关重要。目前，中小企业尤其是民营企业的发展在难以满足现有资本市场约束条件的情况下，很难获得持续稳定的资金供给。场外交易市场的建设及发展拓展了资本市场积聚和配置资源的范围，为中小企业提供了与其风险状况相匹配的融资工具。

（2）为不能在证券交易所上市交易的证券提供流通转让的场所。在多层次资本市场体系中，证券交易所市场的上市标准较高，大部分公司很难达到这一标准，但是公司股份天然具有流动的特性，存在转让的要求，场外交易市场为其提供了流通转让的场所，也为投资者提供了兑现及投资的机会。

（3）提供风险分层的金融资产管理渠道。资本市场是风险投资市场，不同投资人具有不同的风险偏好。建立多层次资本市场体系，发展场外交易市场能够增加不同风险等级的产品供给、提供必要的风险管理工具以及风险的分层管理体系，为不同风险偏好的投资者提供更多不同风险等级的产品，满足投资者对金融资产管理渠道多样化的要求。

3. 我国的场外交易市场

（1）银行间债券市场。全国银行间债券市场是指依托于中国外汇交易中心暨全国银行间同业拆借中心（以下简称“交易中心”）和中央国债登记结算有限公司（以下简称“中央登记公司”）的，面向商业银行、农村信用合作社、保险公司、证券公司等金融机构进行债券买卖和回购的市场。全国银行间债券市场成立于 1997 年 6 月 6 日。经过 20 多年的迅速发展，银行间债券市场目前已成为我国债券市场的主体部分。

（2）全国中小企业股份转让系统。全国中小企业股份转让系统（俗称“新三板”）是经国务院批准设立的全国性场外市场。全国中小企业股份转让系统有限公司为其运营管理机构，于 2013 年 1 月 16 日正式揭牌。

作为多层次资本市场的一部分，“新三板”从 2006 年开始在中关村科技园区进行试点；2012 年 8 月，国务院正式同意扩大试点，新增上海、武汉、天津三地的国家级科技园区。经过六年多的探索实践，中关村科技园区非上市公司股份转让试点在提高挂牌企业股份转让价格发现水平和流转效率、改善中小企业融资环境和吸引民间资本投资方面的功能已初步显现。在扩大试点前，已有 134 家中关村高新技术企业在“新三板”挂牌，其中有7家企业转到创业板或中小板上市。

“新三板”的特点如下：挂牌门槛低，对企业无财务要求；实行备案制，挂牌时间短；挂牌成本低；企业数量增加快，股本规模小，集中在高新技术产业，成长性好，流动性差，定向增资额度小但效率高；交易制度目前仍是撮合成交的方式，具有很强的试验色彩。

(3) 债券柜台交易市场。债券柜台交易市场，又称柜台记账式债券交易业务，是指银行通过营业网点（含电子银行系统）与投资人进行债券买卖，并办理相关托管与结算等业务的行为。商业银行根据每天全国银行间债券市场交易的行情，在营业网点柜台挂出国债买入和卖出价格，以保证个人和企业投资者及时买卖国债，商业银行的资金和债券余缺则通过银行间债券市场买卖加以平衡。

柜台交易具有以下特点：一是为个人投资者投资于公债二级市场提供更方便的条件，可以吸引更多的个人投资者；二是场外交易的覆盖面和价格形成机制不受限制，便于中央银行进行公开市场操作；三是有利于商业银行低成本、大规模地买卖公债等；四是有利于促进各市场之间的价格、收益率趋于一致。

2.2.3 证券投资过程

2.2.3.1 个人投资者的投资规划

投资规划以及投资需求因人而异。投资需求随个人的生命周期而改变。个人投资者如何建立他们的投资规划取决于他们的年龄、财务状况、未来计划、风险偏好以及需求。

1. 投资的准备工作

在开始投资规划前，个人投资者需要确保其他的需求已经得到满足。只有个人投资者的收入能够满足日常生活的需要，并且净储蓄时，才可以考虑投资。

(1) 保险。人身保险是在任何投资规划中不可缺少的一部分，它能够在意外发生时为我们的至亲提供生活保障。保险公司支付的死亡赔偿金能够用来支付医药费和丧葬费，并且维持家庭成员的日常生活，帮助他们偿还债务，或者满足将来的需要（如子女的教育花费或者配偶退休后的生活费用）。所以，投资规划的首要步骤之一就是购买足够的人身保险。

保险还能够起到更为立竿见影的效果，比如可以作为实现退休规划等长期目标的工具。个人投资者在退休时可以获得保单约定的收益，以满足个人生活的需要。

保险能够对冲其他风险。例如，健康险能够在个人投资者生病时支付医药费，意外险在个人投资者发生人身意外时进行赔偿，汽车险等其他财产险为家庭的财产提供保护。

尽管没有人盼望自己的保险生效，但是完美的投资规划的第一步就是购买保险“以防万一”。缺少了保险，无论多好的投资项目都有可能毁于一旦。

(2) 现金储备。有足够的现金储备来应对紧急情况、失业、意外支出以及好的投资机会等是非常重要的。现金储备不仅能够提供安全垫，还能够降低在突发状况出现时被迫变卖资产的风险。许多专家建议应该储备能够满足六个月生活支出的现金。我们所称的“现金”储备并不意味着只能以现金形式，而是能够迅速变现的资产，且变现过程中价值损害很少。货币市场基金以及短期债券型共同基金、银行存款都可以作为现金储备。

与投资规划类似，投资者的保险及现金储备需求会随着生命周期的改变而改变。例如，当人们退休后，对意外险的需求会降低；相反，其他险种，如补充医疗保险或长期健康险会变得更为重要。

2. 投资者一生中的投资策略

在基本的保险需求及现金储备满足后，个人投资者就可以用净储蓄进行投资。由于生命周期各个阶段投资者的风险承受能力不同，个人投资者的投资策略也会相应发生变化。

投资者的生命周期可分为四个阶段：

（1）积累期。职业生涯的前期到中期是个人投资者的积累期。在这个阶段，人们努力地积累资产去满足基本的生活需要（如房租）或者长期目标（如子女未来的教育、退休）。积累期的典型特征是，净财富积累很少，投资者可能会背负车贷或者助学贷款。因为投资期限很长，且投资者未来的创收能力很强，处于积累期的投资者愿意承担相对较高的风险，以此换取高于平均值的期望收益。

（2）稳定期。当职业生涯已经过半时，投资者进入了稳定期。此时，他们已经还清了全部或者大部分贷款，可能已经或者能够支付子女的教育费用。个人收入大于支出，所以结余可用来投资于退休计划或房地产规划。此时的投资期仍然较长（20～30年），所以适度的高风险投资仍然很有吸引力。与此同时，由于稳定期的人们注重资本积累，他们不愿意承担太高的风险以防止侵蚀资本。

（3）消费期。当人们退休后，就进入了消费期。社会保障以及之前投资（如养老金计划）的收益能够满足日常生活的需要。由于职业生涯已经结束，他们非常注重资本安全性；与此同时，他们必须平衡自己保持退休前生活质量的愿望以及由通货膨胀造成的储蓄实际价值减少的事实。尽管投资组合的整体风险可能比稳定期的低，处于消费期的投资者仍需要一些有风险的成长性投资（如普通股）来抵御通货膨胀。

在进入消费期后，思想上的转变可能会比较困难。在整个工作时期，我们努力储蓄，突然我们能消费了。我们开始想，如果我们少消费一些储蓄，那么财富就会持续得更久。尽管这是正确的，但退休早期的熊市会使我们的资本迅速损耗。幸运的是，我们可以通过投资规划来预防这种情形的发生。例如，我们可以通过预算以防止将所有的储蓄一次性花完，也可以通过年金的形式将风险由个人转移到年金公司。如果我们购买年金计划，我们每年都可以得到一笔固定的收入。有的年金计划只有夫妻双方均死亡时才会终止。

（4）捐赠期。与消费期类似，处于捐赠期的人们相信自己有足够的收入和资产来满足当前及未来的消费需要，并有足够的储备以应对意外发生。在捐赠期，剩余的资产可以用来支援亲戚朋友、建立公益信托或者建立房地产计划信托来规避房地产税。

3. 生命周期投资目标

在个人投资生命周期中，人们会有很多投资目标。近期的首要投资目标是指投资者设立的、对于他们个人来讲很重要的短期购买目标，如支付房租、买一辆新车或者参加一次旅行。有未成年子女的父母可能会有近期的首要目标，如支付子女的教育费用。因为这种目标具有情感上的重要性，而且期限较短，投资者不适合用高风险的投资来达成。

长期的首要目标通常包括财务独立，如能够在达到一定年龄后退休。因为这种目标的特征就是期限较长，高风险投资可以用来达成该目标。

次要目标则是锦上添花的东西，包括每隔几年就换一辆新车、购买昂贵的家具、重新装修房子或者进行一次环球旅行。完善的投资规划会将次要目标分散到投资者的一生当中。下一节将详细介绍如何进行投资规划，如何根据投资规划和环境变化建立并且管理投资组合。

2.2.3.2 投资决策过程

投资决策的目标是实现投资收益的最大化，也就是使投资组合的风险和收益特征能够给投资者带来最大的满足。具体说来，就是使投资者在获得一定收益水平的同时，承担最低的风险，或者在投资者可接受的风险水平之内，使其获得最大的收益。显然，实现这种目标需要对组合进行有效的和科学的管理。投资决策过程通常包括以下几个基本步骤，见图 2-2。

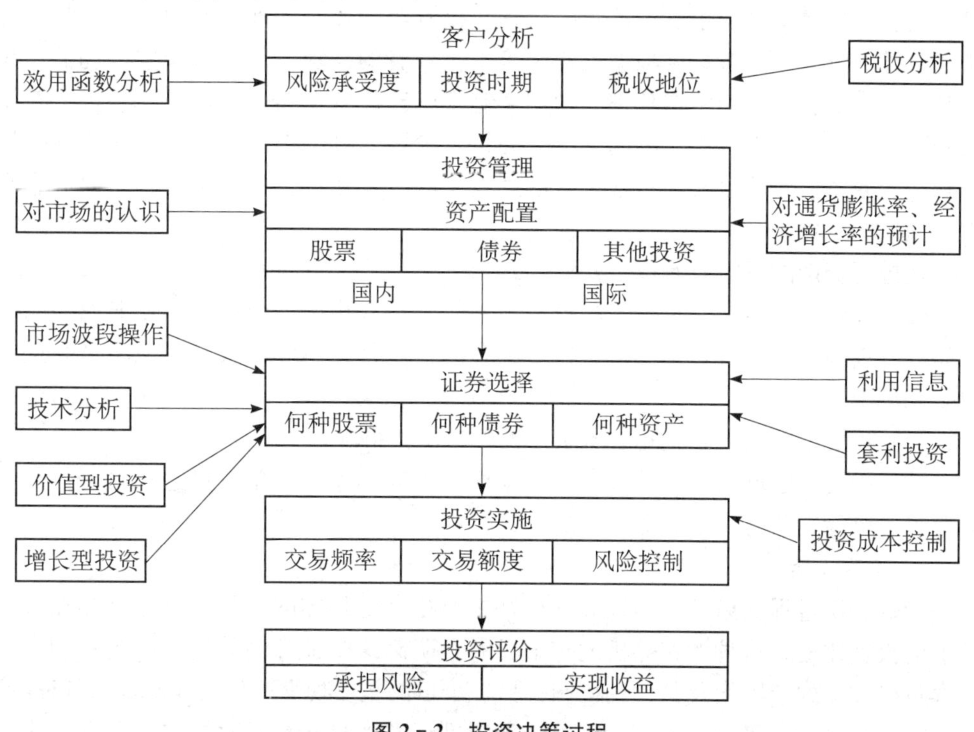

图 2-2 投资决策过程

1. 客户分析

投资过程从了解投资者的风险偏好开始，首先要确立个人及机构投资者的投资政策。证券投资政策是投资者为实现投资目标应遵循的基本方针和基本准则，包括投资目标、投资规模和投资对象三个方面的内容以及应采取的投资策略和措施等。投资目标是指投资者在承担一定风险的前提下，期望获得的投资收益率。由于证券投资属于风险投资，而且风险与收益之间呈现出一种正相关关系，所以证券投资组合的管理者如果把只能赚钱不能赔钱定为证券投资的目标，是不客观的。客观和合适的投资目标应该是在盈利的同时也承担可能发生的亏损。因此，投资目标的确定应包括风险和收益两项内容。投资规模是指用于证券投资的资金数量，它取决于投资者的实际财务能力。投资对象是指证券投资组合管理者准备投资的证券品种，是根据投资目标而确定的。

在投资政策中，很重要的一项内容是投资限制。因为投资环境的因素各有不同，除了前文提到的风险承受能力不同外，投资者可能会对流动性以及投资期限都有所要求。此外，税收作为投资者财富的负担，与投资过程息息相关。出于避税或者税收延迟支付等需求，所有的投资收益率都是以税后值来考量的。

客户分析是证券决策过程的第一步，反映了证券投资者的投资风格，并最终反映在投资组合中所包含的金融资产类型特征上。

2. 投资管理

投资决策过程的第二步是投资管理，也就是寻找最契合投资政策要求的投资工具。投资管理其实是一个资产配置的过程，投资经理要对当前的宏观经济形势进行研究，并预测未来走势。要根据投资政策中投资者的需求，结合对金融市场的认识以及对通货膨胀率、经济增长率的预期来制定资产配置策略，决定如何将资金在不同的国家、不同类别资产、不同证券之间进行分配。经济形势在不断变化，并持续受到行业变革、政治以及人口社会学的影响。因此，在投资过程中要不断跟进金融市场预期的变化。

在进行资产配置时，有以下几种方式：

（1）投资工具组合，是指不同投资工具的选择和搭配，包括债券、股票、衍生产品等。选择不同的投资工具进行投资组合的实质是在不同的收益与风险之间进行权衡和搭配。

（2）投资期限组合，是指证券资产长短期限的搭配。

（3）投资的区域组合。通过向不同地区、不同国家的金融资产进行投资，达到分散投资风险、获得稳定收益的目的。

3. 证券选择

投资决策过程的第三步是证券选择，主要是确定具体的证券投资品种和在各证券上的投资比例。这种考察分析的一个目的是明确这些证券的价格形成机制和影响证券价格波动的诸因素及其作用机制；另一个目的是发现那些价格偏离价值的证券。

在进行投资决策时，投资者需要注意个别证券选择、投资时机选择和多元化三个问题。个别证券选择主要是预测个别证券的价格走势及波动情况；投资时机选择涉及预测和比较各种不同类型证券的价格走势及波动情况（例如，预测普通股相对于公司债等固定收益证券的价格波动）；多元化是指在一定的现实条件下，组建一个在一定收益条件下风险最小的投资组合。

4. 投资实施

在投资实施的过程中，投资者应当通过对交易频率和交易额度的控制，使得在剔除交易成本后，在总体上能够最大限度地实现现有证券组合的风险回报特性。

5. 投资评价

投资决策过程的第五步是通过定期对投资组合进行业绩评估，用以评价投资的表现。业绩评估不仅是证券投资决策的最后一个阶段，也可以看成一个连续操作过程的组成部分。说得更具体一点，可以把它看成证券投资决策过程中的一种反馈和控制机制。由于投资者在投资过程中获得利益的同时，还将承担相应的风险，获得较高收益可能是建立在承担较高风险的基础之上。因此，在对证券投资组合的业绩进行评价时，不能仅仅比较投资活动所获得的收益，而应该综合衡量投资收益和所承担的风险情况。

2.2.4 证券市场价格指数

2.2.4.1 股票价格指数

1. 股票价格指数的编制方法

股票价格指数（以下简称“股价指数”）是衡量股票市场上股价综合变动方向和幅度的一种动态相对数，其基本功能是用平均值的变化来描述股票市场股价的动态。在海外成熟证券市场上，股价指数主要由证券交易所、金融服务机构、研究咨询机构或财经媒体等编制和发布，指数编制虽各有不同而且还在发展，但基本形成了若干比较普遍的原则和方法。中国股票市场只有三十多年的发展历史，而且是在从计划经济向市场经济过渡的过程中逐渐成长起来的，不仅具有典型的新兴市场特征，而且还具有很强的中国特色。在此基础上，中国股价指数的编制既要充分借鉴成熟市场的经验和方法，也要充分考虑中国国情。

在计算股价指数时，通常对股价指数和股价平均数进行分别计算，这主要是根据两者对股市的实际作用不同而做出的。股价平均数反映多种股票价格变动的一般水平，通常以算术平均数表示。而股价指数是反映不同时期股价变动情况的相对指标，通过它，人们可以了解计算期的股价比基期的股价上升或下降的百分比。

（1）股价平均数的计算。

1）算术平均数，就是把采样股票的总价格平均分配到采样股票上。其计算的基本方法是，先对市场上的股票进行采样，然后从每种采样股票中拿出一股，将其收盘价格相加，再除以采样股数，得出的商便是股价平均数。

设采样股数为采样股票的总数，其收盘价为 P_i（$i=1$，2，…，n），则公式为：

$$股价平均价=\frac{采样股票总价格}{采样股数}=\frac{\sum_{i=1}^{n}P_i}{n}=\frac{P_1+P_2+\cdots+P_n}{n}$$

现假设从某股市采样的股票为A、B、C、D四种，它们在某交易日的收盘价分别为10元、15元、25元和30元，计算该市场的股价平均数。

根据上述公式，可得：

$$股价平均数=\frac{10+15+25+30}{4}=20(元)$$

算术平均数的优点是计算起来简单易懂，缺点是计算时未考虑权数；当其中某种股票发生折股时，会使平均数产生不合理的下跌，这显然不符合平均数作为反映股价变动的指标的要求。

2）调整平均数。为了克服折股后平均数发生不合理下降的问题，就必须采取纠正的方法来调整平均数。其方法通常有两种：一是调整除数；二是调整股价。

调整除数就是把原来的除数调整为新的除数。上例中的除数是4，假定D股票以1股折为3股时，折股后的股价从30元下调为10元，则调整后新的除数应是：

$$新的除数=\frac{折股后的总价格}{折股前的平均数}=\frac{10+15+25+10}{20}=3$$

将新的除数代入下列公式中，则

$$股价平均数=\frac{折股后的总价格}{新的除数}=\frac{10+15+25+10}{3}=20(元)$$

这样得出的平均数与未折股时计算的结果相同，股价水平也不会因折股而变动。

调整股价就是将折股后的股价还原成折股前的股价。其方法是，设D股股价折股前为P_{n-1}，折股后新增的股价为R，股价为P'_{n-1}，则调整股价平均数的公式为：

$$调整股价平均数=\frac{P_1+P_2+P_3+(1+R)\times P'_{n-1}}{n}=\frac{10+15+25+(1+2)\times 10}{4}=20(元)$$

式中，$(1+R)\times P'_{n-1}$之中的1为原来的股数，由于折股后变为3，新增设的股数$R=3-1=2$，因而式中的$1+R=1+2$。

（2）股价指数的计算。股价指数是报告期的股价与某一基期比较的相对变化指数。它的编制首先假定某一时点为基期，基期值为100（或为10，或为1 000），然后再用报告期股价与基期股价相比得出。其计算方法主要有以下几种：

1）简单算术平均法，即在计算出采样股票个别价格指数的基础上，加总求其算术平均数。

简单算术平均法的计算公式为：

$$P^I=\frac{1}{n}\sum_{i=1}^{n}\frac{P_{1i}}{P_{0i}}\times 100$$

式中，P^I 为股价指数；P_{0i} 为基期第 i 种股票的价格；P_{1i} 为报告期第 i 种股票的价格；n 为股票样本数。

现假设某股市四种股票的交易资料见表 2－2，求出股价指数。

表 2－2　某股市四种股票交易表

种类	股价		交易量	
	基期（P_0）	报告期（P_1）	基期（Q_0）	报告期（Q_1）
A	5	8	100	150
B	8	12	50	90
C	10	14	120	70
D	15	18	60	80

将表中数字代入公式，可得：

$$股价指数=\frac{1}{4}\times\left(\frac{8}{5}+\frac{12}{8}+\frac{14}{10}+\frac{18}{15}\right)\times 100=142.5$$

这说明报告期的股价比基期（基期为 100）上升了 42.5 个百分点。

2）综合平均法，即分别把基期和报告期的股价加总后，用报告期股价总额与基期股价总额相比较。其计算公式为：

$$P^I=\frac{\sum_{i=1}^{n}P_{1i}}{\sum_{i=1}^{n}P_{0i}}\times 100$$

代入表中的数字，则报告期的股价指数等于 136.8，即报告期的股价比基期上升了 36.8 个百分点。

3）几何平均法，即分别把基期和报告期的股价相乘后开 n 次方，再用报告期与基期相比。其计算公式为：

$$P^I=\frac{\sqrt[n]{P_{11}\times P_{12}\times\cdots\times P_{1n}}}{\sqrt[n]{P_{01}\times P_{02}\times\cdots\times P_{0n}}}$$

4）加权综合法。无论是简单算术平均法，还是综合平均法或几何平均法，它们在计算股价指数时，都没有考虑到各采样股票权数对股票总额的影响，因而难以全面真实地反映股市价格变动情况，需要用加权综合法来弥补其不足。根据权数选择的不同，计算股价指数的加权综合法公式有以下几种：

第一，以基期交易量（Q_{0i}）为权数的公式。

$$P^I = \frac{\sum_{i=1}^{n} P_{1i}Q_{0i}}{\sum_{i=1}^{n} P_{0i}Q_{0i}} \times 100$$

第二，以报告期交易量（Q_{1i}）为权数的公式。

$$P^I = \frac{\sum_{i=1}^{n} P_{1i}Q_{1i}}{\sum_{i=1}^{n} P_{0i}Q_{1i}} \times 100$$

第三，以报告期发行量（W_{1i}）为权数的公式。

$$P^I = \frac{\sum_{i=1}^{n} P_{1i}W_{1i}}{\sum_{i=1}^{n} P_{0i}W_{1i}} \times 100$$

5）加权几何平均法。在股价指数计算中，人们为了调和交易量在基期和报告期的不同影响，提出了加权几何平均法公式，即

$$P^I = \sqrt{\frac{\sum_{i=1}^{n} P_{1i}Q_{0i}}{\sum_{i=1}^{n} P_{0i}Q_{0i}} \times \frac{\sum_{i=1}^{n} P_{1i}Q_{1i}}{\sum_{i=1}^{n} P_{0i}Q_{1i}}}$$

2. 我国主要的股票价格指数

（1）上证综合指数。上证综合指数是上海证券交易所股票价格综合指数的简称。该指数的前身为上海静安指数，是由中国工商银行上海市分行信托投资公司静安证券业务部于 1987 年 11 月 2 日开始编制的。上证综合指数是上海证券交易所于 1991 年 7 月 15 日开始编制和公布的，以 1990 年 12 月 19 日为基期，基期值为 100，以全部的上市股票为样本，以股票发行量为权数进行编制。

随着上市品种的不断丰富，上海证券交易所在这一综合指数的基础上，从 1992 年 2 月起分别公布 A 股指数和 B 股指数；从 1993 年 5 月 3 日起正式公布工业、商业、地产业、公用事业和综合五大类分类股价指数。

（2）深圳成分股指数。由于在实际运作和反映股市实际运行状态方面，深圳综合指数存在着较明显的缺陷，深圳证券交易所自 1995 年 1 月 3 日开始编制深圳成分股指数，并于同年 2 月 20 日实时对外发布。

成分股指数是通过对所有上市公司进行考察，按一定标准选出一定数量有代表性的公司编制的指数，采用成分股的可流通股数作为权数，实施综合法进行编制。成分股指数按照股票种类分为 A 股指数和 B 股指数。成分股指数及其分类指数的基日为 1994 年 7 月 20 日。成分股指数的基日指数指定为 1 000 点。该指数的发布内容包括前日收市、今日开市、最高指数、最低指数和当前指数。

（3）沪深 300 指数。这一指数是沪、深证券交易所第一次联合发布的反映 A 股

市场整体走势的指数。沪深300指数样本覆盖了沪、深市场六成左右的市值，具有良好的市场代表性。目前，在300只样本股中，深市121只样本股中有92只来自深证100，沪市141只样本股来自上证180，入选率分别为92%和78.3%。

沪深300指数覆盖了银行、钢铁、石油、电力、煤炭、水泥、家电、机械、纺织、食品、酿酒、化纤、有色金属、交通运输、电子器件、商业百货、生物制药、酒店旅游、房地产等数十个主要行业的龙头企业。沪深300指数以2004年12月31日为基日，以该日300只成分股的调整市值为基期，基期指数定为1 000点，自2005年4月8日起正式发布。

（4）上证30指数。上证30指数是由上海证券交易所编制，以在上海证券交易所上市的所有A股股票中最具市场代表性的30种样本股为计算对象，并以流通股数为权数的加权综合股价指数，取1996年1月至1996年3月的平均流通市值为指数基期，基期指数定为1 000点。上证30指数以“点”为单位。

30种样本股是根据既定的样本股选择原则，同时按照定性分析与定量分析相结合、总量分析与结构分析相结合的方法，通过对各种资料翔实分析后进行综合考虑，由专家委员会采用讨论的方式选出的。

上证30指数自2002年7月1日起不再编制，但在其基础上编制了新的上证180指数。

（5）上证180指数。上证180指数在原上证30指数基础上进行编制，以原上证30指数2002年6月28日的收盘点数为基值，自2002年7月1日起公布。上证180指数在继承原上证30指数编制优点的基础之上，进行了一系列创新。该指数的推出，目的在于建立一个能够反映上海证券市场运行状况、可以作为投资评价尺度及金融衍生产品基础的基准指数。

上证180指数的推出，解决了困扰市场已久的指数标的问题，为指数基金提供了一个可以借鉴的蓝本，对指数化投资有较强的可行性和指导性，是指数基金的理想选择。

在编制方法上，上证180指数的成分股选择考虑了样本空间、样本数量、选样标准、行业分类和选样方法等因素。在行业分类方面，既以全球行业分类标准（GICS）为基础，又结合了我国上市公司的实际情况进行调整，将上市公司分为能源、材料、工业、金融、信息技术等10大行业。

上证180指数的加权方法由原上证30指数的流通股加权调整为股本加权，也就是根据流通比例对总股本进行一定的折算作为指数权重，类似于国际上广泛采用的自由流通量加权方式，体现了指数编制的国际化趋势。该加权方法能够较为科学、客观地综合反映上市公司的经济规模和流通规模，既不像用总股本加权那样忽视非流通股存在的现实问题，也不像采用流通股本加权那样完全不考虑非流通股的影响和公司经济规模。此外，这种加权方法对于潜在的国有股、法人股流通等流通股规模非常规扩容问题要容易处理一些，可以降低未来非流通股上市对指数编制的影响，较好地维护指数的连续性。

上证 180 指数对样本股的调整，依据样本稳定性和动态跟踪相结合的原则，每半年调整一次，每次调整比例一般不超过 10%，在特殊情况下也可能对样本进行临时调整。

（6）恒生股票价格指数。恒生股票价格指数是由香港恒生银行编制以反映香港股票市场股票价格变动的指数，也是香港股票市场历史最为悠久、影响最大的一种股价指数。它从 1969 年 11 月 24 日开始发布，其基期为 1964 年 7 月 31 日，基期指数为 100，恒生股票价格指数挑选了 33 种有代表性的上市股票作为成分股，其计算方法为修正加权综合法。

专栏 2-6　A 股被正式纳入 MSCI 指数

MSCI，全称为 Morgan Stanley Capital International，中文名为名晟公司或摩根士丹利资本国际公司，是一家提供全球指数及相关金融衍生产品标的的国际公司，其推出的 MSCI 指数广受投资人欢迎，全球的投资专业人士（包括投资组合经理、经纪交易商、交易所、投资顾问、学者及金融媒体）均使用 MSCI 指数。MSCI 指数是全球投资组合经理最常使用的投资标的。

2018 年 6 月 1 日，A 股首次被纳入 MSCI 指数，纳入的成分股数量为 234 只，纳入因子为 2.5%；同年 9 月 1 日，A 股的纳入因子由 2.5%扩大到 5%。市场用“成人礼”一词来形容 A 股“入摩”，这标志着 A 股由此开启了走向全球的大门。

2019 年 3 月 1 日，MSCI 宣布：将现有 A 股在 MSCI 全球基准指数中的纳入因子由 5%提高至 20%。该纳入过程将分为三步，在计划完成后，MSCI 新兴市场指数将包含 253 只大盘 A 股和 168 只中盘 A 股，其中包括 27 只创业板股票；届时，A 股在 MSCI 新兴市场指数中的占比将由目前的 0.7%上升至 3.3%。根据 MSCI 的预测，每一次纳入 2.5%的因子，将为 A 股带来约 110 亿美元的增量资金，纳入因子从 5%提升至 20%，大约可带来 660 亿美元的增量资金，约合人民币 4 429 亿元。

3. 国外主要的股票价格指数

（1）道琼斯指数。道琼斯指数是世界上历史最悠久的股票指数，它的全称为道琼斯股票价格平均指数。通常人们所说的道琼斯指数有可能是指道琼斯指数中的道琼斯工业平均指数（Dow Jones Industrial Average）。

道琼斯指数最早是在 1884 年由道琼斯公司的创始人查理斯·道开始编制的。最初的道琼斯股票价格平均指数是根据 11 种具有代表性的铁路公司的股票，采用算术平均法进行计算后编制而成的，发表在查理斯·道自己编辑出版的《每日通讯》上。其计算公式为：

$$\text{股票价格平均指数}=\frac{\text{入选股票的价格之和}}{\text{入选股票的数量}}$$

道琼斯指数以在纽约证券交易所挂牌上市的一部分有代表性的公司股票作为编制对象，由四种股价平均指数构成，分别如下：

● 第一组是工业股票价格平均指数。它由30种有代表性的大工商业公司的股票组成，而且随着经济发展而变大，大致可以反映美国整个工商业股票的价格水平，这也就是人们通常所引用的道琼斯工业平均指数。

● 第二组是运输业股票价格平均指数。它包括20种有代表性的运输业公司的股票，即8家铁路运输公司、8家航空公司和4家公路货运公司的股票。

● 第三组是公用事业股票价格平均指数，是由代表美国公用事业的15家煤气公司和电力公司的股票所组成。

● 第四组是平均价格综合指数。它是综合前三组股票价格平均指数而得出的综合指数。

在四种道琼斯股价指数中，以道琼斯工业股票价格平均指数最为著名，它被大众传媒广泛地报道，并作为道琼斯指数的代表加以引用。

现在的道琼斯股票价格平均指数是以1928年10月1日为基期，因为这一天收盘时的道琼斯股票价格平均数约为100美元，所以就将其定为基准日。而此后的股票价格与基期相比计算出的百分数，就成为各期的股票价格指数，所以现在的股票价格指数普遍用点来做单位，而股票价格指数每一点的涨跌就是相对于基准日的涨跌百分数。

专栏2-7　道琼斯股票价格平均指数大事记

1906年1月12日，首次升上100点，以100.25点报收。

1929年10月28日，狂泻38.33点，日跌幅达13%。

1956年3月12日，首次越过500点，以500.24点收盘。

1972年11月14日，首次突破1 000点，以1 003.16点报收。

1974年12月6日，跌至577.60点，为自1962年以来的最低点和自20世纪30年代熊市以来的最差业绩。

1987年1月8日，首次突破2 000点，以2 002.25点结束交易。

1987年10月19日，暴跌508点，日跌幅达到创纪录的22.6%，以1 738.74点报收，该日被人们称为“黑色星期一”。

1991年4月7日，首次升上3 000点，收于3 004.46点。

1995年2月23日，首次突破4 000点，收于4 003.33点。

1995年11月21日，首次突破5 000点，收于5 023.55点。

1996年10月14日，首次突破6 000点，收于6 010.00点。

1997年2月23日，首次突破7 000点，收于7 022.44点。在89个交易日就上升 1 000 点，创该指数千点跃升最快纪录。

1997 年 7 月 16 日，首次突破 8 000 点，收于 8 038.89 点。

1997 年 10 月 27 日，狂泻 554.26 点，日跌幅达 7.2%，以 7 161.15 点收盘，日跌点数创历史之最；并且，首次启用股市停盘的规定，由于跌幅过大，当天两度停盘并提前收市。

1997 年 10 月 28 日，猛升 337.17 点，创日升点数最高纪录。

1998 年 4 月 6 日，首次突破 9 000 点大关，以 9 033.23 点报收。

1998 年 8 月 31 日，暴跌 512.61 点，跌破 8 000 点。

1999 年 3 月 16 日，盘中曾首次突破 10 000 点大关，但闯关后以 9 930.47 点收盘。

1999 年 3 月 29 日，首次以 5 位数收盘，报收于 10 006.78 点。

2007 年 4 月 26 日，报收于 13 000 点。

2008 年 12 月 31 日，由于受到金融危机的冲击，报收于 8 776 点。

2009 年 10 月 14 日，再次跌破 10 000 点，报收于 9 873.48 点。

2017 年 1 月 25 日，首次突破 20 000 点大关，报收于 20 068.51 点。

（2）标准普尔股票价格指数。标准普尔股票价格指数是由美国最大的证券研究机构标准普尔公司编制发表的用以反映美国股票市场行情变化的股价指数。标准普尔指数从 1932 年开始编制，最初采样股票共有 233 种。1957 年采样股票扩大到 500 种，其中工业股票 425 种，铁路股票 15 种，公用事业股票 60 种。1976 年又进行了改动，采样股票仍为 500 种，但其构成变为工业股票 400 种，运输业股票 20 种，公用事业股票 40 种，金融股票 40 种。

标准普尔指数采用加权平均法，以 1941—1943 年的平均市价总额为基期值，基期指数为 100，以上市股票市值为权数进行计算。

（3）金融时报指数。伦敦金融时报指数（Financial Times Ordinary Shares Index）由英国最著名的报纸——《金融时报》编制和公布，用以反映英国伦敦证券交易所的行情变动。该指数分三种：一是由 30 种股票组成的价格指数；二是由 100 种股票组成的价格指数；三是由 500 种股票组成的价格指数。通常所说的英国金融时报指数指的是第一种，即由 30 种有代表性的工商业股票组成并采用加权算术平均法计算出来的价格指数。

（4）日经指数。日经指数原先称为"日本经济新闻社道琼斯股票平均价格指数"，是由日本经济新闻社编制并公布的反映日本东京证券交易所股票价格变动的股票价格平均指数。该指数的前身为 1950 年 9 月开始编制的"东证修正平均股价"。1975 年 5 月 1 日，日本经济新闻社向美国道琼斯公司买进商标，采用修正的美国道琼斯公司股票价格平均数的计算方法计算，并将其编制的股票价格指数定为"日本经济新闻社道琼斯股票平均价格指数"。1985 年 5 月 1 日在合同满十年时，经两家协商，将名称改为"日经平均股价指数"（以下简称"日经指数"）。日经指数按其计算对象的采样数目不同，现分为两种：一是日经 225 种平均股价指数，它是从 1950 年 9 月开始编制的；二是日经 500 种平均股价指数，它是从 1982 年 1 月开始编制的。前一种指数因延续时间较长，具有很好的可比性，成为考察日本股票市场股价长期演变及最新变动最常用和最可靠的指标，传媒日常引用的日经指数就是指这个指数。

（5）纳斯达克指数。纳斯达克（National Association of Securities Dealers Automated Quotations，NASDAQ）是美国全国证券交易商协会于 1968 年着手创建的自动报价系统的英文简称。纳斯达克的特点是收集和发布场外交易非上市股票的证券商报价，它现已成为全球最大的证券交易市场，目前的上市公司有 5 200 多家。纳斯达克又是全世界第一个采用电子交易的股市，它在 55 个国家和地区设有 26 万多个计算机销售终端。纳斯达克指数是反映纳斯达克证券市场行情变化的股票价格平均指数，基本指数为 100。纳斯达克的上市公司涵盖所有新技术行业，包括软件和计算机、电信、生物技术、零售和批发贸易等。

专栏 2-8　纳斯达克指数介绍

1971 年 2 月 8 日，股票交易发生了革命性的创新。在那一天，一个称为纳斯达克（NASDAQ）的系统为 2 400 只优质的场外交易股票提供实时的买卖报价。此前，这些非主板上市股票的报价是由主要交易商和持有详细名单的经纪人公司提供的。现在，纳斯达克连接着全国 500 多家造市商的终端，形成了计算机系统的中心。与纳斯达克股市不同，在纽约股市或者美国股票市场（AMEX）交易的股票会被指派一个单独的专家经纪人，他负责保持这只股票的供求有序。纳斯达克改革了报价方法，它不采取集中式报价，这样就使得股票对投资者和交易商更有吸引力。

在纳斯达克创立之初，在主板上市显然比在纳斯达克交易享有更高的名望。纳斯达克的股票大多是最近上市的新兴小公司或是达不到在大的股票交易所上市要求的小公司、新公司。然而，许多年轻的高科技公司认为纳斯达克的计算机系统是一个更加符合自然规律的地方。许多像英特尔和微软这样的公司即使已经达到要求，都没有选择迁入纽约证券交易所这样的“主板”。

纳斯达克指数是所有在纳斯达克交易的股票的资产加权指数，在 1971 年第一个交易日时被设为 100 点。大约 10 年后，该指数到了 200 点；又过了 10 年，1991 年该指数到达 500 点。1995 年 7 月，该指数到达了它第一个具有里程碑意义的点——1 000 点。

随着科技股收益的增长，纳斯达克指数也在上升。仅在 3 年后，指数就翻番到了 2 000 点。在 1999 年的秋天，科技的飞速发展将纳斯达克送入了上升的轨道。纳斯达克指数从 1999 年 10 月的 2 700 点上升到 2000 年 3

月 10 日的顶峰——5 048.62 点。当然，随着高科技股泡沫的破灭，纳斯达克指数一直在 1 000 点左右徘徊，截至 2007 年底也没有回到历史高点。

纳斯达克市场曾经培育了一些非常著名的公司。在市场高点，微软和思科的股票是世界上市值最高的两只股票，在纳斯达克上市的英特尔和甲骨文公司的股票也在前十强之列。虽然纳斯达克股市和纽约股市存在着竞争，但是大部分投资者并不关心股票是在哪一个股市上市的。在纽约股市，小盘股都享有比较好的服务，有专家经纪人保证其流动性。但是，它买卖报价的差额可能要比在纳斯达克造市商体系下交易活跃的股票小一些。无论股票在哪里上市，机构投资者总有自己的方式进行大笔股票买卖。

2.2.4.2 债券价格指数

债券价格指数是反映债券市场价格总体走势的指标体系。与股票价格指数一样，债券价格指数是一个比值，其数值反映了当前市场的平均价格相对于基期市场平均价格的位置。债券市场面临的主要问题是许多债券交易不频繁，其可靠的最新价格的数据难以获得，因而真实的收益率也难以计算。在实务中，一些债券的价格是通过债券估价模型估计出来的，这种估算值与市场价值的真实值之间可能存在差异。

1. 国际常用债券价格指数

当前国际上最常用的综合债券指数有：巴克莱资本综合指数（Barclays Capital Aggregate Bond Index）、所罗门美邦综合投资级债券指数（SSB Broad Investment-Grade Bond Index）、J. P. 摩根政府债券指数（J. P. Morgan Government Bond Index）以及汇丰亚洲当地债券指数（HSCB Asian Local Bond Index）。这些指数有如下特点：

（1）权重的处理。以上指数除了汇丰亚洲当地债券指数外，都是以市值为权重的债券指数。以市值为权重的好处是能够反映出各种债券在经济角度上的相对重要性。

（2）样本指数的选择。在指数样本债券的选择上，所有指数在取样时都把到期年限低于一年的债券排除在外，这样做主要是考虑到短期债券反映的是短期货币拆借市场的变动情况，而不是资本市场的变动情况，因此把它们排除在外更能客观反映债券市场的情况。与此同时，汇丰、J. P. 摩根都不考虑选择浮动利率债券作为样本，因为浮动利率债券的收益率计算并没有统一的标准。

（3）利息收入的再投资收益。除了巴克莱资本综合指数不考虑利息收入的再投资收益之外，其余指数都是以债券全部收益率为编制基础。但是，各个指数在计算利息收入的再投资收益时所做的假设并不相同。

所罗门美邦综合投资级债券指数把利息收入再投资到一个月期的短期政府债券中，而 J. P. 摩根政府债券指数则把利息收入再投资到其指数本身，汇丰亚洲当地债券指数把利息收入再投资到其各分指数本身。

不考虑利息收入的再投资收益主要是为了使投资人的操作更方便，同时也体现了在计算收益时必要的谨慎和保守型原则。考虑利息收入的再投资收益能够更客观地反映市场收益，但给实际投资组合的建立和管理带来了一定的困难。

（4）样本债券的定价。在选择样本债券的价格时，各个指数的做法也不相同，巴克莱资本综合指数使用了交易者定价和模型定价相结合的方法来确定最终样本债券的价格。J. P. 摩根政府债券指数和所罗门美邦综合投资级债券指数使用了交易者定价的方法。

1）市场定价。当债券交易缺乏连续性时，市场价格的代表性和合理性就存在一定的问题。

2）交易者定价。可以使用交易者的当前买入价，或者做市商可能的出价。这种方法在一定程度上解决了市场定价的不足，但如果债券在很长一段时间内都没有交易信息出现的话，这种方法也就无法令人满意了。

3）模型定价。这种定价方法使用合理的假设，利用计算机精算来推导最合理的价格。它进一步弥补了交易者定价的不足，可以应用于长期没有交易信息的债券的定价。但是，模型定价不可避免地加入了较多的主观判断。

2. 我国债券价格指数

自1981年我国恢复国债发行，上海证券交易所、深圳证券交易所于1990年底相继成立并陆续开展国债交易以来，经过管理层及广大投资者的不断培育，我国债券市场从无到有、蓬勃发展，债券品种及市场规模都有长足发展。为帮助投资者更好地把握、分析债券市场走势，自2000年以来全国同业拆借中心等机构陆续推出了同业中信银债指数等一系列针对不同市场、券种的债券指数。这些指数设计各有侧重，从而为不同风格投资者调整投资组合、进行绩效评估提供了比较可靠、科学的决策依据，也为债券市场的金融创新奠定了良好基础。

目前，我国市场上应用较为广泛的指数主要有：

（1）中国债券指数。该指数由中央债券登记结算中心于2003年1月1日编制成功并发布，为一个指数族。根据债券品种及所处市场的不同，该指数主要分为四大类：

1）中国债券总指数——样本涵盖交易所、银行间市场记账式国债（固定利率、浮动利率）、金融债。

2）国债总指数——样本涵盖交易所、银行间市场国债（固定利率、浮动利率）。

3）金融债总指数。

4）企业债指数——样本涵盖交易所、银行间市场企业债。

其中，国债总指数又细分为银行间市场国债指数以及交易所国债指数，同时还根据债券付息方式的不同将中国债券总指数、国债总指数、金融债总指数进一步细分为固定利率指数和浮动利率指数。

（2）上海证券交易所国债指数。该指数由上海证券交易所于2003年1月编制成功并发布。

（3）中信债券指数。该指数由中信集团于1999年底编制成功并发布，主要包括：

1）中信全债指数——样本涵盖交易所和银行间市场国债、金融债、企业债。

2）中信国债指数——样本涵盖上海证券交易所国债。

3）中信企业债指数——样本涵盖交易所和银行间市场企业债。

4）中信银债指数——样本涵盖交易所和银行间市场国债、金融债、企业债。

（4）中国银行银债指数。该指数由中国银行于 2002 年 5 月编制成功并发布，主要包括：

1）中国银行银行间综合指数——样本涵盖银行间市场国债、金融债。

2）中国银行银行间国债指数——样本涵盖银行间市场国债。

3）中国银行银行间金融债指数——样本涵盖银行间市场金融债。

（5）银行间同业拆借中心银债指数。该指数由全国银行间同业拆借中心于 2000 年 1 月编制成功并发布，主要包括：

1）同业中心综合指数——样本涵盖银行间市场国债、金融债、企业债。

2）同业中心国债指数——样本涵盖银行间市场国债。

2.3 证券市场监管

证券市场监管是指证券管理机关运用法律的、经济的以及必要的行政手段，对证券的募集、发行、交易等行为以及证券投资中介机构的行为进行监督与管理。

2.3.1 证券市场监管机构与监管内容

为了有效防范和化解证券市场风险，促进证券市场健康发展，各国都致力于建立全国统一的证券市场体系和与之相适应的集中统一的监管体制，把营造公开、公平、公正的市场环境和保护投资者利益作为市场监管的主要任务。我国及时总结证券市场发展的经验教训，确立了指导证券市场发展的“法制、监管、自律、规范”八字方针，初步形成了有中国特色的集中统一的监管体系。

我国证券市场监管机构由中国证券监督管理委员会（以下简称“中国证监会”）及其派出机构组成。

中国证监会成立于 1992 年 10 月，既是国务院直属机构，也是全国证券、期货市场的主管部门。它按照国务院授权履行行政管理职能，依照相关法律法规对全国证券、期货市场实行集中统一监管，维护证券市场秩序，保障其合法运行。

中国证监会在上海、深圳等地设立 9 个稽查局，在各省、自治区、直辖市、计划单列市共设立 36 个证监局。其主要职责是：认真贯彻、执行国家有关法律法规和方针、政策，依据中国证监会的授权对辖区内的上市公司，证券、期货经营机构，证券、期货投资咨询机构和从事证券业务的律师事务所、会计师事务所、资产评估机构等中介机构的证券业务活动进行监督管理；依法查处辖区内前述管理范围的违法、违规案件，调解证券、期货业务纠纷和争议，以及中国证监会授予的其他职责。

国际证监会组织公布了证券监管的三个目标：一是保护投资者；二是保证证券市场的公平、效率和透明；三是降低系统性风险。借鉴国际标准并根据我国的具体情况，我国证券市场监管的主要目标是：运用和发挥证券市场的积极作用，限制其消极作用；保护投资者利益，保障合法的证券交易活动，监督证券中介机构依法经营；防止人为操纵、欺诈等不法行为，维持证券市场的正常秩序；根据国家宏观经济的需要，运用灵活多样的方式，调整证券市场的证券交易规模，引导其投资方向，使之与经济发展相适应。

专栏 2-9 国际证监会组织

国际证监会组织（International Organization of Securities Commissions，IOSO）是国际上各证券暨期货管理机构所组成的国际合作组织。国际证监会组织的总部设在加拿大蒙特利尔市，正式成立于 1983 年，其前身是成立于 1974 年的证监会美洲协会。现有 193 个会员机构，其中包括 110 个正式会员、11 个联系会员和 72 个附属会员。中国证监会于 1995 年成为其正式会员。

IOSO 的宗旨是通过交流信息，促进全球证券市场的健康发展，各成员组织协同制定共同的准则，建立国际证券业的有效监管机制，以保证证券市场的公正有效，并共同遏制跨国不法交易，促进交易安全。

IOSO 设有主席委员会，四个地区常设委员会（亚太、欧洲、美洲和非洲/中东地区委员会）、执行委员会（下设技术市场委员会和新兴市场委员会）、秘书长和咨询委员会。其中，执行委员会是国际证监会组织的日常管理委员会，由 12 个正式会员及 4 个区域委员会各一名代表组成，委员任期为两年。秘书长负责日常事务，由执行委员会提名、主席委员会任命，任期为 3 年，服从于执行委员会并接受执行委员会主席的直接领导。咨询委员会由全部 45 个附属会员组成，这些会员多为各重要的证券交易所、金融机构或金融公司。我国的上海证券交易所、深圳证券交易所于 1996 年 9 月加入其咨询委员会。

证券监管机构一般针对下列证券市场活动和证券机构开展监管。

（1）信息披露管理。它要求证券发行人向实际投资者与潜在投资者公开大量的金融信息。原因在于，当企业发行证券时，其管理者对于企业本身的经营状况比投资者掌握得更多，这也是市场失灵的原因，通常被称为信息不对称。此外，还存在代理问题。公司的管理者是投资者的代理人，管理者可能按照自己的最大化利益行动，从而造成对投资者的不利。信息披露规则的倡导者认为，在缺少信息披露规则的条件下，投资者与管理者的信息不对称会使代理人按照自己的意愿行事。

（2）金融行为监管。这是关于证券交易者及市场交易的规则。这种监管形式最初是为了防止内幕交易。内幕交易是信息不对称产生的问题，不符合竞争性市场的要求。此外，金融行为监管与交易结构和交易运作有关。证券交易要最大限度地保护个人投资者的权益。

（3）金融机构监管。这是政府对投融资金融机构进行的监视与约束。金融机构监管的原因在于金融机构在现代经济中发挥着特殊的作用。金融机构帮助家庭及企业储蓄，使得经济要素之间的复杂支付更为便利，商业银行还是政府实施货币政策的通道。因此，通常认为金融机构失灵会严重破坏经济秩序。

（4）外国参与者监管。这是政府限制外国企业在国内市场角色的形式，以限制金融机构中外资的所有权或控制权。

（5）银行与货币监管。政府以此来控制国内货币供给的变化，从而控制经济活动水平。

专栏 2－10　构建以市场透明度为核心的资本市场秩序

以资本市场为基础而形成的现代金融正在成为现代经济的核心。资本市场的核心作用源于金融活动市场化和全球化基础上的强大的资本配置功能。资本市场通过改善储蓄-投资转化机制，提高储蓄-投资的转化效率和全社会资源的流动性，整合传输复杂的经济信息，分散并转移经济体系的巨大风险，从而引导实体经济有序运行，促进国民经济的成长。

资本市场秩序的核心是维护市场透明度，即市场信息的真实性和及时性。在资本市场秩序的形成过程中，维护市场透明度的许多环节正面临多方面挑战。

在信息披露环节，市场透明度面临的主要问题是上市公司的虚假陈述。虚假陈述直接损害了证券市场的公开原则，严重损害了投资者利益，危害了资本市场秩序的道德基础。

在信息过滤与发布环节面临的主要问题是缺乏独立、公正精神的中介机构的合谋欺骗行为。

在信息整合环节面临的主要问题是内幕交易和操纵市场。内幕交易是对证券市场公平原则的直接损害，还将引发证券市场的道德风险，严重损害公众的投资信心。而市场操纵者通过直接控制证券市场的供求关系，扭曲证券交易价格，从而影响资本的自由流动，严重侵害投资者的合法权益，直接扰乱证券市场正常的交易秩序。

这些行为严重扰乱了资本市场秩序，极大地损害了市场透明度原则，破坏了资本市场“三公”原则的实现基础，是严重的违法行为，也是世界各国证券监管部门监管的重点。

构建和完善资本市场秩序，从法律事后制度的角度分析，可以归纳为对三大证券违法行为的认定及法律控制（包括行政、民事和刑事控制），而从更为市场化的事前规制角度进行分析，资本市场秩序的构建和完善可能依赖于如下五个方面：

第一，规范的公司治理是资本市场秩序的微观基础。公司治理存在缺陷是上市公司虚假陈述发生的制度原因。股东与经理人之间的利益冲突会导致“内部人控制”现象，大、小股东之间的利益冲突会导致“隧道效应”。为了从上市公司信息披露的初始环节就开始加以有效控制，从而实现维护市场透明度的目标，就必须规范中国上市公司的治理结构。

第二，尽职的中介机构是资本市场秩序的必备要素。政府要加强对中介机构及其从业人员的监管，明确中介机构与政府的分工、加强行业自律以及鼓励中介机构之间进行合并。

第三，符合现代经济活动的会计准则是资本市场秩序形成的技术基础。随着未来中国资本市场的发展和会计师水平的提高，会计准则必然经历一个逐步完善的过程，将越来越符合经济活动规律，更加真实、充分地反映上市公司的经营绩效和未来发展前景，从而为市场透明度的形成和资本市场秩序的维系提供更加规范的技术基础。

第四，有效的监管体系是资本市场秩序构建的宏观环境。未来证券监管制度的完善，首要任务是将“维护市场透明度”作为监管工作的核心任务。此外，应对证监会、交易所和行业协会之间的职责边界加以梳理，未来应努力推动监管方式从以行政监管为基础逐步转向以自律为基础，建立以法律为依据的市场监管型运行机制。应补充各监管机构实施有效监管所必需的人力、物力，赋予其相应的权利。

第五，不断完善的法律体系是资本市场秩序形成的法律基础。中国证券法律体系的完善应以“维护市场透明度”为核心，按照责任、权利对等的原则，完善三大证券违法行为的法律责任，对部分欠合理的法律内容进行调整，建立和完善有效的证券民事责任追究机制以及对英美法系的某些先进经验进行学习。

资料来源：吴晓求，等．构建以市场透明度为核心的资本市场秩序．中国人民大学学报，2004（1）．

2.3.2 金融危机与证券市场监管改革

2.3.2.1 20世纪30年代大萧条与证券监管法案

1913年，美联储成立，但由于大部分州银行不愿意成为美联储的会员银行，加上美国财政部的干预，美联储在监管银行体系方面并没有发挥应有的作用。美国监管体系职能的缺失直接导致美国金融业的债务扩张和资产债务期限错配。

在大萧条爆发之前，美国债券市场得到极大发展，投资银行业务随之繁荣，公开发行的公司债券和票据从1920年的261亿美元增长到1928年的471亿美元，非联邦公开证券从118亿美元增长到336亿美元，城市房地产抵押债券的未清偿价值从1920年的110亿美元增加到1929年的279亿美元，而1929年美国国民收入为868亿美元。美联储一方面对银行体系的监管不充分，另一方面缺乏对新兴投资银行业的监督。在这个过程中，金融市场不诚信行为猖獗，金融机构通过各种途径规避了金融当局的监管，直至30年代大萧条的爆发。

1929年的大萧条是北美、欧洲及世界其他工业地区资本主义历史上最严重的经济危机，使西方工业国的经济受到了空前打击，它所引起的经济停滞一直持续到1939年第二次世界大战爆发。大萧条时期，工业国的银行一家又一家地倒闭，物价暴跌，通货紧缩，整个金融系统陷入瘫痪。1929年9月到1932年6月，道琼斯指数下跌89%，超过700亿美元的价值化为乌有。

大萧条的爆发及其带来的破坏性后果，使得美国政府不得不重建金融体系，并进一步强化基于安全性原则的金融监管体系改革。

1933年，美国政府制定了《证券法》，规定新证券的发行要充分披露相关信息。该法案还对新证券的注册和详述公司财务前景的招股说明书的发布制定了相关规定。当然，证券交易委员会对招股说明书或财务报告的批准并不意味着该证券就是一项好的投资。证券交易委员会只关注相关的信息是否如实披露，投资者必须自己评估证券的价值。

1934年，美国政府制定了《证券交易法》，该法授权证券交易委员会负责证券市场、场外交易、经纪人和交易商的注册及监管。证券交易委员会负责对整个证券市场的监管，同时也与其他监管机构共同承担监管责任。例如，商品期货交易委员会（CFTC）负责对期货交易市场的监管，同时也与其他监管机构共同承担监管责任。在这一角色中，联邦储备委员会对股票和股票期权制定了保证金要求，同时还对银行向证券市场参与者的贷款做出了规定。

1933年的《证券法》、1934年的《证券交易法》及配套的规则或规定构成了美国证券监管的基本框架，对后来美国证券市场的健康发展起到了基石作用。

专栏2-11　美国证券交易委员会

美国证券交易委员会（U.S. Securities and Exchange Commission, SEC）根据1934年的《证券交易法》成立，是直属美国联邦政府的独立的金融管理机构，具有一定的立法权和司法权。

SEC旨在监督一系列法规的执行，以维护证券发行者、投资者和交易者的正当权益；防止证券活动中的过度冒险、投机和欺诈活动，维护稳定的物价水平；配合联邦储备委员会及其他金融监管机构，形成一个明确、灵活、有效的金融体系。

SEC有5名专职委员，全部由总统任命，参议员批准，任期为五年；委员全属专职，不得兼任其他公职，也不得直接或间接从事证券交易活动。委员会中推举一人为主席，全面负责与总统联系。

SEC把全美国分为九个区，每个区设分委员会，负责执行和落实管理政策及管理措施。SEC对州际证券发行、证券交易所、券商、投资顾问等依法进行全面管理，权限广阔，包括立法权、行政解释权、调查权、民事和行政制裁权以及刑事追诉和建议权。

2.3.2.2 20世纪70年代的《证券投资者保护法》

20世纪60年代末至70年代初，美国证券市场遭受重创，大量券商出现流动性危机，进而被兼并或者倒闭，投资者资产受损，证券市场信心凋敝。为增强证券投资者信心、挽救股市危机、稳定经济发展，美国于1970年颁布了《证券投资者保护法》，建立证券投资者保护公司（SIPC），从而创建了投资者保护制度。

《证券投资者保护法》确立了证券投资者保护公司的合法地位，保护投资者避免在经纪人公司破产时遭受损失。联邦存款保险公司为储户提供联邦政府保护，以避免其遭受银行破产损失；同样，证券投资者保护公司也保证投资者能够收回其以转让记名的方式委托经纪人管理的账户中的证券，每一客户可收回的最高限额为500 000美元。证券投资者保护公司通过向其成员经纪公司收取所谓的“保护费”来筹集运营资金。

2.3.2.3 上市公司丑闻与《萨班斯-奥克斯利法案》

2000—2002年被公认为比较成熟的美国证券市场上，出现了一系列大公司的舞弊案。发生的丑闻主要集中于三个方面：首次公开发行的股份分配，向公众提供不实的投资分析建议，以及带有误导性的财务分析报表和会计实务。

2001年安然公司破产，引发了美国股市的剧烈动荡，投资人纷纷抽逃资金。为防止和保证上市公司财务丑闻不再发生，重建投资者信心，确立证券市场赖以生存的基本诚信，2002年8月美国政府出台了《萨班斯-奥克斯利法案》。无论是在内容还是在形式上，该法均是在《证券法》和《证券交易法》的基础上，根据证券市场的发展及现实需要，对公司治理和会计审计进行的新的调整和规范。该法案的重要内容如下：

（1）成立一个上市公司会计监督委员会，以监督上市公司的审计。

（2）规定公司董事会的审计委员会成员必须包含独立的财务专家。然而，目前符合法案目标的“独立”和“财务专家”的定义还有些不明确。

（3）首席执行官（CEO）和首席财务官（CFO）必须亲自保证其披露的公司财务报告真实反映了公司的经营与财务状况，如果这些报告中出现误导性成分，他们个人将受到处罚。遵守公认会计准则（GAAP）的条款固然重要，但这还不够。

（4）审计师不再为其客户提供审计之外的服务。这是为了防止通过咨询服务获取利益的方法影响审计质量。

纽约证券交易所和纳斯达克也提议要改善公司治理。除了财务标准外，它们还对上市公司做了以下要求：

(1) 要求董事会必须包含独立董事。

(2) 定期召开没有公司管理层在内的董事会议。

(3) 要求薪酬、聘任和审计委员会的所有成员必须为独立董事，而且审计委员会主席必须具备财务专业知识。股票期权计划作为管理人员的薪酬计划必须得到股东的批准。

2.3.2.4 2008年金融危机与《多德-弗兰克法案》

1. 2008年金融危机的起源

从20世纪70年代起，美国对金融业放松监管，使得影子银行系统得以发展。影子银行系统由以下几个因素催生：货币市场基金，它以那些没有保险的短期存款为金融企业提供融资；混业经营，它使得从事商业银行业务的投资银行和从事投资银行业务的商业银行大量出现；在受监管的银行体系的影子下运营的、不受监管或很少受到监管的金融衍生工具市场和证券化市场，它们为非流动性贷款提供了巨大的流动性。正是这些因素形成了不透明并且高度杠杆化的影子银行系统。

在影子银行系统出现后的四十年内，它在美国经济中的总值超过了10万亿美元，达到了以存款为基础的商业银行系统的类似规模。传统银行与影子银行的规模和关联程度不断增加，使得它们中的大多数能够大而不倒。明确的、有章可循的、附带风险承担机制的存款保险被隐性的、裁量性的且偏离了道德风险担忧的政府干预的预期取代了。

在2004年，金融风暴开始酝酿。通过短期借款，随后逐渐通过利率处于历史最低点、没有保险的存款与银行同业拆借，全球银行聚集的巨额资金流入美国与英国。它们开始制造巨大的尾部风险，即那些发生的可能性很小但具有灾难性结果的事件。例如，次级抵押贷款中相对较好的部分就被评为AAA级，只有在房地产市场发生百年一遇的崩溃时才会发生违约。在危机发生前，大型复杂金融机构从最初的抵押贷款人那里购买贷款债权，将它们重新包装后再卖出去，或者留在自己的手中，因此推动美国社会中银行信用的急剧扩张。美国政府推动全面住房所有权的政策，使得次级贷款成为制造尾部风险的一个非常有吸引力的资产类别。美国立法者将注意力集中在单个机构的风险上，其制定的审慎监管标准忽视了制造这种尾部风险的整个金融系统的风险。

最终的结果是，全球银行业在2004—2007年增长了两倍，而2008年4月国际货币基金组织发布的全球金融稳定报告却显示，此中的风险很小。实际上，大型复杂金融机构采用了美国政府设立的房利美与房地美这两个影子银行以及世界上最大的保险公司美国国际集团所采用的方法，用很小的本金在房地产市场进行了一场赌博。虽然这些机构就它们每一家单独来看是安全的，但从整体来看，它们是脆弱的。随着房地产市场于2007年崩溃，尾部风险变为现实的灾难，相应地，大型复杂金融机构也在这场金融赌博中溃不成军。在这场大溃败中，最大的银行倒闭就发生在影子银行系统里：它们靠美联储的资助苟延残喘，但是银行同业拆借市场的压力，再加上在商业银行证券投资组合中作为基础资产的房屋的固有劣质，意味着在2008年，当政府的救助难以获得时，一些银行不得不倒闭。随后，危机蔓延到全球，整个世界的银行系统都陷入困境，不得不动用纳税人的钱来救命。

2.《多德-弗兰克法案》的内容

2008年金融危机的结果就是，各国政府与监管者都开始寻找预防或者说降低其再次发生可能性的方法。这就是《2010年华尔街改革与消费者保护法案》（以下简称《多德-弗兰克法案》）的形成背景。该法案的主要内容有：

（1）成立金融稳定监管委员会，负责监测和处理威胁国家金融稳定的系统性风险。该委员会共有10名成员，由财政部部长牵头。委员会有权认定哪些金融机构可能对市场产生系统性冲击，从而在资本金和流动性方面对这些机构提出更加严格的监管要求。

（2）在美国联邦储备委员会下设立新的消费者金融保护局，对提供信用卡、抵押贷款和其他贷款等消费者金融产品及服务的金融机构实施监管。

（3）将此前缺乏监管的场外衍生品市场纳入监管视野。大部分衍生品必须在交易所内通过第三方清算进行交易。

（4）限制银行自营交易及高风险的衍生品交易。在自营交易方面，允许银行投资对冲基金和私募股权，但资金规模不得高于自身一级资本的3%。在衍生品交易方面，要求金融机构将农产品互换、能源互换、多数金属互换等风险最大的衍生品交易业务拆分到附属公司，但自身可保留利率互换、外汇互换以及金银互换等业务。

（5）设立新的破产清算机制，由联邦存款保险公司负责，责令大型金融机构提前做出自己的风险拨备，以防因金融机构倒闭再度拖累纳税人救助。

（6）美联储被赋予更大的监管职责，但其自身也将受到更严格的监督。美国国会下属政府问责局将对美联储向银行发放的紧急贷款、低息贷款以及为执行利率政策进行的公开市场交易等行为进行审计和监督。

（7）美联储将对企业高管薪酬进行监督，确保高管薪酬制度不会导致对风险的过度追求。美联储将提供纲领性指导而非制定具体规则，一旦发现薪酬制度导致企业过度追求高风险业务，美联储有权加以干预和阻止。

2.3.2.5 自我约束

对于证券市场的监管，除了上述政府部门的立法监管外，自我约束也是很重要的内容。尽管证券交易委员会负有对资本市场及其参与者的监管责任，但它已将大部分的监管工作授予各交易所。股市就是一个以自我监管为主的组织。全美证券交易商协会负责监督纳斯达克市场的参与者，而纽约证券交易所有自己的监管体系，但与全电子证券交易所（Archipelago）合并后，纽约证券交易所提出将监管体系从交易所董事会独立出来。

除了交易所自我约束外，投资专业人员协会也具有自我约束职能。例如，注册金融分析师协会（CFA）制定了专业人员行为准则，以监督具有注册分析师资格的从业人员的行为。专栏 2-12 简要概述了这些准则。

专栏 2-12 注册金融分析师协会的职业行为准则

准则 1：职业操守

(1) 法律知识。会员必须理解、掌握并遵守所有适用的法律法规和规章，包括 CFA 的道德规范和职业行为标准。

(2) 独立性和客观性。会员在进行执业活动时必须保持独立性和客观性。

(3) 曲解。会员不得有意曲解投资分析、建议、行动或其他专业的行动。

准则 2：资本市场完整性

(1) 非公开信息。会员不得利用非公开的重要信息。

(2) 市场操纵。会员不准通过扭曲价格或交易量来误导市场参与者。

准则 3：对客户的责任

(1) 忠诚、审慎与谨慎。会员必须保持合理的谨慎，将客户利益置身于自己之上。

(2) 公平交易。会员在做出投资建议或采取投资行动时，必须公正、客观地与客户进行交易。

(3) 适当性。会员在做出投资建议或采取行动之前，必须适当地询问客户的财务状况、投资经历和投资习惯。

(4) 绩效陈述。会员要力图保证投资绩效的陈述公正、准确和客观。

(5) 保密性。没有客户的允许，会员不得随意公开或披露客户的信息。

准则 4：对雇主的责任

(1) 忠诚。会员必须依其雇主的利益行事。

(2) 薪酬。会员在获得各方同意之前不得收取其他可能导致与雇主之间利益冲突的薪酬。

(3) 监督者。会员必须监督并阻止在其监督范围内出现的违法、违规行为。

准则 5：投资分析与建议

(1) 勤勉。会员必须保持勤勉的态度，在进行投资分析或提出建议等活动时必须给出充分的理由。

(2) 沟通。会员在他们的分析报告和投资基本原则披露中必须区分事实及观点。

准则 6：利益冲突

(1) 冲突的披露。会员必须披露可能损害其客观性或妨碍他们履行其他职责的所有事项。

(2) 交易优先权。为客户和雇主进行的交易优先于为会员利益而进行的交易。

准则7：CFA会员责任

行为。会员不得从事任何危害CFA或CFA指定机构的声誉或完整性的行为。

2.3.2.6 2015年我国股市危机与监管改善

1. 过程概述

在A股市场经历6年沉寂后，2014年中期，由于货币政策宽松、无风险利率下降等因素的催化，A股市场开始了新一轮的上涨行情，上证指数从2014年7月的2 000多点开始上升，年终收于3 234点，涨幅为57.92%。2015年上半年，A股市场延续上涨势头，其间吸引大批新股民入市，A股市场一时成为造富之地，上证指数在2015年6月12日一度达到5 178点，但此后A股市场暴跌，引发监管层托市政策不断，同时牛市转熊市。

6月13日，证监会宣布严查场外配资。监管部门发布该政策的意图是降低市场风险，但它未能挽救市场，反而像打开了潘多拉魔盒，其后的6月15日成为本轮股市的转折点，当天上证指数收于5 062.99点，跌幅为2%。

6月26日，上证指数和深成指分别下跌7.40%和8.24%，市场情绪大幅转向，由此拉开了救市的序幕。当日，中国证监会首度对A股大跌做出回应称，这是股市前期过快上涨的自发调整，是股市自身运行规律的结果。6月28日，中国人民银行宣布从即日起降息0.25个百分点，定向降准0.5个百分点。但是，中国人民银行的双降利好并未阻止股市的跌势，次周一的股市继续深度下探，上证指数下跌3.34%，创业板指数深跌7.9%。7月1日，沪、深交易所宣布下调市场交易费用、证监会放松两融限制，但当天上证指数下跌5.23%，创业板指数下跌3.47%，振幅超过9%。

在我国政府采取了一系列重要救市政策后，股市在短期内得到了稳定，但受到过早讨论政府退市和基于内幕交易的大规模救市反向操作行为的影响，2015年8月17—26日股市出现了第二波大幅下跌。从8月17日起，股市再度持续下跌，8月25日上证指数击穿3 000点，8月26日盘中一度跌至2 850.71点。

从2015年6月15日到8月26日，上证指数从5 062点暴跌到2 927点，累计下跌达42.18%，中小板指数和创业板指数的累计跌幅分别达到了44.35%和51.53%，A股市值蒸发近半。

2. 原因分析

本轮股市的异常波动，实质上是一场单纯的股市危机。引发这场股市危机的主要原因为：

第一，股市对中国经济改革和增长模式转型的短期预期过高、长期预期不足，从而造成急功近利、短期炒作以及快速推高价格、迅速套利离场的股市状态。应该说，在2014年7月前的中国股市具备了摆脱徘徊、告别低迷、进入成长周期的基础，但随着股市的缓慢上涨和有关政策、规则的出台，投资者对改革红利和“新因素”的作用做了过度解读，夸大并突出了短期效应，忽视了长期战略价值，把经济转型的一些长期因素偷换成短期炒作概念，从而使缓慢上涨的股市变成快速泡沫化的股市，并使具有长期成长基础的股市被快速透支。

第二，严重误读大力发展资本市场的政策本意，扭曲理解资本市场的战略价值，功利化地认为发展资本市场就是推高股价。在过去较长的一个时期内，中国的金融结构过度“银行化”，致使银行类金融机构的信贷资产规模和占比越来越大、证券化金融资产的比重趋于下降，也就是金融体系存量资产所沉淀的潜在风险越来越大。为了有效化解中国金融体系越来越严重的金融风险，那么推动资产证券化、大力发展资本市场就是一个必然的选择。但是，投资者对这个长期的基本趋势做了过于短期的理解，把发展资本市场这样一个国家战略误读为“国家牛”。“国家牛”的概念容易麻痹投资者的风险意识，而没有风险意识的“国家牛”概念，在现实中很容易演变成“快牛”甚至“疯牛”。

第三，高杠杆配资是这次股市危机的直接推手。在股市上，配资交易既是一种信用交易，也是一种杠杆交易。在股市长期向好、上涨预期一致时，配资规模特别是场外配资规模会有爆发式增长，但在监管不足或监管滞后时，这种爆发式增长的配资交易会为未来的危机埋下伏笔。清华大学国家金融研究院根据渤海证券的相关数据测算，2014 年 10 月至 2015 年 6 月股市上涨期间，在峰值阶段进入股市的杠杆资金为 5.4 万亿～6 万亿元，其中场外配资（两融以外的配资）规模为 3 万亿～3.8 万亿元。市场配资规模的迅速膨胀和高杠杆推动着股市的快速上涨，使风险大幅增加以及股价泡沫化、市场结构极其脆弱，导致股市危机一触即发，并呈雪崩式下跌。

第四，交易机制的结构性缺陷对股市危机起了助推作用。研究者关注的重点有：一是 T+1 交易制度的适当性；二是股市停牌机制的选择，即个股涨跌停板制度和整体市场的熔断机制；三是程序化交易的市场效应，包括量化投资和高频交易；四是现货市场买多与套空的动能结构；五是衍生产品交易对现货市场的影响；等等。

第五，监管的滞后和监管独立性的缺失是股市危机爆发不可忽视的因素。从整体上看，市场监管的理念没有及时跟上创新的步伐，传统监管手段难以检测到新的风险源。监管的敏感度跟不上风险变化的速度，对市场创新的速度以及这种创新所带来的新风险缺乏深度理解。与此同时，资本市场发展的基石是透明度，资本市场秩序的维系依靠独立监管。监管的天职是维护市场秩序和“三公”原则，至于股市的涨跌趋势，显然不在监管的职责范围内。

第六，一些重要媒体对股市乐观情绪的过度渲染，对股市产生了严重的单向误导，构成了股市危机爆发的舆情因素。

3. 政策建议

第一，强化监管的独立性，改善资本市场透明度。在监管方面要做到以下几点：一是必须强化监管主体的独立性，监管者依据法律赋予的权利和责任监管市场，只做监管的事。二是调整监管的重心，从事前监管、事中监管和事后监管调整为事中监管和事后监管的统一。事中监管的重点是信息披露监管，事后监管的重点是对违规违法行为的监管。

第二，建立以市场配置资源为主导、以强化信息披露为核心的股票发行注册制，改革现行的实质上是行政配置资源的股票发行核准制。从核准制到注册制，不是简单的行政放权，而是资源配置机制的变革，是资本市场平衡责权结构的变革。注册制改革的核心是强化信息披露，建立基于成长性而不是重要性、立足于未来而不是关注过去的企业上市标准，其目标是建立一个信息透明、自主投资、预期有序、基于成长的股市。

第三，规范融资渠道，形成动态的杠杆调整机制。第一，大幅调低杠杆率，建立一种逆周期的动态杠杆调整机制；二是在清理的基础上，规范股市投资渠道，注意平衡金融工具创新和管控风险，建立一种可检测、可调节的杠杆融资机制。

第四，加快修订《证券法》，根据产品的本质扩展证券范围，将各类集合投资计划份额和份额化的P2P网贷、股权众筹等纳入证券范围，实行统一功能监管。建立国家金融危机应对机制，并在法律中予以明确。

本章小结

本章首先对证券市场进行概述，介绍了关于证券市场的一般性基础知识，具体包括实物资产与金融资产，证券市场的功能、分类和发展阶段。证券市场的基本功能包括：筹资-投资功能；资本定价功能；资本配置功能。按证券市场功能的不同，证券市场可分为一级市场和二级市场；按上市条件的不同，可分为主板市场和二板市场；按交易对象的不同，可分为股票市场、债券市场、基金市场和衍生品市场；按组织形式的不同，可分为场内市场和场外市场。从世界证券市场的发展历程来看，其大致经历了以下三个阶段：自由放任阶段（17世纪初至20世纪20年代末）；法制建设阶段（20世纪30年代初至60年代末）；迅速发展阶段（20世纪70年代至今）。在此基础上，本章结合中国证券市场实际，系统介绍了证券市场运行机制的基本理论和基本知识，具体包括证券市场微观主体、交易场所以及证券投资的过程。本章还介绍了证券价格的一些基础性知识和股票价格指数及债券价格指数的计算方法，并对国内外若干著名的证券指数做了概括性介绍。最后，本章对证券市场监管机构和监管内容进行了说明，并总结了几次金融危机和证券市场监管变革的情况。

本章关键问题

- 证券市场的定义、形成、发展和分类
- 证券市场的微观主体
- 证券市场在金融市场中的地位及其金融功能
- 证券市场的发展阶段
- 股权分置改革

- 证券交易场所
- 证券投资过程
- 证券价格
- 股票价格指数及其计算
- 债券价格指数
- 国内外若干著名的股价指数
- 金融危机和证券市场监管改革

本章思考题

一、名词解释

证券市场	实物资产	金融资产	一级市场
二级市场	证券发行人	证券投资人	证券市场中介机构
证券交易所	场外交易市场	投资规划	投资决策
股票价格指数	上证综合指数	沪深 300 指数	道琼斯指数
金融时报指数	日经指数	恒生股票价格指数	证券市场监管
股权分置改革			

二、简答题

1. 为什么说股份公司的产生和信用制度的发展是证券市场形成的基础?
2. 证券市场的参与者与监管者包括哪些?
3. 简述证券市场的基本功能。
4. 简述个人投资者的投资规划要点与投资决策过程。
5. 简述全国中小企业股份转让市场的特点。
6. 股票价格指数有哪几种编制方法?
7. 简述近年来金融危机对证券市场监管改革的影响。

第 3 章

资产定价理论及其发展

学习目标

● 了解早期的资产定价理论发展历程。

● 熟悉 20 世纪 50 年代至 80 年代的资产定价理论发展历程。

● 熟悉行为金融学提出的金融学异象以及建立在行为金融学基础上的资产定价理论的主要内容。

资产定价理论是金融学研究的重要领域之一，也是在金融学研究中最系统、成果最丰富的领域之一。资产定价与公司财务、金融市场及机构一道构成了现代金融学的三大核心研究领域，其理论价值和实证魅力对众多的研究者产生了极强的吸引力，使得无数的研究人员前仆后继，不断推动资产定价理论的发展。从 1900 年巴舍利耶（Bachelier）开始到现在的一个多世纪中，有关资产定价的文献可以说是浩如烟海。据说最早规范研究资产定价的论文可以追溯到伯努利（Bernoulli）于 1738 年发表的论文，距今已经接近 300 年了。然而，在 20 世纪 50 年代以前，金融资产定价理论没有受到经济学家的重点关注，具有代表性的观点是凯恩斯（Keynes）的“选美论”[①]；另一种至今依然存在的理论就是股票价格的“内在价值”决定方式，其基本的分析范式是利用会计和法律工具来分析公司财务报表，从而获得不同证券的“内在价值”，其典型的代表人物就是本杰明·格雷厄姆。

资产定价理论发展的黄金时期在 20 世纪六七十年代，这个时期出现了我们至今耳熟能详的资产定价模型，如夏普的资本资产定价模型（CAPM）、罗斯的套利定价

① 他将股票市场比作 20 世纪 30 年代英国流行的选美比赛，投资者要成为最后的赢家，必须能够准确地预测到其他所有参赛者的平均预期，即选择别人认为的美女，因此股票没有真实价值。

理论（APT）、布莱克和斯科尔斯的期权定价理论（其后，默顿做出了一系列重要扩展）等。夏普和斯科尔斯以及默顿先后获得了诺贝尔经济学奖，从而极大地推动了资产定价理论的影响力和发展。在20世纪80年代以后，虽然对资产定价理论缺乏公认的突破性创新，但是相关的实证研究得到了充分的发展。不仅如此，行为金融学的兴起打破了传统金融学的范畴，将人的心理行为和现实约束条件纳入资产定价的框架内，建立了行为资产定价理论，从而对众多“市场异象”进行了很好的解释，行为金融学也因此成为21世纪最具吸引力的金融学分支之一。

从另一个角度看，资产定价理论是对某种资产未来收益索取权的价格决定方式，其实质是对一种权利的定价，包括股权、债权、或有权利等的定价。但是，当这种权利对应的收益具有不确定性时，风险随之产生。因此，资产定价也可以说是对风险的定价，任何资产定价理论都必须对风险以及影响风险的因素做出合理的解释和说明。资产定价理论也是随着人们对风险认识的不断加深，以及对影响风险的因素更加深刻的认识而发展的。从研究方法来说，资产定价理论既属于实证经济学的范畴，又属于规范经济学的范畴，不仅涉及实证过程中利用定价模型来解释某一时期风险资产的价格或收益问题，而且涉及在理论上如何回答风险资产的价格应该是多少的问题。因此，资产定价理论总是伴随着实证结果和理论创新而不断发展。

3.1 20世纪50年代以前的资产定价理论

关于资产定价理论的起源已经难以考证，目前具有代表性的说法包括1738年丹尼尔·伯努利（Daniel Bernoulli）发表的拉丁论文《关于风险衡量的新理论》和1900年法国数学博士路易斯·巴舍利耶（Louis Bachelier）完成的博士论文《投机理论》。其中，巴舍利耶以当时看来全新的方法对法国股票市场进行了研究，奠定了资产定价理论的基础。《投机理论》的创新之处在于作者将股票价格变化视为随机过程，并且提出了价格变化服从鞅过程。他试图运用这些全新的理论和方法来研究股票价格变化的规律性，因此巴舍利耶的理论不仅在数学界产生了很大的影响，而且对后来的B-S期权定价公式有直接的影响。

在巴舍利耶之后，20世纪30年代经济学家威廉姆斯证明了股票价格是由其未来股利决定的，提出了重要的股利折现模型。威廉姆斯于1938年出版了《投资价值理论》，详细介绍了股利折现模型。该书对投资学和金融学的发展起了重要的作用。后来的研究者对股利折现模型进行了改进，并提出了现金流贴现模型。因此，股利折现模型或现金流贴现模型成为最经典的资产定价理论之一。在此，我们简单介绍现金流贴现模型。

现金流贴现模型认为，任何资产的价格都是未来现金流按照一定的贴现率进行贴现的结果，威廉姆斯在1938年给出了股票“内在价值”的公式：

$$P=\frac{D_1}{1+r_1}+\frac{D_2}{(1+r_2)^2}+\cdots+\frac{D_t}{(1+r_t)^t}+\frac{P_t}{(1+r_t)^t}$$

式中，P 为普通股票的理论价值；D_t 为第 t 年的预期股息；P_t 为第 t 年的市场价格；r_t 为第 t 年的贴现率。

通过内在价值法可以得出股票价格的精确值。现金流贴现模型认为，股票的内在价值关键取决于未来的现金流，贴现率可以是无风险利率与通货膨胀率的组合，因此股价的不确定性取决于公司未来现金流的不确定性。现金流贴现模型的提出对理论界和实务界产生了重要的影响，关于金融资产定价的早期研究也集中在确定公司未来收益的现金流上。但是，现金流贴现模型的假设过于简单，对现金流不确定性的风险补偿——贴现率的确定方式没有进行深入的研究，这也导致了该理论的实际应用受到了很大的局限。

另一位早期研究资产定价理论的探索者是资助成立“考尔斯经济研究委员会”并资助出版《计量经济学》(*Econometrica*) 杂志的学者考尔斯。考尔斯针对 20 世纪 20—30 年代股票市场的大幅波动开展学术研究，并于 1933 年 7 月发表论文《股市预测指标能够准确预测吗》。考尔斯选取了四组预测指标，并考察这些预测指标对股票价格波动的预测能力，结果发现：没有任何预测指标可以准确预测股票市场波动，而且整体市场的平均绩效会优于个别参与者的表现。其后，考尔斯于 1944 年又在《计量经济学》上发表了新的研究，该研究涵盖了 15.5 年中 6 904 个预测样本，其结果再次表明：“没有任何证据能够证实，能够成功预测股票市场的未来趋势。”

专栏 3-1　资本市场发展对资产定价理论的需求[①]

20 世纪全球资本市场得到了前所未有的大发展，从而也对现代资产定价理论的发展提出了理论上的需求，原因是现代资产定价理论发展之前的传统金融理论已经无法有效地解释资本市场的运行规律。

资本市场的发展首先使货币的度量变得困难了。在资本市场发展以前，货币供给的计量标准主要是指存款货币银行的存款货币和经济体系中流通的现金通货。但是，随着资本市场的发展和金融创新的开展，区分货币与非货币变得越来越困难，各货币层次之间的界限也变得模糊了。以货币市场共同基金为例，这类金融资产投向货币市场，在很大程度上是与存款货币银行的存款资产互相竞争、互相替代的，在一些国家（如美国）被计入广义货币供应量（M2），而在中国则不被计入货币供应量。

资本市场的发展也使货币需求变得不再稳定，难以有效估计。这是由于资本市场的发展带来了一系列的金融创新，大量证券化金融资产的涌现，使得这些金融资产与货币之间的替代性大大加强。20 世纪 70 年代在金融

① 本专栏节选自吴晓求，王广谦．金融理论与政策．北京：中国人民大学出版社，2013。

体系中出现了“脱媒”现象，即大量资金从商业银行体系转入资本市场；在货币估计的经验研究中也出现了“货币失踪之谜”（Goldfeld，1976），即根据传统货币需求方程对货币需求进行的估计结果明显大于实际的货币余额。

资本市场的发展给货币政策及宏观调控带来的最严峻挑战是货币政策的传导机制甚至货币政策的目标函数都在发生变化。在资本市场发展以前，凯恩斯学派的观点认为，货币政策通过利率途径对经济活动产生影响，这一机制通过 IS-LM 模型来表达，强调的是货币资金的价格——利率，而不是金融资产的价格。然而，随着资本市场的深化和发展，金融资产价格的变动使得货币政策传导机制变得更加复杂。格林斯潘（1999）指出，美联储的货币政策应更多考虑股票市场的因素。资本市场中各类丰富的金融资产价格变动有可能会通过托宾 Q 效应、财富效应以及资产负债表效应对中央银行的货币冲击实施传导，这一传导的结果是使货币政策的传导链条更加复杂，同时也削弱了货币供应量作为货币政策中介指标的效力。由此直接导致一些发达国家放弃了将货币供应量作为货币政策中介指标，而是实施泰勒规则，将利率作为中介指标。关于货币政策是否应对金融资产价格变动做出反应则存在争论，部分学者［如 Goodhart（1995）］认为，金融资产价格变动能够准确反映未来消费物价的变化，中央银行的货币政策不应把目标只限定在通货膨胀上，而应当构建包括房地产价格、股票价格在内的广义通货膨胀指标。而现任美联储主席伯南克及其合作者的研究［Bernanke and Gertler（1999，2001）］则表明，货币政策没有必要对金融资产价格的变动做出反应。

伴随着资本市场的快速发展，现代金融学研究的轴心从资金价格逐渐过渡到金融资产的价格，从股票、债券等基础资产的定价理论逐渐发展到期货、期权、互换等衍生品的定价理论。

在 20 世纪 50 年代后，经济结构特别是资产结构发生了重大的变化，虽然利率仍是人们关注的问题，但已经慢慢地不被经济学界的主流所重视。人们又开始慢慢将视野转向更加复杂的价格理论，即资本市场中资产价格的变化及其决定。经济学家对这个问题的研究与当时的经济结构特别是资产结构正在发生重大变化有着密切的关系。自 20 世纪 50 年代以来，金融对经济活动的作用急剧加大。如果说人们着力研究利率理论意味着货币对经济的推动作用日益明显，那么价格理论的研究重心从较为虚拟化的资金价格（即利率）转向更加虚拟化的资产价格，则表明以资本市场为轴心的现代金融已逐步成为现代经济的核心。马克思有一句很著名的话：货币是经济运行的第一推动力。延伸到今天，似乎也可以概括为，建立在资本市场基础上的“现代金融是现代经济的发动机”。

3.2 20世纪50年代至80年代的资产定价理论

3.2.1 基础资产定价理论

在20世纪50年代以前，现金流的确定是资产定价的核心，然而这种定价方式无法解决风险度量和风险溢价问题。后来的学者则从这个角度进行了不断的研究，1952年马科维茨发表的《现代资产组合理论》标志着人们对风险的认识取得了突破性的进展，为资产定价理论的发展奠定了坚实的基础。

马科维茨的资产组合理论否定了古典定价理论中关于投资者的单一预期假设，即期望收益最大化假设，因为该假设要求投资者只投资所有证券中期望收益最大的证券或者证券组合，而与现实中投资者的分散化投资组合相违背。资产组合理论在现实的基础上，提出了资产组合均值-方差理论。用资产组合的均值代表期望收益，用方差代表组合的风险，投资者理性的投资方式是实现预期收益最大化（风险不变）或者风险最小化（预期收益不变）的资产组合方式。不同的市场组合代表着不同的均值-方差，投资者可以根据自己的风险偏好选择适合自己的投资组合。因此，该理论不仅解决了现实中投资者分散化投资的现实，而且还告诉投资者如何有效地形成分散化的投资组合。马科维茨对证券组合理论的主要贡献是，他正确地区分了单个证券的收益变动对整个证券组合收益的影响。他认为，要使组合的风险变小，不能仅靠分散投资，而且要避免组合内不同证券之间的高度相关性。马科维茨进一步证明了，如果投资者的效用函数只有收益和风险两个变量，那么投资者最有效的做法就是在有效边界上进行组合选择。由于马科维茨对现代资产组合理论的开拓性工作，他获得了1990年的诺贝尔经济学奖。资产组合理论的具体形式在第11章会详细介绍，在此不再赘述。

虽然资产组合理论在形式上很完美，但在实际运用中却遇到了很大的麻烦。例如，当证券数量增加时，为了获得有效的组合集，我们需要的数据呈几何级数增长，导致计算难度极大，并使其实用价值受到了很大的限制。为了解决这些问题，托宾简化了马科维茨的资产选择过程，他提出二分法，即将资产选择划分为两个阶段，首先选择风险资产的最优组合，其次根据个人偏好将资金在最优组合和无风险资产之间进行分配。托宾认为，投资者对风险的不同态度仅仅导致无风险资产和唯一的风险资产的组合不同而已，由此提出了著名的“两基金分离定理”，将证券组合理论向前推进了一大步。

1964年，夏普在马科维茨、托宾等人的研究基础之上，发展了资产选择理论，并且提出了风险资产定价的一般均衡理论，即资本资产定价模型（CAPM）；几乎同时，林特纳（1965）也提出了相似的模型。

资本资产定价模型从投资者效用最大化出发，认为在市场均衡条件下，单一资

产或资产组合的收益由两方面组成，即无风险收益和风险溢价，并且这种组合方式可以线性的形式表示，即

$$E(R_i) = R_0 + \beta_i \times [E(R_m) - R_0]$$

式中，$E(R_i)$为证券 i 的期望收益；R_0 为无风险收益；$E(R_m)$为市场组合的期望收益；β_i 为证券 i 与市场组合之间的相关系数或者风险系数。

如果用微观经济学的语言表述：无风险收益代表资金的时间价值，风险溢价代表资产价格波动带来的风险补偿，风险资产的期望收益是投资者推迟消费的补偿与承受资产价格波动的风险报酬之和。资本资产定价模型运用均值-方差-协方差的概念并利用求极值的思想，推导出一个对应于各种特定风险的资产组合可行集曲线，以及一个由投资者根据相应的风险资产与无风险资产构成的风险资产组合将单一证券的超额回报率与市场证券组合的回报率联系起来，并用 β 系数描述单个证券与整个市场的关系，从而大大简化了投资组合的选择过程。CAPM 开启了现代资产定价理论的先河，对现代资产定价理论和现代金融学的发展产生了深远的影响。可以认为，CAPM 是金融市场现代价格理论的脊梁，夏普也因此与他的老师马科维茨一同获得了 1990 年的诺贝尔经济学奖。

专栏 3－2　哈里·马科维茨和威廉·夏普简介

哈里·马科维茨 1927 年 8 月 24 日生于美国伊利诺伊州芝加哥市一个俄罗斯移民后代家庭，父母是副食店店主，他的家庭条件比较优越，不愁吃穿。虽然他出生后不久即逢大萧条，但他的童年生活无忧无虑。在高中毕业后，马科维茨进入芝加哥大学攻读了两年的本科课程，该校强调尽可能读原著。在他眼里，所有的课程都很有趣。1947 年，他从芝加哥大学经济系毕业，获得学士学位。在大学期间，他涉猎广泛，并打下了较坚实的数学基础，这对他后来创立证券组合选择理论作用颇大。出于对经济学的爱好，马科维茨继续在芝加哥大学攻读经济学博士学位。在此期间，马科维茨受到了弗里德曼、马夏克以及萨凡奇等著名经济学家的影响，并成为芝加哥大学考尔斯经济学研究院的一名学生会员。考尔斯研究院出了多名诺贝尔经济学奖获得者，研究院的生活为马科维茨打下了坚实的经济学理论基础。1952 年，马科维茨发表了著名论文《证券组合选择》，同年加入兰德公司，任副研究员。兰德公司的经历使马科维茨有条件与同事一起学习和利用当时最先进的计算机技术，编制复杂的程序对现实投资组合进行模拟，从而得到确切的实证结论。

1955—1956 年期间，受詹姆斯·托宾的邀请，马科维茨向兰德公司请假，在耶鲁大学考尔斯基金会学习，这一年他有较充足的时间进行理论上的思考、与朋友交流探讨，并形成了《资产组合：有效的多样化》的框架。该书于 1959 年出版，引起了理论界和实务界极大的反响，从而奠定了马科

维茨在微观金融学中的地位。

威廉·夏普于1934年出生在波士顿，1951年进入加州大学伯克利分校学习医学，但他觉得自己的爱好不在这方面，因而一年后转学到加州大学洛杉矶分校学习会计学和经济学，并主修经济学。在加州大学洛杉矶分校，夏普受到当时商学院金融学教授弗雷德的影响，开始接触并深刻地理解了马科维茨的证券组合理论。1956年，夏普开始在加州大学洛杉矶分校攻读博士学位，并且作为一名经济学家加入兰德公司。1961年，夏普获得哲学博士学位，在其博士论文中，首先提出了“单因素模型”。同年，他离开兰德公司，到华盛顿大学商学院任教，在此期间发表了《资本资产价格：一个风险条件下的市场均衡理论》(1964年)。有趣的是，这篇论文在第一次投稿给《金融》杂志时，被一位审稿人给否定了，后来编辑部改组，又推迟了发表时间，以致在1964年9月才正式发表。

1970年，已经成名的夏普开始在斯坦福大学任教，1973年被斯坦福大学授予铁木根金融学教授称号，1980年被推选为美国金融学会主席。1989年，夏普与妻子恺塞琳创办了威廉·F. 夏普公司，并开始实际的投资生活。

马科维茨和夏普共同获得1990年诺贝尔经济学奖，同年获奖的还有公司金融理论的奠基人之一——默顿·H. 米勒。

虽然早期的实证检验支持CAPM，如1972年Black-Jensen-Scholes的检验和1973年Fama-MacBeth的检验都支持CAPM的结论，但CAPM在20世纪70年代之后受到了很大的挑战。实证研究表明，资产价格不仅受到市场组合收益率的影响，而且受到其他因素的影响，如公司规模、财务杠杆等，而CAPM无法解释这些现象。因此，后来的学者发展了CAPM，从不同的角度建立理论模型来解释实践中传统CAPM不能解释的现象，其中最具影响力的是套利定价理论（APT）和基于消费的资本资产定价模型（CCAPM）。

1976年，罗斯提出了套利定价理论，套利定价理论所做的假设比CAPM少得多，其核心是假设不存在套利机会。APT认为，资产价格受多方面因素的影响，其表现形式是一个多因素模型。如果一种或多种因素发生变化，市场中的投机者将通过各种套利工具进行套利，从而导致资产价格向新的均衡点靠近，最终不存在无风险套利机会，进而保证市场的动态均衡。因此，套利者是导致市场更具效率的必要条件。通过多因素模型，APT在更广泛的意义上建立了证券收益与宏观经济中其他因素的联系，相对CAPM而言更具实用性，并且其套利均衡的思想为将来期权定价的推导提供了重要的思想武器。但是，APT未能确定地给出资产价格到底受哪些因素的影响以及影响程度是多少，这一问题有待理论界和实务界的进一步研究与探索。

默顿在1973年提出了跨期CAPM（ICAPM），用以解决传统CAPM单期假设的不足。在跨期CAPM中，风险补偿不再是用证券收益与市场组合收益之间的协方差来衡量，而是用资产收益与投资者边际效用之间的协方差来衡量。因此，该模型认为，资产的风险溢价由多个β决定，除了系统性风险之外，还包括其他描述投资机会组合特点的状态变量。ICAPM 的提出在理论上推动了资本资产定价模型的进一步发展，并催生了基于消费的资本资产定价模型（CCAPM）的诞生。1978 年，卢卡斯提出了第一个 CCAPM。该模型继续假设投资者追求效用最大化，将投资视为将来消费的资金来源或者资金保障，从而把产品市场、要素市场和金融市场上的各种变量通过消费和投资的关系联系起来，进而获得了真正意义上的资产组合决策的一般均衡分析。CCAPM 使用资产收益率与总消费增长率的协方差来描述风险，这一思想来源于默顿的 ICAPM。随后，布雷登（Breeden）、格罗斯曼（Grossman）等先后提出了不同形式的 CCAPM，对资产定价理论的发展起到了很重要的作用。从理论上说，CCAPM 一般均衡分析的方法几乎能够解决所有的资产定价问题，如债券、远期合约、期权等，但其强烈依赖于投资者的效用函数形式，不同的效用形式对应着不同的资产定价模型。因此，许多投资者不断修正效用函数，以使资产定价模型更接近现实。其中，比较具有代表性的是递归效用理论和非分割效用理论。

3.2.2 衍生品定价理论

除了基础资产定价理论的发展，基于基础资产的衍生品定价理论的发展为金融学的发展起到了重要的推动作用。金融衍生品主要包括期货和期权，其中期货定价理论的研究较早，而且理论分支也相对较多。

期货定价理论主要包括持有成本理论、延期交割费用理论和基于对冲压力的期货定价理论。持有成本理论认为，由于投资者（包括期货市场的交易者和现货市场的生产者）往往持有存货，而存货占用库房和保险费用，并且占用一部分资金，因而会产生机会成本；另外，存货还面临着价格波动的风险，持有人需要进行风险补偿。因此，存货持有人在面对这些实际成本和潜在风险时，必然要求补偿，从而传统的持有成本理论认为期货价格就是现货价格与实际成本和风险补偿之和。然而，现实的情况却与该理论不符，比如期货价格低于现货价格时（负差价），存货持有人依然持有存货的现象是传统存货理论无法解释的。后来的一部分研究者提出了改进的存货理论，其中具有代表性的是 1949 年沃金（Working）提出的存储价格理论，该理论通过假设对冲交易和存货的便利收益的存在来解释负差价的存在现象；此后，布伦南（Brennan）于 1958 年通过引入存储风险溢价对存储价格理论进行了一般化，用以解释期货市场的其他现象。

关于期货定价理论的另一个分支是凯恩斯（Keynes）于 1930 年提出的延期交割费用理论，该理论认为期货市场的套期保值功能和价格形成功能不可能同时实现。例如，在商品期货中存在现货溢价或远期折价问题，即期货价格低于远期交割的期望价格。针对这种现象，凯恩斯认为套期保值者为了降低风险、获得未来的确定性收益，通常采取以较低的期货价格出售合约，让渡一定的风险报酬给投机者，而这一风险报酬就是交割延期费。然而，延期交割费用理论没能完全解释现货溢价现象，有待后续研究。

凯恩斯之后，研究者从风险报酬的思想出发，提出了期货溢价理论等。基于对冲压力的期货定价理论是重点研究期货风险溢价的理论，1988年赫希雷弗（Hirshleifer）提出了该理论。赫希雷弗从市场不完善的角度出发，即部分权利不能在市场上进行交易和交易者存在进入期货市场的固定成本，认为当期货市场达到均衡时，期货风险溢价不仅取决于系统性风险，还取决于对冲风险，因此对冲压力在期货风险溢价中占有重要地位。以上三个理论分支从不同的角度对期货定价进行了系统的阐述，推动了期货定价理论的发展。

期权定价理论是对或有权益的定价，最早起源于1900年法国数学家路易斯·巴舍利耶（Louis Bachelier）的博士论文《投机理论》，他通过假设股票价格符合布朗运动，从而推导出第一个看涨期权的定价公式。虽然这个假设明显违背事实，但巴舍利耶开创性的研究方法为后人的研究提供了很好的视角。然而，在巴舍利耶之后的半个多世纪里，关于期权定价的理论突破进展甚微。直到1961年，斯普伦克尔（Sprenkle）通过改变股票价格的分布特征，假设股票价格服从对数正态分布，并具有固定均值和方差，然后在此基础上推导出期权定价公式后，期权定价理论才有所进展。此后，期权定价理论开始突进。卡索夫（Kassouf）、博恩斯（Boness）、萨缪尔森（Samuelson）以及默顿（Merton）相继给出了看涨期权定价公式，极大地推动了期权定价理论的发展。1973年，布莱克（Black）和斯科尔斯（Scholes）发表了论文《期权和公司债务的定价》（The Pricing of Options and Corporate Liabilities），提出了著名的布莱克-斯科尔斯期权定价公式，成为现代期权定价理论最重要的突破。B-S模型运用无套利均衡定价的方法，通过构造一个标的股票和无风险债券的组合，模拟期权的收益特征，从而推导出期权的定价方法。同年，默顿也提出了同样的期权定价公式，因此也有人将经典的期权定价模型称为B-S-M模型。此外，默顿还做了三项重要的扩展工作，包括推导已知红利支付的股票期权定价公式、随机利率期权定价公式和股票价格服从跳跃扩散过程的期权定价公式。由于他们三人在期权定价领域的杰出贡献，斯科尔斯和默顿获得了1997年诺贝尔经济学奖（布莱克于1995年英年早逝）。但是，实证检验结果并不完全支持B-S模型，后来的学者通过放松原始模型的假设，推导出其他扩展模型来解释现实。比较有代表性的包括：考克斯（Cox）、罗斯（Ross）和鲁宾斯坦（Robinstein）于1979年提出的二叉树定价模型、常弹性波动率模型；默顿于1976年提出的随机利率期权定价模型；威金斯（Wiggins）于1987年提出的随机波动性模型；等等。期权定价公式的提出极大地推动了金融学的发展，对金融行业，尤其是金融创新起到了巨大的推动作用。虽然人们对B-S-M模型存在诸多质疑，但掩盖不了其辉煌的成就，B-S-M模型与CAPM模型、MM定理一起构成了微观金融学的三大理论支柱。关于现代资产定价理论的详细内容将在第 12 章、第 13 章专门介绍。

专栏 3－3　　1997 年，瑞典皇家科学院伯蒂尔·纳斯兰德教授的致辞节选

期权的历史很长，可追溯到古希腊，亚里士多德就曾描述了人们使用期权类型合同的情况。我们知道，在 17 世纪欧洲的金融中心阿姆斯特丹，人们对期权进行着活跃的交易。尽管期权具有潜在的重要性，但期权交易仍是非常有限的。一直到 20 世纪 60 年代末，仍然不存在对个人接受的期权合同进行评估和定价的方法。

在 1970 年前后，三个麻省理工学院的年轻博士，费希尔·布莱克、罗伯特·默顿和迈伦·斯科尔斯开始研究期权评估。在 1973 年，布莱克和斯科尔斯发表了对股票期权进行定价的所谓布莱克-斯科尔斯公式，该公式解决了评估问题。默顿对发展该公式有着直接的影响，而且他将此公式在很多重要的方面进行了一般化。

此后，该公式在芝加哥被应用到新的期权交易中；现在，每天成千上万的交易者在市场交易中使用该公式。但是，比此公式更重要的是今年的获奖者为推导此公式而用到的方法。毕其功于一役，他们解决了一直横在人们面前的对各种各样期权进行定价的障碍。也就是说，在期权评估中应该使用什么样的风险溢价。

诺贝尔奖获得者所给出的答案是：无须任何风险溢价！这个答案太不可思议和令人惊奇了，以致他们要让人们接受并发表他们的第一篇论文时遇到了极大的困难。但是，这个洞见被证明是决定各种各样期权和其他衍生品证券价值的非常一般化的、强有力的方法的关键。结合人们在信息技术中的进展，在过去的 10～15 年中，正是这种方法导致新金融产品和市场产生了爆炸性的增长。

默顿和斯科尔斯所发展的方法对金融市场以外的其他几个领域也有重要的影响。在对各种可替代的投资机会进行抉择时，确定因灵活性而带来的价值是很重要的。比如说，考虑到能够使用多种资金来源，一种投资选择就有可能比其他选择更具灵活性。从使用一种形式的资金转换到使用另一种形式资金的可能性构成了一种期权，由此，灵活性的经济价值就可以被确定出来。这种方法论也可用于确定公司债务的价值以及保险和经济认股权证的价值。

说明：费希尔·布莱克于 1995 年不幸去世，无缘该年诺奖。

3.3 20世纪80年代以后兴起的行为金融资产定价理论

3.3.1 传统资产定价理论无法解释的市场异象

虽然预期效用理论、资产组合理论、资本资产定价模型和有效市场假说互为引证，体系完备，共同构造了现代金融学的大厦，并且在20世纪六七十年代得到了实证检验的支撑，取得了辉煌的成就，但是，正如物理学中相对论对经典物理学理论的突破一样，传统理论不能解释的"市场异象"往往是新理论产生的背景和突破口。自20世纪80年代以来，与现代金融理论相矛盾的实证研究或"市场异象"的不断涌现，为行为金融学的兴起种下了火种。

3.3.1.1 格罗斯曼（Grossman）-斯蒂格利茨（Stiglitz）悖论

有效市场假说认为，个人依靠收集信息无法获得超额收益，而格罗斯曼和斯蒂格利茨在1980年发表的论文"On the Impossibility of Informationally Efficient Markets"对有效市场假说的结论提出了质疑。他们认为，在完全竞争的市场中，如果不确定性仅仅来源于未来收益的随机性，则完全揭示了竞争性理性预期均衡不具有稳定性，甚至不存在。因为在完全竞争市场中，交易者是价格接受者，如果均衡价格完全揭示私人信息，那么交易者都有"搭便车"的动机，即不愿意自己搜寻有成本的私人信息，而只想从价格中推测信息，当全体交易者都不搜寻私人信息时，那么价格就没有什么信息可汇总、传递；如果大家将不搜集信息视为共识，那么搜集信息就会产生超额收益，因此个人又有搜集私人信息的动力，这就是所谓的格罗斯曼-斯蒂格利茨悖论。该悖论是在理论上对有效市场假说进行挑战的典型案例。

3.3.1.2 动量效应

动量效应（momentum effect）是杰格迪什（Jegadeesh）和泰特曼（Titman）在1993年的一篇论文中提出的。他们发现：平均来说，过去3～12个月赚钱的股票组合在随后的3～12个月仍然表现较好，这称为"中期惯性"或"收益动能"现象。

与此同时，德邦特（DeBondt）和塞勒（Thaler）在1985年的一篇论文中，将1926—1982年美国股市中的股票，按照前3年表现最好与最坏的公司分别进行组合，然后计算这些组合在5年后的平均收益。他们发现：前3年表现好的股票组合的平均收益低于前3年表现不好的股票组合的平均收益，也就是从长期来说，股票的历史累计收益与未来的长期收益负相关，投资者可以通过相应的投资组合来获得超额收益，这种现象被称为股票收益的"长期反转"。

动量效应是一种常见的市场异象，收益的中期惯性与长期反转现象，均说明投资者能够从这种投资策略中获得超额收益。

3.3.1.3 期间效应

实证研究表明，在很多国家的股票市场中，如美国和中国，股票在星期一的收益率为负值的概率明显高于为正值的概率，而股票在星期五的收益率明显高于其他交易日。另外，还有一些研究表明，一年之中1月份的股票收益率相对其他月份而言是最高的。这些现象被统称为“期间效应”。

3.3.1.4 孪生股票价格差异之谜

现代金融学认为，本质相同的两种证券由于套利机制的存在，在市场中应该卖出相同的价格；但是，现实中却出现了相同证券存在价格差异之谜，如皇家荷兰普通股和英国壳牌普通股的价格差异现象。皇家荷兰与壳牌公司是由在荷兰和英国的两家独立公司合并而成的，但它们在各自的国家仍然保持独立的公司建制，两者的合并比率为6∶4，并按照该比率享有公司的所有权利。按照有效市场假说，一股皇家荷兰股票价格应该是英国壳牌股票价格的1.5倍，但现实的情况并非如此。实证研究发现，1980—1995年皇家荷兰股票的价格相比英国壳牌股票的价格从开始低估35%到高估15%。本质上相同的股票却在市场上存在两种不同的价格，违背了现代金融理论提出的同质同价规律，这个现象被称为“孪生股票价格差异之谜”。此类现象在现在A股市场和H股市场非常普遍，有效市场假说对这类现象缺乏足够的解释力。

3.3.1.5 收益率的过度波动

希勒（Shiller，1981）等人对标准普尔500指数1871—1979年的收益率波动性进行了测试，发现无论是以股票收益率还是以价格-红利比来衡量，股票价格的波动性都过于激烈，呈现出“过度波动”现象。而按照有效市场假说，所有的信息均应反映在股票价格之中，只有新的信息出现才会导致股票价格变化，而投资者的理性预期不可能导致如此剧烈的波动，因此有效市场假说无法解释“过度波动”现象。

3.3.1.6 股权溢价之谜

梅拉和普雷斯科特（Mehra and Prescott，1985）发现股票比国债的年收益率高出7%，坎贝尔和科克林（Campbell and Cochrane，1999）发现1871—1993年的标准普尔500指数平均对数收益率比短期商业票据的平均收益率高3.9%；然而，基于消费的资本资产定价模型认为，股权溢价由跨期的消费边际替代率和股票收益率的协方差决定，由于实际的消费增长比较平稳，所以高的股权溢价隐含了高的风险厌恶水平，而高的风险厌恶水平又意味着高利率水平，但实际的利率水平与理论预期并不相符。因此，股票市场历史的总体收益水平高出无风险收益的部分很难由CCAPM所解释，这就是股权溢价之谜。

3.3.1.7 封闭式基金折价

封闭式基金是一种到期可以赎回，但是平时只能在二级市场进行交易的基金。因此，从理论上说，每份基金的价格应该等于基金的净资产现值。但是，现实情况却并不如此。在美国证券市场中，当封闭式基金刚上市时，其基金价格高于净资产现值，经过一段时间后，其交易价格又低于净资产现值，并且直到封闭期满后，其与净资产现值的差距才会缩小或消失，这种现象被称为“封闭式基金折价”现象。

3.3.1.8 投机性泡沫

资产价格泡沫是指资产价格在较长时间内明显地单向偏离其基本价值的现象。

一般来说，泡沫是指市场价格高于基本价值。典型的泡沫案例包括1636年荷兰的郁金香泡沫，1711—1720年英国的南海泡沫，1719年法国的密西西比泡沫，20世纪90年代日本的泡沫经济等。按照理性人假设，当资产价格远超其基本价值时，应该卖出这类资产，从而导致价格向价值的回归，因此价格无法长期过度地单向偏离价值。然而，现实中存在的泡沫现象对理性人假设提出了尖锐的挑战。

除了上述8种常见的“市场异象”之外，还有一些现象，如投资者过度交易现象、羊群效应、红利效应等，诸多的“市场异象”都是有效市场假说和现代资产定价理论所无法解释的。虽然经典金融学家面对这些“异象”时，仍然在投资者理性的框架内提出了不同的模型，如放宽完美市场的假设，加入交易成本；改变风险的衡量方式，用资产收益的偏斜度来代替方差等，但这些改进都不能完全有效地解释众多的“市场异象”。行为金融学家试图从另一个角度进行突破，包括放弃理性人假设，从投资者的心理行为出发，得到基于投资者不同心理行为的资产定价模型，并以此对市场中的各种“异象”进行解释。

3.3.2 基于行为金融学的资产定价理论

由于投资者的非理性偏好和金融市场的有限套利，理性投资者可能无法及时消除非理性投资者行为的影响，从而导致资产价格偏离价值的现象在短期内不会消失，甚至可能出现加剧偏离的现象。行为金融学家基于投资者的非理性假设和有限套利，构建了各种资产定价理论，用以解释金融市场的“异象”。

3.3.2.1 前景理论

基于投资者的非理性偏好，卡尼曼（Kahnneman）和特维斯基（Tversky）于1979年提出了著名的前景理论（prospect theory），将投资者的非理性第一次模型化。前景理论与传统理论最重要的区别在于，该理论提出了“价值函数”来替代预期效用函数。价值函数的特征见图3-1，图3-2为决策权重函数的示意图。

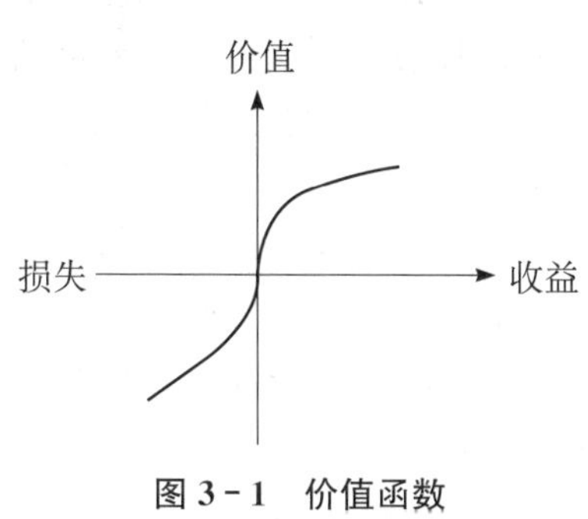

图3-1 价值函数

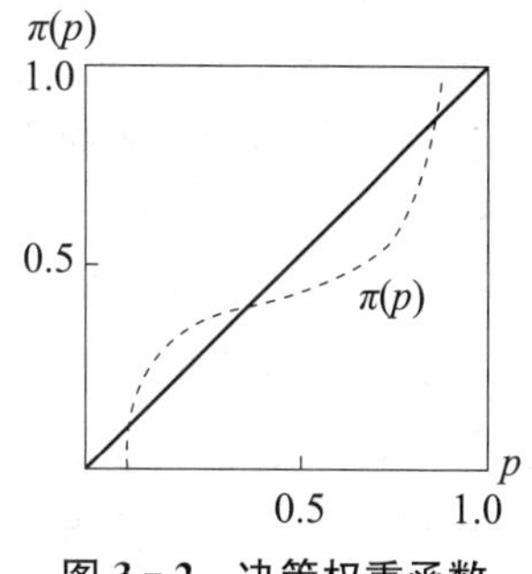

图3-2 决策权重函数

上述图形揭示了价值函数的三个基本特征：①价值函数是以收益或损失来定义的，而非传统函数以最终财富来定义；②损失和收益存在非对称性，具体表现为在损失端为凸函数，在收益端为凹函数；③投资者对损失与收益的价值权重不是依赖结果的客观概率，而是依赖经过非线性转换的主观概率 $\pi(p)$。当客观概率 p 较小时，$\pi(p)>p$，这说明投资者对小概率事件过度重视；当客观概率 p 很大时，$\pi(p)<p$，这说明投资者低估了大概率事件、高估了小概率事件。价值函数与决策权重函数一起构成了投资者在不确定条件下的价值函数：

$$V=\sum_{i=1}^{n}\pi(p_i)v(x_i)$$

投资者通过最大化 V 来进行决策。因此，前景理论通过引入价值函数和主观概率函数来构建投资者的价值函数，从而将人的心理行为模型化，这就为行为金融学的发展打开了大门。

3.3.2.2 其他行为金融资产定价模型

1. 行为资本资产定价模型

谢夫林（Shefrin）和斯塔特曼（Statman）于 1994 年发表了《行为资本资产定价模型》，该模型通过引入非理性投资者，对传统的 CAPM 进行了调整，使其更加符合现实。行为资本资产定价模型提出了一个广泛的理论框架，包括行为均值-方差效率理论、行为期权价格理论和行为利率期限结构理论以及它们之间的关系，特别是如何将定价过程中的心理因素定量化以及对行为的分析，为后来的研究者提供了一个分析的框架。但是，该模型只考虑了投资者的一类特殊认知错误，而实际情形却是投资者在决策过程中的心理因素很复杂，需要更加全面的模型加以描述。

2. 噪声交易者模型（DSSW 模型）

噪声交易者模型是朗（De Long）等四人于 1990 年发表的《金融市场中的噪声交易者风险》一文中提出的，该模型通过引入噪声交易者来解释金融市场的一些异常现象。噪声交易者模型对金融市场的一些异常现象给出了自己的解释，如资产价格的波动性和均值回归现象、封闭式基金折价现象、股权溢价之谜等，使其在行为金融学定价理论中具有重要的地位。

3. BSV 模型

该模型是巴伯瑞斯（Barberis）、施莱弗（Shleifer）和维什尼（Vishny）于 1998 年提出的，它将人们的心理偏差引入对未来收益的预期中。该模型认为，由于投资者错误地预测了状态转换的概率，从而导致了市场的过度反应。

4. DHS 模型

该模型是丹尼尔（Daniel）、赫希雷弗（Hirshleifer）和苏布拉曼亚（Subrahmanyam）于 1998 年提出的，它假设投资者存在过分自信和有偏的自我归因的心理状态，投资者对私人信息的过分自信导致了过度反应，而投资者对公共信息的修正存在偏差，从而导致股票价格缓慢恢复到真实水平。

5. HS 模型

该模型是哈里森·洪（Harrison Hong）和杰里米·斯坦（Jeremy C. Stein）于 1999 年提出的，它假设市场中存在消息关注者（只关注企业理论价值的消息）和动量交易者（根据股票价格变化来决定购买量），并且假设企业理论价值的消息是逐渐传播的，两类交易者的综合作用使得股票价格出现过度反应和反应不足现象，并且表现出短期的动量波动和长期的回调趋势。

3.3.3 行为金融学的局限和未来发展方向

行为金融学在最近几十年得到了迅速的发展，众多经济学家投入这一领域的研究之中，使研究成果日新月异。2002年，行为经济学奠基人之一丹尼尔·卡尼曼(Daniel Kahneman)获得了诺贝尔经济学奖，将行为金融学推向了新的发展阶段。相对于传统金融理论，行为金融学能够有效地解释许多传统金融理论难以解释的市场异象，与人类真实的投资行为更加接近。但是，迄今为止，行为金融学还没有建立起获得普遍接受的统一理论框架和研究范式，很多理论模型都只是从一个角度研究投资者的心理因素对资产价格的影响，因而行为金融学的完善与发展还有很长的路要走，它的发展程度还不足以取代传统金融理论。从目前的发展状况来看，行为金融学有望成为现代金融学突破的方向。

专栏3-4　　资产定价理论与市场有效性

作为理性预期理论在金融投资领域的集中反映，20世纪70年代初成型的有效市场假说(efficient markets hypothesis，EMH)可以说是金融经济学中一个最重要的理论基础。经典的资产定价理论，如CAPM、APT、MM定理、B-S公式等，都是基于有效市场假说的。

有效市场是指每一种证券的价格都等于其投资价值的市场。虽然“有效市场”这一概念以及三种分类形式最早是由美国学者哈里·罗伯茨(Harry Roberts)在1967年5月美国芝加哥大学的证券讨论会上提出的，但其现代思想的萌芽却来自英国统计学家肯德尔(Maurice Kendell)1953年从包括股票价格在内的各种价格序列统计分析中得到的一个惊人发现——价格的变化是随机的。肯德尔的这一发现震惊了统计学界和经济学界，同时也吸引了学术界的好奇心，芝加哥大学的两位学者罗伯茨和尤金·法马(Eugene Fama)就是其中的翘楚，也正是在罗伯茨研究成果的基础上，尤金·法马有效市场的理论与经验证实结合起来，为有效市场假说提供了极有说服力的证实与推广。在法马看来，有效市场假说的核心在于指出了金融资产价格包含所有可获得信息，同时也是金融资产真实价值的最优估计。

然而，在现实的经济生活中，能够满足资本市场完全有效的情况几乎是不存在的，因此法马根据信息的可获得性和成本差异，将资本市场的有效性划分成三个不同的层次：强式有效市场、半强式有效市场、弱式有效市场。国内外的实证研究表明，成熟国家的资本市场基本上属于半强式有效市场，新兴市场国家的资本市场基本属于弱式有效市场，而强势有效市场基本不存在。此外，资本市场的众多异常现象更是突破了有效市场的三个层次，显示了市场的无效性，从而导致了行为金融学的诞生。

专栏 3-5　功能视角下的资产定价理论演进逻辑①

近一个世纪以来迅猛发展的资产定价理论异常丰富，而这些理论内在的冲突和争论更令人眼花缭乱、无所适从。置身于金融理论的争论中，难免会顾此失彼，唯有跳出金融理论争论的圈子，站在现代经济发展对金融的核心需求角度，也就是从金融的核心功能出发，才有可能对资产定价理论的演进逻辑做出准确梳理。金融的核心功能是什么？有人认为，金融就是资金融通。也有人说，金融是创造信用的一种机制。对金融的概括涉及对金融内涵的理解。不同发展阶段的金融，核心功能是不同的。这样可能更有助于理解现代资产定价理论的演进逻辑。金融是一种分散风险、转移风险的机制。它的核心功能是为整个经济体系创造一种动态化的风险传递机制。默顿和博迪在《金融学》中对金融做了六大功能的概括，其中有一个功能与上面所说的很接近。他们所概括的其他五个功能相对来说是次要的，比如说支付清算的功能。这一功能与金融当然有关系，现代金融最本质的内涵是转移风险。任何对金融的理解如果离开了转移风险这一点，可能也有它的道理，但它和现代金融是有差别的。

金融经过了从融通资金到信用创造，再到转移风险的发展过程。虽然现代金融仍有融通资金、创造信用的功能，但最核心的功能还是转移风险。就像当今社会的产业体系仍是以农业、现代工业、不断升级的服务业以及后工业化社会的新型产业（以信息技术和生物工程为基础）为主体组成的，但现代社会最具生命力的产业无疑是以信息技术和生物工程为基础的后工业产业（新经济产业），这种概括丝毫不否认农业在整个产业链中的重要性。

以这种理解作为参照系，如果一个国家经济体系中的金融体系缺少转移风险的功能，那么这种金融体系是非常危险的，或者是没有效率的。站在金融功能视角下，我们对传统金融向现代金融的演进逻辑就能看得更清楚。

任何经济活动都是有风险的。无论是在以传统商业银行为主体的金融架构下，还是在以资本市场为核心的金融架构下，经济体系中的风险都会通过各种管道转变为金融风险，这些风险最终都有可能蔓延到金融体系中，

① 本专栏节选自吴晓求，王广谦．金融理论与政策．北京：中国人民大学出版社，2013.

所以金融机构都把防范风险当成头等大事，特别是商业银行和中央银行等都试图把风险堵在金融体系之外。堵的结果是有时候会出现一种极端的形态——经济的严重衰退或所谓的经济危机。堵的根本原因在于传统金融理论中只有资金配置机制而缺乏风险定价机制，传统金融理论中的利率确定本质上是一个通过资金定价对资金进行配置的机制。而现代资产定价理论则不同，风险是所有现代资产定价理论的核心。马科维茨“均值-方差理论”的核心贡献是第一次对风险提出了科学的、系统的度量，其最有名的观点是“在考虑收益的同时，一定要考虑风险”。这一现代资产定价理论的常识在 1952 年则是划时代的创新。CAPM 的贡献则是改用更易计算的β值度量风险，并且明确推导出资产的预期回报是β系数（即系统性风险）的函数。MM 定理指出，决定公司价值的变量只有公司商业活动的收益和风险，公司的资本结构只是改变收益与风险在不同主体之间的分配。而布莱克-斯科尔斯期权定价公式则直接研究如何对风险进行动态套期保值。因此，现代资产定价理论的每一个模型“都是关于如何管理各种变量的风险的”。现代资产定价理论的重要推动者默顿指出，所有现代资产定价理论都将风险作为核心，“它贯穿着思维的整个主体”。

本章小结

本章介绍了资产定价理论的起源、发展和最新进展，说明了不同理论模型的差异和发展脉络。传统的资产定价理论以 20 世纪 30 年代经济学家威廉姆斯提出的股利折现模型为代表。现代资产定价理论包括马科维茨提出的现代资产组合理论、夏普等人提出的资本资产定价模型、罗斯提出的套利定价理论以及默顿等人发展的跨期资本资产定价模型等重要内容。最新的行为金融学定价理论则在一系列金融市场异象的基础上，提出了一系列基于行为金融的资产定价模型。在资产定价理论的发展历程中，我们可以清晰地看到资产定价理论越来越接近现实情况。对行为金融学深入的理解必须放在对现代资产定价理论全面把握的基础之上，只有这样才能深刻地理解各类资产定价模型的核心和差异所在，有兴趣的读者可在此基础上做更深入的研究。

本章关键问题

- 传统资产定价理论的内容
- 现代资产定价理论的内容
- 有效市场假说与现代资产定价理论的关系
- 金融市场异象
- 行为金融学定价理论与现代资产定价理论的差异

本章思考题

一、名词解释

股利折现模型　资产组合理论　CAPM　ICAPM
CCAPM　期货定价理论　期权定价理论　B-S 模型
市场异象　前景理论　行为金融资产定价模型

二、简答题

1. 现代资产定价理论从哪些方面对传统资产定价理论进行了改进和突破？
2. 资本资产定价模型与资产组合理论的联系是什么？
3. 套利定价理论的思想是什么？它与资本资产定价模型的差异和联系是什么？
4. 简述衍生品定价理论的发展历程。
5. 行为金融学与现代金融学的差异是什么？从行为金融学的视角如何解释市场异象？

第二篇　基本分析篇

第 8 届（2004 年度）中国资本市场论坛 2004 年 1 月 10 日在中国人民大学召开。图为论坛创始人吴晓求教授迎候并陪同全国人大常委会副委员长成思危先生出席论坛。在此次论坛上，成思危副委员长发表了长达 70 分钟主题为“股权分裂的缺陷与学术研究中的学者人格”的著名演讲。这次论坛对中国资本市场的全流通产生了重要影响。

2006 年 1 月 7 日，时任中国证监会主席尚福林（左）在第十届中国资本市场论坛上就“中国的股权分置改革”发表了重要演讲，全面阐述了股权分置改革的重要性和战略意义。吴晓求教授主持。

第 4 章

证券投资的宏观经济分析

学习目标

- 熟悉宏观经济分析的基本框架。
- 熟悉影响证券价格的宏观要素。
- 形成证券投资的宏观经济分析的基本思路。

4.1　宏观经济分析概述

4.1.1　判断宏观经济形势的基本变量

4.1.1.1　判断经济增长与经济周期的主要指标

（1）国内生产总值（GDP）与经济增长率。我们通常用国内生产总值的增长速度衡量经济增长率，而经济增长率的变化也反映了经济在经济周期不同阶段的运行。

国内生产总值是指一个国家（或地区）所有常住单位在一定时期内生产活动的最终成果。国内生产总值有三种表现形态，即价值形态、收入形态和产品形态。从价值形态看，它是指所有常住单位在一定时期内生产的全部货物和服务价值超过同期中间投入的全部非固定资产货物和服务价值的差额，即所有常住单位的价值增加值之和；从收入形态看，它是指所有常住单位在一定时期内创造并分配给常住单位和非常住单位的初次收入分配之和；从产品形态看，它是所有常住单位在一定时期内最终使用的货物和服务价值与货物和服务净出口价值之和。在实际核算中，国内生产总值有三种计算方法，即生产法、收入法和支出法。这三种方法分别从不同的方面反映国内生产总值及其构成。

从国内生产总值的定义可以看出，它是以“国土原则”为核算标准的，不包含本国居民在国外取得的收入，但包含外国居民在本国取得的收入。与国内生产总值相类似的一个概念是国民生产总值（GNP），国民生产总值是以“国民原则”为核算标准，包含本国居民在国外取得的收入，但不包含外国居民在本国取得的收入。

在统计国内生产总值时，常用的公式为：

$$\text{GDP}=C+I+G+(X-M)$$

式中，C为消费；I为投资；G为政府支出；X为出口；M为进口；$X-M$为净出口。

国内生产总值的增长速度一般用来衡量经济增长率，它是反映一定时期经济发展水平变化程度的动态指标，也是反映一个国家经济是否具有活力的基本指标。对于发达国家来说，其经济发展总水平已经达到相当的高度，经济发展速度的提高相对来说比较困难；对经济尚处于较低水平的发展中国家而言，由于发展潜力大，其经济发展速度可能达到高速甚至超高速增长。

因此，在宏观经济分析中，国内生产总值指标占有非常重要的地位，具有十分广泛的用途。国内生产总值的持续增长是政府追求的目标之一。

（2）失业率。失业率是指在劳动力人口中失业人数所占的百分比。劳动力人口是指年龄在16岁以上且具有劳动能力的人的全体。目前，我国统计部门公布的失业率为城镇登记失业率，即城镇登记失业人数占城镇从业人数与城镇登记失业人数之和的百分比。城镇登记失业人数是指拥有非农业户口，在一定的劳动年龄内，有劳动能力，无业而要求就业，并在当地就业服务机构进行求职登记的人员数。

失业率的上升与下降是以国内生产总值相对于潜在国内生产总值的变动为背景的，而其本身则是现代社会的一个主要问题。需要注意的是，通常所说的充分就业是指对劳动力的充分利用，但不是完全利用，因为在实际的经济生活中不可能达到失业率为零的状态。在充分就业情况下也会存在一部分“正常”的失业，如由于劳动力的结构不能适应经济发展对劳动力的需求变动所引起的结构性失业。

（3）通货膨胀。通货膨胀是指一般物价水平持续、普遍、明显的上涨。

对通货膨胀的衡量可以通过对一般物价水平上涨幅度的衡量来进行。一般来说，常用的指标有三种：零售物价指数、批发物价指数、国内生产总值物价平减指数。零售物价指数又称“消费物价指数”或“生活费用指数”，反映消费者为购买消费品而付出的价格的变动情况；批发物价指数反映一国批发价格上升或下降的幅度；国内生产总值物价平减指数则是按当年不变价格计算的国内生产总值与按基年不变价格计算的国内生产总值的比率。由于以上三种指标在衡量通货膨胀时各有优缺点，而且所涉及商品和劳务的范围不同、计算口径不同，即使在同一国家的同一时期，各种指数所反映的通货膨胀程度也不尽相同，因而在衡量通货膨胀时需要选择适当的指数。一般来说，在衡量通货膨胀时，零售物价指数使用得最多、最普遍。

通货膨胀一般以两种方式影响经济：通过收入和财产的再分配以及通过改变产

品产量与类型影响经济。具体地说，通货膨胀对社会经济产生的影响主要有：引起收入和财富的再分配，扭曲商品相对价格，降低资源配置效率，引发泡沫经济乃至损害一国的经济基础和政权基础。

对于通货膨胀的形成原因，传统的理论解释有三种：需求拉动的通货膨胀、成本推动的通货膨胀、结构性通货膨胀。通货膨胀有被预期和未被预期之分，从程度上则有温和的通货膨胀、严重的通货膨胀和恶性通货膨胀三种。温和的通货膨胀是指年通货膨胀率低于10%的通货膨胀；严重的通货膨胀是指年通货膨胀率是两位数的通货膨胀；恶性通货膨胀则是指年通货膨胀率在三位数及以上的通货膨胀。各国往往不会长期容忍高的通货膨胀率，但为抑制通货膨胀而采取的货币政策和财政政策通常会导致高失业率及GDP的低增长，因此损失的产量和就业数量本身作为抑制通货膨胀的代价是很大的。

专栏4-1　PMI及其应用

PMI（purchasing managers index）的全称为采购经理人指数，以50为经济的荣枯分水线。当PMI大于50时，说明经济在发展；当PMI小于50时，说明经济在衰退。PMI是一套月度发布的、综合性的经济监测指标体系，分为制造业PMI、服务业PMI，也有一些国家建立了建筑业PMI。

PMI是通过对采购经理的月度调查汇总出来的指数，反映了经济的变化趋势。调查采用非定量的问卷形式，被调查者对每个问题只需做出定性的判断，在（比上月）上升、不变或下降三种答案中选择一种。

PMI是五项指标的一个综合性加权指数，即新订单指标、生产指标、供应商交货指标、库存指标以及就业指标，每项指标均反映了商业活动的现实情况，PMI则反映制造业或者服务业的整体增长或衰退。通过计算每一个方面不同结果企业所占的比例，得出这五个方面的扩散指数。扩散指数的计算公式为：

扩散指数＝上升百分比－下降百分比＋不变百分比

然后将这五个扩散指数按照一定的权重比例扣除季节等影响因素后得出采购经理人指数。

PMI体系无论是对于政府部门、金融机构、投资公司，还是对于企业来说，在经济预测和商业分析方面都有重要的意义。截至2013年6月，全球已有20多个国家建立了PMI体系，有关机构已开始建立全球指数和欧元区指数，PMI及其商业报告已成为世界经济运行的重要评价指标和世界经济变化的“晴雨表”。

4.1.1.2 判断金融市场形势的主要指标

用于判断金融市场形势的主要指标有以下几种：

（1）货币供应量。货币供应量是单位和居民个人在银行的各项存款及手持现金之和，其变化反映着中央银行货币政策的变化，对企业生产经营、金融市场尤其是证券市场的运行和居民个人的投资行为有着重大的影响。

我国从 1994 年第三季度起由中国人民银行按季向社会公布货币供应量统计监测指标。参照国际通用原则，根据我国的实际情况，中国人民银行将我国货币供应量指标分为以下四个层次：

1）M0，流通中的现金。

2）M1，M0＋企业活期存款＋机关、团体、部队存款＋农村存款＋个人持有的信用卡类存款。

3）M2，M1＋城乡居民储蓄存款＋企业存款中具有定期性质的存款＋外币存款＋信托类存款。

4）M3，M2＋金融债券＋商业票据＋大额可转让存单等。

其中，M1 是通常所说的狭义货币量，流动性较强；M3 是广义货币量；M2 与 M1 的差额是准货币，流动性较弱；M3 是考虑到金融创新的现状而设立的，暂未测算。

需要注意的是，M1 与 M2 的比值在某种程度上可以衡量一个经济体内货币流动性的大小。如果 M2 中 M1 所占比例较高，说明经济体中的货币流动性较强；反之，如果 M2 中 M1 所占比例较低，说明经济体中的货币流动性较低。

（2）利率。利率又称利息率，表示一定时期内利息量与本金的比率，通常用百分比表示，按年计算则称为年利率。其计算公式是：

$$利率=\frac{利息量}{本金}$$

利率直接反映信用关系中债务人使用资金的代价，也是债权人出让资金使用权的报酬。

从宏观经济分析的角度看，利率的波动反映出市场资金供求的变动情况。在经济发展的不同阶段，市场利率有不同的表现。在经济持续繁荣增长时期，资金供不应求，利率上升；在经济萧条疲软时，利率会随着资金需求的减少而下降。利率影响着人们的储蓄、投资和消费行为；利率结构也影响着居民金融资产的选择，影响着证券的持有结构。

利率通常由国家的中央银行控制，在美国由联邦储备委员会管理。当经济过热、通货膨胀率上升时，便提高利率、收紧信贷；当过热的经济和通货膨胀得到控制时，便会把利率适当地调低。当前，世界各国频繁运用利率杠杆实施宏观调控，利率政策已成为各国中央银行调控货币供求，进而调控经济的主要手段，利率政策在中央银行货币政策中的地位越来越重要。

（3）汇率。汇率是外汇市场上一国货币与他国货币相互交换的比率。它是由一国货币所代表的实际社会购买力平价和自由市场对外汇的供求关系决定的。

汇率变动是国际市场商品和货币供求关系的综合反映。当汇率升高时，本币贬值，国外的本币持有人就会抛出本币或者加快对本国商品的购买速度。对于国内来说，一方面是流回国内的本币增多，另一方面是从国内流出的商品增多，导致出口量扩大，这就形成了国内需求的扩大和供给的减少。当汇率下降时，本币升值，国外对本币的需求增大以及本币的流出增加，对本国商品的进口减少，这就使国内需求减少，导致国内供给增加。因此，汇率变动的总体效应就是：本币贬值会扩大国内总需求，本币升值会缩减国内总需求。

一国的汇率会因该国的国际收支状况、通货膨胀率、利率、经济增长率等的变化而波动；同样，汇率波动又会影响一国的进出口额和资本流动，并会影响一国的经济发展。在当前国际分工异常发达、各国间经济联系十分密切的情况下，汇率的变动对一国的国内经济、对外经济以及国际经济联系都会产生重大影响。

4.1.2 分析宏观经济形势的基本方法：AD-AS 分析

经济形势是千变万化的，因此不可能对它们一一加以解释。我们可以运用总需求和总供给模型（即 AD-AS 模型）对现实的经济情况做出解释。

4.1.2.1 宏观经济运行的短期目标

在短期中，宏观经济试图达到的目标是充分就业和物价稳定，即不存在非自愿失业；与此同时，物价水平既不上升，也不下降。

总需求曲线向右下方倾斜是因为较低的物价水平增加了实际货币供应余额，降低了利率，刺激了投资支出，从而增加了均衡收入。

如图 4-1 所示，当总需求曲线与总供给曲线相交于 E_0 点时，总产量 y 处于充分就业的水平 y_f，价格为 P_0，而此时的 P 既不会上升，也不会下降。这个点表示的是宏观经济的短期目标，即充分就业和物价稳定。

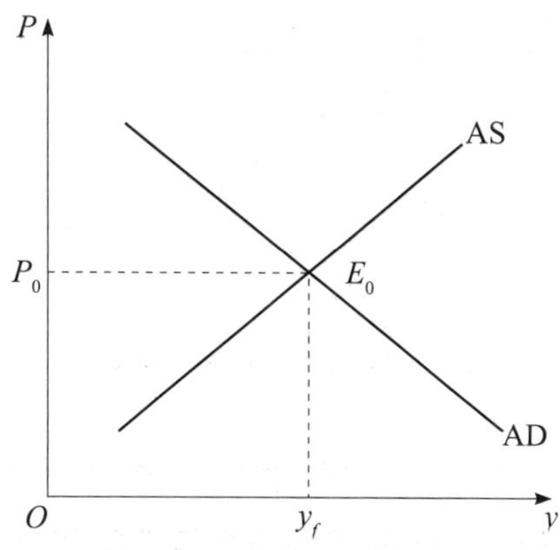

图 4-1 宏观经济的短期目标

4.1.2.2 总供给曲线移动的后果

如图 4-2 所示，曲线 AD 和曲线 AS_0 相交于充分就业的 E_0 点，这时的产量和

价格水平分别为 y_f 和 P_0。此时，如果由于某种原因，如大面积的粮食歉收、石油供给的紧缺或原料价格猛涨等，曲线 AS 将由曲线 AS_0 向左移动到曲线 AS_1，使曲线 AD 和曲线 AS_1 相交于 E_1 点，那么 E_1 点可以表示滞胀的状态，其产量和价格水平分别为 y_1 和 P_1，即表示失业与通货膨胀并存。

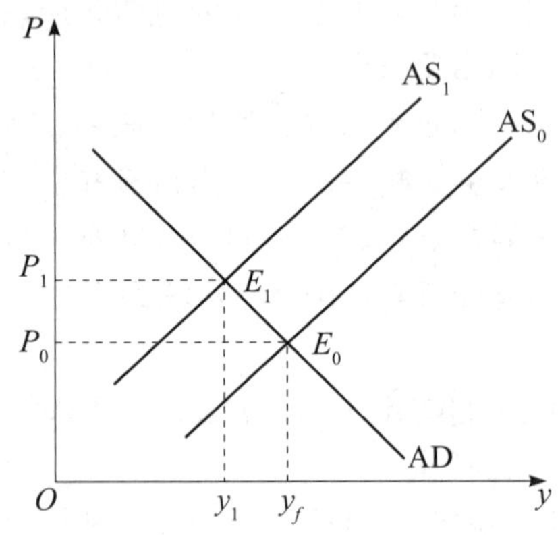

图 4-2 总供给曲线移动的后果

4.1.2.3 总需求曲线移动的后果

如图 4-3 所示，曲线 AD 和曲线 AS 相交于充分就业的 E_0 点，这时的产量和价格水平分别为 y_f 和 P_0。此时，如果由于投资减少，曲线 AD 向左移动到曲线 AD_1，使曲线 AD_1 和曲线 AS 相交于 E_1 点，那么 E_1 点可以表示经济社会处于萧条的状态，其产量和价格水平依次为 y_1 和 P_1，两者皆低于充分就业的数值。

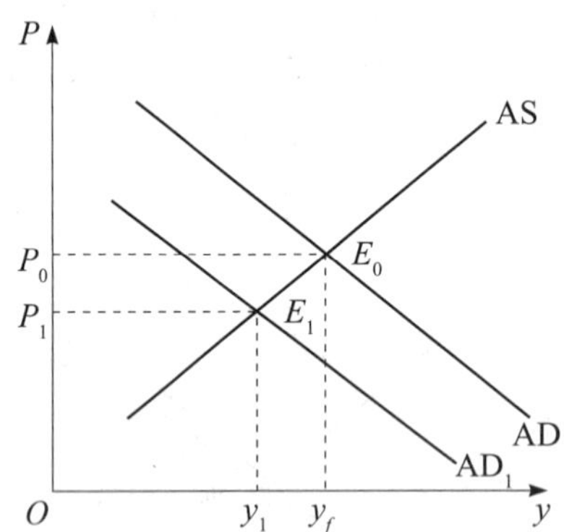

图 4-3 总需求曲线移动的后果

专栏 4-2 金砖四国：宏观经济预测及其证券投资含义[①]

高盛银行在 2003 年发表了对巴西、俄罗斯、印度和中国四个国家在未

① Goldman Sachs, Global Economics Paper, No. 99, 2003.

来50年的宏观经济预测研究报告，向高盛银行的主要客户提供证券投资在国别配置上的参考。该报告发表之后，随即引起了金融投资界的广泛关注，并被特许金融分析师机构选为2008年三级考试的指定阅读材料。由于四国首字母并列的读音与金砖读音相似，故这四国又被称为“金砖四国”。

该报告的一些假设和结论如下：

(1) 运用人口预测和资本积累模型预测，以美元计值，在40年内，巴西、俄罗斯、印度及中国四个经济体的总和要超美国、日本、意大利、德国、英国、法国西方6国的总和；到2025年，金砖四国占后者约一半以上，而在2003年的时候，金砖四国不到后者的15%。到2050年，上述四国将与美国、日本一起构成世界上最大的六个经济体。

(2) 以美元计值，中国经济总量将于未来4年超过德国，将于2015年超过日本，将于2039年超过美国。

(3) 造成经济增长的主要因素有三个：一是就业人口的增长；二是资本存量的增长；三是技术进步。该报告正是对这三个因素做出假设，通过经济增长模型计算得出上述结论的。该报告同时指出，宏观经济稳定、制度因素、经济开放程度和教育发展是金砖四国特别需要重视的因素，因为这些因素将对长期经济增长产生重要影响。

(4) 关于汇率变动及其对投资组合的影响。由图4-4可见，预测的金砖四国的货币升值幅度极大——到2050年，预测的人民币升值幅度将达到289%。事实上，在以美元计值的金砖四国的经济总量增长中，约有三分之一来自货币升值的贡献。

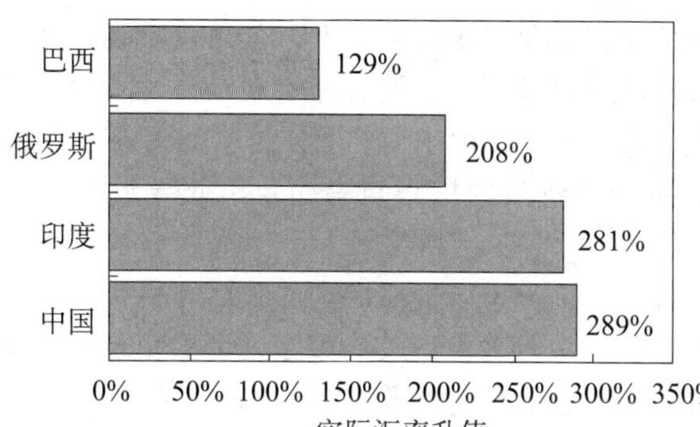

图4-4 金砖四国的汇率变动预测（到2050年）

(5) 宏观经济预测的证券投资含义。

首先，金砖四国的快速经济增长将需要更多的资金投入和更多样化的投资渠道，同时在金砖四国投资的资金也将获得更高的投资收益率。未来，在各大型基金的投资组合中对于金砖四国的投资比率将上升。

其次，随着经济的快速增长，金砖四国的国内市场和需求结构也将出现变化，这将对很多产品的需求及定价产生重要影响。因此，生产这些产品的公司股票价值也将出现重要变化。

最后，对于当前发达国家中的某些大型公司来说，能否积极参与新兴市场，尤其是金砖四国这样的高速增长经济体，是影响甚至决定这些大型公司未来投资价值的重要因素。

4.2 宏观经济运行对证券市场的影响

4.2.1 证券市场价格的主要影响因素

与任何商品的价格一样，证券价格不是固定不变的。根据证券价格决定模型得出的证券价格只是证券的理论价格，它是在高度简化和严格假设条件下得到的结果。而实际的证券市场受多重因素的影响和作用，这些因素也常常处于变动之中，因此证券价格不可能按照纯粹的理论价格变动。一般来说，影响证券市场价格的因素主要有以下几方面。

4.2.1.1 宏观因素

宏观因素包括对证券市场价格可能产生影响的宏观经济、政治、法律、军事、文化、自然等方面。

（1）宏观经济因素，即宏观经济环境状况及其变动对证券市场价格的影响，包括宏观经济运行的周期性波动等规律性因素和政府实施的经济政策等政策性因素。证券市场是整个市场体系的重要组成部分，上市公司是宏观经济运行微观基础中的重要主体，因此证券市场价格理所当然地会随宏观经济运行状况的变动而变动，会因宏观经济政策的调整而调整。一般来说，股票价格随国内生产总值的升降而涨落；证券市场行情随着宏观经济政策的扩张与紧缩及由此导致的市场资金量的增减而升跌。

（2）政治因素，即影响证券市场价格变动的政治事件。一国的政局是否稳定对证券市场有着直接的影响。一般来说，政局稳定则证券市场稳定运行；反之，政局不稳则常常引起证券市场价格下跌。除此之外，国家首脑的更换、罢工、主要产油国的动乱等也对证券市场有重大影响。

（3）法律因素，即一国的法律特别是证券市场的法律规范状况。一般来说，法律不健全的证券市场更具投机性，震荡剧烈、涨跌无序、人为操纵成分大、不正当交易较多；反之，法律法规体系比较完善、制度和监管机制比较健全的证券市场，证券从业人员营私舞弊的机会较少，证券价格受人为操纵的情况也较少，因而表现得相对稳定和正常。从总体上说，新兴的证券市场往往不够规范，而成熟的证券市场法律法规体系则比较健全。

（4）军事因素，主要是指军事冲突。军事冲突是一国国内或国与国之间、国际利益集团与国际利益集团之间的矛盾发展到无法采取政治手段来解决的最终结果。军事冲突小则造成一个国家内部或一个地区的社会经济生活的动荡，大则打破正常的国际秩序。军事冲突会使证券市场的正常交易遭到破坏，因而必然导致相关证券市场的剧烈动荡。例如，在海湾战争之初，世界主要股市均呈下跌之势，而且随着战局的不断变化，股市均大幅振荡。

（5）文化、自然因素，就文化因素而言，一个国家的文化传统往往在很大程度上决定着人们的储蓄和投资心理，从而影响证券市场资金流入（流出）的格局，进而影响证券市场价格；证券投资者的文化素质状况则从投资决策的角度影响着证券市场。一般来说，文化素质较高的证券投资者在投资时较为理性。如果证券投资者的整体文化素质较高，则证券市场价格相对比较稳定；相反，如果证券投资者的整体文化素质偏低，则证券市场价格容易出现暴涨暴跌。在自然方面，如果发生自然灾害，生产经营就会受到影响，从而导致相关证券的价格下跌；反之，如果进入恢复重建阶段，由于投入大量增加，对相关物品的需求也大量增加，从而导致相关证券价格的上升。

4.2.1.2 产业和区域因素

产业和区域因素主要是指产业发展前景和区域经济发展状况对证券市场价格的影响。它是介于宏观和微观之间的一种中观影响因素，因而它对证券市场价格的影响主要是结构性的。

在产业方面，每个产业都会经历一个由成长到衰退的发展过程，这个过程称为产业的生命周期。产业的生命周期通常分为四个阶段，即初创期、成长期、稳定期、衰退期。处于不同发展阶段的产业在经营状况及发展前景方面有较大差异，这必然会反映在证券价格上。蒸蒸日上的产业证券价格呈上升趋势，日见衰落的产业证券价格则逐渐下落。

在区域方面，由于区域经济发展状况、区域对外交通与信息沟通的便利程度、区域内的投资活跃程度等的不同，分属于各区域的证券价格自然也会存在差异，即便是相同产业的证券也是如此。经济发展较快、交通便利、信息化程度高的地区，投资活跃，证券投资有较好的预期；相反，经济发展迟缓、交通不便、信息闭塞的地区，其证券价格总体上呈下降趋势。

4.2.1.3 公司因素

公司因素是指上市公司的运营对证券价格的影响。上市公司是发行证券募集资金的运用者，也是投资收益的实现者，因而其经营状况的好坏对证券价格的影响极大。而上市公司的经营管理水平、科技开发能力、产业内的竞争实力与竞争地位、财务状况等无不关系着其运营状况，这些因素均从各个不同的方面影响着证券市场价格。由于产权边界明确，公司因素一般只对本公司的证券市场价格产生深刻影响，是一种典型的微观影响因素。

在以上影响证券市场价格的诸多因素中，宏观因素、产业和区域因素以及公司因素主要是通过影响证券发行主体（即公司）的经营状况和发展前景来影响证券市场价格，它们在证券市场之外，因而被称为基本因素。基本因素的变动形成了证券市场价格变动的主要利多题材和利空依据。

4.2.2 宏观经济变动是影响证券市场价格变动的基础因素

由于宏观因素、产业和区域因素、公司因素及市场因素的共同作用，证券市场价格的变动表现为非常复杂的形式。作为投资者，如果想取得较高的投资收益并尽可能降低投资风险，就需要认真分析和研究对证券市场价格有影响的各种因素。其中，首要的一环是要对宏观经济因素进行深刻、全面的分析和研究，因为宏观经济因素在证券价格诸多影响因素中占据了基础性的地位。

如前所述，证券市场是整个市场体系的组成部分，上市公司是宏观经济的微观主体，因此证券市场价格从根本上说就是一个经济问题。由于专业化和分工的日益深化，现代经济体系中的各个环节、各个组成部分之间更是相互依赖、紧密联系，“一荣俱荣、一损俱损”已成为现代经济生活的基本特征。因此，从本质上讲，证券市场价格是由宏观经济所影响和决定的。事实上，其他宏观因素也是通过影响宏观经济来影响证券市场价格的，如政局的变动可能引致经济政策的改变，从而影响证券市场价格；战争、动乱则通过影响宏观经济环境而导致证券市场价格变动；文化、自然因素及其变迁则通过影响消费、储蓄、投资、生产等来影响证券市场价格。这也说明证券市场态势从根本上讲是与宏观经济相关联的。

宏观经济因素对证券市场的影响不仅是基础性的，而且是全局性的。同样，作为经济因素，产业和区域因素一般只会影响某个板块（即某个产业和区域）的证券价格，公司因素一般只会影响本公司上市证券的价格，它们一般不会对整个证券市场构成影响。而宏观经济因素几乎对每只上市证券均构成影响，因而必然影响证券市场全局的走向。从各国证券市场发展史来看，除处于极不规范时期的新兴证券市场外，证券市场的每一次牛市均是以宏观经济向好为背景的，而证券市场每一次熊市的形成均是因为宏观经济发展趋缓或衰退。

宏观经济因素的重要性还在于它的影响是长期的。由于宏观经济因素对证券市场的影响是根本性的，因而它的影响也就必然是长期的。无论是政治因素、军事因素，还是市场因素，都不具有长期影响力。政治、军事事件作为一个事件，本身就不具备持续性，因而也不可能对证券市场产生持续的影响。至于市场因素，其中的战略性建仓或空仓行为则是基于投资者对宏观经济和证券市场发展的未来预期，因而是宏观经济影响证券市场的方式和体现；短期的买卖操作只能构成对证券市场长期发展的调整，而不能从根本上改变其长期趋势。构筑证券市场长期趋势的基础正是宏观经济态势。

综上所述，宏观经济因素对证券市场价格的影响是基础性的，也是全局性的和长期性的。因此，要成功地进行证券投资，首先必须认真研究宏观经济状况及其走向。市场上常有“顺势者生”“选股不如选时，选时不如选势”等格言，其中的

“势”就是宏观经济形势。只有充分把握了宏观经济形势，投资者才能有效把握证券市场中的投资机会。

专栏 4-3　宏观经济与资产价格是收敛还是背离[①]

图 4-5 表示 1980—2018 年美国实体经济与资产价格变动的相互关系，图 4-6 表示 1980—2018 年道琼斯综合指数与美国国内生产总值变动之间的关系。在图 4-5 中，实线表示自 1980 年以来美国实体经济的成长曲线，虚线表示同一时期美国资本市场资产价格（总市值）的变动趋势。从图 4-5 可以非常清晰地看到，自 20 世纪 80 年代中期以来，美国资本市场资产价格的上涨明显快于实体经济的成长，两者之间呈现出明显的“剪刀差”状态。从趋势上看，实体经济对资产价格的约束似乎越来越弱。在 1998—2008 年这十年中，两者出现了“重叠”现象。

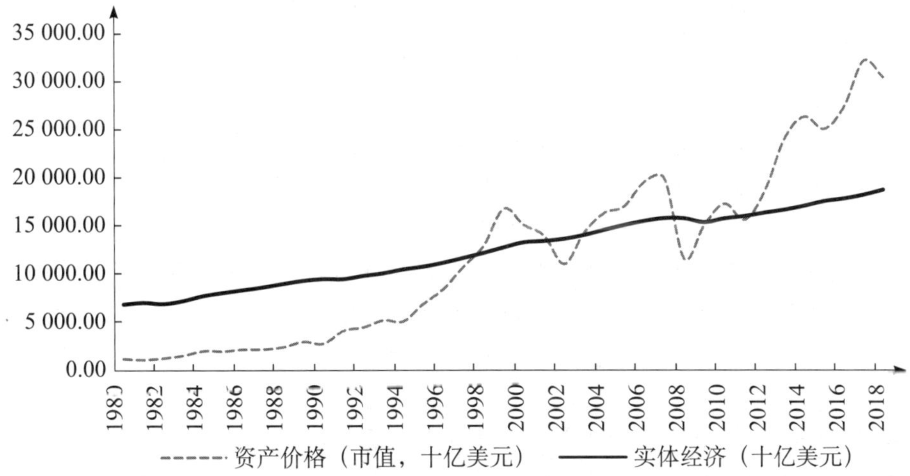

图 4-5　美国实体经济与资产价格的动态比较：“剪刀差”态势的形成

资料来源：Wind。

自 20 世纪 80 年代中期以来，资产价格变动与实体经济成长之间所呈现出的“剪刀差”态势，既与在产业结构升级过程中技术特征越来越明显基础上的乐观预期有关，更与资本市场快速发展而引起的金融结构的深刻变革有关。金融的结构性因素是导致两者“剪刀差”态势出现的根本原因：

(1) 在全球经济增长中技术含量的不断提高，构成了这种“剪刀差”态势出现的心理基础。或者说，经济增长技术含量的持续提高，从投资的

① 吴晓求．实体经济与资产价格变动的相关性分析．中国社会科学，2006 (6)．

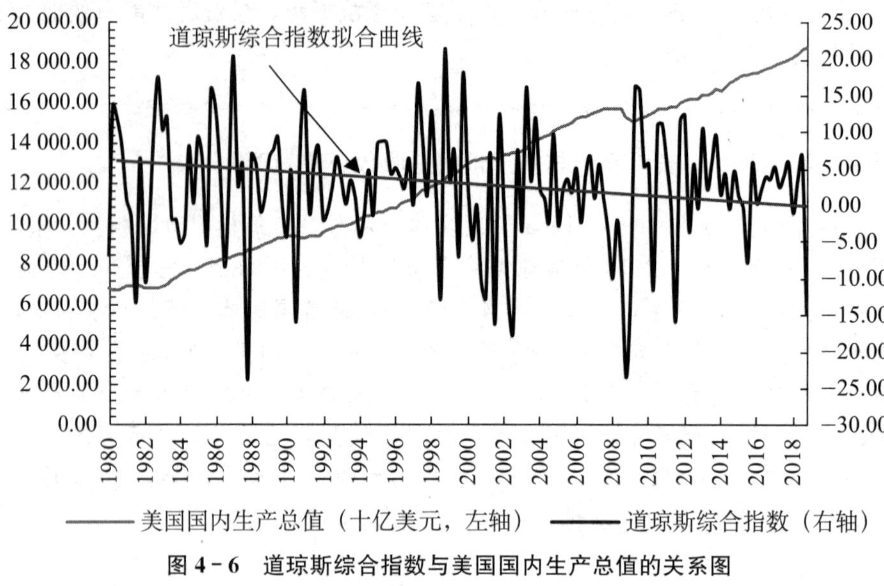

图 4-6　道琼斯综合指数与美国国内生产总值的关系图

资料来源：Wind。

角度看，会形成市场对未来较为乐观的习惯性预期。[①]

（2）价格指数的产业结构特征可能是“剪刀差”态势出现的技术原因。从技术层面看，股票价格指数有其独特的产业结构特征，无论是样本指数还是总体指数，都有明显的产业结构特征。例如，道琼斯指数就是以成长期产业和成熟期产业为主体的蓝筹股指数。资本市场作为一种公众投资市场，虽然具有分散风险的功能，但它不接受不合理的风险转嫁。

（3）股票价格指数的样本企业是动态的。在资本市场上，上市公司的退市机制就是要淘汰那些财务状况严重恶化并可能继续恶化、未来存在严重风险的企业。对综合指数来说，退市机制具有结构性效应。而成分指数是通过样本的动态性来维持其成长性。无论是整体市场还是样本市场，都有一种动态的结构校正机制，以维护市场的成长性。举例说明，道琼斯 30 种工业股票指数 100 年前的样本企业到现在只剩通用电气（GE）一家，其余的 29 家样本企业在漫长的结构性调整过程中被逐步淘汰了。即使保留至今的 GE，与 100 年前的 GE 也是完全不同的，从主导产业、主营业务和利润结构看完全不能同日而语；实际上，留下来的只是 GE 的外壳和名称，其内核已发生了结构性变化。这就是说，进入股票市场的上市企业，无论是样本指数企业还是综合指数企业，都是具有一定成长性或者至少是成熟的企业。

① 这里有一个反论，如果实体经济长期处在持续性衰退状态，那么股票价格指数会以更快的速度下跌。这个反论是可以得到实证检验的。如果把这个结论推向极致，就是如果未来出现了所谓的经济危机，那么金融危机将会以更快的速度出现，它对实体经济的破坏力如同其对实体经济的推动力一样明显而严重。

(4) 投资者对资产选择的偏好引起资金流向的变化，也是资产价格变动与实体经济成长处于“发散”状态的现实因素。人们对资产选择的偏好正在发生重要的变化。概括地说，这种变化主要表现在三个方面：一是从关注收益率到关注流动性；二是从偏好实物资产到偏好金融资产；三是从偏好非证券化的金融资产到偏好证券化的金融资产。这种资产选择偏好的变化，客观上必然引起资金流向的变化，而这正是推动资本市场发展的基本动力，也是资本市场发展的基础。

综上所述，我们可以得出以下基本结论：上述不同层面的原因导致了资本市场资产价格变动与实体经济成长之间呈现“剪刀差”态势，相对于实体经济成长而言，资产价格的变动趋势呈现某种不受其约束的“发散”状态。不过，这种“发散”状态可能是阶段性的、周期性的。

4.2.3 经济周期波动对证券市场的影响

宏观经济运行对证券市场的影响主要是通过宏观经济的周期性波动进行的。

4.2.3.1 经济运行周期性的含义

理论研究和经济发展的实证均表明，由于受多种因素的影响，宏观经济的运行总是呈现出周期性变化。这种周期性变化表现在许多宏观经济统计数据的周期性波动上，如国内生产总值、消费总量、投资总量、工业生产指数、失业率等。由于GDP是最常见、综合性最强的衡量宏观经济的指标，因此宏观经济的周期性变化通常用GDP的系列统计数据来表示。

研究表明，宏观经济周期一般经历四个阶段，即萧条、复苏、繁荣、衰退，见图4-7。也就是说，如果从GDP的下降开始算起，那么它首先经历GDP处于下降的衰退阶段，下降至最低点为萧条阶段，然后经过不断回升的复苏阶段，达到欣欣向荣的繁荣阶段，繁荣之中又孕育着衰退的再次来临。如此循环往复，周而复始，其中每四个阶段构成一个经济周期。

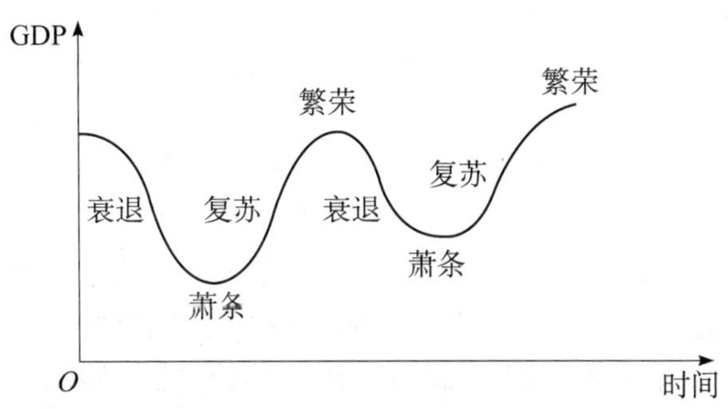

图4-7 经济周期的四个阶段

经济周期作为宏观经济运行的一种规律存在于我们的经济生活中，它的存在并不依赖于国家、制度等的不同。在第二次世界大战后，由于各国加强了对宏观经济的干预，经济周期由繁荣至萧条的波幅已大大减小，但经济周期仍然存在，而且周期的长度明显延长。也就是说，国家干预经济的政策只能在一定程度上削弱经济周期的振幅，却不能根除经济周期。另外，经济周期也不像数学的“周期”那样具有严格的波长和波幅，这也给经济周期的阶段性判断带来困难。

4.2.3.2 如何判断目前经济处在经济周期的哪一阶段

由于宏观经济的周期性运行将对社会经济生活产生深刻的影响，因此，无论是政策制定者还是企业或投资者个人，均希望对目前经济的性质做出准确的判断。然而，如前所述，由于宏观经济运行的复杂性，要对经济处于周期的哪一阶段做出准确的判断是一件比较困难的事情，目前主要的分析方法有经济指标分析、计量经济模型和概率预测。

（1）经济指标分析。经济指标分析是一种较早使用的方法，它采用多种经济指标，并将其分类：第一类是先行指标。这些指标的高峰和低谷顺次出现在经济周期的高峰和低谷之前，因此对将来的经济状况有预示作用。这些指标有货币供应量、股价指数、房屋建造许可证的批准数量、机器设备的订单数量等。从实践来看，通过先行指标对宏观经济的实际高峰和低谷进行计算及预测，得出结论的时间可比实际发生的时间提前半年。第二类是同步指标。这些指标的高峰和低谷出现的时间与经济周期相同。也就是说，这些指标反映的是宏观经济正在发生的情况，并不预示将来的变动。这类指标有实际 GNP、失业率等。第三类是滞后指标。这类指标的高峰和低谷比宏观经济滞后，一般滞后半年。这类指标有银行短期商业贷款利率、工商业未偿还贷款、生产成本、物价指数等。在上述三类指标中，先行指标可以用来预测，同步指标和滞后指标可以用来验证。例如，在先行指标已经下降的情况下，如果同步指标也在下降，那么就可以判断衰退正在来临。

经济指标分析方法的特点是简明直观，但经验色彩较为浓厚。

（2）计量经济模型。计量经济模型是表示经济变量之间数量关系的方程式。计量经济模型主要有经济变量、参数和随机误差三大要素。经济变量是反映经济变动情况的量，模型中的经济变量有内生变量和外生变量两种。内生变量是由模型本身加以说明的变量，是模型中的因变量；外生变量是不能由模型本身加以说明的变量，是模型中的自变量。参数是模型中的常数和常系数，它反映的是自变量和因变量之间相对稳定的比例关系。随机误差是指那些难以预知的、随机产生的差错，以及在统计、资料整理和综合过程中所出现的差错。由于误差一般较小，而且有正有负，最终可以相互抵消，因此可以忽略不计。用计量经济模型进行预测的一般过程为：首先，预测者要按照一定的经济理论来建立数学模型；然后，根据现实的材料，使用计量经济学的方法来估计模型参数，进行模型检验；最后，利用通过检验的模型进行预测。

对经济周期进行分析和预测一般采用宏观计量经济模型。由于宏观计量经济模型提供的是一组组宏观经济变量的预测数据，因此它不仅可以用来分析和预测宏观经济运行的阶段性质，而且可以用来预测其具体水平。计量经济模型的理论性强，而且模型庞大，所含方程数目可从一二十个到数百个，因此必须依赖先进的计算机系统。另外，每一个计量经济模型都是某经济理论的产物，经济理论的正确与否及其正确程度对计量经济模型来说至关重要。

（3）概率预测。概率预测是用概率论的方法对宏观经济活动进行的预测。由于宏观经济运行的复杂性，宏观经济变量的变化并不一定像计量经济模型所描述的那样稳定，而是常常在一定的区间内按某种概率发生。因此，总结宏观经济运行的过去和现状，揭示其规律性，从而在一定的置信水平下预测未来宏观经济变量的水平，就成为一种行之有效的方法。

用概率论的方法分析宏观经济在20世纪初就已开始，并在第二次世界大战后得到了蓬勃发展。但概率预测方法用得较多也比较成功的是对宏观经济的短期预测，比如对实际GDP及其增长率、通货膨胀率、失业率、利率、个人收入、个人消费、企业利润及对外贸易差额等指标的下一时期水平或变动率的预测。由此可见，概率预测比较适于宏观经济运行的短周期阶段性判断。

经济指标分析、计量经济模型和概率预测三种分析方法各有千秋，不同的证券投资者可根据自身掌握资料的丰富程度，按照成本-收益的原则灵活选择使用。除以上三种方法外，我国经济界在长期的经济预测研究和实践中也开发了许多方法及工具。实际上，我国有关政府部门和各类机构已根据各自掌握的资料及使用的方法对宏观经济运行进行了跟踪和预测，并定期公布预测数值，这也为投资者分析和判断目前宏观经济的性质提供了一定的参考。

4.2.3.3 宏观经济周期与证券市场波动

经济周期的时间有长有短，形态也多种多样，可以说没有完全相同的经济周期。但从证券市场的情况来看，证券价格的变动大体上与经济周期相一致。一般的规律是经济繁荣，证券价格上涨；经济衰退，证券价格下跌。

在萧条阶段，经济下滑至低谷，百业不振，公司经营情况不佳，证券价格低位徘徊。由于预期未来经济状况不佳，公司业绩得不到改善，大部分投资者都已离场观望，只有那些富有远见且在不断搜集和分析有关经济形势并合理判断经济形势即将好转的投资者在默默地吸纳。

当经济走出萧条、步入复苏阶段时，公司的经营状况开始好转，业绩上升，债信提高。此时，由于先知先觉的投资者不断吸纳，证券价格实际上已经回升至一定水平，初步形成底部反转之势。随着各种媒介开始报道萧条已经过去、经济日渐复苏的消息，投资者的认同感不断增强，投资者自身的境遇亦在不断改善，从而推动证券价格不断走高，完成对底部反转趋势的确认。

随着经济的日渐活跃，繁荣阶段就会来临，公司的经营业绩也在不断提升，并通过增资扩大生产规模、占有市场。由于经济的好转和证券市场上升趋势的形成得到了大多数投资者的认同，投资者的投资回报也在不断增加，因此投资者的投资热情高涨，从而推动证券市场价格大幅上扬，并屡创新高，整个经济和证券市场均呈现一派欣欣向荣的景象。此时，一些有识之士在充分分析宏观经济形势的基础上认为经济高速增长的繁荣阶段即将过去，经济将不会再创高潮，因而悄悄地卖出所持的证券。证券价格仍在不断上扬，但多空双方的力量在逐渐发生变化，因此价格的上扬已成强弩之末。

由于繁荣阶段的过度扩张，社会总供给开始超过总需求，经济增长减速，存货增加；与此同时，经济过热造成工资、利率等大幅上升，使公司营运成本上升，公司业绩开始出现停滞甚至下降之势，繁荣之后衰退的来临不可避免。在衰退阶段，更多的投资者基于对衰退来临的共同认识加入抛出证券的行列，从而使整个证券市场完成中长期筑顶，形成向下的趋势。

虽然证券市场价格的变动周期与经济周期大体一致，但在时间上并不与经济周期相同。如前所述，证券市场完成中长期的底部、形成上升趋势、完成中长期的顶部、形成向下趋势在时间上比经济周期的四个阶段皆有提前。从实践上看，证券市场走势大约比经济周期提前几个月到半年。也就是说，证券市场走势对宏观经济运行具有预警作用。这就是通常所说的“证券市场是经济的晴雨表”的原因所在，也是在经济指标分析中将证券价格指数作为先行指标的理由。当然，证券市场的“晴雨表”功能是就其中长期趋势而言的，证券市场的每一次波动，特别是短期波动，并不表示宏观经济状况的变好或趋坏。

在 20 世纪 60 年代初期，美国在越南的战争开始升级，1964 年后，美国进入了一场全面的战争。从 1965 年起，美国军费开支的增加提高了政府支出，而联邦储备体系同时提高了货币增长率，试图制止利率上升。由于越南战争的扩大，美国的总产出和价格水平受到影响。对此，总供给和总需求说明什么？

政府支出的增加和货币增长率的提高会使总需求曲线右移。其结果是，总产出增加，失业下降，价格水平上升。表 4-1 说明实际发生的情况正是如此：失业率从 1964 年到 1969 年不断下降，低于经济学家现在对这一时期自然失业率 5%左右的估计，而通货膨胀率则不断上升。由于经济的自我校正机制，失业率最终回升到自然失业率水平，这正是我们在 1970 年见到的现象。当时，通货膨胀率进一步上升，而失业率进一步增大。

表 4-1　1964—1970 年越南战争真正升级期间的失业率和通货膨胀率

年份	失业率（%）	通货膨胀率（环比，%）
1964	5.0	1.3
1965	4.4	1.6
1966	3.7	2.9
1967	3.7	3.1
1968	3.5	4.2
1969	3.4	5.5
1970	4.8	5.7

资料来源：该表引自米什金的《货币金融学》。

4.3 宏观经济政策与证券市场

目前，市场经济国家对经济的干预主要是通过货币政策和财政政策来实现的。根据宏观经济运行状况的不同，政府可采取扩张的或紧缩的货币政策和财政政策，以促进经济快速增长，保持价格总水平的稳定，实现充分就业。政策的实施及政策目标的实现均会反映到作为国民经济“晴雨表”的证券市场上。不同性质、不同类型的政策手段对证券市场价格变动有着不同的影响。另外，政府为了改善国际贸易状况、促进国际收支平衡而对汇率政策进行的调整，也会影响证券市场格局。

4.3.1 货币政策的调整会直接、迅速地影响证券市场

在一般情况下，中央银行的货币政策工具主要有：①法定存款准备金率；②再贴现率；③公开市场业务。现阶段，中国的货币政策工具还有对商业银行的信贷规模控制、差别化的存款准备金率、基准利率控制等。

当中央银行为了防止经济衰退、刺激经济发展而实行扩张性货币政策时，就会通过降低法定存款准备金率、降低中央银行的再贴现率或在公开市场上买入国债的方式来增加货币供应量，降低社会融资成本，扩大社会的有效需求。当经济持续高涨、通货膨胀压力较重时，中央银行往往采用适当紧缩的货币政策，通过提高法定存款准备金率、提高中央银行的再贴现率或在公开市场上卖出国债以减少货币供应量，同时紧缩信用、提高社会融资成本，以实现社会总需求和总供给大体保持平衡。

中央银行实施的货币政策对证券市场的影响，主要是通过以下几个方面产生的：①当增加货币供应量时，一方面证券市场的资金增多，另一方面通货膨胀也使人们为了保值而购买证券，从而推动证券价格上扬；反之，当减少货币供应量时，证券市场的资金减少，价格的回落又使人们对购买证券保值的欲望降低，从而使证券市场价格呈回落的趋势。②通过再贴现率影响市场利率，从而影响到证券投资的机会成本和上市公司的业绩，进而影响证券市场价格。当提高再贴现率时，证券投资的机会成本提高，同时上市公司的营运成本提高、业绩下降，从而证券市场价格下跌；反之，当降低再贴现率时，证券投资的机会成本降低，而上市公司的营运成本也下降、业绩向好，从而证券市场价格上涨。③中央银行在公开市场上买进证券时，对证券的有效需求增加，促使证券价格上涨；中央银行在公开市场上卖出证券时，证券的供给增加，引起证券价格下跌。

由于货币政策以货币市场为媒介，通过数量型和价格型工具来调节货币供需，因此它对证券市场的影响相比于财政政策更加直接、迅速。例如，中央银行在公开市场上买进或卖出证券就能直接影响证券市场价格的变动；而利率的调整也会改变股票投资的机会成本和上市公司未来的营运成本，但由于影响股票价格的因素更加

复杂，因而货币政策对股票价格的影响容易被其他因素的影响所掩盖。

专栏 4－4 我国历次利率调整及存款准备金率调整对股市的影响[①]

从理论上看，利率调整与股票价格指数的运行方向应该是相反的。对于股票资产而言，利率上升，上市公司的融资成本增加，企业将缩减投资和生产，投资者预期企业盈利水平降低，股票价值下降，股价下跌；利率下降，上市公司的融资成本降低，将刺激企业投资和生产，投资者预期企业盈利水平提高，股票投资价值上升，股价上涨。从我国历次利率调整对股市的影响来看，利率的高低与股指的运行方向并非呈现出绝对的反向关系，特别是后来被证实为价格泡沫形成和破灭的时期，当价格呈现出单边上行或下行的趋势时，利率调整对股票价格指数的反向影响被价格的非理性上涨或下跌所掩盖，见表 4－2。

表 4－2 历次利率调整对股市的影响统计表

调整时间	调整内容	公布当日或下个交易日股市表现（沪指）	方向
1993 年 5 月 15 日	各档次定期存款年利率平均提高 2.18 个百分点；各项贷款利率平均提高 0.82 个百分点	5 月 17 日跌 2.35%	反向
1993 年 7 月 11 日	一年期定期存款利率上调 1.8 个百分点	7 月 12 日跌 2.65%	反向
2004 年 10 月 29 日	一年期存贷款利率均上调 0.27 个百分点	10 月 29 日跌 1.58%	反向
2005 年 3 月 17 日	提高了住房贷款利率	3 月 17 日跌 0.96%	反向
2006 年 4 月 28 日	金融机构贷款利率上调 0.27 个百分点	5 月 8 日涨 3.95%	正向
2006 年 8 月 19 日	一年期存贷款基准利率上调 0.27 个百分点	8 月 21 日涨 0.20%	正向
2007 年 3 月 18 日	一年期存贷款基准利率上调 0.27 个百分点	3 月 19 日涨 2.87%	正向
2007 年 5 月 19 日	一年期存款基准利率上调 0.27 个百分点；一年期贷款基准利率上调 0.18 个百分点	5 月 21 日涨 1.04%	正向
2007 年 7 月 20 日	一年期存贷款基准利率上调 0.27 个百分点	7 月 23 日涨 3.81%	正向
2007 年 8 月 22 日	一年期存贷款基准利率上调 0.27 个百分点	8 月 23 日涨 1.49%	正向

① 引自人民网经济频道。

续表

调整时间	调整内容	公布当日或下个交易日股市表现（沪指）	方向
2007年9月15日	一年期存贷款基准利率上调0.27个百分点	9月17日涨2.06%	正向
2007年12月20日	一年期存款基准利率上调0.27个百分点；一年期贷款基准利率上调0.18个百分点	12月21日涨1.15%	正向
2008年9月16日	一年期贷款基准利率下调0.27个百分点	9月17日跌2.90%	正向
2008年10月9日	一年期存贷款基准利率下调0.27个百分点	10月10日跌3.57%	正向
2008年10月30日	一年期存贷款基准利率下调0.27个百分点	10月31日跌1.97%	正向
2008年11月26日	一年期存贷款基准利率下调1.08个百分点	11月27日涨1.05%	反向
2008年12月22日	一年期存贷款基准利率下调0.27个百分点	12月23日跌4.55%	正向
2010年10月19日	一年期存贷款基准利率上调0.25个百分点	10月20日涨0.07%	正向
2010年12月25日	一年期存贷款基准利率上调0.25个百分点	12月27日跌1.9%	反向
2011年2月8日	一年期存贷款基准利率上调0.25个百分点	2月9日跌0.89%	反向
2011年4月5日	一年期存贷款基准利率上调0.25个百分点	4月6日涨1.14%	正向
2011年7月6日	一年期存贷款基准利率上调0.25个百分点	7月7日跌0.58%	反向
2012年6月7日	一年期存贷款基准利率下调0.25个百分点	6月8日跌0.51%	正向
2012年7月6日	一年期存款基准利率下调0.25个百分点；一年期贷款基准利率下调0.31个百分点	7月7日跌2.37%	正向
2014年11月22日	一年期存款基准利率下调0.25个百分点；一年期贷款基准利率下调0.40个百分点	11月23日涨1.85%	反向
2015年3月1日	一年期存贷款基准利率下调0.25个百分点	3月2日涨0.79%	反向
2015年5月11日	一年期存贷款基准利率下调0.25个百分点	5月12日涨1.56%	反向

我们看到，在2007年和2008年，这是后来被证实的股票价格泡沫形成期和破灭期，在价格出现过度上涨时，即使央行上调基准利率，但此时是股票价格单边上行时期，利率和股票价格表现为正向关系的假象；同理，当价格出现恐慌性的暴跌时，即使央行下调基准利率，也不能阻止股票价格单边下跌的趋势，利率和股票价格也表现为正向关系的假象。除去2007年和2008年的极端时期，我们发现利率调整与股票价格走势仍是反向关系居多。

从理论上看，存款准备金率调整对股票价格指数的影响也应是反向的。当中央银行提高存款准备金率时，从基本面意味着企业获取资金的难度增加，从资金面意味着流入股市的资金规模的下降，因而股指下跌；当中央银行降低存款准备金率时，从基本面将意味着企业获取资金的难度降低，从资金面意味着流入股市的资金规模增加，因而股指上升。从我国历次存款准备金率调整对股市的影响来看，存款准备金率的高低与股指的运行方向并非呈现出绝对的反向关系，特别是后来被证实为价格泡沫形成和破灭的时期，当价格呈现出单边上行或下行的趋势时，存款准备金率的调整对股票价格指数的反向影响被价格非理性的上涨或下跌所掩盖，见表4-3。

表4-3 历次调整存款准备金率对股市的影响统计表

公布日	大型金融机构			中小金融机构			公布当日或下个交易日股市表现（沪指，%）	方向
	调整前（%）	调整后（%）	幅度（%）	调整前（%）	调整后（%）	幅度（%）		
2007年1月5日	9.00	9.50	0.50	9.00	9.50	0.50	2.49	正向
2007年2月16日	9.50	10.00	0.50	9.50	10.00	0.50	1.41	正向
2007年4月5日	10.00	10.50	0.50	10.00	10.50	0.50	0.13	正向
2007年4月29日	10.50	11.00	0.50	10.50	11.00	0.50	2.16	正向
2007年5月18日	11.00	11.50	0.50	11.00	11.50	0.50	1.04	正向
2007年7月30日	11.50	12.00	0.50	11.50	12.00	0.50	0.68	正向
2007年9月6日	12.00	12.50	0.50	12.00	12.50	0.50	−2.16	反向
2007年10月13日	12.50	13.00	0.50	12.50	13.00	0.50	2.15	正向
2007年11月10日	13.00	13.50	0.50	13.00	13.50	0.50	−2.40	反向
2007年12月8日	13.50	14.50	1.00	13.50	14.50	1.00	1.38	正向
2008年1月16日	14.50	15.00	0.50	14.50	15.00	0.50	−2.63	反向
2008年3月18日	15.00	15.50	0.50	15.00	15.50	0.50	2.53	正向
2008年4月16日	15.50	16.00	0.50	15.50	16.00	0.50	−2.09	反向
2008年5月12日	16.00	16.50	0.50	16.00	16.50	0.50	−1.84	反向
2008年6月7日	16.50	17.50	1.00	16.50	17.50	1.00	−7.73	反向
2008年9月15日	17.50	17.50	0.00	17.50	16.50	−1.00	−4.47	正向
2008年10月8日	17.50	17.00	−0.50	16.50	16.00	−0.50	−0.84	正向
2008年11月26日	17.00	16.00	−1.00	16.00	14.00	−2.00	−2.44	正向
2008年12月22日	16.00	15.50	−0.50	14.00	13.50	−0.50	−4.55	正向
2010年1月12日	15.50	16.00	0.50	13.50	13.50	0.00	−3.09	反向
2010年2月12日	16.00	16.50	0.50	13.50	13.50	0.00	−0.49	反向
2010年5月2日	16.50	17.00	0.50	13.50	13.50	0.00	−1.23	反向
2010年11月10日	17.00	17.50	0.50	13.50	14.00	0.50	1.04	正向

续表

公布日	大型金融机构			中小金融机构			公布当日或下个交易日股市表现（沪指，%）	方向
	调整前（%）	调整后（%）	幅度（%）	调整前（%）	调整后（%）	幅度（%）		
2010 年 11 月 19 日	17.50	18.00	0.50	14.00	14.50	0.50	0.81	正向
2010 年 12 月 20 日	18.00	18.50	0.50	14.50	15.00	0.50	1.41	正向
2011 年 1 月 14 日	18.50	19.00	0.50	15.00	15.50	0.50	−3.03	反向
2011 年 2 月 18 日	19.00	19.50	0.50	15.50	16.00	0.50	1.12	正向
2011 年 3 月 18 日	19.50	20.00	0.50	16.00	16.50	0.50	0.08	正向
2011 年 4 月 17 日	20.00	20.50	0.50	16.50	17.00	0.50	0.22	正向
2011 年 5 月 12 日	20.50	21.00	0.50	17.00	17.50	0.50	0.95	正向
2011 年 6 月 14 日	21.00	21.50	0.50	17.50	18.00	0.50	−0.90	反向
2011 年 11 月 30 日	21.50	21.00	−0.50	18.00	17.50	−0.50	2.29	反向
2012 年 2 月 18 日	21.00	20.50	−0.50	17.50	17.00	−0.50	0.27	反向
2012 年 5 月 12 日	20.50	20.00	−0.50	17.00	16.50	−0.50	0.55	反向
2015 年 2 月 4 日	20.00	19.50	−0.50	18.00	17.50	−0.50	−1.18	正向
2015 年 4 月 19 日	19.50	18.50	−1.00	17.50	16.50	−1.00	−1.64	正向
2015 年 9 月 5 日	18.50	18.00	−0.50	16.50	16.00	−0.50	−3.34	正向
2015 年 10 月 23 日	17.50	17.00	−0.50	16.00	15.50	−0.50	0.50	反向
2016 年 2 月 29 日	17.00	16.50	−0.50	15.50	15.00	−0.50	−2.86	正向
2018 年 4 月 17 日	16.50	16.00	−0.50	15.00	14.00	−1.00	−1.41	正向
2018 年 6 月 24 日	16.00	15.50	−0.50	14.00	13.50	−0.50	−1.05	正向
2018 年 10 月 7 日	15.50	14.50	−1.00	13.50	12.50	−1.00	−3.72	正向
2019 年 1 月 4 日	14.50	14.00	−0.50	12.50	12.00	−0.50	2.05	反向

我们看到，在 2007 年和 2008 年股票价格泡沫的形成和破灭时期，存款准备金率的调整与股票指数显现出正向关系的假象。除去该时期，在 2010 年以后，存款准备金率的调整与股票价格指数的走势仍是反向关系居多。

4.3.2 财政政策的调整对证券市场具有持久的但较为缓慢的影响

财政政策是通过财政收入和财政支出的变动来影响宏观经济活动水平的经济政策。财政政策的主要手段有三个：一是改变政府购买水平；二是改变政府转移支付水平；三是改变税率。当经济增长持续放缓、失业增加时，政府要实行扩张性财政政策，提高政府购买水平，提高转移支付水平，降低税率，以增加总需求，解决衰退与失业问题。当经济增长强劲、价格水平持续上涨时，政府要实行紧缩性财政政策，降低政府购买水平，降低转移支付水平，提高税率，以减少社会总需求，抑制通货膨胀。

国家通过实行财政政策对证券市场产生影响，主要有以下几个途径：①综合来看，实行扩张性财政政策，可增加财政支出、减少财政收入，可增加社会总需求，使公司业绩上升、经营风险下降，使居民收入增加，从而使证券市场价格上涨；反之，实行紧缩性财政政策，可减少财政支出、增加财政收入，可减少社会总需求，使过热的经济受到抑制，从而使得公司业绩下滑、居民收入减少。这样，证券市场价格就会下跌。②政府购买是社会总需求的一个重要组成部分。扩大政府购买水平，增加政府在道路、桥梁、港口等非竞争性领域的投资，可直接增加对相关产业（如水泥、钢铁、建材、机械等产业）的产品需求；这些产业的发展又形成对其他产业的需求，以乘数的方式促进经济发展。这样，公司的利润增加，居民的收入水平也得到提高，从而可促使证券价格上扬。减少政府购买水平的效应正好与此相反。③改变政府转移支付水平主要从结构上改变社会购买力状况，从而影响社会总需求。提高政府转移支付水平，如增加社会福利费用、增加为维持农产品价格而对农民的拨款等，会使一部分人的收入水平得到提高，也会间接促进公司利润的增长，因此有助于证券价格的上扬；反之，降低政府转移支付水平将使证券价格下跌。另外，调整中央政府对地方政府的转移支付水平，将打破原有的中央政府与地方政府之间、地方政府与地方政府之间的财政平衡格局，形成新的平衡状态，这样不仅能从整体上而且能从结构上影响证券市场。一般来说，如果中央政府提高对地方政府的转移支付水平，地方政府将拥有更多的自主财力，用于发展地方经济，直接或间接地扶持当地上市公司的发展，从而促进证券价格的上扬。同样地，如果某地方政府得到相对更多的中央政府的转移支付，那么该地区证券价格上扬的潜力更大。④公司税的调整将在其他条件不变的情况下，直接影响公司的净利润，并进一步影响到公司扩大生产规模的能力和积极性，从而影响公司未来成长的潜力。因此，公司税的调整对其证券的影响不言而喻。个人所得税将直接影响居民个人的实际收入水平，因而将影响证券市场的供求关系。证券交易税直接关系到证券交易的成本。所以，一般来说，税率的提高将抑制证券价格的上扬，而税率的降低或免税将有助于证券价格的上扬。当然，针对某些特定产业或区域的税收优惠对证券市场的影响一般只局限于该产业或区域的上市证券。

从传导机制上说，财政政策是以实体经济为媒介，通过控制财政收入和支出，经过企业（公司）的投入与产出来影响社会总需求的，与货币政策有明显的区别。因此，财政政策无论是扩张性的还是紧缩性的，从理论上说，其传导过程都比较长。财政政策这种较长的时滞决定了它对证券市场的影响不像货币政策那样立竿见影，而是比较缓慢，但也比较持久。例如，1998 年我国中央政府开始实施扩张性的财政政策，大规模扩大政府投资，但当时证券市场并没有给予多大的响应，到 1999 年却演绎出创历史新高的大行情。当然，也有例外，如证券交易税的调整也能对证券市场产生迅速的影响。

专栏 4-5　历次印花税调整后股指的走势[①]

从历史上看，每次调整股票交易印花税都对股市产生了较大影响。调

① 引自人民网经济频道。

整股票交易印花税均针对股市过热或过冷，尽管不一定在当天产生效果，但从一个阶段来看，最终都达到了抑制或催热股市的效果。

● 1991 年 10 月 10 日，从 6‰到 3‰。

大牛市行情从这里启动，半年后上证指数从 180 点飙升至 1992 年 5 月的 1 429 点，升幅高达 694%。

● 1992 年 6 月 12 日，明确按 3‰征印花税。

当天股指并未剧烈反应，但随后股指在盘整一个月后就掉头向下，一路从 1 100 多点跌到 300 多点，跌幅超过 70%。

● 1997 年 5 月 12 日，从 3‰到 5‰。

股指在当天就形成大牛市的顶峰，此后股指便一路向下，沪指半年内下跌近 500 点，跌幅逾 30%。

● 1998 年 6 月 12 日，从 5‰到 4‰。

此后，沪指形成阶段性头部，调整近一年。

● 1999 年 6 月 1 日，从 4‰到 3‰（B 股）。

上证 B 指一个月内从 38 点飙升到 62.5 点，升幅逾 50%。

● 2001 年 11 月 16 日，从 4‰到 2‰。

股市产生一波 100 多点的波段行情，11 月 16 日是这轮行情的启动点。

● 2005 年 1 月 23 日，从 2‰到 1‰。

此后一个月出现波段行情，随后继续探底，直至年中股改行情启动。

● 2007 年 5 月 30 日，从 1‰到 3‰。

沪指 31 日低开 5.69%，跌 6.5%。经过近两个月的振荡调整后重新步入升势，直到当年 10 月 16 日的 6 124 点，三个月大涨逾 2 700 点。

● 2008 年 4 月 24 日，从 3‰到 1‰。

当日收盘，上证指数上涨 9.29%。

● 2008 年 9 月 19 日，印花税调整为单边征收。

当日上证指数上涨 9.46%。

4.3.3 汇率政策的调整从结构上影响证券市场价格

在开放经济条件下，汇率对经济的影响十分显著。汇率的高低将影响资本的国际流动，也会影响本国的进出口贸易。如果以单位外币的本币标值来表示汇率，那么汇率对证券市场的影响主要通过以下几个途径：

（1）汇率上升，本币贬值，本国产品的竞争力增强，出口型企业将受益，因而此类公司的证券价格就会上扬；相反，进口型企业将因成本增加而受损，此类公司的证券价格将因此而下跌。汇率下跌的情形与此相反。

（2）汇率上升，本币贬值，将导致资本流出本国，因此本国的证券市场需求减少，价格下跌；反之，汇率下跌，则资本流入本国，本国的证券市场将因需求旺盛而价格上涨。

为了消除汇率变动对本国经济的消极影响，本国中央政府常常对汇率的变动进行干预，这种干预政策也会对本国的证券市场产生影响。当汇率上升时，为保持汇率稳定，政府可能动用外汇储备——抛出外汇，购进本币，从而减少本币的供应量，使证券价格下跌；也可能抛出外汇，同时回购国债，这样将使国债市场价格上扬。

由此可见，汇率的变动和汇率政策的调整与实施主要是从结构上影响证券市场，一方面引起本国证券市场和外国证券市场的相对变化，另一方面引起本国证券市场上出口型企业和进口型企业证券价格的相对变化。

图 4－8 展示了 2009 年 1 月至 2019 年 4 月这段时期人民币兑世界主要货币的月度加权平均汇率变化。我们可以看到，自 2009 年以来，人民币兑美元呈现先升值后贬值的态势，而人民币兑欧元和人民币兑日元在基本稳定中稍有升值。这个汇率走势对主要与美国进行进出口贸易的公司和主要与欧洲、日本进行进出口贸易的公司产生了不同的影响。总体来看，这个汇率走势有利于从美国进口产品的公司、不利于向美国出口产品的公司，而对于主要与欧洲、日本进行进出口贸易的公司，其影响比较有限。

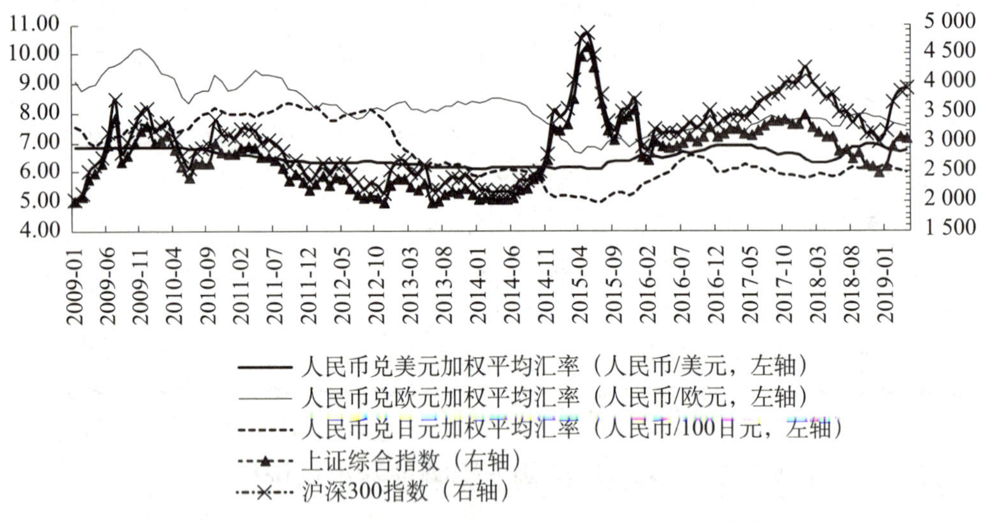

图 4－8　人民币兑世界主要货币的汇率及股价指数走势图

4.4　经济周期、经济政策对大类资产及证券市场的综合影响

为了考察宏观经济周期以及经济政策对证券市场的综合影响，下面引入美林投资时钟这一分析工具。美林投资时钟是在 2004 年，美林证券结合美国 1973 年到

2004年的宏观经济数据与股票、债券、现金及大宗商品等最具代表性的大类资产投资标的的市场表现，而构造出的一种非常实用和有效的投资工具，见图4-9。

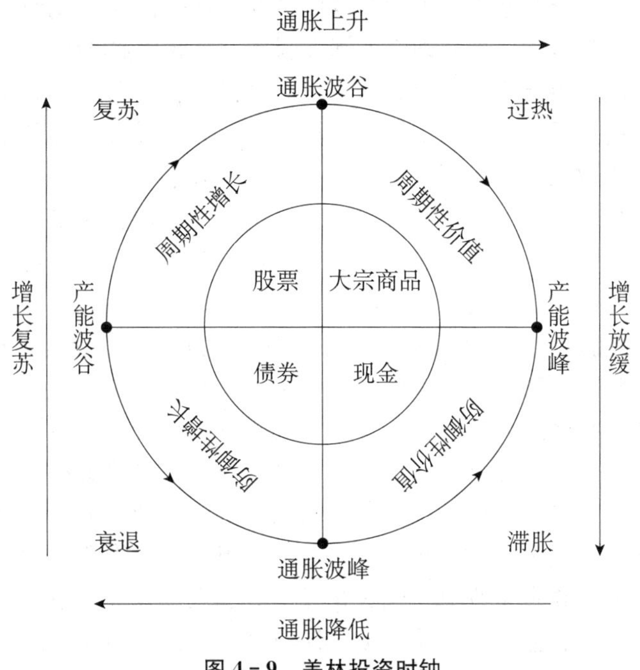

图4-9 美林投资时钟

从图4-9可见，在美林投资时钟中，横坐标为通胀水平，纵坐标为经济增长水平。根据通货膨胀水平的不同，可以将经济状况划分为高通胀和低通胀两种状态；同样，根据经济增长水平的不同，可以将经济增长分为高增长和低增长。如此对应，就可以将整个经济状态大致划分为以下4个：低增长低通胀，即衰退期；高增长低通胀，即复苏期；高增长高通胀，即过热期；低增长高通胀，即滞胀期。

下面将对在上述4个经济状态下如何进行合理的资产配置进行分析。我们考虑的资产配置包括两个维度：一是传统的美林投资时钟所涉及的股票、债券、现金及大宗商品等大类资产，见图4-9的核心部分；二是不同风格的股票，比如图4-9中的周期性增长、周期性价值、防御性价值和防御性增长这4类股票风格。

4.4.1 经济周期、经济政策与大类资产配置

下面先对第一个维度进行分析，也就是在不同经济周期中的大类资产配置。通常说来，我们的讨论可以按照顺时针的方向，即衰退、复苏、过热、滞胀的顺序展开：

首先，经济衰退期。从宏观的角度来看，经济衰退期的经济增速较低，对应到微观企业，此时的盈利性较差，企业赚不到钱，员工也拿不到工资。这样就进一步造成消费不振，人们对企业产品需求较低。产品卖不出去的结果是，一方面物价下

降，另一方面企业的盈利性变得更差，导致经济形成了螺旋下降的状况。如何打破这种螺旋下降的局面？在目前被各国广泛接受的凯恩斯主义的指导下，政府趋向采用积极的货币政策和财政政策。下面重点探讨货币政策。对于积极的货币政策来说，相应的货币政策工具分为三类，即降低基准利率、降低存款准备金率和央行逆回购。其中，降低基准利率直接压低了市场利率，而降低存款准备金率和央行逆回购也向市场投放了更多的货币——由于市场货币增加，同样将导致市场利率的下降。由此可见，积极的货币政策对市场利率产生了下压的作用。

分析上文提到的 4 类大类资产可以看到：首先，对债券来说，我们根据财务管理学的知识不难看到，市场利率与债券价格呈负相关关系，即市场利率下降必然导致债券价格上涨，因此积极的货币政策对债券价格来说是一个利好；此时，配置债券是一个不错的选择。对股票来说，市场利率的下降可以使企业的融资成本下降，企业的盈利性也将有所改善，这对股票价格是一个利好。然而，由于人们很难判断经济衰退期还将持续多久，所以在此时投资股票将面临较大风险。对于大宗商品来说，如前所述，该象限中的价格水平持续下降，因此该象限表示的经济状况显然不适于投资。最后，对现金来说，虽然在该象限中不会遭受损失，但也不会获得超过无风险收益的收益。综上所述，在经济衰退期，积极的货币政策对于债券投资是强烈的利好，对于股票投资是收益和风险并存，对于现金投资是不赚也不赔，而对于大宗商品投资的时机较差，因此债券是最佳的投资工具，而大宗商品是最差的投资工具。

其次，经济复苏期。在该象限中，经济开始恢复，即经济增速提高，但通胀水平仍然较低。此时，我们先讨论股票，结合前面讨论的经济衰退期可以看到：一方面，经过较长时间的经济寒冬，企业大量倒闭，而存活下来的企业或者具有更高的技术，或者具有更英明的领导，或者具有更强的资金储备。总之，剩下的企业在其所处的行业中都是比较优秀的个体。与此同时，由于大量企业的倒闭，所以行业的竞争环境也得到了改善，使得企业获得了更好的销售环境。另一方面，此时的通胀程度较低、市场利率仍处于低位、企业资金成本不高，而且在刚过去的萧条期，大宗商品价格的下跌使企业的原材料成本大幅下降。由此可见，在经济衰退期存活下来的企业可以获得更低的成本。总之，此时企业的成本较低、产品销售较好，因而其利润就得到了较好的保证，股价也得到了较好的支撑，所以投资股票就成为经济复苏期的一个较好选择。对债券来说，虽然此时的市场利率仍维持在较低的水平，但进一步下降的空间较小，我们根据财务管理学的知识不难看到，债券价格上涨的潜力较小，因此投资债券就难以获得较高的收益。对于大宗商品来说，虽然按照正常的经济发展趋势，下一阶段将进入经济过热期，这预示着大宗商品的价格有可能上涨，但经济复苏期究竟能持续多长时间，此时仍难以判断，而且一旦经济周期出现反复，此时投资大宗商品就面临较大的风险。对于现金来说，结合以上分析，显然其表现无法与股票相比，因此也不是一个很好的选择。总的来说，在经济复苏期，股票应该是在大类资产中的最优选择。

再次，经济过热期。经过经济复苏期，企业的盈利逐渐增加，促使观望资金越来越多地投入实体生产中，导致行业竞争逐渐激烈，由此带来了两方面的效应：一方面，企业对原材料需求的大幅增加促使物价上涨，即通胀水平上升；另一方面，由于市场竞争的加剧，虽然从总体上说，整体经济部门的收益增速仍在上升，但单个企业的经营环境开始恶化。下面仍对上述大类资产进行逐一分析。如前所述，不难看到，对大宗商品来说，物价的上涨无疑是一个巨大的利好。对上市公司来说，其原材料成本开始上升；与此同时，为了抑制经济过热，政府不得不采取从紧的货币政策。其中，加息无疑直接推高了市场利率，而提高存款准备金率和进行央行回购也是从市场上抽出货币，同样会造成市场利率的上涨，这就导致了企业融资成本的上升；而在销售端，由于市场竞争的加剧，所以企业的产成品价格将面临较大的压力。总的来说，虽然此时上市公司的利润仍然较为可观，其股价在短时间内大幅下跌的可能性相对较小，但由于上市公司的成本上升而销售又可能出现下降，这就使其继续提高利润的支撑不足。此时，上市公司的股价想要继续上涨可能也较为困难，因此投资股票市场虽然可以接受，但不是一个最优的选择。持有现金的状况与经济复苏期相似，虽然持有现金不至于遭受损失，但也无法获得较高收益。对债券来说，从紧的货币政策将使市场利率上升，而市场利率与债券价格又呈负相关关系，因此在经济过热期，债券价格势必大幅下跌。此时，投资者投资债券将面临巨大的风险，是一个最差的投资选择。

最后，经济滞胀期。如前所述，在经济过热期，由于投资企业仍然有利可图，这样就会吸引资金不断地进入生产领域，从而不断推高生产成本，并使企业的销售环境进一步恶化、销售收入下降。这两个方面此消彼长，当超过某临界点时，企业的盈利就会出现下滑。由此可见，在经济滞胀期投资股票（即上市公司）将会面临巨额亏损。对大宗商品来说，虽然企业的竞争将使大宗商品的价格继续上涨，但随着企业经营环境的逐渐恶化，利润下滑、企业倒闭现象开始出现并增加，企业对生产原料的需求势必在某时点出现下降，因此大宗商品价格上涨的狂欢随时可能结束。因此，虽然在此时投资大宗商品仍有利可图，但无异于火中取栗。对于债券价格来说，我们仍需通过市场利率对其进行分析。我们不难发现，在经济滞胀期，经济增速大幅下降，因此需要采用积极的货币政策进行刺激，如前所述，这对债券价格是一个利好；然而，此时的通货膨胀程度较高，对通货膨胀来说，采用积极的货币政策无异于火上浇油，因而央行通过大规模放松货币的方式来刺激经济的可能性较低。与此同时，如果央行希望抑制通货膨胀，就需要采用紧缩的货币政策，但此时企业的利润已经很差，提高市场利率无疑将推高企业的融资成本，进而使企业的经营雪上加霜，因而央行通过采用紧缩的货币政策来抑制通货膨胀的可能性也较小。由此可见，此时的债券价格变动方向较不明朗，投资风险相对较大，也不是一个很好的投资标的。综合以上对股票、大宗商品和债券的分析，这三类主流的大类资产都无法配置，此时就进入了“现金为王”的时代。这可能与我们常识中所认为的在经济萧条期“现金为王”的观念是不一样的，显然，这个“常识”是一个在投资中的经典误区。

4.4.2 经济周期、经济政策与证券市场配置

下面对第二个维度进行分析，即考察经济在衰退、复苏、过热、滞胀 4 个阶段中变化时，我们应该如何配置周期性增长、周期性价值、防御性价值和防御性增长这 4 类股票。

我们从股票的属性出发来考虑股票的风格配置。第一种风格可分为上市公司的周期性股票和防御性股票。周期性股票是指上市公司的产品价格和公司利润与实体经济的波动高度相关，因而这类公司的股价在经济高速增长时的表现势必较强，而当经济增速下滑时，其股价跌幅也相对较大，比较有代表性的行业包括金融、房地产、IT、汽车、有色金属、钢铁、化工、水泥、电力、煤炭、石化、工程机械、航运、装备制造等。防御性股票是指上市公司的产品价格和公司利润与实体经济的波动关系较小，其发展相对稳定，虽然在短期内无法出现业绩的爆发式增长，但也不会在短期内出现业绩的断崖式下跌。因此，这类公司的股价在经济的周期性波动中相对稳定，比较有代表性的行业包括交通运输、餐饮旅游、商业贸易、食品饮料、公用事业、医药生物等。由周期性股票和防御性股票的划分不难看出，在经济增速较高时（对应于复苏期和过热期）配置周期性股票更为有利，而在经济增速较低时（对应于衰退期和滞胀期）应配置防御性股票。

第二种风格可分为上市公司的成长性股票和价值性股票。成长性股票是指该股票对应的上市公司正处于高速发展阶段，而价值性股票对应的上市公司已告别了高速增长，其业绩相对稳定，并且这类股票通常具有较高的账面市值比。由以上定义可以看出，成长性股票和价值性股票的划分具有鲜明的时代特征。比如在 20 世纪 90 年代到 21 世纪初，当时我国正在经历工业化阶段，因而机械类公司、化工类公司，甚至煤炭类公司、钢铁类公司都有较高的成长性，而目前我国的工业化进程已基本完成，转而进入信息化阶段，此时的成长性股票已转换至通信、软件等行业。借助美林投资时钟不难看出，在经济由衰退到复苏，以及由复苏到过热的过程中，企业的利润不断上升，有利于一些掌握核心竞争力的企业由小变大、高速成长；而在经济由过热到滞胀，以及由滞胀到衰退的过程中，市场空间要么难以继续扩展，要么逐渐走向衰落，此时配置产品相对成熟、利润相对稳定的价值性公司就能更好地抵御风险。

综上所述，在经济的衰退阶段应配置防御性成长股，在经济的复苏阶段应配置周期性成长股，在经济的过热阶段应配置周期性价值股，而在经济的滞胀阶段则应配置防御性价值股。

4.4.3 需要注意的问题

前文按照经济周期的一般规律（即衰退、复苏、过热和滞胀 4 个阶段）对每个

状态下的大类资产配置进行了分析，除此之外，还有以下几个问题需要进一步说明：

第一，经济周期的演进并非每次都按照美林投资时钟中的顺时针方向进行，在某些特定的历史阶段，经济周期可能出现跳跃或者反复。跳跃可以以我国2006年到2010年的经济状况变化为例进行说明：当时，经过自2003年以来的经济复苏，我国经济在2006年到2007年出现了过热的迹象，央行不断提高存款准备金率和基准利率，并进行公开市场操作回购债券。在投资领域，当时我国的股市热火朝天，而且煤炭、钢铁、有色金属等资源类股票的涨势更加凶猛，其背后的原因就是当时相关大宗商品的价格更大幅度的上涨，这与前文的分析是一致的。按照经典经济周期的顺序，接下来经济将进入滞胀期。然而，2008年突如其来的美国金融危机给我国金融市场和实体经济造成了巨大的影响，使我国的实体经济迅速出现大幅下滑。虽然与现在的经济增速相比，我国当时提出的"保8"战略仍是一个不错的水平，但在此前动辄10%以上的经济增速面前，仍是一个较低的增速。与此同时，由于国际油价等大宗商品的价格大幅下跌，因而通货膨胀也急速下降，甚至出现了通货紧缩，导致我国的整体经济进入衰退期。由此可见，在出现外生冲击等情况下，经济周期就有可能出现跳跃。需要注意的是，在2008年下半年，为了刺激经济，我国出台了"四万亿"经济刺激计划，并辅以积极的货币政策，同时商业银行也配套了巨量的信贷资源，使得市场利率大幅下降，由此推动债券市场出现大幅上涨，这也与前文的分析是一致的。与2007年到2008年的故事相似的是，在积极的财政政策和货币政策的双重刺激下，2009年我国经济出现"V"形反转，到2010年似乎又出现了经济过热的迹象。但是，在2009年初，我国实体经济似乎的确处于复苏阶段，只是时间极短，从某种意义上仍可认为是一种跳跃。由此可知，内生经济政策的大幅刺激也是诱发经济周期出现跳跃的因素之一。

经济周期发生反复的情况与跳跃很接近，从某种角度说，前文所述的2006—2010年我国的经济发展也可以看作一种经济周期的反复，比如2007—2008年我国经济由热转冷，2008—2010年我国经济又由冷变热，此处不再赘述。

综上所述，正是因为经济周期的跳跃和反复，从而造成了经济周期的难以预测，进而造成了大类资产和股票配置的复杂性。因此，我们只有深入学习经济理论、对现实经济状况进行深入观察、准确掌握经济发展过程中的突发性因素，才能提高对经济周期性波动的判断和把握能力，进而提高资产配置的有效性，并获取更高的收益。

第二，对财政政策、货币政策的作用的评估。通过财政政策和货币政策对实体经济产生影响，进而调节经济周期，这是各国政府普遍采用的方法。然而，在经济周期的不同阶段，财政政策和货币政策的作用效果可能存在差异。例如，在经济萧条期，各国政府会采用积极的财政政策和宽松的货币政策来刺激经济。对货币政策来说，政府的最终目的是使企业获得更多资金，从而扩大投资规模，进而拉动整个实体经济。然而，企业不外乎分为缺钱的企业和不缺钱的企业两类。对于不缺钱的企业来说，它们不投资的原因并非资金不足，而是市场机会较差、投资收益率过低，因而银行即使想给它们贷款，它们也没有兴趣贷款。缺钱的企业往往资信较差、违约风险较高，对银行来说，它们往往是“不受欢迎”的客户。由此可见，在经济萧条期，宽松的货币政策所起到的效果可能较小。过度的“大水漫灌”并不一定能够刺激经济复苏，反而容易引起诸多经济和金融市场的问题。例如，当银行资金无法直接进入企业时，就容易在金融系统形成体外循环，这就是“脱实向虚”。又如，对于不缺钱的企业（即资信较好的企业）来说，由于它们可以获得低息贷款，因而它们就有可能在这些贷款的成本上附加一个超额利率，然后发放给资信较差的企业，从而形成金融系统的“漏斗效应”，并加大金融系统的监管难度。更有甚者，一些企业的自身盈利状况很差，但规模较大，此时就有可能形成“大而不能倒”的现象，进而长期依靠商业银行输血来续命，这就是僵尸企业。由此可见，在经济萧条期，货币政策所能起到的作用有限，如果使用不当，反而容易产生一系列严重的后果。

此时，我们反观财政政策。当经济不景气时，通过政府采购和政府投资于一些盈利性较差但社会价值较大的行业，如“铁公基”（即铁路、公路和基建），不但方便了民生，同时这些行业往往是劳动密集型产业：一方面，这些行业通过大量雇用员工，不但解决了社会就业问题，同时这些员工获得了收入，可以增加对消费行业的产品需求；另一方面，铁路、公路和基建等行业的上游产业较多，政府投资和政府采购往往可以通过这些行业，形成对其上游产业的拉动作用，从而激活整个经济发展链条。由此可见，在经济萧条期，对于财政政策的合理运用往往会对实体经济产生比较明显的正向影响。

在经济过热期，财政政策和货币政策的作用效果也是不同的。首先，我们看财政政策。当经济过热时，由于增加税收等政策的论证期较长，因而无法灵活使用。而对于减少政府投资和政府采购来说，由于企业的投资冲动较大，此时政府减少直接投资所起到的作用不外乎是将投资空间让给企业，而这些投资空间会被企业迅速填补。因此，财政政策在经济过热时的作用效果就类似于“扬汤止沸”，因此收效甚微。反观货币政策，紧缩的货币政策可以从根源上提高市场利率，减少对市场的货币供应量。对企业来说，它们能从金融系统拿到的钱变少了，即使有再强的投资冲动也“巧妇难为无米之炊”。由此可见，在经济过热期，货币政策的效果类似于“釜底抽薪”，因而其作用相对明显。

综上所述，财政政策和货币政策对于实体经济，犹如马鞭和缰绳对于马。经济萧条如同马儿消极怠工，财政政策的刺激可以给实体经济这匹马抽上一鞭，从而使其加速，此时货币政策就像缰绳一样，对马儿所起的作用相对有限；经济过热如同马儿过于兴奋，如果不加以抑制，就有可能造成马儿无法预期的忽然失速，此时货币政策的抑制就可以像缰绳一样，将马儿拉回正常的速度，而财政政策这条马鞭则难以发挥作用。

第三，黄金并未包括在前文所讨论的大宗商品中。其原因在于，虽然黄金有一定的商品属性，但其定价较为复杂。黄金的价格波动通常可以被三个因素解释，即通胀、美元指数和金融市场风险。对通胀来说，如前所述，黄金是某些特定产业的工业原材料，因此黄金具有一定的大宗商品属性，所以黄金在严重通胀阶段具有保值的作用。对美元指数来说，由于国际黄金交易使用美元进行计价，因此当美元疲软时，黄金价格往往出现上涨；反之，当美元坚挺时，黄金价格就可能出现下跌。对于金融市场风险来说，由于长期以来黄金均充当金融系统中的硬通货，因此当金融市场中的风险较大时，投资者往往会将资产配置到黄金上，从而推高黄金价格。例如，在2008年美国金融危机以及2009年希腊债务危机期间，黄金价格都出现了大幅上涨。综上可知，作为一类特殊的大宗商品，黄金的定价较为复杂，因此本书的讨论并未将黄金包含在内。

本章小结

本章介绍了影响证券市场价格走势的宏观经济因素，重点讨论了宏观经济运行对证券市场的两条影响途径，即宏观经济周期和宏观经济政策。

在宏观经济周期变动中，萧条、复苏、繁荣和衰退四个经济运行阶段对证券市场运行具有不同的影响。虽然证券市场价格的变动周期与经济周期大体一致，但在时间上并不与经济周期相同。从实践上看，证券市场走势大约比经济周期提前几个月到半年。也就是说，证券市场走势对宏观经济运行具有预警作用。这就是通常所说的“证券市场是经济的晴雨表”的原因所在，也是在经济指标分析中将证券价格指数作为先行指标的理由。当然，证券市场的“晴雨表”功能是就其中长期趋势而言的，证券市场的每一次波动，特别是短期波动，并不表示宏观经济状况变好或趋坏。

对证券市场产生重要影响的宏观经济政策主要是货币政策、财政政策和汇率政策。货币政策以货币市场为媒介，通过数量型和价格型工具来调节货币供需，它对证券市场的影响相对于财政政策更加直接、迅速。财政政策是以实体经济为媒介，通过控制财政收入和支出，经过企业（公司）的投入与产出来影响社会总需求的，它影响证券市场的传导过程较货币政策要长。汇率的变动和汇率政策的调整与实施主要从结构上影响证券市场，一方面引起本国证券市场和外国证券市场的相对变化，另一方面引起本国证券市场上出口型企业和进口型企业证券价格的相对变化。

本章关键问题

- 掌握证券市场价格的主要影响因素，了解证券市场价格的首要影响因素是宏观经济因素的变动
- 掌握宏观经济周期的四个阶段，了解判断经济处在经济周期某一阶段的方法，运用宏观经济周期分析证券市场的波动趋势
- 通过分析货币政策、财政政策和汇率政策的变动，分析证券市场的未来趋势，掌握货币政策、财政政策和汇率政策影响证券市场的机制
- 分析货币政策、财政政策和经济周期的不同阶段对大类资产以及证券市场的影响

本章思考题

一、名词解释

国民生产总值	经济周期	财政政策	货币政策
汇率政策	先行指标	同步指标	滞后指标
大类资产配置			

二、简答题

1. 为什么说宏观经济因素是影响证券市场价格变动最重要的因素?

2. 财政政策的变动对证券市场价格有何影响?

3. 货币政策的变动对证券市场价格有何影响?

4. 汇率政策的变动对证券市场价格有何影响?

5. 财政政策和货币政策在经济周期波动的不同阶段会对实体经济、大类资产以及证券市场产生怎样的影响?

第 5 章
证券投资的产业分析

学习目标

- 掌握从证券市场角度进行产业分类的方法。
- 掌握产业基本特性分析应包含的内容。
- 了解企业在产业生命周期理论的不同阶段的特征及证券市场表现。
- 掌握产业的市场结构特征，对完全竞争、不完全竞争、寡头垄断、完全垄断四种市场结构的不同特征和典型行业有所了解。
- 掌握产业的竞争结构特征，并可运用波特的五种竞争力模型进行产业的竞争结构分析。

5.1 产业分析概述

5.1.1 从证券市场角度进行的产业分类

产业（industry）是指一个企业群体。在这个企业群体中，各成员企业由于其产品（包括有形产品与无形产品）在很大程度上的可替代性而处于一种彼此紧密联系的状态，并且由于产品可替代性的差异而与其他企业群体相区别。产业有时又称行业，在本书中，这两个概念具有同一含义，不做区分。

在国民经济中，各个产业的发展很不平衡。一些产业如日中天，一些产业则苟延残喘；一些产业的增长与国民生产总值的增长保持同步，一些产业的增长高于国民生产总值的增长，而另一些产业的增长则低于国民生产总值的增长。由于这一现象的存在，要选择适当的产业进行投资，就有必要对产业进行有效的分类和分析研究。

目前，对产业的分类有多种方法，如三次产业分类法、联合国标准产业分类法、我国的国民经济产业分类法等。这些分类方法都是与不同的需要相适应的，如我国的国民经济产业分类法旨在提高我国的宏观经济管理水平；三次产业分类法主要用于研究产业结构的发展和演变；而联合国标准产业分类法则希望由此统一世界各国的产业分类，以便进行国际比较和交流。这些分类一般都是根据产业的技术特点进行的。从证券投资的角度看，一般的投资者既不可能懂得各种各样的技术，也不实际参与公司的经营管理，他们所关心的只是其证券投资能否保值增值。因此，证券市场的产业分类要重点反映产业的盈利前景，而按技术特征进行产业分类对证券投资来说意义不大，除非产业的发展具有显著的技术特征。

产业的发展前景与许多因素有关，因此产业的分类也有多重标准。

(1) 根据产业的发展与国民经济周期性变化的关系，可分为以下几类：

1) 成长型产业。成长型产业的运动状态与经济活动总水平的周期及其振幅无关。这些产业销售收入和利润的增长速度不受宏观经济周期性变动的影响，特别是经济衰退的消极影响。它们依靠技术进步、推出新产品、提供更优质的服务及改善经营管理，可实现持续成长。例如，在过去的二十年内，信息产业和生物制药产业就是典型的成长型产业。

2) 周期型产业。周期型产业的运动状态直接与经济周期相关。当经济处于上升时期时，这些产业会紧随其扩张；当经济衰退时，这些产业也相应跌落。产生这种现象的原因是，当经济衰退时，对这些产业相关产品的购买被延迟到经济改善之后，如珠宝业、耐用品制造业及其他依赖于需求的具有收入弹性的产业就属于典型的周期性产业。

3) 防御型产业。防御型产业与周期型产业刚好相反，这种类型产业的运动状态并不受经济周期的影响。也就是说，无论宏观经济处在经济周期的哪个阶段，产业的销售收入和利润均呈缓慢增长态势或变化不大。正是由于这个原因，对其投资便属于收入投资，而非资本利得投资。例如，食品业和公用事业就属于防御型产业，因为社会需求对其产品的收入弹性较小，所以这些公司的收入相对稳定。

4) 成长周期型产业。这种类型的产业既含有成长状态，又随经济周期而波动。许多产业都属于这种类型。

(2) 根据产业未来可预期的发展前景，可以分为朝阳产业和夕阳产业。朝阳产业是指未来发展前景看好的产业，如目前的信息产业。朝阳产业尽管发展前景一片光明，但在创立之初常常十分弱小，此时它又被称为幼稚产业。夕阳产业是指未来发展前景不乐观的产业，如目前的钢铁业、纺织业。朝阳产业和夕阳产业的划分具有一定的相对性。一个国家或地区的夕阳产业在另一个国家或地区有可能是朝阳产业，如化工产业在发达国家已是夕阳产业，而在一些发展中国家则被认为是朝阳产业。朝阳产业和夕阳产业之间也可相互转化，即朝阳产业在其发展的根据渐渐丧失时就会成为夕阳产业，如纺织业曾经是工业革命的急先锋，但如今已风光不再；而夕阳产业也常有再度辉煌的机会，如20世纪70年代钢铁业在日本得到了复兴。

（3）按照产业所采用技术的先进程度，可分为新兴产业和传统产业。新兴产业是指采用新兴技术进行生产、产品技术含量高的产业，如信息产业。传统产业是指采用传统技术进行生产、产品技术含量低的产业，如资源型产业。由于技术的不断更新和发展，新兴产业和传统产业之间的区分是相对的。目前，两者之间的区分是以第三次技术革命为标志的，以微电子技术、基因工程技术、海洋工程技术、太空技术等为技术基础的产业称为新兴产业，而以机械、电力等为技术基础的产业称为传统产业。新兴产业和传统产业内部也可进一步分类。一般来说，新兴产业多为朝阳产业，传统产业多为夕阳产业。

（4）按照产业的要素集约度，可以分为资本密集型产业、技术密集型产业和劳动密集型产业。资本密集型产业是指需要大量资本投入的产业，技术密集型产业的技术含量较高，而劳动密集型产业主要依赖于劳动力。它们之间并没有严格的界限，有些产业同时是资本密集型产业和技术密集型产业，如汽车产业。一般来说，由于在通常情况下资本是不可替代的短缺资源，因而资本密集型产业容易产生垄断；技术密集型产业由于技术的不断更新，容易导致十分残酷的竞争；至于劳动密集型产业，由于劳动是一种可替代性较强的生产要素，根据“机器排挤工人”的经济发展规律，它特别容易受到技术革新的冲击。

（5）证监会的行业分类。按照证监会的行业分类方法，我国上市公司的行业分类所采用的财务数据为经过会计师事务所审计并已公开披露的合并报表数据。当上市公司某类业务的营业收入比重大于或等于50%时，则将其划入该业务相对应的行业。当上市公司没有一类业务的营业收入比重大于或等于50%，但某类业务的收入和利润均在所有业务中最高，而且均占到公司总收入和总利润的30%以上（包含本数）时，则该公司归属该业务对应的行业类别。不能按照上述分类方法确定行业归属的，由上市公司行业分类专家委员会根据公司实际经营状况判断公司的行业归属；归属不明确的，划为综合类。由此，上市公司可分为19大类：

- 农、林、牧、渔业
- 采矿业
- 制造业
- 电力、热力、燃气及水生产和供应业
- 建筑业
- 批发和零售业
- 交通运输、仓储和邮政业
- 住宿和餐饮业
- 信息传输、软件和信息技术服务业
- 金融业
- 房地产业
- 租赁和商务服务业

- 科学研究和技术服务业
- 水利、环境和公共设施管理业
- 居民服务、修理和其他服务业
- 教育
- 卫生和社会工作
- 文化、体育和娱乐业
- 综合类

产业环境决定了企业参与竞争的领域，产业的发展在一定程度上制约着企业的成长，所以产业分析是证券分析的重要组成部分，是自上而下分析方法中的重要一环。产业分析的内容比较广泛，主要包括产业的基本特性分析、产业环境分析、产业生命周期分析以及产业结构分析等。

5.2 产业的基本特性分析

产业的基本特性分析一般包括产业的特性、发展规模和利润水平等方面的内容。

5.2.1 产业的特性

产业分析首先要对产业的特性进行分析，对产业特性的分析可以通过回答以下问题来完成：

（1）本产业在工业生产总过程中处于什么位置？产业范围包括哪些？

（2）本产业有什么资本需求？本产业中的企业所需的资源是属于资本密集型、技术密集型还是劳动密集型的？

（3）本产业与经济周期的关系如何？是成长型产业、周期型产业还是防御型产业？

（4）本产业是完全竞争型产业还是垄断竞争型产业？抑或是寡头垄断、完全垄断型产业？

（5）本产业的主要厂商有哪些？主导产品有哪些？

（6）本产业所需要的主要原材料是什么？主要供应商有哪些？

（7）本产业的总体技术水平如何？本产业的主要技术特点是什么？

（8）本产业的技术将朝什么方向发展？

5.2.2 产业的发展规模

产业的发展规模直接决定着产业未来的发展前景以及产业内公司成长的空间。产业本身的需要、资源供应以及产业的生产能力对产业的发展规模有着直接的影响，对产业发展规模的分析可以重点围绕以下几个问题展开：

（1）社会对产业的产品或服务的需求总量是多少？需求的趋势如何？影响需求的重要因素有哪些？

（2）产业的资源（包括自然资源、资本资源和人力资源等）供应状况如何？

（3）产业目前的总生产能力，包括设计能力、实际能力有多大？生产能力是过剩还是不足？

5.2.3 产业的利润水平

产业的利润水平决定着产业的吸引力以及产业的竞争状况。产业的利润水平在很大程度上决定着一个企业的价值。对产业利润水平的分析可以通过回答以下几个问题来实现：

（1）产业的毛利率、净资产收益率现状如何？未来的发展趋势如何？

（2）本产业的历史经营业绩如何？其变动的主要原因是什么？

（3）本产业中的财务指标（如毛利率、资本收益率、每股平均收益、流动比率、速动比率、存货周转率等）的平均水平如何？

（4）本产业的长期利润前景如何？产业利润率的预期变动趋势如何？

专栏 5-1　　企业成长与所处产业的关系

众所周知，产业组织经济学的基本分析范式是"结构-行为-绩效"（SCP）。它将市场结构（垄断的还是竞争的，分散的还是集中的）作为分析的前提，强调市场结构对厂商的市场行为和市场绩效的决定性作用。受这种分析方法的启发和影响，迈克尔·波特（Michael Porter，1979）认为，产业结构的差异是导致不同产业企业之间利润差异的主要原因。郎咸平等（Larry Lang et al.，1996）的实证研究亦表明，行业特征在一定程度上决定了企业成长性。麦加恩（Mcgahan，2004）通过对美国上市公司1981—1994年业绩的实证研究认为，在影响上市公司业绩的全部因素中，产业的影响是最重要、最稳定的，用托宾Q测量的产业效应（industry effects）对企业业绩的影响程度达1/3以上。

我国学者同样得出了产业对企业成长具有显著影响的结论。例如，吴世农、李长青和余玮（1999）的研究认为，企业能够持续成长的根本原因在于企业借助行业优势。谢军（2005）的实证研究认为，上市公司所处的行业大多对公司成长性具有影响，企业成长性表现出显著的行业效应。

从企业生态学的角度来看，企业就像生物一样，其成长壮大离不开环境的制约，而与企业最直接相关的生态环境就是所处的行业。任何企业都不能脱离其所在的行业独立发展；与此同时，企业的发展也离不开行业的发展，行业的衰退又不可避免地带来企业生命周期的终结。

企业所处产业的成长空间决定了企业的成长空间，产业的发展阶段决定了企业成长的速度。处于成长阶段的产业可以为企业带来众多的盈利机会。处于成长的产业中，企业有获得价值不断成长的机会，关键是企业能否运用经营策略利用好机会。处于稳定阶段的产业，价值成长的机会则属于既能改善经营效率又能满足市场需求的企业。其中，顺应潮流的企业能够获得成功，有些企业则可能被淘汰出局。处于衰退阶段的产业已没有多少获利机会，在这种环境中能实现价值成长的企业很少。此时，企业应努力削减成本、调整结构、寻找市场缝隙或者撤退。

产业的结构也会对企业成长产生重要的影响。从产业的视角看，企业的竞争过程始发于对产业的先见以及企业对自身在产业中的定位。因为产业领先企业决定着现有产业的结构和竞争规则，同时它们也是其他企业外部环境的决定者，突破它们所设定的竞争格局是困难的。在某个发育已成熟、产品概念已十分清晰、产业界限已固定的结构化的产业市场上，通过分割市场占有率所能争取到的生存发展空间是十分有限的，而且发展的代价是巨大的、高昂的。此外，产业结构化程度越高，产业内的竞争强度就越大、竞争格局就越牢固，企业的选择余地或竞争空间也就越小，企业的边际产出递减、利润随之减少。

5.3 产业环境分析

5.3.1 政府政策

政府的政策取向对于产业的发展起着十分重要的作用，政府对于产业的管理和调控主要是通过产业政策来实现的。产业政策是国家干预或参与经济的一种形式，是国家系统设计的有关产业发展的政策目标和政策措施的总和。一般认为，产业政策包括产业结构政策、产业组织政策、产业技术政策和产业布局政策等。其中，产业结构政策与产业组织政策是产业政策的核心。

政府对产业的促进作用可通过补贴、优惠税、限制外国竞争的关税、保护某产业的附加法规等措施来实现。与此同时，考虑到生态、安全、企业规模和价格因素，政府会对某些产业实施限制性规定，加重该产业的负担。譬如，我国对房地产业进行的较严厉的产业调控，将会在一定程度上遏制房地产业的不正常发展。

5.3.2 技术进步

技术进步是厂商生产新产品以满足社会潜在需求的关键。一方面，技术进步创造新产品、开拓新领域，从而使新产业不断出现。例如，生物技术的发展推动了生物制药产业的产生和发展。另一方面，技术进步在不断推出新产业的同时，也在不断淘汰旧产业。例如，电灯的出现极大地削减了对煤气灯的需求；蒸汽动力产业则被电力产业逐渐取代；在激光排版技术诞生后，传统的铅字排版技术便告消亡。

技术进步可以推动现有产业的技术升级。例如，生物科技领域的成果应用于农业，最终带来了更高的粮食产出率；计算机游戏软件的不断创新，推动了计算机硬件设备的迅速发展；新能源技术应用于汽车制造领域，正在逐渐改变汽车业的发展。

技术进步不仅使新产品的推出成为可能，而且能提高新产业的生产效率，降低成本，从而加速产业的市场扩张，使产业进入快速成长期。技术进步还能使产业实现更大规模的规模经济，使厂商能够从生产规模的扩大中获利，从而壮大新产业。此外，技术进步可以改变产业的生产方式以降低成本，技术进步所带来的创新产品还可以刺激和创造市场需求，为产业的发展拓展空间。例如，移动互联网的出现，带来了智能终端设备的不断发展。

5.3.3 社会习惯的改变

社会习惯的变化对企业的经营活动、生产成本和利润、收益等方面都会产生一定的影响，足以使一些不再适应社会需要的产业衰退，同时激发新兴产业的发展。譬如，随着我国经济水平的发展，人们已经不再简单满足于基本的温饱水平，开始追求更高层次的精神消费，由此引起了对健身、旅游、娱乐等方面的消费，极大地促进了这类产业的发展。

社会习惯会对关系经济增长的消费、储蓄、投资、贸易等诸方面产生影响，因而也就必然会对产业的发展和生命周期各阶段的更替产生重要的影响。例如，社会公众对安全性的强烈要求促使汽车产业加固汽车保险杠、安装乘员安全带、改善燃油系统、提高防污染系统的质量等，而大众环保意识的觉醒则推动了环保产业的迅速发展。

在社会习惯的变迁过程中，国际文化交流起着重要的作用。例如，我国传统上以勤俭为持家原则，但在国际交往过程中逐渐接受了超前消费的观念，这一转变将会对许多产业（如房地产业）的发展产生深远的影响。

5.3.4 经济全球化

经济全球化使每一个产业和企业都置身于全球性竞争中，同时也使各行各业可以获得全球性的市场和资源。分析经济全球化对产业的影响，关键要看经济全球化是否有利于这一产业整合全球性的资源，是否有利于这一产业面向全球市场满足全球性的需求。

（1）经济全球化的主要表现。第一，生产活动全球化，传统的国际分工正在演变成世界性的分工。第二，1995 年 1 月 1 日诞生的世界贸易组织标志着世界贸易进一步规范化，世界贸易体制开始形成。第三，各国金融日益融合在一起。第四，投资活动遍及全球。第五，跨国公司的作用进一步加强。

(2) 经济全球化对各国产业发展的重大影响。第一，经济全球化导致产业的全球性转移。第二，国际分工出现重要变化。其主要表现在：国际分工的基础出现了重要变化，一个国家的优势产业不再主要取决于资源禀赋，后天因素的作用逐步增强，政府的效率、市场机制的完善程度、劳动者掌握知识与信息的能力、受到政策影响的市场规模等因素都会对国际分工产生影响。

5.4 产业生命周期分析

5.4.1 产业生命周期及其阶段特征

与世界上的万事万物一样，产业也会经历一个由产生到成长再到衰落的发展演变过程，这个过程称为产业的生命周期。产业的生命周期可分为四个阶段，即初创阶段（又称初创期）、成长阶段（又称成长期）、成熟阶段（又称成熟期）和衰退阶段（又称衰退期），见图 5-1。

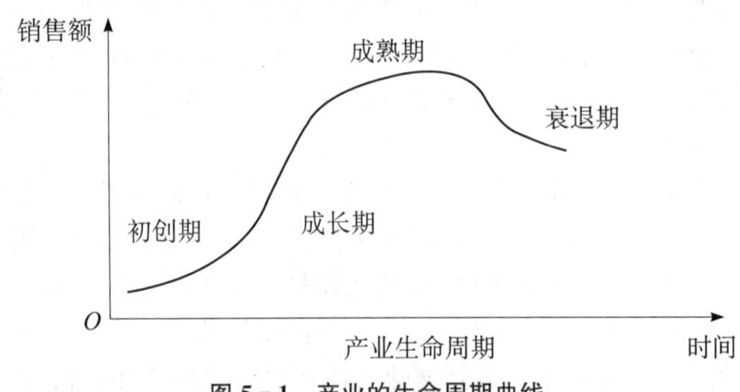

图 5-1 产业的生命周期曲线

判断产业处于生命周期哪个阶段的主要指标有：厂商数量、市场规模、市场增长率、产品品种、竞争程度等。产业生命周期的各阶段特征见表 5-1。

表 5-1 产业生命周期的各阶段特征

特　征	初创阶段	成长阶段	成熟阶段	衰退阶段
厂商数量	少	增加	下降，趋于稳定	减少
市场规模	小	增加	稳定	减少
市场增长率	较高	很高	不高，趋于稳定	降低，负值
利润	较低，甚至为负	增加	最高	降低
竞争程度	不激烈	开始激烈	最激烈	激烈程度降低
企业规模	较小	扩大	最大	减小或增大

续表

特　征	初创阶段	成长阶段	成熟阶段	衰退阶段
产品品种	单一	增加	较多	减少
技术	不稳定	趋于稳定	稳定	落后
风险	较高	较高	减小	较低

5.4.1.1　初创阶段

初创阶段是一个产业的起步阶段。在这一阶段，新产业刚刚诞生或初建不久，如同一个初生的婴儿，具有明显的幼稚性。表现在产业组织方面，只有为数不多的创业公司介入这一新兴产业，产业的企业数量少、集中程度高；此外，由于技术相对不成熟，产业的产品品种单一、质量较差且不太稳定。与此同时，作为新产业，其被大众普遍了解和认可尚需一个过程，因而产业的市场规模狭小、市场需求增长缓慢、需求的价格弹性也很小。但是，产业因创立投资、产品的研究开发和新产品的推介等需要大量投入而固定费用较高，所以产业的利润微薄甚至全产业亏损。表现在市场竞争方面，由于新产业可发展的空间还很大，所以除技术障碍外，进入壁垒相当低，而且由于产业发展的当务之急是扩大产业的影响、拓展全产业的市场，各创业公司相互竞争程度较弱，再加上产品品种单一，各企业的产品定价行为也各自为政。此外，由于初创的产业信用较差，一些企业还可能存在因财务困难而引发破产的危险。

在初创阶段后期，随着产业生产技术的提高、生产成本的降低和市场需求的扩大，新产业便逐步由高风险、低收益的初创阶段转向高风险、高收益的成长阶段。

5.4.1.2　成长阶段

成长阶段是产业发展的黄金时期。在这一阶段，新产业快速成长，开始显露出朝阳产业的风采。在产业组织方面，由于产业的发展得到了广泛的认同，因而市场需求增长迅速，市场规模增大，需求的价格弹性增大；另外，随着生产技术的日渐成熟和稳定，产品呈现多样化、差别化，质量提高且稳定；产业的固定费用也随之下降，但由于市场拓展和广告宣传的费用增加，可变费用开始上升；产业的利润迅速增长，而且利润率较高。在竞争方面，新产业的竞争力显著增强；在产业内部，产业的集中程度低、进入壁垒低，而且由于产业的市场容量急剧扩大，大量的新厂商纷至沓来、自由竞争；而这一阶段的主要竞争形式为价格竞争，领导价格制是经常出现的定价形式。

在成长阶段，产业不仅高速成长，而且此时的产业成长具有较强的可测性。由于受不确定因素的影响较少，产业的波动也较小。在这种情况下，各生产厂商一方面通过扩大产量、提高市场份额来增加收入；另一方面依靠提高生产技术、降低成本以及研制和开发新产品的方法来争取竞争优势、战胜竞争对手和维持企业的生存。在激烈的市场竞争中，资本和技术力量雄厚、经营管理有方的厂商将占有优势，而那些财力与技术实力相对较弱、经营不善或新加入的企业（因产品的成本较高或不符合市场的需要）往往被淘汰或被兼并。因此，这一时期产业的利润虽然增长很快，但产业内部的竞争压力也非常大，破产率与并购率相当高。

在成长阶段的后期，由于产业中生产厂商与产品竞争优胜劣汰规律的作用，市场上生产厂商的数量在大幅下降之后便逐渐稳定下来。由于市场需求基本饱和，产品的销售增长率减慢，迅速赚取利润的机会减少，整个产业开始进入稳定期。

5.4.1.3 成熟阶段

成熟阶段是产业发展的巅峰阶段，通常会持续相对较长的时期。在这一时期，通过激烈的市场竞争和优胜劣汰而生存下来的少数大厂商基本上垄断了整个产业的市场，每个厂商都占有一定比例的市场份额，由于彼此势均力敌，市场份额比例发生变化的程度较小，因此成熟阶段也是产业发展的稳定阶段。这一阶段的主要特征是产业的集中程度很高，并出现了一定程度的垄断，产业的利润因此达到了很高的水平，而风险却因市场比例比较稳定而较低；进入壁垒高，主要体现为规模壁垒，新企业很难打入成熟期市场；虽然市场需求仍在增长，但增长速度已明显减缓；产品开始再度无差别化，需求的价格弹性减小；由于垄断，通常会出现合谋价格，但厂商对于产品的竞争手段已逐渐从价格手段转向各种非价格手段，如提高质量、改善性能和加强售后服务等。

在成熟阶段，产业的发展与国民经济很难保持同步增长。而在宏观经济衰退时，处于成熟阶段的产业还可能遭受较大损失。但是，由于技术创新的原因，某些产业或许会有新的增长。

5.4.1.4 衰退阶段

在经过一个较长的稳定阶段后，产业就进入衰退阶段，衰退阶段是产业发展的暮年时期。衰退阶段的产业具有与初创阶段相似的一些特征，如由于新产品和替代品的大量出现，原有产业的竞争力下降，市场需求开始逐渐减少，导致销售下降、价格下跌、利润降低，再加上其他更有利可图的产业不断涌现，使得一些厂商不断地从原有产业撤出资金，原产业的厂商数量减少。当正常利润无法维持或现有投资折旧完毕后，整个产业便逐渐解体了。

不过，与人的生命不同，步入暮年的产业未必面临死亡。从历史上看，真正被完全淘汰的产业很少，产业的发展呈现出“生多死少”的特征，多数情况是产业自此进入一个发展停滞、随波逐流的状态。

5.4.2 产业周期性和产业业绩

与产业的生命周期性相对应，产业的业绩也呈周期性变化。

在初创阶段，市场规模狭小制约了产业销售收入的增长，市场认同度低封杀了产品价格的上涨空间，而产业的成本特别是固定费用又很高，因而产业的业绩往往不佳。与此同时，企业信用的不足又使新兴产业缺乏强劲的资本基础，致使产业内倒闭如潮。因此，初创阶段是一个风险大、收益小的时期，其间的主要风险为技术风险和市场风险。

成长阶段是产业发展的黄金时代。虽然在成长阶段有大量的厂商介入该产业，产业的供给能力大幅增加，同时激烈的竞争使产品价格不断下跌，但产业的发展已得到普遍的认同，市场急剧扩张，销售收入以更快的速度迅猛增长，而技术的成熟化、产品的多元化和标准化使成本大幅降低。因此，处于此阶段的产业的企业不仅业绩优良，而且高速成长。但是，产业内部的发展并不均衡，资本、技术实力雄厚且营销、管理水平较高的大公司处于竞争的有利地位，而规模较小，管理、营销水平不高的中小公司则相对不利，常常倒闭或被兼并。因此，成长阶段的主要风险在于管理风险和市场风险，而技术风险则大幅降低。

当产业处于成熟阶段时，虽然市场规模有可能在成长，但增速已缓甚至负增长，产品价格通常已趋稳定，同时降低成本的空间也十分有限，因而产业的利润进入一个稳定期。此时，产业的垄断局面已经形成，垄断利润非常丰厚，而技术风险和市场风险已基本消除。因此，成熟阶段的风险较小、收益较高。

处于衰退阶段的产业，利润在逐渐流出。因此，对衰退型产业的业绩是不应该寄予厚望的。衰退型产业面临的最大问题是它的市场正在被新产品、新产业一点点地分割，因而尽管衰退型产业内部的竞争压力并不大，但来自其他产业的竞争压力并不小，这毕竟是一个资本净流出的产业。由此可见，衰退型产业的主要风险是生存风险。

产业生命周期各阶段的更替不仅使产业的业绩呈现阶段性变化，从宏观经济的角度来看，也使各产业的相对业绩和地位不断发生变化，在一些产业高速成长的同时，另一些产业则日趋没落。这些产业的共存形成产业结构，而产业生命周期的存在正是产业结构形成和演进的原因。

5.4.3 不同生命周期阶段的产业在证券市场的表现

由于产业生命周期各阶段的风险和收益状况不同，而证券投资的目的就是在尽可能小的风险条件下获取最大的收益，因此，处于产业生命周期不同阶段的产业在证券市场上的表现就会有较大的差异。

处于初创阶段的产业，如计算机网络业、生物制药业等，由于产业创立不久、厂商较少、收益较少甚至亏损，因而在传统的证券市场上是不符合上市条件的。为了满足这些产业发展对资本的需求，推进经济结构的调整和升级，除风险投资基金外，许多国家和地区纷纷创立上市条件有别于传统证券市场的、便于新兴产业上市融资的新型证券市场，如美国的NASDAQ、香港的创业板市场等最重要的上市条件之一就是企业未来发展的前景看好，尽管目前的状况可能不佳。正是基于对未来高成长的预期，一些处于初创阶段的产业的证券表现常常极为出色。典型的例子是美国的网络股亚马逊，虽然该企业在上市之初的业绩尚处于亏损状态，但市场仍给予其较高的评价。

处于成长阶段的产业由于利润快速成长，因而其证券价格也呈现快速上扬趋势。由于证券价格的上涨有业绩为基础，所以这种证券价格的上扬是明确的，并且具有长期性质。证券价格也会因对未来成长的过度预期和对这种过度预期的纠正而出现中短期波动。另外，由于在产业快速成长的同时产业内部会出现厂商之间的分化，相应地，证券价格也表现为在某一成长性产业的证券价格快速上涨的同时，个别证券却表现不佳。

处于成熟阶段的产业是蓝筹股的集中地。因为处于成熟阶段的产业已经形成垄断，产业发展的空间已经不大，所以产业快速成长的可能性已经很小，但一般能保持适度成长，而且垄断利润丰厚。所以，其证券价格一般呈现稳步攀升之势，大涨和大跌的可能性都不大，颇具长线持筹的价值。

处于衰退阶段的产业由于已丧失发展空间，所以在证券市场上全无优势，是绩平股、垃圾股的摇篮。在一般情况下，这类产业的股票常常是低价股，不引人关注，甚至因为业绩不佳而退市。但在我国目前的现实情况下，由于上市资格控制较严，因此衰退型产业的上市证券虽然也常常为低价股、绩差股或绩平股，但常常因“买壳”、“借壳”或资产重组而出现飙升行情。这一状况可能会随着证券发行审核制度的改革而逐步消失。

按照证券价值决定理论，证券的价格主要取决于其业绩，但如前所述，产业生命周期各阶段的市场表现与其业绩状况并非一一对应。最典型的就是处于初创阶段的产业虽然业绩不佳，但其证券价格在二级市场上大幅飙升，其中一个重要的因素就是投资者的预期（即投资者预期未来企业有良好的成长前景，就会给企业较高的价值评价），所以引导投资者的预期对于证券市场的价格具有重要的意义。

专栏 5－2　公司市值排名的变迁与产业生命周期及产业结构调整

我们可以从公司市值的变迁看到产业结构调整的过程。美国证券市场是一个有悠久历史的市场，从美国上市公司市值排名前十的百年变迁可以看到企业市值与所处产业生命周期的关系，以及产业结构调整的重要变化，见表 5－2。

表 5－2　美国股票市值排名前十公司　　单位：10 亿美元

	1917 年		1967 年		2017 年	
1	美国钢铁	46.4	IBM	258.6	苹果	898
2	美国电话电报	14.1	美国电话电报	200.5	谷歌母公司	719
3	标准石油	10.7	柯达	177	微软	644
4	Bethlehe 钢铁	7.1	通用汽车	171.2	亚马逊	543
5	Armour	5.8	标准石油	106.5	脸书	518
6	Swift	5.7	Texaco	82.3	伯克希尔-哈撒韦	452
7	国际 Harvestor	4.9	西尔斯	64.6	强生	374

续表

	1917年		1967年		2017年	
8	杜邦	4.9	通用电气	63.9	埃克森美孚	350
9	Midvale钢铁	4.8	派拉蒙	58	摩根大通	340
10	美国橡胶	4.6	港湾石油	58	富国银行	266

资料来源：数据由HowMuch.Net提供，使用《福布斯》的数据确认了过去100年里美国排名前十的上市公司，表中数据经通胀因素调整。

1917年，排名靠前的公司都是钢铁、电话、石油、化工、橡胶等传统产业的公司，如排名前十的就有三家公司是钢铁公司，其中美国钢铁公司雄踞第一，排名第二的是美国电话电报公司、标准石油公司居第三位，排在其后的还有杜邦公司（化工产业）、美国橡胶公司（居第十位）。

经过五十年的发展至1967年，IBM占据了头把交椅，紧随其后的仍是美国电话电报公司，柯达排名第三，其后的排名分别为通用汽车（汽车产业），标准石油、Texaco（石油产业），西尔斯（零售产业），通用电气（制造产业），派拉蒙（影视产业）和港湾石油（石油产业）。由此可见，虽然代表新兴产业的IBM已经取得第一的位置，但石油等传统产业仍占据主导地位，在前十位中占有三席，而汽车产业、零售产业也位居其列。

再经过五十年的发展至2017年，苹果公司名列第一。位列前十的公司分别是苹果、谷歌母公司、微软、亚马逊、脸书、伯克希尔-哈撒韦、强生、埃克森美孚、摩根大通、富国银行。此时，以互联网为代表的新兴产业公司已占据主导地位，而石油产业的公司仅占一席，金融行业的公司则占了3席。

5.5 产业结构分析

5.5.1 产业的市场结构分析

市场结构是指竞争程度不同的市场状态。在不同的市场结构中，企业之间的竞争具有不同的特性，同样的竞争手段在不同的市场结构中也会产生不同的反应，获得不同的效果。通常根据市场上交易者的数量、产品差异程度、行业的进入限制、价格决策形式和市场信息通畅程度等来划分不同的市场结构状态。市场结构具有以下几种状态。

5.5.1.1 完全竞争

完全竞争是指许多企业生产同质产品的市场情形，其特点是：

(1) 生产者众多，各种生产资料可以完全流动。

（2）产品不论是有形的还是无形的，都是同质的、无差别的。

（3）没有一个企业能够影响产品的价格。

（4）企业永远是价格的接受者而不是价格的制定者。

（5）企业的盈利基本上由市场对产品的需求来决定。

（6）生产者和消费者对市场情况非常了解，并可自由进入或退出这个市场。

完全竞争的根本特点在于：企业的产品无差异，所有的企业都无法控制产品的市场价格。在现实经济中，完全竞争是四种市场类型中最少见的，初级产品的市场类型较接近完全竞争。

5.5.1.2 不完全竞争

不完全竞争是指许多生产者生产同种但不同质产品的市场情形，其特点是：

（1）生产者众多，各种生产资料都可以流动。

（2）生产的产品同种但不同质，即产品之间存在着差异。产品的差异性是指各种产品之间存在着实际或想象上的差异，它是垄断竞争与完全竞争的主要区别。

（3）由于产品差异性的存在，生产者可以树立自己产品的信誉，从而对其产品的价格有一定的控制能力。

在国民经济各产业中，制成品的市场一般都属于这种类型。

5.5.1.3 寡头垄断

寡头垄断是指相对少量的生产者在某种产品的生产中占据很大市场份额的情形，其特点是：

（1）在寡头垄断市场上，由于这些生产者的产量非常大，因此他们对市场的价格和交易具有一定的垄断能力。

（2）由于只有少量的生产者生产同一种产品，因而每个生产者的价格政策和经营方式及其变化都会对其他生产者产生重要影响。

（3）在这个市场上，通常存在着一个起领导作用的企业，其他企业随该企业定价与经营方式的变化而相应地进行某些调整。

资本密集型产品、技术密集型产品（如钢铁、汽车等）以及少数储量集中的矿产品（如石油等）的市场多属于这种类型，因为生产这些产品所必需的巨额投资、复杂的技术或产品储量的分布限制了新企业对这个市场的侵入。

5.5.1.4 完全垄断

完全垄断是指独家企业生产某种特质产品的情形，特质产品是指那些没有或缺少相近替代品的产品。

完全垄断可分为两种类型：

（1）政府完全垄断，如国营铁路、邮电等部门。

（2）私人完全垄断，如根据政府授予的特许专营或根据专利生产的独家经营，以及由于资本雄厚、技术先进而建立的排他性的私人垄断经营。

完全垄断市场类型的特点是：

（1）由于市场被独家企业所控制，产品又没有或缺少合适的替代品，因此垄断

者能够根据市场的供需情况制定理想的价格和产量，在高价少销和低价多销之间进行选择，以获取最大的利润。

(2) 垄断者在制定产品的价格与生产数量方面的自由性是有限度的，它要受到反垄断法和政府管制的约束。

在现实生活中，公用事业（如发电厂、煤气公司、自来水公司和邮电通信等）和某些资本、技术高度密集型行业或稀有金属矿藏的开采等行业属于这种完全垄断的市场类型。表 5-3 显示了各种类型市场的综合比较情况。

表 5-3 市场类型综合比较

比较项目	完全竞争	不完全竞争	寡头垄断	完全垄断
生产者特点	众多	众多	相对少量	独家企业
生产资料特点	完全流动	可以流动	很难流动	不流动
产品特点	同质、无差别	存在差别		
价格特点	企业接受价格而不能制定价格	对价格有一定的控制力	对价格具有垄断能力	垄断定价，但受到法律管制
典型行业	初级产品	制成品	资本密集型行业、技术密集型行业	公用事业和资本、技术高度密集型行业或稀有金属矿藏开采行业

专栏 5-3 行业集中度与市场结构

行业集中度是决定市场结构最基本、最重要的因素，集中体现了市场的竞争和垄断程度，经常使用的集中度计量指标有：行业集中度（CR_n 指数）、赫芬达尔-赫希曼指数（Herfindahl-Hirschman index，HHI，以下简称赫希曼指数）、洛仑兹曲线、基尼系数、逆指数和熵指数等，其中行业集中度（CR_n）与赫希曼指数（HHI）两个指标被经常运用在反垄断经济分析之中。

行业集中度（CR_n 指数）是指该行业的相关市场内前 N 家最大的企业所占市场份额的总和。例如，CR_4 是指四家最大的企业占有该相关市场的份额。同理，CR_5 是指五家最大的企业占有该相关市场的份额，CR_8 是指 8 家最大的企业占有该相关市场的份额。

行业集中度的缺点是它没有指出这个行业相关市场中正在运营和竞争的企业的总数。例如，同样高达 75%的 CR_4 在两个行业中的份额可能是不相同的，因为一个行业可能仅有几家企业而另一个行业可能有许多企业。

根据美国经济学家贝恩和日本通产省对产业集中度的划分标准，产业市场结构被粗分为寡占型（$CR_8 \geq 40\%$）和竞争型（$CR_8 < 40\%$）两类（见

表 5-4)。其中，寡占型又细分为极高寡占型($CR_8 \geqslant 70\%$)和低集中寡占型($40\% \leqslant CR_8 < 70\%$)；竞争型又细分为低集中竞争型($20\% \leqslant CR_8 < 40\%$)和分散竞争型($CR_8 < 20\%$)。

表 5-4 产业市场结构按产业集中度的划分

市场结构	CR_4 的值(%)	CR_8 的值(%)
寡占Ⅰ型	$CR_4 \geqslant 85$	
寡占Ⅱ型	$75 \leqslant CR_4 < 85$	$CR_8 \geqslant 85$
寡占Ⅲ型	$50 \leqslant CR_4 < 75$	$75 \leqslant CR_8 < 85$
寡占Ⅳ型	$35 \leqslant CR_4 < 50$	$45 \leqslant CR_8 < 75$
寡占Ⅴ型	$30 \leqslant CR_4 < 35$	$40 \leqslant CR_8 < 45$
竞争型	$CR_4 < 30$	$CR_8 < 40$

5.5.2 产业的竞争结构分析

产业的竞争状况将会影响这个产业的整体获利水平。对产业竞争状况的分析一般采用哈佛大学教授迈克尔·波特的五种竞争力模型(以下简称“五力模型”)。波特认为，在任何产业中，无论是国内还是国外，无论是生产一种产品还是提供一项服务，竞争规律都寓于五种竞争力量之中，即潜在进入者的威胁、购买方的议价能力、供应商的议价能力、替代产品的威胁和现有竞争者的威胁。这五种基本竞争力量的状况及综合强度决定着产业竞争的激烈程度，同时也决定了产业的最终获利能力。图 5-2 简单描述了五种竞争力模型。

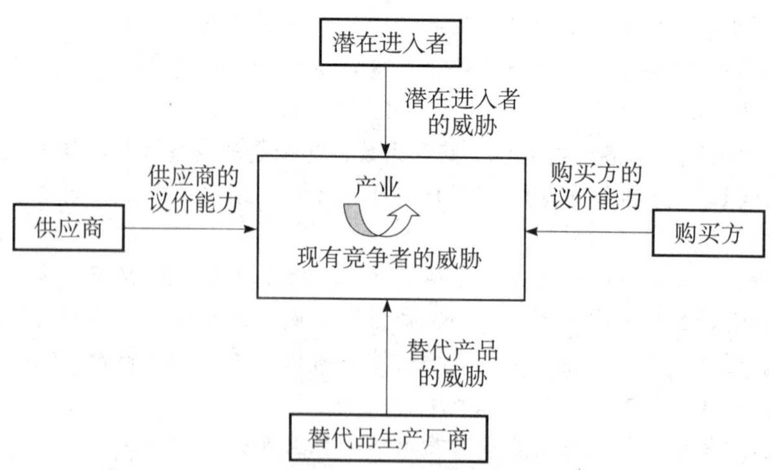

图 5-2 波特的五种竞争力模型

波特的五力模型不仅是分析产业利润前景的有力工具，同时也有助于预测产业的演进、分析公司业绩存在差别的原因并确定产业的关键成功因素(key success factor)。

5.5.2.1 潜在进入者的威胁

潜在进入者进入一个产业后，将造成此产业的竞争环境改变，产业内原有公司的市场占有率将因此有所变动。当某产业的利润率或发展前景优于其他产业时，必然会面临潜在进入者的威胁，而产业的进入壁垒则在一定程度上阻止了新公司的进入。

进入壁垒是指阻碍观望者进入产业的因素。进入壁垒可视为潜在竞争者进入某特定产业的门槛；进入壁垒越低，则吸引越多新竞争者加入，因此可预期未来这个产业的成长率及获利率将会受到影响。

形成进入壁垒的因素主要有：

（1）规模效应。大规模经营的经济性表现为一定时期内产品的单位成本随总产量的增加而降低。规模经济的存在阻止了对行业的侵入，因为它迫使“入侵者”或者冒大规模生产的风险，或者以小规模生产而在产品成本方面处于劣势。

每一个行业都有其特定的规模经济要求。对美国一些产业进行研究后发现，存在产业的规模效应。经济学家对20世纪60年代的一些美国产业进行调研后发现，如钢铁业、打字机、牙膏业等领域的“最小最佳规模”会随着技术、经济、市场等方面的变化而发生变化。另外，同一产业（产品）的“最小最佳规模”在国与国之间也是有差别的，但有一点是相同的，就是产业的“最小最佳规模”越大，该产业的进入壁垒越高。

（2）差别化效应。差别化效应意味着原有目标产业中的企业通过广告、产品质量、顾客服务等手段建立的商标及顾客信誉上的优势。差别化所构成的产业壁垒，将迫使“入侵者”耗费大量资金以克服原有企业的信誉优势。这种努力通常带来初始阶段的亏损。产品差别化使婴儿食品、药品、化妆品等产业可能成为重要的壁垒产业。

（3）专有技术和资金投入规模。当产品的生产和经营涉及专有知识（诀窍）时，通过专利或保密方法也可设置产业壁垒。另外，有些产品属于资金密集型产品，高额的资金投入对后来者也制造出较高的进入壁垒。

（4）政府的政策和法律规定。政府可以通过政策或法律的形式限制甚至封锁对某产业的入侵，常见的方式包括发放许可证、实现差别税率等。

（5）销售渠道的控制。对于一种产品来说，批发或零售渠道越少，现有企业通过长久的关系、高质量的服务对它们的控制程度就越大，则新来者进入该产业就越困难。

（6）最佳原材料来源的控制。通过对原材料来源的控制而形成的壁垒在信息业、采掘业等产业中最为典型。

5.5.2.2 购买方的议价能力

如果购买方的议价能力很高，则公司在销售时处于不利地位，这将会影响公司的获利能力。通常说来，购买方的议价能力取决于下列因素：购买方的规模大小、产业内公司数量的多寡、购买方信息取得的难易程度、产品标准化程度等。

在下述条件下，购买方具有较高的议价能力：①相对于卖方的销售量而言，购买是大批量和集中进行的；②购买方从产业中购买的产品占其成本或购买数额的相当部分；③从产业中购买标准的或非差异化产品；④购买方的转换成本低；⑤购买方盈利低，因为低利润促使购买方极力压低购买成本；⑥购买方采取后向整合的现实威胁，购买方可以“自己生产”这一筹码作为讲价手段；⑦产品对购买方产品的质量及服务无重大影响（反之，卖方能拥有一个很好的价格）；⑧购买方掌握了充分的信息，如成本结构、价格行情、市场需求等。

5.5.2.3 供应商的议价能力

供应商是向企业及其竞争对手供应它们生产特定的产品和劳务所需各种资源的工商企业及个人。在下列情况下，供应商有较强的议价能力：供应行业由几家大公司控制；供应来源具有稀缺性；供应商无须与替代产品竞争；对供应商而言，所供应的行业无关紧要；对于购买方来说，供应商的产品是很重要的市场投入要素；供应商提供的产品是差异性产品；购买方转换供应商的费用较高等。

如果供应商有较强的议价能力，供应商可能会通过提高供应价格、降低产品或服务质量、配额供给等手段使生产企业受到一定程度的威胁。

如果供应商的议价能力高，则公司在采购原材料时将处于劣势，很可能受制于供应商而无法有效地降低原料成本，最终影响公司利润。

5.5.2.4 替代产品的威胁

替代产品是指其用途与所分析的产品相似或相同的产品。从广义上看，一个产业的所有企业都与生产替代产品的产业竞争。对产业而言，替代产品的出现意味着来自相似产业的竞争力量，消费者在购买上有更大的选择空间，同时也代表着本产业产品消费量减少的可能。波特指出，替代品的状态决定了产业中企业可谋取利润的上限，从而限制一个产业的潜在收益。替代品所提供的价格-性能选择越有吸引力，产业利润的“上盖”压得就越紧。

识别替代产品也就是寻找那些能够实现本产业产品同种功能的其他产品，它将导致分析者去分析从表面看来与该产业相去甚远的业务。例如，证券经纪人正日益严峻地受到替代者的威胁，包括不动产、保险业、货币市场基金以及其他个人资本投资方式的替代威胁，这种情况在权益资本市场表现不佳时尤为严重。

一般来说，替代产品产业影响被替代产品产业的因素有下列几点：技术发展程度、替代产品的功能、现有产品功能是否能提升等。

5.5.2.5 现有竞争者的威胁

当产业中有其他竞争者采取竞争动作时，将连带影响到同产业其他公司的经营表现。现有竞争者的威胁大小与产业的竞争结构关系密切。现有竞争者的威胁与下列因素有关：竞争者多寡、产品差异化、退出障碍高低等。

通常说来，产业的利润率水平主要取决于业内现有公司的竞争情况。产业内竞争的方式包括价格竞争和差别竞争。价格竞争可以采取不同形式，如直接降价、放宽收款条件、放宽收款时间等。比如在煤炭生产或水泥制造行业，厂家之间的激烈竞争将销售价格压到等于甚至低于边际生产成本。差别竞争同样可以有不同的形式，如产品质量、地点选择、产品形象、产品设计、售后服务、销售渠道等。比如香水或白酒酿造行业，企业之间主要采用非价格竞争手段进行竞争。

决定产业内竞争的因素包括以下几个方面：

（1）产业成长性的高低。在一个快速成长的产业中，现有企业只要通过拓展新的市场就可以获得高速发展，无须采用削价竞争的形式从其他企业手中争夺市场份额，比如20世纪80年代的中国家用电器行业就处在这样一个阶段。在一个成熟的、市场容量相对固定的行业，现有企业要发展，只有通过掠取其他企业的市场份额才能实现。此时，大幅降价将生产成本高的对手挤出市场就成为竞争的主要手段，比如当年生产微波炉的格兰仕公司就通过扩大生产规模和降低生产成本，然后大幅降价，将竞争对手挤出了市场。

（2）竞争者生产能力的集中程度。如果某个产业产品的主要生产能力集中于一个或少数几个企业手中，这些企业就有能力为自己的产品定价，行业内的竞争性就会减弱。例如，英特尔公司控制了全世界CPU市场份额的90%，因而有能力主导芯片产品的市场价格，攫取计算机行业的大部分利润。

（3）产品的差异性和顾客的转换成本。致力于形成产品差异是企业避免单纯价格竞争的重要手段，树立品牌形象是形成产品差异最有效的措施。化妆品生产行业与煤炭生产行业可以说是产品差异性的两个极端。对于软件行业来说，目标客户更换软件的高转换成本是阻止价格竞争的有效手段，因为客户花在学习和运用上的资源要比购买软件的成本高得多。

（4）固定成本相对于可变成本的比率。对于有些行业，比如航空运输业来说，增加单位运量的可变成本相对于固定成本很小，因而它们更倾向于通过降低单位售价的价格，力求达到规模经济。

本章小结

产业分析是证券投资基本分析的重要一环，是联结宏观分析和公司价值分析的中间环节。

从证券市场角度进行的产业分类有多种划分标准，根据产业的发展与国民经济周期性变化的关系，可分为成长型产业、周期型产业、防御型产业和成长周期型产业。根据产业未来可预期的发展前景，可分为朝阳产业和夕阳产业。按照产业所采用技术的先进程度，可分为新兴产业和传统产业。按照产业的要素集约度，可分为资本密集型产业、技术密集型产业和劳动密集型产业。按照证监会的行业分类方法，根据上市公司某类业务的营业收入比重，上市公司可划分为19大类。

产业的基本特性分析包括产业的特性、产业的发展规模和产业的利润水平等方面。产业的环境分析包括政府政策、技术进步、社会习惯的改变和经济全球化对产业的影响。

每个产业都会经历一个由产生到成长再到衰落的发展演变过程，这个过程称为产业的生命周期。产业的生命周期可分为初创阶段、成长阶段、成熟阶段和衰退阶段。产业生命周期的不同阶段具有不同的收益和风险特征，处于不同生命周期阶段的产业在证券市场上的表现亦不相同。

不同的产业具有不同的市场结构，根据市场上交易者的数量、产品差异程度、产业的进入限制、价格决策形式和市场信息通畅程度等来划分，产业的市场结构可以分为完全竞争、不完全竞争、寡头垄断、完全垄断四种状态。

产业的竞争状况将会影响这个产业整体的获利水平。对产业竞争状况的分析一般采用哈佛大学教授迈克尔·波特的五种竞争力模型。波特认为，在任何产业中，竞争规律都寓于五种竞争力量之中，即潜在进入者的威胁、购买方的议价能力、供应商的议价能力、替代产品的威胁和现有竞争者的威胁。这五种基本竞争力量的状况及综合强度决定着产业竞争的激烈程度，同时也决定了产业的最终获利能力。

本章关键问题

- 从证券市场角度进行产业分类的方法
- 产业基本特性分析
- 产业环境分析
- 产业生命周期
- 产业的市场结构
- 产业的竞争结构

本章思考题

一、名词解释

成长型产业	周期型产业	防御型产业	朝阳产业
夕阳产业	完全竞争	不完全竞争	寡头垄断
完全垄断	产业生命周期		

二、简答题

1. 产业环境分析包括哪些内容？
2. 产业生命周期各阶段的特征主要有哪些？
3. 不同产业生命周期在证券市场上的表现如何？
4. 波特的五种竞争力模型包括哪些内容？

三、案例

详细阅读一份券商的产业分析报告，尝试以小组为单位对一个上市公司所处的产业进行分析。

第 6 章

公司财务分析

学习目标

- 熟悉会计报表和财务分析的基本框架。
- 掌握财务分析的代表性方法。
- 能够独立完成简要的典型案例分析。

对于会计数据的分析和恢复包括两类：第一类是辨别虚假的会计数据，这包括各种通过操纵财务报表来粉饰或者故意低估上市公司业绩的行为。这类数据直接影响会计数据的客观性和真实性，属于虚假信息披露的行为，辨别并纠正这些会计数据是对上市公司进行价值和财务分析的基础。没有准确的会计数据，对于上市公司进行价值分析的工作也就失去了立足点。这一类调整多见于利润表，因此在做利润表分析的时候要尤其注意。本章对于利润表的分析着重介绍了这部分知识。第二类会计数据虽然是客观、真实的，但由于会计数据是按照会计原则进行整理的，在诸多方面并不能真实反映金融学意义上的财务情况。这就需要我们根据会计学和金融学对公司行为的不同理解，将会计数据调整成金融数据并进行基于金融数据的公司分析。

本章也将按照这两条线索讲解对上市公司进行分析的过程：首先，应当充分考虑会计数据的真实性，并结合会计数据可能被操纵的线索将虚假披露的会计数据真实地还原成客观、有效的会计数据；其次，将会计数据调整为适合金融分析的数据，然后对上市公司进行金融学视角的分析。第二类调整是金融分析人员应该掌握的必要技能。这一技能也反映为金融分析人员阅读上市公司定期报表（季报、半年报和年报）的能力、金融分析人员实地调研以及与上市公司沟通的能力。

6.1 概述：如何阅读上市公司的财务报表

6.1.1 造成会计数据和其所代表的经济现实之间出现偏差的因素

6.1.1.1 会计准则的缺陷

会计准则在限制经理层对会计数据进行不当处理能力的同时也不可避免地减少了会计数据所代表的信息量。例如，股份有限公司的研发费用计入当期管理费用，但研发的结果可能是许多项目没有产生有价值的成果，而有些项目却很有价值。现行的会计制度不允许对这两种结果进行不同的会计处理。

我国会计准则的修订渐渐向国际会计准则靠拢，然而某些处理方式仍无法准确地反映经济现实。例如，新会计准则要求上市公司在利润表中要单独设置“公允价值变动损益”项目，以评估交易性金融资产等的公允价值变动对上市公司利润的影响。然而，此项损益只有在金融资产被处置之后才能真正实现，因此在处置之前，损益变动存在不确定性，从而无法真实、准确地反映出上市公司的经济现实。

6.1.1.2 预测的偏差

在权责发生制下，企业的收入和费用的确认含有主观成分。在交易发生后，若经理人员不能准确无误地对交易结果进行估测，就会造成会计数据和经营实际结果的偏差。例如，在新会计制度下，当一个企业卖出产品而尚未收回货款时，要求经理人员对应收账款的收回概率进行预测，以确定坏账准备的提取方法和提取比例。由于交易的复杂程度、对方企业的信誉及未来经济发展的状况都是不确定的因素，经理人员不可能对此做出完全正确的预测，其结果就是所产生坏账的实际数额高于或低于坏账准备的数额。

在权责发生制下，企业的收入和费用的确认含有主观成分。例如，根据新会计准则，上市公司的研发费用以研发步骤分为研究阶段和开发阶段。研究阶段的支出费用化，计入当期损益；开发阶段的支出在一定条件下允许资本化，计入无形资产。然而，对于开发费用资本化的评估含有大量主观因素，同时会计人员需要具备相应的技术水平才能做出合理预测，这在实际操作上有很大的难度，因此开发费用的预测会存在一定的偏差。

6.1.1.3 经理人员通过影响会计数据来达到自己的目的

经理人员完全有能力在会计准则许可的范围内，按自己的意愿对财务报表施加影响。在坏账准备提取的方法和比例上，在存货的计价上，在固定资产折旧计提的方法上，新会计制度都允许有自主选择的灵活性。经理人员对会计数据的影响可能出于以下动机：

（1）维护经理层个人利益。例如，在以利润实现为业绩考核指标的情况下，企

业的高级管理人员就有可能通过更改会计政策和调整账项的方法来操纵利润，以达到自己获得高额分红或保住现有职位的目的。

（2）满足在资本市场上筹资的条件。对于上市公司而言，配股是一条重要的筹资渠道。大部分经理人员都有将更多的资源置于自己控制之下的内在冲动，因而倾向于高比例和高股价的配股。对于那些经营不善、资金匮乏的企业更是如此，其管理人员有可能出于达到配股条件的目的来操纵利润。这种企业财务报表中会计数据的可信度值得怀疑。

（3）满足借款规定的需要。企业在向债权人借款时常常被迫接受一些限制性的债务条款，比如要求企业保持一定的还本付息比率、营运资金比率和净资产值等。一旦企业达不到这些比率的要求，债权人有权要求企业提前偿还有关债务。经理人员有可能通过调整账项的方法来达到这些比例。

6.1.2 上市公司报表的阅读

上市公司的定期报表是我们获得上市公司经营状况的最重要信息来源之一。图6-1是某上市公司2018年年报的目录，对于上市公司定期报表的编写形式具有一定的代表性。下面结合目录，对财报的各部分内容及阅读要点予以简要说明。

目　录

第一节　释义　4
第二节　公司简介和主要财务指标　7
第三节　公司业务概要　11
第四节　董事会报告　13
第五节　经营情况讨论与分析　19
第六节　重要事项　28
第七节　股份变动及股东情况　46
第八节　董事、监事、高级管理人员和员工情况　51
第九节　公司治理　60
第十节　公司债券相关情况　69
第十一节　按中国会计准则编制的财务报表　73
第十二节　备查文件目录　251
第十三节　董事、高级管理人员关于2018年度报告的书面确认意见　252

图6-1　某上市公司年报目录

目录的第二节与第三节简要介绍了公司的注册信息、境内外审计差异（仅限境内外上市公司）、近期的财务摘要以及公司的主要业务与经营模式等内容。近年来，随着上市公司信息披露质量的逐步提升，部分上市公司还在第三节中对其历史、现状与未来经营战略等方面添加了更为详细的总结与评述。第四节至第六节是上市公司定期报告中信息含量极高的章节，其中包含了大量上市公司对企业经营管理、发展战略、重要财务指标变化、风险因素和重要事项的分析、评述与展望。此外，第四节至第六节不可避免地包含了上市公司的意图与主观判断，在极端情况下还可能出现片面地选择与传递信息、误导报表读者的事件，尤其值得注意。因此，在实践中，独立分析不可或缺，金融分析人士往往自行运用第十一节中完整披露的财务报表进行独立解读，并与第四节至第六节中的“管理层评论”进行比对，用以获取更为综合可靠的信息。第七节至第九节同样很重要，因为这部分内容涉及的股东成分，董、监、高构成，员工情况以及公司内部的权力、责任体系是上市公司这一组织能否有效运行的基石。例如，不同的股东结构与董事会构成往往会带来不同的公司战略选择以及不同的上下游或产业链利益相关者结构，比如杰克·韦尔奇式的高级管理人员对成就一个企业的意义非凡。又如，早年我国的国有企业普遍缺乏科学有效的公司治理结构，从而导致企业发展陷入困境等。第十节对公司债券的相关情况予以报告。第十二节列示了备查文件。第十三节是董事、高级管理人员对该财报的真实性、准确性和完整性等方面进行了书面确认，并声明了相关的法律责任。

6.2 基于资产负债表的资产管理分析

资产负债表是反映在特定日期企业资产与负债状况的重要文件。通过资产负债表，我们可以得到某一确定日期（通常是在季度末或年末）资产的总额及其结构、企业拥有或控制的资产及其分布情况。例如，通过分析流动资产和固定资产的数据，可以获得流动资产和固定资产的相对比例、企业流动性状况、企业账款收回情况、企业资产减值情况、企业资产折旧情况、企业固定资产使用状况等重要数据。通过资金来源方的数据还可以获得企业资本结构、债务结构等数据。通过对资金运用方和资金来源方的数据进行比较，可以获得企业偿债能力、债务风险、金融杠杆等数据。

资产负债表主要由资金来源方和资金运用方两部分组成，分列在资产负债表的左右两个部分，因此又称“T 型账户”。资金来源方包括长期负债和股东权益两部分，资金运用方包括流动资产、固定资产等部分。

6.2.1 资产负债组成情况

资产负债的组成情况分析主要包括资产负债率、企业债务结构、流动资产结构、流动比率、速动比率、现金比例、存货周转情况、应收账款周转情况、应付账款周转情况等。本部分将对这些内容分别加以介绍。

6.2.1.1 资产负债率

企业的资产负债率是反映企业资本结构的重要指标，也是反映企业可能的信用风险的重要参照指标。企业资本的来源通常包括两种：债务资本融资和权益资本融资。债务资本占总资本的比例通常由行业特点、企业融资渠道等决定。不同行业的资产负债率通常有较大的差异，同一行业内不同的企业由于其二级市场再融资难度、发行企业债券难度以及银行信用额度的不同，因此其资产负债率也会有一定的差异。一个普遍的结论是：债务融资有利于享受利息税盾部分的企业增值，但同时会增加企业的破产成本；不同的金融体系也会导致企业对融资来源的不同依赖程度。

资产负债率的公式为：

$$资产负债率=\frac{总负债}{总资产}\times 100\%$$

6.2.1.2 流动比率

流动比率是反映企业偿债能力的重要指标。流动比率这一指标认为，对企业债务进行偿付保障的是企业的流动资产，如现金、存货、应收账款等。其计算公式为：

$$流动比率=\frac{流动资产}{流动负债}$$

企业能否偿还短期债务，要看它有多少债务以及有多少可用于变现偿债的资产。流动资产越多、短期债务越少，则企业的偿债能力越强。考虑到流动资产与短期债务均会随着企业的规模发生变化，故令两者相除以剔除企业规模带来的影响，从而便于在不同企业、不同时期之间进行比较。

一般认为，生产企业合理的最低流动比率是2。这是因为，在流动资产中变现能力最差的存货金额约占流动资产总额的一半，剩下的流动性较大的流动资产至少要等于流动负债，企业的短期偿债能力才会有保证。人们长期以来的这种认识，还不能成为一个统一标准，而且其也未能从理论上加以证明。

计算出来的流动比率，只有和同行业平均流动比率、本企业历史的流动比率进行比较，才能知道这个比率是高还是低。这种比较通常并不能说明流动比率为什么这么高或低，要找出过高或过低的原因还必须分析流动资产及流动负债所包括的内容以及经营上的因素。在一般情况下，营业周期、流动资产中的应收账款数额和存货的周转速度是影响流动比率的主要因素。

6.2.1.3 速动比率

虽然流动比率可以用来评价流动资产总体的变现能力，但人们（特别是短期债权人）还希望获得比流动比率更进一步的有关变现能力的比率指标。这个指标被称为速动比率，又称酸性测试比率。速动比率是从流动资产中扣除存货部分，再除以流动负债的比值。速动比率的计算公式为：

$$速动比率=\frac{流动资产-存货}{流动负债}$$

在计算速动比率时要把存货从流动资产中剔除的主要原因在于：

（1）在流动资产中，存货的变现速度最慢。

（2）由于某种原因，部分存货可能已损失报废但还没做处理。

（3）部分存货已抵押给某债权人。

（4）存货估价还存在着成本与合理市价相差悬殊的问题。

综合上述原因，在不希望企业用变卖存货的办法还债以及排除使人产生种种误解因素的情况下，把存货从流动资产总额中扣除后计算出的速动比率，反映的短期偿债能力更令人信服。

通常认为正常的速动比率为 1，低于 1 的速动比率被认为是短期偿债能力偏低。这仅是一般的看法，因为行业不同，速动比率会有很大差别，没有一个统一的标准。例如，采用大量现金销售的商店，几乎没有应收账款，因而出现远低于 1 的速动比率是很正确的；相反，一些应收账款较多的企业，其速动比率可能要大于 1。影响速动比率可信性的重要因素是应收账款的变现能力。账面上的应收账款不一定都能变成现金，实际坏账可能比计提的准备要多；季节性的变化可能使报表中的应收账款数额不能反映平均水平。对于这些情况，外部使用人不易了解，而财务人员却有可能做出估计。

6.2.1.4 利息保障倍数①

利息保障倍数（interest coverage ratio）指标是指企业税息前利润与利息费用的比率，用以衡量企业偿付借款利息的能力。其计算公式为：

$$\text{利息保障倍数}=\frac{\text{税息前利润}}{\text{利息费用}}$$

公式中的“税息前利润”是指利润表中扣除利息费用和所得税之前的利润，可以用“利润总额加利息费用”来预测。

公式中的“利息费用”是指本期发生的全部应付利息，不仅包括财务费用中的利息费用，还包括计入固定资产成本的资本化利息。资本化利息虽然不在利润表中扣除，但仍是要偿还的。利息保障倍数的重点是衡量企业支付利息的能力，没有足够大的税息前利润，资本化利息的支付就会发生困难。

6.2.1.5 周转率及周转天数

周转率及周转天数是反映企业经营效率的指标，主要包括存货、应收账款、固定资产周转率和周转天数。

（1）存货周转率和存货周转天数。在流动资产中，存货所占的比重较大。存货的流动性将直接影响企业的流动比率，因此必须特别重视对存货的分析。存货的流动性一般用存货的周转速度指标来反映，即存货周转率和存货周转天数。

存货周转率是衡量和评价企业购入存货、投入生产、销售收回等各环节管理状况的综合性指标。它是销货成本被平均存货所除而得到的比率，或称为存货的周转次数。用时间表示的存货周转率就是存货周转天数，其计算公式为：

$$\text{存货周转率}=\frac{\text{销货成本}}{\text{平均存货}}$$

$$\text{存货周转天数}=\frac{360}{\text{存货周转率}}$$

① 利息保障倍数为利润表比例，但考虑到其反映的仍是债务偿付能力，故将其在本节讲解。出于内容的连贯性，周转率指标也在本节讲解。

公式中的“销货成本”数据来自利润表，“平均存货”数据来自资产负债表中的“期初存货”与“期末存货”的平均数。

一般来说，存货周转速度越快，存货的占用水平越低，流动性越强，存货转换为现金或应收账款的速度越快。提高存货周转率可以提高企业的变现能力，存货周转速度越慢则变现能力越差。

存货周转率（存货周转天数）指标的好坏反映存货管理水平，它不仅影响企业的短期偿债能力，而且是整个企业管理的重要内容。企业管理者和有条件的外部报表使用者，除了应分析批量因素、季节性生产的变化等情况外，还应对存货的结构以及影响存货周转速度的重要项目进行分析。

（2）应收账款周转率和周转天数。应收账款和存货一样，在流动资产中有着举足轻重的地位。及时收回应收账款，不仅增强了企业的短期偿债能力，也反映出企业管理应收账款方面的效率。

反映应收账款周转速度的指标是应收账款周转率，也就是年度内应收账款转为现金的平均次数，它表明了应收账款流动的速度。用时间表示的周转速度是应收账款周转天数，又称应收账款回收期或平均收现期，它表示企业从取得应收账款的权利到收回款项、转换为现金所需要的时间。其计算公式为：

$$应收账款周转率=\frac{销售收入}{平均应收账款}$$

$$应收账款周转天数=\frac{360}{应收账款周转率}$$

公式中的“销售收入”数据来自利润表，是指扣除折扣和折让后的销售净额。在后文中，除非特别指明，“销售收入”一词均指销售净额。它是资产负债表中“期初应收账款余额”与“期末应收账款余额”的平均数。有人认为，“销售净额”应扣除“现金销售”部分，即使用“赊销净额”来计算。从道理上看，这样可以保持计算分母和分子口径的一致性。但是，不仅财务报表的外部使用人无法取得这项数据，而且财务报表的内部使用人也未必容易取得该数据。因此，把“现金销售”视为收账时间为零的赊销也是可以的。只要保持历史的一贯性，使用销售净额来计算该指标一般不影响其分析和利用价值。因此，在实务上多采用“销售净额”来计算应收账款周转率。

一般来说，应收账款周转率越高、平均收账期越短，说明应收账款的收回越快；否则，企业的营运资金会过多地呆滞在应收账款上，影响正常的资金周转。影响该指标正确计算的因素有：

- 季节性经营的企业在使用这个指标时不能反映实际情况。
- 大量使用分期付款结算方式。
- 大量的销售使用现金结算。
- 年末大量销售或年末销售大幅下降。

这些因素都会对该指标的计算结果产生较大的影响。

（3）固定资产周转率。固定资产周转率是销售收入与平均固定资产的比值。其计算公式为：

$$固定资产周转率=\frac{销售收入}{平均固定资产}$$

其中，

$$平均固定资产=\frac{年初固定资产+年末固定资产}{2}$$

该比率是衡量企业运用固定资产效率的指标，比率越高，表明固定资产的运用效率越高，利用固定资产的效果越好。

专栏 6-1 财报分析中的可比性问题

在实践中，我们希望通过财务分析获取有效的信息。例如，一家公司的经营状况是否有改善；其财务数据的波动是否合理；与同行相比，该公司的竞争力如何，财务质量如何；等等。可以想象，如果我们知道的只是某家上市公司在特定时期的某些财务数据，则很难对上述问题做出可靠的回答；相反，我们必须通过合理的比较——与自身的历史、与同行业的基准、与竞争对手等进行比较——来帮助定位、分析并最终找到问题的答案。

另外，具有可比性是进行比较分析的基础。如果没有坚实的可比性基础就进行比较分析，有可能是灾难性的，其得到的结论很可能类似于将一家处于成熟期且有百亿元营收规模的消费品公司与一家成立仅两年的小型周期品零部件供应商进行对比分析一样不可靠。下面从6.2节的资产负债表管理分析出发，介绍几类财报比较分析中不可忽视的可比性问题。

1. 横向——行业可比性问题

以资产负债率为例，我们可以发现各行业之间存在明显的差异（见表6-1）。对于2018年年报，若按整体法计算，则全部A股上市公司的资产负债率为83.56%，全部A股剔除金融（即剔除银行与非银行金融）后的资产负债率下降至60.69%。由此可见，金融部门具有极高的资产负债率并拉高了整体A股上市公司的水平。除金融外，房地产、建筑、公用事业三个行业的资产负债率最高；经分析可知，这三个行业均有明显的负债驱动、杠杆化经营特征。接下来，具有较高固定资产比重的资本密集型制造业及服务业领域——家用电器、汽车、钢铁、交通运输（特别是航空、航运）、电气设备、电子、有色金属、机械设备等均有较高的资产负债率。而资产负债率较低的行业，一类是现金流、内部融资能力较强的消费服务行业，如食品饮料、医药生物、休闲服务；另一类是偏“轻资产”运营类的传媒、计算机等行业。

实际上，不只是资产负债率，行业差异在众多财务指标中均有体现——这意味着我们在进行财务比较时，通常需要考虑参与比较的各方是否同属于一个行业或者是否可以进行可靠的调整以消除其影响；也就是说，在衡量一家公司时，行业中值、均值或者基于整体法的行业指标通常是不错的参考。

表6-1 2018年全部A股年报的资产负债率（按行业划分，%）

行业	资产负债率	行业	资产负债率	行业	资产负债率
食品饮料	33.53	化工	50.27	汽车	59.01
传媒	39.31	轻工制造	52.35	全部A股（剔除金融）	60.69
计算机	43.36	国防军工	52.87	家用电器	62.42
纺织服装	43.85	机械设备	54.26	综合	63.32
建筑材料	43.88	有色金属	55.26	公用事业	64.20
生物医药	44.67	电子	55.57	建筑	75.72
休闲服务	45.31	电气设备	55.83	房地产	80.05
采掘	46.92	交通运输	56.47	全部A股	83.56
通信	48.57	商业贸易	56.77	非银行金融	84.26
农、林、牧、渔	48.59	钢铁	57.51	银行	92.15

资料来源：Wind数据。

说明：按申万一级行业进行划分，行业的资产负债率按整体法计算。

2. 横向——不同的发展阶段、行业竞争地位、所处生命周期阶段

除了行业因素之外，在我们进行更细致的横向比较时，通常还需要考虑发展阶段、行业竞争地位、所处生命周期阶段等因素。以利息保障倍数为例：①如果初创期的企业更为依赖股权融资而非债务融资，则产生较少的利息费用，从而具有提高利息保障倍数的可能。但是，这实际上并不意味着该企业的偿债能力良好；另外，如果初创期的企业尚未进入盈利阶段，那么利息保障倍数根本不具有适用性，我们更应考察其未来的盈利前景以及是否具有持续的融资能力来渡过当前的亏损阶段。②在行业中具有竞争优势、占据优势地位的企业，由于其盈利能力较佳，违约风险、流动性风险较低，因而债权人更能容忍其较低的利息保障倍数。③以跨国比较为例，纺织服装行业在发达国家中多属于处入衰退阶段的行业，在中国也已进入成熟阶段，但在越南等新兴国家可能尚处于成长阶段，这不仅会造成同类公司不同的财务特征，而且意味着对生命周期不同阶段的考虑应纳入比较分析之中。

3. 纵向——周期性与季节性

在获得新的财务数据时，我们自然会关心这家企业的经营状况是在改善还是在恶化。通常说来，我们考察该公司的财务指标相对于过去的变化，即进行纵向的历史比较。需要注意的是，对于周期性特征较强、季节性特征较强的公司，无论是比较财务指标的绝对值、变化值还是财务指标的同

（环）比变化等，都容易受到周期性与季节性的影响，进而使比较的结论失真。

在图6－2中，我们展示了鞍钢股份存货周转天数的同比天数变化。从图中可见，它不仅呈现出时长约为3年的周期性特征，而且还有较为剧烈的季节波动。在这种情况下，若不经调整而直接比较，就容易得出错误的结论。例如，最新一个季度的数值回落，但扣除季节性因素后的差值却明显上升，则我们应得出的结论是存货周转天数存在上升的迹象，而非表面上的下降。又如，对于经常使用的财务数据同比增长率，周期性会导致同比基数的大幅变化，并使同比增长率出现大幅波动，从而令财务分析失真。因此，面对存在较强周期性与季节性特征的企业，在进行财务纵向比较时需要更加仔细。在实践中，通常是通过基于完整周期的分析来减少周期性带来的失真，并通过季节性调整手段来弱化季节性带来的波动。

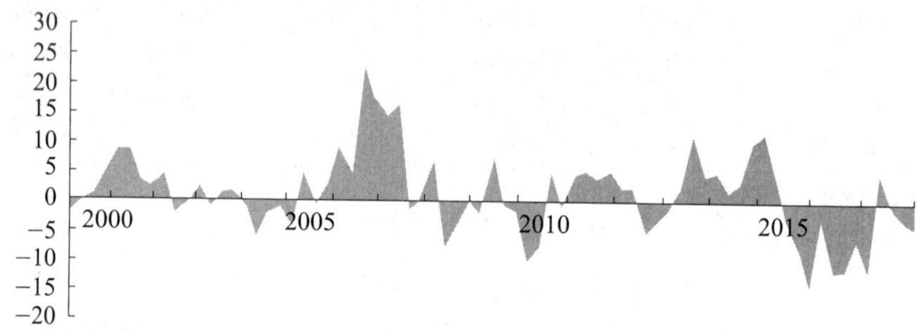

图6－2　2018年全部A股年报的资产负债率（按行业划分）

资料来源：Wind数据。

6.2.2　资产收益情况

资产收益情况通常使用杜邦分解来表现。

企业净资产收益率的高低受两个因素制约：一是由经营总资产所产生的利润；二是总资产相对于所有者权益的比例。净资产收益率的计算公式为：

$$净资产收益率=\frac{净利润}{所有者权益}\times 100\%=\frac{净利润}{总资产}\times\frac{总资产}{所有者权益}\times 100\%$$

式中，“净利润/总资产”为总资产收益率（ROA）；“总资产/所有者权益”为财务杠杆（financial leverage）。

这是两个非常重要的财务比率。进一步细分，ROA也由两部分组成，其计算公式为：

$$\frac{净利润}{总资产}=\frac{净利润}{销售额}\times\frac{销售额}{总资产}\times 100\%$$

式中，“净利润/销售额”为销售利润率（profit margin）；“销售额/总资产”为总资产周转率（total asset turnover）。

通过细分，净资产收益率可以表示为三个比率的乘积，其计算公式为：

$$净资产收益率=销售利润率\times总资产周转率\times财务杠杆$$

我们看到，企业的获利能力有三个发动机，销售利润率取决于公司的经营管理，总资产周转率取决于投资管理，财务杠杆取决于融资政策。因此，我们可以通过对这三个比率的分析来了解企业经理人员在何种程度上贯彻了公司的各项战略，具体关系见图6-3。

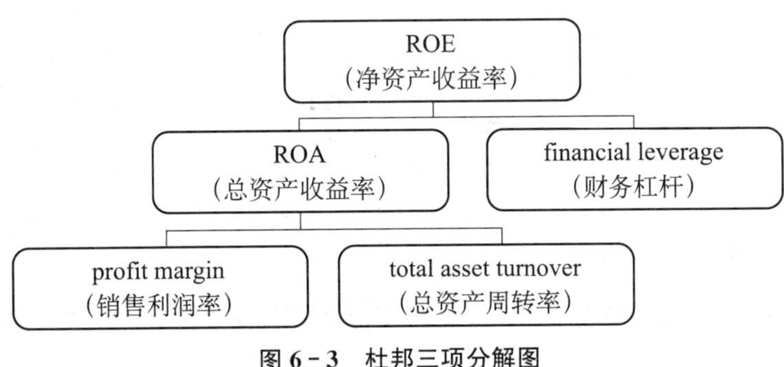

图6-3 杜邦三项分解图

其中，

$$ROE(净资产收益率)=\frac{净利润}{净资产}\times100\%$$

$$ROA(总资产收益率)=\frac{净利润}{总资产}\times100\%$$

$$FL(财务杠杆)=\frac{总资产}{所有者权益}$$

$$PM(销售利润率)=\frac{净利润}{销售额}\times100\%$$

$$TAT(总资产周转率)=\frac{销售额}{总资产}$$

【例6-1】 李一是某大学金融系学生，她最近在研究贵州茅台的经营情况。她希望通过杜邦分解来了解贵州茅台的净资产收益率是由哪些主要因素推动的。根据杜邦分解的要求，她收集了2017年和2018年贵州茅台利润表的部分数据，见表6-2。

表6-2 2017年和2018年贵州茅台的利润表（部分） 单位：万元

	2018年	2017年
主营业务收入	7 356 467	5 816 859
主营业务收入净额	7 356 467	5 816 859
减：主营业务成本	643 685	591 466
主营业务税金及附加	1 128 893	840 421

续表

	2018 年	2017 年
主营业务利润	5 583 889	4 384 972
减：营业费用	257 208	298 607
管理费用	532 594	472 054
财务费用	−352	−5 572
营业利润	4 794 439	3 619 883
加：投资收益	—	—
营业外收入	1 162	1 220
减：营业外支出	52 700	21 214
利润总额	4 742 901	3 599 889
减：所得税	1 299 799	973 365
减：少数股东损益	262 599	192 706
归属于母公司股东的净利润	3 180 503	2 433 818

李一还搜集了 2017 年和 2018 年贵州茅台资产负债表的相关数据，见表 6－3。

表 6－3　2017 年和 2018 年贵州茅台的资产负债表（部分） 单位：万元

	2018 年	2017 年
总权益	9 271 471	6 683 480
总资产	25 123 416	21 496 800

李一根据以上数据计算出 2017 年和 2018 年贵州茅台的 ROE，然后进行了杜邦三项分解。

第一步　通过杜邦分解表达式以及上述数据，计算杜邦分解各项，见表 6－4。

表 6－4　2017 年和 2018 年贵州茅台的资产负债表（部分）

	2018 年	2017 年
净资产收益率（ROE）	27.09%	25.35%
总资产收益率（ROA）	19.90%	18.08%
财务杠杆（FL）	1.36	1.40
销售利润率（PM）	43.23%	41.84%
总资产周转率（TAT）	0.46	0.43

第二步　根据杜邦分解表达式，完成杜邦分解图，见图 6－4。

第三步　分析。

通过杜邦分解图可以清晰地观察到影响贵州茅台 ROE 指标的主要变量。李一可以进行简单推算，在其他变量不变的条件下，某特定变量发生改变将会使 ROE 如何变化。以 2018 年为基准，见表 6－5。

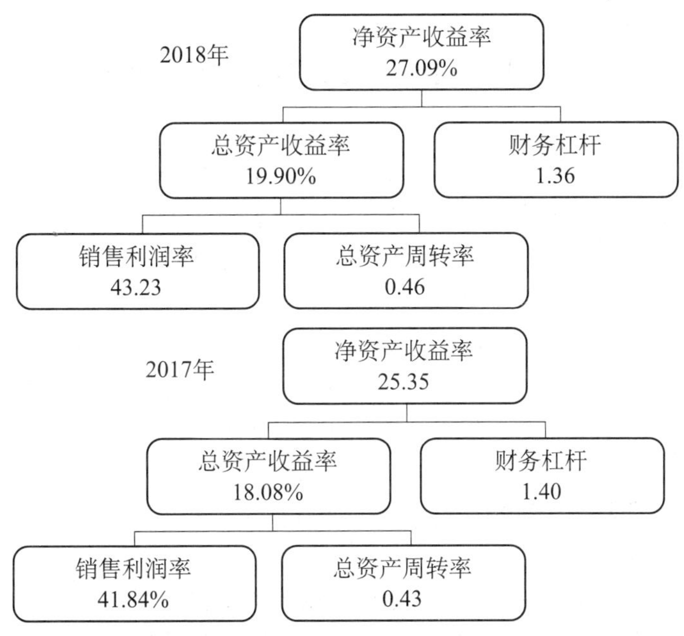

图 6-4 2017 年和 2018 年贵州茅台杜邦三项分解图

表 6-5 2017 年和 2018 年贵州茅台的资产负债表（部分）

ROE 驱动变量	2018 年的实际值	变化	带动 ROE 变化
总资产收益率（ROA）	19.90%	+1.82%	1.36%
财务杠杆（FL）	1.36	−0.04	1.99%
销售利润率（PM）	43.23%	+1.39%	0.63%
总资产周转率（TAT）	0.46	+0.03	2.94%

与此同时，李一还可以通过分析 2017—2018 年贵州茅台的 ROE 及其分项的变化来获得有用的信息：

（1）数据变化表明贵州茅台的盈利能力有所提升。2017 年的 ROE 为 25.35%，2018 年的 ROE 为 27.09%。其中，销售利润率（PM）和总资产周转率（TAT）的贡献为正（也带动了总资产收益率提高），财务杠杆（FL）的贡献为负。

（2）销售利润率（PM）与总资产周转率（TAT）的协同提升预示着贵州茅台的业务正处于景气度上行的良好状态中。为了对此做进一步确认，李一可以结合贵州茅台年报的内容考察 PM 提升是由于销售毛利率抬升所致，还是由于贵州茅台通过对研发、销售、管理等相关费用进行管控所致。李一还可以结合贵州茅台年报第五节经营情况讨论与分析中的信息，考察推动 TAT 改善的营业收入增长是否具有可持续性，而非由于销售政策变动、存货去化带来的营业收入暂时性增长所致。

（3）为了进一步提高判断的准确性，李一还可以通过对比分析贵州茅台的可比公司（如五粮液）以及白酒行业的同期数据变化进行佐证。

6.3 基于利润表的经营效益分析

会计数据构成了上市公司财务报表的主体，是外部投资者据以对上市公司进行分析的数据基础。以往我们在对上市公司进行财务分析时，通常直接对会计数据进行加工处理，而忽视了财务报表中的原始数据有可能并没有真实、准确地反映企业经营现实。会计数据分析的目的就是评估一个企业的会计记录是否真实地反映了其所代表的经济活动。通过对企业的会计政策和会计预测进行评估，证券分析人员能够知道他所使用的财务报表在多大程度上扭曲了经济现实，进而对这些扭曲进行“恢复”，为后面的财务分析提供一个真实的数据基础。

6.3.1 判别利润表虚假数据可能科目

一个企业身处的行业特性和它所选择的竞争战略决定了该企业的主要成功因素和面临的主要风险，会计数据分析的一个主要目的就是评估企业在何种程度上运用了这些成功因素以及在何种程度上控制了主要风险。例如，对于一家主营设备租赁业务（如汽车租赁）的上市公司来说，最主要的成功因素是企业能正确地预测被租赁的设备在租赁期末的残值。就此企业而言，对其经营影响最大的会计政策是设备残值的计算方式。不同的计算方式将会极大地影响公司的账面利润和账面资产价值。如果残值被高估，企业将来就面临着巨大的资产冲销风险。

同样，银行业的基本成功因素是利息的收取和信用风险的管理水平；零售业的基本成功因素是对存货的管理；制造业的基本成功因素是产品质量、产品创新以及售后产品返修率。证券分析人员首先要弄清与这些成功因素联系最为紧密的是哪些会计政策。例如，银行业最重要的成功因素是信用风险的控制，与信用风险联系最紧密的是贷款的坏账准备；制造业最重要的成功因素是产品质量，在进行会计数据分析时要特别重视公司产品质量保证金的支出和储备情况。

现行会计制度对企业采用何种会计政策赋予了很大的自由空间。例如，企业可以自由选择的折旧方法包括平均年限法、工作量法、年数总和法、双倍余额递减法；库存商品成本计价可采用先进先出法、加权平均法、移动平均法、个别计价法、后进先出法；坏账准备的提取方法和比例也可以由公司按照自己的业务特点自行确定。为了保证会计政策的连续性和可比性，法律规定一种会计政策一经确定不得随意更改，如需变更，应在会计报表附注中加以说明。需要明确的一点是，企业获得的会计政策自由度越大，从理论上说，该企业会计报表中的会计数据就越有可能准确地反映经营的实际情况。例如，如果银行业的坏账提取比例是一个行业内通用的固定比例，那么同样数量的坏账准备就潜在地减少了资产状况良好银行的利润而虚增了资产状况较差银行的收益。因此，如果企业在与主要成功因素紧密相关的会计政策处理上没有灵活度，它所提供的会计报表就很可能无法反映真实的经营状况。

6.3.2 利润表虚假数据的可能迹象

根据新会计制度，上市公司的管理者在选择会计政策时有较大的自由度。企业经理既可以利用这一自由度更好地向股东反映企业的经营状况，也可以利用它们掩盖经营问题，误导投资者。从构成上说，利润涉及：主营业务收入减去销售成本、期间费用；其他业务收入减去其他业务支出；投资收益；营业外收支；以前年度损益调整。上市公司也正是从以上各项收入与费用入手进行利润操纵的。以下是一些经常出现不真实数据的科目。

6.3.2.1 与销售额增加相关的应收账款的大幅增加

这一现象可能是由于公司放宽了对赊款销售的控制，以扩大当期的收益。销售政策的改变可能是由于公司要扩大市场占有率、提高存货周转率等，也可能是由于公司为了完成上级的考核指标（对国有控股公司尤其要注意）、经理层红利获得等原因来粉饰财务报表。不论是何种情况，公司在以后的会计期间都将面临因客户违约而造成的应收账款冲销以及下期销售收入增幅下降的问题。

上市公司为增加本年利润可以在本年内（一般是年末）向外销售商品，同时私下协议于下一年以销售退回的方式收回，从而增加本年的主营业务收入及主营业务利润。《股份有限公司会计制度》对销售后退回的规定是，上期销售退回的处理直接冲减本期销售收入，如发生在资产负债表财务报告发送之前，则进行报表调整。所以，只要退货的时间安排在财务报告发送之后，公司就可以这种假销售方式增加本年利润。虽然这会导致下一年销售收入的减少（冲减退回期的销售收入），但对于具有很强短期利益要求（如限期扭亏或10%配股限制）的公司来说，也不失为一个可行之策。

6.3.2.2 公司的报表利润与经营所产生的现金流量之间的比例变化

公司经营活动所产生的现金流量是公司赖以生存和发展的根源。在会计政策没有发生变化的情况下，报表利润与经营所产生的现金流量之间应有一种相对固定的比例关系。经理人员可以通过改变费用分摊计提方式来影响报表利润，但无法影响经营所产生的现金流量。

6.3.2.3 因处置长期资产而产生的巨大利润

当上市公司的经营业绩较差的时候，公司往往倾向于出售固定资产，比如土地、在其他公司的股权等长期资产来增加当期收益。这种收益是非持续的一次性收入，但对静态市盈率的影响很大，容易误导投资者。其主要方法有以下几种：

（1）进行债务重整，将应收账款转为长期股权投资。大量应收账款的存在使公司的应收账款周转率偏低，表现为经营效率低下；与此同时，现行会计准则要求公司每年末按应收账款余额的一定比例提取坏账准备，计入本期的期间费用（管理费用）。应收账款的数额越大，提取的坏账准备越多，本期的费用也越高。如果年末应收账款大量减少，公司不仅不用继续提取坏账准备，而且上一年多提的坏账准备还可以冲减本期的管理费用。为了减少本期账面上的费用支出，上市公司可以采取债务重整方式将应收账款转化为对该企业的股权投资。这样，一方面使年末应收账款总额明显减少，因此计入本期期间费用（管理费用）并需要提取坏账准备的金额减少；另一方面使公司应收账款周转率提高，表现为经营管理效率的提高。公司对于这部分投资可以用成本法记账（即使对该单位的投资占有表决权资本总额的 20%以上，也可因不具有重大影响而采用成本法计价），这样就可以不在账面上分担被投资企业每年的亏损——虽然投资收益额与长期投资相比表现得效率很低，但总比作为坏账冲销有利得多（至少不作为费用冲减利润）。

（2）向关联方出售长期股权投资。会计准则并不要求公司对出售长期股权投资的行为按公允价值调整，因为股权投资的价值很难确定，所以通常是按实际收到的金额减去该项投资账面价值的净额计入本期投资收益。公司常用此种方法将其持有的长期投资以较高的价格出售给其集团公司或不纳入合并报表的关联企业，以增加其投资收益。

（3）改变长期股权投资的计价方法。会计制度规定，对于按权益法计账的长期股权投资，每年期末按所占股份的比例分担被投资企业的净损益，借记或贷记“投资收益”科目。如果上市公司持有长期效益不好（亏损）的长期投资，按规定每年都要分担被投资企业的净亏损，即投资收益为负值；而此时这部分股份的售价已低于账面价值，若在市场上出售，会直接恶化本期投资收益，因此公司可以不再具有重大影响为由将这部分股权投资的计价方法由权益法改为成本法核算（会计制度允许），从而将这部分长期投资对于公司利润表的不利影响化解。

6.3.2.4 中期报表与年度报表的收益相差甚大

企业的经营是一个持续的过程，一般来说，在一个会计年度中上市公司的获利能力不会有太大的变化。有些上市公司的中报收益与年报收益相差 10 余倍，经营业绩在一年中出现大幅波动，这种现象非常值得重视。企业的经营活动的确有季节的差别，如空调生产企业的销售旺季在夏季，其上半年的业绩一般要占到全年收益的 2/3；相反，彩电的销售额通常在下半年有所放大。但我们要注意到中报和年报在审计要求上的差别，中期不进行分红和配股的企业中报不要求必须经过审计，因而不排除上市公司与庄家联手操纵中报收益，起到拉抬或打压股价的作用。

6.3.2.5 关联交易带来的利润增加

在企业财务和经营决策中，如果一方有能力直接或间接控制、共同控制另一方或对另一方施加重大影响，即被视为关联方（同是国家控制的国有企业不能一概而论）；如果两方或多方同受一方控制，也视为关联方。有关联关系的企业主要指：母子公司之间或受同一母公司控制的子公司之间；合营企业、联营企业；主要投资者个人（持股 10%以上）、关键管理人员或与其关系密切的家庭成员及其直接控制的其他企业。关联企业之间的交易在作价上存在非市场因素干扰的可能，证券市场上大量的上市公司和其母公司或其他关联企业进行资产置换及资产买卖而带来的巨额利润增加，都是值得注意的。

在主营业务收入中制造虚增是比较困难的（也容易被注册会计师查出），公司可以通过“其他业务收入”的调整来影响利润总额。其他业务收入包括材料销售、技术转让、代购代销、包装物出租等收入。在这种操作中，通常并不采用一般商品的购销，因为一般商品交易存在市场公允价格，按规定需要按公允价格进行调整。

上市公司更倾向于向关联交易人［主要是集团公司，因为被上市公司直接或间接控制的关联公司（如子公司）是要纳入合并报表的，内部之间的交易在编制合并报表时进行抵消，在合并报表中并不表现为销售收入］出售劳务来增加其他业务收入。与一般商品不同，有些劳务是独特的，很难找到公允价格。这些劳务主要包括出售已有的研发成果、提供加工服务、提供经营管理服务，然后直接向集团公司收取收入；此外，上市公司也可以通过直接或间接让关联单位为其负担某些费用的方式减少费用开支、增加利润，具体有以下主要手段：

（1）转让研发成果。会计制度规定，自行开发过程中发生的费用，计入当期费用。如果是自行开发并按法律程序申请取得的无形资产，按依法取得时发生的注册费、聘请律师费等费用，借记“无形资产”，贷记“银行存款”等科目。尽管这部分活动计入了费用，开发公司仍可转让其研发成果，按实际取得的转让收入，借记“银行存款”，结转转让无形资产的摊余价值，借记“其他业务支出”（由于允许计入无形资产的开发费用很少，其他业务支出金额很少），贷记“其他业务收入”，因此上市公司可以通过关联交易对其花费很少的研发活动收取大量金额来增加本年收入（虽然这种转让不一定会给受让的关联方带来利益）。

（2）以费用分担方式转移期间费用。这种方式是以其他单位愿意承担上市公司某项费用的方式减少上市公司本年期间费用，从而使本年利润增加，如由集团公司承担保险费、运输费、广告费等（一般是承担影响主营业务利润的期间费用）。

（3）向关联方出租资产与土地使用权来增加收益。会计制度对出售资产的要求是必须以公允价格成交，而且需要结转资产的成本。一般来说，通过公允价格处置长期资产不一定会得到净收益。由于会计制度对租金收入合理性的规定较少，所以上市公司往往通过向关联方出租长期资产的方式由外部转移收入，取得确定的大额收入（与关联方交易经常用的另一种方法是出售上市公司的长期股权投资，在下一部分讲述）。

（4）向关联方借款融资，降低财务费用。对于资产负债率较高的上市公司来说，每年要负担固定的借款利息成本（计入财务费用），为了降低财务费用、提高主营业务利润，上市公司可以通过改向关联方借款来减少对银行的负债，因为向关联方借款的利息支出可以在双方之间灵活确定是否支出、何时支出及支出金额的大小。

6.3.2.6 利用会计政策、会计估计的选择与变更进行利润调整

（1）选择是否使用某一会计政策。《股份有限公司会计制度》新增了三个跌价准备科目，即短期投资跌价准备、存货跌价准备、长期投资减值准备，要求境外上市公司、香港上市公司以及在境内发行外资股的公司必须设立这三个科目；同时指出，

其他上市公司也可按上述规定提取短期投资跌价准备、存货跌价准备、长期投资减值准备。这就为效益好的上市公司提供了将利润在不同年度之间转移的可能，即如果某一年度各种利润指标远高于各种配股条件，则在期末可以提取跌价准备，在不影响上市公司必要收益指标的前提下，化解了下期资产跌价的风险，提高了上市公司未来年度利润的稳健性。

（2）对折旧要素的估计变更。固定资产折旧根据用途的不同分别计入“产成品”和“管理费用”，其中计入管理费用部分的大小直接影响期间费用以及主营业务利润。折旧额的大小是由使用年限、预计净残值和折旧方法三个要素决定的。会计制度要求上市公司应当根据固定资产的性质和消耗方式合理地预计固定资产的使用年限、预计净残值和恰当地选用折旧方法；折旧方法一经确定，不得随意变更，如需变更，应在会计报表附注中予以说明。上市公司可以通过变更对固定资产净残值的估计、对固定资产使用年限的估计以及变更折旧方法来调整本年的折旧费用额（由于折旧方法的变更受到的限制较多，所以上市公司只是到不得已的时候才进行折旧方法的变更）。

（3）变更商品销售成本的计价方法。销售成本是根据存货（产成品）的发出来计量的，上市公司可以根据具体情况，采用先进先出法、加权平均法、移动平均法、后进先出法和个别计价法，方法一经确定，不得随意变更，如需变更，应在会计报表附注中予以说明。使用不同的计价方法直接影响本期销货成本的大小，进而影响主营业务利润的大小。由于上市公司的产品销售量很大，变更商品销售成本的计价方法对主营业务成本及利润的影响是非常明显的，因此变更商品销售成本的计价方法也是上市公司调整本年利润常用的一个方法。

6.3.2.7 利用其他应收账款科目回避费用的提取

会计制度规定，上市公司对于应收账款，应于中期期末或年末按规定提取坏账准备。境外上市公司、香港上市公司以及在境内发行外资股的上市公司，坏账准备的提取方法、提取比例等由上市公司自行确定，国内上市公司按统一规定以年末应收账款余额的0.3%～0.5%计提坏账准备，计入本期管理费用。

上市公司通过与欠款单位协商（尤其是关联企业）年底收回应收账款，同时以对该单位短期融资的方式（计入其他应收款）又将此笔金额转给对方（实际上只是账务的划转）。这样，一方面使上市公司的应收账款减少（应收账款周转率指标明显好转）；另一方面，应收账款的收回使得本期期末应提的坏账准备减少，列入期间费用的金额减少（如果应收账款数小于年初数，还可以冲减管理费用）。而对上市公司来说，这只是账务上的划转，并没有影响其资金运行，又降低了其列入利润表中的费用。

6.3.2.8 利用推迟费用确认入账的时间降低本期费用

（1）将应计入本期的费用挂在“待处理财产损溢”科目。会计制度规定，上市公司在清查财产过程中查明的各种财产物资的盘盈、盘亏和毁损（待处理固定资产损溢、待处理流动资产损溢）应于办理年终决算前查明原因，并报经批准处理，未能在年终决算前处理完毕的，应在会计报表附注中予以说明。对“待处理财产净损失”的处理结果都是计入利润表抵减当期利润，所以公司为了保证当期利润指标的实现，往往尽可能地推迟确认该损失的时间。

（2）将费用挂在“待摊费用”科目。待摊费用虽然是一项费用，但在会计准则中表现为资产负债表中的一项资产，要在一定时间内逐步转为利润表中的费用。待摊费用的发生时间是上市公司可以控制的，待摊费用多是分摊期在1年以内的各项费用，如低值易耗品、预付保险费、固定资产修理费用以及一次购买印花税票和一次缴纳印花税税额较大需分摊的数额等。上市公司在年初、年中还是年末发生此项支出直接影响进入本期利润表费用的多少。还有一些支出的摊销期在1年以上（固定资产修理支出、租入固定资产的改良支出以及其他摊销期限在1年以上的费用），在“长期待摊费用”中核算。

除待摊费用外，上市公司还可将已发生的费用挂在“预提费用”的借方，反映上市公司实际支出的费用大于预提的费用，即未摊销的费用，主要有预提的租金、保险费、借款利息、固定资产修理费用。

通过将实际发生的费用支出挂在资产类科目而推迟计入利润表的费用或不全计入本期期间费用的办法，可以使上市公司公布的本年利润比实际情况更好一些。

6.3.2.9 利用其他非常性收入增加利润总额

（1）争取地方政府的补贴收入。在利润表中列有一项“补贴收入”，用来核算上市公司取得的各种补贴收入。需要利润达标而又没能通过自我努力实现必要利润的上市公司，必然会向当地政府争取补贴收入作为最后的挣扎。地方政府从本地经济与上市指标角度考虑也会大力相助，地方政府可以只出一个准予补贴的文件，不必立即实际支付补贴的金额，上市公司按规定计算应收的补贴，借记“应收补贴款”，贷记“补贴收入”，从而顺利地增加利润总额。

（2）利用营业外收入增加利润总额。营业外收入是与上市公司生产经营无直接关系的各项收入，包括固定资产盘盈、处理固定资产净收益、资产再次评估增值、债务重组收益、接受捐赠转入、罚款净收入。它是利润总额的一个组成部分，上市公司常常通过从关联企业接受捐赠的方式增加营业外收入，实现当年的利润总额。

（3）对不真实的会计数据进行“恢复”。通过上面的分析发现了有些会计数据没有真实地反映经济现实，证券分析人员就必须运用自己的经验和知识对这些被扭曲的会计数据进行“恢复”，使修正后的会计数据更贴近上市公司的实际经营情况。能对证券分析人员“恢复”或修正会计数据有较大帮助的数据来源有两个：一是财务报表附注；二是现金流量表。

审计制度规定，对于上市公司已经披露的重大信息，注册会计师应出具无保留意见，所以投资者还要关注会计报表附注中的信息。上市公司正在使用的会计政策与会计估计、会计政策与会计估计的变更、关联交易、重要项目的详细资料（如存货的构成、应收账款的账龄、长期投资的对象、借款的期限与利率等）都在附注中揭示，为进行会计数据分析与判断上市公司是否有操纵利润的迹象提供了可操作与决策的信息，如本期是否变更了某项会计政策，该变更对利润的影响如何；哪些交易是与关联方进行的，对利润的影响如何等。

根据附注中的说明，证券分析人员能够评价会计政策的改变对报表数据的影响，并根据自己的经验和行业中其他企业的参照数据进行修正。

现金流量表从收付实现制的角度对企业的经营业绩进行报告，它是对以权责发生制为基础编制的会计报表的一种验证。如果证券分析人员对以权责发生制为基础编制的报表产生怀疑，现金流量表能提供一种基准点式的参照。利润表中的会计数据是现金流量表中会计数据变化的结果。利润表是以权责发生制为基础的，由此产生的递延、应付、摊销和分配等会计处理为管理人员提供了合法扭曲会计数据的机会，报告中的现金流量不涉及估计或分配，也很少涉及确认问题，因为一切现金的收付在其发生时已经得到了确认。证券分析人员可以通过现金流量表中的数据对相关的资产负债表中的数据进行修正。

如前所述，上市公司操纵利润总是通过一定方法进行的，而任何方法都有其表现形式，投资者可以通过查找这些迹象来判断并对上市公司的获利能力进行调整：

（1）应收账款与其他应收款的增减关系。如果是对同一单位的同一笔金额由应收账款调整到其他应收款，则表明存在操纵问题，应在利润总额中调增此笔应收账款按规定需要计提的坏账准备金。

（2）应收账款与长期投资的增减关系。如果对一个单位的应收账款减少而对其长期投资增加，并且增减金额相近，则表明存在操纵问题，应在利润总额中调增此笔应收账款按规定需要计提的坏账准备金。

（3）待摊费用与待处理财产损失的数额。如果待摊费用与待处理财产损失数额较大，则说明存在拖延费用列入利润表的问题，需要从公布的利润总额中扣减这部分金额。

（4）借款、其他应付款与财务费用的比较。如果上市公司有对关联单位的大额其他应付款，同时财务费用较低（只是近似账面借款的利息，可以通过附注里的信息计算出借款的年利息支出），说明存在利用关联单位降低财务费用的问题，应将其他应付款按借款利率计算出利息费用，调减利润总额。

总之，证券分析人员在利用财务报告时应对上市公司进行全面分析，并对其公布的利润情况进行合理化调整，使调整后的信息具备可预测性，这样才能把握上市公司的长期获利能力，并根据公司状况的变化，及时回避风险，抓住真正的蓝筹股。

公司基本素质分析和会计数据分析为后面的工作提供了清晰的分析思路和干净的会计数据，是对上市公司报表进行财务分析和业绩预测必不可少的准备工作。这些工作完成之后，就开始进入公司财务分析阶段。

专栏 6-2　　绿大地案例研究

2010 年 3 月，证监会由于绿大地公司涉嫌信息披露违规进行立案稽查。经调查，绿大地涉嫌虚增资产、虚增收入及利润等多项违法行为。我们根据公开披露或公开可获得的资料构建了这一案例，需要特别说明的是，文中的分析结论和逻辑仅供学术研究及参考，并不代表我们的判定性结论，该案件的最终定论请以昆明市中院的判定为准。

1. 绿大地虚构资产及收入

通过调查，绿大地抬高总资产价值高达22.96%。以其马鸣基地为例，除了虚报地产价格，其地上设施，如三口深水井，每口造价不过万元，而绿大地在将其计入固定资产时每口井计价72万元；马鸣基地的地价虚增了3 200万元，地上设施虚增2 000万元。而对于广南一处价值600多万元的林地，绿大地虚报为价值1亿元的固定资产。

此外，绿大地采用销售退回的方式进行关联交易，从而粉饰报表、虚增收入。自2004年至2007年，其对于关联客户的销售额合计分别占当期主营业务收入的58.02%、43.56%、27.83%和26.33%。然而，在绿大地上市后不久，这些关联客户纷纷出现销售退回举动。

2. 绿大地以非经常性损益掩盖主营业务亏损情况

绿大地因2009年的过度亏损引起证监会怀疑，2009年苗木销售退回金额高达1.58亿元，直接导致当年亏损1.51亿元，然而六个月前绿大地的预报盈利是6 000多万元。对此，绿大地给出的解释是云南旱灾导致巨额损失，然而实地考察发现旱灾影响被夸大，林地设施良好、供水充足。另外，若旱灾导致了苗木大片死亡，其苗木价格应上涨，但事实上并未如此。

绿大地以自然灾害为由，将企业亏损的大部分转移至非经常性损益，从而掩盖主营业务的亏损。2009年底绿大地非经常性损益占净利润的比重高达139.44%，2011年底非经常性损益仍占净利润的近60%。然而，这两年同行业的平均值仅为18.18%和4.53%。

3. 绿大地通过操纵现金流粉饰报表

通过注册大量第三方公司，绿大地签订阴阳合同进行资产买卖，现金以资本购买的方式流出，以销售收入的方式流入，伪造现金流。

经调查，在绿大地2010年一季报中，合并现金流量项目记录错误高达27项，其中取得借款收到的现金、筹资活动现金流入小计、偿还债务支付的现金分别为1.57亿元、1.57亿元和6.14亿元，更正后均为空白。

4. 绿大地的财务指标远低于同业水平，存在巨大风险

如表6-6所示，以2010年为例，绿大地的流动比率为1.17，行业平均值为2.32，说明短期可转换成现金的流动资产不足以偿还到期流动负债；绿大地的速动比率为0.51，行业平均值为1.82，因此扣除存货后，其流动资产只能偿还到期流动负债的51%；绿大地的ROE在三年中持续低于行业平均水平，企业投资价值低；总资产周转率长年低于同业平均值，

表明其管理能力及企业经营存在问题。

表 6-6　绿大地的财务指标（*ST 大地 002200）与行业指标对比数据

时间	2009-12-31		2010-12-31		2011-12-31	
财务指标	同业平均水平	*ST 大地	同业平均水平	*ST 大地	同业平均水平	*ST 大地
资产负债率	53.81%	42.74%	44.16%	60.37%	44.81%	68.33%
流动比率	1.82	1.27	2.32	1.17	2.38	1.13
速动比率	1.36	0.92	1.82	0.51	1.81	0.6
净资产收益率	24.34%	−23.34%	18.61%	3.74%	16.39%	−15.07%
总资产周转率	1.31	0.51	1.18	0.42	1.02	0.3

资料来源：Wind 资讯。

通过绿大地财务作假案例，我们能够得到以下结论：

（1）上市公司的财务指标与行业财务指标的对比是我们评估上市公司财务状况的重要依据。对绿大地和同行业的非经常性损益占净利润比重的比较显示，两者差异巨大。另外，绿大地和同行业的总资产周转率及净资产收益率等指标也差异明显。从表 6-6 可见，2009—2011 年绿大地的总资产周转率最高不超过 0.51，而同业平均值连续三年大于 1。虽然同行业内不同上市公司的各种财务指标可能会由于上市公司不同的特点而具有一定的差异，但如果存在巨大差异，而且这种巨大的差异又无法通过可信的证据证明，那么应当对这一差异提出质疑，并推断此差异产生的真正原因及其后果。

（2）上市公司的流动比率、速动比率等数据是评估上市公司偿债能力及风险的重要数据。绿大地的流动比率和速动比率的缺陷体现了偿债能力的不足，从而直接关系到企业通过债务方式融资的能力，进而亦会影响到企业的日常经营，即使企业的产品、经营不存在任何问题，仍会产生严重的后果。因此，对于上市公司偿债能力指标的判断，不仅需要了解其含义，更应了解其恶化所带来的后果。

6.4　基于现金流量表的现金流分析

在比率分析中，多数财务比率的数据均来自利润表和资产负债表。通过对现金流量表的分析，可以进一步剖析企业的经营、投资和筹资活动的效率。资金链条是企业经营的重要环节，企业的不同经济活动产生的现金流量是不同的，通过现金流量表，可以明确经营活动、投资活动和筹资活动为企业带来的现金流量情况。

6.4.1 现金流量信息的作用

有关企业现金流量的会计信息，有助于财务报表的使用者评价企业形成现金和现金等价物的能力，为企业使用这些现金流量的需要提供依据。使用者进行经济决策，需要对企业形成现金和现金等价物的能力及其时间性与确定性做出评价。

当现金流量表结合其他财务报表一起使用时，所提供的信息能帮助使用者评价企业净资产的变动、财务结构（包括流动性和偿债能力）以及企业为适应环境和时机的变化而影响现金流量的金额和时间的能力。现金流量的信息有助于评价企业形成现金和现金等价物的能力，并使使用者能够建立评价和比较不同企业未来现金流量现值的模式。它还提高了不同企业经营业绩报告的可比性，因为它消除了对相同交易和事项采用不同会计处理的影响。

有关以往现金流量的信息常用来作为未来现金流量的金额、时间和确定性的指标，它有助于检查过去对未来现金流量所做估计的准确性，检查获利能力、净现金流量与价格变动影响之间的关系。

6.4.2 现金流量的构成与分类

现金流量是指在一定会计期间内流入和流出企业的现金及现金等价物。这里的现金不仅包括“现金”账户核算的库存现金，还包括“银行存款”账户核算的银行活期存款和可提前支取的定期存款，以及“其他货币资金”账户核算的外埠存款、银行汇票存款、银行本票存款和在途货币资金等其他货币资金。现金等价物是指企业持有的期限短（从购入之日起3个月内到期）、流动性强、易于转换为已知现金金额的投资，比如短期国债和信誉良好的短期企业债。

西方国家对现金流量的分类也不尽相同。美国、澳大利亚和国际会计准则委员会等都将现金流量分为经营活动、投资活动和筹资活动三大类，英国则将现金流量划分为经营活动、投资收益和投资成本、纳税、资本性支出和金融投资、购买和处置、权益性股利支付、流动资金管理和筹资活动八大类。我国将现金流量划分为三类：经营活动所产生的现金流、投资活动所产生的现金流和筹资活动所产生的现金流。

（1）经营活动，是指创造收益的主营业务活动以及不属于投资活动或融资活动的其他业务活动。经营活动形成的现金流量的金额是一个重要的指标，通过它可以判断在不依靠外部资金来源的情况下，企业经营形成的现金流量是否足以偿还贷款、维持企业的经营能力、派发股利以及进行新的投资。有关以往经营形成的现金流量具体构成的资料，结合其他资料，有助于预测未来经营形成的现金流量。

（2）投资活动，是指取得和处理长期资产以及不包括现金等价物在内的其他投资。这种现金流量代表了有多少支出已用于为了产生未来收益和现金流量的投资业务。

(3) 筹资活动，是指导致企业的权益资本以及借款的规模和结构产生变化的业务。单独揭示筹资活动形成的现金流量是重要的，因为这有助于资本提供者预计企业对未来现金流量的需求。

6.4.3 现金流量表的编制方法

现金流量表的编制方法有直接法和间接法两种。直接法是指通过现金收入和支出的主要类别反映来自企业经营活动的现金流量。直接法提供了有助于估计未来现金流量但不能通过间接法获得的信息，它一般是以利润表中的营业收入为起算点，调整与经营活动有关项目的增减变动，然后计算出经营活动的现金流量。间接法是以本期净利润为起算点，调整不涉及现金的收入、费用、营业外收支等项目的增减变动，据此算出经营活动的现金流量。我国采用直接法编制现金流量表。在直接法下，三大活动所产生的现金流量项目见表 6-7。

表 6-7 现金流量表的项目

	经营活动所产生的现金流量	投资活动所产生的现金流量	筹资活动所产生的现金流量
现金流入	销售商品、提供劳务收到的现金 收到的租金 收到的增值税销项税额和退回的租金 收到的除增值税以外的其他税收返还 收到的其他与经营活动有关的现金	收回投资所收到的现金 分得股利或利润所收到的现金 取得债券利息收入所收到的现金 处置固定资产、无形资产和其他长期资产所收到的现金净额 收到的其他与投资活动有关的现金	吸收权益性投资所收到的现金 发行债券所收到的现金 借款所收到的现金 收到的其他与筹资活动有关的现金
现金流出	购买商品、接受劳务支付的现金 经营租赁所支付的现金 支付给职工及为职工支付的现金 支付的增值税税款 支付的所得税税款 支付的其他税费 支付的其他与经营活动有关的现金	购建固定资产、无形资产和其他长期资产所支付的现金 权益性投资所支付的现金 债权性投资所支付的现金 支付的其他与投资活动有关的现金	偿还债务所支付的现金 发生筹资费用所支付的现金 分配股利或利润所支付的现金 偿付利息所支付的现金 融资租赁所支付的现金 减少注册资本所支付的现金 支付的其他与筹资活动有关的现金

6.4.4 现金流量表的分析要点

6.4.4.1 经营性现金流量为负数

经营活动所产生的现金流量是公司生存和发展的基础，如果此项结果为负值，

说明公司从销售商品和劳务之中取得的现金收入不能满足维持当期营运资本正常运行的支付。导致出现这种结果的原因有两种：

(1) 公司正在快速成长。处于高速成长期的公司，其销售收入每年都保持着很高的增长率。经理人员预见到了市场需求的潜力巨大，就会扩大在存货、广告费用和人员工资上的支出，以期在下一个年度带来更大的现金流量。此举的直接结果就是当期销售所产生的现金流入小于当期在营运资金上的支出，出现负的经营性现金流量。经营性现金流量的赤字必须由投资活动或筹资活动产生的正现金流量来弥补，而处于快速成长期企业的投资活动一般也为负值，其现金流量缺口必须依靠债权性或股权性的融资来补偿。通过分析上市公司的年报，可以发现许多成长股的经营性现金流量为负值，这些上市公司急切地希望通过高价配股筹资。

(2) 经营业务亏损或对营运资本管理不力。因外购商品和劳务形成的成本高于公司产品和劳务的售价而形成的现金流量负值就比较严重。激烈的行业内部竞争压低销售价格，高成本的企业就会面临这种困境。因销售不力而导致的产品积压同样会导致当期现金流入不足，必须通过加强对营运资金的管理予以解决。

经营性现金流量为负值是非常值得分析人员注意的现象，尤其是对于处于成熟期的公司或公用事业行业的上市公司而言，它可能意味着公司现行的经营战略存在着巨大的问题。

6.4.4.2 经营活动所产生的现金流量与净收益之间的巨大差额

这种情况一般是由应收账款的剧增或投资收益及营业外收入的变化造成的。

(1) 应收账款剧增。净收益的计算采用的是权责发生制。在销售行为发生后，不管有没有收到现金，都会在账面上表现为销售收入，如果产品的销售价高于成本，将直接增加净收益。现金流量是销售收入减去应收账款后的余额，是公司当期收到的现金，是一种“在手之鸟”，而应收账款则有坏账的可能。对于一次性销售收入巨大的企业，比如房地产开发商，应收账款的变化会引起公司业绩的大幅波动。

(2) 投资收益及营业外收入的变化。投资收益和营业外收入的增加直接作用于营业利润，进而增加净利润，而对经营活动所产生的现金流量没有影响。出售被投资单位股权、处理固定资产以及资产评估增值等都可能导致当期净收益的增加，但这种增加与公司的经营活动无关，是非持续性的一次性交易，不能改变公司经营业绩的长期发展趋势，在对公司进行价值评估和业绩预测时必须剔除这种因素的影响。另外，公司所受税收待遇的变化也会显著影响经营活动产生的现金流量与净收益之间的比例关系。特别地，对新上市公司的税收减免，会在减免期提高该公司的净收益能力，我们在分析公司的长期获利能力时，也要注意此因素的影响。

6.4.4.3 经营活动的现金流量小于利息支付额

利息支出是负债经营企业的一项硬性的短期现金支出，偿付利息所支付的现金被列入筹资活动的现金流出项目。一般来说，公司的利息支付应该由经营活动所产生的现金流量偿还。经营活动的现金流量是否大于当期的利息支付是公司债权人判断公司偿债能力的一个重要标准，也是证券分析人员判断公司经营稳健性的一项主要指标。对于一家财务杠杆率较高的公司而言，经营活动的现金流量不足以满足利息支付的需要，将有可能导致财务危机，直接损害股权持有人的利益。

6.4.4.4 投资活动的现金流量的流向是否与企业战略一致

投资活动的现金流量来源于企业收回投资、处置固定资产以及取得的债息和股息收入，现金流量的流向就是上述科目的支出。投资活动的现金流量与经营活动的现金流量对公司生存发展的作用是不同的，后者主要反映当期经营活动的成果，前者则对后期经营活动的现金流量有巨大的影响。当期经营活动的现金流量是前期或前几期投资活动的结果，投资活动的现金流量的流向是对企业展业战略的贯彻。例如，公司决定了以计算机生产行业为主业的战略，投资现金流量就应该表现为用以建立、收购或兼并计算机的生产性和科技性企业的现金支出，而对其他与主业发展关系不大的企业，公司应收回投资和处理固定资产，表现为投资活动的现金流入。如果投资活动的现金流量表现得非常分散，说明公司投资方向不明，有可能是管理层正在试图通过投资多元化来降低收益的波动性。多元化一般带来公司成长率的下降，在对公司未来的业绩进行预测时要考虑这个因素。

6.4.4.5 投资活动的资金来源是依赖于内源融资还是外源融资

投资活动是公司成长性的保证。如果经营活动所产生的现金流量为正值，说明公司经营活动所产生的现金流量除了能支持营运资本的运作外，还有余力支持投资活动。如果投资活动所需资金可以完全由经营性现金流量支持，说明公司的发展依赖于内源融资；反之，如果需要通过借债或配股筹资来支持投资活动，说明公司比较依赖于外源融资。一般来说，依赖内源融资的企业，财务状况较为稳健，对债权人和股东的要求较少，投资于这种企业增值快。依赖于外源融资会加速企业资产规模膨胀的速度，但是，如果这种增长是依赖于债务融资，会增加企业发生财务危机的可能性；如果依赖于配股融资，则会降低净资产收益率。这两种情况对于公司现有的股东都是不利的。

6.4.4.6 公司是否有自由现金流量，如何分配自由现金流量

公司经营活动和投资活动所产生的现金流量净值扣除当期还本付息的数额后，所剩余的可以用作支付红利的现金流量被称为自由现金流量。自由现金流量可用于支付红利、偿还借款或回购股票。如果公司用来支付红利的数额大于当期的自由现金流量，说明公司是在用外部现金流量来支付红利，这种红利政策是不稳定的。

6.4.4.7 筹资活动现金流量的主要来源是股票筹资、短期负债还是长期负债

筹资活动反映企业从何种渠道获取外部资金。不同形式的筹资活动对企业经营风险和收益的影响是有差别的，这一点要联系当期企业的财务杠杆率和企业所处行业来分析。一般来说，股票筹资对公司经营的压力较小，短期负债过大将会限制企业经营的灵活性。但是，如果企业的财务杠杆率较低，同时企业所属行业的获利能力又比较稳定，比如供电供水、公路收费等公用事业类公司，增加短期负债和长期负债在企业财务结构中的比重，会提高公司的净资产收益率。财务分析作为对公司分析的细化，使我们能够通过财务数据对目标公司内部进行剖析，从财务数据的角

度加深对目标公司的了解。

本章小结

本章从如何阅读上市公司定期报告入手，分别介绍了阅读上市公司定期报告应当重点阅读的内容和上市公司会计报告三张表的分析内容。

本章从偿债能力、资本结构、经营效率、盈利能力和投资收益等几个方面重点介绍了财务分析中的各种比率分析以及杜邦分解的构造。

本章介绍了在阅读与分析现金流量表时应当注意的几个重要问题。

本章关键问题

- 掌握上市公司定期报告的阅读重点与分析方法
- 在对上市公司财务报表进行财务分析时，掌握偿债能力、资本结构、经营效率、盈利能力和投资收益等几个方面的重要比率
- 能够根据上市公司的财务报表构造杜邦分解图，了解公司现金流量表的组成及对现金流量的重要影响

本章思考题

一、名词解释

资产负债率	流动比率	速动比率	财务杠杆
存货周转率	杜邦分解	存货周转天数	应收账款周转率
应收账款周转天数	利息保障倍数	净资产收益率	

二、简答题

1. 简述如何阅读上市公司定期报告。
2. 简述资产负债率、财务杠杆变化对企业的影响。
3. 简述杜邦分解的含义及其对企业经营的意义。
4. 现金流量表分析的要点有哪些?
5. 上市公司如何通过关联方交易来操纵利润?

三、计算题

1. 刘畅是某证券公司的家电行业研究员，她在研究格力电器时搜集了以下信息，见下表。

2018 年格力电器资产负债表和利润表的部分数据

(2018－12－31)　　单位：万元

营业总收入	20 002 399.8
营业收入	19 812 317.7
其他类金融业务收入	190 082.1
营业总成本	16 958 932.9

续表

营业成本	13 823 416.8
税金及附加	174 189.3
销售费用	1 889 957.8
管理费用	436 585.0
研发费用	698 836.8
财务费用	−94 820.1
资产减值损失	26 167.4
其他业务成本（金融类）	4 600.0
加：其他收益	40 855.3
投资净收益	10 676.9
公允价值变动净收益	4 625.7
资产处置收益	63.7
营业利润	3 099 688.5
加：营业外收入	31 785.8
减：营业外支出	4 123.5
利润总额	3 127 350.8
减：所得税	489 447.8
净利润	2 637 903.0
减：少数股东损益	17 624.2
归属于母公司所有者的净利润	2 620 278.8
所有者权益	9 271 471.2
总资产	25 123 415.7

请根据刘畅搜集的数据，从金融分析的角度对2018年格力电器的经营状况做出分析，包括但不限于资产负债率、财务杠杆、净资产收益率及杜邦分解。

2. 刘畅在随后的跟踪研究中，搜集了2017年格力电器的部分信息，见下表。

2017年格力电器资产负债表和利润表的部分数据

（2017-12-31）

单位：万元

营业总收入	15 001 955.2
营业收入	14 828 645.0
其他类金融业务收入	173 310.2
营业总成本	12 469 881.3
营业成本	9 956 291.3
税金及附加	151 303.5
销售费用	1 666 026.8
管理费用	607 114.4
研发费用	—
财务费用	43 128.5
资产减值损失	26 378.7
其他业务成本（金融类）	19 638.1
加：其他收益	40 108.9

续表

投资净收益	39 664.8
公允价值变动净收益	921.3
资产处置收益	−102.2
营业利润	2 612 666.6
加：营业外收入	51 105.9
减：营业外支出	2 054.0
利润总额	2 661 718.5
减：所得税	410 858.6
净利润	2 250 859.9
减：少数股东损益	10 702.3
归属于母公司所有者的净利润	2 240 157.6
所有者权益	6 683 479.8
总资产	21 496 799.9

请结合上题的数据和分析，对2017年格力电器的经营状况做出分析，并对这两年格力电器的经营变化情况加以讨论。

第 7 章 公司价值分析

学习目标

● 掌握公司基本分析的方法，包括公司基本情况分析、竞争战略分析和竞争优势分析。

● 掌握绝对估值法的基本思路和方法，能够根据相关数据计算企业以绝对估值法为基础的理论价值。

● 掌握相对估值法的基本思路和方法，能够根据相关数据计算企业以相对估值法为基础的理论价值。

7.1 公司基本分析

证券投资的基本分析主要是通过对决定证券投资价值及价格的基本要素的分析，评价证券的投资价值，判断证券的合理价位及其变动趋势，从而提出相应投资建议的一种分析方法。

从本质上讲，证券价格是公司价值的体现。对决定证券投资价值及价格的基本要素进行分析，实质上是对影响或反映上市公司价值的各种因素进行分析，主要包括宏观因素、产业因素和公司因素等。

公司分析是基本分析自上而下流程中的最后一步，之前的宏观经济分析以及产业分析都是为进行公司分析做铺垫的，因为公司分析直接涉及单个证券的选择。

公司基本分析主要是一个定性分析的过程，分析的主要目的是了解公司的基本情况、公司的战略定位以及公司的竞争优势等。

7.1.1 公司基本情况分析

7.1.1.1 公司概况及产业竞争地位分析

1. 公司的基本概况

对公司进行分析时，首先要弄清楚公司所处的产业、公司的主要经营业务。这是因为不同产业的发展现状各不相同，发展阶段互有差异；更为关键的是，不同产业的利润率有着显著差别。例如，在我国，房地产业的利润率明显高于大多数其他行业。在此情况下，确定公司所处的产业对公司分析来说至关重要。

其次，要分析公司的产品和服务，公司产品的生命周期；消费者如何使用其产品和服务；客户及其类型；生产要素的供给状况；生产的组织、技术水平；公司的组织结构；营销和销售策略等。

2. 竞争对手分析

要获取相对于竞争对手的持久的竞争优势，就必须首先弄清公司的竞争对手有哪些？竞争对手的目标及实力等。这样才能做到“知己知彼，百战不殆”。一旦确定了竞争对手，需要对竞争对手做以下四个方面的分析：

(1) 竞争对手的目标和战略，主要分析竞争对手的增长目标、产品结构、主要市场分布、市场地位和组织结构，以便从中掌握竞争对手的自我估价、战略方向、市场布局、竞争地位以及由组织结构所体现出的战略重点。

(2) 经营状况和财务状况分析，主要分析竞争对手的收益水平、资金周转速度、经营安全性、偿付能力、折旧率以及成长状态，掌握竞争对手的盈利能力、营运能力、资金结构以及固定资产更新改造能力，这些都将决定竞争对手的发展潜力。

(3) 技术经济实力的分析，主要对竞争对手的产品质量、新产品和技术储备、设备先进程度、技术人员的素质和数量、销售队伍的素质和经验、销售人员及售后服务网络的规模与效率、研发投入比例等进行分析，以掌握竞争对手的产品技术水平、制造能力、研发能力、销售能力以及生产效率。

(4) 领导者和管理者背景分析，主要分析竞争对手的最高主管人员的素质和能力、管理阶层的素质和能力以及管理方式和竞争方式等。

3. 公司在产业中的竞争地位分析

在确定公司所处的产业、公司的竞争对手后，需要对公司进行产业竞争地位分析。在大多数产业中，无论其产业平均盈利能力如何，总有一些公司比其他公司具有更强的获利能力，这说明不同公司在行业中的竞争地位不一样。

对于公司在产业中的竞争地位，可以采用 SWOT 这一分析工具来进行分析。SWOT 是英文的缩写，SW 是指公司内部的优势和劣势（strengths and weaknesses），OT 是指公司外部的机会和威胁（opportunities and threats），见图 7－1。

SWOT 分析主要是通过列举公司相对于竞争对手的优势和劣势、公司外部环境给竞争带来的影响因素来分析公司在产业中的竞争地位。

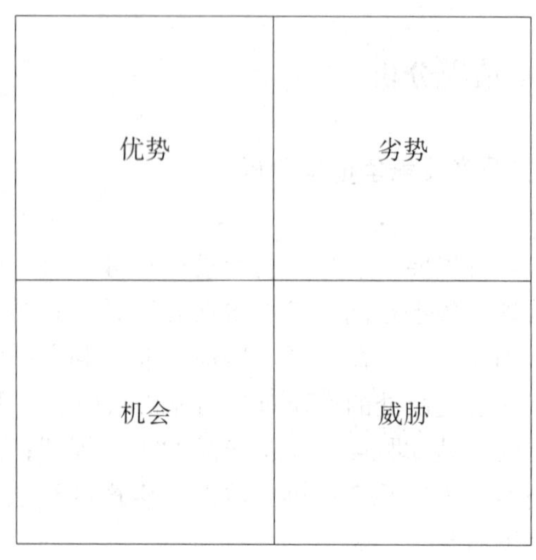

图 7-1 SWOT 分析矩阵

优势（S）是公司的内部因素，是指在竞争中相对优势的方面，具体包括：有利的竞争态势；充足的资金来源；良好的公司形象；技术力量；规模经济；产品质量；市场份额；成本优势；广告攻势等。

劣势（W）也是公司的内部因素，是指在竞争中相对弱势的方面，具体包括：设备老化；管理混乱；缺少关键技术；研发落后；资金短缺；经营不善；产品积压；竞争力差等。

机会（O）是公司的外部因素，具体包括：新产品；新市场；新需求；市场壁垒解除；竞争对手失误等。

威胁（T）也是公司的外部因素，具体包括：新的竞争对手；替代产品增多；市场紧缩；行业政策变化；经济衰退；客户偏好改变；突发事件等。

7.1.1.2 公司经济区位分析

经济区位是指地理范畴上的经济增长点及其辐射范围。上市公司的投资价值与区位经济的发展密切相关。在进行区位分析时应该注意以下几个方面。

1. 区位内的自然条件及基础条件

自然条件和基础条件包括矿产资源、能源、交通、通信设施以及人才等，这些是上市公司拥有的基本硬件条件，对区位内上市公司的发展起着重要作用。

2. 区位内的政府相关政策

不同区位的地方政府通常会有自己的经济发展规划，也会据此制定一系列相关产业的政策法规，支持当地经济的发展。在这个背景下，地方政府往往会确定区位内优先发展和扶植的产业，并给予相应的各项政策优惠，因此相关产业内的公司将得到较好的发展。

3. 区位内的经济特色

经济特色是指区位内外经济的联系和互补性及其发展活力与潜力的比较优势。特色在某种意义上代表着优势，比如福建沿海地区形成了独特的服装制造集群化特色，该区位内的公司在服装制造方面比其他区位内的同类公司更有竞争力。

7.1.1.3 公司价值链分析

价值链的概念是由哈佛大学教授迈克尔·波特提出的，迈克尔·波特认为将公司作为一个整体来看无法认识竞争优势，因此他将公司视作设计、生产、营销、交货及辅助过程中所进行的许多相互分离的活动的集合，在此基础上引入价值链作为分析的工具。

将公司创造价值的过程分解为一系列互不相同但又互相关联的价值增值活动，这些活动构成了公司的价值链。迈克尔·波特把公司的活动分为两类：一类是基本活动，主要涉及如何将输入有效地转化为输出，这部分活动直接与顾客发生各种各样的联系。另一类是辅助活动，主要体现为一种内部过程，见图7-2。

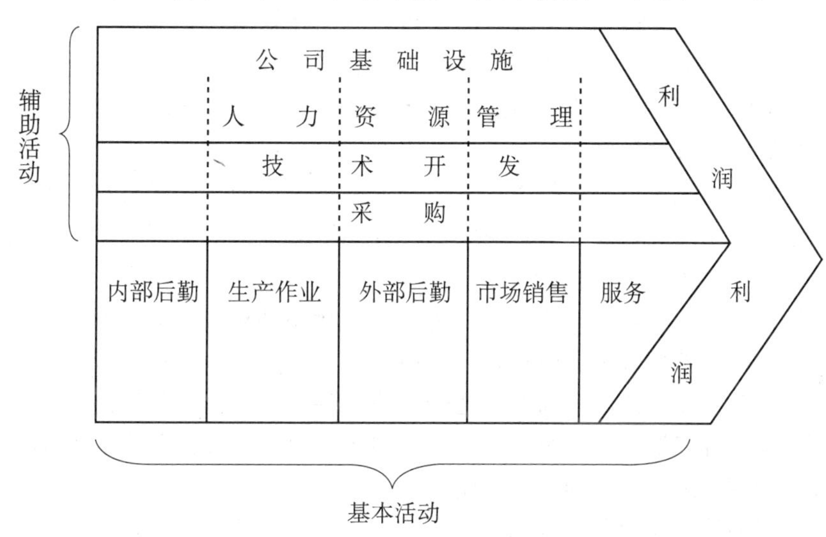

图7-2 基本价值链①

公司创造价值的活动可以分为两大类：基本活动和辅助活动。基本活动是涉及产品的物质创造及其销售、转移给买方和售后服务的各种活动。在任何公司中，基本活动可以按五种基本类别进行划分。辅助活动是辅助基本活动的活动，它们通过提供外购投入、技术、人力资源以及各种公司范围的职能以相互支持。

公司内的基本活动有五种类型，每一种类型又可依据产业特点和公司战略划分为若干显著不同的活动：

（1）内部后勤。与接收、存储和分配相关联的各种活动，如原材料搬运、仓储、库存控制、车辆调度和向供应商退货等。

（2）生产作业。将投入转化为最终产品的各种活动，如机械加工、包装、组装、设备维护、检测和各种设施管理。

（3）外部后勤。与集中、存储和将产品发送给买方有关的各种活动，如产成品

① 迈克尔·波特．竞争优势．北京：华夏出版社，2005.

库存管理、送货车辆调度、订单处理和生产进度安排。

(4) 市场销售。帮助买方购买产品和引导他们进行与消费有关的各种活动，如广告、促销、销售队伍、报价、渠道选择、渠道关系和定价。

(5) 服务。与提供服务以增加或保持产品价值有关的各种活动，如安装、维修、培训、零部件供应和产品调整。

公司的各种辅助活动也可以被分为四种基本类型，与基本活动一样，每一种类型的辅助活动都可根据产业的具体情况划分为若干显著不同的价值活动。例如，在技术开发过程中，可能包括零部件设计、特征设计、现场测试、工艺过程和技术选择。同样，采购也可以分成各种活动，如审核新的供应商、外购投入不同组合的原料和不断监督供应商的业绩等。

利用价值链可以分析公司所进行的一系列生产经营活动及其如何相互作用，寻找公司在价值链上某个特定价值环节的竞争优势，并长期保持这种特定的优势。研究公司价值链的关键是找出哪一项活动是最重要的环节。对于批发商、零售商而言，进货和发货的后勤管理最重要；对于一个致力于向公司贷款的银行而言，市场和销售对竞争优势起到至关重要的作用；对于一个制药公司而言，研发有可能成为竞争优势的核心来源。当然，在任何公司中，所有类型的基本活动都在一定程度上存在并对竞争优势产生影响。

迈克尔·波特认为，公司的每一种价值创造活动都对公司的相对成本地位、独特性、响应速度等外部表现有所贡献。公司借助比竞争厂商更低的成本或采取更高质量的具有战略重要性的活动而取得竞争优势。各竞争厂商价值链之间的差异是竞争优势的一个关键来源。在一个产业中，公司的价值链可能因其产品种类、用户地理位置以及销售渠道的不同而有所变化。

一个公司的价值链蕴藏于范围更广泛的一连串经营活动中，迈克尔·波特把它称为价值系统。供应厂商制造出原材料、零配件、元器件并投入公司的价值链，形成外购投入的价值链（称为上游价值链）。供应厂商不仅提供产品，而且还能以多种其他方式来影响公司效益。公司生产的产品在到达用户手中之前要通过销售渠道，形成销售渠道的价值链（称为渠道价值链）。

7.1.2 公司战略定位分析

在现代经济社会中，由于资本在产业之间流动速度的加快和信息传播成本的降低，每一个产业中的公司都面临着日趋激烈的竞争。对于任何一个公司而言，制定正确的竞争战略是确保其在行业中生存并得以发展的基础。基本的竞争战略包括成本领先战略、差异化战略和聚焦战略。

7.1.2.1 成本领先战略

成本领先战略是指通过有效途径，使公司的总体成本低于竞争对手的成本，以获得同行业平均水平以上的利润。

在公司竞争中很重要的部分就是使自己的成本低于竞争对手。一旦成本领先，公司的竞争优势就是显而易见的。由于公司的成本优于同行业中的其他公司，因此它的产品在以行业平均价格进行销售时，公司取得的利润就高于同行业的平均水平，这一优势在行业内进行降价竞争时尤其明显。由于销售价格的降低，其他公司的盈利降低甚至接近于零或负，此时低成本的公司还存在盈利的空间，因而低成本的公司仍有发展空间。

成本领先战略是在一个行业中最容易成功的竞争战略。低成本的公司可以通过降价竞争的方式将高成本的对手挤出市场。例如，“格兰仕”是中国家电行业中应用低成本竞争战略最成功的厂家之一，它通过降价竞争挤占了国内外微波炉厂家的市场份额，一举成为世界最大的微波炉生产厂家。

对于那些规模经济效益明显的行业，公司要想获取高于竞争对手的利润水平或行业平均利润水平，必须扩大生产制造规模并超过最小规模临界点。这样，公司就能通过巨大的产品数量来分摊生产成本，使单位成本大大降低，从而在按照行业平均价格进行销售时仍可获得高于行业平均的利润水平，进而获得竞争优势。

7.1.2.2　差异化战略

差异化战略是指为使公司产品、服务和形象与竞争对手有明显的区别，形成与众不同的特点而采取的一种竞争战略。

当一个公司确认自己的产品有某些不同于本行业其他产品的突出特点，而这一特点又能得到消费者的特别重视时，公司就可以采用差异化战略。一个公司要想使自己的差异化战略获得成功，必须做到以下三点：首先，必须找到消费者所看重的产品差异点；其次，必须将自己定位为满足目标顾客需求的唯一供货商；最后，公司在致力于创造产品差异时所增加的成本必须低于消费者愿意为产品差异所付出的增加值。产品差异可以源自超凡的质量、创新的款式或是便捷的服务，产品差异的表现形式可以是品牌、产品外观或是卓越的声誉。这些都要求公司增加在研发和广告上的投入，从而直接增大了产品的成本。正因为如此，成功的公司无论是在选择成本领先战略还是差异化战略时，都不会只考虑一方面而完全忽视另一方面。采取差异化战略的公司也需要关注成本控制，以使获得差异的成本最小；同理，采取成本领先战略的公司至少应在质量和服务方面树立自己的品牌形象。

7.1.2.3　聚焦战略

聚焦战略是指公司主攻某个特定的顾客群、某产品系列的一个细分领域或某一个地区市场。虽然低成本与产品差异都要在全产业范围内实现其目标，但聚焦战略却是围绕着更好地为某一特定目标服务这一中心建立的。这一战略的前提是：公司能以更高的效率、更好的效果为某一狭窄的战略对象服务，从而超过在更广阔范围内的竞争对手。采用该战略的公司也有赢得超过产业平均收益水平的潜力，但常常面临对所获整体市场份额的限制。

证券分析人员在了解了公司的竞争战略后，还必须从以下角度提出问题并进行分析：

(1) 公司在选定一种竞争战略后，它所面临的主要风险和主要的成功驱动因素有哪些?

(2) 公司目前有无足够的资源和能力来应对风险?

(3) 公司的各项活动，如研究设计、产品生产、推广应用、分销渠道及售后支持等，是否与公司的既定战略相吻合?

(4) 其他公司是否很容易模仿这一竞争战略? 公司的竞争优势能否持久?

(5) 公司所在行业有无发生重大结构变化（新技术的发明、外国竞争者的加入、国家法律的变化、消费者需求的改变等）的可能性? 公司是否有足够的弹性来应付这些变化?

专栏 7－1　公司价值的驱动要素

公司的价值等于公司自由现金流量的折现。要分析公司的价值，必须对影响公司价值的要素进行分析和预测，了解公司价值的驱动要素。

Alfred Rappaport 根据自由现金流量模型，得出公司有 7 个价值动因：宏观因素，它因行业而不同并影响股东价值；销售增长率、现金利润可显示流入的现金；现金税率（实际支付的税）显示流出的现金；固定资产支出和营运资本支出可用来表示投资；加权平均资本成本是基于风险和资本结构（债务权益比率）的投资者所要求的回报率，只有在回报高于资本成本时，公司才为股东创造了价值。第 7 个因素是一个时间框架，它说的是在此期间内市场希望你的业务带来多大的回报，这个期间又称竞争优势期。

普华永道对美国主要的投资基金经理的调查显示，他们认为竞争优势期是最重要的动因，也是最难估计的动因。竞争优势期因行业而不同，对于软件开发技术迅速更新的行业，竞争优势期可根据本企业在行业中的地位和管理状况而定，而在像石油和天然气这样的进入壁垒高、未来的竞争态势更可预测的行业，竞争优势期就会长一些，一般情况下定为 10 年左右。

汤姆·科普兰和蒂姆·科勒以自由现金流量贴现为基础进行分析，认为有两个关键的价值驱动因素：公司销售收入、利润及资本的增长率；投资资本的回报率。每一元投资获利较高的公司，其价值要高于每一元投资获利较少的类似公司。同样地，增长率较高的公司，其价值要高于增长率较低的公司。投资资本回报率越高，自由现金流量越高，只要投资资本的回报率大于用来进行现金流量贴现的加权平均资本成本，较高的增长率就能产生较高的价值。公司每年的增长率并非固定不变，公司也并非将相同比例的利润用于投资，每年的资本回报率也不尽相同，但关键的价值驱动因素——投资资本回报率（相对加权平均资本成本而言）与增长率，在一定时间内普遍适用于所有公司。因此，公司为增加其价值，必须增加其现行投资的盈利水平、增加新资本的投资回报率、在新资本回报率超过加权平均资本成本的前提下提高增长率以及降低资本成本。

通过对公司价值驱动要素的分析可知，一个公司的价值取决于它的盈利能力同资本成本的比较。盈利能力越高，资本成本越低，公司净值的增长越快，因而这个公司的价值就越大，投资者愿意为之付出的就越高。

当一个公司的资本成本由资本市场决定时，公司的获利能力就取决于它的两个战略选择：第一，为公司选择开展主业的产业，即产业选择；第二，为公司在既定产业中保持竞争优势地位选择竞争战略，即竞争定位。

7.1.3 公司竞争优势分析

公司选择竞争战略是为了获取竞争优势，而竞争优势的获得可以使公司实现更多的价值。

专栏 7-2　　公司竞争优势的价值

根据现代金融理论，公司价值等于公司未来自由现金流量的贴现值。米勒和莫迪利安尼（1961）最早对公司价值进行了分解，他们将公司价值分解为现有资产的价值和增长价值。

$$V=\frac{NOPAT_1}{w}+\sum_{t=1}^{+\infty}\frac{(ROC_t-w)\Delta C_t}{w(1+w)^t} \tag{1}$$

式中，w 为加权平均资本成本；NOPAT 为税后净运营收益；ROC 为投资回报率。

等式（1）中的第一项是公司现有资产的价值，是未来公司的投资刚刚盈亏平衡（$ROC_t=w$）或者无增长［即所有时点的 $\Delta C_t=0$（ΔC_t 为公司投资额）］情况下公司的价值。等式（1）中的第二项衡量了净投资创造的价值比投资者投资于其他项目或者公司所能获得回报的溢价部分。投资者要求的回报为 $\Delta C_t w$，如果公司的投资额为 ΔC_t，投资收益超过投资者要求回报率的溢价 $ROC_t-w>0$，则每年自投入 ΔC_t 起，公司创造的价值增值为 $(ROC_t-w)\times\Delta C_t$。这一永续年金在时刻 t 的现值为 $(ROC_t-w)\Delta C_t/w$，再将其除以 $(1+w)^t$，则得到在时刻 0 的现值。所有未来投资增量带来的价值增长的现值就是公司增长机会的现值。

当 NOPAT 和 C 的增长率都为 g 时，等式（1）变为：

$$V=NOPAT_1\left(\frac{1}{w}+\frac{ROC-w}{wROC}\times\frac{g}{w-g}\right) \tag{2}$$

式中，$\frac{ROC-w}{wROC}$ 可视为独特优势（franchise factor）；$\frac{g}{w-g}$ 可视为增长因

素，这部分可以看作公司竞争优势所创造的价值。

由公式（2）可以看出，要实现公司的价值，必须要增加公司的竞争优势。

1997年，J. 科登和M. 戈登在股利贴现模型的基础上引入了竞争优势的概念，提出了公司成长两阶段模型。他们认为：在第一阶段，即从创立开始的 t 年内，公司具有竞争优势，再投资收益率 R 大于股权投资者要求的收益率 k，公司能够获得超额收益；在第二阶段，即在 t 年后，公司的竞争优势丧失，再投资收益率 R 等于股权投资者要求的收益率 k，据此得到股权的估值公式：

$$p_0=\sum_{n=1}^{t}\frac{E_1(1-\rho)(1+\rho R_n)^{n-1}}{(1+k)^n}+\frac{E_1(1+\rho Rn)^t}{k(1+k)^t} \tag{3}$$

式中，E_1 为公司第一年的每股净收益；ρ 为留存收益比率；k 为股东要求的收益率；R_n 为第 n 年的投资收益率，当 $n>t$ 时，$R_n=k$；t 为竞争优势期。

公式（3）中的前一项表示在竞争优势期内产生的股权价值，后一项是在竞争优势丧失后，假设公司永续存在条件下的股权价值。由此可以看出，要提高股权价值，必须要增加公司的竞争优势期。这也是为什么要分析公司的竞争优势，特别是要分析公司可持续竞争优势的意义所在。

但是，公司选择了正确的竞争战略并不意味着能自动获得竞争优势。为了形成竞争优势，公司还必须具有实施和保持既定竞争战略的资源与核心能力。作为证券分析人员，必须要评价一个公司是否具有保持竞争优势的资源与核心能力。

7.1.3.1 公司的资源

公司的有形资产、无形资产和组织资本构成了公司的资源。有形资产是公司资产负债表上体现的唯一资源，它包括房地产、生产设施、原材料等；无形资产包括公司的声望、品牌、文化、技术知识、专利和商标，以及日积月累的知识和经验；组织资本是资产、人员与组织投入产出过程的复杂结合。

并非公司的所有资源都具有战略价值，只有那些能让公司比竞争对手更好地为顾客创造价值的资源才是有价值的资源。判断公司资源的价值可以从稀缺性、持久性和不可替代性等方面进行判断：

（1）稀缺性。资源的稀缺性是指资源处于供应短缺状态。资源的稀缺性是创造价值的中心点，因为它限制了竞争。如果在行业中容易得到这类资源，那么它们将成为参与竞争的先决条件，而不会成为竞争优势的来源。稀缺性源于物质唯一性、路径依赖性、因果模糊性和经济制约。物质唯一性是指竞争对手无法得到同样的资源，如绝佳的不动产位置、矿产的开采权以及受法律保护的专利等；路径依赖性是指资源之所以独一无二，是因为它们的形成需要一个漫长复杂的积累过程，竞争者无法立即购买到这些资源；因果模糊性是指潜在复制者既不知有价值的资源源于何处，也不知如何进行准确复制的方法；经济制约是指市场领导者的竞争对手虽然拥有复制其资源的能力，但由于市场空间有限而只好作罢。

（2）持久性。资源的持久性是指它们能在较长时期内维持其价值不变。企业的盈利能力不仅取决于所建立的竞争优势的大小，而且取决于其维持竞争优势的时间长度，而这一时间长度既与资源的持久性有关，又与竞争对手模仿公司战略的能力有关；影响资源持久性的是资源的流动性，流动性可以反映资源在不同公司之间转移的难易程度。公司的有形资源最易模仿，因为竞争对手可以在市场上通过交易获得，而无形资源则难以模仿。

（3）不可替代性。可替代性是指一种独特的资源能否被另一种资源替代。例如，它决定了公司用于提供产品或服务的资源可否被其他资源替代。除非拥有不可替代的资源，该公司由此具有的竞争优势才不会因为竞争对手的模仿、复制和寻找其他替代因素而消失。

7.1.3.2 核心能力

核心能力是一种能为公司进入各类市场提供潜在机会，能借助最终产品被顾客所认定，而且不易被竞争者模仿的能力。

核心能力是公司在特定经营环境中的竞争能力和竞争优势等方面知识及技能、技术体系、管理体系、价值观念与行为规范的有机组合，是识别和提供竞争优势的知识体系。体现在员工身上的知识及技能是最常提到的核心能力要素，它包含了公司特有的知识与技能状况；技术体系是指通过多年的积累与选择，经过整理建立起来的技术知识系统；管理体系是指使用知识和创造知识的控制系统，如监督与激励、责任与权利、分权与集权等；价值观念与行为规范是融于前三种要素之中的，是公司文化的一种表现形式。一个公司能否正确评价并培育自己的核心能力，是能否及时识别创新机会并提高创新成功概率的关键。

从战略上理解，一种能力是一套经营方法，每个公司都拥有一种将价值传递给顾客的经营方法。作为一个竞争实体存在的任何公司，都有其独具的优势。核心能力没有有无之分，只有开发利用高低之分。只是有些优势没有形成现实的竞争力，仅仅是核心能力的雏形，是处于低级阶段的核心能力。只有核心能力被公司管理者所认识并加以培养，才能发挥其作为核心能力的作用；否则，它只是一种潜在的核心能力。

核心能力具有以下特性：

（1）有价值。核心能力有助于公司为顾客创造价值，它能为顾客带来相对长期的关键性利益，能够使公司在创造价值和降低成本方面比竞争对手更优秀，能为公司创造超过一般同行公司的超值利润。

（2）异质性。核心能力是公司在长期的生产经营活动过程中积累而成的，不仅与公司独特的技能与诀窍等技术特性高度相关，还深深地印上了公司组织管理、市场营销以及公司文化等诸多方面的特殊烙印。公司的核心能力既有技术特性又有组织特性，很难被竞争对手完全了解并轻易复制，更无法进行市场交易。公司核心能力的异质性，决定了公司的效率差异与收益差别。

（3）扩展性。核心能力可使公司拥有进入各种市场的潜力。公司一旦建立了自己的核心能力，即可将其核心能力组合到不同的相关创新中，构建新的创造与发展的基础，并不断推出创新成果。核心能力是发展新业务的引擎，它决定着公司如何实行多样化经营，是差别化竞争优势的源泉。例如，卡西欧公司在显示技术方面的核心能力可使其参与计算机、微型电视、监视仪等方面的经营。

（4）动态性。核心能力是公司在长期实践中以特定方式、沿着特定的技术轨道逐步积累起来的，因此具有较强的稳定性。但是，公司的核心能力总与一定时期顾客的价值需求、产业动态、管理模式以及公司资源等变量高度相关，公司核心能力的动态发展演变是客观必然的，曾经的公司核心能力也可能演变为一般能力。因此，公司的发展战略需要适时实现公司核心能力的跃升。

核心能力既包括科学技术，又包括管理、组织以及营销等方面的技能。这些技术的结合方式和技术的先进水平共同决定着核心能力的强弱，决定着公司开发新产品和服务市场、挖掘新的市场机会的潜力，体现着竞争优势。

7.2 绝对估值法

对于上市公司的估值方法，通常包括两类：绝对估值法和相对估值法。绝对估值法的核心理念为："股票是未来预期现金流以合理贴现率进行贴现的现值。"绝对估值法的关键在于对股票未来现金流的预测和股票合理贴现率的确定。绝对估值法对于未来现金流的理解具有多种不同的视角，因而也就产生了多种不同的估值法。常用的估值法包括股利贴现（discounted dividend）模型、自由现金流贴现（discounted free cash flow）模型、剩余收入贴现（discounted residual income）模型等。本部分将主要介绍股利贴现模型和自由现金流贴现模型。

7.2.1 股利贴现法

7.2.1.1 股利贴现模型

股利贴现模型（DDM）的主要假设之一是"股票的价值等于未来永续现金流的现值"，即

$$P_0=\frac{D_1}{1+k}+\frac{D_2}{(1+k)^2}+\cdots+\frac{D_n}{(1+k)^n}+\cdots \qquad n=1,2,\cdots,+\infty$$

或者

$$P_0=\sum_{i=1}^{+\infty}\frac{D_i}{(1+k)^i}$$

式中，D_i 为第 i 期的股利；k 为权益资本的必要收益率；P_0 为当期股票价格。

如果股票的股利符合稳定增长的假设——股利的稳定增长率为 g（$g<k$），则上式可以表示为：

$$P_0=\frac{D_1}{k-g}$$

或者

$$P_0=\frac{D_0(1+g)}{k-g}$$

对于这个公式的理解如下：

（1）投资者对于股票价格的预期是所有未来期望发放的股利的现值总和。

（2）贴现率为公司权益资产的必要收益率，给定股利发放政策不变，公司的必要收益率越高，则公司股价越低，反之亦然。

（3）给定公司的风险不变，股利增长速度越高，公司股价越高，反之亦然。

7.2.1.2 股利贴现模型的特点

虽然股利贴现模型具有简单明了的好处，但在应用中也存在着如下限制：

（1）该模型不适于没有股利发放历史或未来没有明确股利发放政策的上市公司，由于这类公司的股利现金流具有不可预测性，所以基于任何预测的股利均无法作为公司股价评估的合理现金流来使用。

（2）该模型不适于股利发放与公司收益没有直接关系的上市公司。很多上市公司为了给投资者以明确的股利政策预期，其股利发放与上市公司的收益情况相独立。对于这种公司，股利现金流并不能完整刻画公司的收益情况，因而也不能作为公司股价估值的合理现金流来使用。

（3）对于没有交易历史的上市公司而言，无法使用 CAPM 来估计必要收益率，从而贴现率的缺失也会给 DDM 的使用带来困难。

（4）对于股利发放不稳定的上市公司，也很难用前述模型来解决。

总之，虽然 DDM 的假设条件和使用的参数具有众多不符合现实的情况，但这一模型为“基于股利的现金流贴现模型”提供了理论框架。

对于公司永续增长率的假定，通常认为该增长率为不大于 5%的非负数，而且该增长率小于资本的必要收益率。

7.2.1.3 股利贴现模型的应用

对于采用同样的股利增长政策和发放政策的公司来说，它们所面临风险的不同会导致公司权益资本必要收益率的不同。由于股利现金流需要通过公司权益资本的必要收益率进行贴现后才等于股价，所以风险越大也就意味着贴现率越高，现值越小，股价越低。对于公司权益资本的必要收益率，通常可以通过资本资产定价模型来获得：

$$k=r_f+\beta(r_m-r_f)$$

式中，k 为公司权益资本的必要收益率；r_f 为无风险收益率；r_m 为市场收益率；β 为公司股票的 β 值。

当投资者利用股利贴现模型计算出股票的价值之后，应该将其与当前的股票价格进行比较：如果股票的市场价值低于所估计的股票价值，则该股票的价格被低估；反之，如果股票的市场价值高于所估计的股票价值，则该股票的价格被高估。如果股票的市场价值与所估计的股票价值相等或接近，则认为该股票的价格合理。

【例 7-1】 孙明在研究中国大陆股份有限公司（上海证券交易所上市公司）的股利政策和市场表现。他新近搜集了以下信息：中国大陆股份有限公司已经处于稳定发展阶段，几年来展现了稳定的股利增长政策，股利增长的速度为 5%。中国大陆股份有限公司刚刚发放了每股 1 元的股利。经过计算，该公司的 β 值为 1.43，预期市场收益率为 10%，无风险收益率为 4%，该公司现在的股票价格为 15 元。

依据以上数据，中国大陆股份有限公司的合理价格是多少？如果你是孙明，你将如何做出该股票的投资建议？

解：

利用 DDM 首先求得该公司的必要收益率，然后再将股利、必要收益率、稳定增长率代入模型求解，具体如下：

（1）利用 CAPM 求解必要收益率：

$$\begin{aligned} k &= r_f + \beta(r_m - r_f) \\ &= 4\% + 1.43 \times (10\% - 4\%) \\ &= 12.58\% \end{aligned}$$

（2）将求得的必要收益率代入 DDM，求解股票的合理价值。

$$\begin{aligned} P_0 &= \frac{1 \times (1+5\%)}{12.58\% - 5\%} \\ &= 13.85 \text{（元）} \end{aligned}$$

（3）根据理论价值与二级市场交易价格做出投资建议。

鉴于股票的理论价值低于二级市场交易价格，所以可行的投资建议是出售持有的股票，或者做空该股票。

7.2.2 自由现金流贴现法

7.2.2.1 自由现金流贴现模型

在绝对估值法中除了股利贴现模型之外，另一个重要的方法是基于自由现金流的贴现模型。自由现金流贴现模型为：

$$V = \sum_{i=1}^{+\infty} \frac{\text{FCF}}{(1+r)^i}$$

1. 公司价值

如果将一个公司所有资产所产生的属于全部投资者（股权投资者及债权投资者）的现金流贴现，就可以得到公司的整体价值，即公司价值。如果将一个公司所产生的只属于股东的现金流贴现，那么仅得到这个公司的股权价值。计算公司价值的公式如下：

$$公司价值=\sum_{t=1}^{+\infty}\frac{\mathrm{FCFF}_t}{(1+\mathrm{WACC})^t}$$

式中，FCFF_t 为 t 时点预期的公司的自由现金流（free cash flow to firm，FCFF）；WACC（weight average cost of capital，WACC）为加权平均资本成本。

其中，

公司的自由现金流（FCFF）

＝息税前利润×(1－税率)＋折旧及摊销－营运资本增加额－资本支出

加权平均资本成本是指以各种资本来源的比例为权重的加权成本，即

$$\mathrm{WACC}=\frac{E}{D+E}\times K_e+\frac{D}{D+E}\times K_d(1-T)$$

式中，$E/(D+E)$ 为权益资本的权重；$D/(D+E)$ 为债务资本的权重；K_e为权益资本的成本，是公司权益投资者所要求的回报率；K_d为债务资本的成本，是公司债权投资者所要求的回报率；T 为公司税率。

以加权平均资本成本对公司所有资产所产生的属于全部投资者的现金流贴现就得到了公司价值。

2. 股权价值

计算公司股权价值的公式如下：

$$股权价值=\sum_{t=1}^{+\infty}\frac{\mathrm{FCFE}_t}{(1+K_e)^t}$$

式中，FCFE_t 为 t 时点预期的属于公司股东的现金流；K_e 为权益资本的成本。

其中，股权自由现金流量（free cash flow to equity，FCFE）是公司自由现金流量扣除与债务相关的现金流量后，可分配给股东的剩余现金流量，即

FCFE＝FCFF－税后利息支出－净债务偿还（偿还的债务本金－新发行债务）

以权益资本成本对属于公司股东的现金流贴现就得到了股权价值。权益资本成本通常采用 CAPM 来计算。

公司的股权价值还可以采用以下方法计算得出。由于

公司价值＝股权价值＋净债务

其中，

净债务＝公司总债务－现金及现金等价物

故有

股权价值＝公司价值－净债务

虽然这两种方法所使用的现金流及贴现率不同，但若假设条件相同，就会得到一致的结论。

7.2.2.2 自由现金流贴现法的特点

自由现金流贴现法具有以下优点：

(1) 理论上最完善的方法。贴现现金流法又称自由现金流贴现法，是通过预测未来若干年的自由现金流，并用恰当的贴现率（通常为加权平均资本成本）和终值计算这些现金流及终值的现值，从而预测出合理的公司价值和股权价值。自由现金

流贴现法分析了一个公司的整体情况，既考虑了资金的风险，也考虑了资金的时间价值，是理论上最完善的估值方法。

（2）估值结果接近股权的内在价值。自由现金流贴现法最大的优点是最贴近公司的实际内在价值。通常会计科目中的数据记录往往带有主观判断，因而可能产生误差，比如一项开支是核算为费用支出还是新增资产就会因人而异。自由现金流贴现法是根据公司未来的自由现金流计算得出公司价值的，因此计算出的价值更贴近公司的内在价值，单纯追踪属于投资者的资金流，并不完全基于历史财务数据。

（3）充分反映公司的经营战略。为了预测公司未来的自由现金流，首先需要按照公司的业务流程建立一个估值模型。好的估值模型的结构可以充分反映公司采购、生产及销售等各个业务环节。在设计好估值模型的结构后，根据公司未来的经营战略，把相应的数据输入模型中，最终得到预测的自由现金流。因此，通过自由现金流贴现法的估值结构可以反映公司的经营战略。

（4）受市场短期及周期性变化的影响较少。利用自由现金流贴现法进行估值的预测期要超过公司的成熟期，通常预测未来5～10年的数据。由于预测期较长，因此可以完全覆盖掉市场短期情况或者行业周期性变化对估值的影响。

自由现金流贴现法同时也有如下缺点：

（1）估值方法复杂，工作量大。首先，自由现金流贴现模型的结构复杂，并且模型的建立需要对行业和公司的情况有充分的理解。其次，自由现金流贴现法的估值模型不是建立在一系列固定不变的数据基础上的，因此在行业未来前景出现变化，或者公司转变经营策略的情况下，都需要随时调整模型所需输入的数据。因此，相对于乘数估值法而言，自由现金流贴现法的工作量较大、操作不便。

（2）估值区间的范围大，估值结果可用性有限。首先，自由现金流贴现法的估值结果对于公司未来发展速度以及市场走势的假设很敏感。如果对于自由现金流、贴现率以及永久增长率的预测仅仅基于主观判断，得到的估值区间可能会很大，因此估值结果的参考价值有限。

自由现金流贴现法的准确性有赖于对未来现金流的精确判断，对于难以预测销售和成本走势的企业而言，很难准确预测未来的现金流。仅仅是预测未来几年的现金流已经很困难，无限延长后的预测数字，其准确性更值得商榷。为了保证公司的真实价值处于估值区间之中，就需要对众多假设进行敏感性分析，从而最终得到估值区间的可能性很大。

（3）较难捕捉短期盈利机会。自由现金流贴现法的优点之一是不受市场短期波动的影响，因此自由现金流贴现法无法应用在短期投资的估值上。虽然自由现金流贴现法可以在很大限度上规避投资泡沫的风险，但很可能使投资者错过股票短期上涨的盈利机会。以微软公司为例，如果通过自由现金流贴现法对其估值，1995年微软公司的股价是被高估的，但它稍后迅速控制了整个软件市场，行业霸主的地位令众多投资者趋之若鹜。

7.2.2.3 自由现金流贴现法在投资中的运用

【例7-2】 A公司的自由现金流及其增长率见下表。

	2019 年	2020 年	2021 年	2022 年	2023 年	2024 年
FCFF	100.00	115.00	128.80	140.39	148.82	158.28
增长率	15%	12%	9%	6%	3%	3%
FCFE	80	91.20	101.23	109.33	114.80	118.24
增长率	14%	11%	8%	5%	3%	3%

A 公司从 2023 年开始进入稳定增长期，其增长率为 3%。

A 公司的目标资本结构及资本成本构成为：

目标资本结构 D/E 为 1/2，即 50%；

权益资本成本为 15%；

债务资本的税后成本为 6%。

试计算：

(1) 2023 年 A 公司的股权价值和企业价值。

(2) 2018 年 A 公司的股权价值和企业价值。

解：

(1) 2023 年的价值：

A 公司的股权价值为：

$$\sum_{i=1}^{+\infty}\frac{\text{FCFE}_i}{(1+k)^i}=\frac{\text{FCFE}_{2024}}{k-g}=\frac{118.24}{15\%-3\%}=985.33$$

A 公司的企业价值为：

$$\text{WACC}=\frac{E}{D+E}\times K_e+\frac{D}{D+E}\times K_d(1-T)$$

$$\text{WACC}=2/3\times 15\%+1/3\times 6\%=12\%$$

$$\sum_{i=1}^{+\infty}\frac{\text{FCFF}_i}{(1+\text{WACC})^i}=\frac{\text{FCFF}_{2024}}{\text{WACC}-g}=\frac{158.28}{12\%-3\%}=1\ 758.67$$

(2) 2018 年的价值：

A 公司的股权价值为：

$$\begin{aligned}\sum_{i=1}^{+\infty}\frac{\text{FCFE}_i}{(1+k)^i}&=\frac{80}{1+15\%}+\frac{91.2}{(1+15\%)^2}+\frac{101.23}{(1+15\%)^3}+\frac{109.33}{(1+15\%)^4}\\&\quad+\frac{114.8}{(1+15\%)^5}+\frac{985.33}{(1+15\%)^5}\\&=814.55\end{aligned}$$

A 公司的企业价值为：

$$\begin{aligned}\sum_{i=1}^{+\infty}\frac{\text{FCFF}_i}{(1+\text{WACC})^i}&=\frac{100}{1+12\%}+\frac{115}{(1+12\%)^2}+\frac{128.8}{(1+12\%)^3}\\&\quad+\frac{140.39}{(1+12\%)^4}+\frac{148.82}{(1+12\%)^5}+\frac{1\ 758.67}{(1+12\%)^5}\\&=1\ 444.22\end{aligned}$$

7.3 相对估值法

7.3.1 相对估值法的基本模型

相对估值法又称乘数估值法。相对估值法的基本思想是：在运行良好的股票市场上，投资者对未来获利预期相同的资产应该支付相同的价格；或者说，投资者对相同质量的资产不会支付更高的价格。

通常说来，处于同一行业的公司由于其业务模式和经营管理模式相似，因此同一行业内公司的业务指标和财务指标也具有很强的相似性。乘数估值法就是利用同行业公司的相似性，通过研究行业内可比公司的比例指标并将其作为乘数，乘以某公司的价值驱动因素，从而计算出公司价值。用公式可表示为：

公司价值=价值驱动因素×乘数

上式中的价值驱动因素是指实际驱动公司价值增长的变量。这些驱动因素反映的是公司本身的盈利能力或拥有的资源，可以是利润、每股利润、收入、总资产、净资产或用户数等。乘数是可比公司较为恒定的比率。通常使用的乘数包括市盈率（P/E）、市净率（P/B）、市销率（P/S）及公司价值/EBITDA 等。

7.3.2 相对估值法的特点

相对估值法的特点在于预测方法的计算相对简单，基准标杆（benchmark）的确定也相对简单。在证券或市场波动性较大的时候，可以较灵活地调整估值水平。例如，对于同一上市公司，在牛市和熊市中由于基准标杆水平的改变，可以上调或下调证券的估值水平，可以在不改变公司经营业绩（如 EPS、BVPS、EBITDA）的前提下调整股价的合理价值。

7.3.2.1 相对估值法的优点

1. 易于计算，快捷高效

相对估值法具有经济含义直观明了、参数使用较少、计算相对简便等优点。相对估值法通常只需要一个明确的假设，即这些公司的乘数相等。一旦找到了可比公司，估值过程就变得相当简单。假如相对估值法可以捕捉现金流贴现理论关于乘数变化趋势的预测，那么它就能与使用现金流贴现法一样正确。

2. 采用当前股价或交易价格计算，提高了估值的准确性

在一个有效市场中，当前股价是最好的估值数据之一。相对估值法由于采用当前股价计算，提高了估值的准确性。另外，由于相对估值法使用当前股价进行估值，因此是即将上市的公司最适合选用的估值方法之一。

3. 少数股权投资的最佳估值方法

对于仅占少数股权的投资，用相对估值法计算出来的股权价值具有更高的参考性，因为用相对估值法计算出来的估值结果不包含控制权溢价。

7.3.2.2 相对估值法的缺点

1. 很难找到完全一致的可比公司

正如世界上找不到两片完全相同的叶子，完全可比的公司是不存在的，公司与公司之间总会存在一定的差异。我们在选择可比公司时只能从产品类型、产品结构、地理位置、公司规模、盈利能力、成长性及资本结构等方面寻找与目标公司尽量相似的公司，因此就要寻找可比公司与目标公司的差异，对可比公司的估值乘数进行调整，这种主观的调整可能会给目标公司的估值带来误差。

2. 估值结果的准确性受市场影响较大

利用相对估值法进行估值的一个前提条件是市场是有效的，这意味着可比公司的交易价格反映了该公司的实际价值。如果目前整个行业都被高估或者低估了，通过相对估值法得到的公司价值必然也被高估或者低估了。另外，如果可比公司的市值较小、公众持股量小或者交易不活跃，则公司的估价可能已经偏离了其实际价值，尽管可比公司与目标公司有很强的可比性，但由于市场对可比公司估值的影响，也会影响到目标公司估值结果的准确性。

3. 会计政策的选择会影响估值的结果

相对估值法的价值驱动因素一般是会计收入或者利润而不是现金流。由于不同会计准则的应用，对公司的收入和利润指标会有较大的影响，因此同一家公司选择的会计政策不同，得到的估值结果也不一样。更有甚者，有的经理人通过选择会计方法来提高或者降低公司的收入或利润。因此，在用相对估值法进行估值时，如果目标公司的财务数据是被粉饰过的，那么计算出的估值结果将不能反映公司的实际价值。

4. 使用单一年度盈余进行估值不能反映公司发展潜力对公司价值的影响

相对估值法只使用一年的经营结果作为估值基础，而不是公司未来预期的现金流。这个方法实际上没有考虑到公司未来的发展潜力对公司价值的影响。例如，如果预计A公司未来5年的净利润固定为100万元，而B公司未来5年的净利润预计将从100万元增长到500万元，这两家公司显然应该具有不同的价值。但是，如果我们用两家公司第一年的净利润乘以同一个估值乘数对其进行估值，则得到的估值结果是完全相同的。

7.3.3 相对估值法在投资中的运用

7.3.3.1 市盈率估值模型

越来越多的投资者把相对估值法作为估值的快捷工具。作为相对估值法的代表，市盈率估值模型是目前最主流的估值手段之一。市盈率（P/E）是指股票市场价格与每股收益（EPS）的比例。

如果每股收益（EPS）采用最近一个财政年度的每股盈利（last year ratio，LYR）计算，由此得出的市盈率称为静态市盈率（trailing P/E）；如果采用最近12个月（即4个季度）的每股盈利（trailing twelve months，TTM）计算，由此得出的市盈率称为滚动市盈率；如果用预期下一年度的每股盈利计算，由此得出的市盈率称为动态市盈率（leading P/E）。

公司股权价值＝可比公司市盈率×公司每股收益

当某股票的实际价格高于评估价格时，表示股价高估（overpriced），此时应当卖出；反之，当某股票的实际价格低于评估价格时，表示股价低估（underpriced），此时应当买入。

确定理论 P/E 的基准标杆有多种方法，通常使用的有：

（1）在同类行业内，风险因素和经营状况相似的企业。

（2）上市公司所在行业的平均值。

（3）上市公司的历史平均值。

市盈率会由于证券所处市场的不同、行业的不同、经营状况的不同而产生较大的差异。

不同市场的经济增长速度会影响到企业的增长速度，这是因为，虽然市盈率指标从直观上看并不含企业增长率这一因素，但企业的价值 P 是与企业的增长密切相关的。在通常状况下，未来增长速度越高、高增长阶段的持续时间越长，则市盈率也就越高。由于新兴市场国家在较长时间内保持相对较高的经济增长速度，这使得在新兴市场国家经营的企业也能够分享这一高增长因素，所以企业的价值也就较高，市盈率也较高。相反，如果企业主要在成熟经济体内经营，则由于成熟经济体的经济增长已经达到稳定状态，所以在成熟经济体中经营的企业增长速度（相对而言）将低于新兴市场国家的同类企业，市盈率水平也相对较低。

上市公司的市盈率也会由于企业经营行业的不同而不同。从一般意义上说，高成长行业的企业市盈率通常会较高，成熟行业的企业市盈率通常会较低；绝对规模较大的企业市盈率较低，绝对规模较小的企业市盈率较高。例如，高成长行业中的信息技术（information technology）、生物科学（biotech）等高科技行业的企业市盈率通常较高，钢铁、能源、银行等行业的市盈率通常较低。

在同一行业内的不同上市公司，由于其行业地位的差异也会导致市盈率水平的不同。处于行业龙头地位的企业，由于其在行业内通常具有某种程度的定价权，抗风险性也较强，这就使得该类企业能够享受到一定的估值溢价；在行业内并非处于龙头地位的企业，其经营环境、竞争地位、定价权等各个方面相对龙头企业均具有一定的劣势，因而经营风险相对较高。因此，出于对风险的补偿要求，就会使这类企业的市盈率水平相对下降。

【例7-3】 2019年1月6日，李明以15.25元/股的价格购买了1 000股ABC公司的股票。他还查询了以下数据：

(1) 2019年，ABC公司的每股收益（EPS）为0.73元。假设ABC公司在2016年、2017年和2018年的每股收益分别为0.55元、0.60元和0.66元，则以ABC公司过去四年的几何平均增长率作为2020年ABC公司的预计收益增长率。

(2) ABC公司是行业内的龙头企业，其生产的众多产品具有很高的技术含量，在国内具有较强的竞争优势。

(3) ABC公司所处行业的理论市盈率水平（动态）为16倍，ABC公司的理论静态市盈率和动态市盈率水平分别为18倍和16.4倍。

那么，在不考虑交易成本的情况下，李明的投资行为是否正确？

解：

根据市盈率做出投资的决策，方法是选择投资实际市盈率低于理论市盈率的股票，出售（或在市场允许的条件下做空）市盈率高于理论值的股票。

在李明购买ABC公司的时候，其静态市盈率为：

$$\frac{15.25}{0.73}=20.9$$

此数值高于理论市盈率18倍的水平。

下面，考虑动态市盈率水平。ABC公司过去三年的每股收益增长率为：

$$\sqrt[3]{\frac{0.73}{0.55}}-1=10\%$$

因此，ABC公司的动态市盈率为：

$$\frac{20.9}{1.1}=19$$

由于其动态市盈率和静态市盈率水平均高于理论值，所以应当出售（或做空）ABC公司，李明的投资从市盈率的角度来说是不明智的。

由于盈利能力是反映投资价值的主要因素，所以市盈率指标得到了投资者的广泛认可和使用。市盈率估值法具有很多优点，主要包括：

(1) 可通过会计收益数据和市场股价数据计算得到，方法简单，内涵明确。

(2) 同行业公司的市盈率可以直接进行比较，不同行业的市盈率可以在整个市场市盈率平均水平的基础上做向上（高增长、高科技等行业）或向下（成熟、资源类等行业）调整，进而可以判断行业估值水平的高低。

当然，市盈率估值法也有以下缺点：

(1) 对于收益为负值的上市公司，市盈率也为负值，因而不具有经济含义。

(2) 管理层可以操纵盈利，报告的盈利中可能包括临时收益。

(3) 市盈率并没有将企业的估值与未来收益的增长情况建立直接联系，因而无法直观地判断不同增长前景企业的估值水平。①

市盈率估值法适用于周期性较弱的企业，如公共服务业、食品行业、道路运输业的企业，因为这些企业的盈利相对稳定。

---

① 为了弥补这一缺陷，可以将上市公司长期稳定增长率与企业的市盈率结合起来分析，也就是PEG比率。

市盈率估值法不适于周期性较强的企业，如石化行业、煤炭行业、钢铁行业的企业，净利润为负的企业，房地产企业等项目性较强的企业。

7.3.3.2 市净率估值模型

市净率（P/B）是指股票价格与每股净资产（book value per share，BVPS）的比例。市净率反映了市场对于上市公司净资产经营能力的溢价判断。当这一比例大于1时，表明上市公司每1元的净资产可以高于1元的价格进行交易。P/B 的溢价来源于上市公司的“剩余收入”（residual income）。剩余收入是指上市公司净收入扣除权益资本成本（equity cost）之后的价值。净收入反映了权益收入（return on equity，ROE）。在给定企业ROE、权益资本成本以及企业长期稳定增长率（sustainable growth rate）的假定之下，上市公司的市净率为：

$$P/B=1+\frac{\mathrm{ROE}-k}{k-g}$$

式中，P/B 为市净率；ROE为权益资本收入；k 为权益资本成本；g 为长期稳定增长率。

将上式变形，两边同时乘以BVPS，可以得到：

$$P/B\times\mathrm{BVPS}=\left(1+\frac{\mathrm{ROE}-k}{k-g}\right)\times\mathrm{BVPS}$$

$$P=\mathrm{BVPS}+\mathrm{BVPS}\times\frac{\mathrm{ROE}-k}{k-g}$$

式中，P 为二级市场上股票的交易价格；BVPS为上市公司的每股净资产；$\mathrm{BVPS}\times\frac{\mathrm{ROE}-k}{k-g}$ 为二级市场愿意为上市公司每股股票支付的溢价，该溢价的比率 $\frac{\mathrm{ROE}-k}{k-g}$ 与ROE正相关，与 g 正相关。

P/B 的经济含义是很明显的。上市公司的溢价是直接与其权益资本收入相关的，在给定条件下（others being equal），上市公司的ROE越高，其为股东创造的价值也就越高，股东为上市公司支付的溢价水平也就越高。同理，在给定条件下，上市公司可持续的增长率越高，其能够给股东创造超额收益的时间也就越长，股东就更愿意为其支付较高的溢价。

市净率已成为国际通用的衡量企业估值水平的重要指标，适用于拥有大量资产且净资产为正值的公司，特别适用于金融机构，因为这类公司的账面价值更接近市场价值。对银行业的估值通常会采用市净率法。

该指标的用法与市盈率相似，通过采用可比上市公司的市净率，可以估计出每一家上市公司的价格。但在不同的市场状况下，市净率指标会发生波动。在牛市下，上市公司的市净率指标会纷纷上扬，而在熊市下，市净率会伴随市场指数的下滑而不断下跌。

【例7-4】 2019年6月6日，李明以5.85元/股的价格购买了1 000股中信银行（601998）的股票。他还查询了以下数据：

（1）2018年，中信银行的每股净资产（BVPS）为8.21元。

(2) 中信银行可比公司的平均市净率为 0.74 倍。

那么，在不考虑交易成本的情况下，李明的投资行为是否理性?

解:

根据可比公司的市盈率，可以得出中信银行的评估价格为:

0.74×8.21=6.07 (元)

李明买入中信银行的价格为 5.85 元，低于评估价格，所以李明的买入是理性的。

7.3.3.3 市销率 (P/S) 估值模型

市销率是股票价格与每股销售收入的比例，市销率 (P/S) 估值模型也是一个被广泛运用的模型。

P/S=公司市值/销售收入=每股价格/每股销售收入

市销率具有以下优点:

(1) P/S 在任何时候都可以使用，甚至适用于尚不能产生利润的公司或者是陷入经营困境的公司。

(2) 销售收入不会受公司折旧、存货和所采用会计政策的影响，不容易被人为操纵。

(3) 市销率一般比较平稳，不会大幅波动。

P/S 估值模型的局限之处在于，它不能反映收入相同但成本结构不同的公司之间的估值差别。当使用 P/S 来对一个具有负利润和负账面价值、处境艰难的公司进行估价时，可能因为无法识别公司在成本、毛利润方面的差别，而得出极其错误的评估。

该估值模型适用于发展到一定阶段且有较稳定经营收入的公司。市销率还可用于对互联网公司、通信设备公司、公共事业公司及制药公司的估值。

7.3.3.4 市盈增长率 (PEG) 模型

由于增长率会影响 P/E，因此直接根据 P/E 判断股票的高估或低估会因为不同公司增长率的不同而带来偏差。因此，从原有市盈率又衍生出一个新的比率——市盈增长率 (price earnings to growth ratio，PEG)，即用每股收益的未来 3 年或 5 年的复合增长率除以股票的市盈率。例如，一家公司的市盈率是 20，未来 5 年每股收益的年复合增长率是 20%，那么该股票的 PEG 就等于 1。

在实务中，人们通常将 PEG=1 作为一个比较基准，但这只是经验法则，并没有理论依据。当 PEG<1 时，要么是市场低估了这只股票的价值，要么是市场认为其业绩的成长性可能比预期的要差。通常说来，价值型股票的 PEG 都会低于 1，可以反映低业绩增长的预期。成长型股票的 PEG 都会高于 1，甚至在 2 以上，也就是投资者愿意给予其高估值，表明这家公司未来很有可能会保持业绩的快速增长。

需要注意的是，PEG 一般不单独使用。投资者不能只看公司自身的 PEG 来确认它是高估还是低估。如果某公司股票的 PEG 为 1.5，而其他成长性类似的同行业公司股票的 PEG 都在 2 以上，则该公司的 PEG 虽然已高于 1，但其价值仍可能被低估。

该比率主要用于增长性行业，如奢侈品行业、保健品行业及技术行业等

7.3.3.5 公司价值乘数模型

公司价值/息、税、折旧、摊销前利润（EV/EBITDA），被称为公司价值乘数，

公司价值（EV）＝股权价值＋净债务

＝股权价值＋(债务－现金)

EBITDA＝净利润＋所得税＋利息＋折旧＋摊销

目标公司价值＝可比公司 EV/EBITDA×目标公司 EBITDA

EV/EBITDA 具有较强的适用性。

首先，EV/EBITDA 估值模型不但剔除了资本结构的影响，还剔除了折旧、摊销的影响。公司的不同折旧、摊销政策以及不同发展阶段的折旧、摊销水平会影响到公司的净利润以及息税前利润，但 EBITDA 不受此影响。因此，对于折旧、摊销影响较大的资本密集型公司（如重资产公司）比较适合采用这种估值法。其次，这一比率不受所得税税率的影响，使得不同国家和市场的上市公司估值更具可比性。最后，当每股收益为负时，EBITDA 通常也为正数，所以 EV/EBITDA 的适用范围更广。

公司价值乘数是较常用的估值乘数，适用于资本密集型行业公司的估值，如电信、钢铁，石化、航空等行业的公司。

表 7－1 展示了上述几种常用的估值乘数及适用范围。

表 7－1 常用的估值乘数及适用范围

估值方法	优点	缺点	适用范围
P/E	计算简便；考虑了公司的经营风险和未来收益预期，以及公司、行业的成长性	受会计报表编制和企业生命周期变化的影响较大；盈利为负的企业无法使用	适用于盈利相对稳定且受周期性影响较弱的企业，如一般制造业、食品行业、服务业、道路运输业等的企业
P/B	每股净资产通常为正且相对每股收益更稳定	无法准确衡量无形资产的价值；不适用于净资产规模小的企业；不适用于测算公司成长性	适用于固定资产数量较大且账面价值较为稳定的企业，或是在企业盈利状况不稳定时使用。P/B 适用于银行业企业
P/S	营业收入指标不会为负值，适用范围较广；销售收入相对净利润和净资产的精确度更高	营业收入不能反映企业创造价值的能力；对于成本波动较大企业的预测精度较低	适用于尚未盈利但企业营业收入稳定、持续增长的企业，或是处于成长期、业务规模正在扩张的企业。P/S 适用于互联网、公共事业、零售等行业的企业
PEG	更好地考虑了企业的成长性；可以优化对高市盈率企业的估值	忽视企业当前的盈利能力；不能对负净利润的企业进行估值；预测企业未来增长率较为困难	PEG 为企业未来 3～5 年收益的复合增长率，适用于盈利能力较好且成长性较高的企业，如信息技术、生物技术等行业的企业

续表

估值方法	优点	缺点	适用范围
EV/EBITDA	排除了折旧、摊销、税率和资本结构的影响；更注重主营业务收入	不适用于固定资产变化快的企业；忽略了企业的成长性	与净利润相比，EBITDA的扣除费用项目较少，基本为正数，适用于资本密集型企业以及折旧、摊销费用占比较大的企业，如电信、化工、航空等资本密集型行业的企业

本章小结

证券价格是公司价值的体现，因此证券投资的核心是对影响或反映公司内在价值的各种因素进行分析，主要包括宏观因素、产业因素和公司因素等。公司分析是基本分析自上而下流程中的最后一步，宏观经济分析以及产业分析都是公司分析的基础，公司分析直接涉及单个证券的选择。

公司价值分析包括公司基本分析和公司价值评估。公司基本分析是一个定性分析的过程，主要目的是了解公司的基本情况、公司的战略定位以及公司的竞争优势。

公司基本分析具体包括公司基本情况分析、战略定位分析和公司竞争优势分析。

公司基本情况分析包括公司概况及产业竞争地位分析、经济区位分析和公司价值链分析。在激烈的竞争中，制定正确的竞争战略是确保公司在行业中生存并得以发展的基础。基本的竞争战略包括成本领先战略、差异化战略和聚焦战略等。

公司选择了正确的竞争战略并不意味着能自动获得竞争优势，为了形成竞争优势，公司还必须具有实施和保持既定竞争战略的资源与核心能力。

公司价值分析的基本方法包括绝对估值法和相对估值法。

绝对估值法的核心理念是："股票是未来预期现金流以合理贴现率进行贴现的现值。"绝对估值法的关键在于对股票未来现金流的预测和股票合理贴现率的确定。常用的绝对估值法包括股利贴现模型、自由现金流贴现模型等。

相对估值法的基本理念是：在运行良好的股票市场上，投资者对未来获利预期相同的资产应该支付相同的价格；或者说，投资者对相同质量的资产不会支付更高的价格。相对估值法就是利用可比公司的相似性，通过研究可比公司的比例指标并将其作为乘数，乘以某一公司的价值驱动因素，从而计算出公司价值。常用的相对估值法包括市盈率（P/E）估值法和市净率（P/B）估值法等。

本章关键问题

- SWOT分析
- 经济区位分析
- 价值链分析
- 基本竞争战略

- 资源
- 核心能力
- 绝对估值法
- 相对估值法

本章思考题

一、名词解释

相对估值法	绝对估值法	市盈率	市净率
股利贴现模型	自由现金流贴现模型	WACC	FCFF
FCFE	成本领先战略	差异化战略	聚焦战略

二、简答题

1. 上市公司基本分析包括哪些内容?
2. 上市公司有哪些竞争战略?
3. 公司有战略价值的资源有哪些特点?
4. 简述公司核心能力的特点。
5. 简述上市公司及其股票估值的主要方法。
6. 比较相对估值法和绝对估值法的特点。

三、计算题

1. 张强在对某上市公司做估值分析的时候,对该公司的自由现金流做出了以下预测,见下表。

某公司自由现金流预测表

	2021 年	2022 年	2023 年	2024 年	2025 年	2026 年
FCFF	100.00	110.00	119.90	129.49	138.56	146.87
FCFE	60.00	67.20	74.59	82.05	87.79	93.06

张强还认为,从 2021 年开始,该公司的自由现金流将开始稳定增长,增长率为 5%。通过进一步研究,张强又获得了以下数据:

(1) 该公司的目标资产负债率为 33.33%。

(2) 该公司的税后债务成本为 6%。

(3) 该公司的 β 系数为 1.3。

(4) 市场预期收益率为 10%。

(5) 无风险收益率为 4%。

试计算该公司 2020 年的股权价值及公司价值。

2. 假设上题中的 FCFE 就是公司的净利润,且公司的股本为 100,请结合 DDM 计算该公司的理论股价。与此同时,假设市场是有效的,在不考虑交易成本的情况下,该公司 2020 年交易价格的(动态)市盈率为多少?如果该公司的市净率为 5 倍,那么该公司的 BVPS 又是多少?

第三篇　技术分析篇

黄达教授（左上）、王传伦教授（坐者）和吴晓求教授于 2003 年 1 月 11 日第七届中国资本市场论坛开幕前在贵宾室交谈。

应美国国务院和美国驻华大使克拉克·T. 兰特（Clark T. Randt）先生的邀请，2003 年 2 月 17 日—3 月 16 日吴晓求教授作为美国国务院 IVP 项目资助的杰出专家访美。2003 年 2 月 25 日，吴晓求教授访问哈佛大学商学院，就金融发展的未来趋势与哈佛商学院著名金融学教授、1997 年诺贝尔经济学奖获得者罗伯特·默顿（Robert Merton）博士（左侧）进行学术交流。

第8章 证券投资技术分析概述

学习目标

- 了解技术分析的三个假设。
- 了解技术分析方法的分类。
- 了解价量配合的基本思想。
- 了解相反理论的含义。

技术分析对于提高证券市场投资者的个人判断能力有一定的帮助作用。从某种程度上说，涉足证券市场的投资者首先接触的是技术分析。了解这一分析工具，有利于增强投资者对证券市场未来的预见能力。对技术分析的掌握和运用程度，关系证券市场投资者的切身利益。这一章和下一章主要以股票市场为例，系统介绍主要的技术分析方法。

8.1 技术分析的理论基础

8.1.1 技术分析的定义和作用

技术分析通过分析证券市场的市场行为，对价格的未来变化趋势进行预测，所使用的手段是分析股票市场过去和现在的市场行为。

市场行为包括三个方面的内容：①价格的高低和价格的变化；②这些变化所伴随的成交量；③完成这些变化所经过的时间。简单地说，就是价、量、时。在这三方面中，价格的变化是最重要的。

从不同侧面对市场行为进行分析就形成了技术分析的各种方法。根据市场行为得到的数据而产生出来的各种图表（chart）是进行技术分析所要用到的最基本东西。技术分析人员通过长期实践和总结经验，创造了很多从图表看未来的方法，这些方法构成了技术分析的全体。

证券市场提供了两种增值的方法：一种是基本收益，这是投资者进入股票市场最基本的出发点，分析的侧重点是股票的基本分析，包括上市公司红利和发展前景；另一种是资本收益，目标是取得差价（spread），即低价买入、高价卖出。对此，分析的侧重点就应该是技术分析。

8.1.2 技术分析的理论基础——三大假设

技术分析是预测价格未来走向的研究行为，依赖的是过去和现在的市场行为。技术分析能够抓住市场中隐蔽的、市场行为本身没有直接体现出来的信号。当股票市场处在关键的转折点时，技术分析能及时发出有益的信号。

技术分析对于市场的认识具有独到的一面，总结出来就是它赖以存在的理论基础，即下面的三大假设：

- 假设 1——市场行为包括一切信息。
- 假设 2——价格沿趋势波动，并保持趋势。
- 假设 3——历史会重复。

假设 1 是进行技术分析的基础。技术分析认为，影响股票价格的全部因素（包括内在的和外在的）都反映在市场行为中，没有必要对影响股票价格因素的具体内容过分关心。如果不承认假设 1，技术分析所做出的结论应该是无效的。技术分析是从市场行为预测未来，如果市场行为没有包括全部影响股票价格的因素，也就是说，对影响股票价格的因素考虑的只是局部而不是全部，这样的结论当然没有说服力。

假设 2 认为，股票价格的变动是按照趋势进行的，其运动有保持惯性的特点。如果没有外在因素的影响，价格波动不会改变原来的方向。正因为如此，在一些文献中这一条被称为“牛顿第一定律”。

一般来说，若某段时间的价格一直是下降的或上升的，那么在今后一段时间内，如果不出意外，股票价格也会按照这一方向继续下降或上涨，没有理由改变这一既定的运动方向。如果没有外在的因素，没有必要逆大势而为。

假设 3 是从统计学和心理学两个方面考虑的：一方面，价格的波动有可能存在某种规律，而这一点将通过统计结果得到；另一方面，人的买卖行为要受心理学中某些理论的制约，进而可能出现一些规律性的现象。

8.1.3 关于三大假设的合理性

对假设 1 来说，任何一个因素对股票市场的影响最终都必然体现在股票价格的

变动上。从这点来看，假设 1 有一定的合理性。如果公布了某个被认为应该对市场产生影响的消息，但股票价格与以前相比没有明显的变动，就说明这个消息对市场没有影响（尽管我们从其他方面看都应该产生影响）。如果有一天某只股票的价格向上跳空高开、成交量大幅增加，一定出现了利多的消息。具体是什么消息，没有必要过问，它已经体现在市场行为中了。上述价格的波动就是这个消息在股票市场中的反映。技术分析的拥护者只关心这些因素对市场的影响效果，并不关心导致这些行为的具体内容。

然而，市场行为反映的信息只体现在价格的变动之中，与原始的信息是有差异的，损失信息是必然的。正因为如此，投资者在进行技术分析时，还应该适当地进行一些基本分析的工作，以弥补技术分析的不足。

对于假设 2，一般来说，某段时间的价格一直是下降的或上升的，那么在今后一段时间内，如果不出意外，股票价格也会按照原来的波动规律继续下降或上涨。然而，当价格沿某个方向波动的时间过长时，就会增加反方向的力量，从而使假设 2 受到冲击。此外，价格的变动受到许多因素的影响，有些是根本想不到的，这使价格的波动表现出无规律的现象。

假设 3 的合理性是建立在统计结果的基础上。投资者过去的交易结果会在他心中留下深刻的记忆。一旦遇到与过去某一时期相同或相似的情况，就应该与过去的结果进行比较。过去的结果是已知的，这个已知的结果应该是现在对未来进行预测的参考。然而，应当注意到，股票市场不可能有完全相同的情况重复出现，差异或多或少存在。在使用假设 3 的时候，这些差异一定会对预测结果产生影响。

三大假设是进行技术分析的基础，它不是十全十美的，但不能因此而否定它存在的合理性。其实，讨论它是否合理并没有实际的意义，证券市场中的每个人都有自己熟悉和认可的分析思路。

8.2 市场行为的四个要素：价、量、时、空

在证券市场中，价格、成交量、时间和空间是进行分析的要素，这几个要素的具体情况和相互关系是进行分析的基础。

8.2.1 价和量是市场行为最基本的表现

市场行为最基本的表现是成交价格和成交量。过去和现在的成交价格及成交量反映大部分市场行为，在某一时间的价格和成交量反映的是买卖双方在这个时间的共同市场行为，是双方暂时的均衡点。随着时间的变化，均衡会不断地发生变化，这就是价量关系的变化。

一般来说，买卖双方对价格的认同程度通过成交量的大小得到确认。认同程度

大，成交量大；认同程度小，成交量小。双方的这种市场行为反映在价、量上就呈现出这种趋势规律：价增量增，价跌量减。根据这一规律，当价格上升时，成交量不再增加，意味着价格得不到买方的确认，价格上升的趋势就会减弱；反之，当价格下降时，成交量萎缩到一定程度不继续萎缩，意味着卖方不再认同价格继续下降，下降的趋势有可能发生变化。成交价格和成交量的这种规律关系是技术分析的合理性所在。

8.2.2 时间和空间是市场潜在能量的表现

在技术分析中，“时间”是指完成某个过程所经过的时间长短，通常是指一个波段或一个升降周期所经过的时间。“空间”是指价格的升降所能达到的程度。时间指出“价格有可能在何时出现上升或下降”，空间指出“价格有可能上升或下降到什么地方”。投资者对市场的分析，其关注点都集中在这两个因素上。

时间更多地与循环周期理论相联系，反映市场起伏的内在规律和事物发展周而复始的特征，体现了市场潜在的能量由小变大再变小的过程。空间反映的是每次市场发生变动的程度大小，也体现市场潜在的上升或下降的能量大小。上升或下降的幅度越大，潜在能量就越大；相反，上升或下降的幅度越小，潜在能量就越小。

8.2.3 成交量与价格趋势的一般关系

价格随成交量的上涨而上升，这是正常的市场特征，这种价量关系表示价格将继续上升；反之，如果价格出现了新高，而成交量没有创出新高，则此上升趋势是令人怀疑的，是价格潜在的反转信号。

有时，价格随着缓慢增加的成交量而逐渐上升，某一天平缓的走势突然变成直线上升的“井喷”，成交量剧烈增加、价格暴涨，之后是成交量萎缩、价格大幅下降，这表明上升已经到了末期。

在长期下降后，价格形成了“波谷”，并开始回升，成交量没有因价格的上升而放大；之后，价格再度回到“波谷”。如果此时的成交量低于前一个“波谷”，就是价格将要上升的信号。

市场在出现一段时间的上升行情后，出现大的成交量，而价格没有同时向上，说明卖压很重，形成价格下降的因素。

成交量是价格的先行指标，价格是虚的，成交量是实的。

8.2.4 时间、空间与价格趋势的一般关系

在市场中，经常能够听到“长线”和“短线”的说法。对于大周期，或者说是时间长的周期，今后价格将要经过的变化过程也应该长，价格变动的空间也应该大。

对于时间短的周期，今后价格变动的过程和变动的幅度也应该小。

一般来说，时间长、波动空间大的过程，对今后价格趋势的影响和预测作用也大；时间短、波动空间小的过程，对今后价格趋势的影响和预测作用也小。

8.3 技术分析方法的分类和局限性

8.3.1 技术分析方法的分类

由于不同的人有不同的侧重点和观测角度，因而他们进行技术分析的具体研究方式也不同，这是产生多种技术分析类别的原因。技术分析大致可以分为以下六类：技术指标、支撑压力、形态、K 线、波浪理论、循环周期。

(1) 技术指标。考虑市场行为各个方面的数据，用数学公式进行计算，得到体现股票市场某个特定方面内在实质的数字，这个数字称为技术指标值。技术指标的数值大小和前后数值之间的相互关系，直接反映了股票市场所处的状态，为操作行为提供了有益的建议。技术指标所反映的内容大多数是从行情报表中不能直接得到的。世界上用在证券市场上的技术指标至少有上千种，而且还将涌现出新的技术指标。

(2) 支撑压力。在技术图表中，按照一定的方式画出一些直线，然后根据这些直线的情况推测股票价格未来有可能停顿的位置。这些直线就是支撑线或压力线。支撑线和压力线向后的延伸对价格的波动起到一定的制约作用，就是起支撑和压力的作用。例如，价格在从下向上抬升的过程中触及压力线，甚至还未触及，就会调头向下。另外，如果在支撑线和压力线的附近，价格没有如期转向，而是继续向上或向下，这时就出现了支撑线和压力线被突破。被突破后的支撑线和压力线仍然有实际作用，只是作用发生了变化。

(3) 形态。根据价格的轨迹预测股票价格的未来趋势。从价格轨迹的形态中，可以推测股票市场处在一个什么样的大环境中，并对今后的行为给予一定的指导。著名的形态有双顶（M 头）、双底（W 底）、头肩顶、头肩底等多种。

(4) K 线。这里的 K 线实际上不局限于 K 线，是一类表现价格的技术图表，但以 K 线最为著名。K 线侧重于 K 线组合的情况，可用于推测市场中多空双方力量的对比。K 线图是在各种技术分析中最重要的图表。

(5) 波浪理论。波浪理论的奠基人是艾略特（Ralph Nelson Elliott），他在 20 世纪 20 年代就有了波浪理论的最初构想并于 30 年代完成。波浪理论把价格的上下波动看成与波浪的上下起伏一样。波浪的起伏遵循自然界的规律，按一定之规进行，价格也是遵循波浪起伏所遵循的规律。简单地说，上升是 5 浪，下降是 3 浪。数清楚了各个浪就能准确地预见到跌势已经接近尾声，牛市即将来临，或者牛市已经到了强弩之末，熊市即将来临。波浪理论又是公认的最难掌握的技术分析方法。

(6) 循环周期。该理论认为，价格的高点和低点的出现，在时间上存在一定的规律性。事物的发展兴衰有周期性，价格的上升和下降也存在某些周期的特征。

以上六类技术分析方法从不同的角度理解和考虑证券市场，它们是经过市场的实际考验而保留下来的精华，彼此并不排斥。由于这六类方法考虑的方式不同，导致具体操作指导的区别：有的注重长线，有的注重短线；有的注重相对的位置，有的注重绝对的位置；有的注重时间，有的注重价格。

8.3.2 技术分析方法的局限性和应该注意的问题

在某些介绍技术分析的书籍中，把技术分析说得很神奇，仿佛学会了技术分析就可以到证券市场中随便“提款”，但被这种乐观的气氛所笼罩是很危险的。像大多数事物一样，技术分析也有两面性，它既有神奇有效的一面，又有无能为力的一面。证券市场的运行方式是不断变化的，不可能技术分析方法每次都能全面周到地应对。除此之外，各种突然出现的偶然因素也会使技术分析方法束手无策。总之，在使用技术分析方法时必然会发生偏差，使用者应该考虑的问题是如何尽量避免和减少这些偏差。下面几点是在应用技术分析时应该注意的问题：

第一，用多个而不是一个技术分析方法同时进行判断。需要全面考虑各种技术分析方法对未来的预测，综合这些方法得到的结果，最终得出一个合理的多空双方力量对比的描述。如果每种方法都得到同一结论，那么这一结论的可靠性较高。

第二，过去的结论要不断地进行修正，并经过实践验证后才能放心地使用。已有的结论是在特殊条件下得到的，随着环境的改变，这些曾经成功的结论用到自己身上就可能失败，所以必须经过验证才能使用。自己研究和吸取别人的经验，都是为了不断地使技术分析方法更准确、更适用和更有效。

第三，对技术分析的期望不要超过技术分析力所能及的范围。技术分析有自己的不足和盲点。如果不了解各种技术分析方法的优点和缺点，一味依靠技术分析，那是十分可怕的事情。技术分析能够避免明显的错误，但不能避免全部的错误。如果没有认清这一点，那么当技术分析给你造成亏损的时候，就不能怪技术分析不灵了。技术分析永远是灵的，不灵的是使用技术分析的人。

8.4 与技术分析有关的几个理论

在实际投资中，存在一些对市场的看法，有些被称为某某理论。下面简略介绍三个与技术分析有关的理论。

8.4.1 随机漫步理论

随机漫步（random walk）理论是布朗运动的延伸，该理论认为，证券的价格

是随机的。对一个在宽阔的广场上漫无边际行走的人来说，不知道他的下一步将走向哪个方向，一点相关的信息也没有。随机漫步理论对价格波动的认识也是这样，它认为价格下一步的起伏是没有规律可循的。

在证券市场中，价格的走向受到多方面因素的影响，一件不起眼的事情也可能对市场产生影响。从实际的较长时间的价格走势图上可以看出，价格上下起伏的机会差不多是均等的。从这个意义上讲，在一个特定的时间，可以认为价格的波动方向是随机的。因此，随机漫步理论有一定的道理。

随机漫步理论是部分人对证券市场的看法之一，但从其他方面看，证券价格毕竟不是“运动的分子”，证券有自身素质好坏的区别，有受外界因素影响程度的区别。因此，证券价格的变化要受到一些因素制约，价格的波动不是一点规律都没有，应该存在一定的规律，只不过我们还没有充分地掌握这些规律。例如，股票市场的价格指数整体上是上升的就是一个普遍的规律。

8.4.2 循环周期理论

循环周期理论认为，无论是何种程度和何种规模的价格波动，都不会朝一个方向永远走下去，价格的波动过程必然产生局部的高点和低点。这些高点和低点的出现，在时间上有一定的规律。可以选择在低点出现的时间进入市场，在高点出现的时间退出市场。

美国人在周期理论方面做了许多工作，发现了很多适合其证券市场的周期。从时间上看，证券市场的周期是相当长的，而这些长周期对我国证券市场的作用不大，因为我国证券市场的时间太短了。

时间因素是进行技术分析所考虑的要点之一。循环周期理论考虑的重点是价格波动的时间因素，可为进行具体的实践提供时间上的帮助。在具体使用的时候，有多种确定周期的方法，周期的时间跨度也有长有短，计算周期的方法有等时间跨度、特殊数字跨度、农历节气和节假日等。

8.4.3 相反理论

相反理论认为，大多数投资者看法一致的结论，是没有价值的结论。与大多数人的行动一致，是不可能发大财的。

相反理论的出发点是基于这样一个理由：证券市场本身并不创造新的价值，手中的证券没有出现增值，甚至可以说是减值（交易成本）。所有投资者持有证券的总值是固定的，不可能出现多数人获利的现象。要想获得大的收益，必须与大多数人的行动不一致。在市场火爆、人头攒动的时候退出，在市场冷清、门可罗雀的时候进入，是相反理论在操作上的具体体现。

该理论已经存在了很久，道理并不复杂，但没有得到足够的重视。人们往往克服不了天生的从众心理，而忘记相反理论。特别地，当我们得到了一个“连傻瓜都能看出来”的结果时，应该想到还有相反理论存在。

应该指出，相反理论只是告诉我们与大众一致肯定不会获得大的利益，并不是说与大众的行动相反就一定能够获利。

8.5 价量配合的案例分析

图 8-1 是一只股票实际的价量配合图形。从图中可以看出，维持价格的上升需要成交量的配合。

图 8-1　价量配合

本章小结

本章主要介绍的是关于技术分析的基础性内容。首先是技术分析的定义，我们需要明了技术分析是对市场行为的分析。这有别于基本分析。

技术分析的理论基础是三个假设，其中最重要的假设是“历史会重复”。

市场行为包括价格、成交量、时间和空间 4 个要素。一般来说，成交量与价格趋势应该是相互配合的，而时间和空间是市场潜在能量的表现。

本教材把技术分析的方法分为六类，每种方法都有最基本的出发点和分析的侧重点以及使用范围，具体细节将在第 9 章中详细说明。

如同每种方法都有短处一样，技术分析方法也有自己的不足，投资者在实际应

用的时候应该注意。

本章还介绍了几个关于证券投资的理论，其中最值得注意的是相反理论，它说明有时候需要与多数人不一致。

本章关键问题

- 技术分析的定义
- 技术分析理论的假设条件
- 技术分析的分类

本章思考题

一、名词解释

市场行为　　　　三个假设　　　　相反理论

二、简答题

1. 什么是证券市场的市场行为？
2. 技术分析方法的特点是什么？
3. 技术分析主要分为哪几类？各自有什么特点？
4. 影响价格波动的最根本因素是什么？
5. 根据自己的实践谈谈技术分析和基本分析应该如何结合。
6. 如何理解技术分析的三大假设？
7. 在沪、深股票市场上寻找一个价量配合的实际例子。

第 9 章 技术分析的主要理论和方法

学习目标

- 了解道氏理论的主要原理。
- 了解 K 线组合形态及其买卖信号。
- 了解支撑压力的相关方法。
- 了解价格形态的形成和买卖信号。
- 了解波浪理论的基本原理和信号。
- 了解技术指标的基本含义和信号。

技术分析的方法很多，全面介绍需要很多篇幅，本章将选择主要的技术分析方法进行说明。

9.1 道氏理论

9.1.1 道氏理论的基本思想和形成过程

道氏理论是技术分析的鼻祖，在道氏理论之前的技术分析不成体系。道氏理论的创始人是美国人查尔斯·道（Charles Dow），为了反映市场的总体趋势，他创立了著名的道琼斯平均指数。查尔斯·道在《华尔街日报》上发表的有关股票市场的文章，经过后人整理，成为我们今天看到的道氏理论。

9.1.2 道氏理论的主要原理

道氏理论的内容很多，这里介绍的只是其中最重要的四点：

第一，市场平均价格指数可以解释和反映市场的大部分行为。这是道氏理论对证券市场的重大贡献，世界上所有的证券交易所都有自己的价格指数，各种价格指数的计算方法大同小异，目的都是为了反映整体的情况。

第二，市场的三种波动趋势。道氏理论认为，虽然价格的起伏形态各异，但是最终可以将它们划分为三种趋势：主要趋势、次要趋势和短暂趋势。三种趋势的划分为今后出现的波浪理论打下了基础，有关这三种趋势的详细内容将在支撑压力理论中介绍。

第三，成交量在确定趋势中起很重要的作用。趋势的反转点是进行投资的关键，成交量所提供的信息有助于我们做出正确的判断。

第四，收盘价是最重要的价格。道氏理论认为，在所有的价格中，收盘价最重要，甚至认为只用收盘价，不用其他价格。

9.1.3 道氏理论的局限性

道氏理论主要是理论上的叙述，可操作性比较差，原因在于道氏理论的结论都落后于市场，它提供的信号太滞后。道氏理论对随时随地都在发生的小波动无能为力，它只对大形势的判断有较大的作用。此外，道氏理论已经存在了近100年，对于今天来说，有些内容已经过时，需要更新。在道氏理论之后出现了许多新的技术分析方法，在一定程度上弥补了道氏理论的不足。

9.2 K线理论

K线又称日本线，在欧美称为蜡烛线（candle stick）。K线理论起源于200年前日本的米市，最初的K线理论被日本人总结成Sakata法。经过长时间的运用和变更，该理论在内容上有所变化，本书介绍其中较为常用的内容。

9.2.1 K线的画法和基本形状

K线是一根柱状的线条，由影线和实体组成。影线在实体上方的部分叫上影线，在实体下方的部分叫下影线。实体分阴线和阳线，又称红（阳）线和黑（阴）线，见图9-1。

一根K线记录的是某只股票一天的价格变动情况，将每天的K线按时间顺序排

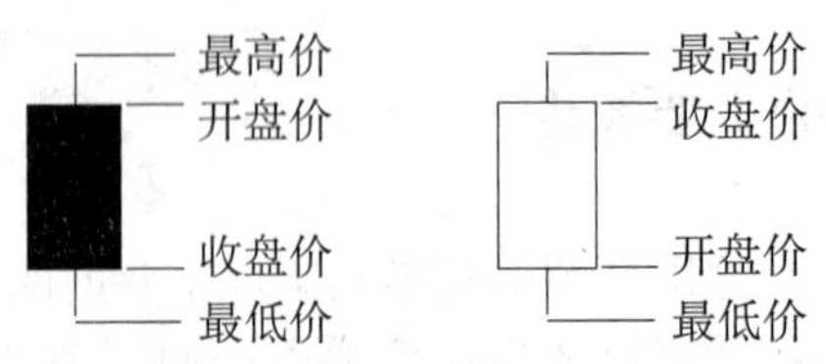

图 9-1 两个常见的 K 线形状

列在一起，就组成这只股票从上市以来每天的价格变动情况，叫作日 K 线图。同理，可以得到周 K 线图、60 分钟 K 线图等。

价格的变动主要体现在四个价格上，即开盘价、最高价、最低价、收盘价。在这四个价格中，收盘价最重要。

传统意义上的开盘价是第一笔成交的价格。最高价和最低价是在交易过程中出现的最高价格和最低价格。如果这两个价格相差悬殊，说明当时股票市场交易活跃，买卖双方争夺激烈。但是，最高价和最低价也容易被故意做市而脱离实际。收盘价是多空双方经过一段时间的争斗后最终达成的共识，是供需双方最后的暂时平衡点，具有指明价格的功能。根据四个价格的特殊取值，除了图 9-1 中的两种 K 线外，K 线还有其余 10 种形状，见图 9-2。

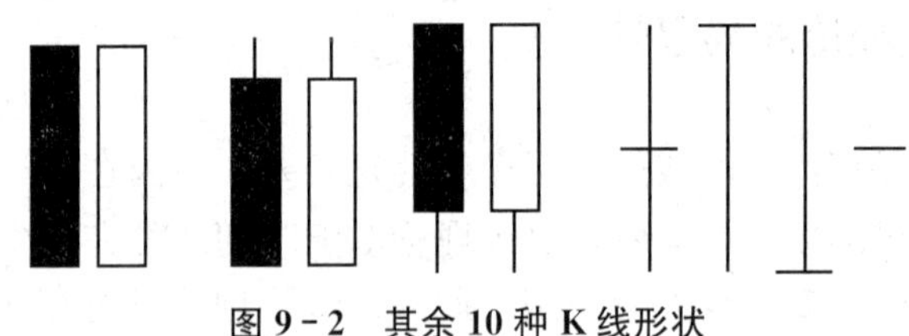

图 9-2 其余 10 种 K 线形状

9.2.2 单根 K 线的含义

看懂单根 K 线是 K 线分析的基本功。单根 K 线可以分为 15 种有意义的基本形状，这里介绍其中几种：

(1) 长实体 (long days)。长实体是占主要地位的。“长”描述了实体的长度，即开盘价和收盘价的差距。长实体表示当天价格的大幅移动。多长才能算长？这必须考虑前后的情况，同什么相比，最好只同最靠近的价格移动相比，并以此来决定什么是“长”，见图 9-3。

(2) 短实体 (short days)。短实体表示价格所覆盖的区域较小，一般发生在交易不活跃的时候，同样有判断是否“小”的问题，见图 9-3。

(3) 纺轴线 (spinning tops) 和无实体线 (doji)。纺轴线是有上影线和下影线的小实体 K 线。影线比实体长得多，这表示多空双方的不可靠性。纺轴线实体的颜色和影线的实际长度是不重要的，与影线相关的小实体是构成纺轴线的主体，见图 9-4。

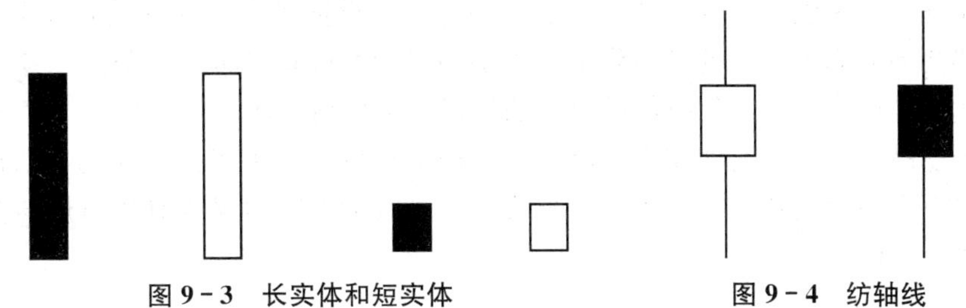

图 9-3 长实体和短实体　　　　图 9-4 纺轴线

当K线的实体小到开盘价和收盘价相等的程度时，就被称为无实体线。图9-2中右边的4种K线都属于无实体线。如果无实体线单独出现，那么它是一个有关“不可靠因素出现”的信号。依靠无实体线自己还不足以预测价格趋势改变，仅仅是对即将到来的趋势改变的警告。

(4) 墓碑线（gravestone doji）和蜻蜓线（dragonfly doji）。当没有下影线或下影线很短时，就会出现这种K线。如果上影线十分长，墓碑线有强烈的下降含义，见图9-2中右起第二种K线。

蜻蜓线出现在开盘价和收盘价处在全天最高点的时候，通常出现在市场的转折点。我们在以后可以看到，蜻蜓线是上吊线和锤形线的特殊情况，见图9-2中右起第三种K线。

9.2.3 K线组合形态

K线组合可以是单根的也可以是多根的，很少有超过5根或6根的组合。K线组合分为反转组合形态和持续组合形态两种，这里只列举其中的7种反转组合形态和1种持续组合形态。

1. 锤形线（hammer）和上吊线（hanging man）

该组合形态可概述为：

(1) 小实体在交易区域偏上的部分。

(2) 实体的颜色是不重要的。

(3) 下影线的长度应该比实体的长度长得多，通常是2～3倍。

(4) 没有上影线或者非常短，见图9-5。

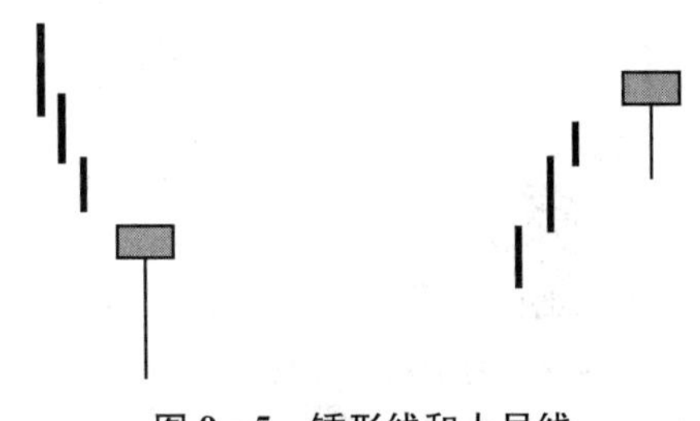

图 9-5 锤形线和上吊线

对于锤形线来说，市场已经处在下降趋势中，投资者在开盘后就疯狂卖出，但是这种趋势被遏制了，市场又回到了当天的最高点，降低了熊市的感觉。第二天较高的开盘价和更高的收盘价将使锤形线的牛市含义得到确认。

至于上吊线，由于它处在上升趋势中，通常被认为是牛市。当天的价格波动在开盘价之下，而后反弹，并产生长下影线。上吊线的熊市含义得到确认应该是第二天的开盘价较低。

2. 鲸吞型（engulfing）

该组合形态可概述为：

（1）本形态在出现之前一定有相当明确的趋势。

（2）第二天的实体必须完全包含第一天的实体。

（3）第一天的颜色反映趋势，黑色是下降趋势，白色是上升趋势。

（4）鲸吞型的第二根实体的颜色最好与第一天的颜色相反，见图9-6。

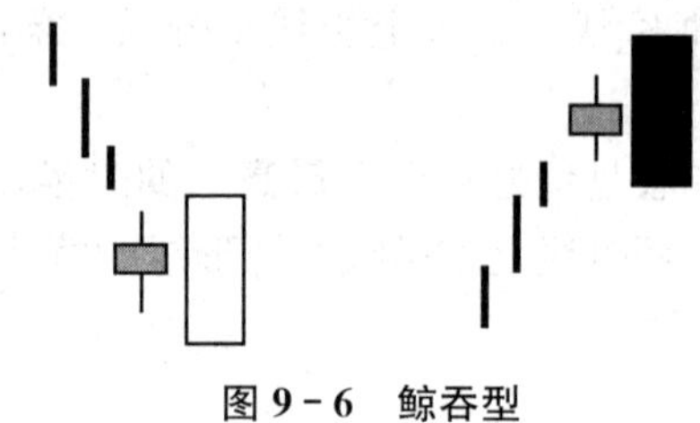

图9-6 鲸吞型

对于熊市鲸吞型，上升趋势处在只有小成交量配合的小阳线实体发生的地方。第二天，开盘价出现新高，而后是迅速的卖出狂潮，并有大的成交量支持，最后的收盘价低于前一天的开盘价，表明上升的趋势已被破坏。如果第三天的价格仍然保持在较低的位置，那么上升趋势的小反转就已经发生了。

牛市鲸吞型有相似的但相反的叙述。

3. 孕育型（harami）

该组合形态可概述为：

（1）在长实体之前有合理的趋势存在。

（2）第一天长实体的颜色最好是反映市场趋势的颜色。

（3）在长实体之后是小实体，它的实体被完全包含在长实体的实体区域之内。

（4）小实体的颜色最好与长实体的颜色相反，见图9-7。

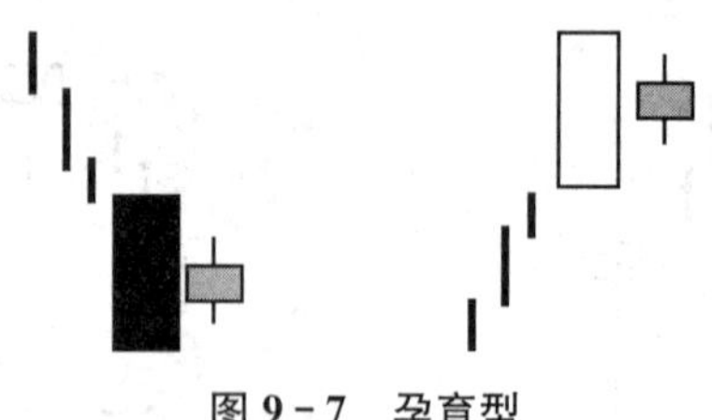

图9-7 孕育型

对于牛市孕育型，通常下降趋势已经进行了一段时间，而长阴线维持了熊市的含义。第二天，价格高开，动摇了空头对熊市的看法。市场价格的上升被逐步加强，因为后来者把它当成一次机会来弥补他们在此前的失误，这一天的成交量超过前一天。第三天反转得到确认将提供必要的趋势反转的证明。

对于熊市孕育型有相似的但相反的叙述。

4. 倒锤线（inverted hammer）和射击之星（shooting star）

倒锤线可概述为：

（1）小实体在价格区域的较低部分形成。

（2）不要求有缺口，只要在一个趋势之后下降就可以。

（3）上影线的长度一般不比实体长度的2倍长。

（4）下影线短到可以认为不存在，见图9-8。

射击之星可概述为：

（1）在上升趋势后，以向上的价格缺口开盘。

（2）小实体在价格区域的较低部分形成。

（3）上影线的长度至少是实体长度的3倍。

（4）下影线短到可以认为不存在，见图9-8。

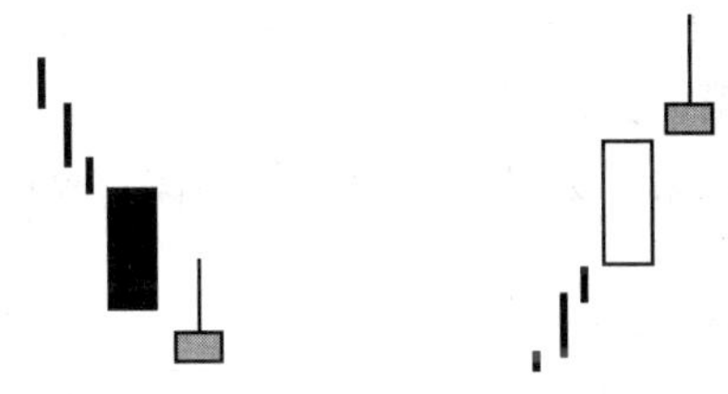

图9-8 倒锤线和射击之星

对于倒锤线，当市场向下跳空开盘时，延续了已有的下降趋势，当天的上冲失败了，市场最后收盘在较低的位置。如果第二天的开盘价高于倒锤线实体，潜在的趋势反转将引起空头的动摇，他们会反过来支持上升。

对于射击之星，在上升趋势中，市场向上跳空开盘，出现新高，最后收盘在当天较低的位置。后面的跳空行为只能当成看跌的信号，它会引起一些获利多头的抛盘。

5. 刺穿线（piercing line）和乌云盖顶（dark cloud cover）

刺穿线和乌云盖顶的对称图形，分别发生在下降和上升的市场中。

刺穿线组合形态可概述为：

（1）第一天是反映继续下降的长黑实体。

（2）第二天是白色实体，它的开盘低于第一天的最低点。

（3）第二天的收盘在第一天的实体之内，但高于第一天实体的中点。

（4）刺穿线的两根线都应该是长实体，见图9-9。

对于刺穿线，长黑色实体保持了下降的含义，第二天的跳空低开进一步加强了下降的含义。然而，市场反弹了，并且收盘高得多。此行为引起投资者的关注。第二根线穿入第一根线的幅度越大，越像是一次成功的反转形态。

乌云盖顶组合形态可概述为：

(1) 第一天是继续反映上升趋势的长阳线。

(2) 第二天是开盘高于第一天最高点的阴线。

(3) 第二天阴线的收盘低于第一天阳线实体的中部，见图 9-9。

图 9-9　刺穿线和乌云盖顶

刺穿线和乌云盖顶的图形是对称的，因此有相似的但相反的叙述。

6. 早晨之星（morning star）和黄昏之星（evening star）

早晨之星组合形态可概述为：

(1) 第一天的实体颜色与趋势方向一致。早晨之星是阴线，黄昏之星是阳线。

(2) 第二天的 K 线与第一天之间有缺口，颜色并不重要。

(3) 第三天的颜色与第一天相反。

(4) 第一天是长实体，第三天基本上也是长实体，见图 9-10。

图 9-10　早晨之星和黄昏之星

早晨之星的一根长阴线加强了原来的下降趋势，第二天价格向下跳空出现新低，交易发生在小范围内，这个小实体是价格不确定性的开始。第三天价格跳空高开，收盘更高，显著的趋势反转已经发生。

黄昏之星和早晨之星的图形是对称的，因此有相似的但相反的叙述。

7. 三白兵（three white soldiers）和三乌鸦（three crows）

三白兵组合形态可概述为：

(1) 三根连续的长阳线，每天出现更高的收盘价。

(2) 每天的开盘价应该在前一天的实体之内。

(3) 每天的收盘价应该是当天的最高价或接近最高价，见图 9-11。

三白兵发生在下降趋势中，是市场强烈反转的信号。三白兵每天的开盘价较低，收盘价却是最近的新高。这种价格运动方式非常看涨，不应该忽视。

三乌鸦组合形态可概述为：

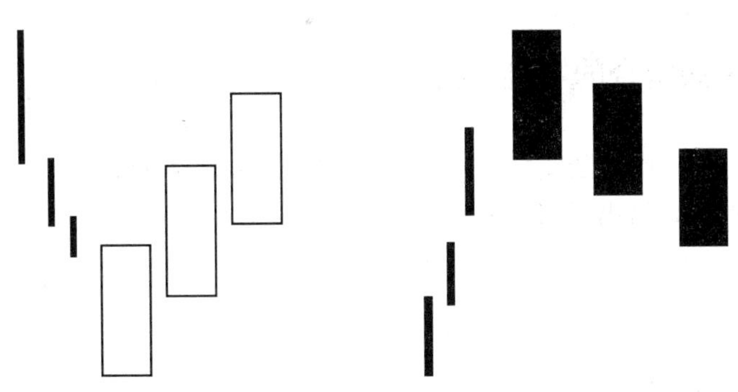

图 9-11 三白兵和三乌鸦

(1) 连续三天长阴线。

(2) 每天的收盘价出现新低。

(3) 每天的开盘价在前一天的实体之内。

(4) 每天的收盘价等于或接近当天的最低价，见图 9-11。

三乌鸦与三白兵的图形是对称的，因此有相似的但相反的叙述。

8. 上升三法 (rising three methods) 和下降三法 (falling three methods)

上升三法组合形态可概述为：

(1) 长实体的形成表示了当前的趋势。

(2) 长实体被一组小实体所跟随，小实体的颜色最好与长实体相反。

(3) 小实体沿着与当前趋势相反的方向或高或低地排列，并保持在第一天实体的最高价和最低价所限定的范围之内。

(4) 最后一天应该是强劲的一天，其收盘价高于第一天的收盘价，并维持了原来的趋势，见图 9-12。

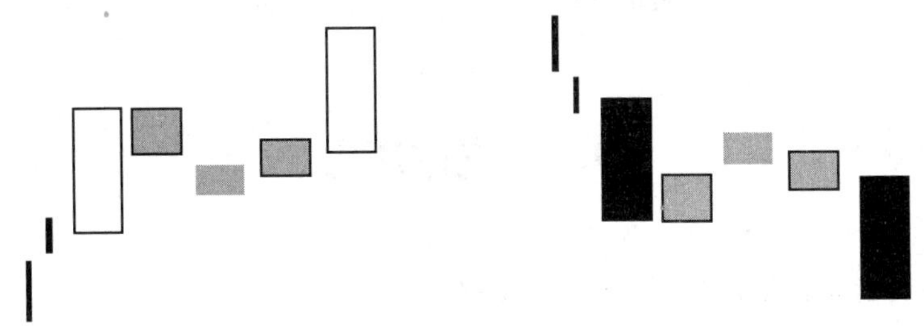

图 9-12 上升三法和下降三法

对于上升三法，长阳线形成于上升趋势之中，在这条长阳线之后是一群抵抗原来趋势的小实体。这些反向的 K 线一般是阴线，但最重要的是，这些小实体都位于长阳线的最高价和最低价所限定的范围之内，最高价和最低价的范围包括上影线和下影线。上升三法最后一根 K 线的开盘价高于前面一根 K 线的收盘价，并且收盘价出现新高。

下降三法是上升三法的熊市“版本”，其含义正好相反。

9.2.4　K线组合的案例分析

图9－13是一只股票的实际走势图。在该股形成底部的时候，出现了反转的组合形态——鲸吞型，给出了买入的信号。

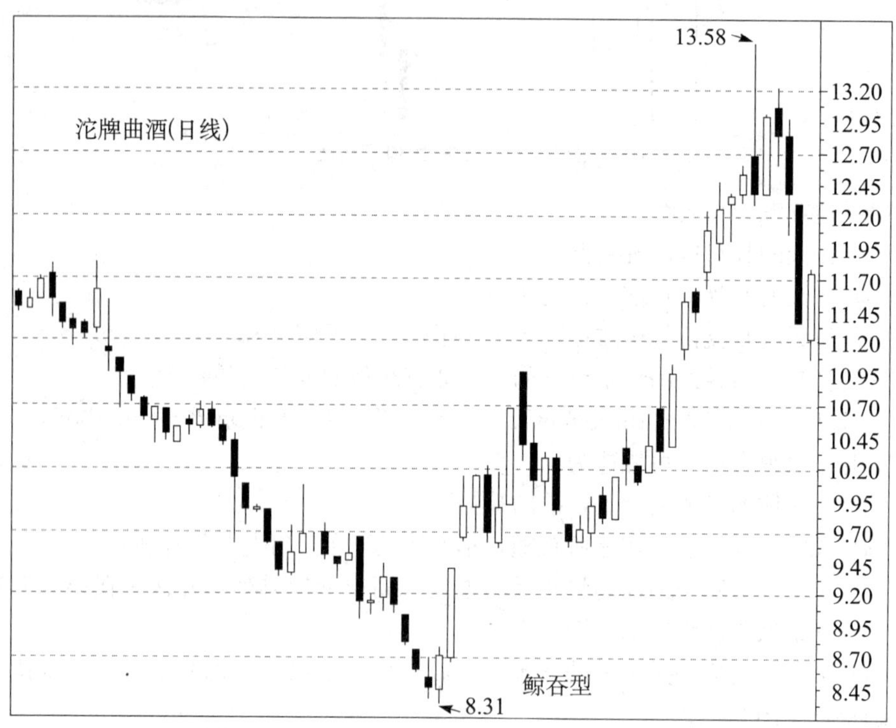

图9－13　K线组合分析市场案例

9.3　支撑压力

下面将从趋势着手，介绍支撑压力的有关方法。

9.3.1　趋势分析

趋势就是价格的波动方向，或者说是市场运动的方向。

一般来说，价格波动不是朝一个方向直来直去，中间肯定要有曲折。从技术图形上看，价格是一条折线，每个折点处形成一个峰或谷。由这些峰和谷的相对高度，可以看出趋势的方向。在上升行情里，虽然有下降，但不影响上升的大方向，价格会不断出现新高。在下降行情里，价格会不断地出现新低。

趋势的方向分为三种：上升方向、下降方向和水平方向。

如果图形中每个后面的峰和谷都高于前面的峰和谷，则该趋势的方向就是上升方向。这就是常说的一底比一底高或底部抬高。

如果图形中每个后面的峰和谷都低于前面的峰和谷，则该趋势的方向就是下降方向。这就是常说的一顶比一顶低或顶部降低。

如果图形中后面的峰和谷与前面的峰和谷相比，没有明显的高低之分，几乎呈水平延伸，则该趋势的方向就是水平方向。图 9－14 是这三种趋势方向的图形表示。

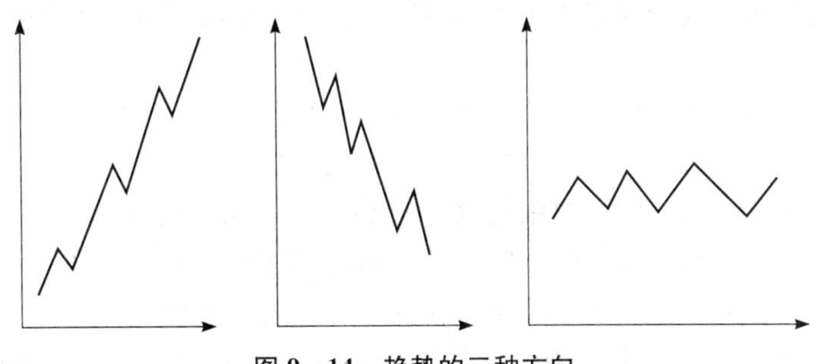

图 9－14　趋势的三种方向

按道氏理论的分类，趋势分为等级不同的三种类型，即主要趋势（primary trend）、次要趋势（secondary trend）和短暂趋势（near term trend），也可以把它们简单地理解为大趋势、中趋势和小趋势。

主要趋势是趋势的主要方向，了解了主要趋势才能做到顺势而为。主要趋势是价格波动的大方向，持续的时间比较长。次要趋势是在主要趋势的过程中出现的调整。如前所述，趋势不是直来直去的，总有个局部的反向过程，也就是通常所说的调整和回撤。次要趋势体现了这个调整和回撤的过程。短暂趋势是在次要趋势中进行的调整。短暂趋势与次要趋势的关系就如同次要趋势与主要趋势的关系一样。

这三种趋势的最大区别是时间的长短和波动幅度的大小。有时，把趋势分为三个等级可能还不够，往往需要更细的等级划分。图 9－15 是这三种趋势类型的图形说明。

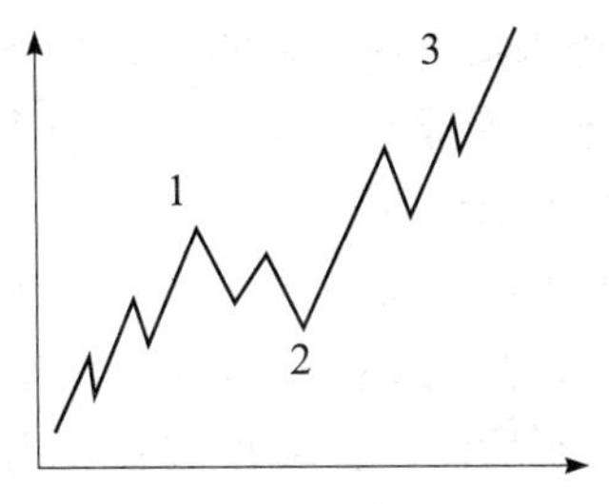

图 9－15　大趋势中包含小趋势

9.3.2　支撑线和压力线

投资者总是希望在相对的低点买入，这个低点在哪里？虽然对这个问题当然没有十全十美的答案，但支撑线（support line）和压力线（resistance line）能够提供一定的帮助。

1. 支撑线和压力线的定义及作用

支撑线起阻止价格继续下跌的作用。当价格下降到某个价位附近时，价格会停止下跌，甚至有可能回升。这个起着阻止价格继续下跌或暂时阻止价格继续下跌的价位就是支撑线所在的位置。

压力线起阻止价格继续上升的作用。当价格上涨到某个价位附近时，价格会停止上涨，甚至回落。这个起着阻止或暂时阻止价格继续上升的价位就是压力线所在的位置。

不要以为只有在下跌行情中才有支撑线，只有在上升行情中才有压力线。其实，在下跌行情中也有压力线，在上升行情中也有支撑线。

价格的波动是有趋势的，要维持这种趋势、保持原来的变动方向，就必须冲破阻止其继续向前的障碍。要维持下跌行情，就必须突破支撑线的阻力，创出新的低点；要维持上升行情，就必须突破压力线的阻力，创出新的高点。

支撑线和压力线又有彻底阻止价格按原来方向变动的可能。一个趋势终结了，它就不可能创出新的低价或新的高价，此时的支撑线和压力线就显得异常重要，是“抄底”和“逃顶”的好时机。需要指出的是，这里所说的趋势终结是相对而言。没有绝对的趋势终结，任何分析方法都不可能分析出永远的顶和永远的底，见图 9-16。

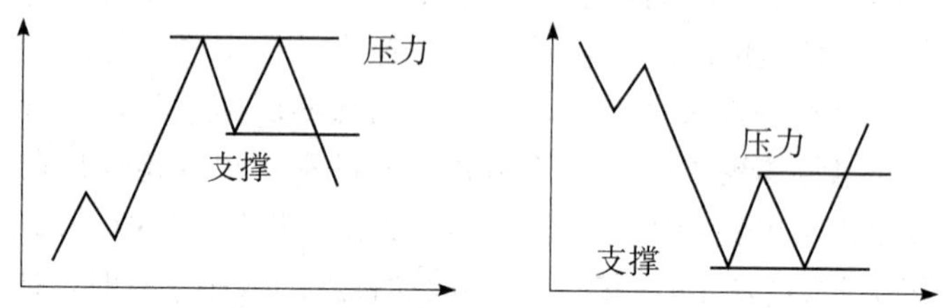

图 9-16 趋势结束时的支撑线和压力线

2. 支撑线和压力线的理论依据及被突破后两者地位的相互转化

支撑线和压力线之所以能起支撑和压力作用，在很大程度上是由于心理因素，这就是支撑线和压力线主要的理论依据。

在一个市场中不外乎三种人：多头、空头和旁观者。假设价格在一个支撑位置过了一段时间后开始向上移动，在此支撑位置买入股票的多头很肯定地认为自己做对了，并对自己没有多买而感到后悔。在支撑位置卖出股票的空头这时也认识到自己弄错了，他们希望价格再跌回他们的卖出区域，将他们原先卖出的股票补回来。而旁观者中也有类似的想法，有成为多头的愿望。

正因为如此，价格稍一回落就会受到投资者的关注，他们或早或晚地进行买进。这就使价格还未下降到原来的支撑位置就被推上去了。在该支撑区发生的交易越多，这个支撑区就越重要。

假设价格在一个支撑位置获得支撑后，过了一段时间开始向下移动，而不是像前面假设的那样向上移动。对于上升，由于每次回落都有更多的买入，因而产生新的支撑。而对于下降，跌破了该支撑，情况就截然相反。在该压力位置买入的多头都意识到自己错了，而没有买入的或卖出的空头都意识到自己对了。无论是多头还是空头，他们都有抛出股票逃离目前市场的想法。一旦价格有些回升，可能尚未到达原来的支撑位置，就会有一批抛压出来，再次将价格压低。

以上的分析过程对于压力线同样适用，只不过结论正好相反。

这些分析结果附带说明了支撑和压力地位的相互转化。如前所述，支撑如果被跌破，那么这个支撑在将来就会成为压力。压力如果被突破，那么这个压力在将来就会成为支撑。支撑和压力的角色是可以改变的，条件是它被有效的足够强大的价格变动突破，见图 9－17。

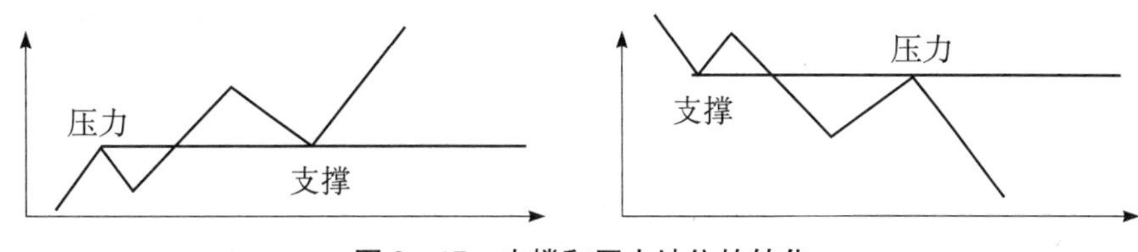

图 9－17　支撑和压力地位的转化

9.3.3　趋势线和轨道线

1. 趋势线

趋势线（trend line）是描述价格趋势的直线，由趋势线的方向可以看出价格的趋势。在上升趋势中，将两个低点连成一条直线，就得到上升趋势线；在下降趋势中，将两个高点连成一条直线，就得到下降趋势线，见图 9－18 中的直线 L。

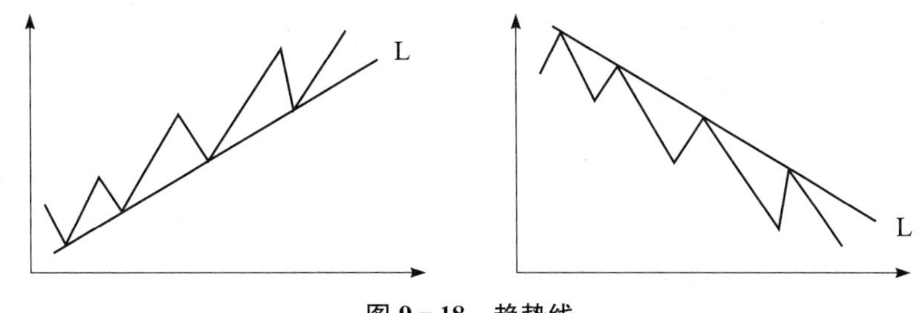

图 9－18　趋势线

从图中可看出，上升趋势线起支撑作用，下降趋势线起压力作用。

要得到一条真正的趋势线，还需要考虑下面两点：第一，必须确实有趋势存在。在上升趋势中必须确认两个依次上升的低点，在下降趋势中必须确认两个依次下降的高点，这样才能确认趋势的存在。第二，在画出直线后，还应得到第三点的验证才能确认这条趋势线是有效的。一般来说，所画出的直线被触及的次数越多，其作为趋势线的有效性就越高。

一般来说，趋势线有以下两种作用：

（1）对价格今后的变动起约束作用。使价格总保持在这条趋势线的上方（上升趋势线）或下方（下降趋势线），实际上就是起支撑和压力作用。

（2）在趋势线被突破后，价格下一步的趋势将是反方向的。越重要、越有效的趋势线被突破，其趋势反转的信号越强烈。被突破后的趋势线将变更角色，即原来是支撑线的，现在将起压力作用；原来是压力线的，现在将起支撑作用，见图 9-19。

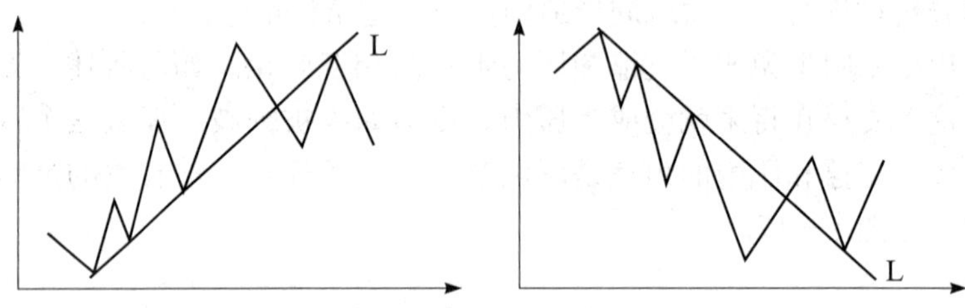

图 9-19 趋势线被突破后起相反作用

2. 轨道线

轨道线（channel line）又称通道线或管道线，是趋势线方法的延伸。在得到了趋势线后，通过第一个峰或谷可以做趋势线的平行线，这条平行线就是轨道线，见图 9-20。

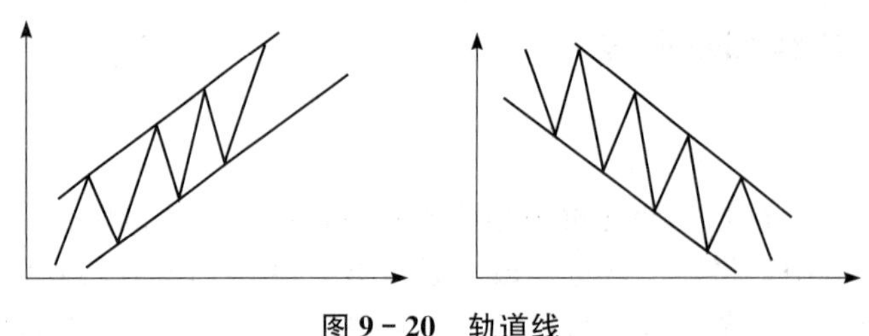

图 9-20 轨道线

两条平行线组成一条轨道，这就是常说的上升轨道和下降轨道。轨道的作用是限制价格的变动范围，让价格不能变得太离谱。一条轨道一旦得到确认，那么价格就应该在这条轨道里变动。

与突破趋势线不同，对轨道线的突破并不是趋势反向的开始，而是趋势加速的开始，即原来趋势线的直线斜率将会增加，趋势线的方向将会更加陡峭。

轨道线可以提出趋势转向的警报。如果在一次波动中未触及轨道线，离得很远就开始掉头，这往往是趋势将要改变的信号，它说明市场已经没有力量继续维持原有的上升或下降趋势了。

9.3.4 黄金分割线和百分比线

黄金分割线是具有神奇魔力的方法，在实际中往往能发挥意想不到的作用。在技术分析中，有两种黄金分割线：一种是单点的黄金分割线；另一种是两个点的黄金分割线。后者其实是百分比线的一种特殊情况。这是两种水平方向的直线（其他直线大多是斜的），它提前提供了支撑线和压力线所在的价位，而对什么时间达到这个价位并不关心。

1. 黄金分割线

获得黄金分割线可分为三个步骤。第一步是记住以下几个特殊的数字：

0.382　　0.500　　0.618　　1.618　　2.000　　2.618　　4.236

这些数字就是著名的“黄金分割数”，是在黄金分割中要用到的最重要数字。此外，还有下述数字：

0.191　0.809　1.191　1.382　1.809　2.191　2.382　6.854

第二步是找到一个极点（价格）。极点是上升行情结束并调头向下的最高点，或者是下降行情结束并调头向上的最低点。当然，这里的高点和低点都是相对的，是在一定范围内的。一般来说，只要能确认一个趋势（无论是上升还是下降）已经结束或暂时结束，则这个趋势的转折点就可以作为极点。

第三步是用极点的价格分别乘以上述的黄金数字，就能得到若干个价格，进而得到水平直线，这就是黄金分割线。证券价格容易在黄金分割线处得到支撑或压力。

例如，假设某证券上涨的极点是10元，而后调头向下。投资者关心这次下落将在什么位置获得支撑。黄金分割线提供了如下几个支撑位，即

8.09＝10×0.809　　6.18＝10×0.618　　5.00＝10×0.500

3.82＝10×0.382　　1.91＝10×0.191

其中，6.18元、5.00元和3.82元的可能性最大，见图9-21。

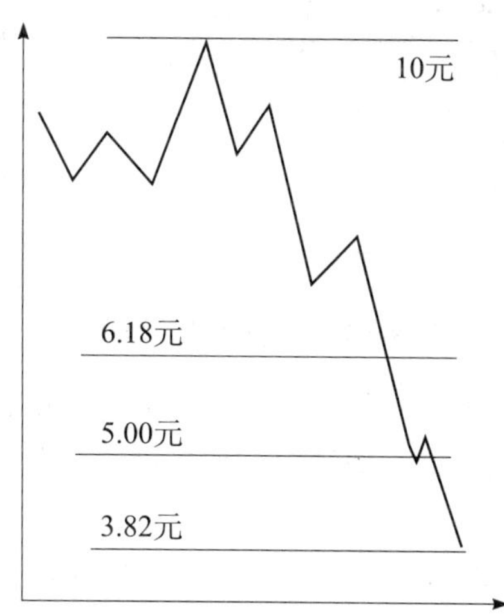

图9-21　作为支撑的黄金分割线

再如，假设某证券先下降到10元，而后调头向上，投资者关心这次上涨将在什么位置遇到压力。黄金分割线提供了如下几个价位，即

13.82＝10×1.382　　16.18＝10×1.618　　18.09＝10×1.809

20.00＝10×2.000　　21.91＝10×2.191　　23.82＝10×2.382

26.18＝10×2.618　　42.36＝10×4.236　　68.54＝10×6.854

其中，13.82 元和 16.18 元以及 42.36 元的可能性最大。

2. 百分比线

百分比线是波动区间的特殊分界点，包括百分比数点和黄金分割数点。百分比数点一共 9 个，黄金分割数点一共 4 个，即

1/8　1/4　3/8　1/2　5/8　3/4　7/8　1/3　2/3

0.236　0.382　0.500　0.618

第一步，计算整个上涨（或下降）过程最低点和最高点之间的差，称为上涨（或下降）的区间长度 H。

第二步，将整个区间进行划分，就得到了百分比线。

例如，假设最低点是 10 元，最高点是 22 元，则按上述方法可得到 9 个价位，它们就是未来支撑压力可能出现的位置。以 1/2 为例，16＝10＋(22－10)×1/2，见图 9－22。

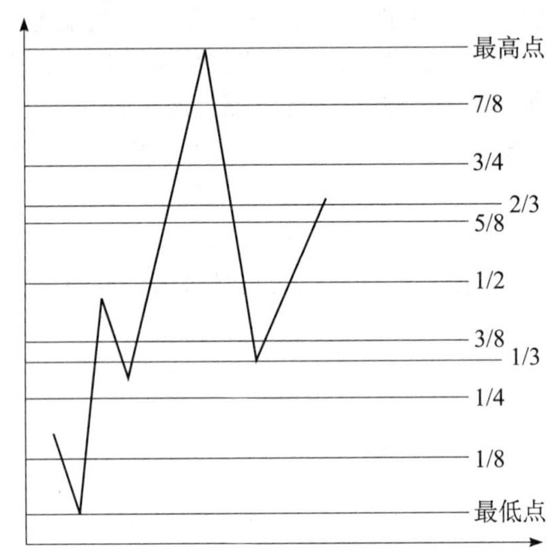

图 9－22　百分比线示意图

在这 9 条百分比线中，1/2、1/3、2/3 这三条线最重要。在很大程度上，回撤到 1/2、1/3、2/3 是人们的一种心理倾向。如果没有回落到 1/3 以下，就好像没有回落够似的。

将百分比数字换成 6.18%、5%、3.82%，就得到了两个点的黄金分割线。

9.3.5　支撑压力的案例分析

图 9－23 是单点黄金分割线应用案例。股票从 15 元开始下降，当下降到 15 元的 0.618（9.3 元）、0.50（7.5 元）和 0.382（5.7 元）的时候都可以考虑买入。从结果来看，0.382 的效果最好，几乎是最低点，而其余两次买入都可以有盈利。

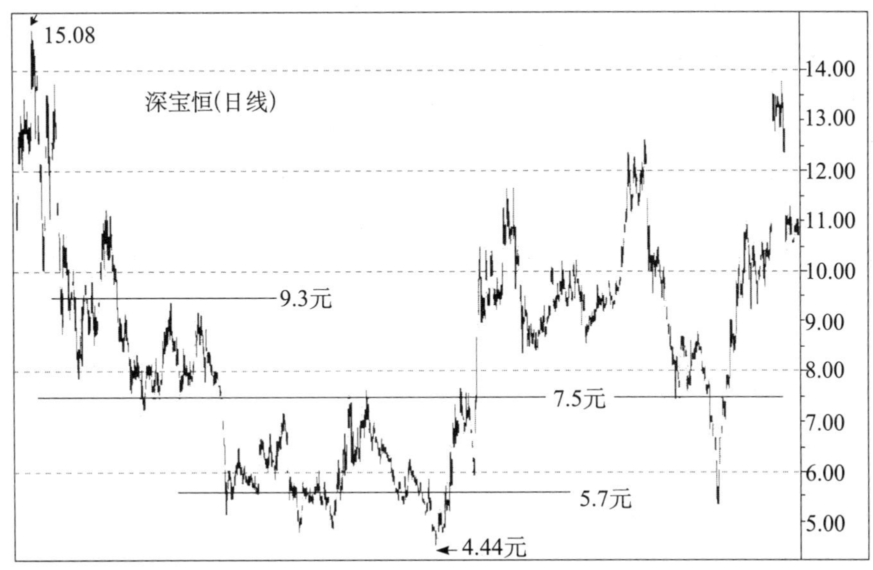

图 9－23 单点黄金分割线应用案例

9.4 形态理论

价格趋势的方向发生变化都有一个发展的过程。价格曲线的波动都是多空双方争斗的结果，多空双方的力量对比决定价格曲线是向上波动还是向下波动，并留下价格移动的轨迹。形态理论正是通过研究价格曲线的各种形态，挖掘出价格曲线所隐含的多空双方力量的对比结果，发现价格的运动方向。

9.4.1 两种基本的价格形态类型

决定价格移动方向的基本因素是市场中多空双方力量的对比。如果多方处于优势，价格将向上移动；如果空方处于优势，价格将向下移动。

取得决定性优势的一方在把价格推向自己的方向时，并不是无限制地随意拉抬。随着价格向自己一方的移动，原来属于本方的力量将逐渐跑到对方的行列中去。根据多空双方力量对比可能发生的变化，可知价格的移动应该遵循这样的规律：

第一，价格应在多空双方取得平衡的位置上下做小幅波动。

第二，在原有的平衡被打破后，价格将寻找新的平衡位置。

简单地说就是：持续整理，保持平衡→打破平衡，找到新的平衡→再打破平衡，再找新的平衡……价格的移动就是按这个规律循环往复、不断进行的。

形态理论所涉及的形态都处在平衡阶段。这些平衡都是暂时的，都有被打破的一天。形态理论分析的是打破平衡之后价格运动的方向。显然，价格形态有两种可能的方向，一种是与原来的方向相反，另一种是保持原来的方向。据此，可以把价格形态分成两大类：反转突破形态（reversal patterns）和持续整理形态（continuation patterns）。

其中，反转突破形态是形态学技术研究的重点内容，在使用时，应当注意以下几点：

第一，价格原先必须确有趋势存在，才能谈得上趋势反转的问题。

第二，某一条重要的支撑线或压力线被突破，是反转突破形态的重要依据。

第三，形态的规模越大，则反转后带来的市场波动也越大。

第四，交易量是向上突破的重要参考因素，在向下突破时则不然。

各种价格曲线被总结出了十几种具有代表性的形态，每种形态都会提供一些有帮助的内容，下面将对这些形态逐一做出详细的介绍。

9.4.2 反转突破形态——双重顶（底）、三重顶（底）、头肩顶（底）和圆弧形

反转突破形态是应该花大力气研究的一类重要形态，下面将介绍双重顶（底）、三重顶（底）、头肩顶（底）和圆弧形四种反转形态。

1. 双重顶和双重底

双重顶和双重底就是M头和W底，在实际中出现得非常频繁。图9-24是双重顶和双重底的示意图。

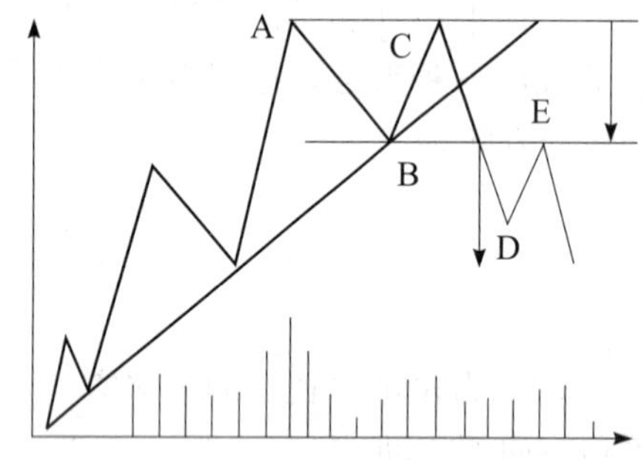

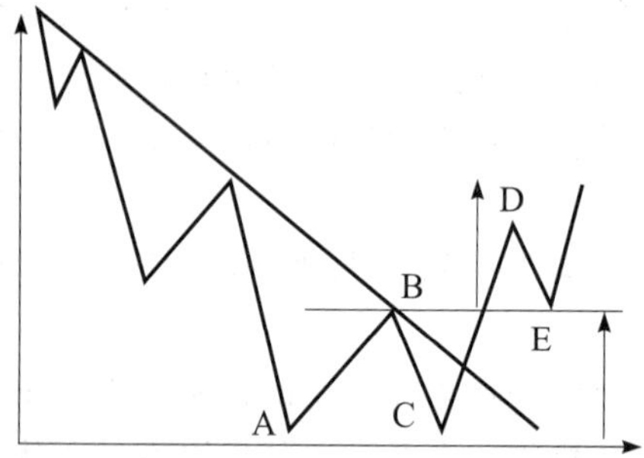

图9-24 双重顶和双重底

双重顶（底）一共出现两个顶（底），也就是两个相同高度的高点（低点）。下面以M头为例说明双重顶形成的过程。

价格在上升趋势过程中，在A点建立了新高点。这是第一个高点，而后进行了正常的回落。受上升趋势线的支持，这次回落将在B点附近停止，然后继续上升，但是力量不够，因而上升高度不足，在C点（与A点等高）遇到压力，并使价格向下运动。这样就形成了A点和C点的双重顶。

在M头形成后，有两种可能的结果：第一，未突破B点的支撑位置，价格在A、B、C三点形成的狭窄范围内上下波动，演变成三角形或矩形；第二，突破B点

的支撑位置继续向下运动，这种情况才是双重顶反转突破形态的真正出现。前一种情况只能说出现了一个潜在的双重顶反转突破形态。

过B点做平行于A、C连线的平行线，就得到一条非常重要的直线——颈线(neck line)。A、C连线是趋势线，颈线是与这条趋势线对应的轨道线，这条轨道线在这里起支撑作用。

真正的双重顶的出现，除了必要的两个相同高度的高点以外，还应该向下突破B点的支撑，或者说是突破颈线。

双重顶反转突破形态一旦得到确认，就可以用它对后市进行预测了。它的主要功能是测算功能，从突破点算起，价格至少要跌到与形态高度相等的距离。形态高度就是从A点或C点到B点的垂直距离，即从顶点到颈线的垂直距离。图9-24左图中右面箭头所指将是价格至少要跌到的位置，价格必须在这条线之下才能找到像样的支撑，此前的支撑都不足取。

对于双重底（就是常说的W底）来说，有完全相似或者完全相同的结果。只要将对双重顶的叙述反过来就可以了，比如向下说成向上、高点说成低点、支撑说成压力。

在颈线被突破后，价格通常会有反扑。此时，颈线就起着支撑和压力作用，图9-24中的E点是行动的信号。

2. 头肩顶和头肩底

头肩顶和头肩底在实际价格形态中出现得较多，图9-25是示意图。

这种形态一共出现三个局部的高点（或低点）。中间的高点（或低点）比另外两点都高（低），称为头，左右两个高点（低点）称为肩，这就是头肩形名称的来历。下面以头肩顶为例对头肩形进行介绍。

在上升趋势中，不断升高的各个局部的高点和低点均保持着上升的趋势，然后在某一个地方，上涨势头将放慢。图9-25中的A点和B点还没有出现放慢的迹象，但在C点和D点已经有了势头受阻的信号，说明这一轮上涨趋势可能已经出了问题。最后，价格走到了E点和F点，这时反转向下的趋势已明显。

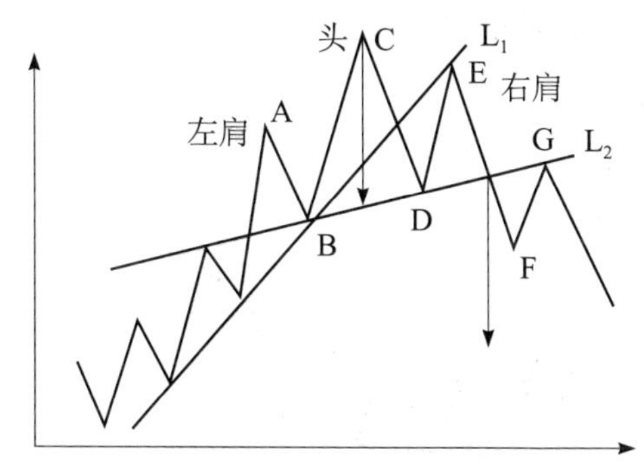

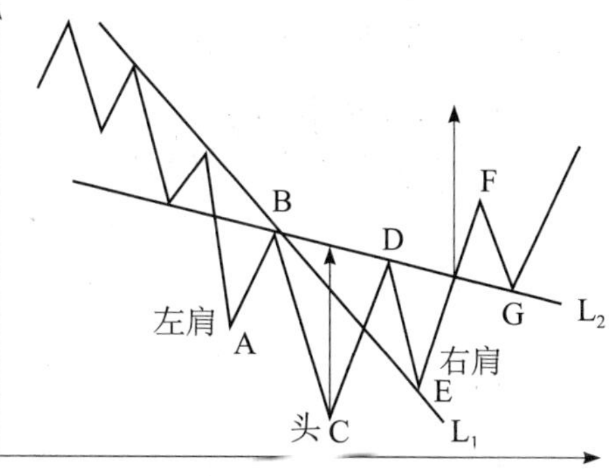

图9-25 头肩顶和头肩底

头肩顶反转向下的现象与支撑线和压力线的内容有密切关系。图9-25中的直线L_1和直线L_2是两条明显的支撑线。从C点到D点突破了直线L_1，说明上升的势头已经遇到了阻力，E 点和 F 点之间的突破则是趋势的转向。另外，E 点的反弹高度没有超过 C 点，D 点的回落高度已经低于 A 点，都是上升趋势出了问题的信号。

图 9－25 中的直线 L_2 是头肩顶形态的颈线，在头肩顶形态中，它是支撑线，起支撑作用。

头肩顶形态走到了 E 点并掉头向下，只能说是原有的上升趋势已经转化成了横向延伸，还不能说已经反转向下了。只有当价格走到了 F 点，即价格向下突破了颈线，才能说头肩顶反转形态已经形成。

3. 三重顶和三重底

三重顶（底）是头肩形的一种变体，它是由三个一样高的顶（或一样低的底）组成的。三重顶（底）与头肩形的区别是，头的价位回缩到与肩部差不多相等的位置。从这个意义上讲，三重顶（底）与双重顶（底）也有相似的地方，比双重顶（底）多“折腾”了一次，见图 9－26。

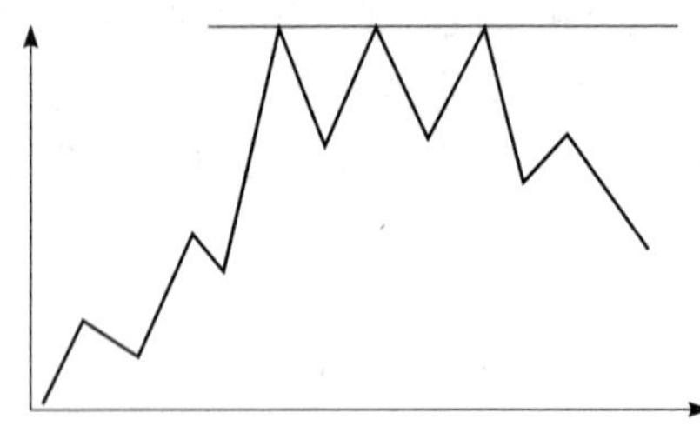

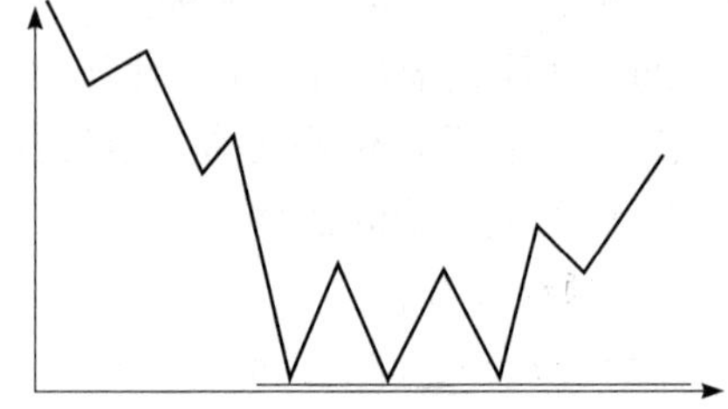

图 9－26　三重顶（底）

应用和识别三重顶（底）主要是用识别头肩形的方法及直接应用头肩形的结论。头肩形适用的东西三重顶（底）差不多都适用。有些文献甚至不把三重顶（底）单独看成一类形态，而是将其直接纳入头肩形态。

4. 圆弧形

考虑价格在前一段时间的每一个局部高点，把它们用折线连起来，有时可能会得到一条类似于圆弧的弧线，像一个盖子一样盖在价格之上。将每个局部的低点连在一起也可能得到一条弧线，托在价格之下，见图 9－27。

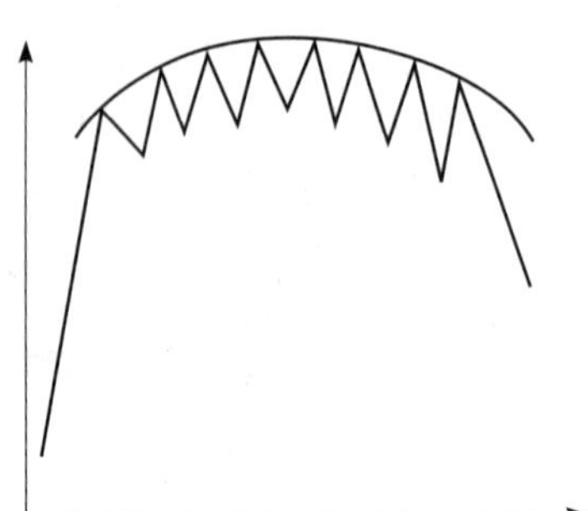

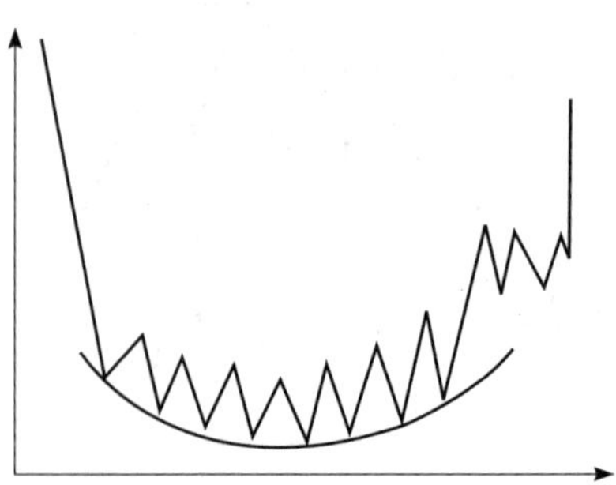

图 9－27　圆弧形

这样的价格形态就是圆弧形，圆弧形又称碟形、圆形、碗形等。该曲线不是数学意义上的圆，只是一条曲线。人们已经习惯于使用直线，但在遇到图中这样复杂的顶和底时，用直线显然就不够了。由于顶底的变化太频繁，使用一条直线明显应付不过来。

圆弧形的形成过程与头肩形中的复合头肩形有相似的地方，只是圆弧形的各种顶或底没有明显的头肩的感觉。这些顶部和底部的地位都差不多，没有明显的主次区分。

圆弧底说明事物缓慢发展变化的过程，一般被认为是庄家逐步建仓的过程。这些人手里持有足够的资金，如果一下吃得太多、价格上升得太快，也不利于今后的买入，也应一口一口地吃。直到价格一点一点地来回拉锯，往上接近圆弧边缘时，才会用少量的资金一举往上提拉到一个很高的高度。

圆弧顶是空方一点一点地往外抛，形成多个来回拉锯的结果，直到手中筹码接近抛完时，才会出现大幅度打压，使价格下降到很低的位置。

无论是圆弧顶还是圆弧底，在它们形成的过程中，成交量的表现都是两头多、中间少——越靠近顶（底），成交量越少，到达顶（底）时成交量减到最少。

做出圆弧形被突破的判断是极为困难的，它不像头肩形等还有颈线可以利用。由于这段走过的价格形状是曲线，所以没有近期的支撑线和压力线供我们使用，只有长期趋势线和原来的支撑线和压力线可供使用。

9.4.3 三角形、矩形、旗形和楔形

下面介绍几种常见的持续整理形态。

1. 三角形

三角形分为三种：对称三角形、上升三角形和下降三角形。第一种有时又称正三角形，后两种合称直角三角形。

(1) 对称三角形。对称三角形大多发生在大趋势进行的途中，它表示原有的趋势暂时处于休整阶段，而后沿原趋势的方向继续移动。由此可见，在出现对称三角形后，今后走向的最大可能是原有的趋势方向。

图 9-28 是对称三角形的一个示意图。图中原有的趋势是上升的，所以三角形态完成以后是突破向上。对称三角形有两条聚拢的直线：上面的向下倾斜，起压力作用；下面的向上倾斜，起支撑作用；两直线的交点称为顶点。对称三角形至少要有 4 个转折点，因为每条直线的确定需要 2 个点，上下两条直线至少要有 4 个转折点。对称三角形一般应有 6 个转折点，这样，上下两条直线的支撑压力作用才能得到验证。

由于对称三角形只是原有趋势运动的途中休整阶段，所以持续的时间不应该太长。持续时间太长，保持原有趋势的能力就会下降。一般来说，突破上下两条直线的包围，继续沿原有既定方向运动的时间要尽量早些，越靠近三角形的顶点，三角形的各种功能就越不明显，对进行买卖操作的指导意义就越不强。

对称三角形被突破后也有测算功能，有两种测算价位的方法。下面以原有趋势上升为例加以说明。

方法一：如图 9-29 所示，从 C 点向上的带箭头的直线的高度，是未来价格至少要走到的高度。箭线长度应与 AB 连线长度相等，AB 连线的长度称为对称三角形形态的高度。

从突破点算起，价格至少要运动到与形态高度相等的距离。

方法二：见图 9-29，过 A 点做平行于下边直线的平行线，注意图中的斜虚线，价格今后至少要达到这条虚线。

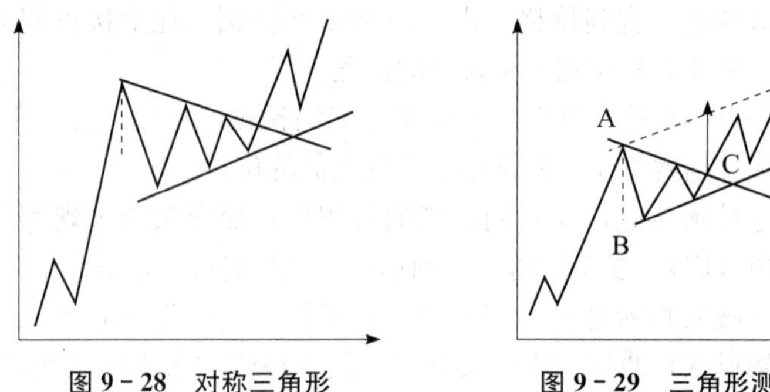

图 9-28　对称三角形　　**图 9-29　三角形测算功能**

(2) 上升三角形。将对称三角形上面的直线由向下倾斜变成水平方向就得到上升三角形。上边的直线起压力作用，下面的直线起支撑作用。在上升三角形中，压力线是水平的，没有变化，而支撑线却是越撑越高。可见，与对称三角形相比，上升三角形有更强烈的上升意识。

在上升三角形被突破后也有测算的功能，测算的方法与对称三角形类似。图 9-30 是上升三角形测算的示意图。

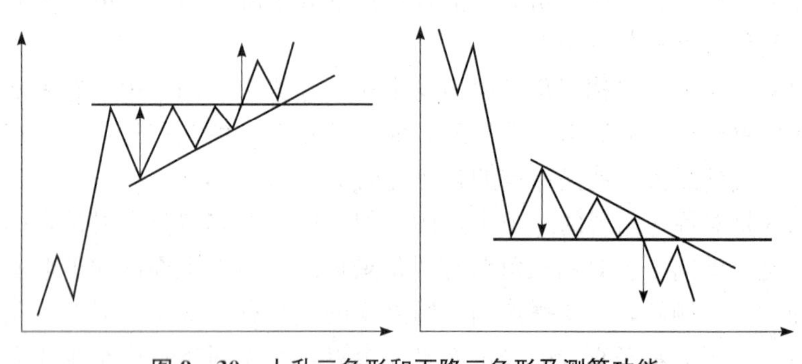

图 9-30　上升三角形和下降三角形及测算功能

(3) 下降三角形。下降三角形与上升三角形正好反向，是看跌的形态，其内容与上升三角形相似，只要按方向相反理解就可以了，见图 9-30。

2. 矩　形

矩形又称箱形，也是一种典型的整理形态。股票价格在两条横着的水平直线之间波动，上也上不去、下也下不来，一直做横向延伸的运动，见图 9-31。

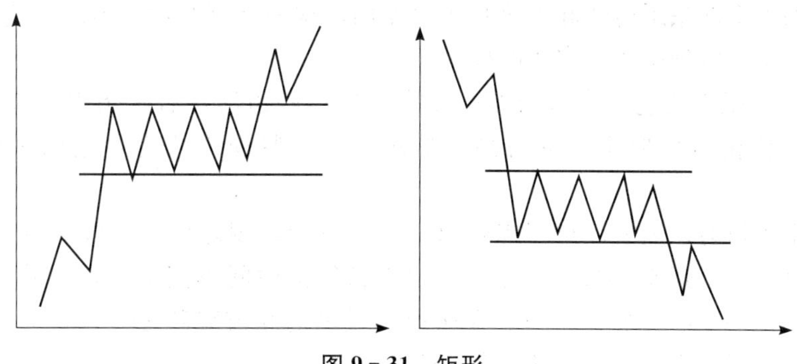

图9-31 矩形

矩形在形成之初，多空双方全力投入、各不相让，时间一长就形成上下两条界线。随着时间的推移，双方的战斗逐步减弱，市场趋于平淡。如果原来的趋势是上升，那么经过矩形整理后会继续原来的趋势，多方会占优并采取主动，使价格向上突破矩形的上界。如果原来是下降趋势，则空方会采取行动，使价格向下跌破矩形的下界。

从图中可以看出，矩形在形成过程中有可能演变成三重顶（底）形态，这是应该注意的。因此，在面对矩形和三重顶（底）进行操作时，一定要等到突破之后才能采取行动。

3. 旗形和楔形

旗形和楔形出现的频率最高，在一段上升行情或下跌行情的中途，可能出现好几次这样的图形。两者都是一个趋势的中途休整过程，在休整之后，还要保持原来的趋势方向。

（1）旗形。旗形似乎更应该叫平行四边形，它的形状是一个向上倾斜或向下倾斜的平行四边形，见图9-32。

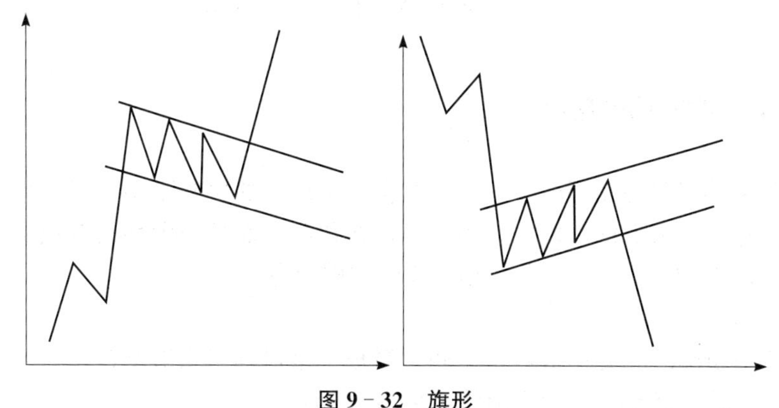

图9-32 旗形

旗形大多发生在市场极度活跃、价格运动剧烈、近乎直线上升或下降的情况之后，这种剧烈波动的情形是产生旗形的条件。由于上升（下降）过于迅速，市场必然会有所休整，旗形就是完成这一休整过程的主要形式之一。

旗形的上下两条平行线起支撑和压力作用，这一点有些像轨道线。这两条平行线中的某一条被突破是旗形完成的标志。

旗形也有测算功能，旗形的形态高度是平行四边形左右两条边的长度。旗形被突破后，价格至少要走过形态高度的距离，有些理论认为要达到旗杆高度的距离。

在识别旗形时，需要注意三点：第一，在旗形出现之前，一般应有一个旗杆，这是由价格做直线运动形成的。第二，旗形持续的时间不能太长，如果时间过长，就不能认为是中途的休整。第三，在旗形形成之前和被突破之后，成交量都很大。在旗形的形成过程中，成交量从左向右逐渐减少。

（2）楔形。如果将旗形中上倾或下倾的平行四边形变成上倾或下倾的三角形，就得到了楔形，见图 9-33。对于楔形的应用可以照搬旗形的结论。

由于对楔形的要求没有旗形那么严格，因而实际中楔形出现得要多一些。另外，从图 9-33 中可见，楔形的上下两条边都是朝着同一个方向倾斜，这与三角形不同。

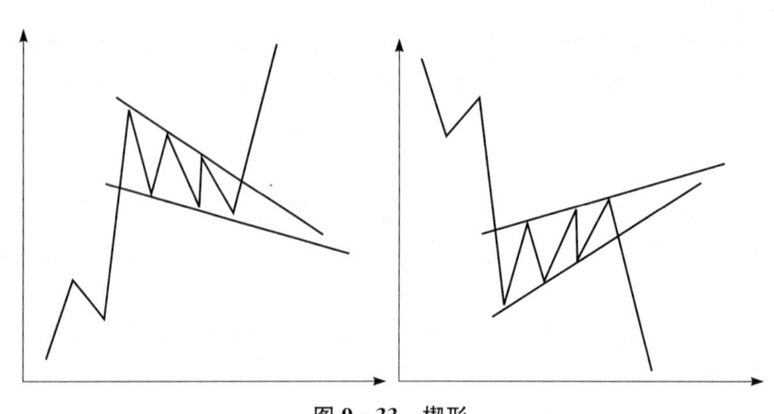

图 9-33　楔形

9.4.4　喇叭形和菱形

喇叭形和菱形是三角形的变形体，在实际中出现的次数不多，但一旦出现，则极为有用。这两种形态的共同之处都是出现在顶部，而且两者都是看跌。从这个意义上说，喇叭形和菱形又可以作为顶部反转突破形态。

1. 喇叭形

喇叭形（broadening formation）可以看成一个对称三角形倒转过来的结果，所以可以把它看成三角形的一个变形体，见图 9-34。

在经过一段时间的上升后，价格经历了幅度越来越大的波动，形成了越来越高的 3 个高点以及越来越低的 2 个低点。这说明当时的交易异常活跃，成交量日益放大，市场已失去控制，完全由参与交易的公众情绪决定。在目前这个混乱的时候进入股市是很危险的，不知道什么时候危险就会出现，进行交易十分困难。在经过了剧烈的动荡之后，人们的热情会渐渐平静，并远离这个市场，价格将逐步向下运行。

3 个高点和 2 个低点是喇叭形已经完成的标志。投资者应该在第 3 峰（图中的 5）调头向下时就抛出手中的股票，这在大多数情况下是正确的。如果价格进一步跌破了第 2 个谷（图中的 4），则喇叭形的完成得到确认，抛出股票更成为必然。

价格在喇叭形之后的下调过程中，肯定会遇到反扑，而且反扑的力度会相当大，这是喇叭形的特殊性。但是，只要反扑高度不超过下跌高度的一半（图中的 7），价格下跌的势头还是会继续的。

2. 菱 形

菱形（diamond formation）是另一种出现在顶部的看跌形态。与喇叭形相比，菱形更有向下的趋势。它的前半部分类似于喇叭形，后半部分类似于对称三角形，所以菱形有对称三角形保持原有趋势的特性。前半部分的喇叭形之后，趋势应该是下跌，后半部分的对称三角形使这一下跌暂时推迟，但终究没有摆脱下跌的命运，见图 9－35。

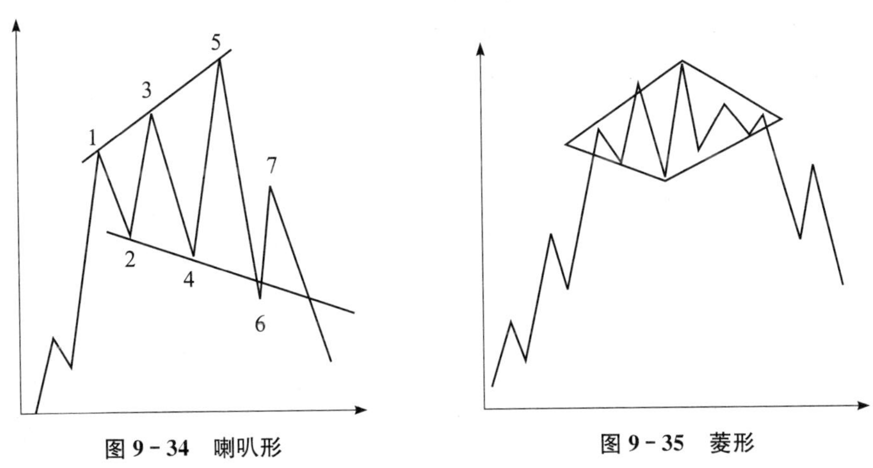

图 9－34 喇叭形　　图 9－35 菱形

在菱形形成过程中的成交量是随价格的变化而变化的，开始是越来越大，然后是越来越小。菱形的测算功能是以菱形最宽处的高度为形态高度的。今后下跌的深度从突破点算起，至少下跌一个形态高度，这与大多数的测算方式是相同的。

9.4.5 V 形反转

前面介绍的反转形态都要经过多次顶和底的试探，最后才逐渐开始反转，它们的反转过程是循序渐进的。V 形也是一种反转形态，它出现在剧烈的市场动荡之中，底和顶只出现一次，没有试探顶底的过程，而是迅速地达到顶部或底部，又迅速地反转调头。由于这种形态酷似英文字母 V，所以叫 V 形，见图 9－36。

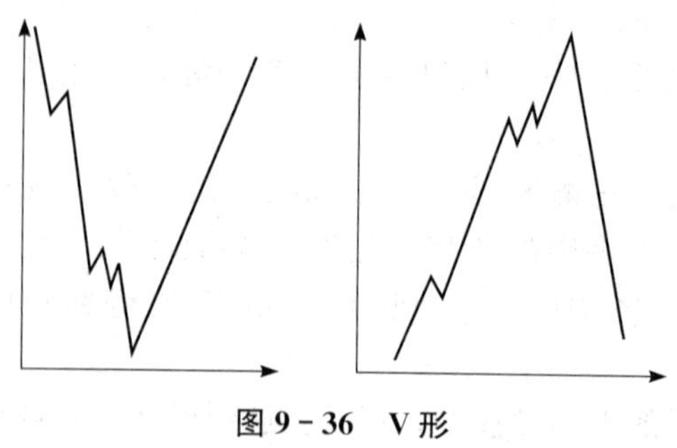

图 9-36 V 形

V 形反转一般事先无任何征兆，只能根据其他技术分析方法得到一些 V 形反转的信号，如支撑线、压力线以及下一章将要介绍的各个技术指标等。无征兆的原因是，这种形态在大多数情况下是由“市场之外的意外消息”引起的，而各种意外是无法控制的。

9.4.6 形态理论的案例分析

图 9-37 是一个双重底形态，属于规模比较大的双底形态。双重底之后的上升是巨大的，其颈线在很长时间之后起到了支撑作用。

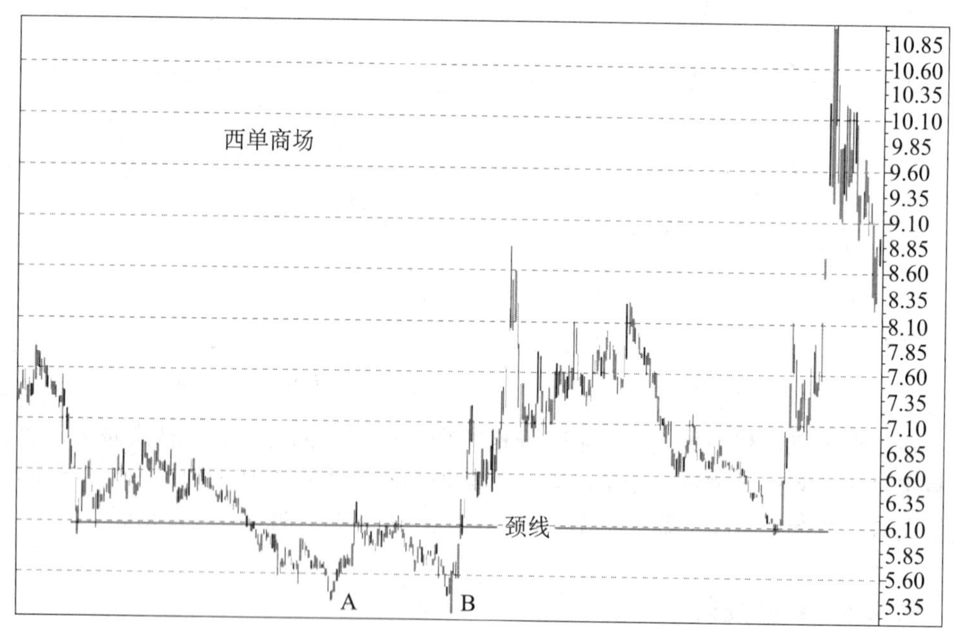

图 9-37 双重底形态和颈线

图 9-38 中的形态是一个比较复杂的复合头肩底，它的“头”是一个“规模较小”的双重底。左肩和右肩都是旗形或楔形。该形态完成后，出现了较大的上升，直到出现双重顶为止。

图 9－38　复合头肩形

9.5　波浪理论

波浪理论（wave theory）是技术分析方法的重要组成部分，是最神奇的理论。用波浪理论得出的一些结论和预测，在开始的时候可能被认为很荒唐，但过后却不可思议地被事实所证实。这里只简单介绍波浪理论的相关结果，详细内容可以参考相关的文献。

9.5.1　波浪理论的形成过程和核心内容

波浪理论最初由艾略特发现并应用于证券市场，但他没有将这些结果形成完整的体系。直到 20 世纪 70 年代，柯林斯总结完善了艾略特及其后人的研究结果，出版了专著《波浪理论》，才使该理论“走红”。

艾略特受到价格上涨、下跌不断重复现象的启发，力图找出其上升和下降的周期性。波浪理论中的周期，时间长短可以不同，一个大周期之中存在小的周期，而小的周期又可以再细分成更小的周期，每个周期都以 8 浪结构的模式进行。在这 8 个过程完结以后，本周期结束，并进入另一个周期，新的周期依然遵循上述模式。这就是艾略特波浪理论的核心内容，是艾略特作为波浪理论的奠基人所做出的贡献。

9.5.2 波浪理论的价格基本形态——8 浪结构图

图 9-39 是一个上升过程周期的 8 浪结构图。无论趋势是何种规模，8 浪的基本形态结构是不会变化的——前面是 5 浪结构，后面是 3 浪结构。这 8 浪分为主浪（propulsive wave）和调整浪（corrective wave），主浪是波动的主体，调整浪是对主浪的补充。主浪和调整浪的地位是相对的，需要考虑所观察的范围。

如果某个浪的趋势方向与比它高一层次的浪的趋势方向相同，那么这一浪就称为主浪。主浪起着推动趋势发展的作用，所以又称推动浪，图 9-39 中的 1 浪、3 浪、5 浪就是主浪。

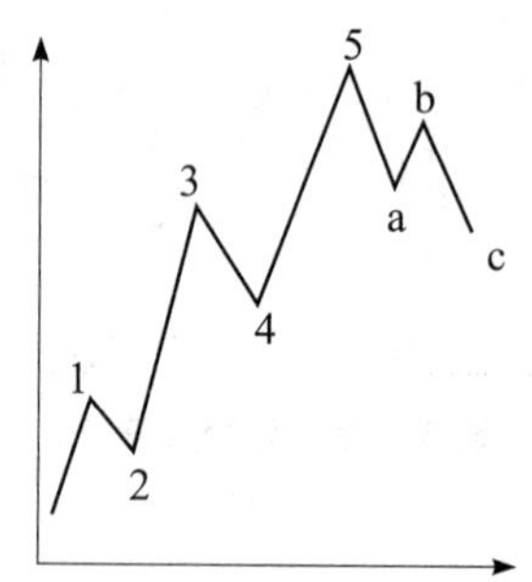

图 9-39 波浪理论的 8 浪结构图

调整浪的运行方向与比它高一层次的浪的趋势方向不同，它是对主浪的调整和补充。例如，8 浪结构中的 2 浪、4 浪是调整浪，由 a、b、c 三浪组成的大浪是对由 1 浪到 5 浪组成的大浪的调整浪。

9.5.3 浪的合并和浪的细分——波浪的层次

波浪理论考虑价格形态的时间和空间跨度是不受限制的，必然会遇到将大浪分成很多小浪和将很多小浪合并成大浪的问题，这就涉及一个浪所处的层次。

处于较低层次的几个浪可以合并成一个较高层次的大浪，而处于较高层次的一个浪又可以细分成几个较低层次的小浪，层次的高低和浪的大小是相对的。相对于高层次浪，就是小浪，相对于低层次浪，就是大浪。图 9-40 是浪的细分和合并的图形表示。

最高层次是从 L_1 到 H 的第一大浪和从 H 到 L_2 的第二大浪，共 2 浪。第一大浪和第二大浪可以分成（1）、（2）、（3）、（4）、（5）、（a）、（b）、（c）共 8 浪，这是第二层次的浪。第二层次的大浪又可以细分成图中的 1、2、3、4、5、a、b、c 的第三层次的小浪，共 34 个。

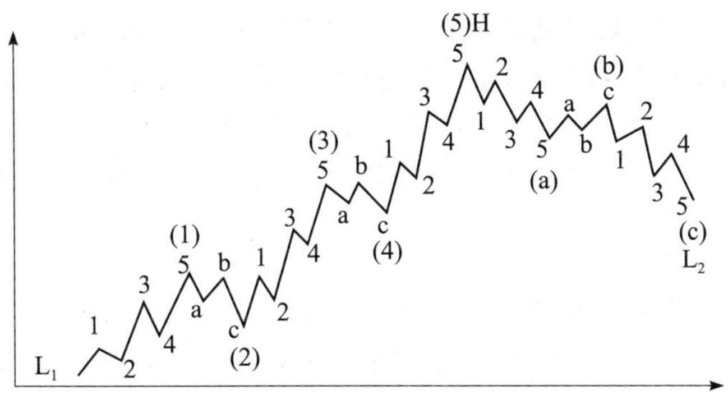

图 9-40 波浪的细分和合并

9.5.4 斐波那契数列与波浪的数目

斐波那契数列在波浪理论的数浪中，有不可忽视的作用。从图 9-40 可以看到，第一大浪由 5 浪组成，同时又由更小的 21 浪组成，第二大浪由 3 浪组成，同时又由更小的 13 浪组成。第一大浪、第二大浪为 2 浪，它们由 8 个浪组成，同时又是由 34 个更小的浪组成。如果将最高层次的浪相加，还可以看到比 34 大的斐波那契数列中的数字。

数字 2，3，5，8，13，21，34，…就是斐波那契数列中的数字。它们的出现不是偶然的，这是艾略特波浪理论的数字基础，正是在这一基础上，才有波浪理论的发展。

9.5.5 应用波浪理论预测

波浪理论对价格波动的全过程进行了说明，如果明确了当前价格在 8 浪结构中的位置，就可以预测未来了。例如，如果发现了一个 5 浪结构，而且目前处在这个 5 浪结构的末尾，就能清楚地知道将出现一个 3 浪结构的调整浪。

9.6 技术指标

技术指标是技术分析重要的分支，全世界各种各样的技术指标有千种以上。下面将从技术指标的基本概念开始，简单介绍几种技术指标。

9.6.1 技术指标概述

1. 技术指标的本质

技术指标是按一定的数学方法对相关数据进行处理，经过处理后所得的数值就是技术指标值，不同的数学处理方法会产生不同的技术指标。每一种技术指标都是以一个特定的方式对市场进行观察，通过相应的数学公式计算技术指标数值。技术指标反映市场某一方面深层的内涵，仅仅通过原始数据是很难看出这些内涵的。技术指标将某些对市场的定性认识进行定量分析，可以使具体操作的精确度提高。

2. 技术指标的应用法则

应用技术指标主要应该从以下 6 个方面考虑：①指标的背离；②指标的交叉；③指标的极端值；④指标的形态；⑤指标的转折；⑥指标的趋势。

指标的背离是指标的走向与价格走向不一致，是技术指标提前于价格的反映；指标的交叉是指标曲线图中的两条线发生了相交现象，金叉和死叉就属于这类情况，起的作用是加强技术指标的信号；指标的极端值是指标的数值达到了一个极其少见的高值或低值，是判断超买、超卖的依据；指标的形态是指标呈现某些反转形态，同样是加强技术指标的信号；指标的转折是指标的曲线发生了调头，这种调头有时是一个价格趋势的结束；指标的趋势是指标本身波动的方向，也是加强技术指标的信号。

3. 应用技术指标应注意的问题

说到底，技术指标是一些预测工具，而每种工具都有自己的适用范围和适用的环境。使用技术指标常犯的错误是机械地照搬结论，而不管这些结论成立的条件。投资者往往先是盲目地绝对相信技术指标，而在出了错误以后，又走向另一个极端，认为技术分析指标一点用也没有。

投资者另一个常犯的错误是频繁地使用技术指标。其实，技术指标能够发出信号的时间是极少的。在一年内，一个技术指标能够发出信号的次数应该在 4 次以内。

了解每一种技术指标是很有必要的，但众多的技术指标不可能都被考虑到，每一种技术指标在预测行情方面的能力大小和准确程度也会有所区别。通常说来，应该同时以 4～5 种技术指标为主，而这 4～5 种技术指标的选择因人而异。

9.6.2 移动平均线 MA

1. MA 的计算

MA 是连续若干天的价格的算术平均，天数就是 MA 的参数。例如，如果参数选择为 10，要计算今天的 MA，就把包括今天在内的最近 10 天的收盘价相加，然后除以 10，就得到今天的 10 日移动平均线（moving average）的值，用符号 MA(10) 表示。此外，如果选择其他的时间单位作为交易的时间单位，可以得到其他形式的 MA，如周线的移动平均线。

2. MA 的特性和作用

MA 是对收盘价进行平滑之后的产物，平滑的目的是消除偶然因素的影响。此外，MA 稍微具有一点平均成本价的含义。MA 具有以下几个特点：

第一，追踪趋势。MA 能够表示价格的趋势，不受小的反向波动的影响，并追随这个趋势。用原始数据得到的价格图表不具备这种追踪趋势的特性。

第二，滞后性和稳定性。在短时间内，MA 的数值发生比较大的改变（无论是向上还是向下）比较困难，除非当天的价格有很大的变动。因为 MA 的变动不是一天的变动，而是几天的变动，一天的大变动被几天一分，变动就会变小而显不出来。这种特性的优点是不被暂时的小波动所迷惑，缺点是在价格原有趋势已经反转时反应迟缓，其反应速度落后于大趋势。

第三，助涨助跌性和支撑压力性。当价格突破了 MA 时，无论是向上突破还是向下突破，价格都有继续向突破方向再走一阵的惯性，这就是 MA 的助涨助跌性。这其实具有了支撑线和压力线的特性。MA 被突破，实际上是支撑线和压力线被突破，只不过 MA 是曲线，而不是直线。

3. MA 的应用

MA 参数的作用是加强 MA 的上述特性，参数选择越大，上述特性就越重。例如，突破 5 日线和突破 10 日线的助涨助跌的力度是不同的。MA 通常同时使用多个不同的参数，包括长期、中期和短期三类 MA，长、中、短期是相对的，并且因人而异。图 9-41 是以 60 日、120 日和 250 日为参数的 MA。

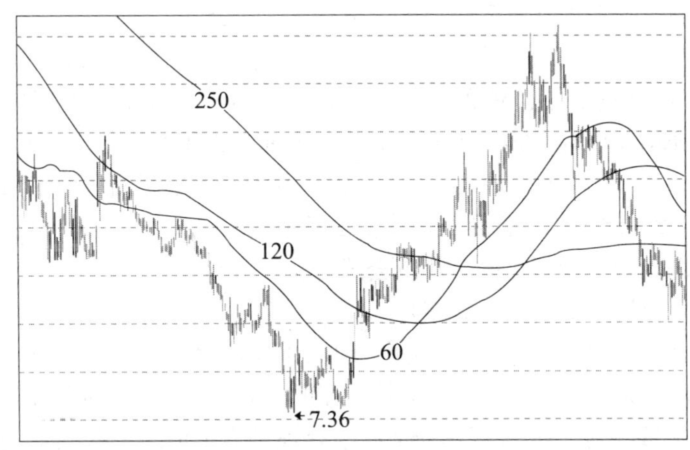

图 9-41　移动平均线 MA

使用 MA 的经典方法是格兰维尔（Granville）法则，可叙述如下：

第一，平均线从下降开始走平，价格从下向上穿过平均线；价格连续上升远离平均线，突然下跌，但在平均线附近再度上升；价格跌破平均线并连续暴跌，远离平均线。以上三种情况均为买入信号。

第二，平均线从上升开始走平，价格从上向下穿过平均线；价格连续下降远离平均线，突然上升，但在平均线附近再度下降；价格上穿平均线并连续暴涨，远离平均线。以上三种情况均为卖出信号。

对格兰维尔法则的记忆，只要掌握了支撑和压力的思想就不难。常说的死亡交叉和黄金交叉，实际上就是向上、向下突破支撑或压力的问题。

需要说明的是，每天的价格实际上是参数为 1 的 MA。价格相对于移动平均线实际上是短期 MA 相对于长期 MA。从这个意义上说，如果只面对两个不同参数的

MA，则我们可以将相对短期的 MA 当成价格，将较长期的 MA 当成 MA，这样，上述法则中价格相对于 MA 的所有叙述，都可以换成短期 MA 相对于长期 MA。

在趋势形成后的中途休整阶段或局部反弹和回档，MA 的信号出现得很频繁，极易发生错误的信号。MA 只是作为支撑线或压力线，站在某线之上，当然有利于上涨，但并不是说一定会涨，支撑线也有被突破的时候。

9.6.3 平滑异同移动平均线 MACD

MACD 的英文是 moving average convergence and divergence，翻译过来是平滑异同移动平均线，它是两条指数平滑线之差，计算公式比较复杂。

1. MACD 的计算公式

MACD 由 DIF 和 DEA 两部分组成，DIF 是核心，DEA 是辅助。DIF 是快速指数平滑线 EMA(12) 与慢速指数平滑线 EMA(26) 之差，快速和慢速的区别在于进行指数平滑所采用的参数，参数小的是快速，参数大的是慢速。

指数平滑线 EMA 的计算采用递推的方法，其公式为：

$$\text{今日 EMA} = a \times \text{今日收盘价} + (1-a) \times \text{前一交易日的 EMA} \qquad (9-1)$$

其中，$a>0$ 是计算指数平滑线的参数。a 的选择不同，可得到不同速度的 EMA。此外，第一个 EMA 值等于第一天的收盘价。下面以常用的参数 12 和 26 为例。

如果取 $a=2/(12+1)$，就得到快速指数平滑线 EMA(12)的计算公式。

如果取 $a=2/(26+1)$，就得到慢速指数平滑线 EMA(26)的计算公式。

DIF 是两条指数平滑线之差，计算公式为：

$$\text{DIF} = \text{EMA}(12) - \text{EMA}(26) \qquad (9-2)$$

虽然单独用 DIF 也能进行行情预测，但为了使信号更可靠，可引入另一个指标 DEA。DEA 是连续数日的 DIF 数值的算术平均。DEA 有自己的参数，即计算 DIF 的算术平均的天数。对 DIF 进行移动平均的处理是为了消除某些因素的影响。如果选择 DEA 的参数是 10，就是常用的 MACD（12，26，10）。

与 MA 相比，MACD 除掉了 MA 中信号出现频繁的问题，使发出信号的限制增加，假信号出现的机会降低，其发出的信号比 MA 发出的信号更可靠。另外，对未来价格上升和下降的幅度，MACD 不能给予有帮助的建议。

2. MACD 的应用

MACD 的使用应从下面两个方面考虑：

第一，考虑 DIF 和 DEA 的取值及两者之间的相对取值。DIF>0 说明短期指数平滑线比长期指数平滑线高，是多头市场。当 DIF 和 DEA 均为正值时，属于多头市场。DIF 向上突破 DEA 是买入信号，DIF 向下跌破 DEA 应获利了结。同理，当 DIF 和 DEA 均为负值时，属于空头市场。

第二，考虑 DIF 和 DEA 曲线的走向。这属于技术指标的背离，具体地说，如果 DIF 或 DEA 的走向与价格走向相背离，则是采取行动的信号——底背离买进，顶背离卖出。

3. MACD的案例分析

在图9-42中，从A到B，MACD与价格形成底背离，所以B点是买入信号点。

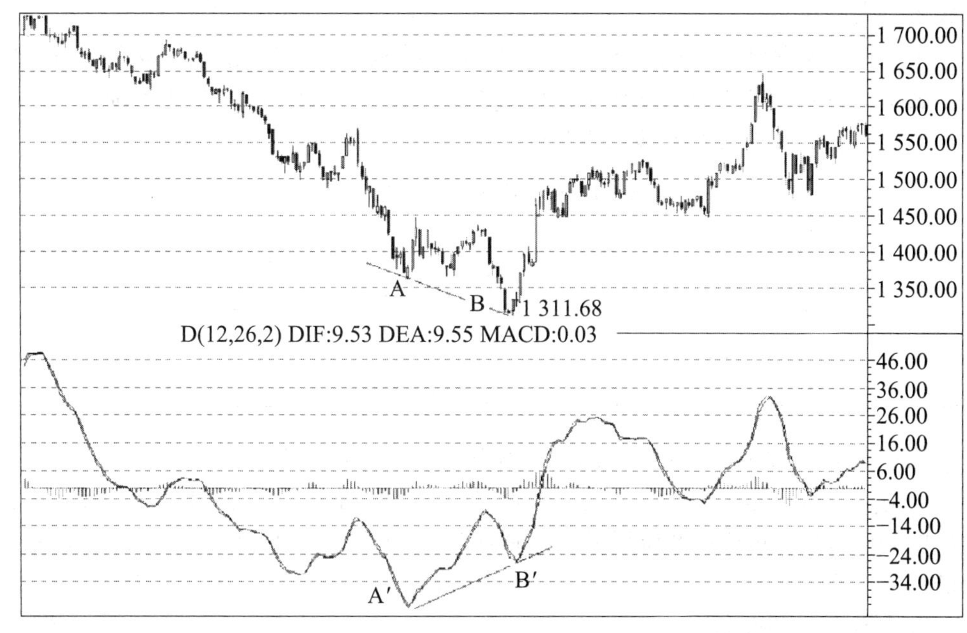

图9-42　MACD

9.6.4　相对强弱指标（RSI）

RSI的英文是relative strength index，是怀尔德（Wilder）于1978年首先提出的。

1. RSI的计算公式和构造原理

计算RSI需要收盘价和参数。该参数是时间区间的长度，一般使用交易日的天数。下面以参数等于14为例，具体介绍RSI(14)的计算方法。

首先，找到包括当天在内的连续14天的收盘价，每一天的收盘价减去前一天的收盘价，就得到14个数字，这14个数字中有正数（比前一天高），也有负数（比前一天低）。

A=14个数字中正数之和

B=14个数字中负数之和×(−1)

$$RSI(14)=A/(A+B)\times 100 \tag{9-3}$$

A表示14天中价格向上波动的大小，B表示向下波动的大小，$A+B$表示价格总的波动大小。RSI的取值为0～100。实际上，RSI表示向上波动在总波动中所占的百分比，占的比例大就是强市，占的比例小就是弱市。

2. RSI的应用法则

RSI的应用应从以下几个方面考虑：

第一，考虑两条不同参数的RSI曲线的结合。参数小（大）的RSI为短期（长期）RSI。如果短期RSI＞长期RSI，则属于多头市场。如果短期RSI＜长期RSI，则属于空头市场。

第二，考虑RSI取值的大小。按照表9-1的做法，将0～100分成4个行动区域。表中对强弱分界线的划分是比较粗略的，根据具体情况，可做适当调整。应该考虑的因素有RSI的参数和股票本身的波动特性。

表9-1 RSI取值区域与买卖信号

80～100	极强	卖出
50～80	强	买入
20～50	弱	卖出
0～20	极弱	买入

第三，考虑RSI与价格的背离。若RSI处于高位，并形成一峰比一峰低的两个峰，而对应的价格是一峰比一峰高，形成顶背离，这是比较强烈的卖出信号。与此相反的是底背离，RSI在低位形成两个依次上升的谷底，而价格还在下降，这是建仓的信号。

3. RSI的案例分析

在图9-43中，从A点到B点，RSI与价格形成了底背离，B点是买入信号。

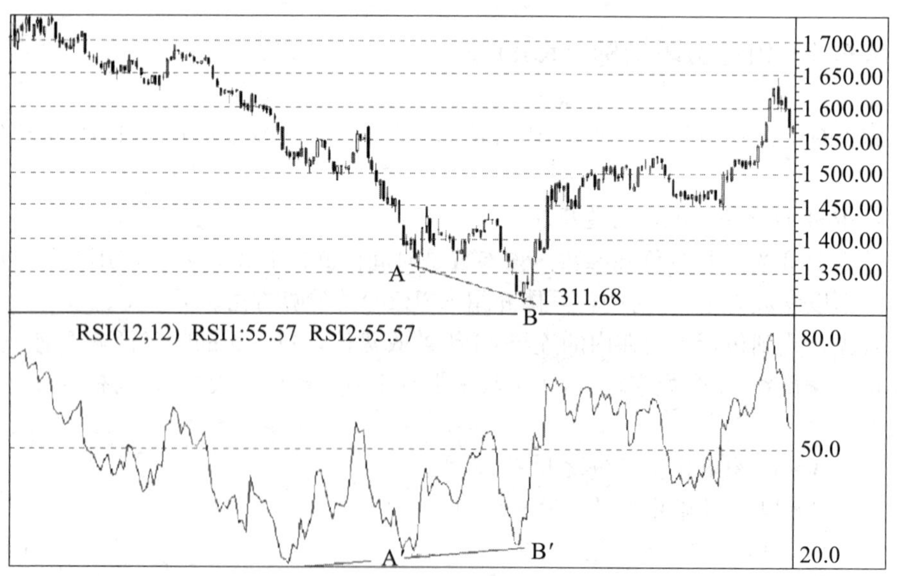

图9-43 RSI

9.6.5 威廉指标 WMS 和随机指标 KD

1. WMS 和 KD 的计算公式及构造原理

威廉（L. Williams）于 1973 年首创威廉指标，其计算公式为：

$$WMS(n)=(C-L_n)/(H_n-L_n)\times 100 \tag{9-4}$$

式中，C 为当天的收盘价；H_n 和 L_n 为最近 n 日内（包括当天）出现的最高价和最低价；n 为威廉指标参数。

利用威廉指标可以计算 KD 指标，KD 指标是 K 指标和 D 指标的合称，其计算公式为：

$$\text{当日 K 值}=(1-a)\times\text{前一日 K 值}+a\times\text{当日的 WMS} \tag{9-5}$$

$$\text{当日 D 值}=(1-a)\times\text{前一日 D 值}+a\times\text{当日的 K 值} \tag{9-6}$$

式中，a 为 KD 指标的参数。第一个 K 值和 D 值一般设为 50。

WMS 指标表示当天的收盘价在过去某个时间区间内全部价格变动范围中所处的相对位置。如果 WMS 的值较大，说明当天的价格处在较高的位置；如果 WMS 的值较小，说明当天的价格处在相对较低的位置。

从数学公式看，K 值是 WMS 的指数平滑，D 值是 K 值的指数平滑，所以 KD 与 WMS 有某些相同的特性。在上涨趋势中，收盘价一般是接近“天花板”。在下降趋势中，收盘价接近“地板”。在反映市场价格变化时，WMS 最快，K 其次，D 最慢。

2. WMS 和 KD 的应用法则

WMS 的应用法则主要是从 WMS“碰顶（底）”的次数进行考虑的。WMS 的取值为 0～100，接近 100 或 0 就是碰顶（底）。如果 WMS 高于 80，此时处于超买状态，应当考虑卖出；如果 WMS 低于 20，此时处于超卖状态，应当考虑买入。为了避免偶然性的影响，要求 WMS 多次碰顶或碰底。WMS 连续几次撞顶（底），局部形成双重或多重顶（底），则是卖出（买进）的信号，要求至少 2 次，一般不超过 4 次。

KD 的使用可从以下三个方面考虑：

第一，考虑 KD 的取值。KD 的取值在 80 以上为超买区，考虑卖出；KD 的取值在 20 以下为超卖区，考虑买入；其余为徘徊区。这是创建 KD 的初衷。这种操作很简单，但是很容易出错。

第二，考虑 K 与 D 的交叉。K 上穿 D 是金叉，为买入信号，但对于金叉还要看其他的条件。例如，金叉出现的位置应该比较低，在超卖区的位置，越低越好。对于 K 从上向下突破 D 的死叉，也有类似的结果。

第三，考虑 KD 与价格的背离。KD 处在高位，并形成两个依次向下的峰，而此时价格还在涨，这叫顶背离，是卖出的信号。KD 处在低位，并形成一底比一底高，而价格还在继续下跌，就构成底背离，是买入的信号。

3. KD的案例分析

在图9-44中，在B点形成了底背离，是买入点。

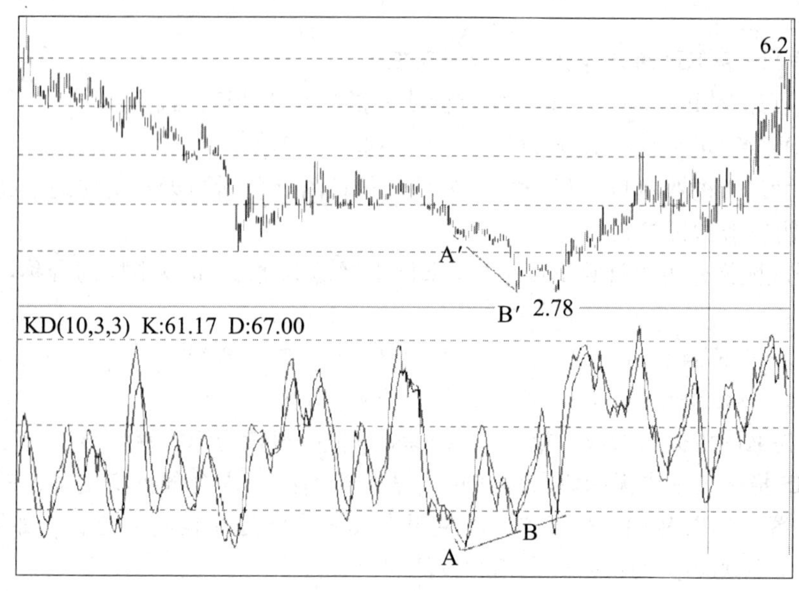

图9-44 KD指标

9.6.6 乖离率BIAS

1. BIAS的计算公式和构造原理

BIAS是价格与价格移动平均的偏离程度，其计算公式如下：

$$BIAS(n)=[Close-MA(n)]/MA(n)\times 100 \tag{9-7}$$

式中，Close为收盘价；MA(n)为参数是n的移动平均；分子表示价格与移动平均价的绝对距离。

乖离率的参数是移动平均线的参数n。n首先影响MA，然后影响BIAS。显然，BIAS是收盘价偏离MA的相对距离。一般来说，参数选得越大，允许价格远离MA的程度就越大。

BIAS的原理是离得太远了就该回头，因为物体有向心的趋向。另外，在经济学中价格与需求的关系也是产生这种向心作用的原因。价格低，需求就大，需求一大，价格就会上升；反之，价格高，需求就小，价格就会下降。

2. BIAS的应用法则

BIAS的应用应考虑以下几点：

第一，考虑BIAS的取值大小。这是产生BIAS的最初想法，只要BIAS超过某个数值，就应该感到危险（机会）而考虑抛出（买入）。问题的关键就在于如何找到这个分界线。

分界线的选择与两个因素有关：首先，BIAS的参数大小。参数越大，分界线

越高。其次，具体证券在市场中的活跃程度。证券越活跃，分界线越高。

第二，考虑 BIAS 与价格的背离。BIAS 形成从上到下的两个或多个下降的峰，而此时价格还在继续上升，是抛出的信号。BIAS 形成从下到上的两个或多个上升的谷，而此时价格还在继续下跌，是买入的信号。

3. BIAS 的案例分析

在图 9－45 中，从 A 点到 B 点，BIAS 与价格形成顶背离，因此 B 点附近应该卖出。

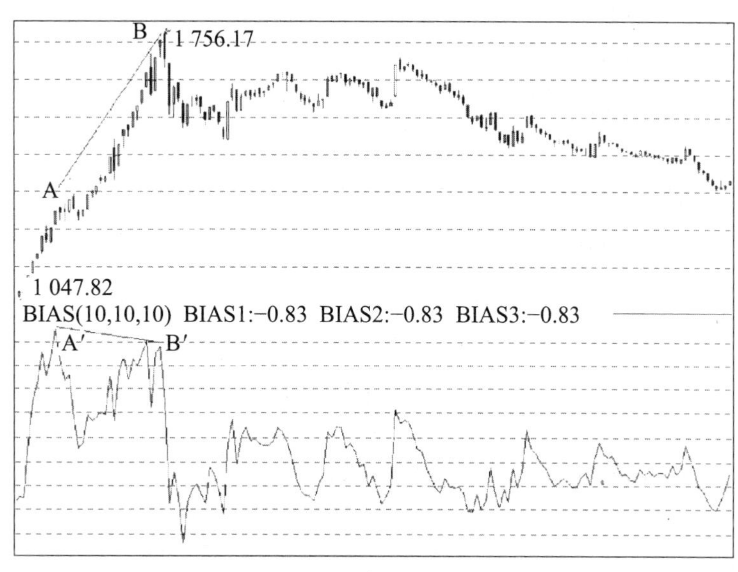

图 9－45 BIAS

9.6.7 超买超卖指标 OBOS

OBOS 是 over bought and over sold 的缩写。这个指标只能用于大盘，不能用于个股。在证券市场中有很多市场价格指数，如道琼斯指数、上证指数等。每种指数都力图全面地反映市场的整体情况，但价格指数有时反映的市场实际情况也会出现偏差。这个技术指标将在一定程度上弥补价格指数的不足。

1. OBOS 的计算公式

OBOS 用一段时间内上涨股票家数总和与下跌股票家数总和的差距来反映当前市场中多空双方力量对比的强弱。OBOS 的计算公式为：

$$OBOS(n)=P_1-P_2 \qquad (9-8)$$

式中，P_1 为 n 日内每日上涨股票家数的总和；P_2 为 n 日内每日下跌股票家数的总和；n 为 OBOS 的参数。

2. OBOS 的应用法则

OBOS 的应用应考虑以下几点：

第一，当市场处于整理时期时，OBOS 应该在 0 上下来回摆动。当市场处在多（空）头市场时，OBOS 应该是正（负）数，距离 0 应该较远，而且距离 0 越远，势头越强劲。

第二，当 OBOS 的走势与价格指数背离时，是采取行动的信号，这属于背离现象。

第三，如果 OBOS 在高位（低位）形成 M 头（W 底），就是卖出（买入）的信号。连接高点或低点的支撑压力也能帮助看清 OBOS 的趋势，进一步验证是否与价格指数的走势发生背离。

3. OBOS 案例分析

在图 9-46 中，从 A 点到 B 点，再到 C 点，形成了底背离，因此在 B 点和 C 点都可买入。

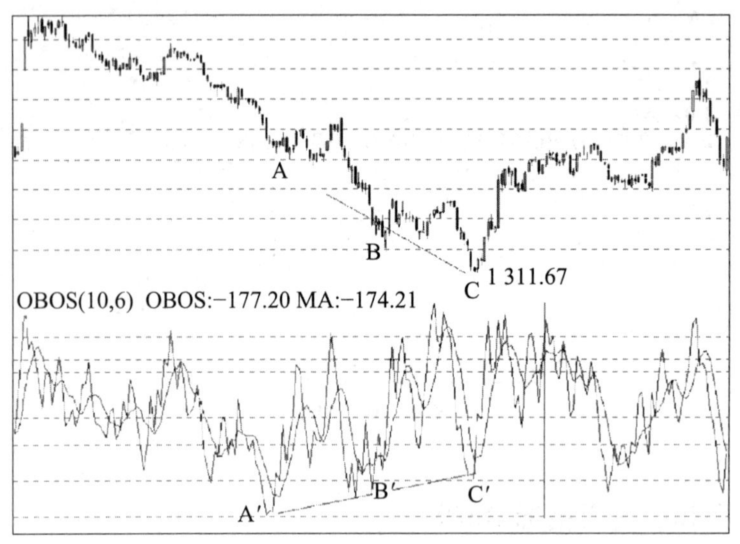

图 9-46 OBOS

本章小结

本章介绍的是各种技术分析方法的细节性内容，并列举了实际的案例对所介绍的方法进行了说明。

本章先从技术分析的始祖道氏理论开始，介绍道氏理论的几个主要观点。这是了解道氏理论的关键，也是了解技术分析演变过程的起点。

K 线理论其实包含一大类方法，本章所介绍的只是其中一种。K 线图是进行技术分析的关键工具，本章列举了 10 种典型的组合形态，其中 9 种反转形态是重点。

支撑压力理论提供了价格趋势可能停顿的位置，对于选择买卖价格有直接的指导作用。其中，支撑、压力相互转换和黄金分割线是最值得重点了解的。

形态理论从价格波动轨迹推断上升、下降的力量对比，本章介绍了十几种典型的价格技术形态，包括反转形态和持续形态。每种形态都值得了解。

波浪理论是公认的灵活性很强的技术分析方法，不容易掌握。本章只介绍了波浪理论最基础的内容，即价格波动所遵循的8浪结构图，以及波浪的合并与细分。

技术指标的种类非常多，本章介绍了其中的几种，重点内容是让学生了解如何具体使用技术指标。其中，背离是最值得深入了解的。

本章关键问题

- K线组合形态
- 道氏理论的主要结果
- 反转形态和持续形态的识别
- 得到支撑线和压力线的方法
- 波浪理论的基本思想和8浪结构
- 技术指标的定义
- 技术指标的使用方法
- 具体技术指标的构造原理和使用方法
- 每种技术指标所反映的是市场的哪个方面

本章思考题

一、名词解释

上影线	趋势	反转形态	黄金分割线
技术指标	背离	八浪结构	

二、简答题

1. 支撑线和压力线起什么作用？
2. 简述黄金分割线的画法。它们如何预测行情？
3. 旗形和楔形的区别是什么？
4. 如何理解波浪理论中价格走势的基本形态结构？
5. 如何进行波浪的合并和细分？
6. 斐波那契数列在循环周期理论和波浪理论中起何种作用？
7. 什么是技术指标？
8. 应用技术指标的法则有哪几条？
9. 移动平均线的作用是什么？
10. 技术指标中参数的选择是否影响技术指标的结论？
11. 何谓技术指标与价格的背离？应该如何使用？
12. RSI、KD指标是如何计算和使用的？
13. 简述BIAS的构造原理。
14. 在下图中的B点前后出现了何种形态？买卖信号在哪里？技术指标MACD

在哪里发出了卖出的信号？为什么？

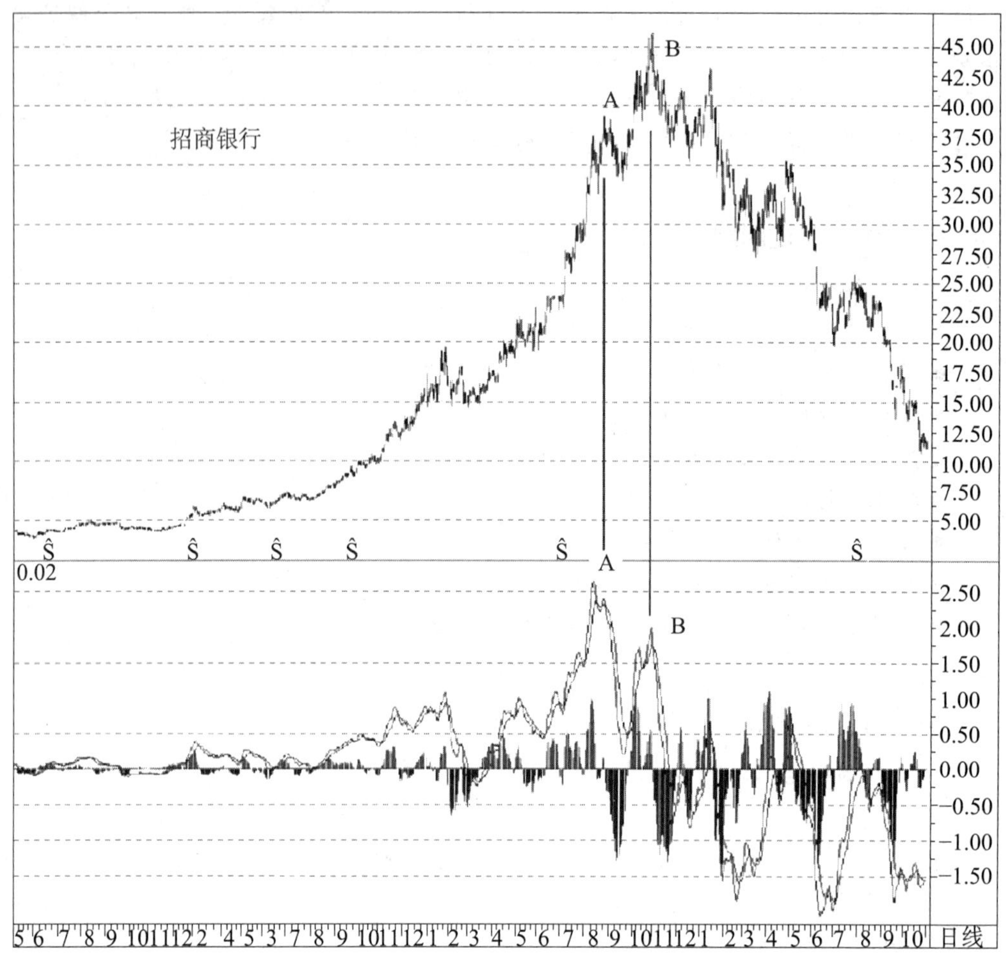

第四篇　组合管理篇

2019 年 1 月 12 日，吴晓求教授在中国人民大学举办的第 23 届（2019 年度）中国资本市场论坛上发表“现代金融体系之路：中国的探索”的主题演讲。

2019 年 3 月 24 日，吴晓求教授与“休克疗法”理论的创始人、哈佛大学教授杰弗里·萨克斯（Jeffrey Sachs）在中国人民大学重阳金融研究院主办的“吴晓求教授对话系列”中讨论中国的金融改革与资本市场发展。

第 10 章 证券组合管理

学习目标

- 了解证券组合管理的经济内涵及其重要性。
- 掌握马科维茨投资组合理论的原理及其运用。
- 掌握夏普单一指数模型的内涵及其运用。

10.1 证券组合管理概述

10.1.1 证券组合管理及其必要性

10.1.1.1 证券组合的含义

组合一词对应的英文是 portfolio，该词源于拉丁语中的 portafoglio，由 portare 和 foglio 两部分组合而成：前者意为 carry，即携带；后者意为 leaf 或 sheet，即纸张。在古罗马时期，portfoglio 是指装国家重要文件的公文包。在现在的英语词典中，它的首义也为纸夹、公文包。如果从其词典释义出发，组合在人们的感觉中无非就是一个时髦皮夹里摆着的一叠文件。但在金融投资理论与实践中，证券组合通常是指个人或机构投资者所拥有的由股票、债券以及衍生金融工具等多种金融产品构成的一个投资集合。

10.1.1.2 证券组合管理的意义

证券组合管理思想的提出和成熟，实际上使现实中的投资活动分成两个工作：一是对证券和市场的分析，其核心是对投资者可能选择的所有投资工具的风险和预期收益的特性进行评估；二是基于现存的各种资产进行最优资产组合的构建，涉及在可行的资产组合中决定最佳风险-收益机会，也就是从可行的资产组合中选择最适合的资产组合。

因此，证券组合管理的重要意义之一就在于它带来了一次投资管理理念上的革命。对证券组合进行管理与对证券组合进行组合管理是两个不同的概念。传统证券投资管理尽管其所管理的也是一种证券的组合，但是其思维方式和着眼点都在于证券个体，是个体管理的简单集合。而组合管理则是以资产组合整体为对象和基础，或者说以拥有整个资产组合的投资者的效用最大化为目标所进行的管理，而单个资产的风险和收益特征并不是组合管理所关注的焦点。组合管理的重点应该是资产之间的相互关系及组合整体的风险-收益特征，即风险与收益的权衡。

10.1.1.3 组合管理的必要性

组合理论是建立在对理性投资者行为特征进行研究的基础之上的。在经典经济理论中，厌恶风险和追求收益最大化是理性投资者最基本的行为特征。对证券投资进行组合管理，可以在降低资产组合风险的同时，实现收益最大化。

1. 降低风险

为什么说构建资产组合可以降低投资风险？人们常常用篮子装鸡蛋的例子来说明：如果我们把鸡蛋放在同一个篮子里，万一这个篮子不小心掉在地上，所有的鸡蛋都可能摔碎；而如果我们把鸡蛋分放在不同的篮子里，即使一个篮子掉了，也不会影响到其他篮子里的鸡蛋。投资组合理论表明，资产组合的风险随着组合中所含证券数量的增加而降低，或者说收益率之间相关度极低的分散化资产组合可以有效地降低非系统性风险。

2. 实现收益最大化

理性投资者都厌恶风险，同时又追求收益最大化。就单个资产而言，风险与收益是成正比的，高收益总是伴随着高风险。但是，各种资产不同比例的组合，却可以使证券组合整体的收益-风险特征达到在同等风险水平下收益最高或在同等收益水平下风险最小的理想状态。

10.1.2 证券投资的风险

作为投资组合理论的创始人，马科维茨在理论上的主要洞见在于他认识到了风险是整个投资过程的核心。正如英国金融学家迪姆生曾指出的那样，“如果计划是零风险的，那就不会有任何问题……风险意味着可能发生的事情远多于确定将会发生的事情”，因此，现实中虽然我们不会预期自己的房子会被烧毁，但这的确有可能发生，投资也是如此。那么，什么是风险？在投资过程中可能存在哪些风险？这些问题显然需要我们在进行资产选择，进而构建投资组合之前有所了解。

10.1.2.1 证券投资风险的经济内涵

作为一个所指极为宽泛的词汇，风险在经济学中一般是与不确定性或不完全信

息联系在一起的，即“风险”就是指要么由于事件的发生无规可循，要么是因为虽然存在相关信息，但信息的收集、处理成本却超过了信息收集之后的好处，导致存在主体对该事件的未来状态判断失误而遭受损失的可能性。① 从实践来看，“风险现象，或者说不确定性或不完全信息的现象，在经济生活中无处不在”（Machina and Rothschild，1987）。

在证券投资活动中，（投资）风险的存在意味着尽管投资者的（事后）最终财富肯定是单一结果，但从事前来看，由于各种影响因素的不确定性，最终财富可能会产生一个以上的结果。

为了理解这一点，假设投资者A有20万元人民币的初始财富，若全部投资于与宏观经济运行正相关的股票C，就可能产生两种结果：当宏观经济运行处于繁荣时期，股票价格上扬导致最终财富增加到了30万元；当宏观经济运行处于衰退时期，股票价格下跌导致最终财富减少到了10万元。显然，对于投资者A而言，全部投资股票C的最终结果只能是一个（在经济繁荣时，30万元；在经济衰退时，10万元），但由于事先无法预知宏观经济运行的状态，其无法确定究竟哪一个财富结果会出现。这种不确定性就是证券投资风险。

但值得注意的是，在现有的理论文献中，金融（投资）理论中的风险与保险理论中提及的风险在含义上存在较为微妙的差异——保险理论一般关注的是“纯风险”（pure risk），即损失或无损失的可能性，比如地震、雪崩、海啸等自然灾难一旦发生，就引致损失，没有发生，损失也就不会出现②；而金融理论关注的却是“投机性风险”（speculative risk），即在损失的同时也有盈利的可能，比如投资活动的结果就是不确定的，既有亏损的可能，也有盈利的希望，而且其遭受损失与获得收益的机会服从一定的概率分布。

10.1.2.2 证券投资风险分类

1. 按照证券投资风险的来源分类

不同的投资方式会带来不同的投资风险，风险产生的原因和程度也不尽相同，总体上按照风险产生的原因可将风险分为以下几大类：

（1）市场风险。这是在投资活动中最普遍的一种风险。无论是投资于股票、债券、期货、期权、票据、外币、基金等金融产品，还是投资于房地产、大宗商品等有形资产，或是投资于其他实体项目，几乎所有的投资者都必须承受这种风险。这

---

① 显然，我们在这里把不确定性与风险两个经济范畴等同了。虽然奈特（1921）曾对风险与不确定性之间的区别做过先驱性研究——他把“风险”视为主体根据对事实的客观分类，有能力用具体的数值概率表述的情形，而“不确定性”则指代不可能客观分类的一种情况——很多学者也接受了这种分类，但在金融理论中，一般把不确定性与风险等同，如赫什利弗和赖利（1995）就认为“（不确定性与风险之间的）这种划分已证明是没有结果的” 一方面，可以用“主观概率”的概念来处理奈特（Knight）的第二类事件；另一方面，即使对于第一类事件，所谓的“客观概率”也是虚幻的，如人们一般认为掷骰子时得到1的概率为1/6，但这是有前提的——只有骰子均匀时，才能出现任何一面是1/6的概率分布。

② （纯）风险总与损失密切相关。比如提起风险，对于家庭仿佛就意味着失业、疾病、残疾，甚至死亡等意外冲击；对于公司，有自然灾害引致的生产环节中断、消费者需求的改变等意外打击。

种风险来自市场上买卖双方供求不平衡引起的价格波动，并有可能使投资者在投资到期时得不到预期的收益。

（2）偶然事件风险。这种突发性风险是绝大多数投资者必须承担的，并且其剧烈程度和时效性因事而异。例如，自然灾害、异常气候等偶然事件的出现都可能导致股票、债券等各种证券价格出现异常波动；货币政策和外汇政策的异常变化也可能导致利率及汇率的巨幅波动；法律诉讼、专利申请、高层改组、兼并谈判、产品未获批准、信用等级下降等意外事件的发生则可能引起股票和债券的价格的急剧变化。这些事件都是投资者在决策之初无法完全预料的。

（3）贬值风险。投资收益可分为名义收益和实际收益。由于投资者期望获得的是实际收益，因而名义收益与实际收益之间的差别至关重要。这种差别主要通过通货膨胀来反映。通货膨胀可分为“期望型通货膨胀”和“意外型通货膨胀”，前者是投资者根据以往的资料对未来通货膨胀的合理预计，也是他们对未来投资索取贬值风险补偿的依据和基础；而后者是投资者无法预计的，一般也无法得到合理补偿。由于短期债券和浮动利率的中长期债券考虑了通货膨胀补偿，因而可以降低期望型通货膨胀的贬值风险；股票以及固定利率的中长期债券则要同时承受这两种风险，而且投资者的投资期限越长，贬值风险通常越大。

（4）破产风险。这是股票和债券的投资者，特别是中小型公司或新创公司股票和债券的投资者必须面对的风险。当某有限公司由于经营管理不善、操作运转不良或其他原因导致负债累累、难以维持时，它就可能申请破产保护，筹划公司重组，甚至宣布倒闭。因此，破产风险表现为当公司宣布破产时，股票、债券的价格急剧下跌，进而在公司真正倒闭时，其投资者可能血本无归。

（5）流通风险。这是股票、债券的投资者必须面对的另一种风险，通常与偶然事件风险紧密相连。当有关公司的利空消息进入市场时，有时会引起轩然大波，导致投资者争先恐后地抛售股票，进而投资者无法及时卖出所持的股票。

（6）违约风险。这是债券等固定收益证券的投资者所面临的一种风险。这类证券在发行时向投资者明文保证，他们可以在未来一段时间内得到确定金额的收入；这笔金额可能是在证券到期时一次性发放，也可能是在证券的存续期内多次发放。然而，当公司因现金周转不灵、财务陷入困境时，这种事先承诺就可能无法兑现。

（7）利率风险。利率提高，债券的机会成本增加，因而债券的价格与利率呈反向变动关系。利率升高，债券价格便下降。相对而言，违约与破产风险仅是少数债券的不良表现，而利率风险比违约风险和破产风险的涉及面更广、辐射度更强、影响力更大、时效更长，债券价格更频繁、更强烈地受到利率变化的作用和制约。此外，从对利率变化的敏感度讲，长期债券要大于短期债券，无息债券要大于有息债券，低息债券要大于高息债券，一次性付息债券要大于分期付息债券。综上所述，当公司债券价格变动时，一部分反映利率变化的影响，另一部分反映公司自身经营状况的影响，故利率风险、违约风险和破产风险是债券及债券基金投资人尤其应该提高警惕并加以防范的。通常债券的期限越长，这些风险（包括贬值风险）越大。

（8）汇率风险。任何从事国际投资、对外贸易或外汇交易的投资者都会承担这种风险。外汇汇率由于受到各国政府货币政策、财政政策、外贸政策以及国际市场上供给与需求平衡的影响而频繁变动，因此当投资者投资于以外币为面值发行的有价证券时，他们除了要承担与其他证券相同的风险外，还要承担货币兑换的额外风险。由于未曾预料到的汇率变动，当他们将收益转换为本国货币时，可能与原先的预期相去甚远。

（9）政治风险。各国的金融市场都与本国的政治局面、经济运行、财政状况、外贸交往、投资气候等息息相关，因此投资于外国有价证券时，投资者除了要承担汇率风险外，还要面临这种宏观风险。

2. 按照证券投资风险的性质分类

按照风险的性质以及应对措施的不同，可以将证券投资风险分为系统性风险和非系统性风险两个部分。

系统性风险与市场的整体运动相关，通常表现为某个领域、某个金融市场或某个行业部门的整体变化。这类风险涉及面广，往往会使整个一类或一组证券产生价格波动。这类风险因其来源于宏观因素变化对市场整体的影响，因而称为“宏观风险”。前面提到的市场风险、贬值风险、利率风险、汇率风险和政治风险均属此类。

非系统性风险基本上只与某个具体的股票、债券相关联，而与其他有价证券无关，也与整个市场无关。这种风险来自企业内部的微观因素，因而称为“微观风险”。前面提到的事件风险、破产风险、流通风险、违约风险等均属此类。

10.1.3 证券组合的基本类型

证券组合通常以组合的投资目标为标准进行分类。以美国为例，证券组合可分为避税型证券组合、收入型证券组合、增长型证券组合、收入-增长型证券组合、货币市场型证券组合、国际型证券组合及指数化型证券组合等。

（1）避税型证券组合。这种证券组合以避税为首要目的，主要服务处于高税率档次的富人，通常投资于政府债券，这种债券在大多数国家都是免税的。在西方国家，投资管理要考虑的一个重要因素就是投资者的税收地位。以美国为例，要想使投资者实际获得尽可能多的基本收入和资本收入，不仅要考虑联邦所得税，还要考虑州所得税。一个处于高税率档次的富人，如果投资于高股息或高利息的证券上，在纳税后，他实际上剩不下多少钱；而一个处于50%税率档次的投资者，如果购买了一种利率为6%的免税债券，就相当于他获得了12%的税前收益率。

（2）收入型证券组合。这种证券组合追求的是低风险和基本收益（即利息、股息收益）的稳定。能够带来基本收益的证券有附息债券、优先股及一些避税债券等。一般来说，年纪较大的投资者、需要负担家庭生活及教育费用的投资者及有定期支出的机构投资者（如养老基金等）会偏好这种证券组合。这种证券组合的主要功能是为投资者实现基本收益的最大化，从证券组合获得的定期收入可能要用于满足投资者的部分或全部日常开支的需要。当然，这并不是说收入型证券组合仅适用于中等收入或孤儿寡母阶层。作为一种投资目标，富人也可能有此需要，只是对于他们而言，不仅要考虑基本收入的最大化，还要考虑避税的问题。

(3) 增长型证券组合。这种证券组合以资本升值（即未来价格上升带来的价差收益）为目标，投资者往往愿意通过延迟获得基本收益来求得未来收益的增长，因而投资风险较大。增长型证券组合的管理要想获得成功，就一定要严格遵守组合管理的基本步骤和基本原则。所谓增长是指收益要远高于市场平均收益，因此选股极为重要。在分析中可借助预期收益、标准差、β 值等工具。多元化的原则也不应忽视，因为证券太少则风险太大，而证券太多又影响收益。此外，还需要对企业做深入细致的分析，如产品需求、竞争对手的情况、经营特点、公司管理状况等。

朝气蓬勃的年轻人及高税率阶层往往偏好这种组合，年轻人希望通过延迟眼前的收益来获得未来收益的增长，富人们则是看重长期资本收入的所得税税率低于基本收益的所得税税率。

(4) 收入-增长型证券组合。这种证券组合试图在基本收益与资本增长之间、收益与风险之间达到某种均衡，因此又称均衡组合。两者的均衡可以通过两种组合方式获得：一种是使组合中的收入型证券和增长型证券达到均衡；另一种是选择那些既能带来基本收益，又具有增长潜力的证券进行组合。

(5) 货币市场型证券组合。这种证券组合是由各种货币市场工具构成的，如国债、高信用等级的商业票据等。货币市场交易具有规模大、价差波动小的特点，不适宜小额投资，但这种组合使中小投资者得以参与货币市场投资。在西方国家，货币市场基金还赋予投资者以基金账户为基础签发支票的权利，使之具有了结算账户的功能。资产管理账户中的货币通常在投资者做出再投资决策前自动转入货币市场基金，由于很多货币市场基金都是基金家族的一员，因而投资者可以免费将货币从一种基金转入另一种基金。

(6) 国际型证券组合。这种证券组合投资于海外不同国家，既是组合管理的时代潮流，也是经济、金融全球化和国际资本流动的必然结果。实证研究结果表明，这种证券组合的业绩总体上强于只在本土投资的组合，因为它可以减弱国家或地区的风险，在世界范围内追求收益最大化。20 世纪 90 年代初期，发达国家普遍实行低利率政策，导致国际资本大规模流入新兴市场，基金的国际化投资亦在其中，但在 1997 年对冲基金的投机活动引发了波及全球的东南亚金融危机后，大量国际型基金从新兴市场中抽逃出来并流回欧美等发达国家市场，不仅对东南亚等新兴国家的股市和汇市下跌起了推波助澜的作用，也大大缩减了国际型基金的规模。

(7) 指数化型证券组合。这种证券组合模拟某种市场指数，信奉有效市场理论的机构投资者通常会倾向于这种组合，以求获得市场平均的收益水平，因此也常被称为追踪基金或被动基金。根据模拟指数的不同，指数化型证券组合可以分为两类：一类模拟内涵广大的市场指数，这属于常说的被动投资管理；另一类模拟某种专业化的指数，如道琼斯公用事业指数，这种组合可不属于被动管理之列，因为它对指数是有选择的。第一只指数基金产生于 1971 年 7 月。在 20 世纪 70 年代初期西方股市的大规模调整中，指数基金的总体业绩好于进取型基金，从而在基金市场上赢得了市场份额——其规模从 1971 年的 600 万美元成长到了 1980 年的 100 亿美元。20 世纪 90 年代更是指数基金大发展的时期，美国养老基金市场总资产中的 35%已被指数化。①

10.1.4 证券组合管理的基本步骤

10.1.4.1 确定组合管理目标

所谓组合管理目标，从大的方面讲，可以收入、增长或均衡为目标；从小的方面讲，可以在大目标下具体设定收益率水平等。

组合管理目标对外是证券组合及其管理者特征的反映，在组合营销（如基金营销）时为组合管理者吸引特定的投资者群体；反过来说，则是便利投资者根据自身的需要和情况选择基金。例如，养老基金因其定期有相对固定的货币支出的需要，因此要求有稳定的资产收入，故收入目标就是最基本的。

组合管理目标对内可以帮助证券组合管理者明确工作目标，以便为实现一定风险下的收益最大化而努力，也可为证券组合管理者的业绩评估提供一种基准。

10.1.4.2 制定组合管理政策

组合管理政策是为实现组合管理目标、指导投资活动而设立的原则和方针。证券组合的管理政策首先要规定投资范围，即确定证券组合所包含的证券种类。例如，证券组合管理者要决定该证券组合是只包括股票，还是包括股票、债券等多种证券。更具体一些，证券组合管理者还要决定投资于哪些行业或板块的股票、哪些种类的债券，也就是资金在它们之间的分配。

确定投资政策还要考虑客户要求和市场监管机构的限制，考虑税收因素等。例如，在我国《证券投资基金管理暂行方法》中对基金投资组合和禁止行为的规定就是基金管理人必须遵守的。此外，投资政策的制定还会受到来自信息公开制度的压力，有时会导致证券组合管理者被迫公布对己不利的政策。

10.1.4.3 构建证券组合

证券组合的构建首先取决于证券组合管理者的投资策略。投资策略大致可分为积极进取型投资策略、消极保守型投资策略和混合型投资策略三类。采取积极进取型投资策略的证券组合管理者会在选择资产和买卖时机上下大工夫，努力寻找价格

---

① 指数基金的业绩之所以好于进取型基金，主要原因有以下三点：第一，指数基金是非常分散化的投资，可以有效降低少数股票损失对整个基金业绩的损害。比如追踪 FTSE 100 指数的基金可能会购买该指数包括的 100 种股票，这样每种股票对该基金整体业绩的影响仅为 1%。第二，指数基金总是处于满仓的状态，与进取型基金相比，这在股市处于下跌状态时较为不利，但在股市处于上升状态时却是颇为有益。自 20 世纪 80 年代以来，西方股市除去几次大调整外，一直处于上升趋势中。第三，指数基金的交易成本低。在指数基金设立后，除非指数构成发生变化或者有资金加入或撤出，否则指数基金无须交易，这使得指数基金的运营成本较之频繁换手的进取型基金要低得多。有研究表明，交易成本一般是基金不能跑赢大盘的决定因素。

偏离价值的资产；采取消极保守型投资策略的证券组合管理者则相反，只求获得市场平均的收益率水平，一般模拟某一种主要的市场指数进行投资；采取混合型投资策略的证券组合管理者介于两者之间。

选择哪一种投资策略主要取决于两个因素：一是证券组合管理者对市场效率的看法如何，相信有效理论市场的证券组合管理者就会选择消极保守型投资策略，反之就会选择积极进取型投资策略；二是该证券组合负债的性质和特点，如养老基金就比较适合消极保守型投资策略，因为其有定期的负债支付要求。

传统投资管理和现代组合管理的证券组合构建过程是不同的。现代组合管理构建证券组合的程序是：确定整体收益和风险目标→进行资源配置→确定个别证券的投资比例。资源配置可以利用威廉·夏普（William Sharpe）的单一指数模型进行，个别证券的投资比例可以利用哈里·马科维茨（Harry Markowitz）的均值-方差模型来确定。传统投资管理构建证券组合的程序是：证券分析→资产选择→自发形成一种组合。进行证券分析可选择的方法主要是基本分析方法、技术分析方法和量化投资分析方法。

10.1.4.4 修订证券组合资产结构

证券组合的目标是相对稳定的，但个别证券的价格及收益风险特征是可变的。根据上述原则构建的证券组合，在一定时期内应该是符合证券组合的投资目标的，但是，随着时间的推移和市场条件的变化，在该证券组合中一些证券的市场情况与市场前景也可能发生变化，如某企业可能出现购并事件，导致生产和经营策略发生变化等。当某种证券的收益和风险特征的变化足以使该证券组合整体发生不利的变动时，就应当对该证券组合的资产结构进行修订，或剔除该证券，或增加有抵消作用的证券。

10.1.4.5 证券组合资产的业绩评估

对证券组合资产的经济效果进行评价是证券组合管理的最后一环，也是十分关键的一环，它包括对过去一个时期组合管理业绩的评价，也包括下一个时期组合管理的方向。评价经济效果并不是仅仅比较一下收益率就行了，还要看证券组合所承担的风险。风险水平不同，收益率也不同，在同一风险水平下的收益率数值才具有可比性。而证券组合风险水平的高低应取决于投资者的风险承受能力，超过投资者的风险承受能力进行投资，即使获得高收益也是不可取的。对于收益的获得也应区分哪些是证券组合管理者主观努力的结果，哪些是市场客观因素造成的。例如，在强劲的牛市中，市场平均收益率为50%，那么即使某证券组合的盈利率为35%，证券组合管理者的经营能力仍要被评为不合格；而在大熊市中，如果市场指数下跌了50%，即使某证券组合的资产净值下跌了35%，也可以说是表现相当不错的。

10.1.5 投资组合理论的形成与发展

投资组合理论最早是由美国著名经济学家哈里·马科维茨于1952年系统提出的，他在1952年3月《金融杂志》上发表的题为《资产组合的选择》的论文中提出了确定最小方差资产组合集合的思想和方法，开创了对投资进行整体管理的先河，奠定了投资组合理论乃至金融经济学发展的基石。在此之前，经济学家和投资管理者一般仅致力于对个别投资对象的研究和管理，20 世纪 30 年代偶尔有人在论文中提出组合的概念，但缺乏系统的理论支持，没有引起人们的注意。

马科维茨在创立投资组合理论的同时，也用数量化方法提出了确定最佳投资组合的基本模型。在以后的岁月中，经济学家一直在利用数量化方法不断丰富和完善投资组合管理的理论及实际投资管理方法，并使之成为投资学中的主流理论。

马科维茨的模型对资产之间的相互关系没做任何假设，其风险计算结果是十分精确的。但是，这一方法涉及计算所有资产的协方差矩阵，面对上百种可选择资产，其计算量是相当可观的，因而在当时的技术条件下难以应用，也不利于投资组合管理者对市场整体进行分析和研究。

1963 年，马科维茨的学生夏普根据马科维茨的模型，建立了一个计算相对简化的模型——单一指数模型。这一模型假设资产收益只与市场总体收益有关，使计算量大大降低，打开了投资组合理论应用于实践的大门。如今，马科维茨的模型被广泛用于不同类型的资产组合，而夏普的模型则被广泛用于同类资产内部不同资产的组合。马科维茨本人也将这些技术应用于投资组合的实际管理。

也是在 20 世纪 60 年代初期，金融经济学家开始研究马科维茨的模型是如何影响证券估值的，这一研究导致了资本资产定价模型 CAPM 的产生。这一模型阐述了在投资者都采用马科维茨的理论进行投资管理的条件下，市场价格均衡状态的形成，把资产预期收益与预期风险之间的理论关系用一个简单而又合乎逻辑的线性方程式表示出来。在实践中，很多专家用它来估计资产收益，指导投资行为，确定投资策略。

尽管 CAPM 由于其假设条件的超现实性而一直难以得到验证，对它的讨论却长盛不衰。1977 年，当罗尔（Roll）对其有效性提出质疑后，这种讨论发展到了一个新的阶段。一方面，其他资产定价模型开始出现，其中以套利定价理论（APT）最为著名，发展至今，其地位已不低于 CAPM；另一方面，人们通过释放传统 CAPM 的假设条件而发展了多种 CAPM，以使其更接近现实。投资组合理论和资产定价模型的发展为科学评价职业投资管理人的业绩提供了依据。

20 世纪 60 年代中期，法马（Fama）提出了一个绝妙的假设：如果市场分析家都能快速、有效地消化信息，则任何形式的证券分析都不可能产生异常的收益。与此同时，由于信息事件的发生是随机的，证券价格的运动也就是不规则的，因而技术分析就是毫无意义的了。法马提出该假设的一个重要结论是，在一个有效市场中，任何资产的价格都是其均衡价值的真实反映。很多投资理论的研究都是以此为前提条件的。不过，实际市场并非如此完美，在大量的经验性研究结果中，既有支持它的，也有提出反面证据的。这的确是一个很矛盾的概念，否则证券分析这一职业早就不复存在了。

1973 年，以无套利均衡分析以及动态股价波动模拟为基础，美国经济学家布莱克和斯科尔斯共同提出一个全新的期权定价模型，也就是B-S期权定价公式。经过默顿的发展，B-S期权定价公式逐渐演变成所有衍生金融产品定价的理论基础，客观上在全球范围内促发了一场金融衍生产品革命，导致了大量新型金融产品的问世。而这些全新的金融产品在丰富金融世界的同时，不仅为组合管理提供了基本材料，而且也为投资组合保险等新型组合管理策略的出现和发展提供了土壤。

经过众多学者的逐渐完善、深化，这些理论目前已经成为投资理论的经典内容，或者说投资的主流思想。这些理论不仅以各种方式被应用到实际投资管理中，还编入投资学教科书，使教科书发生了结构和内容的变革。20世纪五六十年代的教科书在介绍投资法规和程序的基础上，着重讲述投资的基础分析与技术分析，并以此为依据进行投资管理。七八十年代的投资理论日益成熟，逐渐形成体系，而且也被编入教科书，但投资分析的地位仍未受到影响，投资理论总被放在最后。由于当时的人们既固守传统投资分析对投资管理的重要意义，又看好科学的投资理论，因此很多教科书都像百科全书一样包罗万象。

进入21世纪后，资产价格波动和投资管理的历史使人们认识到凭借资产价格预测来进行投资管理是不可靠的，还是应把重点放在科学地选择资产、确定最佳的投资组合上。这样，投资组合理论便取代了投资分析，跃居教科书的首要地位。传统意义上的基础分析和技术分析方法有了较大的改变，相应地，投资管理的指导思想也做了相应的调整，投资组合理论的应用成为其核心。与此同时，随着衍生金融工具及其市场的发展，针对利用它们进行投资的风险管理也成了投资学的一个重要组成部分。

专栏 10－1　投资组合理论的起源

关于投资组合理论的起源，学术界还有一些有意思的讨论。马科维茨在其1987年出版的《投资组合选择与资本市场中的均值-方差分析》一书中，曾引用了一段文字，描述了组合投资这个观念零星的发展历程。他自认为并不是这个观念的唯一创始人，并评论道："投资组合理论的时代始于1952年出版的两篇文章，是罗伊（Arthur Roy）的一篇论文和马科维茨的另一篇论文，开创了投资组合理论的时代……"

在1952年之前，尽管实践中的投资者均认识到规避风险是人类的天性——无论是对自己的投资分析技巧多么有信心，还是多么急于增加自己的财富，都会偏好确定的结果，而非不确定的结果，但有关证券投资的理论研究文献不是忽略了风险与报酬间的交互作用关系，就是以不经意的态度处理这个问题。关于这一点，颇具代表性的研究就是威廉姆斯在1937年完成的《投资价值理论》中的"股利贴现模型"——遵循威廉姆斯的分析，他的理论似乎建议投资人应购买具有最高预期收益的股票，并避开其余的股票；换句话说，假如你确定 IBM 具有较高的投资价值，进而爱极了IBM，那么根本不再需要考虑并拥有通用电气等其他公司的股票。

客观地说，当时市场中有很多成功人士都相信集中投资是投资的最佳法则，而分散投资则是不好的策略。20 世纪最具影响力的经济学家凯恩斯就曾认为："基于安全至上的理由，将资金分成许多小笔金额，分别投资在一大群我没有足够信息可以做出良好判断的不同公司上，相较于把大笔资金投资在我可以获得确切信息的一家公司上，前者对我来说，正是一种扭曲的投资策略。"而华尔街的著名经纪人洛布（Gerald Loeb）也曾指出："当你信息十足时，就不会采取分散投资的策略；分散投资策略等于承认自己不知道如何寻找投资标的，只是想达到平均的报酬水准而已。"从某种意义上说，洛布的这种态度代表了 20 世纪 60 年代之前华尔街的典型投资思维模式，甚至到现在，这种观念仍存在于某些人的心中。

而 1952 年 3 月马科维茨在《金融学期刊》上发表的《投资组合选择》（Portfolio Selection）一文则对上述华尔街流行的投资思维提出了质疑，其主要洞见在于意识到了风险是整个投资过程的核心——如果投资者只把焦点放在收益上，而不考虑风险因素，结果将出现不是最适当的投资组合。马科维茨的论文为两个古老的投资原则提供了正式的理论支撑：第一，不入虎穴，焉得虎子；第二，不要把所有鸡蛋放在同一个篮子里。马科维茨以科学的方式，精确定义了前述一般人所熟悉的法则，同时采用数学（统计）方法解释投资人处理抵换问题的谜题，他的分析精确地显现了投资人如何把承担最小的风险和达到较高预期报酬的愿望相结合。

在马科维茨的论文发表 3 个月之后，英国剑桥大学的罗伊教授在《计量经济学》上发表了一篇《安全至上与资产持有》的论文，在对简单的预期收益观念提出反对的同时，他试图去发掘"充斥着不确定性与残酷的世界中的行为法则"。罗伊在发表这篇论文后，于 1956 年又发表了一篇补充文章，其后也曾发表 4～5 篇讨论概率和不确定性的文章。尽管如此，他的主要兴趣并不在于投资和财务方面，或许这是罗伊在金融学界默默无闻的真正原因之一。而另一个原因可能是时机不对——如同达尔文之于华莱士、牛顿之于莱布尼兹一样，马科维茨的理论比罗伊更受瞩目，只因为他比罗伊早一步发表。

10.2 马科维茨选择资产组合的方法

马科维茨以理性投资者及其基本行为特征为前提，论述了建立有效资产组合边界（即在一定风险水平上收益水平最高的资产组合的集合）的思想和方法。

马科维茨考虑的问题是单期投资问题，投资者拥有一笔资金，从现在起投资特定的时间（称为持有期）。在期初，投资者需要做出购买哪些证券及其数量的决定，并持有到期末。分别以一定资金比例购买的一组证券称为一个证券组合，因而投资者的决策就是要从一系列可能的证券组合中选择一个最优的证券组合，这样一个决策问题被马科维茨称为组合选择问题。为了解决这个问题，马科维茨对投资者的决策方法和行为特征做了如下假设：①每一种投资都可由一种预期收益的可能分布来代表；②投资者都利用预期收益的波动来估计风险；③投资者仅以预期收益和风险为依据决策，在同一风险水平上，投资者偏好收益较高的资产或资产组合，在同一收益水平上，投资者偏好风险较小的资产或资产组合；④投资者在一定时期内总是追求收益最大化。

10.2.1 理性投资者的行为特征和决策方法

从理论上说，具有独立经济利益的投资者的理性经济行为有两个规律特征：一是追求收益最大化；二是厌恶风险。两者的综合反映为追求效用最大化。“效用”一词在微观经济学中是指人们从消费商品和服务中得到的满足。在金融市场上，交易主体追求的是收益最大化。无奈高收益总是伴随着高风险，对风险的承受力直接制约着人们对预期收益的定位。通常说来，人们只在可接受的风险范围内寻求相对高的收益，或者只有当收益足够高时，才会冒较大的风险。所以，投资活动的效用就是投资者权衡风险与收益后获得的满足。

1. 追求收益最大化的规律特征

这一特征表现为，当风险水平相当时，理性投资者都偏好预期收益较高的交易。在可能的范围内，投资者总是选择收益最高的资产投资；然而，与之相对的市场资金需求者为了自身收益最大化的要求则要选择成本最低的融资方式，资金供求双方对立的经济利益、一致的利益冲动制约着市场均衡价格的形成。

2. 厌恶风险的规律特征

这一特征表现为，当预期收益相当时，理性投资者总是偏好风险较小的交易。人们对风险的厌恶程度是不同的，有的强，有的弱，有的对风险持中性态度，有的甚至偏好风险。从理论上定义，理性投资者一般是以厌恶风险为特征的，这一特征直接决定着价格的结构。对于厌恶风险的人，要使之接受交易中的风险，就必须在价格上给予足够的补偿，有风险交易的收益从结构上看应该是无风险交易的收益加上一个风险补偿额——风险越大，风险补偿额越高。

3. 追求效用最大化

追求效用最大化就是要选择能带来最大满足的风险与收益的资产组合。效用由无差异曲线表示，可供选择的最佳风险与收益的资产组合的集合由有效边界表示，效用曲线与有效边界的切点就是提供最大效用的资产组合。

（1）风险厌恶资金供应者的无差异曲线。金融市场的无差异曲线表示在一定的风险和收益水平下，资金供应者对不同资产组合的满足程度是无区别的，即同等效用水平曲线。图 10-1 是一组风险厌恶资金供应者的无差异曲线。

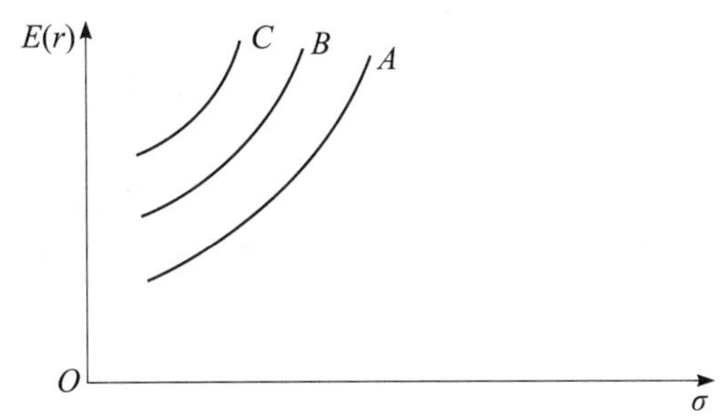

图 10-1　风险厌恶资金供应者的无差异曲线

不同水平的曲线代表着效用的大小，水平越高，效用越大。图 10-1 中的曲线 C 显然代表着最大效用。

曲线的凸向反映着资金供应者对风险的态度，由于 X 轴是风险变量，Y 轴是预期收益变量，因此曲线右凸反映风险厌恶偏好。风险厌恶者要求风险与收益成正比，曲线越陡，风险增加对收益补偿的要求越高，对风险的厌恶越强烈；曲线斜度越小，风险厌恶程度越弱。风险中性的无差异曲线为水平线，风险偏好的无差异曲线为左凸曲线。

(2) 资产组合的有效边界。在资产组合理论中，假设资产互不相关，当三个以上的风险资产进行组合时，各种不同风险与收益水平的资产组合分布在一个双曲线，或者如伞形的区间内[①]，见图 10-2。

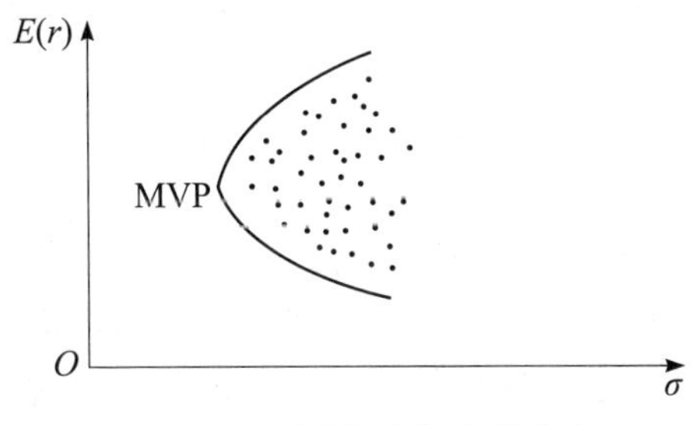

图 10-2　风险资产组合的分布

伞形区间边缘上的资产或资产组合都是在同等收益水平下风险最小的资产组合，因此伞形区间边缘被称为最小方差资产组合的集合。伞形区间端点处的资产组合又是所有最小方差资产组合集合中方差最小的一个，被称为最小方差资产组合(MVP)。这一端点将伞形区间分为上、下两部分，上部分边缘上的各种资产和资产组合，不仅满足同等收益水平下风险最小的条件，还满足同等风险水平下收益最高的条件，是理性投资者的理想选择，因此伞形（双曲线）区间上半部分的边缘被称为资产组合的有效边界（或有效资产组合的集合）。由于有效边界的收益和风险是对

① 资产组合线的构造详见后文。

称的，因此理想投资者到底选择有效边界上的哪一点，取决于投资者风险厌恶程度的强弱。风险厌恶程度较强的，可选择靠近端点的资产组合；风险厌恶程度较弱的，可选择高风险、高收益的资产组合。在本小节中，我们借助“效用最大化”这一概念来描述投资者最佳资产组合的选择过程。

(3) 效用最大化。把上面两图叠加起来，由于与有效边界相切的无差异曲线是有效边界所能遇到的效用最高的无差异曲线，因此两者的切点 F 就是能给投资者带来最大效用的有效资产组合——最佳资产组合，见图 10-3。

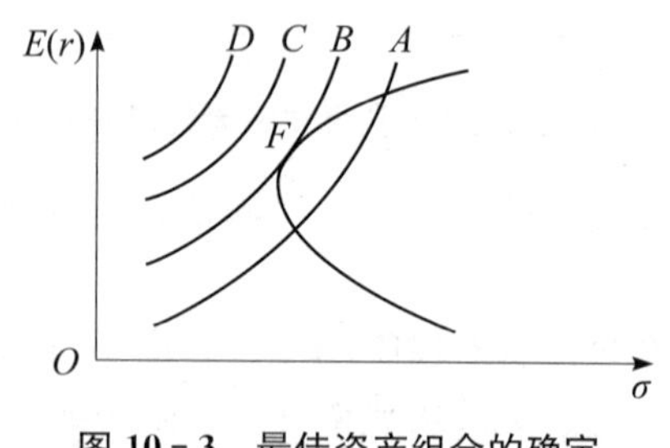

图 10-3　最佳资产组合的确定

10.2.2　资产的收益和风险特征

对于证券分析师或投资者来说，通常任何一种证券资产的未来投资收益都带有不确定性，或者说证券承诺的收益率往往与实际的收益率之间存在偏差。为了进行事前的证券估价，证券分析师往往要（或被要求）对不同经济状况下证券资产的未来收益做出不同的估计，并用一个或两个数来综合所面临的形势——一个表示综合分布的中心趋势（或者说预期收益），另一个测度有关的风险。

1. 预期收益

证券资产的未来收益受到宏观经济形势以及利率、汇率波动等很多因素的影响，通常是不确定的，但在不同的经济状况下，我们可以对证券资产的未来收益做出不同的估计。每一种经济状况及在这种状况下资产的收益率都有自己发生的概率，对所有可能出现的资产收益率按其可能发生的概率进行加权平均计算，我们便对这一资产未来可能出现的收益率有了一个综合的估计，这便是预期收益率的含义所在。也就是说，预期收益率并不代表将来可能获得的收益，而只是反映了我们对一切可能的有关信息进行合理分析后对资产获利能力的一种估计。

数学期望为我们估计证券的未来预期收益提供了一个科学的工具。根据不同的经济状况，我们会对资产的未来收益做出不同的估计，每一种估计的出现都有自己的概率，两者的加权概率平均值就是数学期望，其计算公式为：

$$E(r)=\sum_{i=1}^{n}h_i r_i \tag{10-1}$$

式中，r_i 为第 i 种可能的收益率；h_i 为 r_i 可能发生的概率；$E(r)$ 为预期收益率。

表 10-1 是个计算数学期望的例子，计算结果表明，证券甲的预期收益率

为 19%。

表 10-1　证券甲预期收益率的估算（%）

经济状况 i	可能的收益率 r_i	概率	$h_i r_i$
1	0	20	0
2	10	10	1
3	20	40	8
4	30	20	6
5	40	10	4
合计　（预期收益率）			19

2. 风险-方差

方差反映的是随机变量对数学期望的离散程度，由于我们把投资的风险定义为实际收益偏离预期收益的潜在可能性，因此我们可以借预期收益的方差作为衡量风险的标准，其计算公式为：

$$\sigma^2 = \sum_{i=1}^{n} h_i [r_i - E(r)]^2 \tag{10-2}$$

$$\sigma = \sqrt{\sum_{i=1}^{n} h_i [r_i - E(r)]^2} \tag{10-3}$$

方差的平方根为标准离差。方差（标准离差）越大，随机变量与数学期望的偏离越大，风险也就越大。

根据表 10-1 中的数据计算，证券甲的方差为 0.014 9，标准离差为 0.122。具体计算如下：

$$\begin{aligned}\sigma &= \sqrt{\sum_{i=1}^{n} h_i [r_i - E(r)]^2} \\ &= \sqrt{20\% \times (-19\%)^2 + 10\% \times (-9\%)^2 + 40\% \times (1\%)^2 + 20\% \times (11\%)^2 + 10\% \times (21\%)^2} \\ &= \sqrt{0.0149} \\ &= 0.122\end{aligned}$$

从经济角度考虑，鉴于离差 $[r_i - E(r)]$ 有正也有负，正的离差对投资者其实是有利的，只有负的离差才是我们要关注的风险，因此有人后来曾提出过半方差（semivariance）的风险测度标准。但考虑到随机变量的分布是有系统的，正负相当，故没必要太精细，而且在大量运算中，要把负的离差都挑出来也不容易。

遵循均值-方差的分析方法，可以发现：尽管现实中两种证券的收益分布乍看上去截然不同，如证券 1 和证券 2，未来只有两种不同状态，但状态收益和状态发生概率均不同（见表 10-2）：

表 10-2

	状态收益	状态发生概率	状态收益	状态发生概率
证券 1	1	0.5	−1	0.5
证券 2	3	0.1	−1/3	0.9

但按照马科维茨的计算方法，容易算出两种证券的预期收益（均值）均为 0，风险（方差）均为 1，因此可以认为这两种证券是完全相同的证券。

3. 样本平均值和样本方差

在实际生活中，随机变量发生的概率往往是不可知的，股票收益率尤其如此，这就需要利用样本来估计未来收益和风险，计算样本平均值和样本方差。在计算资产未来收益的样本平均值和样本方差时，我们是以以前的收益为样本的，并假设资产收益的分布概率是不变的。

利用上面证券甲的收益率数据，我们来看一下证券甲的样本平均值和样本方差的计算公式及计算结果。

证券甲的样本平均值是：

$$\begin{aligned}\bar{r} &= \frac{\sum_{t=1}^{n} r_t}{N} \\ &= \frac{0+10\%+20\%+30\%+40\%}{5} \\ &= 20\%\end{aligned}$$

式中，N 为收益观察值的数量，通常是一个时间变量，如多少月、多少年。

由于在计算样本平均值时，我们假设资产各种收益率发生的概率相等，因此样本平均值与预期收益是有差别的，这一差别称为样本误差。样本误差可以通过增加观察值来缩小，但观察时间越长，概率不变的假设就越不现实。可接受的做法是，在你认为概率不会发生巨大变化的限度内，增加观察值。

证券甲的样本方差是这样计算的：

$$\begin{aligned}\bar{\sigma}^2 &= \frac{\sum_{t=1}^{n}(r_t-\bar{r})^2}{N-1} \\ &= [(0\%-20\%)^2+(10\%-20\%)^2+(20\%-20\%)^2+(30\%-20\%)^2 \\ &\quad +(40\%-20\%)^2]/(5-1) \\ &= 0.025 \\ \sigma &= 0.158\end{aligned}$$

公式的分母为 $N-1$，是因为我们取了样本平均值为未知平均数的代表，作为补偿，只有减去 1，才能产生方差的无偏估计。

样本平均值和样本方差是我们评价资产的一个基本方法，但在比较资产时要注意，不同风险资产的收益率是不可以直接进行比较的。

专栏 10－2 投资者偏好、二次效用函数与投资组合选择

历史地看，法国数学家伯努利（Daniel Bernoulli）可能是最早引入不确定性研究的学者——他在 1738 年于圣彼得堡的皇家科学院发表的一篇论

文中提出了一个谜题（现在有时称为“圣彼得堡悖论”，后来《计量经济学》期刊认为这篇论文相当重要，因此在1954年重刊）：

> 假如彼得不断地抛掷钱币，直到钱币出现人头为止。彼得承诺，如果在第一次就掷出人头，他愿意给保罗一个硬币；如果在第二次掷出人头，则给保罗两个硬币；在第三次掷出人头，给四个硬币；在第四次掷出人头，给八个硬币；依此类推。随着彼得掷钱币次数的增加，他必须支付的硬币也就加倍，因此保罗的收入也会倍数增加。那么，我要如何判定保罗的期望值是多少？

在伯努利看来，即便考虑了不确定性，保罗的数学期望看上去也应该是无穷大的，但有意思的是，他询问当时很多人得到的平均答案却是一个有限值：2。

问题是，期望值怎么可能得到一个有限值？伯努利思考再三，提出了在他之前没有任何学者想到的一个解释方法——在他看来，当存在不确定性的时候，参与这一游戏的保罗可能并不关注每次游戏结束后获得的硬币数量绝对值的大小，而可能最关注与这一绝对值相关的某个函数的大小。如果保罗关心的函数是对数函数，即

$$U(x)=\ln(x)$$

那么，在存在不确定性的背景下，保罗的预期收益就等于：

$$E[U(x)]=\frac{1}{2}\ln(2^0)+\frac{1}{2^2}\ln(2^1)+\frac{1}{2^3}\ln(2^2)+\cdots+\frac{t}{2^t}\ln(2^{t-1})+\cdots$$

而求解这一无穷数列的和，答案恰恰是2。因此，伯努利认为他很好地解释了这一问题。尽管从目前经济学的角度看，伯努利的解释存在明显的问题，就是在函数呈凸性的前提下，函数的期望值和期望函数值是两个不同的数值。在伯努利的这个例子中，就是对于保罗而言，期初确定性地获得2个硬币要比进行这个游戏更有价值，但伯努利提出的“圣彼得堡悖论”引入了一个非常重要的概念，也就是投资者效用函数。这成为后续资产选择理论的基础。

容易理解，现实中投资者的效用函数有指数效用函数、对数效用函数、二次效用函数等多重形式可以选择，但在构建现代投资组合选择模型时，马科维茨对投资者风险-收益偏好以及效用的分析隐含了二次效用函数的假设，即假设投资者的效用函数可以表示为：

$$U(r_p)=a+b\,r_p-c\,r_p^2 \qquad b>0,\ c>0 \tag{10-4}$$

之所以选择这一效用函数，首先是因为这一函数性质简单，其一阶导数和二阶导数分别为：

$$U'(r_p)=b-2c\,r_p$$

$$U''(r_p)=-2c<0$$

期望效用为：

$$E[U(r_p)] = bE(r_P) - c[E(r_p^2)]$$
$$= bE(r_p) - c[E(r_p)]^2 - cE[r_p - E(r_p)]^2$$

换句话说，投资者的期望效用只取决于两个随机变量，即期望和方差，而且与期望成正比（当且仅当 $r_p < b/2c$ 时），与方差成反比。

客观地说，尽管二次效用函数的内在性质非常简单，并可以借助线形规划来解决其求解等问题，进而成为现代投资理论中最常见的函数形式，但我们也应该了解，其在实践中的运用还是存在很多缺陷的。关于这一点，我们可以举一个非常简单的例子来说明。

假设现实中存在 3 种不同的证券，其收益分布见表 10－3。

表 10－3　证券资产的价格及收益分布

当前价格		1 年后的价格		1 年后的收益率	
		状态 1	状态 2	状态 1	状态 2
		50%	50%	50%	50%
证券 1	100	105	120	5%	20%
证券 2	100	50	160	－50%	60%
证券 3	100	105	160	5%	60%

借助表 10－3，我们可以发现：尽管从直观上理解，由于证券 3 在两种未来状态中的价格以及收益率均不比证券 1 差，理性的投资者在两者之间选择的话，理应选择证券 3 而不是证券 1，但如果从均值-方差的二次效用函数的角度着眼，我们却发现：

$E(r_1)=12.5\%$；$\sigma_1=7.5\%$

$E(r_2)=5\%$；$\sigma_2=55\%$

$E(r_3)=32.5\%$；$\sigma_3=27.5\%$

所以，尽管证券 3 肯定优于证券 2（相比证券 2，证券 3 在预期收益高的同时，其风险却只有证券 2 的一半），但在证券 3 和证券 1 之间却不能直接做出选择——证券 1 是一种低风险、低收益的产品，而证券 3 则是一种高风险、高收益的产品，究竟应选择哪种证券取决于投资者的风险偏好。显然，马科维茨模型的这样一种结论是有别于直观感受的。

10.2.3　资产组合的收益和方差

我们已经学习了计算单个资产收益和风险的方法，当面对资产组合时，我们关心的将不仅是单个资产的收益和风险，更主要的还是资产组合作为一个整体的收益和风险。此外，我们还需要决定在可供选择的各种资产上各投资多少钱。

1. 资产组合的收益

资产组合的预期收益 $E(r_p)$ 是资产组合中所有资产预期收益的简单加权平均

值，其中的权数 x 为各资产投资占总投资的比率。其计算公式为：

$$\begin{aligned}E(r_p) &= E(x_1r_1+x_2r_2+\cdots+x_nr_n)\\ &= x_1E(r_1)+x_2E(r_2)+\cdots+x_nE(r_n)\\ &= \sum_{i=1}^{n}x_iE(r_i)\end{aligned} \tag{10-5}$$

其中，

$$x_1+x_2+\cdots+x_n=1$$

假设一个资产组合由某公司债券和某股票指数资产组合两项资产组成。历史数据显示，债券的预期收益为 5%，而股票指数资产组合的预期收益率为 12.5%。那么，如果按照表 10－4 中的比重分别进行组合投资，则该资产组合的预期收益率是多少？

表 10－4　某公司债券和股票指数资产组合表

资产组合	W 国债	W 指数组合	$E(r_p)$	σ_p	
				$\rho=1$	$\rho=-1$
1	0	1.0	12.5	20	20
2	0.2	0.8	11.0	17	15
3	0.4	0.6	9.5	14	10
4	0.6	0.4	8.0	11	5
5	0.8	0.2	6.5	8	0
6	1.0	0	5.0	5	5

2. 卖空与权数

上例中的权数均为正数，这是我们预测这两种资产的市场价格都将上升并分别买入的缘故，此时我们处在多头的状态。有时，投资者预测某种资产价格将会下跌，他就可能到证券商那里去借入这种股票，并按现行的价格售出，等股票价格下降后再以低价购回并归还，借此来赚取价差，这种投资策略叫卖空。在卖空时，投资的权数为负值。

假设我们有 100 万元的本钱，投资于证券 1，证券 1 的收益率为 20%；我们还要在证券 2 上做 30 万元的卖空，即借 30 万元证券 2 售出。假设证券 2 的收益率为 10%，售后收入全部投资于证券 1，试问我们这一资产组合的预期收益如何？

$$\begin{aligned}E(r_p) &= x_1r_1+x_2r_2\\ &= 1.3\times 20\%+(-0.3)\times 10\%\\ &= 23\%\end{aligned}$$

x_1 为 1.3 是因为我们对证券 1 的投资除自有的 100 万元以外，还有 30 万元证券 2 的售后收入，总额相当于我们本钱的 130%；售出证券 2 收入 30 万元，相当于本钱的－30%，权数的合计仍为 100%。

投资的损失是有限的，最多为 100%，即你花 100 元买的证券跌得一文不值；卖空的损失则是无限的，因为价格的上涨是无限的。在实际的经济环境中，把借入证券的售后收入全部投资的做法，也只有大的机构投资者可以做，小投资者不但要把售后收入单独保存，还要另交一定数额的保证金。

3. 资产组合的方差

计算资产组合的方差可没有计算预期收益那样简单，资产组合的方差不是各资产方差的简单加权平均，而是资产组合的收益与其预期收益偏离数的平方，即

$$\sigma_p^2 = E[r_{pi} - E(r_p)]^2 \tag{10-6}$$

式中，i 为假设状态；r_{pi} 为资产组合 p 在 i 状态下的收益率。

对于 n 个资产的组合来说，计算方差的一般公式为：

$$\sigma_p^2 = \sum_{i=1}^{n}\sum_{j=1}^{n} x_i x_j \mathrm{cov}(r_i,\ r_j) \tag{10-7}$$

其中，

$$x_1 + x_2 + \cdots + x_n = 1$$

由于当 $i=j$ 时，$\mathrm{cov}(r_i,\ r_j)=\sigma_i^2$，$n$ 个资产组合方差的一般公式也可表示为：

$$\sigma_p^2 = \sum_{i=1}^{n} x_i^2\sigma_i^2 + \sum_{i=1}^{n}\sum_{\substack{j=1 \\ i\neq j}}^{n} x_i x_j \mathrm{cov}(r_i,\ r_j)$$

该公式表明，资产组合的方差是资产各自方差与它们之间协方差的加权平均值。

由 A、B 两资产组成的资产组合的方差的计算公式为：

$$\begin{aligned}
\sigma_p^2 &= E[r_{pi} - E(r_p)]^2 \\
&= \sum_{i=1}^{n} h_i\{(x_A r_{Ai} + x_B r_{Bi}) - [x_A E(r_A) + x_B E(r_B)]\}^2 \\
&= \sum_{i=1}^{n} h_i\{x_A[r_{Ai} - E(r_A)] + x_B[r_{Bi} - E(r_B)]\}^2 \\
&= \sum_{i=1}^{n} h_i\{x_A^2[r_{Ai} - E(r_A)]^2 + x_B^2[r_{Bi} + E(r_B)]^2 \\
&\quad + 2x_A x_B[r_{Ai} - E(r_A)][r_{Bi} - E(r_B)]\} \\
&= x_A^2\sum_{i=1}^{n} h_i[r_{Ai} - E(r_A)]^2 + x_B^2\sum_{i=1}^{n} h_i[r_{Bi} - E(r_B)]^2 \\
&\quad + 2x_A x_B\sum_{i=1}^{n} h_i[r_{Ai} - E(r_A)][r_{Bi} - E(r_B)] \\
&= x_A^2\sigma_A^2 + x_B^2\sigma_B^2 + 2x_A x_B \mathrm{cov}(r_A,\ r_B)
\end{aligned} \tag{10-8}$$

在表 10-4 中，如果假设债券的标准差是 5%，而股票指数资产组合的标准差为 20%，两者的相关系数为 1 和−1，那么随着权重的变化，我们可以发现两资产组合的标准差也呈现与预期收益率相同的变化趋势。

由于从取值范围上看，方差是一个无限的量，因此当我们需要一个有限的量来刻画资产组合时，相关系数就非常有用。相关系数是反映两个随机变量联系程度的，其计算公式为：

$$\rho_{AB} = \frac{\mathrm{cov}(r_A,\ r_B)}{\sigma_A\sigma_B} \tag{10-9}$$

式中，σ_A为资产 A 的标准差；ρ_{AB}为资产 A 与资产 B 的相关系数。

ρ_{AB}的最大取值为$+1$，最小取值为-1，正号表示正相关，负号表示负相关；ρ_{AB}越是接近$+1$，资产 A 与资产 B 的正向相关度越大；ρ_{AB}越是接近-1，资产 A 与资产 B 的负向相关度越大；当 $\rho_{AB}=1$ 时，资产 A 的变动与资产 B 的变动绝对一致，称为完全正相关；当 $\rho_{AB}=-1$ 时，资产 A 的变动与资产 B 的变动绝对相反，称为完全负相关；当 $\rho_{AB}=0$ 时，资产 A 与资产 B 毫无关系，称为互不相关。

两资产组合的方差可由相关系数表示为：

$$\sigma_p^2 = x_A^2\sigma_A^2 + x_B^2\sigma_B^2 + 2x_Ax_B\rho_{AB}\sigma_A\sigma_B \tag{10-10}$$

由此不难推断，在不允许卖空的条件下，ρ_{AB}的数值越大，σ_p^2 也越大；ρ_{AB}的数值越小，σ_p^2 也越小。换句话说，资产的相关度越高，资产组合的风险越大。选择互不相关或负相关的资产进行组合可降低风险。在实际经济生活中，由于各种资产对一些宏观经济信息都会做出不同程度的反映，因此绝对负相关或不相关的资产是很难找的，只能尽量选择相关系数偏低的资产。方差的计算也不是手工计算所能胜任的，需要借助计算机完成。

4. 风险-收益坐标系中资产组合线的构造

资产组合线是两种或两种以上的证券资产在进行组合构建时，资产组合的收益和风险特征在风险-收益坐标系中呈现出来的形状。这两种风险资产依相关度的不同，可呈直线状态，也可呈曲线状态。其他条件都相同，只有相关度不同的资产构成的组合线放在一起，可以清楚地展现不同的相关度对资产组合风险的影响，见图 10-4。

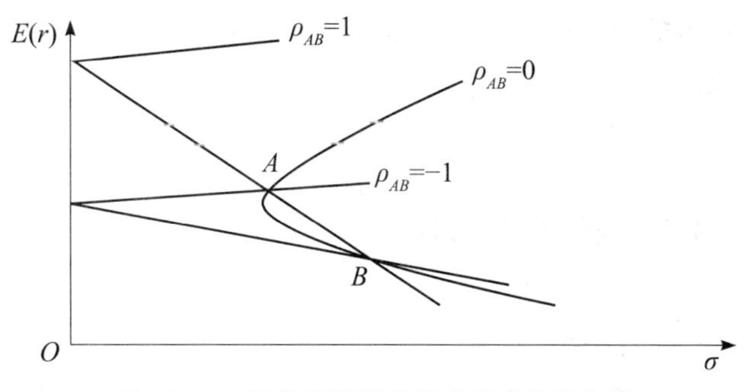

图 10-4 相关度不同的资产形成的组合线

从三条组合线 AB 间线段距原点的距离不难看出，当相关度不同的资产进行组合时，资产组合风险的降低程度是不同的。相关度越大，对资产组合风险降低的程度越小；相关度越小，对资产组合风险降低的程度就越大。在同等收益水平下，相关度最低的资产组合风险最小。

那么，这些资产组合线是如何构建出来的？从理论上说，资产组合线是资产组合预期收益和方差分析的直接运用。

(1) 完全正相关的两风险资产组合线。假设证券 A 和证券 B 完全正相关，那么对于由这两种风险资产构成的组合，有

$$E(r_p)=x_Ar_A+x_Br_B=x_Ar_A+(1-x_A)r_B \tag{10-11}$$

$$\sigma_p^2=x_A^2\sigma_A^2+x_B^2\sigma_B^2+2x_Ax_B\rho_{AB}\sigma_A\sigma_B=[x_A\sigma_A+(1-x_A)\sigma_B]^2 \tag{10-12}$$

由公式（10-12），我们可以得到：

$$\sigma_p=|x_A\sigma_A+(1-x_A)\sigma_B| \tag{10-13}$$

因此，当 $x_A\sigma_A+(1-x_A)\sigma_B>0$(即 $x_A>\frac{-\sigma_B}{\sigma_A-\sigma_B}$ ）时，有

$$x_A=\frac{\sigma_p-\sigma_B}{\sigma_A-\sigma_B} \tag{10-14}$$

当 $x_A\sigma_A+(1-x_A)\sigma_B<0$(即 $x_A<\frac{-\sigma_B}{\sigma_A-\sigma_B}$ ）时，有

$$x_A=-\frac{\sigma_p-\sigma_B}{\sigma_A-\sigma_B} \tag{10-15}$$

分别把公式（10-14）和公式（10-15）代入公式（10-11），可以得到：

$$E(r_p)=r_B-(r_A-r_B)\times\frac{\sigma_B}{\sigma_A-\sigma_B}+(r_A-r_B)\times\frac{\sigma_p}{\sigma_A-\sigma_B} \qquad x_A>\frac{-\sigma_B}{\sigma_A-\sigma_B}$$

$$E(r_p)=r_B+(r_A-r_B)\times\frac{\sigma_B}{\sigma_A-\sigma_B}-(r_A-r_B)\times\frac{\sigma_p}{\sigma_A-\sigma_B} \qquad x_A<\frac{-\sigma_B}{\sigma_A-\sigma_B}$$

这两个式子表明，完全负相关两资产组合的预期收益率同样是标准差的一个线性函数，表示在风险-收益坐标系中就是图 10-4 中的两条折线。借助图 10-4 可知，当两资产完全负相关时，只要 $x_A=\frac{\sigma_B}{\sigma_A+\sigma_B}$，则无须卖空，我们就可以得到零标准差（风险）的组合。

（2）完全负相关的两资产组合线。假设证券 A 和证券 B 完全负相关，那么对于由这两种资产构成的组合，有

$$E(r_p)=x_Ar_A+x_Br_B=x_Ar_A+(1-x_A)r_B$$

$$\sigma_p^2=x_A^2\sigma_A^2+x_B^2\sigma_B^2-2x_Ax_B\rho_{AB}\sigma_A\sigma_B=[x_A\sigma_A-(1-x_A)\sigma_B]^2 \tag{10-16}$$

由公式（10-16），我们可以得到：

$$\sigma_p=|x_A\sigma_A-(1-x_A)\sigma_B| \tag{10-17}$$

因此，当 $x_A>\frac{\sigma_B}{\sigma_A+\sigma_B}$时，有

$$x_A=\frac{\sigma_p-\sigma_B}{\sigma_A+\sigma_B} \tag{10-18}$$

当 $x_A<\frac{\sigma_B}{\sigma_A+\sigma_B}$时，有

$$x_A=\frac{\sigma_B-\sigma_P}{\sigma_A+\sigma_B} \tag{10-19}$$

分别把公式（10-18）和公式（10-19）代入公式（10-11），可以得到：

$$E(r_p)=r_B-(r_A-r_B)\times\frac{\sigma_B}{\sigma_A+\sigma_B}+(r_A-r_B)\times\frac{\sigma_p}{\sigma_A+\sigma_B} \qquad x_A>\frac{\sigma_B}{\sigma_A+\sigma_B}$$

$$E(r_p)=r_B+(r_A-r_B)\times\frac{\sigma_B}{\sigma_A+\sigma_B}-(r_A-r_B)\times\frac{\sigma_p}{\sigma_A+\sigma_B}\qquad x_A<\frac{\sigma_B}{\sigma_A+\sigma_B}$$

这两个式子表明，完全负相关两风险资产组合的预期收益率同样是标准差的一个线性函数，表示在风险-收益坐标系中就是图 10-4 中的两条折线。借助图 10-4 可知，当两资产完全负相关时，只要 $x_A=\frac{\sigma_B}{\sigma_A+\sigma_B}$，则无须卖空，我们就可以得到零标准差（风险）的组合。

(3) 不完全相关的两资产组合线。假设证券 A 和证券 B 不完全相关，那么对于由这两种资产构成的组合，有

$$E(r_p)=x_Ar_A+x_Br_B=x_Ar_A+(1-x_A)r_B \tag{10-20}$$

$$\begin{aligned}\sigma_p^2&=x_A^2\sigma_A^2+x_B^2\sigma_B^2+2x_Ax_B\mathrm{cov}(r_A,r_B)\\&=x_A^2\sigma_A^2+(1-x_A)^2\sigma_B^2+2x_A(1-x_A)\rho_{AB}\sigma_A\sigma_B\end{aligned} \tag{10-21}$$

此时，从数学上说，资产组合预期收益和标准差之间呈现一种双曲线的关系，见图 10-4。

借助公式（10-21）和图 10-4，我们可以发现当两资产不完全相关时，两资产组合的风险恒大于零（或者说无法得到无风险组合）。考虑到方差与相关系数之间的关系：

$$\frac{\partial\sigma^2}{\partial\rho_{AB}}=2x_A(1-x_B)\sigma_A\sigma_B>0$$

这意味着在不允许卖空的情况下，不完全相关两资产组合的方差应小于两资产加权平均的方差 $x_A\sigma_A+(1-x_A)\sigma_B$；换句话说，投资组合的分散化具有积极效应。

对于给定的预期收益 $E(r_p)$，当 x_A 不变时，我们可以发现：随着相关系数的不断变小（从+1 到−1），投资组合的方差不断变小。

当相关系数为 0（即相互独立）时，仅当 $x_A=\frac{\sigma_B^2}{\sigma_A^2+\sigma_B^2}$ 时，两资产组合的风险最小。

当相关系数在−1 到 0 之间时，我们可以证明其资产组合线也位于通过 A 点和 B 点的双曲线与折线之间，而相关系数在 0 到 1 之间时，资产组合线在通过 A 点、B 点的双曲线与直线之间。

利用两资产组合线，我们可以较为方便地构建一些所需的资产组合。例如，假设证券 A 和证券 B 的标准差分别为 12%和 15%：

(1) 如果两者的相关系数为−1，要产生一个零标准差的组合，那么各自的权重应该是多少？

利用公式（10-17），我们可以非常快速地得到，当 σ_p 为零时，有

$$x_A=\frac{\sigma_B}{\sigma_A+\sigma_B}=\frac{15\%}{27\%}=\frac{5}{9}$$

而

$$x_B=1-x_A=\frac{4}{9}$$

(2) 如果两者的相关系数为 0，要想获得一个风险最小的组合，那么各自的权重应该是多少？

利用公式（10－20），我们可以非常快速地得到，当 σ_p 最小时，有

$$x_A=\frac{\sigma_B^2}{\sigma_A^2+\sigma_B^2}=\frac{15^2}{15^2+12^2}\approx 0.61$$

$$x_B\approx 0.39$$

(3) 如果两者的相关系数为 1 且不允许卖空，那么所能获得的风险最小组合中各自的权重应该是多少？

利用公式（10－13），可知在正相关且不允许卖空的情况下，要想获得最小风险组合，那么应该把所有资金都投资到低风险资产上，即证券 A 的权重为 100%，而证券 B 的权重为 0。

5. 风险资产组合中资产数量与组合风险的关系

法马在 1976 年出版的《金融基础》(*Foundations of Finance*) 一书中，对资产组合风险与资产组合中证券数量的关系做了实证研究。他首先计算了 50 种从纽约证券交易所随意选出的股票 1963 年 7 月—1968 年 6 月月收益率的标准差，然后逐一计算1～50 种资产的资产组合的标准差。他先选了一种标准差为 11%的股票，然后又随机选了另一种加进去，权数相同的这两种股票组合的结果使资产组合的标准差降到了 7.2%。依此类推，一种一种地增加股票，分别计算出各种组合的标准差。最终，法马发现：在最初几种股票被加入资产组合时，对标准差的降低作用非常大，当股票从 4 种增加到 5 种时，对标准差的降幅最大；当股票数增加到 20 种时，再增加证券，对资产组合标准差的降低作用就不大了；当股票数从 30 种增加到 34 种时，出现风险边际下降（即增加证券种类对风险的降低作用不敌成本）的情况。从图 10－5 来看，资产组合中的资产种类选为 15～25 种就可以了。

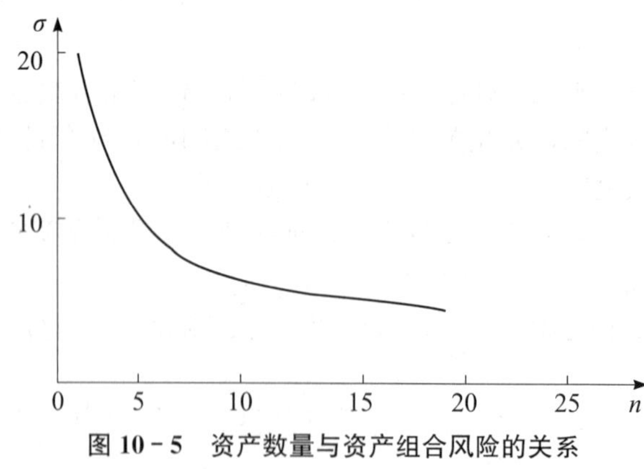

图 10－5 资产数量与资产组合风险的关系

我们也可利用资产组合方差的计算公式对资产组合风险与资产组合中证券数量的关系进行理论推导。

包括 n 种资产的资产组合方差的计算公式为：

$$\sigma_p^2 = \sum_{i=1}^{n}\sum_{j=1}^{n} x_i x_j \operatorname{cov}(r_i, r_j)$$

$$= \sum_{i=1}^{n} x_i^2 \sigma_i^2 + \sum_{i=1}^{n}\sum_{\substack{j=1 \\ i\neq j}}^{n} x_i x_j \operatorname{cov}(r_i, r_j)$$

假设进行等权数投资的话，即任何一种资产的权数为 $1/n$，则

$$\sigma_p^2 = \sum_{i=1}^{n}\left(\frac{1}{n}\right)^2 \sigma_i^2 + \sum_{i=1}^{n}\sum_{\substack{j=1 \\ i\neq j}}^{n}\left(\frac{1}{n}\right)^2 \operatorname{cov}(r_i, r_j)$$

$$= \frac{1}{n} \times \bar{\sigma}_i^2 + \frac{n-1}{n} \times \overline{\operatorname{cov}(r_i, r_j)}$$

上式反映了资产数量与资产组合风险之间的关系。

如果各资产互不相关，则资产组合的风险等于$\frac{1}{n}\times\bar{\sigma}_i^2$。随着资产组合中资产数量的增加，当 n 趋于无穷大时，资产组合的风险就趋于零。也就是说，在资产完全不相关的情况下，资产组合的风险会随着资产数量的增加而消失。

在现实生活中，资产完全不相关或完全负相关的情况不多，大部分处于不完全正相关状态。因为各种投资行为都要受一些共同因素的影响，如利率波动、经济状况等，使得协方差项的总和为正值。此时，资产组合的风险主要来自资产价格的共同运动。当 n 趋于无穷大时，$\frac{n-1}{n}\to 1$，因而资产之间的协方差就成了资产组合方差的决定因素，协方差是不能靠资产组合多元化来降低的。

6. 无风险资产与风险资产的组合。

上一小节介绍了风险资产进行组合后的风险与收益状况，如果我们把资产分投在一种风险资产和一种无风险资产上，情况会怎样?

假设一种股票 A 的收益率为 8%、标准差为 6%，一种国债 B 的收益率为 4%。由于国债是由政府担保的，因此可以认为是无风险的，所以国债预期收益的标准差等于零。这两种资产进行组合的预期收益和风险可计算如下。

$$E(r_p) = x_A E(r_A) + x_B E(r_B)$$

因为

$$x_A + x_B = 1$$

所以

$$x_B = 1 - x_A$$

$$E(r_p) = x_A E(r_A) + (1 - x_A)E(r_B) = [E(r_A) - E(r_B)]x_A + E(r_B)$$

$$\sigma_p = \sqrt{r_A^2\sigma_A^2 + (1 - x_A)^2\sigma_B^2 + 2x_A(1 - x_A)\rho_{AB}\sigma_A\sigma_B}$$

$$\sigma_B = 0$$

故

$$\sigma_p = \sqrt{x_A^2\sigma_A^2} = x_A\sigma_A$$

根据上述计算资产组合预期收益和风险的公式，我们就可以在确定 x_A 的取值

后，计算出股票 A 和国债 B 各种组合的预期收益及风险值，见表 10－5。

表 10－5　几种资产组合的收益-风险值

x_A	$E(r_p)$	σ_p
0	0.04	0
0.5	0.06	0.03
1.0	0.08	0.06
1.5	0.10	0.09
2.0	0.12	0.12

从上述计算资产组合预期收益和风险的公式不难推断，上述资产组合预期收益和风险之间是线性关系。也就是说，当我们对无风险资产和风险资产进行组合投资时，由这两种资产各种组合的预期收益和风险数据所构成的是一条直线（见图 10－6），线段 AB 上的各种组合是按不同比例同时投资 A、B 这两种资产的情况。A 点右方的射线代表卖空国债 B，并将收益全部投资于股票 A 的情况。很显然，只要卖空无风险资产就可以有效改善资产组合的风险和收益状况。直线特征在无风险资产与风险资产的组合中也同样存在。

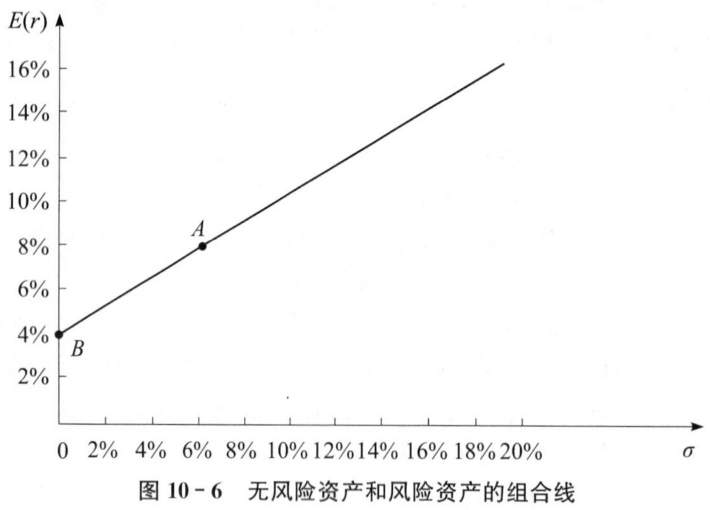

图 10－6　无风险资产和风险资产的组合线

10.2.4　确定最小方差资产组合集合的方法

前面讲述了资产和资产组合的收益及风险特征的计算以及判断最优资产组合的标准，为具体选择资产和实现资产组合管理的目标提供了一种工具。在实际的投资管理中，我们不仅需要知道什么样的资产和资产组合是好的，更要知道如何通过恰当的组合投资实现理想的目标。由于效用曲线的确立缺乏客观的标准，在现实生活中，选择最优资产组合的问题往往是通过寻找能实现预期收益率目标的最小方差资产组合的面貌出现的。具体说来，确定恰当的投资比率，使资产组合既能实现预期收益的目标，又将风险降到最低水平。

确定最小方差资产组合集合和有效资产组合集合的方法有三种：图像法、微积分法和非线性方程。图像法是最容易理解的一种方法。本小节将主要介绍由马科维茨于 1952 年最早开创的用图像法确立三个风险资产的最小方差资产组合集合及有效边界的过程。虽然这种方法最多仅可应用于 4 种资产的组合，但它阐明了建立最小方差资产组合集合的内在逻辑过程，是我们学习和理解其他更深奥方法的基础。最后，我们还将简单介绍一下微积分法。非线性方程所需的数学知识已超出我国大学经济数学的范畴，在此不做介绍。

1. 对三种资产进行组合的权数分布图

利用图像法建立最小方差资产组合集合的过程，就是在以资产权数为坐标轴的空间内，绘制反映资产组合各种预期收益和风险状况的线，然后依理性投资者选择资产和资产组合的原则确定最小方差资产组合集合的过程。我们的分析将在允许卖空的前提下进行，以便不受限制条件的约束，简化说明。最后，我们再看一下限制卖空的情况。

假设我们要对资产 A、B、C 进行组合，已知 $E(r_A)=10\%$，$E(r_B)=20\%$，$E(r_C)=30\%$，这三种资产的协方差矩阵见表 10－6。

表 10－6　资产 A、B、C 间的协方差

	A	B	C
A	0.25	0	0.10
B	0	0.20	0.05
C	0.10	0.05	0.15

设资产 A、B、C 的权数分别由 x_A、x_B、x_C 表示，限制条件为 $x_A+x_B+x_C=1$。由于 $x_C=1-x_A-x_B$，因而只要知道 x_A 和 x_B 的数据，我们就可以推出 x_C 的数据了。因此，我们便可以在一个两维平面图上显示三种资产的组合情况，见图 10－7。同理，我们也可以利用三维图形来显示四种资产的组合。

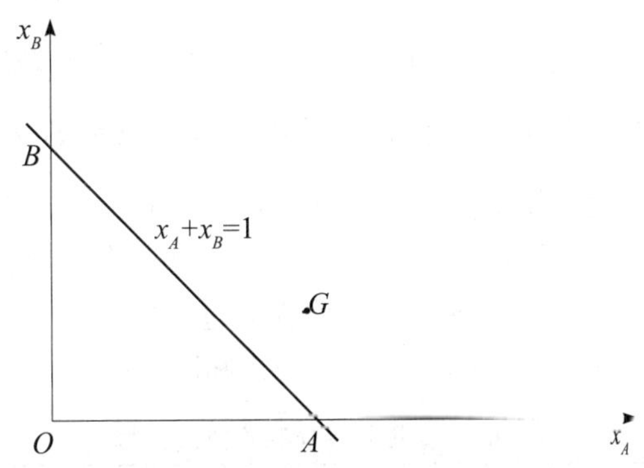

图 10－7　对三种资产进行组合的权数分布

在以 x_A、x_B 为坐标轴的图形中，直线 AB 的方程是 $x_A+x_B=1$，所有仅对资产 A 和资产 B 进行投资，而不包含资产 C 的资产组合都分布在这条直线上；不包含资产 A 的组合分布在 B 轴上；不包含资产 B 的组合分布在 A 轴上；分布在 AOB 三角区（含边线）内的各种资产组合都不含卖空资产；在 AOB 三角区（含边线）以外的各种资产组合都含对一种或两种资产的卖空，如 G 点就是卖空资产 C，投资于资产 A、资产 B 的组合。当我们要确定最优资产组合或最小方差资产组合时，如果没有对卖空的限制，我们就可以在整个坐标图上去寻找；如果有卖空的限制，我们就必须根据具体的限制条件（是限制某一种、两种，还是都限制）在允许的范围内寻找。假设对三种资产都不允许卖空的话，我们就只能在 AOB 三角区（含边线）内寻找了，这样确定的资产组合在限制条件下是最佳的，但相对于没有限制的资产组合往往只是次优。

2. 等预期收益线

当三种（含三种）以上资产进行组合时，我们可以通过多种组合方式来达到一定的收益率目标。等预期收益线就是由那些权数结构不同，但资产组合预期收益相同的资产组合构成的直线。

等预期收益线可以从计算资产组合预期收益的公式推导出来：

$$E(r_p) = x_A E(r_A) + x_B E(r_B) + x_C E(r_C)$$

由于

$$x_A + x_B + x_C = 1$$

所以

$$x_C = 1 - x_A - x_B$$

故

$$E(r_p) = x_A E(r_A) + x_B E(r_B) + (1 - x_A - x_B) E(r_C)$$

转换得到：

$$x_B = \frac{E(r_C) - E(r_p)}{E(r_C) - E(r_B)} + \frac{E(r_A) - E(r_C)}{E(r_C) - E(r_B)} \times x_A$$

可见，x_A、x_B 之间是线性关系，$\frac{E(r_A)-E(r_C)}{E(r_C)-E(r_B)}$是等预期收益线的斜率，由于其中 A、B、C 三种资产的预期收益率都是已知数，因此等预期收益线的斜率是一个常数。

$\frac{E(r_C)-E(r_p)}{E(r_C)-E(r_B)}$是等预期收益线的截距，由于其中只有 $E(r_p)$ 是未知数，$E(r_p)$ 不同，等预期收益线的截距便不同，因此等预期收益线是一组斜率相同而截距不同的直线，每一条等预期收益线代表一种预期收益水平的各种资产组合。不同的等预期收益线代表不同的预期收益水平。当三种资产进行组合时，我们可以得到一组斜率相同、截距不同的等预期收益线，见表 10－7 和图 10－8。

表 10－7　几种等预期收益线方程

$E(r_p)$	截距	等预期收益线
20%	1	$x_B = 1 - 2x_A$
30%	0	$x_B = -2x_A$
35%	−0.5	$x_B = -0.5 - 2x_A$

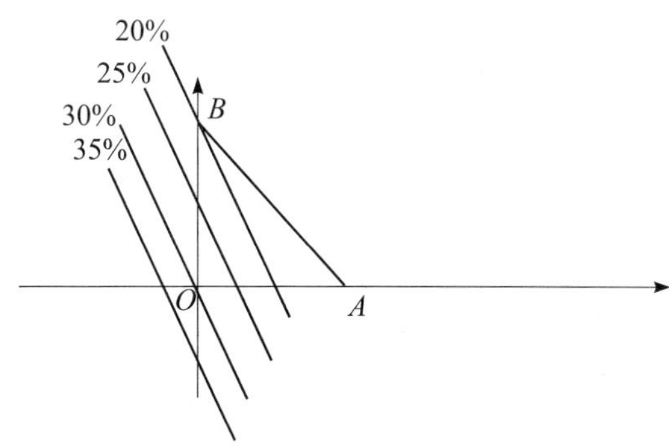

图 10-8　等预期收益线

在本小节给出的例子中，等预期收益线等一般方程可推导如下：

$$\begin{aligned} x_B &= \frac{E(r_C)-E(r_p)}{E(r_C)-E(r_B)}+\frac{E(r_A)-E(r_C)}{E(r_C)-E(r_B)}\times x_A \\ &= \frac{0.3-E(r_p)}{0.3-0.2}-\frac{0.1-0.3}{0.3-0.2}\times x_A \\ &= [3-10E(r_p)]-2x_A \end{aligned}$$

仅仅确定等预期收益线还是不够的，因为在一条等预期收益线上就有无数种资产组合存在，要确定哪些资产组合对我们合适，还需要加入其他限制条件。在资产组合理论中使用的限制条件是投资者对以方差或标准差计算的风险的选择。

3. 等方差椭圆线

与等预期收益线相当，等方差椭圆线是由方差相同的资产组合的权数构成的曲线，公式推导的结果显示这种曲线是椭圆线。

我们可以利用计算资产组合方差的公式，推导出上述三种资产的等方差椭圆线的方程。

$$\begin{aligned} \sigma_p^2= & x_A^2\sigma_A^2+x_B^2\sigma_B^2+x_C^2\sigma_C^2+2x_Ax_B\mathrm{cov}(r_A, r_B)+2x_Ax_C\mathrm{cov}(r_A, r_C) \\ & +2x_Cx_B\mathrm{cov}(r_C, r_B) \end{aligned}$$

代入协方差的数据，公式可变形为：

$$\frac{\left(x_A-\frac{1}{4}\right)^2}{5}+\frac{\left(x_B-\frac{2}{5}\right)^2}{4}=\sigma_p^2-0.1$$

可见，以我们给出的数据计算出的等方差椭圆线是标准椭圆，圆心在 $\left(\frac{1}{4}, \frac{2}{5}\right)$ 处。与等预期收益线一样，等方差椭圆线也是一组线，每一条等方差椭圆线代表一种方差水平。假设方差为30%，则等方差椭圆线为 $\frac{\left(x_A-\frac{1}{4}\right)^2}{5}+\frac{\left(x_B-\frac{2}{5}\right)^2}{4}=0.2$。方差越大，椭圆越大。椭圆的圆心是所有等方差椭圆线中方差最小的点，也就是我们前面介绍的以预期收益和风险为坐标轴的图中，最小方差资产组合集合中方差最小的资产组合（MVP），即伞形区间的左端点。等方差椭圆线见图10-9。

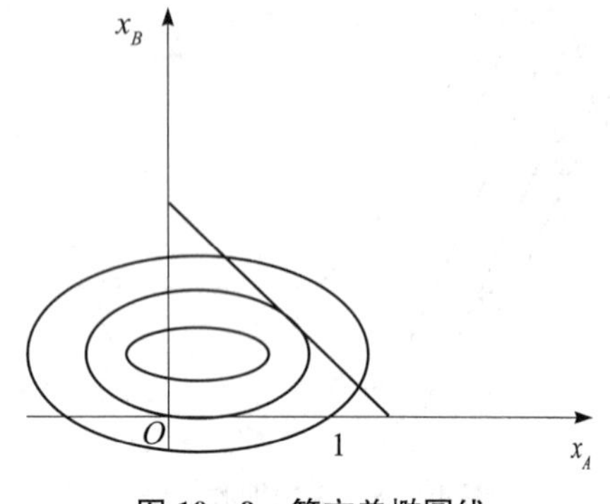

图 10－9　等方差椭圆线

专栏 10－3　风险资产数量与马科维茨有效边界的拓展

下面以 2014—2018 年部分国内外上市公司（国内剔除了 ST 股和在此期间新上市的公司）作为研究样本，其中：主板有 1 248 家上市公司，创业板有 354 家上市公司；对于国外的上市公司，我们选择了美国道琼斯工业指数包含的 28 只成分股公司。

我们首先从研究样本中随机抽取 5 只股票并调整权重，可以发现：在以股票月度收益率的均值和方差构成的坐标系中，（在不允许卖空的约束条件下）利用 5 只股票构建的资产组合的均值-方差见图 10－10。

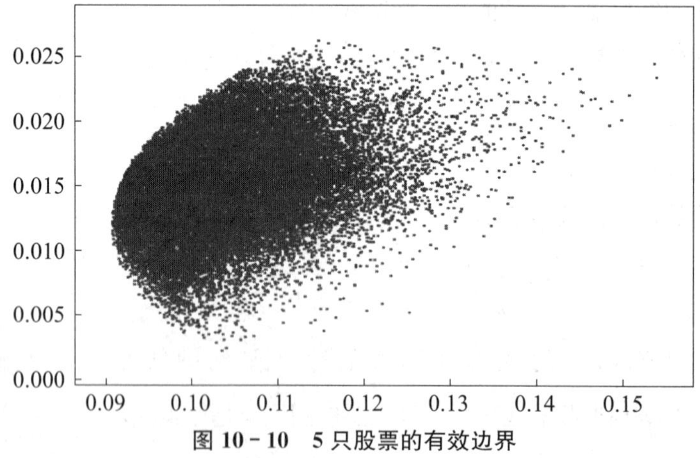

图 10－10　5 只股票的有效边界

为了进一步了解投资者所面临风险资产选择范围的变化对其有效边界的影响，这里限定不同的选择范围（即仅限于投资主板股票、可同时投资主板和创业板股票以及可同时投资主板、创业板和美国道琼斯工业指数成分股这三种情形）来描述在以股票月度收益率的均值和方差构成的坐标系中的有效边界变化情况，见图 10－11。

由图 10－11 可知，马科维茨的有效边界随着可供选择风险资产的数量

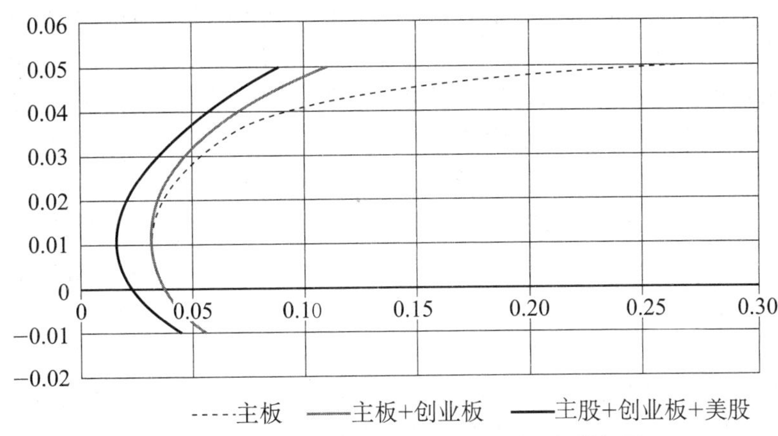

图 10－11　风险资产选择范围与有效边界的拓展

变化，将会呈现向右移动的态势。这意味着给定相同的收益，(非系统性)风险得到了进一步的有效分散。

10.2.5　单一指数模型——一种简化的构建资产组合的方法

马科维茨模型对各资产收益波动之间的相互关系没有任何假设，逐一计算了协方差矩阵中的各个不同项目，因此它对样本期间资产组合方差的计算结果是非常准确的。当然，这一方差结果是否可以用来准确预测未来期间的方差值，取决于未来个别方差和协方差是否稳定。

马科维茨模型的问题首先在于它的计算过程太过复杂——当资产组合中包含大量资产时，手工计算就会遇到很大的麻烦，因为对于 N 项资产的组合，我们必须计算 N 个方差和 $N(N-1)/2$ 个协方差。如果我们的资产组合由 100 项资产构成，我们就要计算 100 个方差和 4 950 个协方差，当我们再增加一项资产时，就要增加计算一个方差和 100 个协方差。此外，观察值的数量还多于资产的数量，这会把我们的精力都牵制在资产的相互关系上，而忽略资产的个性。而与计算过程的复杂相对应，20 世纪 50 年代马科维茨模型分析和构建的成本极高——普林斯顿大学的鲍默尔在 1966 年的一篇论文中提到，即使以较简化的模式从 1 500 只证券中挑选出效率组合，每跑一次计算机大约要花费 150～300 美元；如果要执行完整的马科维茨式计算，所需成本起码是前述金额的 50 倍，而且它还有个前提，分析师必须能持续且精确地估计标的证券的预期收益、方差和协方差，否则整个运算过程就毫无意义。

马科维茨非常清楚自己的理论付诸实践的困难，曾在其 1959 年出版的著作中概述了一个可能的修改方向，希望借此使上述工作更容易操作。他的想法很简单：“大多数证券的报酬都是彼此相关的。如果标准普尔指数大幅上扬，我们可以预期美国钢铁公司普通股会上扬；如果标准普尔指数大幅上扬，我们也可以预期美国糖果公司普通股会上扬。因此，美国糖果公司股票表现不错的时候，美国钢铁公司的股价也很可能会表现不错。”正是沿着马科维茨的这一分析思路，夏普在马科维茨模型的基础上，采用回归分析的方法，发展了单一指数模型（夏普称之为“对角线模型”），解决了马科维茨模型在实践运用中的难题。

1. 市场价格运动对建立模型的启发

造成资产价格波动的信息是多种多样的，每种资产的价格会因信息出现的时间、性质不同，而导致价格波动的幅度、方向和时间各不相同。不过，从总体上看，当整个市场处于熊市状态的时候，市场中的个别资产价格也大多处于下降态势；而当整个市场处于牛市状态的时候，市场中的个别资产价格也大多呈上升态势。可见，在个别资产价格波动与市场总体价格波动之间存在着一定的关系，正是基于对市场价格运动规律的这种观察结果，夏普提出了简化马科维茨模型的方法，建立和发展了单一指数模型。

2. 单一指数模型的假设

（1）基本假设。单一指数模型的基本假设就是，影响资产价格波动的主要和共同的因素是市场总体价格水平（通常以某一市场指数代表。例如，研究上海证券交易所上市股票的价格波动时，我们可以选择上证 30 指数或上证综合指数代表市场总体价格水平）的变动，资产价格波动之间的相互关系可以通过各资产与这一共同因素之间的相互关系反映出来，这种间接的反映虽然不如直接计算各资产间的协方差那样准确，但结果还是可靠的，关键是计算量因此大大降低了，从而使之现实可用。

图 10－12 反映了在一段时期内，某资产 A 的收益率与市场收益率之间的关系，单一指数模型假设两者之间存在线性关系。

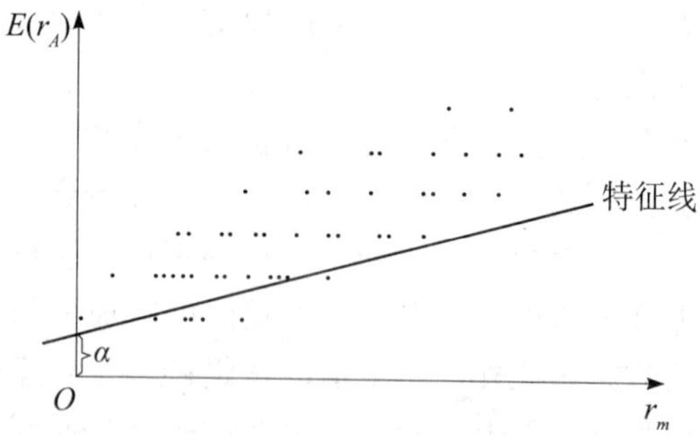

图 10－12 资产 A 与市场收益率之间的关系

处在各点之间的直线称为特征线（character line），是我们利用回归分析方法估算出来的，反映市场收益率与资产 A 收益率变化之间的因果关系。如果我们以 α 表示直线的截距，反映在资产收益中独立于市场波动的部分；以 β 表示直线的斜率，反映资产 A 的收益率对市场收益率变动的敏感度，这条反映资产 A 收益率和市场收益率关系的特征线的数学表示如下：

$$\hat{r}_A = \alpha_A + \beta_A r_m$$

但是，$\hat{r}_A$ 是资产 A 收益率的估计值而不是实际值，主要反映了市场收益率变动的结果，而没有反映其他因素变动的影响，这使得 $\hat{r}_A$ 与资产 A 实际收益率 r_A 之间必然会有偏差。为了全面反映影响资产收益率波动的原因，又不至于改变我们建立模型假设的初衷，我们可以误差项 ε_A 代表所有没有被我们在特征线方程中考虑进去的影响资产 A 收益率的各种因素以及我们假设 r_A 与 r_m 存在线性关系为错误时产生的误差。这样，我们便可以把特征线的方程式修订为：

$$r_A = \alpha_A + \beta_A r_m + \varepsilon_A \tag{10-22}$$

（2）对影响收益波动因素的假设。单一指数模型假设影响资产收益率波动的因素有两类：宏观因素和微观因素。宏观因素影响市场全局，如利率的调整、通货膨胀率的变动等，会引起市场价格水平总体的涨落，进而带动绝大部分资产的价格变动，属于系统性风险。个别资产价格相对于市场总体价格水平波动的程度取决于个别资产价格相对于市场总体价格变动的敏感度，即该资产的 β 值，β 值越大，敏感度越高。β 值大于 1 表示资产价格的波动幅度大于市场总体价格的波动幅度，资产价格对市场总体价格变动的敏感度强；β 值小于 1 则相反，如 β 值等于 0.7，表示市场收益率每涨落 1 个单位，该资产收益率涨落 0.7 个单位，该资产收益率的涨落幅小于市场收益率的涨落幅。

微观因素被假定只对个别企业有影响，对其他企业一般没有影响，是个别企业特有的风险，或称非系统性风险。例如，公司生产技术革新带来劳动生产率的提高、公司主要负责人发生意外等，这些因素只会造成相关企业股票价格的波动，对市场总体价格水平和其他企业的股票价格不会产生影响。由企业微观因素造成的使企业资产价格高于或低于市场价格水平的价格波动，在方程式中是以误差项表示的，在 r_A 与 r_m 坐标图上反映为资产收益率的实际值与特征线之间的差距 ε_A。

（3）对误差项的假设。

1）$E(\varepsilon_A)=0$。从特征线所在的坐标图上不难看出，ε_A 是随机变量 r_A 的实际值与预期值之间的离差。随机变量离差的数学期望是零。

2）$\mathrm{cov}(\varepsilon_A, r_m)=0$，即假设误差项与市场收益率无关。由于 ε_A 与 r_m 分别受微观因素和宏观因素的影响，两者互不相关，无论市场收益率发生多大的变动，都不会对 ε_A 产生影响。

3）$\mathrm{cov}(\varepsilon_A, \varepsilon_B)=0$，即不同资产的误差项互不相关。单一指数模型的最基本假设就是各种资产的收益率变动都只受市场共同因素的影响，误差项反映的是一个企业特有的风险，与其他企业无关。

3. 计算资产及资产组合的预期收益和风险

（1）资产预期收益的计算。按照单一指数模型对资产预期收益决定因素的假设，资产 A 的预期收益可表述为：

$$\begin{aligned} E(r_A) &= E(a_A + \beta_A r_m \mid \varepsilon_A) \\ &= E(\alpha_A) + E(\beta_A r_m) + E(\varepsilon_A) \\ &= \alpha_A + \beta_A E(r_m) \end{aligned} \tag{10-23}$$

它表明，个别资产的预期收益变动主要受市场预期收益变动的影响，所受影响的大小取决于其对市场收益率波动的敏感度，即 β 值的大小。

(2) 资产方差的计算。资产方差的计算也是通过将单一指数模型的基本假设代入计算方差的标准公式推导出来的，其计算公式为：

$$\sigma_A^2 = E[r_A - E(r_A)]^2$$
$$= E\{(\alpha_A + \beta_A r_m + \varepsilon_A) - [\alpha_A + \beta_A E(r_m)]\}^2$$

经展开推导，结果为：

$$\sigma_A^2 = \beta_A^2 \sigma_m^2 + \sigma_{\varepsilon_A}^2 \quad (10-24)$$

这一计算公式表明，资产 A 的风险是由两部分构成的：σ_m^2 是市场风险，或称系统性风险；$\sigma_{\varepsilon_A}^2$ 是企业特有的风险，或称非系统性风险。系统性风险对所有资产都会产生影响，无法靠多元化来回避；非系统性风险则是企业特有的，与其他企业无关，可以靠多元化投资来分散。

(3) 资产之间协方差的计算。同上，我们还可以推导出单一指数模型计算资产 A 和资产 B 之间协方差的公式为：

$$\text{cov}(r_A, r_B) = \beta_A \beta_B \sigma_m^2 \quad (10-25)$$

可见，在单一指数模型中，资产之间的相互关系是通过它们与市场之间的相关关系综合反映出来的。计算两种资产的协方差只要求出市场方差和各种资产的 β 值就可以了。资产组合每增加一种资产，只需增加计算该种资产的 β 值就可以计算出协方差了。

(4) 资产组合预期收益的计算。计算资产组合预期收益就是将资产预期收益的计算公式代入计算资产组合预期收益的标准公式后进行推导，其计算公式为：

$$E(r_p) = \sum_{i=1}^{N} x_i E(r_i)$$
$$= \sum_{i=1}^{N} x_i [\alpha_i + \beta_i E(r_m)]$$
$$= \sum_{i=1}^{N} x_i \alpha_i + (\sum_{i=1}^{N} x_i \beta_i) E(r_m)$$

如果我们定义 $\sum_{i=1}^{N} x_i \alpha_i = A_p$，$\sum_{i=1}^{N} x_i \beta_i = \beta_p$，我们就可以把资产组合的预期收益表示为：

$$E(r_p) = A_p + \beta_p E(r_m) \quad (10-26)$$

(5) 资产组合的方差。在单一指数模型中，资产组合的计算公式与单个资产组合方差的计算公式类似：

$$\sigma_p^2 = \beta_p^2 \sigma_m^2 + \sigma_{\varepsilon_p}^2$$

若已知 $\beta_p = \sum_{i=1}^{N} x_i \beta_i$，那么误差项的方差 $\sigma_{\varepsilon_p}^2$ 等于什么？

根据马科维茨模型中方差的计算公式，资产组合误差项的方差可计算如下：

$$P_{\varepsilon_p}^2 = \sum_{i=1}^{N} x_i^2 \sigma_{\varepsilon_i}^2 + \sum_{i=1}^{N} \sum_{\substack{j=1 \\ i \neq j}}^{N} x_i x_j \text{cov}(\varepsilon_i, \varepsilon_j)$$

由于我们在单一指数模型中假设任何资产的误差值变动互不相关，即 $\text{cov}(\varepsilon_A, \varepsilon_B)=0$，因此资产组合误差项的方差便是各资产误差项的加权平均值，即

$$P_{\varepsilon_p}^2 = \sum_{i=1}^{n} x_i^2 \sigma_{\varepsilon_i}^2$$

4. 多元化对资产组合风险影响的再考察

资产组合误差项的方差代表资产组合的非系统性风险以及其特有风险，而各资产的误差项是互不相关的，那么资产组合误差项的方差与资产组合数量之间的关系是否也类似前面论证的资产组合方差与资产数量的关系？我们来看一下公式的推导。

假设资产组合中各资产权数相同，即 $x_1 = x_2 = \cdots = x_n = \dfrac{1}{N}$，则

$$P_{\varepsilon_p}^2 = \sum_{i=1}^{N} x_i^2 \sigma_{\varepsilon_i}^2 = \sum_{i=1}^{N} \left(\frac{1}{N}\right)^2 \sigma_{\varepsilon_i}^2 = \frac{1}{N}\sum_{i=1}^{N} \frac{\sigma_{\varepsilon_i}^2}{N} = \frac{1}{N}\bar{\sigma}_{\varepsilon_i}^2$$

这样，当 $N \to \infty$时，$P_{\varepsilon_p}^2$ 将趋于零。此时，资产组合的方差就主要根据市场收益率的波动而定，两者联动性的大小取决于资产组合的 β 值，即

$$\sigma_p^2 \to \beta_p^2 \sigma_m^2$$

因此，当投资种类非常多的时候，资产组合的风险将主要来自市场，非系统性风险将会非常低。换句话说，单一指数模型表明，多元化可以有效降低非系统性风险，但无法规避系统性风险，这一结论与马科维茨模型的推论是一致的，只是更具体而已。

5. 关于 β 值的预测能力问题

单一指数模型中的 β 值是利用收益率的历史数据估算出来的，由于 β 值常常被人们用作投资决策的依据，因此，一个很重要的问题便是，用历史的 β 值来预测未来的可靠性有多大？

1971 年 3 月，布卢姆（Blume）在《金融杂志》（*Journal of Finance*）上发表的《风险评估》(On the Assessment of Risk）的论文中专门研究了这个问题。他采集了 1926—1968 年纽约证券交易所所有上市公司普通股的月收益率值，同时把 1926—1968 年分成 6 个时间段，分别计算每一时间段各种股票的 β 值；然后，随机选择股票，逐一计算 1～100 种股票的资产组合的 β 值；最后，计算了两个相邻时间段各资产组合 β 值的相关系数。其中，1954—1961 年和 1961—1968 年这两个时间段中各资产组合 β 值的相关系数见表 10 - 8。

表 10 - 8　1954—1961 年和 1961—1968 年各资产组合 β 值的相关系数

资产组合中资产的数量	相关系数
1	0.60
3	0.73
4	0.84
7	0.88

续表

资产组合中资产的数量	相关系数
10	0.92
20	0.97
35	0.97
50	0.98

可见，对单个资产来说，β值的预测能力很差，因为在相关系数为0.6时，历史β值只能说明未来β值的36%（判定系数是相关系数的平方），随着资产组合的扩大，β值的预测能力才有所改善。

10.2.6 几个例子

【例10-1】 已知市场指数的方差为0.4，试计算下面两种资产组合的方差。

股票	权数	β值	方差
1	0.6	0.8	0.5
2	0.4	0.3	0.3

解：

$\beta_p = x_1\beta_1 + x_2\beta_2 = 0.6\times0.8 + 0.4\times0.3 = 0.6$

$\sigma_{\varepsilon_1}^2 = \sigma_1^2 - \beta_1^2\sigma_m^2 = 0.5 - 0.8^2\times0.4 = 0.244$

$\sigma_{\varepsilon 2}^2 = \sigma_2^2 - \beta_2^2\sigma_m^2 = 0.3 - 0.3^2\times0.4 = 0.264$

$\sigma_{\varepsilon_p}^2 = x_1^2\sigma_{\varepsilon_1}^2 + x_2^2\sigma_{\varepsilon_{21}}^2 = 0.6^2\times0.244 + 0.4^2\times0.264 = 0.130\ 08$

$\sigma_p^2 = \beta_p^2\sigma_m^2 + \sigma_{\varepsilon_p}^2 = 0.6^2\times0.4 + 0.130\ 08 = 0.274\ 08$

【例10-2】 已知市场的方差为0.316 2，资产A和资产B之间的协方差为0.09，资产B的β值为1.2，试计算资产A的β值。

解： 因为

$$\mathrm{cov}(r_A,\ r_B) = \beta_A\beta_B\sigma_m^2$$

所以

$$\beta_A = \frac{\mathrm{cov}(r_A,\ r_B)}{\beta_B\sigma_m^2} = \frac{0.09}{1.2\times0.316\ 2} \approx 0.237\ 2$$

【例10-3】 已知市场的方差为0.06。

股票	权数	β值	预期收益	方差
A	0.25	0.5	0.4	0.07
B	0.25	0.5	0.25	0.05
C	0.5	1.0	0.21	0.07

（1）计算每只股票的残差。

（2）由这三只股票构成的资产组合的β值是多少？

（3）资产组合的方差是多少？

(4) 资产组合的预期收益是多少?

(5) 假设各股票之间的协方差如下,资产组合的实际马科维茨方差是多少?

$\text{cov}(r_A, r_B)=0.02$

$\text{cov}(r_A, r_C)=0.035$

$\text{cov}(r_C, r_B)=0.035$

解:

(1) $\sigma_{\varepsilon_A}^2 = \sigma_A^2 - \beta_A^2\sigma_m^2 = 0.07 - 0.5^2 \times 0.06 = 0.055$

$\sigma_{\varepsilon_B}^2 = \sigma_B^2 - \beta_B^2\sigma_m^2 = 0.05 - 0.5^2 \times 0.06 = 0.035$

$\sigma_{\varepsilon_C}^2 = \sigma_C^2 - \beta_C^2\sigma_m^2 = 0.07 - 1^2 \times 0.06 = 0.01$

(2) $\beta_p = x_A\beta_A + x_B\beta_B + x_B\beta_C$

$= 0.25 \times 0.5 + 0.25 \times 0.5 + 0.5 \times 1$

$= 0.75$

(3) $\sigma_p^2 = \beta_p^2\sigma_m^2 + \sigma_{\varepsilon_p}^2$

σ_m^2 是已知条件,β_p 也已计算出来,现在需要计算 $\sigma_{\varepsilon_p}^2$,即

$\sigma_{\varepsilon_p}^2 = x_A^2\sigma_{\varepsilon_A}^2 + x_B^2\sigma_{\varepsilon_B}^2 + x_C^2\sigma_{\varepsilon_C}^2$

$= 0.25^2 \times 0.055 + 0.25^2 \times 0.035 + 0.5^2 \times 0.01$

$= 0.008\ 1$

$\sigma_p^2 = \beta_p^2\sigma_m^2 + \sigma_{\varepsilon_p}^2$

$= 0.75^2 \times 0.06 + 0.008\ 1$

$= 0.041\ 9$

(4) $E(r_p) = x_AE(r_A) + x_BE(r_B) + x_CE(r_C)$

$= 0.25 \times 0.4 + 0.25 \times 0.25 + 0.5 \times 0.21$

$= 0.267\ 5$

(5) $P_p^2 = \sum_{i=1}^{n} x_i^2\sigma_i^2 + \sum_{i=1}^{n}\sum_{\substack{j=1\\j\neq i}}^{n} x_ix_j\text{cov}(x_i, x_j)$

$= 0.25^2 \times 0.07 + 0.25^2 \times 0.05 + 0.5^2 \times 0.07 + 2 \times 0.25 \times 0.25 \times 0.02$

$+ 2 \times 0.25 \times 0.5 \times 0.035 + 2 \times 0.25 \times 0.5 \times 0.035$

$= 0.045$

本章小结

马科维茨在 1952 年提出的投资组合理论开创了金融数理分析的先河,是现代金融经济学的一个重要理论基础。本章在简单介绍投资组合基本内涵及其种类的基础上,较为完整地描述了马科维茨投资组合理论的基本内容。

在马科维茨的投资组合模型中,数学期望代表预期收益,方差或标准差代表风险,协方差代表资产之间的相互关系,进而资产组合的预期收益是资产组合中所有资产预期收益的简单加权平均值,而资产组合的方差则为各种资产的方差与它们之

间协方差的加权平均。利用马科维茨模型确定最小方差资产组合，首先要计算构成资产组合的单个资产的收益、风险及资产之间的相互关系，然后计算资产组合的预期收益和风险。在此基础上，依据理性投资者的投资决策准则确定最小方差资产组合。

投资组合理论的主要贡献在于，它阐明了资产组合的风险并不取决于各资产风险的平均值，而是各资产的协方差——资产间的相关关系。运用马科维茨关于组合投资的基本思想，我们可以看到在资产完全不相关的情况下，资产组合的风险会随着资产数量的增加而消失。由于在现实生活中，资产完全不相关或完全负相关的情况不多，大部分处于不完全正相关状态，所以资产之间的协方差就成了资产组合方差的决定因素，而协方差是不能靠资产组合多元化来降低的。

最后，鉴于马科维茨模型在实践中应用困难，我们介绍了威廉·夏普在马科维茨模型的基础上，采用回归分析方法发展的单一指数模型。通过引入一个基本假设，即各种资产的收益率变动都只受市场共同因素的影响，单一指数模型极大地简化了投资组合理论的实践运用。单一指数模型被广泛用来估计马科维茨模型要计算的资产组合的方差。

本章关键问题

1. 证券收益与风险的经济内涵
2. 资产组合收益与风险的经济内涵
3. 投资组合理论的基本假设
4. 资产组合线的经济内涵
5. 资产组合有效边界的确定
6. 组合投资对系统性风险的影响
7. 单一指数模型与马科维茨投资组合理论的联系
8. 单一指数模型的经济内涵
9. 单一指数模型中 β 值的经济含义及其运用

本章思考题

一、名词解释

收入型证券组合　　增长型证券组合　　指数化型证券组合
资产组合的有效边界　　风险资产　　单一指数模型
特征线

二、简答题

1. 相对于传统投资管理而言，组合管理有什么重要意义？
2. 证券组合的种类主要有哪些？分别适于哪些投资者？
3. 组合管理的基本步骤有哪些？各步骤在组合管理中的地位和作用如何？

4. 理性投资者的行为特征是什么？

5. 从理论上说，最优资产组合应如何确定？

6. 什么叫卖空？如果你有本金1 000元，卖空股票A并将收入的500元连同本金全部投资于股票B，在你的资产组合中，股票A、股票B的权数各是多少？

7. 如果两种资产完全正相关，你能把它们组成一个方差为零的资产组合吗？

8. 如果股票A和股票B的协方差为正值，当股票A的实际收益大于其预期收益时，你对股票B会有什么样的预期？

9. 为什么大多数金融资产都呈不完全正相关关系？试分别举一个资产收益高度正相关和高度负相关的例子。

10. 请分析资产的数量与资产组合风险的关系。

11. 什么是系统性风险和非系统性风险？

12. 根据单一指数模型的假设，资产i的收益率可表示如下：

$$r_i = A_i + \beta_i r_m + \varepsilon_i$$

(1) 式中的各符号分别代表什么？

(2) 宏观因素对这一模型会有什么影响？哪个符号可以反映这种影响的大小？

(3) 什么样的事件可以造成资产实际收益对回归线的偏离？哪个符号可以反映这种偏离？

13. 利用β值进行投资决策时需要注意什么问题？

14. 卖空限制对资产组合管理有什么影响？

三、计算题

1. 一个投资者筛选出2种风险资产作为其投资目标。各资产的具体情况如下：

	$E(R)$	σ
资产A	15%	30%
资产B	10%	22%

无风险利率为6%，两资产之间的相关系数为0.2。请计算由这两种资产构成的最小方差组合的风险和收益率。

2. 假设某市场仅存在三种风险资产A、B、C，且这三种资产的预期收益率完全一致，但其标准差之比为1∶2∶3。那么，当这三种风险资产的收益彼此之间的相关系数均为0时，根据投资组合理论，由这三种风险资产构成的最优投资组合中各自的比例分别是多少？

第 11 章 风险资产的定价与证券组合管理的应用

学习目标

- 掌握资本资产定价模型的经济内涵及其运用。
- 掌握套利定价模型的原理及其运用。
- 掌握布莱克-斯科尔斯期权定价理论和二叉树期权定价理论的原理及其运用。

11.1 资本资产定价模型

11.1.1 资本资产定价模型的基本内涵

马科维茨（Markowitz，1952）的均值-方差理论第一次以严谨的数理工具为手段，向人们展示了一个理性投资者在面对众多的风险资产时如何以这些资产为基础来构建其最优资产组合的方法。应该说，这一理论带有很强的规范性（normative）意味，告诉了投资者应该如何进行投资选择。但问题是，在 20 世纪 50 年代，即便有了当时刚刚诞生的计算机的帮助，在实践中应用马科维茨的理论仍是一个烦琐、令人生厌的高难度工作；或者说，这一理论在当时与投资的现实世界脱节得过于严重，进而很难被投资者完全采用。

正是由于这一问题的存在，从 20 世纪 60 年代初开始，以夏普（W. Sharpe，1964）①、

① W. F. Sharpe，"Capital Asset Prices：A Theory of Market Equilibrium under Conditions of Risk"，Journal of Finance，1964，19（3）：425－442.

林特纳（J. Lintner，1965）[①] 和莫辛（J. Mossin，1966）[②] 为代表的一些经济学家开始从实证的角度出发，探索解决证券投资领域的一些现实问题，如：应如何简化马科维茨的均值-方差理论在现实中的实际应用？如果市场中所有的投资者都依据马科维茨的均值-方差理论来选择其最优资产组合，那么风险资产的均衡价格将如何在收益与风险的权衡中形成？或者说，在市场均衡的状态下，资产的价格如何依风险而确定？

这些学者的研究直接导致了资本资产定价模型（the capital asset pricing model，CAPM）的产生。[③] 作为风险资产期望收益均衡基础上的预测模型之一，CAPM 阐述了在市场中所有的投资者均采用马科维茨的理论进行投资组合管理的前提下市场的（供求）均衡状态，并把风险资产的预期收益与风险之间的关系用一个简单的线性关系式表达出来了，即认为一种风险资产的预期收益率与衡量该资产风险的一个指标（β 值）之间存在正相关关系。从历史上看，夏普提出的单一指数模型以及此后出现的 CAPM 不仅极大地简化了投资组合选择的运算过程，使马科维茨的投资组合选择理论朝现实世界的应用迈进了一大步，而且也使证券理论从以往的定性分析转入定量分析，从规范性（normative）转入实证性（positive），进而对证券投资的理论研究和实际操作，甚至对整个金融理论与实践的发展都产生了巨大影响，成为现代金融学的理论基础。

当然，近几十年来，作为资本市场均衡理论模型的焦点，CAPM 的形式已经远远超越了夏普、林特纳和莫辛提出的传统形式，有了很大的发展，如套利定价模型、跨时资本资产定价模型、消费资本资产定价模型等，目前已经形成了一个较为系统的资本市场均衡理论体系。

专栏 11－1　夏普与资本资产定价模型

威廉·夏普从 1960 年开始参与马科维茨的研究计划，当他在 1961 年获得加州大学洛杉矶分校博士学位时，他已经完成了一篇清楚阐述其观念的论文，即 1963 年 1 月发表于《管理科学》上的《投资组合分析的简化模型》。夏普毕业后最初的研究工作主要围绕着一个主题，那就是风险如何影响在某个固定时点上组合成整个市场的所有资产的价值，但同时也认识到“目前缺乏一套理论，能够真正诠释某个单一资产的价格和其风险之间的关系。……遗憾的是，针对具有相关性的特定风险组成因素的研究实在太少了”，进而

① J. Lintner，“The Valuation of Risk Assets and the Selection of Risky Investments in Stock Portfolios and Capital Budgets”，Review of Economics and Statistics，1965，47，no. 1.

② J. Mossin，“Equilibrium in a Capital Asset Market”，Econometrica，1966，34，no. 4：768－783.

③ 其实，早在 20 世纪 50 年代，马科维茨本人就已经意识到了这一问题，并在以其博士论文为基础出版的著作中提出了一个可能的修改方向，但其本人在这个革命性的简化过程中主要是作为夏普导师的角色，以指导者的身份出现的。

他一直试图建构“一套在风险条件下，资产价格的市场均衡理论”。

为了实现这一目标，夏普提出了一个问题，那就是：如果每个人都遵循马科维茨和他（以及当时的一些学者，如特雷诺）所主张的逻辑和理性方法来计算收益及风险间的抵换关系，将会出现怎样的结果？以当时颇为流行的一般均衡理论为基础，借助马科维茨、托宾等人既有的研究成果，夏普在 1964 年 9 月发表的论文《资本资产价格：一个风险条件下的市场均衡理论》得出了两个颇为惊人的结论：一是托宾的所谓超级效率投资组合，其实就是股市本身；换句话说，没有其他具有相同风险程度的投资组合能比股市提供更高的预期收益，也没有任何具有相同预期收益的投资组合能比股市拥有更低的风险。二是股票价格经过系统性风险的调整后，所有股票都会具有相同的预期报酬。

尽管从学术角度看，CAPM 的结论极为简单，但这个理论模型的内在逻辑几乎无懈可击，而且更重要的是，这一理论把萨缪尔森与法马的市场行为理论和马科维茨与托宾的投资组合选择理论结合成一套完整的理论，具有极高的价值——“这真是一项奇迹，把这么高度复杂的问题简化到最单纯的情况，即通过某个单一因素就足以解释在波动中有意义的部分”（米勒，1971），但从实践的角度看，这一模型却存在很大的问题，因为这个模型的成立不仅建立在完全无摩擦与完全竞争的市场假设之下，而且要求所有的投资者会对市场做出相同的预测“太过荒谬”（拉吉特[①]，1963）——换句话说，如果这个世界如同凯恩斯所描述的那样，即每个人都是噪音交易者的话，那么 CAPM 将毫无用武之地。或许正是由于这个原因，正如夏普所描述的那样：“我知道这篇论文将是我所做过最杰出的一篇论文，电话可能随时会响起。但是整整过了一年，电话依然沉寂。有很长一段时间，几乎没有人在乎。”

不过，最终长久的等待获得了回报——1989 年，年仅 55 岁的夏普就获得斯坦福大学荣誉教授的头衔，并于 1990 年获得诺贝尔经济学奖。此外，在 1989 年庆祝夏普这篇论文发表 25 周年的场合，富国银行投资顾问公司颂扬夏普是“最有价值的人……当代值得尊敬的人”，并且强调：“CAPM 为我们提供了一座土壤丰沃的知识花园，让我们得以成长。”目前，夏普的 CAPM 不仅可以作为投资组合管理者预测风险与收益的工具，而且也产生了许多有价值的衍生变化，如评价组合绩效、在企业财务和投资领域的广泛运用以及研究市场行为上的理论创新等。但需要指出的是，在经历了长期的理论纷争之后，CAPM 在当前金融理论界的地位颇为微妙——在 2004 年发表的一篇论文中，法马和弗伦奇曾对 CAPM 的地位有

---

① 拉吉特当时是艾奥瓦大学的金融学教授，担任《金融学期刊》的主编，负责评审这篇论文。他在收到这篇论文后很快退稿。夏普努力修改这篇论文，与此同时，《金融学期刊》的主编也数度易人，经过七次修改后，这篇论文最终刊出。

如下的描述："CAPM 的魅力在于其简单的逻辑性，对怎样衡量风险及期望收益与风险的联系的自觉预测。不幸的是，可能正是因为简单性导致了其平庸的实证记录，以至于在运用中无效……CAPM，正如其建立基础——马科维茨的投资组合模型……是一个丧失威力的理论工具。我们继续把 CAPM 当作投资组合理论和资产定价的基础传授给学生……但我们也警告学生，尽管它有着诱人的简单性，但 CAPM 的实证问题很可能使得它的运用变得无效。"

最后，值得强调的是，学术界普遍认为除夏普之外，哈佛大学商学院与文理学院经济系资深教授林特纳在 1965 年发表于哈佛出版的《经济学与统计学评论》中的论文《在股票投资组合与资金预算限制下风险性资产的评价与风险性投资标的的选择》、来自挪威的经济学家莫辛于 1966 年 10 月刊登于《计量经济学》上的论文均得到了与 CAPM 相同的结论。但可惜的是，莫辛在这篇论文发表后不久就在挪威过世，而林特纳则对这一理论在实务中的运用也一直持怀疑态度——他曾告诉夏普，他从未在提供顾问服务上，甚至课堂上，提高资本资产定价理论的地位，而且也没有想过要把这套理论应用在实务上。林特纳于 1983 年逝世。

11.1.2 传统资本资产定价模型

1. 传统 CAPM 的假设

传统 CAPM 是建立在多种假设基础之上的，这些基本假设的核心是尽量使个人同质化（尽管无论是从实践还是从理论而言，这些个人本来是有着不同的初始财富和风险厌恶程度的），并以此为基础简化投资者的投资行为，进而给出了资本市场处于均衡状态时资产收益与风险之间的关系。

传统 CAPM 的假设包括以下几点：

（1）所有投资者都依据马科维茨模型选择资产组合，即投资者都使用预期收益率和标准差这两个指标来选择投资组合，也就是他们选择资产和资产组合的决策过程是一样的。

（2）所有投资者具有相同的投资期限，投资者的行为是短视的，不考虑投资决策对投资期限届满之后任何事件的影响。

（3）所有投资者以相同的方法对信息进行分析和处理，具有相同的预期（或者说"同质期望或信念"）。所有投资者对风险资产的预期收益、方差和协方差的估计是同一的，进而形成了对风险资产及其组合的预期收益率、标准差以及相互之间协方差的一致看法。换句话说，无论证券价格如何，所有投资者的投资顺序均相同。

（4）资本市场是完全的，没有税负，没有交易成本。

（5）所有资产都是无限可分的，即资产的任何一部分都是可以单独买卖的。

（6）所有投资者都具有风险厌恶的特征，即当面临其他条件相同的两种组合时，他们将选择具有较低风险（也就是标准差较小）的组合。

（7）投资者永不满足。当面临其他条件相同的两种组合时，他们将选择具有较高预期收益率的组合。

（8）存在无风险利率，而且所有投资者都可以这一利率水平不受限制地贷出（即投资）或借入资金。

（9）市场是完全竞争的。也就是说，市场中存在大量的投资者，每个投资者所拥有的财富在所有投资者财富总和中只占很小的比重，是价格的接受者（price-takers），单个投资者的交易行为对证券价格几乎没有影响。

（10）信息充分、免费，并且立即可得。

2. 传统 CAPM 的推导

传统 CAPM 是通过资本市场线（capital market line，CML），借助市场处于均衡时市场组合与切点组合重合这一核心观点推导出来的。

（1）资本市场线。资本市场线是在以预期收益和标准差为轴的坐标系中，表示多种（不完全相关的）风险资产的有效组合与一种无风险资产（通常为国债或货币市场账户）再组合的有效集的组合线，或者说是资本配置线自货币市场账户（或国债账户）通过市场资产组合的延伸线。

如果我们以 $E(r_{p1})$ 表示风险资产的预期收益，以 σ_{p1}^2 表示风险资产组合的方差，以 r_f 表示无风险资产的收益率，则无风险资产和市场风险资产组合经过再组合后的新资产组合的预期收益及方差的计算公式分别为：

$$E(r_p) = x_{p1}E(r_{p1}) + (1 - x_{p1})r_f$$

$$\sigma_p^2 = x_{p1}^2\sigma_{p1}^2 + (1 - x_{p1})^2\sigma_f^2 + 2x_{p1}(1 - x_{p1})\rho_{p1f}\sigma_{p1}\sigma_f$$

因为

$$\sigma_f = 0$$

故

$$\sigma_p = x_{p1}\sigma_{p1}$$

把 $\sigma_p = x_{p1}\sigma_{p1}$ 代入新资产组合的预期收益，可得资产组合线的方程如下：

$$E(r_p) = r_f + \frac{E(r_{p1}) - r_f}{\sigma_{p1}} \times \sigma_p \tag{11-1}$$

可见，与前面提到的无风险资产和风险资产的组合一样，无风险资产与市场风险资产组合经过再组合得到的资产组合线也是一条直线，该直线的截距为 r_f，斜率为 $\frac{E(r_m) - r_f}{\sigma_m}$。由于 r_f 是常量，所以这条组合线的截距是固定的，而其斜率则取决于风险资产组合的选择，由于有效边界上的所有资产组合都可供选择，因此斜率就有一组值。也就是说，无风险资产与有效资产组合集合经过再组合后的组合是一组截距相同、斜率不同的组合线集合，见图 11-1。

该集合内部各组合线之间的风险和收益当然是有差别的，由于理性投资者在风险相同的情况下会选择收益率较高的资产组合，因而第Ⅱ条线优于第Ⅰ条线，第Ⅳ条线是

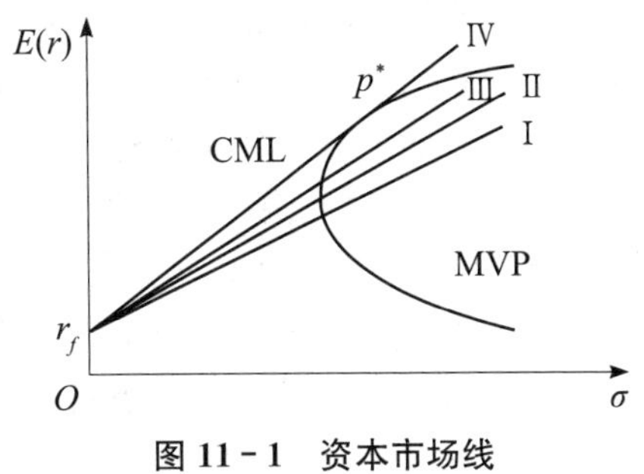

图 11-1 资本市场线

组合线所能达到的最高点——与有效边界相切。因此，如果没有限制，第Ⅳ条线显然是无风险资产与风险资产的有效组合经过再组合后的有效边界。理性投资者都会选择该线上的资产组合，因而第Ⅳ条线便是资本市场线 CML。这条线的表达式为：

$$E(r_p)=r_f+\frac{E(r_{p^*})-r_f}{\sigma_{p^*}}\times\sigma_p \tag{11-2}$$

CML 上的 r_f 点是投资者将资金全部投资于无风险资产的情况，即 $x_{p^*}=0$；在这种情况下，新资产组合的收益和风险特征就是无风险资产的收益和风险特征。

p^* 点是投资者将全部资金投资于有效风险资产组合 p^* 的情况，即 $x_{p^*}=1$；在这种情况下，新资产组合的收益和风险特征就是风险资产组合 p^* 的收益和风险特征。

r_f 与 p^* 之间的点集是投资者同时投资于风险资产和无风险资产的情况，即 $0<x_{p^*}<1$。在这种情况下，新资产组合的收益率和风险都低于风险资产组合的收益和风险，也都高于无风险资产的收益和风险。

p^* 点右上方的点集是投资者卖空无风险资产后，将借入资金连同本金全部投资于风险资产组合 p^* 的情况，即 $x_{p^*}>1$。这种投资策略既增加了新资产组合的收益，也增加了新资产组合的风险。

CML 是有效资产组合的集合，理性投资者可选择上面任意一种组合进行投资，具体如何选择取决于投资者的风险偏好。风险厌恶程度强的投资者将选择靠近 r_f 的资产组合，风险厌恶程度弱的投资者会选择 p^* 点右上方的资产组合。

CML 在传统 CAPM 推导过程中的重要意义在于，在引入一项可以无限制卖空无风险资产的条件下，所有投资者都必将选择同一个风险资产组合 p^*，因为只有 p^* 可以使无风险资产和风险资产的再组合有效率。此时，人们对最优风险资产组合的选择是与人们对风险的态度无关的，进而可以说，投资者持有哪几种风险资产构成组合与确定拥有几种无风险资产的决策也是无关的。

专栏 11-2 托宾的“分离定理”与资本资产定价模型

历史地看，詹姆斯·托宾在从马科维茨的投资组合选择理论到夏普等提出的 CAPM 的发展进程中扮演了极为重要的角色。

托宾因探讨资产分散的问题，而选择了和马科维茨相同的研究主题，但在托宾看来，“马科维茨的目的是为投资者开出一张符合理性行为法则的药方”，而他的研究“主要关心的问题，则是经济理论的内涵……也就是假设投资者遵循这样的法则行事，会导出哪些结果”。

为了实现这个目的，托宾首先认识到马科维茨模型存在一个重要的缺陷，那就是他并未注意到想控制风险的投资人将会把投资标的的选择范围扩大到包含现金或其他风险极低的资产，进而明确提出“如果马科维茨模型中的各种资产，有一项……是无风险资产，这一事实将会衍生出有趣的结果”。这些结果中最有价值的部分，促使托宾将投资组合选择的问题放在更丰富的框架中，而这个架构则让托宾发展出足以名留投资理论史的观念——“事实已经证明，各种非现金（即风险性资产）占组合的比例多少，并不受它们占投资余额总体比重的影响。”这个结论后来变成所谓的“分离定理”。这个理论指出，马科维茨的选股方式，也就是根据最有效率的风险组合挑选有价证券的程序和如何把整个投资组合划分为风险资产和无风险资产两个部分的决策，是两个完全分离的决策过程，投资者必须考虑到这两个决策过程。

遵循马科维茨的投资组合分析逻辑，托宾在模型中运用简单的数学，从马科维茨风险资产有效集中确认了单一风险资产投资组合，认为这一风险资产组合与无风险资产构成了一个新的有效集——在所有可行组合中，相对于某一风险水准，不仅位于这一新有效集中的风险资产投资组合能够提供最高的预期收益，而且其他由这个风险资产组合和无风险资产再组合构成的组合也具有相同的单位风险补偿（这就是后来的夏普比率，即 $(E(r_p)-r_f)/\sigma_p$）。

托宾的研究不仅把抽象的观念带进现实的环境框架中，让证券投资组合分析工作与决策的制定更有效率，而且为CAPM等组合投资理论进一步发展提供了重要的基石，极大地增进了投资组合实务操作的复杂性与精致度。

(2) 市场组合。CML代表了所有无风险资产和有效风险资产组合经过再组合后的有效资产组合的集合。如果投资者像假设中所说的那样，具有相同的预期，那么他们的CML将是同一条线，要选择的风险资产组合也是共同的 p^*，而且这一资产组合一定就是所谓的包括市场中所有风险资产的“市场组合”，其中每种风险资产在这个资产组合中的比例等于该资产的市值（对于股票而言，就是每股的市场价格乘以流通在外的股票数目）占所有资产市场价值的比例。①

① 这意味着对于投资者而言，投资于市场资产组合指数这样一个消极策略是有效的。因此，理论界有时把投资者的风险偏好与其风险资产组合的构成无关这个命题称为“分离定理”，或者“共同基金原理”——就其内涵而言，共同基金原理假定所有的投资者均选择持有市场指数共同基金，进而其资产组合选择就可分为两个部分：一是技术问题，如何由专业管理人员来创建基金；二是个人问题，依据其风险偏好，在共同基金和无风险资产中对资产组合整体进行分配。

如果资本市场是均衡的，这意味着资本市场上的每一种资产的总供给都等于对其的总需求，而且每一种资产都有一个市场清算价格——均衡价格。由于投资者都将持有风险资产组合 p^*，市场处于均衡状态的条件就意味着 p^* 必须包括市场上所有风险资产在内。这是因为，只要有一项风险资产没人要，市场供求就不是均衡的——此时，市场中任何一个投资者对该风险资产的需求为 0，进而加总后的总需求也为 0，而供给却是给定的（不为 0），这将导致该资产价格的相应下跌，而当价格变得异乎寻常的低廉时，它对于投资者的吸引力就会超过其他风险资产（产生了需求），这其实就意味着此时的市场没有达到（供求）均衡状态。这种价格调整过程实际上保证了市场组合是由所有证券构成的一个组合（这里以 M 表示）。从理论上说，M 应包括全世界的各种风险资产在内，即不仅包括股票、债券这类金融资产，而且包括不动产、人力资本、耐用消费品等非金融资产。当市场处于均衡状态时，在市场组合中，投资于每一种证券的比例等于该证券的相对市值，而一种证券的相对市值简单地等于这种证券的总市值除以所有证券的市值总和。

以 M 替换 p^* 后，CML 的公式就可表示为：

$$E(r_p) = r_f + \frac{E(r_m) - r_f}{\sigma_m} \times \sigma_p \qquad (11-3)$$

这是在市场均衡状态下的资本市场线的表达式，反映的是在市场均衡条件下，无风险资产与市场组合经过再组合后产生的新有效资产组合的收益与风险的关系。

(3) 由 CML 和市场组合 M 推导出的传统 CAPM。CAPM 要回答的是在市场均衡状态下，某种风险资产的预期收益与其所承担的风险之间的关系，这种关系可以利用 CML 和市场组合 M 推导出来，结果形成证券市场线 SML。

假设我们要建立由一个风险资产 i 和市场组合 M 构成的新组合 P，则新组合 P 的预期收益和标准差的计算公式分别为：

$$E(r_p) = x_i E(r_i) + (1 - x_i) E(r_m)$$

$$\sigma_p = [x_i^2 \sigma_i^2 + (1 - x_i)^2 \sigma_m^2 + 2x_i(1 - x_i)\mathrm{cov}(r_i, r_m)]^{\frac{1}{2}}$$

很显然，在允许卖空的条件下，资产 i 与 M 的有效资产组合的集合应在 iMi 线上，见图 11-2。与 iMi 相切的资本市场线与我们前面推导的资本市场线是重叠的，两者的斜率相同，即

$$\frac{\partial E(r_p)}{\partial \sigma_p} = \frac{\partial E(r_p)}{\partial x_i} \div \frac{\partial \sigma_p}{\partial x_i} = \frac{E(r_m) - r_f}{\sigma_m}$$

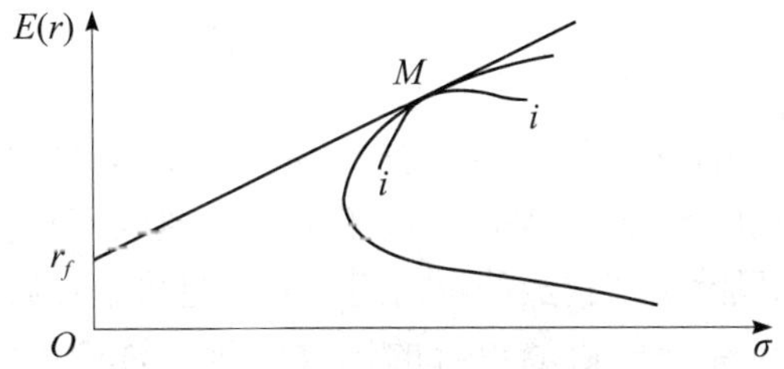

图 11-2 资产 i 与 M 的组合

从风险资产 i 和市场组合 M 经过再组合后形成的新组合 P 的预期收益和标准差的计算公式可推导出：

$$\frac{\partial E(r_p)}{\partial x_i} \div \frac{\partial \sigma_p}{\partial x_i} = \frac{E(r_i)-E(r_m)}{x_i\sigma_i^2-\sigma_m^2+x_i\sigma_m^2+(1-2x_i)\mathrm{cov}(r_i, r_m)} \times \sigma_p = \frac{E(r_m)-r_f}{\sigma_m}$$

由于在切点 M 处，$x_i=0$，$\sigma_p=\sigma_m$，所以上式变为：

$$\frac{E(r_i)-E(r_m)}{(1-2x_i)\mathrm{cov}(r_i, r_m)-\sigma_m^2} \times \sigma_m = \frac{E(r_m)-r_f}{\sigma_m}$$

变形可得：

$$\begin{aligned} E(r_i) &= r_f+[E(r_m)-r_f]\times\frac{\mathrm{cov}(r_i, r_m)}{\sigma_m^2} \\ &= r_f+[E(r_m)-r_f]\beta_i \end{aligned} \tag{11-4}$$

这便是传统 CAPM 的最普通形式——“期望收益-β 关系”。

公式（11-4）意味着当资本市场处于均衡状态时，任何一种资产（包括风险资产或无风险资产）的预期收益与其承担的与市场风险相关的 β 值之间呈线性关系，我们把这一线性关系表示在以预期收益和 β 值为坐标轴的坐标平面上，就是一条以 r_f 为起点的射线，见图 11-3，这条射线被称为证券市场线（securities market line，SML）。由于 β 值是资产的市场风险程度的一个测度指标，所以 SML 反映了资产的市场风险与其预期收益之间的关系，斜率为 $E(r_m)-r_f$（即市场组合风险溢价），横轴为 β。这一线性关系适用于所有风险资产的收益-风险关系的说明。

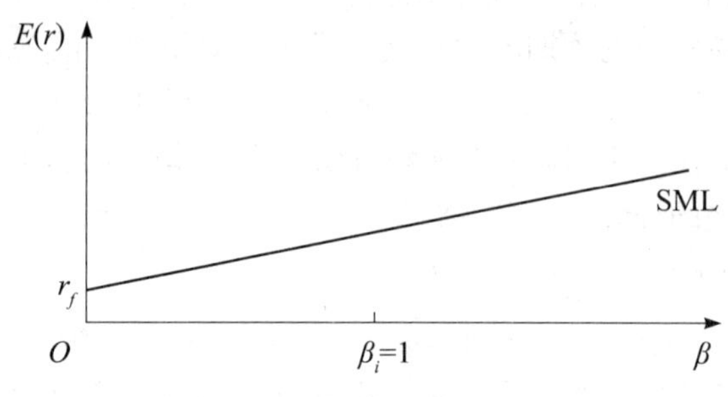

图 11-3　证券市场线 SML

就其内涵而言，SML 体现了资本市场中“高风险，高收益”的基本原则。市场组合或与市场收益完全正相关的资产或资产组合的 β 值等于 1。

$E(r_i)>E(r_m)$　　$\beta_i>1$

$E(r_i)<E(r_m)$　　$\beta_i<1$

$E(r_i)=r_f$　　$\beta_i=0$

（4）传统 CAPM 的含义。作为传统 CAPM 两个最重要的结论，SML 与 CML 之间存在一些较为明显的差异：CML 只适于描述无风险资产与有效风险资产组合（由市场资产组合与无风险资产构成的资产组合）经过再组合后的有效风险资产组合的收益和风险之间的关系，即市场组合的风险溢价是资产组合标准差的函数，而 SML 描述的是任何一种资产或资产组合的收益和风险之间的关系，其中测度单个资产风险的工具不再是资产的方差或标准差，而是资产对于资产组合方差的贡献度（β 值）。[①]

从传统 CAPM 的结论可以清晰地看到：

首先，无论是对于市场组合还是单个风险资产（实际上也包括无风险资产）而言，其收益都是由两部分组成的：一是无风险资产收益 r_f，或者说时间补偿；二是与风险直接相关的超额收益［即 $E(r_m)-r_f$］，或者说风险补偿。这意味着风险资产的收益率要高于无风险资产的收益率，即体现了金融市场中“高风险，高收益”的基本原理。

其次，并非风险资产承担的所有风险都要予以补偿，给予补偿的只是系统性风险。这是因为非系统性风险可以通过多元化投资分散掉，当投资者持有市场组合时，可以说是没有非系统性风险的——既然没有，就无须补偿，而市场风险是无法靠多元化来降低的，因此需要补偿。

要直观地理解这一点，我们可以把公式（11－4）改写为：

$$E(r_i)=r_f+\frac{E(r_m)-r_f}{\sigma_m}\times\beta_i\sigma_m=r_f+\frac{E(r_m)-r_f}{\sigma_m}\times\rho_{im}\sigma_i \qquad (11-5)$$

把这个方程与代表 CML 的公式（11－3）做一个对比，我们可以得到 CAPM 的重要结论之一，那就是对于一种风险证券而言，在其总风险中，只有一部分风险能有收益补偿。换句话说，对于市场中给定的单位风险补偿 $\frac{E(r_m)-r_f}{\sigma_m}$，风险证券的风险溢价乘子为 $\rho_{im}\sigma_i(<\sigma_i)$，而非有效组合的 σ_p。$\beta_i\sigma_m$ 或 $\rho_{im}\sigma_i$ 就是单一证券系统性风险的测度。

（5）传统 CAPM 的应用。由于传统 CAPM 早期的检验结果是支持模型的，加上 CAPM 对收益与风险关系的描述简单而合乎逻辑，因此 20 世纪 70 年代 CAPM 和 β 值的概念受到职业组合管理者的青睐，尤其是 β 值的概念一直被一些资产组合管理者和投资公司采用，Value Line 和 Merrill Lynch 这些公司还计算、出版和出售一些公司的 β 值。

从理论上说，传统 CAPM 至少可以有两种用途：资产估值和资产配置。

1）资产估值。在 SML 上的各点，或者说根据 CAPM 计算出来的资产预期收益是资产的均衡价格，即市场处于均衡状态时的价格，这一价格与资产的内在价值是一致的。但市场毕竟是相对的，在竞争因素的推动下，市场永远处于由不均衡向均衡转化，再到均衡被打破的过程中。因此，实际市场中的资产收益率往往并非均衡收益率，可能比其高，也可能比其低。如果我们相信用 CAPM 计算出来的预期收益是均衡价格的话，我们就可以用它与实际资产收益率进行比较，从而发现价值高估或低估的资产，并根据低价买入、高价卖出的原则指导投资行为，见图 11－4。

① 显然，证券市场线对于有效资产组合与单个资产均适用。

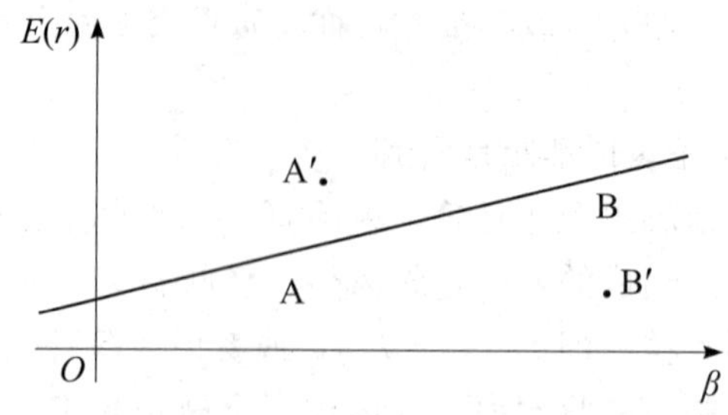

图 11-4 资产实际价格与均衡价格的比较

由图可知，资产 A 的均衡价格低于实际价格，资产 A 的价值被市场高估了，应该卖出；资产 B 的均衡价格高于实际价格，资产 B 的价值被市场低估了，应该买入。

专栏 11-3 CAPM 与风险资产的定价

从理论上说，CAPM 可用于现实中存在的任何风险资产的定价，无论这种资产是在市场中交易的证券，还是无法交易的投资项目。

考虑现实中存在一个实物投资项目，该项目的投入—产出符合马科维茨的单期投资框架，即其现金流见表 11-1：

表 11-1

当期	1 年之后
$-C_0$	C_1

容易理解，对于风险项目而言，当期的投入（现金流出量）不存在不确定性，而 1 年之后的现金流入量则是一个随机变量。

假设投资项目的预期收益为 $E(r)=E\left(\frac{C_1-C_0}{C_0}\right)$。如果 CAPM 成立，则有

$$E(r)=r_f+\beta[E(r_m)-r_f]$$

进而，有

$$\frac{E(C_1)}{C_0}=1+r_f+\beta[E(r_m)-r_f]$$

而这意味着：

$$C_0=\frac{E(C_1)}{1+r_f+\beta[E(r_m)-r_f]}$$

或者说，风险投资项目的价值应为预期现金流入量用经过风险调整后的预期收益率贴现的现值。

当然，对于这种两期结构的投资项目估值，我们也可以换一种思路，

$$\frac{E(C_1)}{C_0}=1+r_f+\beta[E(r_m)-r_f]$$

$$=1+r_f+\frac{\mathrm{cov}\left(\frac{C_1}{C_0}-1,\ r_m\right)}{\sigma_m^2}\times[E(r_m)-r_f]$$

$$=1+r_f+\frac{1}{C_0}\times\mathrm{cov}(C_1,\ r_m)\times\frac{E(r_m)-r_f}{\sigma_m^2}$$

而这意味着：

$$C_0=\frac{E(C_1)-\mathrm{cov}(C_1,\ r_m)\times\frac{E(r_m)-r_f}{\sigma_m^2}}{1+r_f}$$

$$=\frac{E(C_1)-C_0\beta[E(r_m)-r_f]}{1+r_f}$$

即风险投资项目的价值也可以视为经过风险调整后的预期现金流入量用无风险利率贴现的现值。

2）资产配置。CAPM 的思想在消极的和积极的资产组合管理中都可以应用。在消极的资产组合管理中，根据 CAPM，投资者可以按照自己的风险偏好选择一种或几种无风险资产和一种风险资产的市场组合进行资产配置，只要投资偏好不改变，资产组合就可不变。

积极的资产组合管理者是那些喜欢追踪价格、赚取价差的人，利用 CAPM 的理念，他们将在预测市场走势和计算资产 β 值上下工夫，然后根据市场走势，调整资产组合的结构。例如，当预测到市场价格将呈上升趋势时，他们将在保持无风险资产和风险资产比例的情况下，增加高 β 值资产的持有量；反之，将增加低 β 值资产的持有量。

此外，由于风险资产实际获得风险补偿额的大小取决于 β 值，因此 β 值在传统 CAPM 中成为衡量市场风险的一个标准，而 SML 也为评估投资业绩提供了一个基准——对于一项投资，若以 β 值测度其投资风险，SML 就能得出投资人为补偿风险所要求的期望收益率以及货币的时间价值。

（6）传统 CAPM 的有效性问题。早在 20 世纪 70 年代末期，有关 CAPM 的有效性以及在投资管理中应用 β 值的合理性问题就被提出来了。理查德·罗尔（Richard Roll）分别于 1977 年、1978 年、1980 年和 1981 年论证了传统 CAPM 的不可检验性，概括了简单应用模型可能带来的错误和不正确结果。1992 年，法马和弗伦奇又发现预期收益与 β 值之间没有显著关系，有关 CAPM 检验的论文数以千计，但它至今仍是一个悬而未决的问题。

人们对传统 CAPM 有效性问题的质疑是由模型推导过程中一些不现实的假设引起的。不过，从经济理论和现实的一般关系来看，只要模型预测反映的是现实世界的真实情况，假设是否现实就无关紧要了，所以传统 CAPM 检验主要回答的是：在现实生活中，β值是不是衡量资产风险的相对标准，资产收益是否与CAPM确定的收益-风险关系相符合？在大量检验中，结果是不一致的，有些检验结果，特别是早期检验结果是支持模型的，有些则不支持。

传统CAPM缺乏一致的有效性检验结果的主要原因有二：一是资本市场是非常复杂的，传统CAPM的很多假设在现实社会中都被搅乱了。所以，像传统CAPM这样一个简单的模型，尽管它反映了由理性投资者构成的资本市场中预期收益与风险的内在逻辑关系，但也不足以概括复杂的资产价格形成过程。二是受实证检验所用的统计技术的限制。

传统CAPM有效性问题的关键在于市场组合和β值的衡量标准。从理论上说，市场组合应包括全世界范围内的各种风险资产，不仅包括金融资产，还应包括非金融资产，但就算是能够搜集到所有资产，也未必能搜集到衡量所有这些资产的数据。人们通常是以某一市场指数作为市场组合的代用品，这自然就使CAPM的检验大打折扣了。

有关收益-风险关系显著性与否的关键，在于计算β值的方法不一样。否定派认为，传统CAPM尽管提出了一个简单的收益-风险理论关系，但这不是一个准确的表示，所以β值不能作为衡量资本市场风险的标准。

另外，也应注意区分CAPM中的β值和单一指数模型中的β值，前者包含市场均衡和市场组合的概念，后者则直接定义为某一市场指数，但由于在实际计算时，CAPM的市场组合往往取某一市场指数，所以人们容易把这两个β值简单地等同起来。

上述有关传统CAPM的争论给我们的启示是，对CAPM的应用应持慎重态度，要充分认清传统CAPM的限制，避免简单、机械地应用CAPM。

11.1.3 几个例子

【例11-1】 利用CAPM补全下表：

股票	预期收益	标准差	β值	残值的方差
1	0.15	?	2.00	0.10
2	?	0.25	0.75	0.04
3	0.09	?	0.50	0.17

解：

$$E(r_i)=r_f+[E(r_m)-r_f]\beta_i$$

$$\begin{cases}0.15=r_f+[E(r_m)-r_f]\times 2\\0.09=r_f+[E(r_m)-r_f]\times 0.5\end{cases}$$

$$r_f=0.07$$

$$E(r_m)=0.11$$

$E(r_2) = r_f + [E(r_m) - r_f]\beta_2 = 0.07 + (0.11 - 0.07) \times 0.75 = 0.10$

$\sigma_A^2 = \beta_A^2 \sigma_m^2 + \sigma_{\varepsilon_A}^2$

$\sigma_m^2 = \dfrac{\sigma_2^2 - \sigma_{\varepsilon_2}^2}{\beta_2^2} = \dfrac{0.25^2 - 0.04}{0.75^2} = 0.04$

$\sigma_1^2 = \beta_1^2 \sigma_m^2 + \sigma_{\varepsilon_1}^2 = 2^2 \times 0.04 + 0.1 = 0.26$

$\sigma_1 = 0.509\,9$

$\sigma_3^2 = \beta_3^2 \sigma_m^2 + \sigma_{\varepsilon_3}^2 = 0.5^2 \times 0.04 + 0.17 = 0.18$

$\sigma_3 = 0.424\,3$

【例 11-2】 已知

股票	与市场的相关系数	标准差
A	0.5	0.25
B	0.3	0.3

$E(r_m) = 0.12$

$r_f = 0.05$

$\sigma_m^2 = 0.01$

(1) 计算股票 A、B 和 A 与 B 等权数组合的 β 值。

(2) 利用 CAPM，计算股票 A、B 和 A 与 B 等权数组合的预期收益。

解：

(1) $\text{cov}(r_i, r_m) = \rho_{im}\sigma_i\sigma_m$

$\beta_i = \dfrac{\text{cov}(r_i, r_m)}{\sigma_m^2}$

$\text{cov}(r_A, r_m) = 0.5 \times 0.25 \times 0.01^{0.5} = 0.012\,5$

$\beta_A = \dfrac{0.012\,5}{0.010\,0} = 1.25$

$\text{cov}(r_B, r_m) = 0.3 \times 0.3 \times 0.01^{0.5} = 0.009$

$\beta_B = \dfrac{0.009}{0.010} = 0.90$

$\beta_p = 0.5 \times 1.25 + 0.5 \times 0.90 = 1.075$

(2) $E(r_i) = r_f + [E(r_m) - r_f]\beta_i$

$E(r_A) = 0.05 + (0.12 - 0.05) \times 1.25 = 0.137\,5$

$E(r_B) = 0.05 + (0.12 - 0.05) \times 0.9 = 0.113\,0$

$E(r_p) = 0.5 \times 0.137\,5 + 0.5 \times 0.113\,0 = 0.125\,3$

【例 11-3】 假设两种证券 A 和 B 组成市场组合，它们的比例和方差分别为 0.39，160 和 0.61，340。两种证券的协方差为 190。计算两种证券的 β 值。

解：

$$\sigma_p^2 = x_A^2\sigma_A^2 + x_B^2\sigma_B^2 + 2x_Ax_B\text{cov}(r_A, r_B)$$
$$= 0.39^2 \times 160 + 0.61^2 \times 340 + 2 \times 0.39 \times 0.61 \times 190$$

$$= 241.252$$

$$\beta_A = \frac{\mathrm{cov}(r_A, r_p)}{\sigma_p^2} = \frac{\mathrm{cov}(r_A, 0.39r_A + 0.61r_B)}{\sigma_p^2} = \frac{0.39 \times 160 + 0.61 \times 190}{241.252}$$

$$= 0.74$$

$$\beta_B = 1.17$$

【例 11-4】 假设无风险利率为 6%，市场收益率为 16%。

（1）某公司股票当前的市价为 50 元，以后每年末将支付每股 6 元的股息，β 值为 1.2，预期在年末该股票的市场价格是多少？

（2）某公司股票预期收益率为 10%，其 β 值是多少？

（3）投资者拟购入一企业，其预期的永久现金流为 100 万元，但因有风险而不确定。如果投资者认为企业的 β 值为 0.5，当 β 值实际为 1 时，投资者愿意支付的金额比该企业实际价值高多少？

解：

（1）根据 CAPM，有

$$E(r_i) = r_f + [E(r_m) - r_f]\beta_i$$

$$E(r_i) = 0.06 + 0.1 \times 1.2 = 0.18$$

在不变股利增长模型下，有

$$P = 6/0.18 = 33.33(\text{元})$$

（2）根据

$$E(r_i) = r_f + [E(r_m) - r_f]\beta_i$$

有

$$\beta = (10\% - 6\%)/(16\% - 6\%) = 0.4$$

（3）根据

$$E(r_i) = r_f + [E(r_m) - r_f]\beta_i$$

当 $\beta=0.5$ 时，有

$$E(r_i) = 0.06 + 0.1 \times 0.5 = 0.11$$

在不变股利增长模型下，有

$$V=100/0.11=909.09(\text{万元})$$

当 $\beta=1$ 时，有

$$E(r_i) = 0.06 + 0.1 \times 1 = 0.16$$

在不变股利增长模型下，有

$$V=100/0.16=625(\text{万元})$$

因此，投资者多支付了 284.09 万元。

【例 11-5】 假设市场中存在 n 种收益完全独立的风险证券，如果这 n 种资产的预期收益均相同，在风险资产标准差已知的情况下，请给出最佳风险资产组合的构成比例。

解：

根据马科维茨关于理性投资者风险厌恶的假设，在收益给定的情况下，投资者总偏好风险最低的资产或资产组合。鉴于

$$
\begin{aligned}
E(r_p) &= E(x_1 r_1 + x_2 r_2 + \cdots + x_n r_n) \\
&= x_1 E(r_1) + x_2 E(r_2) + \cdots + x_n E(r_n) \\
&= \sum_{i=1}^{n} x_i E(r_i)
\end{aligned}
$$

$$\sigma_p^2 = \sum_{i=1}^{n} x_i^2 \sigma_i^2 + \sum_{i=1}^{n} \sum_{\substack{j=1 \\ i \neq j}}^{n} x_i x_j \operatorname{cov}(r_i, r_j)$$

考虑到 $E(R_i)$ 是一个常数，而 $\operatorname{cov}(r_i, r_j)=0$，因此，所谓的最佳风险投资组合就是求解下列函数的最小值：

$$f(x_1, x_2, \cdots, x_n) = \sum_{i=1}^{n} x_i^2 \sigma_i^2 + \lambda(1 - x_1 - x_2 - \cdots - x_n)$$

对任何一个证券的权重求一阶导数：

$$\frac{\partial f}{\partial x_i} = 2x_i \sigma_i^2 - \lambda = 0$$

可知，对于任何两种证券，有

$$\frac{x_i}{x_j} = \frac{1/\sigma_i^2}{1/\sigma_j^2}$$

因此，如果令 $x_i=\lambda/\sigma_i^2$，那么在最小风险组合中，其他任意一种风险资产的权重为 $x_j=\lambda/\sigma_j^2$，进而

$$\sum_{i=1}^{n}\left(\frac{\lambda}{\sigma_i^2}\right) = 1, \lambda = \frac{1}{\sum_{i=1}^{n}(1/\sigma_i^2)}$$

这意味着在最小风险资产组合中，每种风险资产的权重为：

$$x_i = \lambda/\sigma_i^2 = \frac{1}{\sigma_i^2 \sum_{i=1}^{n}(1/\sigma_i^2)}$$

11.1.4 CAPM 的几种发展形式

资本资产的定价问题一直是金融经济学研究的核心。因此，自 20 世纪 60 年代 CAPM 问世以来，无数学者投身于 CAPM 在这一问题上的研究，他们通过在理论上放松传统 CAPM 的某些假设，再结合实证检验，取得了丰硕的研究成果，极大地深化了人们对 CAPM 的认识。下面介绍有一定代表性的几种 CAPM 新理论。

1. 零 β CAPM

零 β CAPM 是由布莱克推导出来的。[①] 他放松的假设条件是存在一个无风险资

① Black F.,"Capital Market Equilibrium with Restricted Borrowing", Journal of Business, 1972, 45 (3).

产，而且投资者可以无风险利率无限制地买卖。在布莱克的模型中，无风险资产被零β资产组合代替，零β资产组合的收益率与市场组合收益率无关，即它的β值是零。不过，零β资产组合并非完全没有风险，因为它还有误差项方差。零β资产组合处在有效边界上，是最小方差资产组合。

图11-5描绘了零β资产组合和市场组合经过再组合后的资本市场线，z为最小方差资产组合，$E(r_z)$取代了r_f，但有关无限制买卖的条件对$E(r_z)$仍是必要的。零β CAPM的均衡收益如下：

$$E(r_i)=E(r_z)+[E(r_m)-E(r_z)]\beta_i$$

可见，零β CAPM与传统CAPM有着同样的线性关系，衡量系统性风险的β值也是一样的，只是零β资产组合的预期收益比无风险利率高，并且需要估计。

由于零β CAPM释放了“无风险资产”的假设，相对于传统CAPM，实证检验结果更支持它，因此，零β CAPM已被接受为传统CAPM的一种发展形势。当然，它仍然面临其他限制的束缚。该模型的其他变形要进一步放松的条件包括：①可以无风险借贷，但应以不同的利率水平；②投资者的投资应按无风险利率投资，但不能按无风险利率借入；③可以无风险贷放，但对借入资金有保障要求；④没有无风险资产，禁止买空。

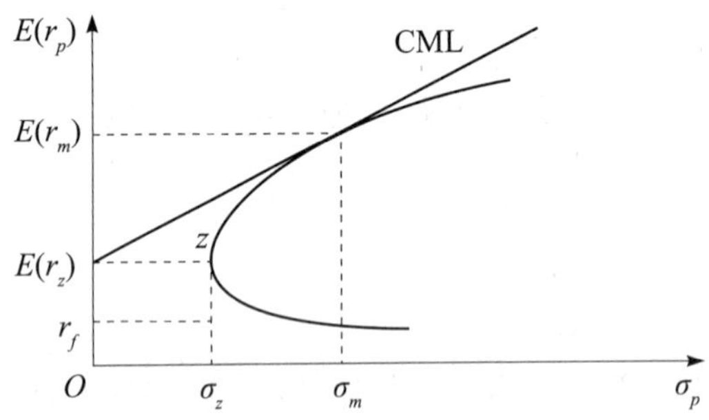

图11-5 零β资产组合和市场组合的再组合

2. 跨期CAPM

众所周知，时间在投资的所有过程中扮演着举足轻重的角色，但由于在传统CAPM中，经济学家关注的焦点是投资者在某特定时点的行动模式，并不是在连续时间中的行动模式，所以，一旦基础经济条件改变，传统CAPM就变得毫无用处；换句话说，在持续变动的世界中，传统CAPM中的β值预测将具有相当的不确定性，其结论也就没有太大意义了。因此，如何把单一时间模型转换为更为实际的模型，使该理论在横跨多个期间仍能成立就成为CAPM提出之后许多经济学家努力的方向。跨期CAPM和多β CAPM就是金融理论在这一方向上较为突出的两类推广。

跨期CAPM最早是由默顿于20世纪70年代初推导出来的，他放松的假设条件是只考虑一个时期的投资水平。

在跨期CAPM中，投资者在确定效用最大化的资产组合时，不仅要考虑一个时期的可能收益，还要考虑下一个时期的可能收益。也就是说，其资产组合要实现终生消费预期效用的最大化。

跨期 CAPM 还假设，资产交易是连续的，而且投资者能及时了解投资机会集合的随机变动过程。此外，传统 CAPM 假设资产收益呈正态分布，而跨期 CAPM 假设资产收益呈对数正态分布。

根据上述假设，默顿推导出了一个一般化的持续跨期均衡模型。与此同时，他还假设：①投资机会集合是不变的；②存在无风险资产，无风险利率随着时间的推移是非随机变动的。

该模型在形式上与传统 CAPM 没什么区别，如果把传统 CAPM 看成静态模型，那么跨期 CAPM 当然就是动态模型，前者可以从后者推导出来。但是，跨期 CAPM 放松的假设是建立在另一个不现实的假设基础之上的——投资机会集合不变。因此，跨期 CAPM 还需进一步放松这一假设，这便导致了多 β CAPM 的产生。

3. 多 β CAPM

多 β CAPM 是默顿于 1973 年在放松投资机会集合和无风险利率长期不变的假设条件基础上发展起来的。在把两者视为随机变量的情况下，投资者将选择三种资产组合投资：无风险资产、市场组合、一种收益率与机会集合完全负相关的资产组合 N。这样，多 β CAPM 的资产预期均衡收益可描述如下：

$$E(r_i)=r_f+[E(r_m)-r_f]\beta_{im}+[E(r_N)-r_f]\beta_{iN} \tag{11-6}$$

式中，$E(r_N)$ 为防御性资产组合 N 的预期收益率；β_{iN} 为资产 i 相对于 N 的 β 值，它表示资产 i 不仅面临市场波动的风险，还面临投资机会集合不利波动的风险，这种风险的补偿便是 $[E(r_N)-r_f]$。

如果一个变量不足以把握机会集合的波动，我们可以继续增加变量。多 β CAPM 的一般表达式为：

$$E(r_i)=r_f+[E(r_m)-r_f]\beta_{im}+[E(r_{N1})-r_f]\beta_{iN1}+\cdots+[E(r_{NK})-r_f]\beta_{iNK} \tag{11-7}$$

4. *以消费为基础的* CAPM

以消费为基础的 CAPM 是由布里登（Breeden）于 1979 年提出的。其基本形式为：

$$E(r_i)=r_f+[E(r_C)-r_f]\beta_{iC}$$

式中，$E(r_C)$ 为人均消费总量增长率；β_{iC} 为资产 i 的消费 β 值，$\beta_{iC}=\dfrac{\mathrm{cov}(r_i,\ r_C)}{\sigma_C^2}$。

布里登把默顿的多 β 模型又简化为单一 β 模型。他强调，在市场均衡状态下，消费的边际效用必须等于财富的边际效用。所以，投资者在选择最优资产组合和消费决策时，应该使资产预期收益与消费增长率之间存在上述线性关系。

以消费为自变量虽然解决了变量的可测性问题，但仍没有足够的证据证明它比其他形式的 CAPM 更具实用价值。

11.2 套利定价理论

套利定价理论（arbitrage pricing theory，APT）是由美国经济学家斯蒂夫·罗斯（Stephen Ross）于1976年提出的。如果说在给定投资人的风险-预期收益关系的条件下，CAPM阐述了当市场（处于供求）均衡时资产将会在何种价位上成交，但它对于哪些因素可能会并在何种程度上（即敏感性）影响投资人对投资报酬的预期却没有进一步阐述。而作为CAPM的一种延伸，APT在很大程度上填补了这个缺口——它提供了一个方法来衡量通货膨胀、利率、风险预期的变化以及经济增长等经济因素的变动是如何影响资产价格的变化的。应该说，相对于传统CAPM而言，APT是一种更现实、更一般化，进而也是更具解释力的资产定价理论模型。在一定条件下，我们甚至可以把传统的CAPM视为APT模型的特殊形式。经过十几年的发展，APT在资产定价理论中的地位已不亚于CAPM。

套利定价理论的出发点是假设资产的收益率与未知数量的未知因素相联系，其核心思想是对于一个充分分散化的大投资组合来说，只需要几个共同因素就可以解释单一风险资产的风险补偿来源，进而利用市场数据来实证分析不同因素的影响程度。此外，尽管市场中的每个投资者都想利用套利组合在不增加风险的情况下增加其投资组合的收益率，但在一个有效（处于无套利均衡状态）的市场中，不存在无风险的套利机会。

11.2.1 APT的研究思路

套利定价理论要研究的是，如果每个投资者对各种证券的预期收益和市场敏感性都有相同估计的话，各种证券的均衡价格是如何形成的。研究者拓展问题的思路是：首先，分析市场是否处于均衡状态；其次，如果市场是非均衡的，分析投资者会如何行动；再次，分析投资者的行动会如何影响市场并最终使市场达到均衡；最后，分析在市场均衡状态下，证券的预期收益由什么决定。

套利定价理论认为，套利行为是形成现代有效市场（也就是形成市场均衡价格）的一个决定因素。套利行为是指利用同一实物资产或证券的不同价格来赚取无风险利润的行为。当投资者可以构造一个能产生安全利润的零投资证券组合时，套利机会就出现了。显然，任何投资者在套利资产组合中都愿意尽可能大地拥有这一头寸。最典型的例子就是当“一价法则”被违反时，投资者利用同一种货币在不同市场上的价格差异，在价格水平较低的市场上买入该种货币，再在价格水平较高的市场上卖出，以获取价差收益的行为。这种套利行为直接改变了这两个市场上该种货币的供求，最终导致两者的供求实现均衡。

在一个高度竞争的、流动性很强的市场体系中，由于电子通信设备和实时执行操作技术的日益发达，套利机会已经变得非常少，而且往往这种套利机会一被发现，就会立即引起市场的反应，机会稍纵即逝，因而正是这种套利行为推动着有效市场的形成。在证券市场体系中也是如此。

套利定价理论认为，如果市场未达到均衡状态的话，市场上就会存在无风险的套利机会。由于理性投资者具有厌恶风险和追求收益最大化的行为特征，因此投资者一旦发现有套利机会就会设法利用它们。随着套利者的买进和卖出，有价证券的供求状况将随之改变，套利空间逐渐减少直至消失，有价证券的均衡价格得以实现。因此，这种推论实际上也隐含了对一价定律的认同。

此外，套利机会不仅存在于单一证券上，还存在于相似的证券或组合中。也就是说，投资者还可以对一些相似的证券或组合通过部分买入、部分卖出进行套利。套利行为可以有多种定义方式，其中之一是用广泛影响证券价格的因素来解释的。

因素模型表明，具有相同因素敏感性的证券或组合，除了非因素风险外，将以相同的方式行动。因此，具有相同因素敏感性的证券或组合必然要求有相同的预期收益率；如若不然，“准套利”机会便会存在，投资者必将利用这一机会，而他们的行动最终将会使套利机会消失，均衡价格得以形成。这就是套利定价理论逻辑推演的核心。

11.2.2 因素模型和套利组合

11.2.2.1 因素模型

因素模型是一种统计模型，其核心是把实践中的一些主要经济因素（包括经济周期、力量、技术革新以及劳动力成本和原材料等）视为一系列宏观经济指示器并假定这些因素的变化影响着整个证券市场，进而是影响证券之间相关性的经济来源。如果这些变量发生了非预期的变化，那么整个证券市场的收益率也会发生非预期的变化。

在实践中，投资者往往都在有意或无意地使用着因素模型的方法，其中又有单因素模型和多因素模型之分。单因素模型较为简单，即把证券收益率的非预期变化看作某一宏观经济事件变化的结果（如市场组合指数收益率或者 GDP 增长率等），可写成：

$$r_i = E(r_i) + \beta_i F + e_i \tag{11-8}$$

式中，F 为宏观因素的非预测成分；β_i 为证券 i 对宏观经济事件的敏感度；e_i 为非预期的公司特有事件的影响，其期望值为 0。

多因素模型相对较为复杂，它把证券收益率的决定看作多种经济因素（如行业生产的变动率、预期通货膨胀的变动率、长期公司债券对长期政府债券的超额收益率、长期政府债券对短期国债的超额收益率等）集合作用的结果，用公式表示就是：

$$r_i = \alpha_i + \sum_{n=1}^{N} \beta_{i,n} F_n + e_i$$

在众多的多因素模型中，Fama and French（1993）的三因素模型和 Carhart

(1997) 提出的四因素模型的影响较为显著。

1. Fama and French (1993) 的三因素模型

近年来的实证研究表明,CAPM 在解释横截面股票收益时并没有涵盖各类分析因素,因而其有效性值得怀疑。Fama and French (1993)[①] 发现:①如果挑出那些 β 值与公司规模无关的股票,就会发现 β 值与公司在 1941—1990 年获得的平均收益没有任何关系;② β 值不足以解释个股的平均收益,而公司规模很好地解释了个股之间的收益差别;③股票账面价值与市值之比 B/E (book to market equity) 也能很好地解释个股之间收益率的差异。据此,他们对 CAPM 进行了改进,提出了三因素模型 (three factors model)。该模型认为,股票相对于无风险利率的超额收益 $E(R_i)-r_f$,可以由三个市场风险因子来解释:

(1) 股票市场相对于无风险利率的超额收益率,即 $E(R_m)-r_f$。

(2) 小公司与大公司之间的收益差额,即 SMB。

(3) 高 B/E 的股票与低 B/E 股票之间的收益差额,即 HML。

该模型的数学形式如下:

$$E(R_i)-r_f=\alpha_i+\beta_1[E(R_m)-r]+\beta_2 E(\text{SMB})+\beta_3 E(\text{HML}) \tag{11-9}$$

式中,β_1、β_2、β_3 为三个风险因素的系数,或称为因子载荷。

Fama and French (1993) 认为,SMB 可以解释为公司的规模效应,小公司的期望收益率往往大于大公司的期望收益率。个股在 HML 上的因子载荷 β_3 代表了该上市公司的"相对痛苦指标"的大小。营业收入长期低迷的弱小企业一般有高的 B/E 以及正的因子载荷,而营业收入长期丰厚的强势企业一般有较低的 B/E 以及负的因子载荷。套利定价理论利用因素模型来描述资产价格的决定因素和均衡价格的形成机理,这在套利定价理论的假设条件和套利定价模型中都清楚地体现出来。

2. Carhart (1997) 四因素模型

在三因素模型的基础上,Carhart (1997)[②] 提出了四因素模型,该模型是在法马等人三因素模型的基础上引入了一年期的股票收益动量 (one-year momentum in stock return, PR1YR) 作为新的变量。这样构建的四因素模型为:

$$\begin{aligned}E(R_i)-r_f=\alpha_i&+\beta_1[E(R_m)-r]+\beta_2 E(\text{SMB})+\beta_3 E(\text{HML})\\&+\beta_4 E(\text{PR1YR})\end{aligned} \tag{11-10}$$

卡哈特 (Carhart) 在进行实证检验时,对一年期的股票收益动量的构建如下:将所有的股票在每年前十一个月的收益减去其滞后一个月的后十一个月的收益,然后对每只股票自身的计算结果进行等权重的加权平均,而后再进行总体排序,前 30%的数据与后 30%的数据之间的差额就是该指标。

---

① Fama, E., French, K., "Common Risk Factors in the Returns on Stock and Bonds", Journal of Financial Economics, 1993 (33): 3-56.

② Mark M. Carhart, "On Persistence in Mutual Fund Performance", Journal of Finance, 1997, Vol LII, March.

3. Fama and French (2015) 的五因素模型

Fama and French (2015) 对他们在1993年提出的三因素模型进行了改进，提出了五因素模型，就是在原有的市场、公司市值（即SML）以及账面市值比（即HML）三个因素的基础上，加入了盈利能力（profit ability）因子和投资模式（investment patterns）因子，以期能够更好地解释股票横截面收益率的差异。

在进行实证检验时，法马和弗伦奇（Fama and French）将盈利能力因素界定为高盈利股票投资组合与低盈利股票投资组合的回报之差（robust minus weak，RMW），而将投资模式因素界定为高投资比例股票投资组合与低投资比例股票投资组合的回报之差（conservative minus aggressive，CMA）。从美国股票市场的实证结果看，法马和弗伦奇发现：与三因素模型相比，虽然五因素模型能够更好地解释股票的回报，但它对于高投资比例、低盈利小盘股的回报给出的解释不甚理想，而在加上了盈利能力和投资模式两个新因素后，三因素模型中的价值因素似乎变得有些多余。

专栏 11－4　不同因素模型在中国A股市场上的实证检验

因素模型的实际解释效果可以利用市场数据进行实证检验。关于因素模型解释力检验的有效标准，Fama（2015）指出：除 Gibbons et al.（1989）提出的GRS检验外，还可选择Aai（时间序列回归模型的截距的均值）、AaiAri（在一阶意义上，股票收益率中无法被因子模型所解释部分的占比）、Aai2Ari2（在二阶意义上，股票收益率中无法被因子模型所解释部分的占比）等指标来进行。

李志冰等（2017）以1994年7月至2015年8月的A股上市公司为样本，考察了五因子模型在中国股市不同时期的应用。他们的主要结论为：

（1）在全样本下，规模、账面市值比效应显著，经三因子模型调整后，A股上市公司的盈利能力及投资风格效应仍显著，但不存在显著的动量或反转效应。

（2）五因子模型有非常强的解释能力，比CAPM、三因子模型及卡哈特（Carhart）的四因子模型的表现更好，见表11－2。

表11－2　不同因素模型在中国的解释有效性比较

	GRS	Aai	AaiAri	Aai2Ari2
Mkt，SMB，HML	2.23	0.30	0.76	0.64
Mkt，SMB，HML，MOM	2.35	0.31	0.78	0.72
Mkt，SMB，HML，RMW，CMA	1.55	0.20	0.51	0.27

（3）在股权分置改革前，市场风险占据主导地位，盈利能力、投资风格及动量因子“冗余”；在股权分置改革后，这三个因子的风险溢价显著。

（4）在股权分置改革后，存在经五因子模型调整后仍显著的反转效应。

(5) 在股权分置改革后，实际收益率与预期收益率的差异更接近 0，市场趋于“有效”。

资料来源：李志冰等．Fama-French 五因子模型在中国股票市场的实证检验．金融研究，2017 (6).

11.2.2.2 套利组合

根据套利定价理论，投资者会竭力发掘构造一个套利组合的可能性，以便在不增加风险的情况下，增加组合的预期收益率。那么，如何才能构造一个套利组合？一般来说，套利组合必须同时具备以下三个特征。

1. 它是一个不需要投资者提供任何额外资金的组合

如果 x_i 表示投资者对证券 i 持有量的变化（即套利组合中证券 i 的权数），套利组合的这一特征就可表示为：

$$x_1+x_2+\cdots+x_n=0$$

2. 套利组合对任何因素都没有敏感性

这是因为套利组合没有因素风险。这一特征用公式可表示为：

$$\beta_{p_j}=0$$

在存在多个影响因素的情况下，这一特征可表示为一个方程组：

$$\begin{cases} x_1\beta_{11}+x_2\beta_{21}+\cdots+x_n\beta_{n1}=0 \\ x_1\beta_{12}+x_2\beta_{22}+\cdots+x_n\beta_{n2}=0 \\ \cdots\cdots \\ x_1\beta_{1k}+x_2\beta_{2k}+\cdots+x_n\beta_{nk}=0 \end{cases}$$

为了能找到满足上面两特征的解，就要求证券的个数多于因素的个数，即$n>k$。

严格地讲，除了因素风险等于零以外，一个套利组合的非因素风险也应该等于零。但是，套利组合的非因素风险实际上常常大于零，只是其数量非常小，套利定价理论认为可以忽略不计。

3. 套利组合的预期收益率必须是正值

$$x_1E(r_1)+x_2E(r_2)+\cdots+x_nE(r_n)>0$$

当一个组合的投资权重可以同时满足上述三点要求时，该组合就是一个套利组合。这样一个套利组合对任何一个渴望高收益且不关心非因素风险的投资者都具有吸引力——因为它不需要任何额外资金，没有任何因素风险，却可以带来正的预期收益率。

为了说明套利组合的存在性及构建问题，下面举两个简单例子加以说明。

【例 11-6】 假设每种证券的收益率都可以用以下双因素模型来分析：

$$R_i=E(R_i)+R_i\times F_1+R_i\times F_2$$

式中，R_i 为第 i 种证券的收益率；F_1 和 F_2 为系统性风险，其期望值等于 0，协方差等于 0。

假设资本市场上有四种证券，其收益率分别如下：

$R_f = 0.05$

$R_1 = 0.06 + 0.02F_2$

$R_2 = 0.08 + 0.02F_1 + 0.01F_2$

$R_3 = 0.12 + 0.04F_1 + 0.04F_2$

请判断是否存在套利机会。如果存在套利机会，应该怎样进行套利？

解：

显然，要想判断市场是否存在套利机会，其核心是零投资证券组合是否存在。假设存在这样一个组合，其中 4 种证券的投资额分别为 X_f，X_1，X_2，X_3，那么根据套利组合的要求，它们应该同时满足以下几个要求：

$$X_f + X_1 + X_2 + X_3 = 0$$

$$X_f\beta_{1F} + X_1\beta_{11} + X_2\beta_{12} + X_3\beta_{13} = 0$$

$$X_f\beta_{2F} + X_1\beta_{21} + X_2\beta_{22} + X_3\beta_{23} = 0$$

$$X_fE(R_f) + X_1E(R_1) + X_2E(R_2) + X_3E(R_3) > 0$$

而这意味着以下四式要同时满足：

$$X_f + X_1 + X_2 + X_3 = 0$$

$$0.02X_2 + 0.04X_3 = 0$$

$$0.02X_1 + 0.01X_2 + 0.04X_3 = 0$$

$$0.05X_f + 0.06X_1 + 0.08X_2 + 0.12X_3 > 0$$

但问题是，当前三个式子成立的时候，第四个式子恰好等于 0，从而无法满足。这就可以证明市场中不存在套利机会。

【例 11-7】 某投资者拥有一个组合，假设组合中每种证券的收益率可以用以下双因素模型来分析：

$$R_i = E(R_i) + R_i \times F_1 + R_i \times F_2$$

式中，R_i 为第 i 种证券的收益率；F_1 和 F_2 为系统性风险，其期望值等于 0，协方差等于 0。该投资者决定通过增加证券 B 的持有比例 0.05 来建立一个套利组合。

(1) 投资组合中其他 3 种证券的权数各增减多少？

(2) 套利组合的期望收益率是多少？

证券	因素 1 敏感度	因素 2 敏感度	权重	期望收益率（%）
A	2.5	1.4	0.3	13
B	1.6	0.9	0.3	18
C	0.8	1.0	0.2	10
D	2.0	1.3	0.2	12

解：

为得到一个套利组合，假设该组合中 4 种证券增减的权重分别为 X_A，X_B，X_C，X_D，那么根据套利组合的要求应该同时满足以下几个要求：

$$X_A + X_B + X_C + X_D = 0$$

$$X_A\beta_{1A}+X_B\beta_{1B}+X_C\beta_{1C}+X_D\beta_{1D}=0$$
$$X_A\beta_{2A}+X_B\beta_{2B}+X_C\beta_{2C}+X_D\beta_{2D}=0$$
$$X_AE(R_A)+X_BE(R_B)+X_CE(R_C)+X_DE(R_D)>0$$

由于 $X_B=0.05$，则有

$$X_A+0.05+X_C+X_D=0$$
$$2.5X_A+1.6\times0.05+0.8X_C+2X_D=0$$
$$1.4X_A+0.9\times0.05+X_C+1.3X_D=0$$

解得：

$$X_A=-0.043,\ X_C=-0.019,\ X_D=0.012$$

代入第 4 式，可得套利组合的收益为 0.3%。

11.2.3 套利定价模型

1. 套利定价模型的假设

套利定价模型（APT model）的假设条件和价格形成过程与 CAPM 相比存在较大的差异。在这些差异中，最重要的一点在于，APT 既不像 CAPM 那样依赖于市场组合，也没有假设只有市场风险影响资产的预期收益，而是认为资产的收益可能会受到几种风险的影响，而到底是哪几种风险会产生影响，以及这些风险具体是什么则无关紧要。因此，APT 的限制条件不像 CAPM 那样严格。此外，APT 也没有下列 CAPM 所需要的假设：只是一个时期的投资水平；不考虑税收因素；以无风险利率借贷；投资者根据预期收益和方差选择资产组合。

APT 与 CAPM 相同的假设包括：投资者都有相同的预期；投资者追求效用最大化；市场是完美的。

APT 的最基本假设就是投资者都相信证券 i 的收益受 k 个共同因素的影响，证券 i 的收益与这些因素的关系可以用下面这个 k 因素模型表示出来：

$$r_i=E(r_i)+\beta_{i1}F_1+\beta_{i2}F_2+\cdots+\beta_{in}F_n+\varepsilon_i$$

式中，r_i 为任意一种证券 i 的收益；$E(r_i)$ 为证券 i 的预期收益，包含了到目前为止所有可知的信息；β_{ik}（$k=1$，2，…，n）是证券 i 相对于 k 因素的敏感度；ε_i 是误差项，也可认为是只对个别证券收益起作用的非系统因素；F_k（$k=1$，2，…，n）是对所有资产都起作用的共同因素，又称系统性因素。

由于已知的信息都已包含在 $E(r_i)$ 中了，所以这里的 F 因素都是不可测的，它们在将来的发生纯属意外。有意外发生，就会改变 r_i 和 $E(r_i)$ 之间的关系；没有意外发生，从 $\beta_{i1}F_1$ 到 $\beta_{in}F_n$ 都将是零。由于 F_n 是随机变量，所以 $E(F_n)=0$。不过，APT 并不在意总共会有多少因素以及这些因素是什么之类的问题。

2. 套利定价模型

因素模型并没有对均衡状态进行描述，若把上述因素模型转换成一个均衡模型，所需讨论的就是证券的预期收益。根据上述对市场套利行为及其影响的分析，罗斯基于以下两个基本点来推导 APT 模型。

（1）在一个有效市场中，当市场处于均衡状态时，不存在无风险的套利机会。

（2）对于一个高度多元化的资产组合来说，只有几个共同因素需要补偿。证券 i 与这些共同因素的关系为：

$$E(r)=\lambda_0+\beta_{i1}\lambda_1+\beta_{i2}\lambda_2+\cdots+\beta_{ik}\lambda_k$$

这便是套利定价模型。其中，λ_k 为投资者承担一个单位 k 因素风险的补偿额，风险的大小由 β_{ik} 表示，当资产对所有 k 因素都不敏感时，这个资产或资产组合就是零 β 资产或资产组合。

3. 单因素资产组合

假设资产组合 P_1 只与因素 1 有 1 个单位的敏感度，即 $\beta_{i2}=\beta_{i3}=\cdots=\beta_{ik}=0$，则

$$E(r_{P_1})=\lambda_0+\lambda_1$$

$$\lambda_1=E(r_{P_1})-\lambda_0$$

这就是说，风险补偿可以被理解为预期收益超过零 β 资产组合收益率的部分，P_1 被称为单因素资产组合。依此类推其他 λ 值后，我们可以把上面的 APT 模型改写为：

$$E(r_i)=\lambda_0+\beta_{i1}[E(r_{P_1})-\lambda_0]+\beta_{i2}[E(r_{P_2})-\lambda_0]+\cdots+\beta_{ik}[E(r_{P_k})-\lambda_0]$$

显然，资产 i 预期收益的计算取决于以下两点：

（1）确定系统性因素，准确估计各 β 值。

（2）确定各单因素资产组合的预期收益。

下面是建立单因素资产组合的例子。

在一个多元化的资产组合中，由于各资产对某种因素有着不同的敏感度，因此从理论上说，我们可以通过对资产进行适当的组合而使资产组合对这一因素的敏感度（即 β 值）为 1 或 0。

已知 A、B、C、D 四种资产的 β 值见表 11－3。

表 11－3　A、B、C、D 四种资产的 β 值

	A	B	C	D
β_{i1}	0.5	－1.9	－3.3	3
β_{i2}	0.7	－2.9	2.3	－0.4

我们可以通过使 A、B、C、D 四种资产的权数分别为 10%、10%、20%、60% 的组合，使该资产组合对第一个因素的 β 值等于 1，即

$$\beta_{P_1}=0.5\times0.1+(-1.9)\times0.1+(-3.3)\times0.2+3\times0.6=1$$

这样的组合还可以使该资产组合对第二个因素的敏感度为零，即

$$\beta_{P_2}=0.7\times0.1+(-2.9)\times0.1+2.3\times0.2+(-0.4)\times0.6=0$$

11.2.4　套利定价理论的应用

套利定价理论在资产组合管理中应用的领域与 CAPM 差不多，只是具体的决策依

据和思路依模型的不同而有差异而已。如果把套利定价理论应用于消极的组合管理，投资者可以在已确定因素的情况下，建立一个最佳风险组合的资产组合，即β值的最佳组合。这种策略对只包含几种不同资产类型的大资产组合比较合适，因为它充分利用了不同类型资产对不同因素变动具有不同敏感度的特点。例如，债券和股票的收益率一般对利率因素的反应是相反的；零售业的股票比一般股票对通货膨胀率更敏感等。所以，当资产组合很大时，各组合部分的特殊风险就被分散掉了。

在积极的资产组合管理中，可以利用对因素非预期波动的挖掘，判断资产价值是被高估还是被低估，并以此选择资产、调整资产组合。例如，如果公认的通货膨胀率是3%，而组合管理者预测其应改为1%，那么对该组合管理者来说，意外的通货膨胀率就是−2%，投资者依此估算的资产收益率就会低于市场公认的收益率，投资者可据此调整资产组合，卖出价值被高估的资产。如果该组合管理者的预测被证明是正确的，他获得的利润就是超额利润。

11.3 期权定价理论

目前，世界上用得最广泛的期权定价模型有两种：第一种模型是假定股票价格的变化率满足二项式分布，因而该模型被称为二项式期权定价公式；第二种模型是假定股票价格的变化率满足对数正态分布，由于后者是由美国经济学家费希尔·布莱克（Fischer Black）和迈伦·斯科尔斯（Myron Scholes）共同提出的，因而被称为布莱克-斯科尔斯模型。

专栏 11－5 期权定价理论（option pricing theory，OPT）的早期发展历程

期权定价是在现代金融市场理论中最吸引人注意，也是最难解决的问题之一。

对期权定价问题最初的探索源自一位年轻的法国数学家巴舍利耶——他在对20世纪初法国股票市场进行深入研究基础上完成的博士论文《投机理论》开创了一个全新的研究领域。在这篇现在看来极具原创性的论文中，巴舍利耶利用各种数学工具试图解释“股票市场交易价格的波动现象”：在他看来，尽管市场在某一段时间内的波动很难加以解释，但就某一瞬间的价格变动而言，似乎可以通过建立“与市场瞬间波动一致的价格波动的概率法则”，即通过概率理论以及在空间中分子遭受随机冲击后的变动分析来解释。以这样一种分析为基础，巴舍利耶对包括期权在内的证券投机价格给出了较为严谨的数学表述。

巴舍利耶的这一贡献无论是对于数学还是金融学的发展而言都具有极

为深远的影响：就数学而言，根据巴舍利耶所奠定的基础，其后的数学家发展出完整的概率理论，而巴舍利耶所推出的公式领先于爱因斯坦针对空间中分子随机碰撞的研究，他发展的随机过程概念（即针对统计变量随机变动的分析）现已成为数学的重要分支；就金融理论而言，他对价格投机的分析，不仅对于后人理解金融市场的行为与价格波动有着极为重要的启示，而且为类似期货、期权等金融工具的定价提供了初步研究。[①]

尽管在巴舍利耶看来，金融市场提供了取之不尽、用之不竭的资料来源——在其论文发表20年后，巴舍利耶评论道：他的分析具体化了“从自然现象中所撷取的图像……一种奇怪而且从未有人想到的联结方式，也是往后重大研究的起点”，但由于在当时，他选择的议题过于新颖，因而如微分几何先驱者曼德尔布罗特在20世纪90年代初指出的那样，没有人能将巴舍利耶的发现做适当归类，也没有任何既存的工具能够运用其发现。正因为如此，巴舍利耶的研究在问世后被忽略了50个年头——直到20世纪50年代，巴舍利耶的这篇论文才被统计数学家萨维奇（Savage）在芝加哥意外发现。

萨维奇的这一发现对后续期权定价研究产生了极为深远的影响，其直接后果就是影响了萨缪尔森针对投机价格行为的分析以及对认股权证价格的研究。早在20世纪50年代初，萨缪尔森对认股权证的定价颇感兴趣，并建议其学生克鲁辛格以期权定价理论作为博士论文的研究主题。从这一时期关于期权的研究来看，尽管克鲁辛格在50年代末就发表了两篇论文，库特纳则在其撰写的《股票价格的随机特征》一书中引用了史普林克发表于1960年有关认股权证的论文以及麻省理工学院（MIT）的庞恩和艾力斯针对同一主题的论文，但整体上看，萨缪尔森于1965年完成的论文《认股权证定价的理性理论》可能代表了那个时期关于期权定价研究的最高水平——虽然在萨缪尔森本人看来，“这篇论文的贡献并不显著……我事先并不确定结果会如何，一直到整个研究工作完成才有结论”，但客观地说，除了某些特定情况外，这篇论文几乎成功地解决了认股权证评价的问题。

当时萨缪尔森面临的挑战是受数学分析方法的限制，其无法给出认股权证定价的通解公式，而这一工作是由其在MIT的一群年轻同事——布莱克、斯科尔斯和默顿在20世纪70年代初共同完成的：当他们针对期权定价研究进行合作的时候，布莱克在1964年获得哈佛大学应用数学博士学位后，受特雷诺和林特纳的影响，在MIT致力于运用CAPM处理认股权证的定价问题；斯科尔斯则在1968年以大额投资人大量卖出持股对市场的影响为主题获得芝加哥大学金融学博士后，刚刚来到MIT任教；默顿并未获得博士学位，他从1968年开始担任了萨缪尔森的研究助理。布莱克、斯科尔

① 正因为如此，包括诺贝尔经济学奖得主萨缪尔森、微分几何先驱者曼德尔布罗特在内的很多学者都对巴舍利耶的这一成果推崇备至，比如库特纳就曾写道：“他的作品是如此杰出，在他的构想形成的那一刻，已经让价格投机的研究显得如此荣耀。”

斯和默顿三者之间存在既友好又竞争的关系。多年之后，关于这段合作研究经历，默顿曾有过“好像整个世界都为他们展开”，就像“糖果店里的小孩，我们要做的事情太多，时间却太少。研究成果排山倒海而来，有时我们甚至懒得全部写下来”这样的描述，而布莱克对其合作完成的成果则这样描述：“我和斯科尔斯写的期权论文，有个关键部分是导出公式的套利论证，默顿给了我们那个论证。或许这个论文应该叫做布莱克-默顿-斯科尔斯论文。”①

从数学的角度看，布莱克与斯科尔斯试图通过假设在每个时点及每个可能的股票价格下，期权（或认股权证）及其标的股均符合 CAPM（即每项预期获利“都会和无法分散的风险呈现一定的比例关系”），利用一个微分方程来刻画、比较不同变量变动率之间的关系，进而将这个微分方程转换为可计算的期权（或认股权证）估价的公式。在经历了一段长时间的微分方程求解过程之后，1970 年布莱克与斯科尔斯终于完成了这一工作——按照他们的公式解，投资者只需知道股票和期权的目前价格、期权的履约价、到期日及现行利率，就能预测隐含在期权价格内的股价波动性；反之，隐含波动性的测算又为期权定价提供了可能。他们的成果最终以《期权和企业负债的定价》为题发表于 1973 年 5—6 月号的《政治经济学》期刊上。而默顿的工作是在布莱克与斯科尔斯的基础上通过引入股利等因素对期权定价理论的进一步拓展，其最重要的贡献是以阿罗-德布鲁的状态证券分析为基础，引入了“连续时间分析”的概念，把 CAPM 转换成可以描述在一系列的时间区间中，各种条件是持续变动而非维持不变的情况下，将会发生哪些情况——1969 年，默顿就决定将伊藤定理及其所谓的“所有要素”全部放进他的投资组合选择的跨期模型当中，进而运用于期权定价。默顿关于期权定价的研究成果最初以《理性期权定价理论》为题发表于 1973 年春季的《贝尔期刊》上。

在布莱克-斯科尔斯-默顿期权定价理论发表之后，芝加哥大学的伽来 [Dan Galai (1975)] 利用 1973 年 7 月到 1974 年 4 月每天的价格资料来估计波动性，然后用这种公式寻找被低估和高估的期权。虽然他对交易成本的假设不太实际，但即便如此，他的模拟策略结果还是证明了布莱克-斯科尔斯模型是有效且健全的。这一成果也成为 B-S 模型早期最重要的测试之一。

Cox、Ross and Rubinstern (1979) 完成的论文《期权定价：一种简化方法》中较为深入地阐述了期权定价的二叉树模型。

① 在论文的发表时间上，默顿不愿意自己的论文比布莱克和斯科尔斯的主要论文先行刊出，因为他的论文引用并评论了他们的东西。

11.3.1 期权价格的经济内涵

在衍生金融产品中，我们曾提及期权合约是较为独特的一种，期权合约的卖方授予买方在某一特定时点或时期内，以某一特定价格买卖某一特定种类、数量、质量资产或商品的权利。这样，一旦期权交易达成之后，期权的买方将拥有期权标的资产价格发生有利变化时的收益，而无须承担价格反向变化引致的损失，或者说权利与义务并不完全对称。显然，作为一种公平博弈，期权合约的买方必须支付一定的代价才能获得这种权利。这种代价就是期权费，也就是期权价格。

从期权合约的内容来看，购买者所支付的期权费应该包含了两部分内容：内在价值（intrinsic value）与时间价值（time value）。其中，期权的内在价值是指期权标的资产的市场价格与其执行价格（有时又称履约价格，strike price 或 exercise price）两者之间的差额。这一差额是期权费的核心部分。一般来说，对于看涨（call）期权而言，内在价值等于市场价格超出执行价格的那一部分，而对于看跌（put）期权而言，内在价值就是市场价格低于执行价格的部分。期权的时间价值是指期权费超过其内在价值的部分，有时又称外在价值。

一般来说，有 6 种因素会影响期权的价格。如果以股票期权为例，这 6 个因素分别为：当前股票价格、期权执行价格、期权期限、股票价格的波动率、无风险利率和期权存续期间预期发放的股息。

当前股票价格和执行价格对期权价格的影响最为直接——就看涨期权而言，由于这种合约赋予买方在将来某一时刻行使按执行价格购买一定数量股票的权利，执行时期权合约的收益等于股票价格与执行价格的差额，随着股票价格的上升，看涨期权价格也会上升，而随着执行价格的上升，则其价格将会下降。看跌期权恰好相反，其价格随着股票价格的上升而下降，随着执行价格的上升而上升。

期限对期权价格的影响则依美式期权与欧式期权的类型不同有所差异。对于两份其他条件相同但有效期限存在差异的美式期权合约而言，期限长的合约的时间价值要比短的那份期权合约高。这是因为相对于短期期权合约而言，有效期长的合约赋予投资者执行期权的机会已经包含了短期合约所可能提供的机会，而且有效期短的合约也不可能有超过自己的有效期却处于有效期长的期权在其到期日之前所具有的执行合约的机会。而对于欧式期权而言，尽管一般来说，上述分析也大致成立（即随着期限的延长，欧式看涨期权和欧式看跌期权的价格会增加），但如果考虑到不同期限股息等其他因素，这一结论并非总是成立的。

相对于期限而言，股票价格的波动率对股票期权的影响非常直接——当波动率增大时，股票价格上升很多和下降很多的机会将会增大，进而期权购买者获利的可能性也会增大，期权价格自然也会上升。

鉴于无风险利率的变化在改变投资者对股票投资预期收益要求的同时也会通过贴现对股票价格产生冲击，其对期权价格的影响方向并不显而易见。在期权合约其他因素保持不变的前提下，一般认为，当利率上升（下降）时，股票价格往往会下降（上升），而利率上升（下降）与相应股票价格下降（上升）的净效应可能会使看涨期权价格下降（上升），而看跌期权价格上升（下降）。

股息对股票期权的影响也较为直接——鉴于股息的支付将导致股票在除息日的价格除权效应（下降），因此股息越大，价格除权效应就越高，此时将导致看涨期权的价格下降，而看跌期权的价格上升。

11.3.2 二项式期权定价模型

假定现在要确定某个买入期权在到期之前某个时期的价值。与此同时，进一步假定与期权相对应的股票在当时的价格为每股 50 元，但有可能上升到 75 元或下跌到 25 元。再假定借贷利率为 25%。那么，在这些条件下，一个执行价格为 50 元的买入期权，其价值是多少?

为了回答这一问题，需要考察表 11-4 所示的投资组合。

表 11-4

投资组合	$t=0$ 时资金流入	$t=1$ 时资金流入	
		$S_1=25$ 元	$S_2=75$ 元
出售 2 个买入期权	$+2C$	0	−50
购买 1 股股票	−50	+25	+75
借入 20 元	+20	−25	−25
合计	$2C-30$	0	0

对于上述投资组合，无论股票价格今后会发生何种变化，是上升到 75 元还是下跌到 25 元，其投资结果都将是 0。这意味着该组合的成本应该为 0，即

$$2C-30=0$$

即期权的价格应该为：

$$C=15(\text{元})$$

如果期权价格 $C=10$ 元，那么就是定价偏低。此时买进期权、抛空股票，同时贷出资金将会立即得到一笔利润，见表 11-5。

表 11-5

投资组合	$t=0$ 时资金流入	$t=1$ 时资金流入	
		$S_1=25$ 元	$S_2=75$ 元
购买 2 个买入期权	−20	0	+50
抛空 1 股股票	+50	−25	−75
出借 20 元	−20	+25	+25
合计	+10	0	0

无论股价在 $t=1$ 时将发生何种变化，都不会出现纯资金流入或流出。唯一的资金流入发生在 $t=0$ 时，是正的 10 元，这是一个无风险、无成本的利润。随着投资

者不停地进行上述套利活动，期权的价格将不断上升，直到套利利润为 0。

再考察如果期权价格 $C=20$ 元时的情形。在这一价格上，买入期权定价过高，投资者可以通过出售期权、购买股票和借入资金获得一笔利润。其结果见表 11-6。

表 11-6

投资组合	$t=0$ 时资金流入	$t=1$ 时资金流入	
		$S_1=25$ 元	$S_2=75$ 元
出售 2 个买入期权	+40	0	−50
购买 1 股股票	−50	+25	+75
借入 20 元	+20	−25	−25
合计	+10	0	0

同样，在 $t=1$ 时，将不发生净资本流入或流出，如果这种情形存在的话，投资者将保证能获得一个无风险、无成本的利润，为 10 元。显然，即使出现这种情形，也不会持续很长时间，因为上述套利活动将促使期权价格不断下降，使三种工具的价格重新获得均衡。

因此，在前面所说的条件下，买入期权的价格只能定在 15 元。

这一例子的基本原理可以扩展到一般的情形。我们先设计一个由买入期权和相应股票组成的投资组合，使得无论股票的价格发生什么样的变化，这一组合的结果都保持不变。然后，通过贷出或借入，使得期权、股票和借贷的最终回报为 0。在例子中，我们是将 1 股股票与 2 个买入期权组合，产生 25 元的净资金流量。导致组合收益结果与股价变动无关的每一期权所对应的股票数量被称为保值率，与此对应的股票和期权的组合被称为保值组合。说得具体一点，我们定义：

$S_0=t=0$ 时股票的价格

E=期权的执行价格

$u=1+$股票价格的上升幅度（%）

$d=1+$股票价格的下跌幅度（%）

C=买入期权的价格

a=每一期权所对应的买入股票的数量

Cu=股价上升时买入期权的价值（应该为 0 与 uS_0-E 之间的较大者）

Cd=股价下跌时买入期权的价值（应该为 0 与 dS_0-E 之间的较大者）

考察表 11-7 的投资组合：

表 11-7

投资组合	$t=0$ 时资金流入	$t=1$ 时资金流入	
		$S_1=uS_0$	S_2-dS_0
出售 1 个买入期权	C	$-Cu$	$-Cd$
购买 a 股股票	$-aS_0$	auS_0	adS_0
合计	$C-aS_0$	auS_0-Cu	adS_0-Cd

为了使上述投资组合成为一个保值组合，必须符合下述条件：

$$auS_0 - Cu = adS_0 - Cd$$

由此可得：

$$a = \frac{Cu - Cd}{S_0(u-d)}$$

对于前面的例子而言：

$$u = 1 + \frac{75-50}{50} = 1.5$$

$$d = 1 + \frac{25-50}{50} = 0.5$$

$$S_0 = 50$$

$$Cu = 75 - 50 = 25$$

$$Cd = 0$$

由此可得：

$$a = \frac{25-0}{50 \times (1.5-0.5)} = \frac{1}{2}$$

因此，无论股票的价格在 $t=1$ 时将发生何种变化，为了使由买入期权与股票组成的投资组合产生同一个结果，在每卖出 1 个买入期权的同时必须买入半股股票。在例子中，2 个买入期权与 1 股股票相对应，符合保值率的要求。

根据保值率 a 的要求组成期权和股票的组合，意味着在 $t=1$ 时，该组合的收益结果只有一个，即

$$-Cu + auS_0 = -Cd + adS_0$$

与此同时，为了使该组合在 $t=1$ 时的净资金流量等于 0，我们可以通过在 $t=0$ 时借入资金，而在 $t=1$ 时归还本利和，则归还的数量正好等于组合的收益结果 $Cd-adS_0$ 或 $Cu-auS_0$。如果用 r 表示，加上借贷利率，那么在 $t=0$ 时所需借入的资金就是 $(Cd-adS_0)/r$ 或 $(Cu-auS_0)/r$。上述结果可以用表 11-8 来表示。

表 11-8

投资组合	$t=0$ 时资金流入	$t=1$ 时资金流入	
		$S_1=uS_0$	$S_2=dS_0$
出售 1 个买入期权	C	$-Cu$	$-Cd$
购买 a 股股票	$-aS_0$	auS_0	adS_0
借入资金	$\frac{-Cd+adS_0}{r}$	$Cd-adS_0=Cu-auS_0$	$Cd-adS_0$
合计	$C-aS_0-\frac{Cd-adS_0}{r}$	0	0

如前所述，如果在 $t=1$ 时投资的净资金流入为 0，那么其投资成本也应该为 0，否则就会出现套利行为。因此，可以得到：

$$C - aS_0 - \frac{Cd - adS_0}{r} = 0$$

整理可得：

$$C=\frac{arS_0+Cd-adS_0}{r}$$

将保值率 $a=\dfrac{Cu-Cd}{S_0(u-d)}$ 代入上式，可得：

$$C=\frac{\dfrac{Cu-Cd}{S_0(u-d)}\times rS_0+Cd-\dfrac{Cu-Cd}{S_0(u-d)}\times dS_0}{r}$$

整理可得：

$$C=\frac{Cu\times\dfrac{r-d}{u-d}+Cd\times\dfrac{u-r}{u-d}}{r}$$

这就是买入期权的定价公式。如果我们令

$$P=\frac{r-d}{u-d}$$

则上式可简化为：

$$C=\frac{CuP+Cd(1-P)}{r}$$

在使用这一公式时必须注意两个问题：第一，我们在推导的过程中没有考虑股票价格上升或下跌的概率分布，甚至我们从未考虑股票价格的变化应该呈现什么样的情形。P 和 $1-P$ 并不是概率，而是一个与股价变化幅度和无风险利率有关的参数。第二，我们在推导时，只考虑了股票价格从 $t=0$ 时的 S_0 到 $t=1$ 时的 S_1 一个周期的变化情况，因而这一模型被称为单周期定价模型。但是，在投资购买期权到期权到期这一段时间内，股票的价格可能发生不止一次的变化。因此，我们要求的可能不是一个周期的期权价格，而是两个或两个以上周期的期权价格。假设股票的价格在期权到期之前发生两次变动，见图 11-6。

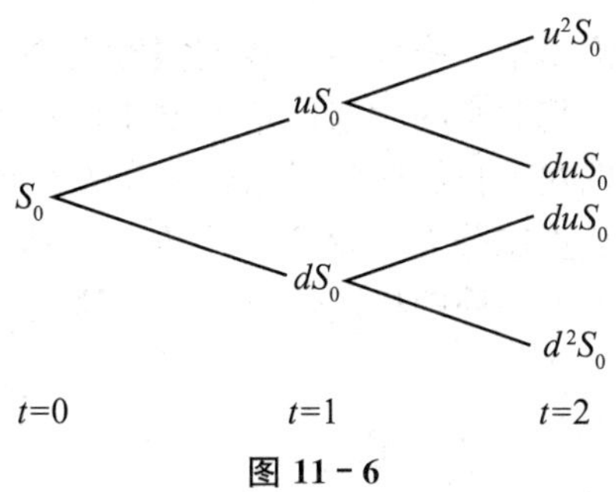

图 11-6

如果我们再令 Cu^2 为连续发生两次股票价格上升时买入期权在到期日的价值（即 u^2S_0-E 与 0 之间的较大者）；令 Cud 为发生一次股价上升、一次股价下跌时买入期权在到期日的价值（duS_0-E 与 0 之间的较大者）；再令 Cd^2 为连续发生两次股价下跌时买入期权在到期日的价值（d^2S_0-E 与 0 之间的较大者）。那么，根据只发生一次股价变动时期权的定价公式，我们有如下结论：

（1）如果 $t=1$ 时股票的价格为 uS_0，则此时买入期权的价格应为：

$$Cu=\frac{PCu^2+(1-P)Cud}{r}$$

（2）如果 $t=1$ 时股票的价格为 dS_0，则此时买入期权的价格为：

$$Cd=\frac{PCud+(1-P)Cd^2}{r}$$

而根据单周期定价公式，$t=0$ 时买入期权的定价为：

$$C=\frac{PCu+(1-P)Cd}{r}$$

$$=\frac{P\times\frac{PCu^2+(1-P)Cud}{r}+(1-P)\times\frac{PCud+(1-P)Cd^2}{r}}{r}$$

整理可得：

$$C=\frac{P^2Cu^2+2P(1-P)Cud+(1-P)^2Cd^2}{r^2} \tag{11-11}$$

这就是在期权到期之前股价发生两次变化时买入期权的定价公式，称为双周期定价公式。根据同样的方法，我们可以推导出 3 周期、4 周期甚至 n 周期的期权定价公式。

如果在期权到期之前，股票价格可能会发生 n 次变化，则期权的价格公式为：

$$C=\frac{\sum_{j=0}^{n}\frac{n!}{j!(n-j)!}\times P^j(1-P)^{n-j}\times\max(0,U^jd^{n-j}-E)}{r^n} \tag{11-12}$$

上述公式有点类似于二项式的展开式，因此这一公式被命名为二项式期权定价公式。

11.3.3 布莱克-斯科尔斯（Black-Scholes）期权定价模型

在前面二项式期权定价模型的推导中，我们实际上做了一个假定，即在期权合约到期之前的这段时间内，其对应的股票价格所发生的 n 次变化（上升或下跌）呈现出一种二项式的分布。现在，我们假定股票价格所发生的 n 次变化不是呈二项式分布，而是呈现出一种对数正态分布。这样，当 $n\to\infty$ 时，也就是当股票价格连续发生变化时，我们就得到了另一种期权定价公式，这就是 Black-Scholes 期权定价公式，其表达式如下：

$$C=S_0N(d_1)-\frac{E}{e^{rt}}\times N(d_2) \tag{11-13}$$

$$d_1=\frac{\ln(S_0/E)+(r+\frac{1}{2}\delta^2)t}{\delta\sqrt{t}} \tag{11-14}$$

$$d_2=\frac{\ln(S_0/E)+(r-\frac{1}{2}\delta^2)t}{\delta\sqrt{t}} \tag{11-15}$$

式中，r 为无风险利率（连续计算复利）；C 为期权的现价；S_0 为相应股票的现价；E 为期权的执行价格；e 等于 2.718 3，为自然对数的底；t 为离期权到期日的年数；δ 为连续复利收益率的标准差；$\ln(S_0/E)$ 为 S_0/E 的自然对数；$N(d)$ 为正态函数在自变量为 d 时的累计和。

Black-Scholes 模型的证明过程如下。

首先，与二项式期权定价模型的证明一样，我们也设计一个投资组合，该投资组合包括出售期权和购买股票，使得不管股票价格发生何种变化，该组合产生的投资结果都将保持不变。这就是前面所说的保值组合。为了简单起见，我们假定只购买 1 股股票。

接下来，我们看一下组合中应出售的期权数量是多少。为了使投资组合的结果保持不变，所出售的买进期权的数量应该等于 1 除以因股票价格发生一个单位变化而引起的期权的价值变化。例如，假定当股票价格发生一个单位的改变时，将引起期权价值发生半个单位的改变，那么与 1 股股票相对应的应出售的期权应该是 2 个。因为如果股票价格上升 1 元，持有股票将导致整个保值组合的价值增加 1 元。但是，如果我们出售 2 个买入期权，每个期权的价值将下降 0.5 元，2 个期权正好下降 1 元。这样一来，由购买 1 股股票和出售 2 个买入期权所组成的投资组合的最终价值将不发生任何变化。

最后，如果该投资组合的最终回报不因股票价格的变化而发生变化，那么该投资就属于无风险投资，而无风险投资的回报率应该等于无风险借贷利率。

假定 V_H 为保值组合（股票+期权）的初始价值（成本）；S 为股票的价格；Q_S 为组合中所持的股票数量；Q_C 为组合中所持的期权数量；C 为买入期权的价值；r 为无风险借贷利率。那么，保值组合的总价值为：

$$V_H = Q_S S + Q_C C$$

保值组合的价值变化应满足如下方程：

$$\mathrm{d}V_H = Q_S \mathrm{d}S + Q_C \mathrm{d}C$$

由于该组合是无风险组合，因而在单位时间内，组合的价值改变应该等于无风险利率，即

$$rV_H \mathrm{d}t = Q_S \mathrm{d}S + Q_C \mathrm{d}C$$

根据前面的结论，组合中 Q_S 与 Q_C 的关系为：

当 $Q_S=+1$ 时，有

$$Q_C = \frac{-1}{\partial C/ \partial S}$$

与此同时，我们还知道：

$$V_H = Q_S S + Q_C C$$

代入前面的关系式，可得：

$$r\times\left(S-\frac{C}{\partial C/\partial S}\right)\mathrm{d}t = \mathrm{d}S-\frac{1}{\partial C/\partial S}\mathrm{d}C$$

整理可得：

$$dC = \frac{\partial C}{\partial S}dS - r\frac{\partial C}{\partial S}\left(S - \frac{C}{\partial C/\partial S}\right)dt$$
$$= \frac{\partial C}{\partial S}dS - rS\frac{\partial C}{\partial S}dt + rCdt$$

如果假定股票价格的变化呈现对数正态分布的情形，则有

$$\frac{dS}{S} = \mu dt + \delta dz$$

式中，μ 为股票的预期收益；δ 为预期收益的均方差；dz 为零平均单位标准差正态分布变量。

根据这种正态分布形式，可以得到期权价格的变化情形如下：

$$dC = \frac{\partial C}{\partial S}dS + \frac{\partial C}{\partial t}dt + \frac{1}{2}\times\frac{\partial^2 C}{\partial S^2}\times\delta^2 S^2 dt$$

式中，右边前两项就是对买入期权价值求导的结果；最后一项是来自 S 的随机因素。

将两个关于期权变化的表达式结合起来，可以得到以下关系式：

$$\frac{\partial C}{\partial S}dS + \frac{\partial C}{\partial t}dt + \frac{1}{2}\times\frac{\partial^2 C}{\partial S^2}\times\delta^2 S^2 dt = \frac{\partial C}{\partial S}dS - rS\frac{\partial C}{\partial S}dt + rCdt$$

整理可得：

$$\frac{\partial C}{\partial t} = rC - rS\times\frac{\partial C}{\partial S} - \frac{1}{2}\times\frac{\partial^2 C}{\partial S^2}\times\delta^2 S^2$$

这是一个偏微分方程，其边界条件是：

$$C = \begin{cases} S - E & S > E \\ 0 & S \leqslant E \end{cases}$$

求解上述方程，即可得到前面的 Black-Scholes 模型的结论。

考察 Black-Scholes 模型可以发现，它与其他期权定价模型有一个很大的不同，即公式中并没有直接出现股票的预期价格这一变量，但从推导过程可知，股价变化已通过对数正态分布，以期权价格变化的形式表现出来了。实际上，预期价格进入定价模型是因为它决定了股票的现价，但当股票现价被设定后，预期价格将不会对期权的价值产生作用。其他因素与期权价格的关系如下：①股票现价 S_0 与期权执行价格 E 的比率越高，则期权的价格也越高。这一点是可以理解的，因为这一比率越高，就意味着股票现价与期权执行价格之间的差距越小，从而期权的价值也就越高。②期权离到期日越远，即 t 越大，那么期权的价值也就越高。这一点也是可以理解的，因为离到期日越远，股票价格远离期权价格现有水平的可能性也就越大，而股价变化的回报是非对称性的，因而期权价值上升的可能性也就越大。③无风险借贷利率越高，期权的价值也就越大。这也是可以理解的，利率越高，执行期权所必须支付的资金的现值也就越小。这就意味着期权的成本下降，其价值就会上升。所有这些结论实际上都与前面所讨论的期权价格的基本性质相符合，这说明 Black-Scholes 模型是有一定现实意义的。

11.3.4 Black-Scholes 模型的应用

对 Black-Scholes 模型的进一步考察可以发现，确定期权价格所需的变量涉及股票的现价、期权的执行价格、期权离到期日的时间、无风险利率、相应股票年连续收益率的标准差以及正态分布表。所有这些数据，除了股票年连续收益率的标准差，都是很容易获得的。而股票年收益率标准差的求法，在某种条件下，可以使用股票价格的历史数据。例如，如果我们要求某股票年连续收益率的标准差，我们可以使用某一年中该股票每周的价格数据。我们把每周最后一个交易日股票的收盘价加上这一周内可能的股息支付除以这一周第一个交易日的收盘价，就可以得到该股票每周的相对价格 x_i，再求出这一年该股票的周平均相对价格 $\overline{x}_i$，我们就可以用下面的公式求出周收益标准差：

$$\delta_i = \sqrt{\sum_{i=1}^{n} \frac{(x_i - \overline{x}_i)^2}{n}}$$

如果该年有 52 个交易周，则 $n=52$。如果要把周标准差转换为年标准差，只要乘以 52 即可。

下面用一个例子来结束对 Black-Scholes 模型的分析。假定：

(1) 股票的现价 $S_0=90$。

(2) 相应期权的执行价格 $E=100$。

(3) 期权离到期日还有 0.5 年（即 $t=0.5$ 年）。

(4) 股票年收益率的标准差 $\delta=0.5$。

(5) 无风险利率 $r=0.1$。

根据上述条件，可以求出 d_1、d_2 如下：

$$d_1 = \frac{\ln\left(\frac{90}{100}\right) + \left(0.1 + \frac{1}{2} \times 0.25\right) \times 0.5}{0.5 \times \sqrt{0.5}} = 0.02$$

$$d_2 = \frac{\ln\left(\frac{90}{100}\right) + \left(0.1 - \frac{1}{2} \times 0.25\right) \times 0.5}{0.5 \times \sqrt{0.5}} = -0.33$$

查阅正态分布表，可得 $N(d_1)$ 和 $N(d_2)$ 如下：

$$N(d_1) = N(0.02) = 0.508\,0$$

$$N(d_2) = N(-0.33) = 0.370\,7$$

最后，可求得该期权的理论价格为：

$$C = 90 \times 0.508\,0 - \frac{100}{e^{0.1 \times 0.5}} \times 0.370\,7 = 10.46$$

假定该期权在市场上卖 9.50，如果 Black-Scholes 模型成立的话，就意味着该期权定价过低，投资者可以直接购买期权得利，也可以通过买进期权和卖空股票的组合得利。$N(d_1)=0.5080$ 意味着对应于每一个买进的买入期权，应该卖出 0.508 0 股股票。因此，$N(d_1)$ 相当于前面所说的保值率。

Black-Scholes 模型的另一个意义是，如果假定目前市场上期权的价格是符合实际的，那么利用这一期权价格，根据 Black-Scholes 模型，我们就可以求出相应股票的年收益率均方差 δ^2 或年收益率标准差 δ。与此同时，如果对于某只股票存在着 N 种不同的期权，那么由于这些期权的执行价格和到期日各不相同，每一种期权都有一个 δ 与其对应。这样，一只股票就有好几个收益率标准差（比如 N 个），在这种情形下，最合适的标准差就是所有这 N 个标准差的平均值，即

$$\delta=\frac{1}{N}\sum_{i=1}^{N}\delta_i \tag{11-16}$$

由于收益率标准差代表了股票的风险大小，因此利用 Black-Scholes 模型，我们不仅可以对已知风险大小的股票的期权进行定价，还可以求解已知其期权价格的股票的风险。

本章小结

本章介绍了现代金融经济学中资产定价研究领域的几个经典理论，即资本资产定价模型（CAPM）、套利定价模型（APT）和期权定价理论（OPT）的基本内容。

CAPM 和 APT 是在资产定价领域影响最大、应用最广的两个模型。这些模型旨在解决的问题是：假设在资本市场中，投资者都采用马科维茨的投资组合理论，那么资产的均衡价格是如何在风险与收益的权衡中形成的？或者说，在市场均衡状态下，资产的价格是如何依风险而确定的？

期权定价理论涉及期权这种或有权益的定价问题，是金融衍生产品发展的理论基础。本章介绍了期权定价的两类主要模型：第一类是在假定股票价格的变化率满足二项式分布时期权定价的二项式期权定价模型；第二类是在假定股票价格变化率满足对数正态分布时，由美国经济学家布莱克和斯科尔斯共同提出的 Black-Scholes 期权定价公式。

本章关键问题

1. 市场组合的构造及其在 CAPM 中的作用
2. 资本市场线的经济内涵
3. 证券市场线的经济内涵
4. CAPM 的现实作用
5. 资产定价的因素模型
6. 套利定价模型中套利组合的构造
7. 套利定价模型的经济内涵

8. 市场有效的前提条件
9. 三类有效市场的经济内涵
10. 期权定价的二项式公式的基本内涵
11. Black-Scholes 期权定价公式的内涵与运用

本章思考题

一、名词解释

资本市场线（CML）	市场组合	因素模型
证券市场线（SML）	市场风险	套利组合
二项式期权定价模型	Black-Scholes 期权定价模型	

二、简答题

1. 传统 CAPM 的假设条件有哪些？
2. 简述资本市场线的推导过程。
3. 简述证券市场线的推导过程。
4. 分析 CAPM 与 APT 的异同。
5. 已知两种股票 A、B，其收益率标准差分别为 0.25 和 0.6，与市场的相关系数分别为 0.4 和 0.7，市场指数的回报率和标准差分别为 0.15 和 0.1，无风险利率 $r_f=0.05$。

（1）计算股票 A、B 和$\frac{1}{2}$A+$\frac{1}{2}$B 组合的 β 值。

（2）利用 CAPM 计算股票 A、B 和$\frac{1}{2}$A+$\frac{1}{2}$B 组合的预期收益率。

三、计算题

1. 假定两个资产组合 A、B 都已充分多样化，A、B 的期望收益率分别是 12%、9%，β 系数分别为 1.2 和 0.8。如果影响经济的因素只有一个，那么可以确定无风险利率是多少？

2. 某股票的价格为 40 元，假设该股票两个月后的价格要么是 42 元，要么是 38 元。无风险年利率为 6%，请问两个月期的协议价格为 39 元的欧式看涨期权的价格等于多少？

3. 某股票的当前价格为 25 元，以股票为标的物的看涨期权的执行价格为 25 元，期权到期日前的时间为 0.5 年，同期无风险利率为 12%，股票收益率的方差为 0.36。假设不发股利，利用 Black-Scholes 模型所确定的股票看涨期权的价格为多少？

4. 假设影响投资收益率的是两个相互独立的经济因素 F1 和 F2。市场上的无风险利率为 5%。组合 A 对 F1 和 F2 的 β 系数分别为 1.2 和 1.8，预期收益率为 24%；组合 B 对 F1 和 F2 的 β 系数分别为 2 和 −0.3，预期收益率为 22%。请根据 APT 模型写出预期收益率与 β 系数之间的关系。

第 12 章 投资组合管理业绩评价模型

学习目标

- 掌握投资组合管理业绩测度的内涵及其运用。
- 掌握投资组合管理业绩评价的单因素模型（夏普比率、特雷诺比率和詹森指数）的内涵及其运用。
- 了解投资组合管理多因素整体业绩评价模型。

12.1 投资组合管理业绩评价概述

在证券投资活动中，对投资组合的业绩进行测度与评价是至关重要的一个环节。实际上，在管理投资组合的过程中，经理人、出资人或监管者所面临情况的多样性使得对投资组合的业绩进行测度这一事后的“质量控制”任务变得十分艰巨。也就是说，对投资组合的绩效度量需要根据投资管理组织形式的差异来进行绩效测度的技术调整，只有这样才能公平地反映出投资组合的管理绩效状况。投资组合业绩评价的基本目的有两个：一是评价投资计划能在多大程度上实现投资目标，进而评价投资经理人执行投资计划的结果，或者说投资经理人以往取得的投资业绩究竟是好还是坏；二是试图确定投资经理人的这一业绩获得是来自自身的技巧还是来自单纯的运气。

在日常的投资管理中，为什么对投资组合的业绩测度与评价显得非常重要？对于个人投资者来说，鉴于其获取信息的高昂成本及市场参与成本，以及自身能力、时间等多种因素的限制，因此，如果个人投资者难以通过多样化资产组合来分散风险并获得一定的收益，那么投资基金、对冲基金等金融创新的出现弥补了这种缺憾。投资基金作为一种非银行金融中介，具有较强大的管理能力、专业分析能力以及充足的经验，再加上投资基金具有的投资规模效应，因而从发达国家资本市场的发展情况看，投资基金逐步取代了个人投资者，成为证券市场交易的主要参与者。

从美国等发达资本市场国家的情况看，公司股权逐渐由投资基金、保险基金、养老基金等机构投资者进行管理和经营，而家庭部门直接持有的股权比例则处于不断下降的趋势中。我们从美国的情况可以看出一些基本的变化态势，1950 年个人投资者持有的股票份额超过了 90%，共同基金与养老基金持有的股票份额仅为 2.8%，但在 2000 年，个人投资者持有的股票份额下降到了 40%，而与此形成鲜明对比的是共同基金、养老基金等机构投资者持有的股票份额超过了 40%。从证券市场的交易情况来看，纽约证券交易所每日 90%以上的交易发生在基金等机构投资者及成员公司之间，而个人投资者之间的交易规模极小。

随着证券市场的不断发展，投资基金、养老基金、保险基金等机构投资者不断壮大，它们逐步取代了个体投资者而成为证券市场中最核心的参与力量。而普通家庭只需根据自身的经济结构、风险偏好、消费节奏等因素，通过选择不同类型的投资基金、养老基金、保险基金等提供的产品来满足自己的金融需求。然而，问题在于：家庭如何从市场中处于竞争状态的众多基金产品中选出适合自己需求的基金？显然，作为普通投资者，他们一般都会偏好那些业绩表现卓越的投资基金或保险基金。然而，此时出现了一个基本问题：什么样的基金才可以称为业绩优良的基金？

此外，随着投资基金、养老基金、保险基金的资产管理规模不断扩大，一个大型基金下面往往会有很多小基金；也就是说，投资基金、养老基金、保险基金等非银行金融中介内部出现了科层制度，也就出现了“委托-代理”问题。投资基金、养老基金、保险基金的高层经理人必须通过合理的激励制度来鼓励下属各个相对独立基金的管理层积极发挥自身的主动性和能动性，管理好自身责任范围内的投资基金。但是，合理的激励制度需要建立在合理的考核制度上，这就涉及对基金经理人的绩效进行衡量的问题。因此，无论是从外部投资者的角度看，还是从投资基金内部考核、激励的角度看，我们都面临一个基本问题，也就是在经济学上争论了很久的对投资组合业绩的度量和评价问题。

这个似乎很简单的问题已经吸引了众多的经济学家以及金融实务界的人士，并展开了一场持久的辩论。从目前的情况看，该问题仍然存在；与此同时，对投资组合业绩衡量这个初始问题的讨论已经引发了人们对一系列其他相关组合业绩问题、统计学问题的深入讨论。本章的主要目的就是尽量通过非技术化的语言使读者可以对这个问题的来龙去脉有一个清晰的认识，同时，我们对某些技术性较强的问题给出简单的描述，并指出相关的参考文献。有兴趣的读者可以根据这些文献做进一步的学习和研究。

12.2 单因素投资基金业绩评价模型

12.2.1 评估视角的投资组合业绩测度

评价投资组合业绩的第一步，是在完成数据的收集和确认后，计算出在有关可比期间内的投资回报率，即收益率。一般来说，投资组合收益率的计算涉及投资组合已实现收入和投资组合所持证券的估值增值两个部分。其中，已实现收入包括两个部分：一部分是在证券二级市场上通过买卖价差获取的资本利得；另一部分是在本期间所获得的股票红利和债券利息。在评价投资组合的表现时，大多数评价方法的评价基础数据都是投资收益率，因此投资收益率计算的准确性是投资组合业绩评价结果是否合理的一个重要基础。

尽管我们已经在前两章介绍过单期且投资规模不变约束下的收益率计算方法，但考虑到评价投资组合的业绩一般需要跨越若干年度（在美国，这一期限通常是 4 年），而且在此期间往往存在因现金流进或流出导致的投资规模变动，因此在投资组合收益率的实际计算中，较为常见的一种处理方式是将整个评价期间分为若干个子期间（月度或季度），首先计算各个子期间的（月度或季度）收益率，然后再对子期间的收益率进行平均，得出全部业绩评价期间的总体收益率。显然，这种做法不仅更符合现实，而且从统计方法论上说，也给评估提供了较为适当的样本数量。

如果把评价期划分为若干个子时期，从理论上说，投资组合评价期内子期间的收益率应为：

$$R_{it}=\frac{\mathrm{NAV}_{it}+D_t}{\mathrm{NAV}_{i(t-1)}}-1$$

式中，NAV_{it} 与 $\mathrm{NAV}_{i(t-1)}$ 分别为投资组合 i 在第 t 期和第 $t-1$ 期内的单位净值；D_t 为投资组合 i 在第 t 期内可能分派的红利。

对子期间收益率进行平均的方法有三种：①算术平均收益率；②时间加权收益率；③货币加权收益率。

（1）算术平均收益率。按照算术平均的方法，业绩评价期间的总收益率为：

$$R_i=\frac{R_{i1}+R_{i2}+\cdots+R_{iT}}{T}$$

式中，T 为在业绩评价期间的子期间个数。

算术平均收益率的实际含义是，在保持投资组合初始投资完整的前提下，该数值是在每个子期间末均可收到的平均收益率。但是，算术平均收益率在实际应用中存在很大的局限，它假设投资组合的初始投资可以得到保全，而且投资过程不会侵蚀原有的资本。在该方法下，当各个子期间的收益率波动很大时，往往会高估业绩评价期间的总收益率。

（2）时间加权收益率。该收益率的计算方法为：

$$R_i = \left[\prod_{t=1}^{n}(1+R_{it})\right]-1$$

该收益率的计算方法不仅对投资组合业绩评价期间现金流的变动进行了调整，而且满足了投资决策中关于投资收益再投资的假设。所以，利用该方法计算的收益率比较恰当地反映了投资组合管理人在业绩评价期间的收益率水平。因此，在实际计算中，一般使用时间加权收益率来衡量投资组合管理者的收益能力。

（3）货币加权收益率。该收益率的计算方法为：

$$V_0 = \frac{C_1}{1+R_i}+\frac{C_2}{(1+R_i)^2}+\cdots+\frac{C_T+V_T}{(1+R_i)^T}$$

式中，V_0 为投资组合在评价期初的市场价值；V_T 为投资组合在评价期末的市场价值；C_i 为投资组合在各个子期间的净现金流，$i=1$，2，3，…，T；R_i 为投资组合在评价期间的货币加权收益率。

可以很明显地看出，R_i 为评价期内投资组合的内部报酬率，使用该收益率计算方法的一个最大误差在于：该收益率取决于评价期内现金流入和流出的情况，对于投资组合管理者而言，导致现金流动的因素主要是投资组合规模的变动，而这属于投资组合管理者的不可控因素，所以按照此方法评价投资组合管理者的收益能力是不完全客观的。

为了便于理解不同收益率计算方法的差异，这里考虑一个最简单的跨期投资组合收益率的测算问题：假设存在一个投资组合，该投资组合在年初的市场价值为10 000万元人民币；在第一年末，该投资组合的市场价值变为9 600万元，此时投资者又追加了500万元投资；但到了第二年末，该投资组合的市场价值变为10 300万元，那么该投资组合的投资回报率是多少？

（1）算术平均收益率。在应用算术平均收益率方法时，我们首先计算第一年和第二年两个子投资期的收益率，分别为：

$$r_1=\frac{9\ 600-10\ 000}{10\ 000}=-4\%$$

$$r_2=\frac{10\ 300-10\ 100}{10\ 100}=1.98\%$$

此时，算术平均收益率为：

$$r=\frac{r_1+r_2}{2}=-1.01\%$$

（2）时间加权收益率。在应用时间加权收益率方法时，我们同样应首先计算第一年和第二年两个子投资期的收益率，然后再进行下述计算：

$$r=(1+r_1)(1+r_2)-1=-2.1\%$$

可得整个期间的投资组合的时间加权收益率为-2.1%。

（3）货币加权收益率。证券投资组合货币加权收益率，有时又称“内部收益率”，其计算方法实际上与债券到期收益率的计算方法非常类似，主要是考虑了不同时点现金流的时间价值。

对于这个例子而言，由于 10 000 万元、500 万元和 10 300 万元发生在不同时点上，假设货币加权收益率为 r，则有

$$10\ 000+\frac{500}{1+r}=\frac{10\ 300}{(1+r)^2}$$

这一方程的解（即 $r=-0.98\%$）就是该投资组合的年度货币加权收益率。

对投资组合绩效的测度除了收益率之外，通常还需要确定和测度投资组合的风险。如前所述，我们可以借助金融理论的均值-方差模型、资本资产定价模型、期权定价模型等知识，定义像方差（或标准差）、β 系数、隐含波动率等多种风险指标。一般来说，收益分布的对称性以及总风险可以分解为系统性风险和特定风险构成了风险分析的两个重要理论支柱。

12.2.2 确定适当的投资基准

作为普通的投资者，当他从市场中已经存在的种种投资组合中选择一个或者几个作为投资对象时，他最关心的问题可能是：这个投资组合的业绩如何？表现怎么样？更进一步，如果这个投资组合目前表现优越，那么它此后还会保持这种趋势吗？它是如何在竞争中取得这种优势的？回答这几个基本的问题实际上已构成了整个投资组合业绩评价研究领域的绝大部分重要内容。我们将逐个对这些问题展开讨论。

投资基金的业绩表现，在很大程度上影响了投资者对这个投资组合的偏好；作为一个可观测的体系，投资组合业绩评价的目的是不言而喻的：就是要看看它的投资计划在多大程度上实现了事先的投资目标，看看经理人的投资业绩如何。很显然，用简单的投资收益进行比较是难以科学评价哪个投资组合业绩更优越的。从金融经济学的角度看，风险与收益之间存在密切关系，有些投资组合的表现似乎良好，但它的风险也比其他投资组合高。因此，我们必须在对收益进行风险调整后，才能做出初步结论。

在根据投资组合的风险来调整收益的各种方法中，最简单也是最普遍的方法就是将某个待衡量的投资组合业绩与其他有类似风险的投资组合的收益率进行比较。例如，我们可以把稳定收益的蓝筹股归为一类，把增长型股票投资组合归为一类，把垃圾债券投资组合归为一类，如此等等。随后，我们再在这种分类的基础上按照某种加权方法确定各种相近类别投资组合的平均收益，然后进行比较排名。然而，这种粗略评估业绩的方法已经远远不能满足理论和实践的需要。

而马科维茨的均值-方差理论以及夏普-林特纳的资本资产定价模型的出现，为较为精确地评估投资组合的业绩提供了理论依据。Jack Treynor（1965）、William Sharpe（1966）及 Michael Jensen（1968）基于 CAPM，提出了一系列具有深远影响的基准指标评估方法，我们将分别介绍这些基准指标评估方法。与此同时，正由于它们均是以 CAPM 为基础的，因而被统称为单因素整体业绩评价模型。

虽然马科维茨的均值-方差理论模型为比较精确地度量投资组合的风险和收益提

供了良好的思路及方法，但这一模型要计算所有资产的协方差矩阵；而当我们面对上百种可选择的资产时，该模型本身的复杂性也就制约了它的实际应用。而以Treynor（1965）、Sharpe（1966）及Jensen（1968）的三个指数模型为代表的业绩评价模型，从根本上简化了投资组合整体绩效评价的复杂性，因而得以在美国等资本市场发达的国家广泛运用。

专栏 12-1　一些国际上公开的投资风险指数

一个基准投资组合必须尽可能地模仿基金经理的投资风格。因此，它应该包括基金经理从中选择的证券类型，并且这些证券在基准中的权重要与基金经理所管理投资组合中的权重相似。

从实践来看，市场上有一些公开的投资风险指数，它们可以在构造基准投资组合时使用，比如：

——标准普尔（S&P）中盘资本400指数

该指数被用于评估美国市场上中盘公司的绩效，被超过95%的美国经理和基金计划出资人使用。该指数包括的公司价值超过250亿美元。

——标准普尔（S&P）小盘600指数

在美国市场上，小盘公司仍然吸引着投资者。标准普尔（S&P）小盘600指数正在获得积极的经理的广泛接受，并成为很受欢迎的基准，这取决于它的低换手率和高流动性：标准普尔（S&P）小盘600指数包含的价值大约为80亿美元。

——标准普尔（S&P）/Barra成长和价值指数

以价格-账面价值比率为基础，美国的指数被分为两组：价值型指数和成长型指数。价值型指数包括了那些价格-账面价值比率低的公司，而成长型指数则包括了那些高比率的公司。

——Russell 1000指数

该指数评估了Russell 3000指数中1 000家规模最大公司的绩效，代表了Russell 3000指数大约92%的市场总资本。在最近的调整中，平均市场总资本是141亿美元，市场总资本中值大约为41亿美元。指数中最小公司的市场总资本大约为16亿美元。

——Wilshire大盘750指数

该指数用于评估大盘股的绩效。它是Wilshire 5000的一个次级指数，代表了每年7月30日Wilshire 5000中最大的750只股票的市场总资本加权投资组合。

——Wilshire大盘价值指数

该指数用于评估那些具有价值特征的大盘股的绩效，它包括了一组来自Wilshire 750指数中符合Wilshire价值标准的证券。这个指数提供了一个非常好的方法以评估这个市场部门并测量关注这种特定类型股票的投资经理的绩效。由于该指数与 Wilshire 大盘成长指数进行平均加权，因而这个指数的收益与 Wilshire 750 指数大致相同。

——Nikkei 类型指数

Nikkei 类型指数包含 Nikkei 价值型（大盘、中盘、小盘）指数和 Nikkei 成长型（大盘、中盘、小盘）指数。

资料来源：引自中国证券业协会注册国际投资分析师考试指定用书《投资组合管理》。

12.2.3 夏普（1966）指数评估模型

夏普指数是用投资组合的长期平均超额收益（相对于无风险利益）除以这个时期该投资组合的收益的标准差。夏普利用美国 1954—1963 年 34 只开放式基金的年收益率资料进行了绩效的实证研究，其计算公式为：

$$S_p = \frac{r_p - r_f}{\sigma_p}$$

式中，S_p 为夏普指数；r_f 为该时期的无风险利率；r_p 为该投资组合在样本期内的平均收益；σ_p 为投资组合 p 收益率的标准差，即该投资组合所承担的总风险。

这里的风险包括系统性风险和非系统性风险。下面我们将会看到，特雷诺指数中的风险实质上只包括了该投资组合的系统性风险，而没有包括非系统性风险。这种区别体现到业绩比较上，就可能产生很大的差异。例如，利用夏普指数衡量投资组合 A 比投资组合 B 好，而利用特雷诺指数衡量，则结论是投资组合 B 比投资组合 A 好。那么，投资者如何选择？选择的最终结果取决于投资者对风险的度量这一概念。这是因为当投资者所要评价的投资组合构成了该投资者在某特定资产类别中的主要甚至是全部投资时，在这种情况下，用投资组合收益的标准差来衡量风险是较为适当的；而当所要评估的投资组合仅仅构成该投资者在特定资产类别内投资的较小一部分时，用该投资组合的 β 值度量风险就更为恰当。

在实际运用中，当采用夏普指数进行评估时，首先要计算市场上各种投资组合在样本期内的夏普指数，然后进行比较，较大的夏普指数表示较好的绩效。夏普指数与特雷诺指数一样，能够反映投资组合经理人的市场调整能力。然而，正如我们已经强调的，特雷诺指数只考虑系统性风险，而夏普指数同时考虑了系统性风险和非系统性风险，即总风险。因此，夏普指数还能反映投资组合经理人分散和降低非系统性风险的能力。如果投资组合已完全分散了非系统性风险，那么夏普指数和特雷诺指数的评估结果应该近似于相同。

12.2.4 特雷诺（1965）指数评估模型

特雷诺指数给出了单位风险的超额收益，但它用的是系统性风险而没有包括非系统性风险。从经济学理论角度看，如果进行足够分散化的组合，那么应该不存在非系统的异质性风险，然而事实上，很多投资组合并不能或者根本没有分散这种原则上可以通过分散化投资来抵消的风险，因此这个指数的局限性是比较直观的。当然，我们已经强调，不同的指数评估体系在具体运用时各有优缺点，因此特雷诺指数同样具有较高的运用价值。

特雷诺指数是以单位系统性风险收益作为基金绩效评估指标的。特雷诺在1965年的《哈佛商业评论》上发表了《建构风险性资产市场价值的理论》，他利用美国1953—1962年20只投资基金（含共同基金、信托基金与退休基金）的年收益率资料作为研究样本，进行了基金绩效评估的实证分析，其计算公式为：

$$T_p = \frac{r_p - r_f}{\beta_p}$$

式中，T_p 为特雷诺指数；r_p 为投资基金组合P在样本期内的平均收益率；r_f 为样本期内的平均无风险收益率；$r_p - r_f$ 为投资基金组合P在样本期内的平均风险溢酬。

特雷诺指数表示了该投资组合承受每单位系统性风险所获取风险收益的大小；其评估方法是首先计算样本期内各只基金和市场的特雷诺指数，然后进行比较，较大的特雷诺指数意味着较好的绩效。特雷诺指数评估法同样隐含了非系统性风险已全部被消除的假设。在这个假设前提下，因为特雷诺指数是单位系统性风险收益，因此它能反映投资组合经理人的市场调整能力。不论市场是处于上升阶段还是下降阶段，较大的特雷诺指数总是表示较好的绩效。这是特雷诺指数比詹森指数优越之处。但是，如果非系统性风险没有全部消除，则特雷诺指数和詹森指数都可能给出错误的信息。因此，在这种情况下，特雷诺指数同样不能评估投资组合经理人分散和降低非系统性风险的能力。

12.2.5 詹森（1968）指数评估模型

与特雷诺指数类似，詹森指数也是建立在CAPM基础上的，同样认为投资者对资产进行了组合管理以分散投资风险。但是，詹森指数与夏普指数、特雷诺指数的不同在于，它是个绝对数指标（值），其目的是判断基金行业整体是否具有预测证券价格的能力，从而使得整体业绩超过购买-持有策略。[①]

詹森利用美国1945—1964年115只基金的年收益率资料以及标准普尔500计算的市场收益率进行了实证研究。他将投资组合P的超额报酬率 $[E(r_{pt})-r]$ 关于市场投资组合的超额报酬率 $[E(r_{mt})-r]$ 进行时间序列回归，根据下式可以估计出投资组合P的 β 值：

$$r_{pt} - r_f = \hat{\alpha}_p + \hat{\beta}_p(r_{mt} - r_f) + e_{pt}$$

式中，r_{mt} 为市场组合（或者基准投资组合）在某时期的收益率；r_{pt} 为投资组合P

① 詹森指数最大的优点就是具有经济意义，能够比较明确地看出基金业绩的优劣程度，因此詹森指数的使用在当前非常广泛。

在该时期的收益率；r_f 为该时期的无风险收益率，β_p 为该投资组合所承担的系统性风险；$\hat{\alpha}_p$、$\hat{\beta}_p$ 是回归系数；e_{pt}为 t 期投资组合 P 收益的回归误差项。

对上式两边取期望，e_{pt}的期望为零，可得：

$$\bar{r}_{pt}-r_f=\hat{\alpha}_p+\hat{\beta}_p(\bar{r}_{mt}-r_f)$$

詹森指数就是回归直线的纵轴截距 $\hat{\alpha}_p$。如果 $\hat{\alpha}_p$ 不显著区别于零，则表明该组合的业绩处于市场均衡水平，我们可以得到如下关系：

$$\bar{r}_{pt}-r_f=\hat{\beta}_p(\bar{r}_{mt}-r_f)$$

这实际上就是 CAPM 的风险-报酬关系，只是用样本估计值代替了真实参数。在这种情形下，投资组合的表现与市场的表现非常类似，它的平均报酬率等于市场平均报酬率。如果 $\hat{\alpha}_p$ 显著区别于零并为正，投资组合的管理可被看作是成功的，因为投资组合的平均报酬率高于市场报酬率；如果 $\hat{\alpha}_p$ 为负，则基金的投资策略是失败的。

詹森的研究发现相当惊人：平均而言，投资人持有共同基金 10 年，其收益率会比在相同风险水平下、分散投资普通股的投资人足足少 15%。根据詹森指数的标准，在 115 只共同基金中，只有 26 只基金的绩效超过市场的表现。在有些人看来，这些基金的绩效令人失望的部分原因是基金被收取了费用，但詹森的研究发现，即便扣除手续费再重新计算基金绩效，结果也只是稍微改善而已——经过重新计算，投资人的报酬由原先落后 15%变成落后 8.9%，而在 115 只基金中，有 43 只基金的绩效超过市场的表现。

詹森指数评估模型奠定了投资组合绩效评估的理论基础，也是迄今为止使用最广泛的模型之一。但是，如前所述，在用詹森指数评估投资组合整体绩效时隐含了一个假设，即投资组合的非系统性风险已通过投资组合彻底地分散掉，因此该模型只反映了收益率和系统性风险因子之间的关系。如果投资组合并没有完全消除非系统性风险，则詹森指数可能给出错误信息。例如，两种投资组合 A、B 具有相同的平均收益率和 β 因子，但投资组合 A 的非系统性风险高于投资组合 B，那么按照该模型，两种投资组合具有相同的詹森指数，因而绩效相同。但实际上，投资组合 A 承担了较多的非系统性风险，因而投资组合 A 的经理人分散风险的能力弱于投资组合 B 的经理人，也就是投资组合 A 的绩效应该劣于投资组合 B。由于该模型只反映了收益率和系统性风险的关系，因而投资组合经理人的市场判断能力会导致 β 值呈时变性，并使投资组合绩效和市场组合绩效之间存在非线性关系，因而利用詹森指数评估存在统计上的偏差。因此，特雷诺和梅伊（Mazuy）在模型中引入了二次回归项，默顿和亨里克森（Heriksson）也提出了双 β 值市场模型，并利用二次回归项和随机变量项对投资组合经理人的选股能力以及在市场运用中的时间选择能力进行了进一步的研究。

在对以上三种模型的运用上，由于夏普指数与特雷诺指数均为相对绩效度量方法，而詹森指数是一种在风险调整基础上的绝对绩效度量方法，表示在完全的风险情况下，投资组合经理人对证券价格的准确判断能力。特雷诺指数和詹森指数在对投资组合绩效进行评估时，均以β系数来测定风险，忽略了投资组合中所含证券的数目（即投资组合的广度），只考虑获得超额收益的大小（即投资组合的深度）。另外，当投资组合的β系数不断变化时，詹森指数和特雷诺指数都无法恰当地评价投资组合的表现。而在衡量投资组合的绩效时，投资组合的广度和深度都必须同时考虑。因此，就操作模型的选择而言，夏普指数模型和特雷诺指数模型对投资组合绩效的评估较具客观性，詹森指数模型用来衡量投资组合实际收益的差异较好。

12.2.6 特雷诺-布莱克（1973）评估模型

信息比率（information ratio，IR）是指用投资组合的α值除以其非系统性风险，它测算的是每单位非系统性风险所带来的非常规收益，是衡量该投资组合中积极型组合业绩的指标，所以有时又称估价比率（appraisal ratio）。

在一段时期内使用股票选择或其他技术所增加的收益率都具有波动性，这些波动性表明了存在于投资管理行为中的风险。与股票选择相联系的风险，称为残余风险（又称跟踪误差）。在投资组合管理中，投资组合经理人总是期望在增加投资组合价值增量（α）的同时尽可能减少残余风险，即期望获得尽可能高的信息比率：

$$\mathrm{IR}=\frac{\alpha_p}{\omega_p}=\frac{\text{投资组合价值增量}(\alpha)}{\text{残余风险(跟踪误差)}}$$

信息比率的精确定义和应用将在第 14 章进行详细介绍。

Connor and Korajczyk（1986）进行了实证研究，证明根据信息比率对投资组合业绩进行排序的稳定性较高，因此适于预测投资组合的未来相对表现。但是，这一结论的成立建立在一系列严格假设的基础上，主要包括：市场无法预测，收益率服从多元正态分布，所有投资组合经理人的效用函数都是指数型的，所有投资组合持有的所有投资资产都是可交易的。

12.2.7 各种不同业绩评估指数的相互联系

我们知道，在不同的投资情形下，各种不同的业绩评价指数具有各自的适用性。为了使读者对以上四种指数之间的联系和差别有一个较清楚的认识，下面考察它们之间的联系。

（1）夏普指数：

$$S_p=\frac{r_p-r_f}{\sigma_p}$$

（2）特雷诺指数：

$$T_p=\frac{r_p-r_f}{\beta_p}$$

（3）詹森指数：

$$\alpha_p=r_p-[r_f+\beta_p(r_m-r_f)]$$

（4）信息比率：

$$IR = \frac{\alpha_p}{\omega_p}$$

根据特雷诺指数，则市场组合 M 的 β 值为 1，因此市场组合 M 的特雷诺指数为：

$$T_M = r_M - r_f$$

投资组合 P 的平均超额收益为：

$$r_p - r_f = \alpha_p + \beta_p(r_M - r_f)$$

因此，投资组合 P 的特雷诺指数测度为：

$$\begin{aligned} T_p &= \frac{r_p - r_f}{\beta_p} \\ &= \frac{\alpha_p + \beta_p(r_M - r_f)}{\beta_p} \\ &= \frac{\alpha_p}{\beta_p} + (r_M - r_f) \\ &= \frac{\alpha_p}{\beta_p} + T_M \end{aligned}$$

由此，可以将特雷诺平方指数定义为：

$$T^2 = T_p - T_M = \frac{\alpha_p}{\beta_p}$$

这一指数测度实际上就是不同投资组合之间$\frac{\alpha}{\beta}$比值的比较。从比较的角度看，上式意味着当投资组合的特雷诺指数高于市场组合的特雷诺指数时，该投资组合的詹森指数 α 大于零［隐含的假设是该投资组合的 β 系数（即 β_p）应大于零］，进而其特雷诺指数也将大于市场组合的特雷诺指数。换句话说，在评价投资组合业绩是否优于市场平均水平这一问题上，特雷诺指数与詹森指数将得到完全一致的结论。①

需要注意的是，特雷诺平方测度与信息比率测度相比，无论是在理论思路还是具体数学表达上都是存在很大差别的。信息比率指标是 α 值与残余风险的比值，这种残余风险就是因为没有分散化投资而承担的异质非系统性风险；而特雷诺平方测度是 α 值与该投资组合系统性风险测度 β 值的比率。同样，市场组合 M 的夏普指数测度为：

$$S_M = \frac{r_M - r_f}{\sigma_M}$$

---

① 需要注意的是，在对投资组合的业绩进行排序这一问题上，两者之间可能存在差异——特雷诺指数衡量了投资组合单位风险的获利能力，考虑到这一指数不再受风险水平的影响，进而是可比的，因此可以利用其对投资组合管理的业绩进行排序。与此相反，詹森指数只衡量了与投资组合收益率和均衡收益率相对应的风险水平，由于不同风险水平下的偏差值不能进行直接比较，因此这一指数不能用于对不同风险的投资组合业绩进行排序。

对于投资组合 P 而言，则有

$$S_p=\frac{r_p-r_f}{\sigma_p}=\frac{\alpha_p+\beta_p(r_M-r_f)}{\sigma_p}$$

而市场组合 M 与投资组合 P 之间的相关系数 ρ 的平方可以表示为：

$$\rho^2=\frac{\beta^2\sigma_M^2}{\beta^2\sigma_M^2+\sigma(e)^2}=\frac{\beta^2\sigma_M^2}{\sigma_p^2}$$

由此可得：

$$\begin{aligned}S_p&=\frac{\alpha_p}{\sigma_p}+\frac{\beta_p(r_M-r_f)}{\sigma_p}\\&=\frac{\alpha_p}{\sigma_p}+\frac{\beta_p\sigma_M}{\sigma_p}\times S_M\\&=\frac{\alpha_p}{\sigma_p}+\rho\times S_M\end{aligned}$$

这个表达式为有效地评价投资组合的积极管理水平提供了有力的分析工具。试想，如果我们将资产投资于没有很好分散的投资组合，比如采取某种积极的投资策略，那么该投资组合与市场组合的相关系数 ρ 就会减小，尽管这时投资组合的 α 值较高，但其最终效应却因为投资组合的方差增加而被稀释，所以此时该投资组合更容易有大的损失。因此，投资者在选择投资组合作为自己的投资对象时，不仅要看到收益，而且要弄清这种收益的源头在何处，这样才能公正合理地评估投资组合的业绩。

最后，需要指出的是，夏普指数和特雷诺指数对风险含义的理解及测量方法不同。从实践来看，夏普指数与特雷诺指数不仅指数值不同，而且对同一评价样本的排序结果也可能存在差异。

为了理解这一点，我们知道对于任何一个投资组合 P，都有

$$S_p=\frac{r_p-r}{\sigma_p}=\frac{r_p-r}{\beta_p}\times\frac{\beta_p}{\sigma_p}=T_p\times\frac{\beta_p}{\sigma_p}$$

代入市场组合 M，结合上式，有

$$\frac{T_p}{T_M}=\frac{S_p}{S_M}\times\frac{\sigma_p}{\sigma_M\beta_p}$$

根据法马（Fama）对超额报酬分解的方法[①]，可知任意投资组合的全部风险可以分解如下：

$$\sigma_p^2=\beta_p^2\sigma_M^2+\sigma_e^2$$

式中，$\beta_p^2\sigma_M^2$ 为该投资组合的系统性风险；σ_e^2 为该投资组合的非系统性风险。

所以，由上式可得：

$$\sqrt{\frac{\sigma_p^2}{\beta_p^2\sigma_M^2}}=\frac{\sigma_p}{\beta_p\sigma_M}=\sqrt{1+\frac{\sigma_e^2}{\beta_p^2\sigma_M^2}}$$

很明显，上式的右边大于 1，所以有

① Fama，Eugene F.，“The Component of Investment Performance”，Journal of Finance，June，1972.

$$\frac{\sigma_p}{\sigma_M\beta_p}>1$$

当 $S_p>S_M$ 时，有

$$\frac{T_p}{T_M}\geqslant\frac{S_p}{S_M}>1$$

这意味着当投资组合 P 按夏普指数优于市场平均水平时，它也一定在特雷诺指数下优于市场平均水平；反之，不一定成立。因为即使 $T_p>T_M$，当投资组合 P 的非系统性风险较大时，$\frac{T_p}{T_M}\times\frac{\beta_p\sigma_M}{\sigma_p}$也可能并不大于 1，因此 S_p 不一定大于 S_M，而这意味着现实中可能出现这样一种情况：对于同一投资组合，按特雷诺指数分析，它优于市场组合；但是，按夏普指数分析，它可能劣于市场组合的业绩水平。

需要注意的是，当我们使用特雷诺指数与夏普指数对投资组合的业绩进行排序时，可能会出现同一投资组合处于不同的等级顺序；也就是说，按特雷诺指数分析，基金 A 优于基金 B，而按夏普指数分析，基金 B 优于基金 A，这是因为：

$$\frac{S_A}{S_B}=\frac{T_A}{T_B}\times\frac{\beta_A\sigma_B}{\beta_B\sigma_A}$$

由于$\frac{\beta_A\sigma_B}{\beta_B\sigma_A}$可能大于 1 也可能小于 1，因此，即使 T_A 大于 T_B，S_A 也可能小于 S_B。当然，如果投资组合管理人经营的投资组合已充分分散，几乎没有可分散的非系统性风险，则根据前文法马对超额报酬分解的方法可知，对于任何一个完全分散的投资组合 P，有 $\sigma_p=\beta_p\sigma_M$，使用特雷诺指数与夏普指数将会得出同样的结论。

专栏 12－2　股神巴菲特的投资绩效

作为全球公认的“股神”，沃伦·巴菲特以往的投资业绩非常出色。1976 年 10 月（样本数据的起始时间）投资于伯克希尔-哈撒韦公司的 1 美元，到 2017 年 3 月（数据样本的结束时间）的价值已超过 3 685 美元。在此期间，伯克希尔-哈撒韦公司的平均年化投资回报率比美国国债的平均年化投资回报率高出 18.6%，远高于美国股市 7.5%的平均超额回报率。

伯克希尔-哈撒韦公司的股票承担的风险也高于市场平均水平，其真实波动率达 23.5%，高于市场平均的 15.3%。然而，伯克希尔-哈撒韦公司的超额回报率相比其风险仍处于较高水平，其夏普指数达到 0.79，是市场平均水平 0.49 的 1.6 倍。伯克希尔-哈撒韦公司的市场 β 系数只有 0.69，关于这一点将在分析巴菲特选股类型时做进一步讨论。在根据市场风险敞口调整伯克希尔-哈撒韦公司的业绩后，我们计算出它的信息比率为 0.64。

这些业绩指标反映出巴菲特惊人的投资回报，但也反映出伯克希尔-哈撒韦公司常与风险为伴。伯克希尔-哈撒韦公司也曾经历了几年的低迷期。

例如，从1998年6月30日到2000年2月29日，伯克希尔-哈撒韦公司的市值缩水44%，而同期的美国股市却上涨了32%。许多基金经理可能难以在落后76%的境况中存活下来，但巴菲特的显赫名声和独特的公司结构让他存活了下来，并在互联网泡沫破裂时实现了反弹。

为了正确评价巴菲特的业绩，我们可将伯克希尔-哈撒韦公司的夏普指数和信息比率与其他所有美国普通股票进行比较。如果巴菲特更像是一个选股者，而不是经理人，那么他主动管理的共同基金可能是一个比其他股票更好的参照组。下面的图12-1和图12-2显示了伯克希尔-哈撒韦公司与两个参照组的数据比较。

巴菲特的投资收益在所有共同基金中排名前3%，在所有股票中排名前7%。然而，拥有最高夏普指数的股票和共同基金通常只存续了一小段时间并且还需要运行良好，这在很大程度上是随机的。

为了减少随机性的影响，表12-1对伯克希尔-哈撒韦公司与至少存续了10年、30年和40年的股票及共同基金进行了对比。这样看来，巴菲特的投资业绩表现的确非常出色。与至少存续了40年（1976—2017年）的股票相比，伯克希尔-哈撒韦公司取得了最高的夏普指数和信息比率。如果你能够回到1976年并挑选一只股票，那么伯克希尔-哈撒韦公司将是你的选择。下面的图12-1和图12-2说明了巴菲特在至少存续了40年的共同基金和股票表现分布曲线中仍是处于最优分布区间的。

表12-1　1976—2017年巴菲特与其他所有股票和共同基金的表现比较

股票/基金	A. 夏普指数的样本分布				巴菲特的业绩表现		
	股票/基金数量	中位数	95百分位	99百分位	最大值	排名	百分位
股票型共同基金的夏普指数							
CRSP数据库中所有基金	4 585	0.36	0.69	1.10	3.20	137	97.0%
1976—2017年存续的基金	133	0.36	0.54	0.63	0.79	1	100.0%
1976年存续且至少有10年历史的基金	304	0.30	0.49	0.61	0.79	1	100.0%
至少有10年历史的基金	2 872	0.39	0.62	0.74	0.99	11	99.7%
至少有30年历史的基金	432	0.38	0.59	0.73	0.93	3	99.5%
至少有40年历史的基金	186	0.33	0.52	0.63	0.79	1	100.0%
普通股的夏普指数							
CRSP数据库中所有股票	23 257	0.21	0.88	1.47	2.68	1 454	93.8%
1976—2017年存续的股票	504	0.36	0.51	0.57	0.79	1	100.0%
1976年存续且至少有10年历史的股票	3 774	0.36	0.51	0.57	0.79	8	99.8%
至少有10年历史的股票	9 523	0.28	0.57	0.76	1.12	57	99.4%
至少有30年历史的股票	2 021	0.32	0.52	0.61	0.81	2	100.0%
至少有40年历史的股票	1 111	0.34	0.50	0.55	0.79	1	100.0%

续表

股票/基金	B. 信息比率的样本分布				巴菲特的业绩表现		
	股票/基金数量	中位数	95 百分位	99 百分位	最大值	排名	百分位
股票型共同基金的信息比率							
CRSP 数据库中所有基金	4 585	−0.11	0.44	0.78	2.79	83	95.2%
1976—2017 年存续的基金	133	0.03	0.40	0.49	0.04	1	100.0%
1976 年存续且至少有 10 年历史的基金	304	−0.05	0.34	0.48	0.64	1	100.0%
至少有 10 年历史的基金	2 872	−0.05	0.39	0.61	0.89	20	99.3%
至少有 30 年历史的基金	432	−0.01	0.35	0.49	0.78	3	99.5%
至少有 40 年历史的基金	186	−0.01	0.39	0.49	0.64	1	100.0%
普通股的信息比率							
CRSP 数据库中所有股票	23 257	0.08	0.76	1.39	3.04	1 635	92.9%
1976—2017 年存续的股票	504	0.16	0.37	0.43	0.64	1	100.0%
1976 年存续且至少有 10 年历史的股票	3 774	0.14	0.43	0.53	0.81	17	99.6%
至少有 10 年历史的股票	9 523	0.13	0.45	0.60	1.03	70	99.3%
至少有 30 年历史的股票	2 021	0.13	0.35	0.43	0.64	1	100.0%
至少有 40 年历史的股票	1 111	0.13	0.33	0.42	0.64	1	100.0%

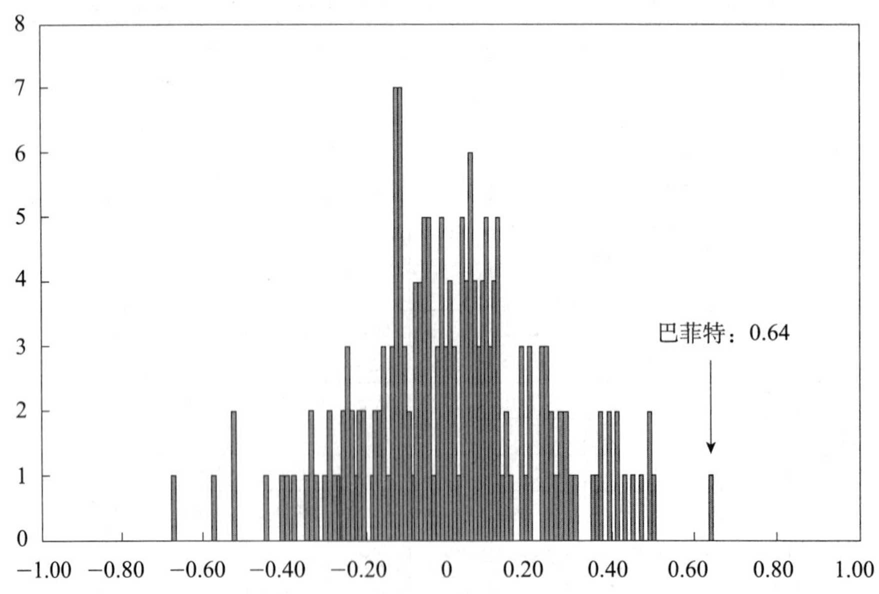

图 12-1 伯克希尔-哈撒韦公司的投资业绩在共同基金中所处的位置

说明：这张图显示了 CRSP 共同基金数据库中所有存续 40 年或以上的主动管理的股票型基金的年化信息比率的分布。

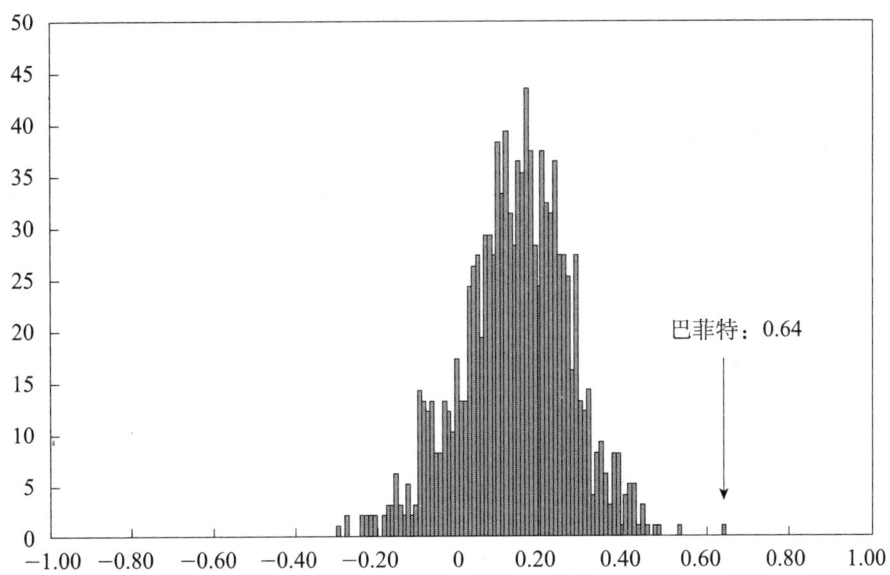

图 12－2 伯克希尔－哈撒韦公司的投资业绩在普通股中所处的位置

说明：这个图显示了 CRSP 共同基金数据库中所有 40 年或以上的普通股的年化信息比率的分布。

如果构建一个投资于伯克希尔－哈撒韦公司和市场的组合，则最优组合是将 72%的资金投资于伯克希尔－哈撒韦公司，此时的夏普指数上升至 0.81。然而，将全部资金都投资于伯克希尔－哈撒韦公司所得的结果已经很接近最优的夏普指数了。

资料来源：Andrea Frazzini（资产管理公司 AQR 的合伙人）、David Kabiller（AQR 的创始合伙人）、Lasse Hije Pedersen（AQR 合伙人、哥本哈根商学院教授），Buffetts Alpha，CFA。东方红资产管理产品团队翻译。

12.2.8 M^2 测度指标

业绩的 M^2 测度指标是由摩根士丹利公司的利亚·莫迪利安尼（Leah Modigliani）及其祖父、诺贝尔经济学奖得主佛朗哥·莫迪利安尼（Franco Modigliani）对夏普指数进行改进后引入的。其目的是纠正投资者只考虑投资组合原始业绩的倾向，鼓励他们应同时注意投资组合业绩中的风险因素，从而帮助投资者挑选出能带来真正最佳业绩的投资组合。与夏普指数类似，M^2 测度指标也把全部风险作为风险的度量。这种风险的调整方法很容易解释，为什么相对于不同的市场基准指数会有不同的收益水平。但是，这种收益的风险调整方法很容易解释，为什么相对于不同的市场基准指数，同一投资组合会有不同的收益水平。其计算方法为：

$$M^2 = r_{p^*} - r_M$$

式中，P* 为构造的组合，其构造方法如下：假设有一个投资组合，当我们把一定量的无风险资产（比如短期国债）头寸加入其中后，这个经过调整的投资组合的风险就可以与市场指数的风险相等。比如说，某个投资组合 P 原先的标准差为市场指数的 2 倍，那么经过调整后的投资组合应该包括 1/2 的投资组合 P 和 1/2 的无风险资产。这种重新构建的组合就是上面公式中给出的组合 P* 。

很显然，该测度的数值越大，投资组合的业绩相对越好。因为根据我们对这种组合构造方式的了解，调整后的投资组合和市场组合的标准差相等，即风险相当。因此，我们只要比较它们之间的收益率就可以考察它们的业绩了。这个方法对中国的投资基金有一个特殊的意义。因为基金持有的国债比例不得低于 20%，这在一定程度上限制了基金资产组合的优化行为，但它同时降低了资产组合的波动性（风险），经 M^2 测度方法的调整，就可以与基准组合进行比较，见图 12 - 3。

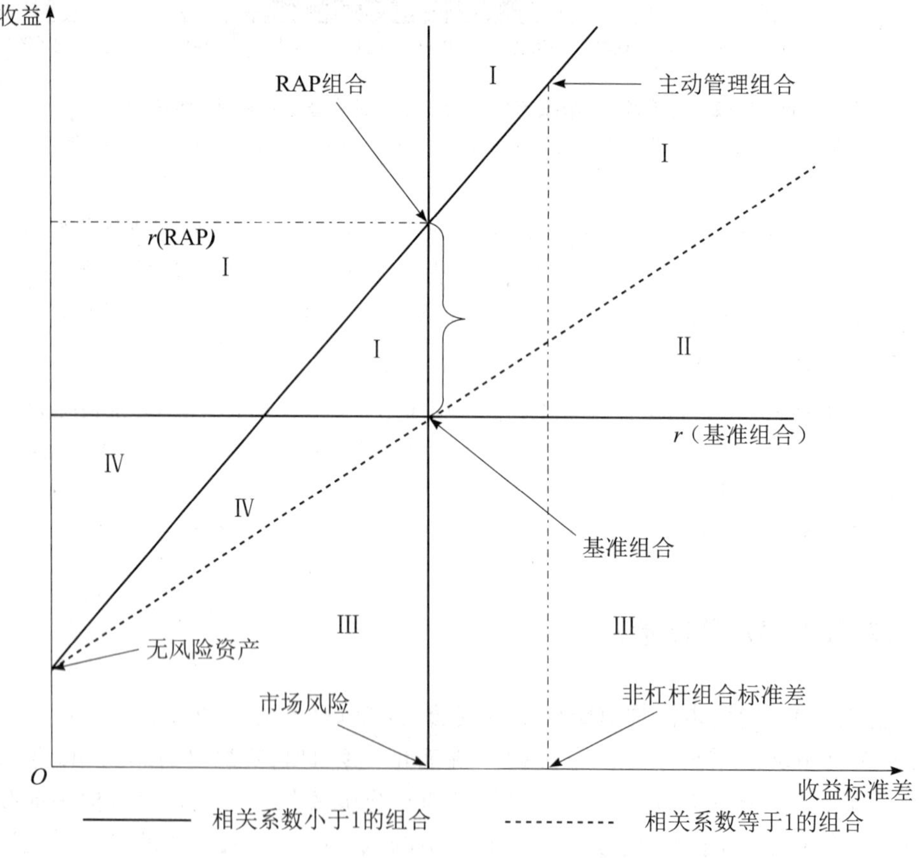

图 12 - 3　M^2 测度在证券投资组合业绩评估中的运用

说明：(1) 区域Ⅰ表示的投资组合在绝对的和风险调整的基础上均优于基准。

(2) 区域Ⅱ表示的投资组合在绝对的基础上优于基准，但在风险调整的基础上劣于基准。

(3) 区域Ⅲ表示的投资组合在绝对的和风险调整的基础上均劣于基准。

(4) 区域Ⅳ表示的投资组合在绝对的基础上劣于基准，但在风险调整的基础上优于基准。

以上这些指标体系都是建立在 CAPM 基础之上的，而 Roll（1977，1978）对这一模型以及依据这一模型所进行的投资组合业绩比较提出了质疑和批评。罗尔认为，使用 CAPM 作为基准在逻辑上存在严重的问题。CAPM 隐含假定所有的投资者具有相同的信仰和信息，因此，只有在作为市场指数的代理变量无效的情况下，我们才会衡量到异常收益；这是一个明显的悖论，因此，利用 CAPM 作为基准是不正确的。与此同时，由于 CAPM 的检验也存在可行性问题，这就使得研究人员开始寻找其他的资产定价理论作为衡量市场指数的标准。因此，APT 的诞生大大推动了理论界对投资组合业绩表现研究的深入发展。

12.2.9 M^3 测度指标

M^2 指标仅仅按照收益波动的方式来定义风险，而没有考虑投资组合的风险与所比较的基准组合风险的相关性。对于任何一个以基金为代表的投资组合管理者而言，其投资的超额收益主要受管理者证券选择能力和市场时机选择能力的影响，而且无论从理论还是实践来看，投资组合管理者具有的这两种能力不仅影响投资组合收益的标准差，还影响投资组合收益与基准组合收益之间的相关性。在这里，相关性之所以重要，显然是因为 M^2 指标中的 RAP 在未来的每个期间会围绕基准组合的业绩变化。[①]

那么，如何在 M^2 指标的基础之上实现投资组合业绩评价方法的改进？Muralidhar（2000）最早意识到这一点，并提出 M^3 指标——在他看来，投资者的目标是在给定的跟踪误差和投资组合风险的条件下取得最大的收益。[②]

在意识到这一点之后，他将投资组合与基准组合之间的跟踪误差（track error，TE）定义为投资组合对基准组合的超额收益的标准差，则投资组合 i 的 TE 为：

$$\mathrm{TE}(i)=\sqrt{\sigma_i^2-2\rho_{i,B}\sigma_i\sigma_B+\sigma_B^2}$$

式中，σ_i 为投资组合的标准差；σ_B 为基准组合的标准差；$\rho_{i,B}$ 为投资组合收益与基准组合收益之间的相关系数。

依据 M^2 的 RAP 指标，投资组合的波动性与基准组合的波动性相等，有

$$\mathrm{TE}(\mathrm{RAP}_i)=\sigma_B\sqrt{2(1-\rho_{i,B})}$$

该式表示投资组合与基准组合之间的相关性越低，跟踪误差（TE）越高，未来 RAP 指标的波动性就越大。考虑到 RAP 指标使得计算结果偏向于与基准组合之间具有较低相关性的基金，而这些基金可能在未来会具有较高的 RAP 值，投资者无法区分不同基金之间 RAP 指标的波动性；或者说，如果各个基金与其基准组合之

① 实际上，因为 M^2 指标调整了投资组合的收益和标准差，以使其与基准组合可以比较，所以基金经理可以通过调整相关性风险来调整 M^2 指标，而 M^2 指标并没有反映相关性风险，因此使用该指标会导致投资组合的排序错误以及相对于基准组合的错误业绩评价。

② Arun S. Muralidhar，“Risk-Adjusted Performance：The Correlation Correction”，Financial Analysts Journal，September/October，2000.

间的相关性不同，RAP 指标的比较就没有任何实际意义。

穆拉利德哈（Muralidhar）通过引入“目标相关性”这一概念尝试解决该问题，即在 M^2 指标中引入无风险资产的基础上，使得经过调整的实际组合满足：①其风险等于基准组合的风险；②其跟踪误差等于目标跟踪误差。经过这样调整后的投资组合与基准组合之间的相关性是相同的。

如果将 a，b，$1-a-b$ 定义为投资者的资金投资在投资组合、基准组合和无风险资产上的比率，同时令 CAP 表示经过相关性调整后的组合，则有

$$r(\mathrm{CAP}) = ar(\mathrm{MutualFund}) + br(B) + (1-a-b)r_f$$

投资者所持有的比例要保证同时满足目标跟踪误差和与基准风险相同。因此，对于投资组合 i，上式可以写为：

$$r(\mathrm{CAP}_i) = ar(i) + br(B) + (1-a-b)r_f$$

由于 $\mathrm{TE}(\mathrm{RAP}_i) = \sigma_B\sqrt{2(1-\rho_{i,B})}$，因此有

$$\rho_{T,B} = 1 - \frac{\mathrm{TE}\,(\mathrm{Target})^2}{2\sigma_B^2}$$

其中，

$$a = \sqrt{\frac{\sigma_B^2(1-\rho_{T,B}^2)}{\sigma_i^2(1-\rho_{i,B}^2)}} = \frac{\sigma_B}{\sigma_i} \times \sqrt{\frac{1-\rho_{T,B}^2}{1-\rho_{i,B}^2}}$$

$$b = \rho_{T,B} - a \times \frac{\sigma_i}{\sigma_B} \times \rho_{i,B}$$

b 与 $1-a-b$ 的值可为正或负（负值表示卖空基准组合，并以无风险利率借款）。但是，a 只能为正值，因为投资组合本身不能卖空。请注意，如果相关性不重要，那么有 $a=\frac{\sigma_B}{\sigma_i}$，该值就是 RAP 的比值，同时 $b=0$。

12.3 多因素整体业绩评估模型

由于在 CAPM 下存在多个基准，因此在建立詹森的 α 系数、特雷诺指数和特雷诺-布莱克比率时，就可以计算出投资组合的多个 β 系数以及投资组合的 α 系数。那么，基准的选取对投资组合业绩的评估是否有影响，以及在多大程度上影响对不同投资组合的业绩评估比较呢？这是一个值得我们关注的问题。

Stambaugh（1982）的研究结果表明，在检验 CAPM 时，选择不同的市场组合作为基准的代理变量，不会产生多大的差异。而 Roll（1979）发现，当选用三种不同的指数作为市场组合的代理变量时，与随机选取的投资组合的业绩评估结果几乎相同；此外，按照经过风险调整后的收益进行的业绩排名与不经过风险调整情况下的业绩排名几乎相同。与这些研究类似，Copeland and Mayers（1982），Chen，Copeland and Mayers（1983）经过研究发现，业绩衡量基准的选择并不影响有关“价值线之谜”（the value line enigma）的研究推论。然而，Lehmann and Modest

(1987)的研究却发现，当使用不同的定价模型（CAPM以及APT）作为基准时，得出的业绩排名大不相同；进一步，在用APT模型作为衡量业绩的基准模型时，其所采用的解释因子不同，业绩排名也会发生显著变化。不过，他们的研究表明，无论采用哪种基准，某些投资组合总能取得统计上显著的异常收益。下面对Lehmann and Modest（1987）的APT基准法进行简要介绍。

早在1985年，Chang and Lewellen（1985）以及Connor and Korajczyk（1986）就运用APT方法衡量投资基金的业绩表现，而Lehmann and Modest（1987）则运用这一思路考察业绩评价的结果对于基准选择的敏感性。

根据APT，股票的投资收益率受到多个因素的影响，投资组合的收益率是由所投资股票的收益率决定的，因此投资组合的收益率也同样受到这些因素的影响。以CAPM为基础的单因素评估模型无法解释按照股票特征［如市盈率（P/E）、股票市值、账面价值比市场价值（BE/ME）及过去的收益等］进行分类的投资组合收益之间的差异，所以研究者又用多因素模型代替单因素模型进行投资组合绩效的评估。多因素模型的一般数学表达式如下：

$$R_i = a_i + b_{i1}I_1 + b_{i2}I_2 + \cdots + b_{ij}I_j + \varepsilon_i$$

式中，I_1，I_2，…，I_j 为影响证券 i 收益的各因素值；b_{i1}，b_{i2}，…，b_{ij} 为各因素对证券收益变化的影响程度；a_i 为证券收益率中独立于各因素变化的部分。

该模型有两个基本假设：①任意两种证券剩余收益 ε_i、ε_j 之间均不相关；②任意两个因素 I_i、I_j 之间及任意因素 I_i 和剩余收益 ε_i 之间均不相关。在Lehmann and Modest（1987）的多因素模型中，他们认为影响证券收益的因素为市场平均指数收益、股票规模、公司的账面价值比市场价值（BE/ME）、市盈率（P/E）、公司前期的销售增长等。Fama and French（1993，1996）在CAPM的基础上，认为影响证券收益的因素除了上述因素外，还应包括按照行业特征分类的普通股组合收益、小盘股收益与大盘股收益之差（SMB）、高BE/ME收益与低BE/ME收益之差，并将HML等作为因素引入绩效评估模型。Carhart（1997）在以上因素的基础上，引入了基金所持股票收益的趋势因素（momentum），进而讨论基金表现的持续性问题。

多因素模型虽然部分解决了单因素模型存在的问题，而且模型的解释力也有所增强，但在实证研究中，该模型要求能识别所有的相关因素，而投资定价理论并没有明确给出对风险资产定价所需要的所有因素或因素的个数。所以在实证中，因素的选择就受到个人主观判断的影响（Chen，Roll and Ross，1996），而且这些因素的构成本身可能就不稳定。因此，基于这些因素构成的多基准投资组合也不一定稳定，并且多因素模型仍然无法解释资产收益的实质性差别，其绩效的评估结果对因素的选取十分敏感。正因为如此，单因素模型和多因素模型孰优孰劣，至今在学术界尚无定论。

专栏12－3　晨星公司基金评级方法

晨星公司是一家位于美国芝加哥的专业基金评级公司，成立于1984

年。在美国，晨星公司并不是最早从事基金评级的公司，但目前已成为在投资者中最具影响力的基金评级机构之一。晨星公司主要定位于为基金投资者提供服务，因此它主要侧重于对基金本身的评价，而非对基金管理公司的评价。

目前，在美国投资到基金的新资金中，有超过90%的资金投资到由晨星公司评定的四星级以上的基金中。因此，晨星公司的评级制度在很大程度上已经影响了美国基金投资者的投资行为。目前，由晨星公司提出的RAR评级制度是美国最流行的对基金进行评级的方法，其对基金的整体评价主要包括基金分类和星级评定。

一、基金分类

作为世界知名的共同基金评估机构，晨星公司在传统上是以著名的“九宫格”区分投资基金而得到大家的公认的。采用这种分类方法的第一步是将基金分为股票型基金和债券型基金，分类的标准见表12-2。

表12-2　晨星公司的基金分类标准

股票型基金			债券型基金		
风险收益	价值型	$A+B<1.75$	期限	短期	平均期限小于4年
	混合型	$1.75\leqslant A+B\leqslant 2.25$		中期	4～10年
	成长型	$A+B>2.25$		长期	10年以上
市值	大盘股	$C>50$ 亿美元	信用等级	高	平均等级至少AA级
	中盘股	10亿$\leqslant C\leqslant$50亿美元		中	BBB级～AA级
	小盘股	$C<10$ 亿美元		低	BBB级以下

说明：A为股票的市盈率（P/E）相对于标准普尔指数组合市盈率的值；B为股票的市净率（P/B）相对于标准普尔指数组合市净率的值；C为股票的市值。

对于债券型基金，需要按照债券的投资期限和信用等级进行分类。按基金所投资债券的平均期限，分为短期、中期和长期三类；按债券的信用等级，分为高、中、低三类。因此，债券型基金也分为九类，见表12-3。

表12-3　债券型基金分类图

信用等级	短期	中期	长期
高信用等级	短期高信用	中期高信用	长期高信用
中信用等级	短期中信用	中期中信用	长期中信用
低信用等级	短期低信用	中期低信用	长期低信用

对于股票型基金，首先按照投资方向分为美国本地证券市场和全球证券市场两大类，然后再将美国股票基金和国际股票基金分别按股票的平均市值和基金的投资风格进行分类。对于股票型基金，按基金所投资股票的平均市值，分为大盘股、中盘股和小盘股；按基金的投资风格，分为价值型、混合型和成长型。因此，股票型基金共有九类，见表12-4。

表 12-4 股票型基金分类图

市值	价值型	混合型	成长型
大盘股	大盘价值型	大盘混合型	大盘成长型
中盘股	中盘价值型	中盘混合型	中盘成长型
小盘股	小盘价值型	小盘混合型	小盘成长型

基金投资者可通过晨星公司的“九宫格”进一步了解自己所持基金的投资风格，以便有效分散风险。①

二、星级评定

在上述分类的基础上，基金的评级比较是在相同类别的基金之间进行的。

（一）评级系数的计算

晨星公司在对某一基金进行风险评级时，首先计算该基金的评级系数：

$$\mathrm{RAR}_i = \mathrm{RRet}_i - \mathrm{RRisk}_i \tag{12-1}$$

与此同时，令 $g(i)$ 代表基金 i 所在的同类基金组，则在上式中：

（1）RAR_i 表示基金 i 的评级系数。

（2）RRet_i 表示基金 i 的收益系数。该数值是指某一基金的收益率和该基金所属基金组（该基金组是按照一定标准划分的，具有某种共同属性的基金集合）收益率的基准值的比值。如果令 $\mathrm{Bret}_{g(i)}$ 代表某同类基金组收益率的基准值，则可以将该指标表示为：

$$\mathrm{RRet}_i = \mathrm{Ret}_i / \mathrm{Bret}_{g(i)}$$

（3）RRisk_i 表示基金 i 的风险系数。该数值是指某一基金的风险值和该基金所属基金组风险基准值的比值。如果令 $\mathrm{Brisk}_{g(i)}$ 代表某同类基金组的风险基准值，则可以将该指标表示为：

$$\mathrm{RRisk}_i = \mathrm{Risk}_i / \mathrm{Brisk}_{g(i)}$$

（二）基金收益率的计算

晨星公司根据下式计算某基金的收益率 Ret_i：

① 晨星公司的“九宫格”已有十年历史了，仅用市盈率 P/E 以及市净率 P/B 两项指标来区分价值型投资和成长型投资逐渐力不从心。为了更加精确地分析基金投资风格，晨星公司对成长型投资与价值型投资采取综合性测度，全面考量 10 个方面的因素，其中包括 5 个价值性因素，即价格/目标收益率、价格/净值率、价格/销售率、价格/现金流量率和股息收益率，5 个成长性因素为长期目标收益成长率、历史收益成长率、销售成长率、现金流成长率和净值成长率。新的分类指标将更加精细地反映基金的投资风格。由于运用更多指标，新的基金风格分类方法还能捕捉到市场中的微小变化。举例来说，买卖传媒类股票的有效参考指标是价格/现金流量比率而非市盈率，但传统风格的区分方法就不能体现这种特点。不同行业的股票会用不同的指标测度，不同的基金经理会关注不同的评价因素。许多成长型基金经理更加强调价格/目标收益率和收益成长率，而一些价值型基金经理则注重现金流变化。因此，在新的体系框架中，投资者可以全面和清晰地划分股票及基金种类。此外，新的风格分类也考虑到在长时间跨度下的指标适用性，10 个变量的评估方法可以避免因市场变化而导致部分指标失效的现象。比如收益成长率和销售成长率在 1998 年和 1999 年的美国股市里比较有效，但现在投资者较多使用市盈率和价格/现金流比率来发现价格风险。此外，通过同时使用预期和历史测度，新的风格分类体系将更合理地诠释股票的投资价值。

$$\mathrm{Ret}_i = \mathrm{VR}_i - \mathrm{VR}_b$$

其中，VR_i 为基金 i 在 T 个时期内的累积收益率，即

$$\mathrm{VR}_i = \prod_{t=1}^{T}(1 + R_{it})$$

VR_b 为在 T 个时期内投资于国债的累积收益率，即

$$\mathrm{VR}_b = \prod_{t=1}^{T}(1 + B_t)$$

（三）同类基金组收益率的基准值的计算

同类基金组收益率的基准值是以下两者中较大的一个：①这一类基金在一段时间内的算术平均超额收益；②在这段时间内国债的收益率。其公式可表示为：

$$\mathrm{Bret}_{g(i)} = \max\{\mathrm{avg}_{\mathrm{jinc}}\{\mathrm{Ret}_j\}, \mathrm{VR}_b - 1\}$$

式中，$\mathrm{avg}_{\mathrm{jinc}}\{\ \}$为类别 c 中基金（$j$）括号内项目的平均值。

（四）风险值的计算

晨星公司的风险值是基金收益在国债收益之下的程度。首先，计算基金每个月的损失，定义基金 i 在第 t 月的损失为：

$$L_{it} = \min\{E(R_{it}), 0\}$$

式中，$E(R_{it})=R_{it}-B_t$ 为基金 i 在第 t 月的超额收益；R_{it} 为基金 i 的月度收益率；B_t 为美国 90 天的国债在第 t 月的月度收益率。

其次，计算基金 i 的平均月度损失在 T 期的平均值，即基金 i 的风险值：

$$\mathrm{Risk}_i = \frac{\mathrm{sum}(L_{it})}{T}$$

（五）同类基金组的风险基准值

同类基金组的风险基准值为该类基金组中每一只基金的个别风险值的算术平均值，即

$$\mathrm{BRisk}_{g(i)} = \mathrm{avg}_{\mathrm{jinc}}\{\mathrm{Risk}_i\}$$

（六）评定星级

在对同类基金组的每只基金进行上述计算后，该同类基金组中每只基金的风险分值 RAR_i 也就计算出来了。晨星公司按照基金 RAR_i 值的大小进行排列，并据此对每只基金进行评级。它所使用的评级方法为（见表 12－5）：

表 12－5

星级	评级指标所处的百分比区间	收益在同类别中的位置	风险在同类别中的位置
＊＊＊＊＊	1%～10%	最高或高	最低或低
＊＊＊＊	10%～32.5%	中高	中低
＊＊＊	32.5%～67.5%	中	中
＊＊	67.5%～90%	中低	中高
＊	90%～100%	最低或低	最高或高

（七）晨星公司的综合评级

晨星公司的星级评定只是针对那些成立了 36 个月以上的基金。如果基金的可用历史数据长度多于 36 个月，则晨星公司还能给出综合星级指标，具体计算见表 12－6：

表 12－6

可利用的历史数据	3 年期星级的权重	5 年期星级的权重	10 年期星级的权重
36～59 个月	1	0	0
60～119 个月	0.4	0.6	0
120 个月以上	0.2	0.3	0.5

晨星公司的基金评级结果每月更新一次，成立不足 3 年的基金不在评级之列。

三、熊市评级

晨星公司为投资者提供了基金的熊市评级。熊市评级是指基金在证券市场整体状况不好时（即在熊市中）的业绩表现评级。判定熊市月的具体标准是，股票市场中标准普尔 500 指数下降 3%以上的月为股市的熊市月，将雷曼兄弟综合债券指数下降 1%以上的月定为债券市场的熊市月。

具体的评级方法是：首先，选定某一时间段，找出在这一时间段内的各熊市月；然后，评价基金在这些熊市月中的业绩表现；最后，根据各基金在熊市月中的评价结果，对它们进行排序，并按照基金的排名顺序将它们分为 10 级，在熊市中表现最好的 10%为熊市一级，其次的 10%为熊市二级，依此类推。

12.4 时机选择与证券选择能力评估模型

12.4.1 时机选择模型概述

究竟需要什么样的充分条件，我们才能认为，基于标准的证券市场线的基金业绩评估分析是可靠的、恰当的？这在基金业绩评估研究领域同样是一个引起关注的问题。这是因为，如果给出这个充分条件，我们就可以比较有信心地运用证券市场线作为衡量基准来度量基金业绩了。Mayers and Rice（1979）在这一问题上做出了初步的贡献。随后，Dybvig and Ross（1985a）就指出，这种似乎充满希望的解决方案是存在逻辑漏洞的，因为 Mayers and Rice（1979）的结论是建立在下述假设之上的，即投资组合经理人并不掌握抓住市场时机的能力（market timing），因此任何异常的收益均归功于投资组合经理人很强的选择投资品种的能力（selectivity）。

所谓把握市场时机，也就是投资组合经理人在预期市场将处于牛市行情时就采取更加进取的投资策略，将更多的资产投资于风险资产，而在预期处于熊市的情况下则将更多资产投资于无风险资产。詹森模型无条件地采用投资组合的历史收益来估计期望的绩效，因此它并未考虑投资组合期望收益和风险的时变性。实际上，如果投资组合经理人具有市场择时能力，他会主动改变投资组合的风险以适应市场的变化并谋求高额的收益；资本资产的价值本身也可能随时间的变化而变化，这些原因都会使β值呈现时变性。对此，Treynor and Mazuy（1966）、Chang and Lewellen（1984）等采用CAPM形式来描述投资组合经理人的择时能力和选股能力评估模型。根据研究者对β系数的不同假设，可以将此类模型大致分为两类。第一类称为UD模型，主要含义是将市场分为多头（up）与空头（down）两种形态，并假设经理人在预期未来市场看好时，会多买入一些波动幅度较高的风险资产；反之，当投资组合经理人预期未来市场看坏时，多买进波动幅度较低的风险资产，而卖出波动幅度较高的风险资产，因此多头时期与空头时期的β系数应有所不同，因而可将投资组合的β系数视为二项式变量（binary variable）。第二类则视为投资组合β的随机变量（stochastic variable），其值随时间的变动而变动，这种思路由Ferson and Schadt（1996）提出。下面将对这些方法进行概括介绍。

12.4.2 把握市场时机能力评价

根据前文对把握市场时机的简单描述，我们可以得出：如果市场整体处于良好状态，那么该投资组合的业绩就更好；如果市场处于疲软状态，那么该投资组合的投资收益同样处于相对高的状态，因为投资组合经理人已经事先进行了积极的组合调整，将更多的资产投资于无风险资产。这样，从简单的图形看，如果以市场组合的超额收益（相对于无风险利率）为横轴，以该投资组合的超额收益（相对于无风险利率）为纵轴，那么描绘出的图形（图12-4a）应该呈现出以下的分布：

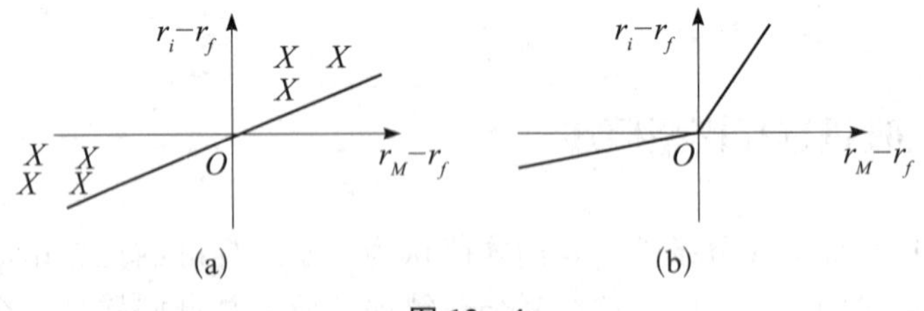

图 12-4

也就是说，如果进行回归计量，那么解释变量应该包括$r_M - r_f$的平方项。因此，我们可以对下述方程进行回归：

$$r_{pt} - r_f = \alpha_p + \beta_p (r_M - r_f) + \gamma_p (r_M - r_f)^2 + \varepsilon_{pt}$$

如果γ_p的回归结果显著异于零，那么我们可以初步判断投资组合经理人具有把握市场时机的能力。该模型是由Treynor and Mazuy（1986）提出的（又称TM模型)，他们的研究结论表明，并没有足够的证据显示投资组合经理人具有把握市场时机的能力。

鉴于TM模型的复杂性，Merton（1981）认为，已有的这些计量模型，除了TM模型以及Fama（1972）、Jensen（1972）、Grant（1977）和Sharpe（1975）外，大多建立在资本资产定价模型的基础上。他的论证表明，能成功把握市场时机的投资组合收益模式与某种期权投资策略所产生的收益图形是类似的。下面对该模型进行扼要介绍：

首先，默顿为了强调其模型的运作机制，提出几个严格的假设，比如作为价格接受者的市场参与者对于市场预期收益具有共同的信念，且都具有完全预见能力，市场不存在摩擦；与此同时，存在一个投资者，他具有完全把握市场时机的能力，而且他所有关于市场趋势的预测总是正确的。市场不允许卖空或者借贷，因为若这种条件被允许，那么这个拥有择时能力的投资者就会对证券具有无穷大的需求：他总是能够获得超额利润。因此，这一限定使得默顿的经济设定与现实在经济意义上更吻合。

在最基本的一种设置下，不知情的投资者事先已知在t时刻到$t+1$时刻之间的市场收益$Z_M(t)$的概率密度函数为$f(Z, t)$；与此同时，该时期内的无风险利率表示为$R(t)$。此外，投资基金经理人拥有更多优先的信息，其信息集可表示为$\Phi^*(t)$，这些信息使得他可以预测市场走向，也就是预测$Z_M(t)$是大于还是小于$R(t)$。当然，此时他只能知道两者谁大谁小，但并不知道具体的差异数值。这样，这个经理人的最优策略就是将所有资金投资于某一种资产——或者是无风险资产（当市场收益低于无风险利率时），或者是市场组合（当市场收益高于无风险利率时）。

显然，对于其他投资人而言，这些私人的信息同样是有价值的，但经理人很难将这些信息卖给其他投资者——由于信息的不对称、信息的外部性等。因此，最好的方法就是让这个具有更多信息的经理人组建投资基金（请注意，他是不可以借贷或者卖空的），以充分实现私人优越信息的经济价值。这样，其他投资者通过付给他一定的基金管理费，即可同样享受这些信息所能带来的经济价值。

当然，外部投资者并不知道基金经理人具体的预测方法，但他们对于最终结果会有一个预期，该预期可表示为$E[\gamma(t)]$。如果$Z_M(t)>R(t)$，则$\gamma(t)=1$；如果$Z_M(t)<R(t)$，则$\gamma(t)=0$。这样，$\gamma(t)$的预期值$E[\gamma(t)]$就等于外部投资者根据已有的收益分布密度$f(Z, t)$而判断出来的市场收益超过无风险利率的概率。我们用$A(t)$表示该基金投资的总价值。默顿证明，对于外部投资者而言，他们对该资产的期末价值［即随机变量$V(t+1)$］的判断为：

$$\begin{aligned} V(t+1) &= \max[A(t)R(t), A(t)f(Z, t)] \\ &= A(t)R(t)+A(t)\times\max[0, Z_M(t)-R(t)] \quad (12-2) \\ &= A(t)Z_M(t)+A(t)\times\max[0, R(t)-Z_M(t)] \quad (12-3) \end{aligned}$$

公式（12-2）和公式（12-3）的支付结构与“期权-国债”（option-bills）投资策略所获得的支付结果是一致的。具体而言，公式（12-3）表示了下述组合的投资收益：将 $A(t)$ 美元投资于国债，同时投资于价值 $A(t)$ 美元的市场组合的看涨期权，该期权执行价格为每份 $R(t)$ 美元。默顿对此进行了总结：在不存在基金管理费用的情况下，如果经理人具有完全把握市场时机的能力，那么他的投资收益就等于上述期权策略的收益（当然，在进行期权策略投资时，是不需要经理人具有把握市场时机的能力的）。但其前提条件是：购买这种期权是免费的，即期权价格为 0。

而公式（12-4）表示在持有市场组合的同时，购买一个对应的看跌期权。这一策略有时被称为“保护性看跌”（protective put）或“已经保险了的股权”（insured equity）投资策略。根据看涨看跌期权的平价原理，这两种策略是等价的，这样就可以计算出把握市场时机能力的价值。默顿假定期权市场的价格为均衡价格，其定价的信息集为 $\Phi(t)$。一期的一份看涨期权价格假定为 $c(t)$，相应的看跌期权的价格为 $g(t)$。为了获得收益 $V(t+1)$，需要具有把握时机能力的经理人投资 $A(t)$ 美元于市场组合。然而，如果运用相应的期权投资策略，则需要初始投资资金 $A(t)c(t)+A(t)$ 或者 $A(t)g(t)+A(t)$。运用一价定律就可以推导出，该基金经理人所要收取的最大管理费 $m(t)$，就等于对应期权投资策略下期权的价格，即

$$m(t)=g(t)=c(t) \tag{12-4}$$

式中，$m(t)\equiv\dfrac{F(t)}{A(t)}$，为每一份资产的管理费用大小。由此，我们可以看出，总的基金管理费用所占总投资额的份额取决于期权的价格［对详细论证过程感兴趣的读者可以参阅 Merton（1981）的原文］：

$$\frac{F(t)}{I(t)}=\frac{g(t)}{1+g(t)}=\frac{c(t)}{1+c(t)} \tag{12-5}$$

这样在理论上，我们就可以从期权的历史价格数据中推断出把握市场时机所隐含的经济价值。与此同时，默顿还利用期权定价公式研究了市场组合收益的波动性、预测区间的长度等因素（因为这些因素决定了期权的价格）与基金管理费用之间的关系。

默顿还放松了一些比较严格的假设，讨论了市场参与者具有不同的信息分布以及经理人具有不完全预测能力下的情况。由于篇幅的限制，我们不再详细展开描述。

应用这个理论，Henriksson and Merton（1981）从理论上提出了另一种相对简单的、衡量基金经理人把握市场时机能力的方法。他们假定投资组合的 β 值只有两个选择：当市场处于熊市时取较小值，当市场处于牛市时取较大值。此时，投资组合的特征线应如图 12-4（b）所示。这时通过引入虚拟变量（注意，这种回归实质上就是一种存在结构性变化下的回归，可以运用邹之庄检验），回归方程可表示为：

$$r_p-r_f=\alpha_p+\beta_p(r_M-r_f)+\gamma_p(r_M-r_f)D+\varepsilon_p$$

式中，D 为一个虚拟变量（dummy variable），当市场收益大于无风险利率时，$D=1$，否则取值为 0。

这样，投资组合的 β 值在熊市时就是 β_p，在牛市时就为 $\beta_p+\gamma_p$。同样，如果得到显著异于 0 的正数回归值 γ_p，说明在实际运作中基金经理人具有把握市场时机的

能力。然而，根据这一理论，Henriksson（1984）的研究发现，在他所选取的116只基金样本中，仅有3只基金有统计意义上显著的把握市场时机的能力。

从理论上说，Admati，Bhattacharya，Pfleiderer and Ross（1986）提出了二次项系数可用于检验基金经理选择时机准确性的条件，他们假设效用函数为指数型，多个变量服从正态分布，即假设投资组合的β值是时间信号的线性函数。在该假设条件下，可以将Treynor-Mazuy对时机选择和股票选择进行回归分析的参数联系起来。采用这一模型，他们解决了由于基金经理的时机选择能力而引起的β值估计偏差问题。但基于这一回归模型的实证研究表明，这一模型的实用性不理想。这是因为该模型是基于β值的线性假设，因此实用性较差。

12.4.3 法马业绩分解评价

Fama（1972）在《投资业绩的构成》（Components of Investment Performance）一文中对基金的业绩进行了量化。图12-5为法马提出的基金业绩分解图。图中的横轴代表基金投资组合的风险，包括基金的市场风险和总风险，纵轴代表基金的业绩，以收益率表示。

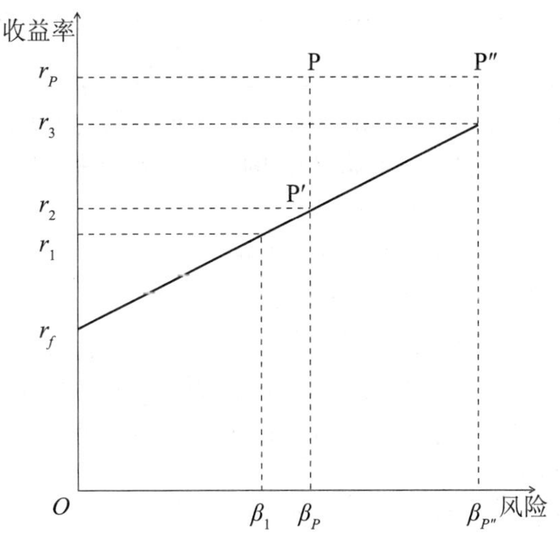

图12-5 法马基金业绩分解图

法马将投资组合的收益分解成4种收益：第一种收益是无风险资产的收益r_f；第二种收益来自投资者因事前愿意承受的风险而获得的收益r_1-r_f；第三种收益来自基金经理人把握市场时机的能力，这也是一种风险因素，因此就要求获得对应的收益r_2-r_1；第四种收益来自基金经理人选择股票的能力，即r_p-r_2。事实上，第四种收益就是詹森业绩差异测度（Jensen differential performance measure）。此外，这个收益成分还可以进一步分解。举例说明，假设存在两个组合P和P′，它们具有相同的市场风险，但投资组合P′没有包括不可分散化的风险。这是因为图中的斜线为 SML 线，而投资组合 P 不在证券市场线上，因而它包含了可以分散的风险。也就是说，该基金经理人采取了积极进取的投资策略，从而承担了额外的风险。现在，我们假定还存在另一个投资基金组合 P″，其风险与组合 P 相同，但我们假定这只基金只有不可分散的风险。也就是说，P″的总体风险可以表示为 $(\beta_{P''})^2\sigma_M^2$。其中，$\beta_{P''}$ 为组合 P″的 α 值，而且事先给定。很显然，该组合 P″的要求收益就是 r_3。

因为承担了不可分散的风险而获得的收益是 r_3-r_2，而纯粹由于有效选择表现优越的股票所能获得的收益就是 r_p-r_3。通过这种构造思路，我们可以较方便地对来自投资资产选择效应的收益进行再分解，分离出纯粹由于选择行为导致的收益和由于承担了异质性（本可以有效分散的）风险而取得的收益。

我们举一个具体的例子来理解和运用法马的收益分解方法。一般来说，研究人员可以获得美国养老基金的季度数据。假设存在下述养老基金组合 P，在过去的 5 年里，我们取得了以下这些统计资料（无风险利率假设为 10%，见表 12-7）：

表 12-7

	平均收益率	标准方差	预期要求的 β	实际 β
投资组合 P	20%	15%	0.8	0.9
市场组合	16%	12%	1.0	1.0

那么，根据法马的收益分解，第一种收益为 10%。

第二种收益为委托投资人要求的 β 值所获得的收益，在此，就是希望投资基金将 80%的资金投资于市场组合，而将 20%的资金投资于无风险资产。因此，预期要求的收益为：

$$r_1=0.2\times10\%+0.8\times16\%=14.8\%$$

所以，投资者承担风险要求获得的收益为：

$$r_1-r_f=14.8\%-10\%=4.8\%$$

第三种收益来自投资组合管理人把握市场时机交易的能力。实际的 β 值为 0.9，意味着 90%的总资产额投资于市场指数，而 10%的资产额投资于无风险资产，因此这个资产组合的预期收益为：

$$r_2=0.1\times10\%+0.9\times16\%=15.4\%$$

所以，来自市场时机选择的收益为：

$$r_2-r_1=15.4\%-14.8\%=0.6\%$$

第四种收益来自养老基金经理人选择投资品种的能力。根据法马的做法，我们需要找到一个资产组合 P″，使得它与组合 P 具有同样的总体风险。很显然，这个组合的 β 值为：

$$\beta_{P''}=\frac{\sigma_P}{\sigma_M}=\frac{15\times100\%}{12}=125\%$$

因此，该组合可以这样构建：将 125%的总资产额投资于市场组合，而将 −25%（即买空无风险资产）投资于无风险资产。这种组合的预期收益为：

$$r_3=-0.25\times10\%+1.25\times16\%=17.5\%$$

其中，来自不可分散风险的收益为：

$$r_3-r_2=17.5\%-15.4\%=2.1\%$$

而来自纯粹的有效投资资产选择的收益为：

$$r_P-r_3=20\%-17.5\%=2.5\%$$

上例简洁地表明了法马收益因素分解的全过程。

12.4.4 Ferson and Schadt（1996）的条件模型

条件模型是由费尔森（Ferson）和斯卡特（Schadt）提出的，该方法考虑了投资组合经理人会利用已知的股利、收益等公开信息调整投资策略，从而影响基金预期收益率这一因素，对投资组合评价方法进行了相应的改进。他们认为，利用这些信息可以预测股票的未来收益，而且可以预测市场的风险溢价。他们对特雷诺和梅伊的传统二次项回归模型进行了修正，在此基础上增加了一个前一时点的公开信息函数，其计算公式为：

$$R_{pt}-R_{ft}=\alpha_{cp}+\beta_1(R_{mt}-R_{ft})+\beta_2(R_{mt}-R_{ft})^2+\beta_3(R_{mt}-R_{ft})Z_{t-1}+\varepsilon_{pt}$$

式中，α_{cp}为条件α；β_1为投资组合收益的条件风险系数；β_2为择时能力指标；β_3为市场的相关变量对投资组合收益的条件风险系数的影响系数；Z_{t-1}为可用于预测t时刻投资组合收益率的$t-1$时刻公开信息的参数，即为公开信息变量。

因此，α_{cp}与原TM模型中的α_p之差是由新增的第四项的均值决定的，该项表示投资组合的条件风险系数与利用已知信息后投资基准的预期收益率的相关性：如果两者正相关，则评价时得到的超常收益率会降低；反之，如果两者负相关，则评价时得到的超常收益率会提高。

如果通过已知变量能够预测未来的市场收益，而且投资组合经理人确实利用了这些信息，那么他们就会在预期市场收益率增加时增大市场参与比例，即投资组合的条件风险系数与利用已知信息后投资基准的预期收益率正相关。而无条件调整的基金评价方法则忽略了基于这些公开信息进行调整所带来的超常收益。因此，采用条件模型得到的评价结果应该比传统评价方法的结果更悲观。然而，实证研究的结果并非如此。

Ferson and Schadt（1996）通过实证研究发现，无论是通过统计分析还是通过经济分析，投资组合经理人确实都利用了上述已知信息。此外，他们还发现，风险系数与利用已知信息后投资基准的预期收益率负相关，也就是说，当市场收益率较高时，投资组合经理人会降低其风险系数β；而当市场收益率较低时，投资组合经理人会提高其风险系数β。Ferson and Warther（1996）认为，这主要是由于当市场收益率较高时，基金（开放式）会有大量的现金流入，从而导致β下降。因此，采用条件模型对基金进行评价的结果比传统的詹森评价方法的结果更乐观。可见，实证结果与理论分析尚存在一定的偏差。

采用此模型对投资组合进行评价的难点在于，如何界定有用的公开信息？如何进行量化？如何进行相关的信息指标设定？特别是在信息披露不够规范与公开的市场上，此模型的实施将会非常困难。

12.5 进一步的研究

在前面几节中，我们对投资组合，或者说投资基金的业绩表现评估理论和实证方法进行了简要回顾。当然，这一回顾相对简单，在一定程度上没有太明显的线索，这可能与这个领域的研究还不够成熟有关系；当然，也在很大程度上与我们对这个领域的理解能力有限有很大关系。为了使读者对该领域有一个整体的理解，下面将对这个领域做一个简单的整体介绍。

如果想在最短的时间内对投资组合业绩的研究历史沿革有一个初步的认识，Shukla and Trzcinka（1992）以及 Ippolito（1993）这两篇论文是很不错的概括介绍。我们可以通过这些综述了解到哪些是重要的文献，从而按图索骥、提高研究的效率。当然，在 1993—2003 年这 10 年内，又涌现出了大量关于投资组合业绩评估的文献，但到目前为止，尚未出现更好、更新的综述，这可能与这个研究领域的经济理论发展并不成熟有关。有兴趣的读者可以通过互联网，搜索美国一些著名经济学系或者商学院中金融学教授最新的关于互助基金业绩表现的论文。

Treynor（1965）、Sharpe（1966）和 Jensen（1968）这三篇关于投资组合业绩表现度量问题的文献是这个研究领域中里程碑式的著作，也是研究这一领域的学者必看的三篇文献。目前，国内引进的一些 MBA 层次的教科书大多有这三个文献以及对应指标的简要介绍。但是，如果要深入了解这些指标背后的假设和经济含义，则需要对原文进行仔细阅读和体会。

Chang and Lewellen（1985）和 Connor and Korajczyk（1986）这两篇文献利用 APT 资产定价模型度量投资基金的业绩表现；而 Lehmann and Modest（1987）则讨论了我们在研究投资组合业绩表现时所用的基准对研究结果的影响，这对以后的研究人员具有很强的启示作用。从该领域的沿革看，基准的选用以及它对计量结果的影响始终是一个引起广泛关注的问题。

另一些文献从经济理论的角度探讨了基金业绩问题，比如 Admati，Bhattacharya，Pfliederer and Ross（1986）和 Dybvig and Ross（1985a，1985b）这三篇经典文献。对投资组合经理人把握市场时机能力的讨论也是业绩评估这一研究领域的重要组成部分。简单地说，如果投资组合经理人具有很好的把握时机的能力，适时进行买卖操作，那么这个投资组合的业绩应该更好一些。Henriksson and Merton（1981）从理论的角度对这一问题进行了探讨，Henriksson（1984）进一步从实证的角度检查投资组合经理人是否通过选择市场时机进行投资运作。

从实证金融这个角度看，Grinblatt and Titman（1989a，1994）以及 Malkiel

(1995) 运用理论提供的评估方法，对投资组合业绩进行了实证模型分析。从整体结果看，大部分学者的研究表明，投资组合经理人并没有超越市场整体趋势的高超能力，也没有取得优于大盘的业绩表现。尽管 Ippolito (1989) 指出，已有的证据表明投资组合经理人具有超越市场的能力；然而，Elton，Gruber，Das and Hlavka (1993) 的研究表明，Ippolito (1989) 在计量方法上存在一些缺陷，在纠正了这些计量缺陷后，他们发现，没有证据表明投资组合经理人具有超越大盘的能力。

然而，无论这些计量模型是支持投资组合经理人超越市场论的，还是反对这一论点的，都隐含地利用已有的资产定价理论模型去衡量投资组合的业绩表现。然而，已有的资产定价模型却受到了 Roll (1978) 的批评。一些研究人员，如 Cornell (1979) 和 Grinblatt and Titman (1993) 为了避免这一批评，设计出新的计量验证方法，使得这些方法并不依赖于某一特定的资产定价模型，从而使计量结果更加稳健。

此外，还有两类关于投资组合业绩的研究，它们是投资组合表现的持续性问题 (performance persistence) 以及生存者偏差 (survivorship bias) 问题。对于前一个研究方向，读者可以参阅 Hendricks，Patel and Zeckhauser (1993)，Brown and Goetzmann (1995)，Grinblatt and Titman (1992)，Elton-Gruber and Blake (1996) 这四篇优秀的论文。Brown，Goetzmann，Ibbotson and Ross (1992) 探讨了生存者偏差问题对业绩表现衡量准确性的影响，这一想法在 Grinblatt and Titman (1989a) 中也得到一定程度的体现。生存者偏差这一思考计量问题的思路如今已被运用到其他金融学研究分支中，比如对股权溢价 (equity premium) 的解释［参见 Haitao Li and Yuewu Xu (2002)］。

上面对投资组合业绩评估这个领域的文献进行了一个简单的梳理，有兴趣的读者在阅读这些文章时，要尽量理解每篇文章的核心要点，并了解同一问题的研究脉络，揣摩这些经济学者是如何用科学的精神挑战已有的结论，以及如何创建模型加以反驳的；正是这种怀疑与挑战精神推动了学术研究的不断进步。

本章小结

无论是理论界还是实务界，对投资组合业绩进行评价的主要手段是借助一些评价指标，将各个投资组合与设定的基准进行横向与纵向的比较，或者各个投资组合之间进行横向与纵向的比较，并以此鉴定投资组合的优劣。因此，科学、合理地评价投资组合业绩首先需要解决两个基本问题：第一，建立恰当的投资组合业绩评价指标，并以此对投资组合业绩给出定量的评述；第二，设定合理的评价基准，区分投资组合业绩的优劣程度。

考察投资组合管理业绩的一个重要出发点是观察它是否具有超额收益能力，而超额收益能力是否存在以及大小的衡量与所选择的评价基准紧密相关。许多评价指标在不同的评价基准上具有不同的形式和含义。例如，特雷诺指数使用投资组合的风险溢价除以表示系统性风险的系数 β，以此反映该投资组合承担的每单位系统性风险所带来的风险收益；夏普指数是将投资组合的风险溢价与投资组合的总风险相对应，再经过调整得到的；詹森指数是绝对绩效指标，表示投资组合收益率与在相同系统性风险水平下的市场组合收益率的差异；信息比率是用资产组合的 α 值除以非系统性风险，测算的是每单位非系统性风险所带来的非常规收益，衡量该风险组合中积极型组合业绩的指标；M^2、M^3 测度指标则是在这些基本指标上的再修正。

时机选择指标是指对投资组合经理人选择投资品种的能力的测度。特雷诺和梅伊（1966）、昌和卢埃林（1984）等采用 CAPM 来描述投资组合经理人的择时能力和选股能力。默顿（1981）认为，成功把握市场时机的投资组合收益模式与某种期权投资策略所产生的收益图形是类似的。法马通过将投资组合的收益分解来分析时机选择能力。费尔森和斯卡特（1996）提出的条件模型考虑了投资组合经理人会利用已知的股利、收益等公开信息调整投资策略，从而影响投资组合预期收益率这一因素，对投资组合评价方法进行了相应的改进。

本章关键问题

- 投资组合收益率的经济内涵及其选择
- 夏普指数的经济内涵及其测度
- 特雷诺指数的经济内涵及其测度
- 詹森指数的经济内涵及其测度
- 夏普指数、特雷诺指数和詹森指数之间的联系与差异
- 多因素绩效评价模型的经济内涵
- 时机选择评价模型的经济内涵
- 证券选择能力评价模型的经济内涵

本章思考题

一、名词解释

投资组合业绩衡量	夏普指数	特雷诺指数
信息比率	市场时机	业绩分解

二、简答题

1. 什么是夏普指数？它成立的前提条件是什么？
2. 什么是特雷诺指数？它成立的条件是什么？
3. 什么是信息比率？它成立的条件是什么？
4. 以上三个指标在评价投资组合业绩时各有什么优点和缺点？
5. 为什么评估投资组合业绩时要确立合理的基准？

三、计算题

1. 某年的国债利率为 6%，市场回报率为 14%，某投资组合经理人的 β 值为 0.5，实现的收益率为 10%。请以投资组合的 α 为基础来评价这个经理人的表现。

2. 以当前的股利收益和资本收益为基础，投资组合A和投资组合B的预期收益率分别是11%和14%，投资组合A的β值是0.8，而投资组合B的β值是1.5。当前的国债利率是6%，而沪深300指数的预期收益率是12%。投资组合A的标准差是每年10%，而投资组合B的标准差是每年31%，并且沪深300指数的标准差为20%。

(1) 如果你现在已持有市场指数投资组合，你会选择增持以上两个投资组合中的一个吗？试解释。

(2) 如果你只能投资于国债和其中一个投资组合，你会选择哪一个组合？

第 13 章 债券组合管理

学习目标

- 债券的价值实质是债券未来所有现金流的现值总和，在计算中要根据已知的票面利率、时间、折现率等条件具体计算债券的价值。
- 利率期限结构理论用于解释不同期限债券收益率之间的关系，主要有四种：无偏预期理论、流动性偏好理论、特定期限偏好理论和市场分割理论。
- 债券的久期用来衡量债券价格的收益率敏感性，当收益率变化较大或收益率曲线非平行位移时，用久期估计价格变化就会产生较大的误差，此时就需要考虑价格-收益率曲线的凸度性质。
- 可转换债券实际上是一种集股票和债券于一体的混合证券，以公司债的形式发行，持有者可在到期日前以一定的条件转换成公司的股票；通常用二叉树定价方法计算可转换债券的价值。

13.1 债券定价理论

在讨论债券定价之前，我们必须清楚这样一个事实：资金具有时间价值。投资者在今天的 100 元与 1 年后的 100 元之间进行选择时，都愿意今天拿到 100 元，为什么？这就是资金的时间价值。那么，投资者愿意支付多少钱换取一年后的 100 元？这就涉及固定收益证券或债券的定价问题，本节将具体讨论债券的定价理论与应用。

13.1.1 债券的价格

任何金融产品的定价都相当于求解该产品未来产生的预期现金流的现值，债券的定价也不例外。

13.1.1.1 简单情况下附息债券价值的计算

债券未来现金流入的现值，称为债券的内在价值，简称债券价值，或者说是债券的理论价格。只有当债券的价值大于市场上的购买价格时，债券才值得购买。因此，债券价值是确定债券投资决策时使用的主要指标之一，如果要决定应该为某种债券支付多少，就必须计算出它的价值。典型的债券是附息债券，它具有固定票面利率、按年支付利息和到期归还本金的特点。计算这种最典型、最简单的债券的价值（理论价格），应该遵循以下四个步骤：

（1）选择适当贴现率。

（2）计算所有利息的现值之和。

（3）计算本金的现值。

（4）将两个现值相加，得到债券的价值。

1. 选择适当贴现率

计算债券价值所采用的适当贴现率是投资者对该债券要求的收益率。一般来说，某种债券的适当贴现率接近于市场上存在的其他类似债券提供的到期收益率。可以选取市场上存在的其他类似债券的收益率作为参考利率，考虑拟估值债券与参考债券的异同点，然后进行相应的调整，最终得出该债券的适当贴现率。

为了进一步理解影响债券适当贴现率的因素，下面介绍适当贴现率。从理论上说，某种债券的适当贴现率可以用公式（13-1）表示：

$$Y_n = R_{f,n} + \mathrm{DP} + \mathrm{LP} + \mathrm{TA} + \mathrm{CALLP} + \mathrm{PUTP} + \mathrm{COND} \qquad (13-1)$$

式中，Y_n 为 n 年期债券的适当贴现率；$R_{f,n}$ 为 n 年期政府债券的适当贴现率（到期收益率）；DP 为信用风险报酬；LP 为流动性风险报酬；TA 为税收调整的利差；CALLP 为可提前偿还而产生的溢价（正利差）；PUTP 为可提前兑付而产生的折价（负利差）；COND 为可转换性导致的折价。

由公式（13-1）可知，某种债券的适当贴现率（即投资者对某种债券要求的收益率）取决于多种因素，如发行者的信用状况、期限、流动性风险、税收规定以及债券的一些特殊条款。债券的违约风险、流动性风险越大，投资者要求的收益率就应该越高。由于政府债券没有违约风险、流动性最强，因此具有相同期限的政府债券的到期收益率构成了债券的基准利率。另外，如果债券赋予发行者可提前偿还的权利，这对发行者有利、对投资者不利，投资者就会要求更高的收益率以弥补自己的损失；相反，如果赋予投资者可提前兑付的权利，则投资者对债券要求的收益率可以降低。同理，在其他条件相同的情况下，可转换债券的收益率也会更低一些。税收规定是影响债券适当贴现率的重要因素，由于某些债券的利息免缴所得税，如我国的政府债券和金融债券，所以在其他条件相同的前提下，免税债券的适当贴现率更低，因为投资者关心的是税后收益率。

在下面计算债券价值的过程中，我们假定适当贴现率是已知的。

2. 计算所有利息的现值之和

债券在到期日之前的利息支付构成一笔年金，我们在以后的例题中将只考虑普通年金的情况，并假设支付均发生在每期期末。利息的现值之和可以使用普通年金的现值公式来计算：

$$\mathrm{APV}=\sum_{t=1}^{n}\frac{C}{(1+r)^t}$$

式中，APV 为一系列利息的现值；C 为利息；r 为每年的适当贴现率；n 为利息支付的总次数。

【例 13-1】 有一种刚刚发行的附息债券，面值是 1 000 元，票面利率为 9%，每年付一次利息，下一次利息支付正好在 1 年以后，期限为 10 年，适当贴现率是 10%。试计算该债券所有利息的现值总和。

解：

$$\text{利息的现值总和}=\sum_{t=1}^{10}\frac{90}{(1+0.10)^t}=90\times\frac{1-(1/1.10)^{10}}{0.10}=553.01(\text{元})$$

3. 计算本金的现值

本金的现值计算利用的是复利现值公式：

$$\mathrm{PV}=F/(1+r)^n$$

式中，PV 为本金的现值；F 为本金；r 为每年的适当贴现率；n 为距到期日的年数。

我们继续上例的计算，则

$$\text{该债券本金的现值}=1\,000/(1+0.1)^{10}=385.54(\text{元})$$

4. 将两个现值相加，得到债券的价值

债券的价值是利息现值和本金现值的加总，上例中债券的价值为：

$$553.01+385.54=938.55(\text{元})$$

由此，我们可以总结出债券价值的计算公式如下：

$$V=\sum_{t=1}^{M}\frac{C}{(1+r)^t}+\frac{F}{(1+r)^M} \tag{13-2}$$

式中，V 为债券的价值；C 为利息；F 为本金；M 为债券的期限年数，即距到期日的年数；r 为年度的适当贴现率；t 为现金流发生的年数。

更一般的债券价值公式可以表示为：

$$\begin{aligned}V&=\sum_{t=1}^{M}\frac{C_t}{(1+r)^t}+\frac{F}{(1+r)^M}\\&=\frac{C_1}{1+r}+\frac{C_2}{(1+r)^2}+\cdots+\frac{C_M}{(1+r)^M}+\frac{F}{(1+r)^M}\end{aligned} \tag{13-3}$$

式中，C_t 为第 t 年支付的利息（现金流）；其他各项的含义与公式（13-2）中的相同。

13.1.1.2 复杂情况下债券价值的计算

前文在计算债券价值时，假设债券按年支付利息，并且下次利息支付正好是 1 年以后。但在实践中，有些债券是半年支付一次利息，有些债券则按季度或按月支付利息，还有些债券是零息债券；此外，投资者购买债券的时间一般都是在两个利息支付日之间，也就是下一次利息支付并不是正好在一个支付期后，如 1 年后、半年后、1 季度后或 1 个月后等，而是在一个支付期以内。因此，公式（13-2）必须根据上述情况进行调整。

1. 各种利息支付频率下的债券价值

（1）一年支付多次利息的债券价值。如果债券每半年支付一次利息，那么公式（13-2）必须在以下三个方面进行调整：①利息的支付次数要乘以 2，即利息支付次数是原来债券期限年数的两倍；②年票面利率除以 2，每次支付的利息只是按年支付时利息的一半；③适当贴现率也相应地变为年适当贴现率的一半。

【例 13-2】 仍沿用例 13-1，唯一的改变是每半年支付一次利息。在半年支付一次利息的情况下，有

$$每次支付的利息=面值\times\frac{票面利率}{2}$$

即

$$每次支付的利息=1\ 000\times\frac{9\%}{2}=45(元)$$

$$支付利息的次数=2\times债券期限年数=2\times10=20$$

$$适当贴现率=\frac{年适当贴现率}{2}=10\%/2=5\%$$

该债券的理论价格计算如下：

$$V=\sum_{t=1}^{20}\frac{45}{(1.05)^t}+\frac{1\ 000}{(1.05)^{20}}=45\times\frac{1-(1.05)^{-20}}{0.05}+\frac{1\ 000}{(1.05)^{20}}=937.69(元)$$

遵循同样的思路，可以很容易地计算按更高频率支付利息的债券价值。例如，计算按季度支付利息的债券价值时，利息支付次数等于债券期限年数乘以 4，每次支付的利息则等于面值乘以票面利率的 1/4，适当贴现率也变为原来的 1/4。更一般地，如果某债券的面值为 F，期限年数（按年计算的期限）为 M，每年支付 n 次利息，以年度百分数表示的适当贴现率为 r，则该债券的价值可按如下计算：

$$V=\sum_{t=1}^{M\times n}\frac{C}{(1+r)^t}+\frac{F}{(1+r)^{M\times n}} \tag{13-4}$$

（2）零息债券价值的计算。零息债券在到期日前不支付任何利息，只在到期日支付一次性现金流。投资者购买零息债券的收益来自购买价格与到期日价格之间的价差。零息债券的价值仍然是预期现金流的现值，在这里，预期现金流只包括到期日支付的现金流。

零息债券价值的计算公式为：

$$V=\frac{F}{(1+r)^n} \tag{13-5}$$

式中，V 为零息债券的价值；F 为到期价值；r 为每期适当贴现率；n 为距到期日的期数。

零息债券的计算要与附息债券保持一致。在我国和欧洲，附息债券多为按年付息，零息债券的 r 就采用年利率，n 是距到期日的年数。在美国，债券多为半年付息，尽管零息债券不付息，但在计算其价值时也要将它的以年利率表示的适当贴现率除以 2，转化为每期适当贴现率；将距到期日的年数乘以 2，转化为期数。

【例 13-3】 美国债券市场上交易的一种零息债券，距到期日还有 10 年，到期价值是 5 000 元，年适当贴现率是 8%，计算该债券的价值。

解：

$$每期贴现率\ r=\frac{8\%}{2}=4\%$$

$$距到期日的期数\ n=10\times 2=20$$

则

$$V=\frac{5\ 000}{(1+4\%)^{20}}=2\ 281.93(元)$$

（3）期限不足 1 年的债券价值。当某种零息债券的期限不足 1 年时，通常采用以年利率表示的适当贴现率，债券的期限用年来衡量，将债券的期限表示为 1 年的某个分数值，1 年通常按 365 天计算。期限不足 1 年的零息债券的价值可按照下式计算：

$$V=\frac{F}{(1+r)^{T/365}} \tag{13-6}$$

式中，V 为债券价值；r 为以年利率表示的适当贴现率；F 为零息债券到期日支付的现金流；T 为距到期日的天数。

【例 13-4】 某个零息债券 70 天后支付 100 元，该债券的年度适当贴现率为 8%，求该零息债券的价值。

解： 该债券的期限为 70/365 年，则

$$V=\frac{100}{(1.08)^{70/365}}=98.53(元)$$

2. 在两个利息支付日之间购买债券

（1）下一次利息支付是在一个利息支付期以内。我们在先前的债券价格计算中做了这样的假设：下一次利息支付恰好是在一个利息支付期（两次利息支付之间的时间长度）以后，用一个统一的利率去贴现所有的现金流。事实上，投资者常常在两个利息支付日之间购买债券，也就是下一次利息支付是在一个利息支付期以内。在这种更普遍的情况下，如何确定债券的价值呢？下面给出计算公式：

$$V=\sum_{t=1}^{M}\frac{C}{(1+r)^{n}(1+r)^{t-1}}+\frac{F}{(1+r)^{n}(1+r)^{M-1}} \tag{13-7}$$

式中，V 为债券的价值；C 为利息支付；F 为债券的面值；M 为距到期日的期数；r 为每期贴现率；n 为价格清算日距下一次利息支付日之间的天数/利息支付期的

天数。

在确定两个日期之间相距的天数时，头、尾两天只能计算一次，不能重复，即所谓的“算头不算尾”或“算尾不算头”。例如，7 月 11 日与 8 月 8 日之间相距的天数是 28 天。这种算法计算的是实际天数；还有一种常用的算法是把每个月都计为 30 天，一年计为 360 天，记作 30/360。按照这种算法，7 月 11 日与 8 月 8 日之间相距的天数是 27 天。

【例 13-5】 一种半年付息的债券，面值为 1 000 元，票面利率是 10%，2008 年 4 月 1 日到期。每年的 4 月 1 日和 10 月 1 日分别支付一次利息。如果投资者在 2019 年 7 月 10 日购买，该债券的适当贴现率是 6%，则该债券的价值是多少？

解：下一次利息支付是在 2019 年 10 月 1 日，我们采用 30/360 的天数计算方法。价格清算日距下一次利息支付日之间的天数，即 2019 年 7 月 10 日与 10 月 1 日之间的天数，为 81 天。利息支付期为半年，即 180 天，那么 $n=81/180=0.45$。该债券价值的计算见表 13-1。

表 13-1 一般情况下债券价格的计算

期数	现金流（元）	现金流的现值（元）（$r=3\%$）
0.45	50	$50/1.03^{0.45}=49.34$
1.45	50	$50/1.03^{1.45}=47.90$
2.45	50	$50/1.03^{2.45}=46.51$
3.45	50	$50/1.03^{3.45}=45.15$
4.45	50	$50/1.03^{4.45}=43.84$
5.45	50	$50/1.03^{5.45}=42.56$
6.45	50	$50/1.03^{6.45}=41.32$
7.45	50	$50/1.03^{7.45}=40.12$
8.45	50	$50/1.03^{8.45}=38.95$
9.45	1 050	$1\,050/1.03^{9.45}=794.10$
总计		1 189.79

因此，该债券的价值是 1 189.79 元。

（2）净价和应计利息。当投资者在两个支付日之间购买债券时，债券发行人通常是在下一个支付日将本期利息付给债券购买者，债券出售者无法获得本期利息。但是，由于出售者是在两个支付日之间卖出债券的，他对这个支付期的利息也有分享的权利，因此债券购买者必须将下次利息支付的一部分付给出售者作为补偿，这部分利息称为应计利息（accrued interest）。应计利息是利息从上一次利息支付日开始直至价格清算日的这段时间内增加的价值，可以用下式计算：

$$\mathrm{AI}=C\times\frac{\text{上一次利息支付日距价格清算日之间的天数}}{\text{利息支付期的天数}} \tag{13-8}$$

式中，AI 为应计利息；C 为利息。

【例 13-6】 在例 13-5 中，计算应计利息。

解：上一次利息支付日距价格清算日之间的天数（即 2019 年 4 月 1 日与 7 月 10 日之间的天数）为 99 天，利息支付期的天数为 180 天，因此有

$$AI=50\times\frac{99}{180}=27.5(\text{元})$$

在实践中，根据债券的标价中是否包括应计利息，可以分为全价交易制度和净价交易制度。在全价交易制度下，债券报价（全价）就是买卖债券实际支付的价格，债券购买者实际支付的价格就是报价；在净价交易制度下，债券报价并不是买卖债券实际支付的价格，债券的购买者除了向债券出售者按照报价（净价）进行支付外，还要支付应计利息。采用净价交易制度可以减少由于利息支付给债券报价带来的影响。我国债券市场上采用的是净价交易制度。全价和净价的关系如下：

全价＝净价＋应计利息

【例 13－7】 某种债券的面值为 10 000 美元，票面利率为 6%，按半年支付利息。该债券的净价报价为 9 332.17 美元，现在距上次利息支付已经过去了 72 天，该债券购买者实际支付的价格（全价）是多少？

解：

全价(支付价格)＝9 332.17＋(72/182)[①]×300＝9 450.85(美元)

13.1.1.3 对债券价格的几点说明

1. 债券价格和面值的关系

在例 13－1 中，债券的价值是 938.55 元，低于面值 1 000 元，主要原因是适当贴现率与票面利率不同。在此例中，债券的票面利率为 9%，如果债券按照面值销售，债券提供的回报率是 9%。[②] 然而，投资者对该债券要求的回报率（适当贴现率）为 10%，因此该债券的价格偏高，投资者不会按照面值购买债券，故该债券的价格就会降低，直到债券价格降低到这样的均衡水平：债券价格低于面值所形成的资本利得[③]正好弥补了票面利率低于适当贴现率的利差部分。同理，如果债券的票面利率超过了投资者要求的回报率，投资者就会竞相购买，导致债券价格升高，则债券的价格就会超过面值，价格超过面值所形成的资本损失正好抵消了票面利率高于适当贴现率的利差部分。当票面利率正好等于投资者要求的回报率时，债券就按照面值出售。因此，债券价格和面值的关系主要取决于票面利率和适当贴现率之间的关系，可总结如下：

当票面利率＜适当贴现率时，价格＜面值，为折价债券

当票面利率＝适当贴现率时，价格＝面值，为平价债券

当票面利率＞适当贴现率时，价格＞面值，为溢价债券

---

① 按市场约定俗成的惯例，此处半年假设为 182 天。

② 这方面的准确、详细分析请参阅第 4 章的相关内容。

③ 债券价格在到期日就等于面值，因此投资者按低于面值的价格购买的债券持有到期将会获得价格上涨形成的资本利得；投资者按高于面值的价格购买的债券持有到期将会获得价格降低形成的资本损失。

2. 影响债券价格的因素

债券的价格不断波动，哪些因素导致债券价格的波动呢？从公式（13-2）可以很容易地看出，唯一的变化因素就是适当贴现率。从债券定价的公式中，我们发现了一个重要规律：债券价格与适当贴现率呈反方向变动。

导致适当贴现率变化的因素都会影响债券的价格。如果金融市场的利率水平升高，意味着所有债券的适当贴现率都跟着提高，即基准利率提高了，这将导致债券价格的下跌；如果公司的信用风险增加，信用风险报酬就会增加，导致适当贴现率增加，最终导致债券价格下跌。公司信用风险状况的变化是影响公司债券价格的重要因素。

时间也是导致债券价格不断变化的重要因素。债券在到期日的价格肯定等于面值，因而随着到期日的临近，债券的价格逐渐趋于面值。因此，随着时间的流逝，债券价格也不断变化。下面通过一个具体的例子来说明。假设期限为 10 年、面值为 100 元的某债券的适当贴现率在整个期限内都保持不变。如果该债券的适当贴现率等于票面利率，那么在整个期限内该平价债券的价格保持不变，始终等于面值；如果适当贴现率高于票面利率，那么随着到期日临近，该折价债券的价格逐渐增加，直至到期日等于面值；如果适当贴现率低于票面利率，那么随着到期日临近，该溢价债券的价格逐渐降低，直至到期日等于面值。

3. 债券的现金流不确定

到目前为止，我们假定债券未来所有现金流的数额和支付时间都是确定的。但有些债券，如浮动利率债券、附加选择权的债券，其未来现金流的数额或支付时间都是不确定的。显然，用上面介绍的方法为这类债券进行估值是不正确的。对附加选择权的债券进行估值，读者可以参考固定收益证券的专门教材进行深入学习。

13.1.2 利率期限结构

13.1.2.1 利率期限结构概述

在实践中，我们发现不同期限债券的收益率是不同的。通常说来，在其他条件都一样的情况下，短期债券的收益率会低于长期债券的收益率。在少数情况下，短期债券的收益率也可能高于长期债券收益率。因此，不同期限债券的收益率会随着债券期限的不同而出现变化，见图 13-1。

这就是利率期限结构。利率期限结构用来揭示债券的收益率与债券的到期期限之间的关系。但是，为什么不同期限债券的收益率会表现出如此大的差异？这就是利率期限结构理论的内容。解释不同期限债券收益率之间关系的利率期限结构理论主要有四种：①无偏预期理论（unbiased expectation theory）；②流动性偏好理论（liquidity preference theory）；③特定期限偏好理论（preferred habitat theory）；④市场分割理论（market segmentation theory）。

需要注意的是，在讨论这四种利率期限结构理论的时候，为了剔除其他影响债

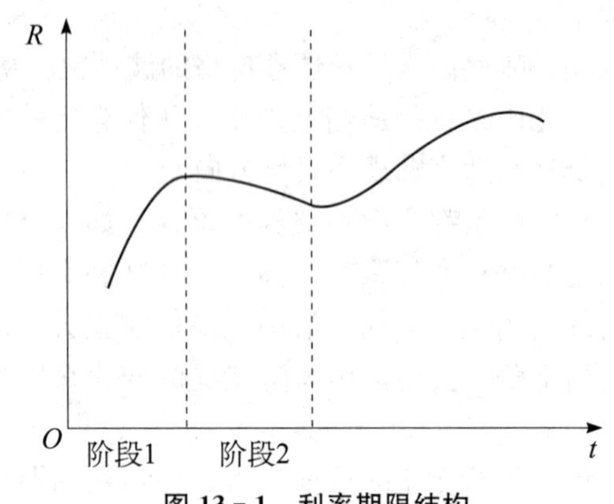

图 13-1 利率期限结构

券收益率的因素，我们研究的是政府债券（无风险债券）即期利率（而不是到期收益率）的期限结构。[①] 实际上，这里研究的是一种特殊的收益率曲线——即期利率曲线（spot rate curve），即不同期限政府债券的即期利率与各自期限的关系。

为了介绍利率期限结构理论，必须先介绍两个重要的术语：即期利率（spot interest rate）和远期利率（forward interest rate）。即期利率就是零息债券（纯贴现债券）的到期收益率。即期利率可以用如下公式表示：

$$P_t = \frac{M_t}{1+s_t}$$

式中，P_t 为零息债券的价格；M_t 为零息债券到期日的价值；s_t 为即期利率。

远期利率是指从未来某个日期开始的远期债务合约所要求的利率。下面通过一个例子来解释远期利率的定义。假设某个一年期零息债券的即期利率为 8%，而另一个两年期零息债券的即期利率为 10%。如果投资者将 1 元钱投资在一个两年期零息债券上，两年后将获得 $1\times(1.10)^2$ 元。那么，从现在看，第 2 年（第 2 年初到第 2 年末）的远期利率是多少呢？第 2 年的远期利率可计算如下：

$$\frac{1\times(1.10)^2}{1.08}-1=12.04\%$$

当投资者投资即期利率为 10%的两年期零息债券时，他在两年到期时获得的收益与另一种滚动投资策略获得的收益是相等的。滚动投资策略就是在第 1 年按照 8%的收益率进行投资，接着在第 2 年将第 1 年获得的全部本息收入按照确定的 12.04%的收益率再进行投资。在此，根据一年即期利率和两年即期利率推导出来的第 2 年的收益率 12.04%就是第 2 年的远期利率。一般来说，如果给定一年期即期利率 s_1 和两年期即期利率 s_2，就可以用下面的关系式计算出第 2 年的远期利率 $f_{1,2}$：

① 更准确的说法是，收益率曲线和利率期限结构并不完全相同，前者是指到期收益率与期限的关系，而后者是指即期利率与期限的关系。在实践中，要想正确计算债券的价格，必须利用利率期限结构而不是收益率曲线。

$$(1+s_1)(1+f_{1,2})=(1+s_2)^2$$

根据上述推理可以计算出将来任何一年的远期利率，远期利率和即期利率的关系如下：

$$(1+s_{t-1})^{t-1}\times(1+f_{t-1,t})=(1+s_t)^t \tag{13-9}$$

将公式（13-9）进一步展开，可以推导出以下关系式：

$$(1+s_1)\times(1+f_{1,2})\times(1+f_{2,3})\times\cdots\times(1+f_{t-1,t})=(1+s_t)^t \tag{13-10}$$

式中，$f_{t-1,t}$为第 t 年的远期利率，即第 $t-1$ 年底到第 t 年底这一年中的远期利率；s_{t-1}为第 $t-1$ 年的即期利率；s_t 为第 t 年的即期利率。

13.1.2.2 利率期限结构理论

1. 无偏预期理论（纯预期理论）

无偏预期理论假设：①债券持有人风险中性，对期限不同的债券没有特殊偏好，投资者仅考虑（到期）收益率而不关心债券的利率风险，或是在无风险的确定环境下进行投资；②所有市场参与者都有相同的预期，金融市场是完全竞争的；③在投资人的资产组合中，期限不同的债券可以完全替代。基于这样的假设，利率将保持在这样一个水平，该利率使得第 t 年的远期利率与预期的第 t 年即期利率正好相等[①]，即

$$f_{t-1,t}=es_{t-1,t} \tag{13-11}$$

式中，$es_{t-1,t}$为预期的第 t 年即期利率。

将公式（13-11）代入公式（13-10），可以得出如下结果：

$$(1+s_1)\times(1+es_{1,2})\times(1+es_{2,3})\times\cdots\times(1+es_{t-1,t})=(1+s_t)^t \tag{13-12}$$

从公式（13-12）可以看出，无偏预期理论认为，收益率曲线的形状主要由市场预期的未来短期利率水平决定。向上倾斜的收益率曲线就是因为市场预期未来的短期利率会上升。向上倾斜的收益率曲线意味着 $s_t>s_{t-1}$，由公式（13-9）和公式（13-11）可推导出如下结果：

$$(1+s_{t-1})^{t-1}(1+es_{t-1,t})=(1+s_t)^t \tag{13-13}$$

由公式（13-13）可知，$es_{t-1,t}>s_{t-1}$，即市场预期未来的短期利率会上升；同理，向下倾斜的收益率曲线是因为市场预期未来的短期利率会下降；水平的收益率曲线则是市场预期未来的短期利率将基本保持稳定；而峰形的收益率曲线则是市场预期较近的一段时期短期利率将会上升，而在较远的时期，市场预期短期利率将会下降，见图 13-2。

为了更深入地介绍无偏预期理论，下面以一个实例说明。

【例 13-8】 债券市场上存在两种债券：即期利率为 7%的一年期债券和即期利率为 8%的两年期零息债券。投资者最初的投资额为 1 元。如果计划投资期为两年，

① 一般来说，该理论认为将来任何一段时期内远期利率与该时期内预期的即期利率都相等。

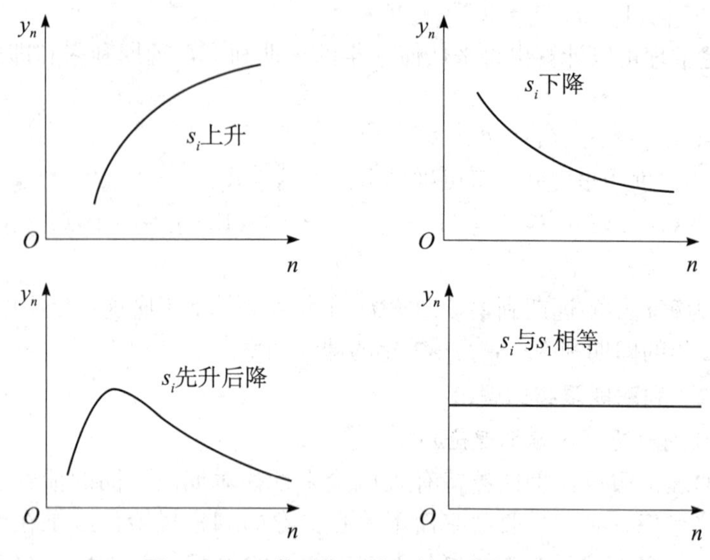

图 13-2 无偏预期理论下的利率期限结构

那么有两种投资策略可供投资者选择：

（1）期限匹配策略。购买两年期债券，持有至到期。持有期和债券本身的期限吻合，2 年后投资者的收入为 $1\times(1+8\%)^2=1.1664$。

（2）滚动策略。投资者持有一年期债券，一年后将取得的全部收入用于购买其他债券，第一年末投资者获得的确定收入为 $1\times(1+7\%)=1.07$。然后，投资者将第一年底的所有收入 1.07 元再投资于 1 年期债券。该投资者不能确切知道 1 年后的 1 年期即期利率，只能对之进行预测，将投资者预期的 1 年后的 1 年期即期利率记为 $es_{1,2}$。那么，投资者在第 2 年底的收入预期值为 $1\times(1+7\%)\times(1+es_{1,2})$。

投资者会对这两种策略的未来收益进行预期，并选择预期收益率更高的投资策略。根据前面的定义，第 2 年的远期利率 $f_{1,2}=(1+8\%)^2/(1+7\%)-1=9\%$。作为一个整体，市场参与者预期的第 2 年即期利率（$es_{1,2}$）能否超过第 2 年的远期利率（9%）？不可能！假设预期的第 2 年即期利率为 10%，超过了第 2 年的远期利率 9%。滚动策略在第二年末的预期收入将是 $1.07\times(1+10\%)=1.177$，由于 $1.177>1.1664$，说明在预期的第二年即期利率为 10%时，滚动策略的预期收益将超过期限匹配收益。这会促使投资者争相购买一年期债券，导致一年期债券的利率降低；投资者抛售两年期债券，导致两年期债券的即期利率上升。上述行为会降低一年期债券的利率、提高两年期债券的利率，最终会使两种投资策略的预期收益一致。只有这样，市场上各种期限的债券供求才能处于均衡。同理，市场参与者预期的第 2 年即期利率也不可能低于第 2 年的远期利率。所以在市场均衡状态下，无偏预期理论认为第 2 年的远期利率正好等于市场预期的第 2 年即期利率。

再考虑另一种情况。投资者的投资计划期只有一年，现在供投资者选择的策略仍有两种：

（1）买 1 年期债券，第 1 年底的收入为：

$$1\times(1+7\%)=1.07$$

（2）买 2 年期债券，在第 1 年底将债券卖出，在第 1 年底的预期收入为：

$$\frac{(1+8\%)^2}{1+es_{1,2}}=\frac{(1+7\%)(1+9\%)}{1+es_{1,2}}$$

只有当第 2 年的远期利率（9%）正好等于市场预期的第 2 年即期利率时，上述两种策略的预期收益才能相等。

上述分析表明，无偏预期理论认为，在市场均衡状态下，第 2 年远期利率正好等于市场预期的第 2 年即期利率，用公式可表示为：

$$f_{1,2}=es_{1,2} \tag{13-14}$$

根据同样的推理，很容易推导出公式（13-11）。

2. 流动性偏好理论

总的来说，投资者是风险厌恶者，而期限越长的债券，利率风险越大。在其他条件都相同的情况下，投资者偏好期限更短的债券。仍以上面的例子说明这个观点。不论投资者的计划投资期是一年还是两年，如果两种投资策略的预期收益相同，投资者会倾向于期限短的一年期债券。如果投资者的计划投资期是一年，投资者可以购买一年期债券，年底获得确定的收入 1.07 元；也可以购买两年期债券，年底将未到期的债券售出，年底获得的收入为 $(1+8\%)^2/(1+s_{1,2})$。由于投资者在决策时无法确切地知道第 2 年的实际即期利率（$s_{1,2}$），只能对第 2 年的即期利率进行预期。因此，投资者在第 1 年底的收入是不确定的。

如果投资者的计划投资期是两年呢？投资者会意识到，将来可能会出现预料不到的资金需求而需要提前将债券卖掉，购买一年期（短期）债券将能确保投资者在第 1 年底获得一个稳定的收入；而投资者购买两年期债券并在第 1 年底销售，第 1 年底的收入是不确定的。[①]

因此，无论投资者的计划投资期是一年还是两年，购买两年期债券都面临着更大的风险。投资者要求两年期债券比滚动投资策略提供更高的预期报酬。而对于债券发行人而言，发行长期债券可以避免短期债券滚动发行的高额发行成本并且可以降低利率风险，因此，债券发行人也愿意为长期债券支付更高的利率。综上所述，在均衡状态下，长期债券比滚动策略的预期收益率更高，用公式表示就是：

$$(1+s_2)^2>(1+s_1)(1+es_{1,2}) \tag{13-15}$$

由即期利率和远期利率的关系可推导出如下结论：

$$f_{1,2}>es_{1,2}$$

更一般的结论是：

---

① 在计划投资期为两年时，滚动策略和期限匹配策略都面临着利率风险。前者承受再投资风险，即投资者无法预先知道第 2 年利率的确切值；后者承受价格风险，即提前变现时由于利率上升而导致资本损失。流动性偏好理论的支持者认为再投资风险很小，可以忽略不计，唯一需要考虑的就是价格风险。

$$f_{t-1,t} > es_{t-1,t} \tag{13-16}$$

远期利率和预期的即期利率的差额称为流动性报酬（$L_{t-1,t}$），又称风险报酬，可用公式表示为：

$$f_{t-1,t} = es_{t-1,t} + L_{t-1,t} \tag{13-17}$$

下面举一个简单实例，对无偏预期理论与流动性偏好理论进行比较：

假设

$$s_1 = r_1 = 8\%，es_{1,2} = 9\%，es_{2,3} = 10\%，L_{1,2} = L_{2,3} = 1\%$$

根据公式（13－9），有

$$f_{1,2} = 10\%，f_{2,3} = 11\%$$

由此可得：

$$s_2^L = \sqrt[2]{(1+8\%)(1+10\%)} - 1 = 9.0\%$$

$$s_2 = \sqrt[2]{(1+8\%)(1+9\%)} - 1 = 8.5\%$$

即

$$s_2^L > s_2$$

同理

$$s_3^L = \sqrt[3]{(1+8\%)(1+10\%)(1+11\%)} - 1 = 9.66\%$$

$$s_3 = \sqrt[3]{(1+8\%)(1+9\%)(1+10\%)} - 1 = 9.00\%$$

即

$$s_3^L > s_3$$

综上所述，不变的流动性报酬使得债券收益率上升的幅度更大。

由于无偏预期理论未考虑到风险报酬，即认为 $L_{t-1,t}=0$，因此对于各种形状收益率曲线的解释，流动性偏好理论和无偏预期理论存在着显著的差异。对于水平的收益率曲线，无偏预期理论认为是市场预期未来的短期利率将基本保持稳定，而流动性偏好理论则认为市场预期未来的短期利率将会降低，降低的幅度正好等于流动性报酬；而对于向下倾斜的收益率曲线，流动性偏好理论也认为市场预期未来的短期利率将会下降，但下降的幅度比无偏预期理论预期的下降幅度更大。而对于向上倾斜的收益率曲线，流动性偏好理论则认为市场预期未来的短期利率既可能上升，也可能保持不变，即使市场预期未来的短期利率保持不变，但由于存在正的流动性报酬，收益率曲线也会上升。

（1）不变的流动性溢价（$L_{1,2}=L_{2,3}=\cdots=L_{n-1,n}$），预期短期利率不变（上升），见图 13－3（a）。

（2）不变的流动性溢价（$L_{1,2}=L_{2,3}=\cdots=L_{n-1,n}$），预期短期利率下降，见图 13－3（b）。

（3）上升的流动性溢价（$L_{1,2}<L_{2,3}<\cdots<L_{n-1,n}$），预期短期利率下降，见图 13－3（c）。

（4）上升的流动性溢价（$L_{1,2}<L_{2,3}<\cdots<L_{n-1,n}$），预期短期利率上升，见

图 13-3 (d)。

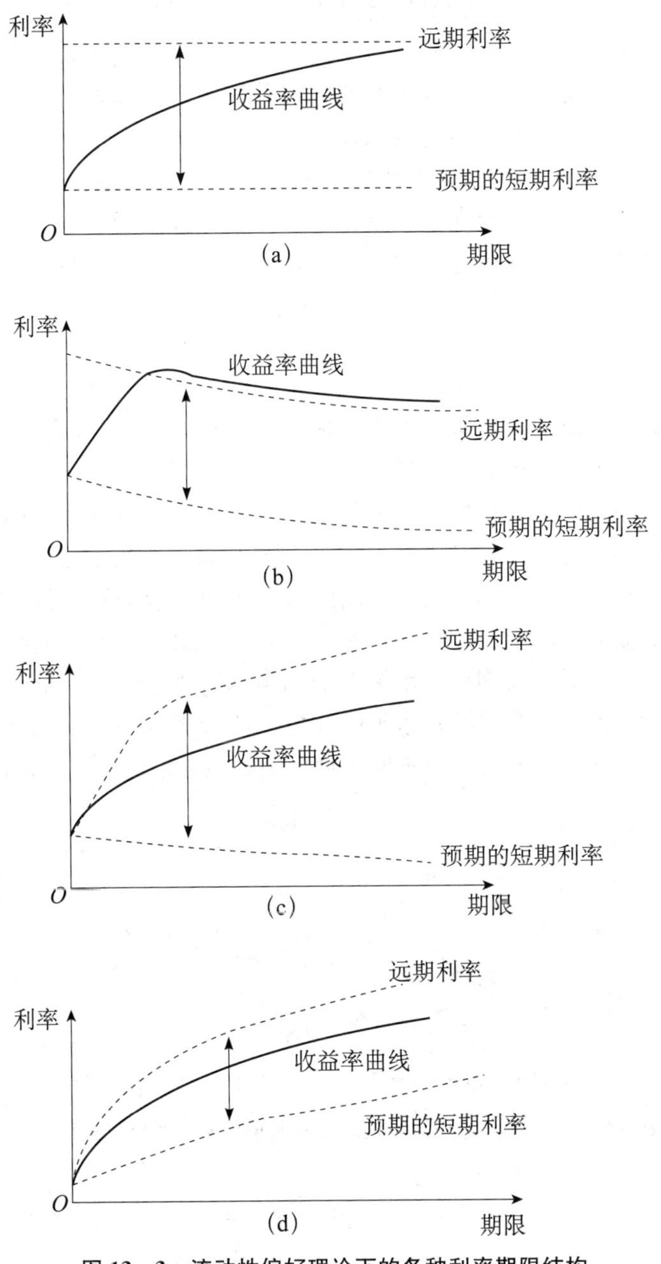

图 13-3 流动性偏好理论下的各种利率期限结构

3. 特定期限偏好理论

特定期限偏好理论同样认为利率期限结构反映了未来短期利率的预期值和流动性报酬两种因素。与流动性偏好理论不同的是，该理论不认为流动性报酬随着期限的增加而增加。该理论认为，上述结论只有在投资者偏好短期债券、发行者倾向于发行长期债券的情况下才成立。现实世界并非如此，因为很多金融机构和个人投资者的投资期限、发行债券的期限主要取决于本身的资产负债状况。特定期限偏好理论认为，某种期限的资金供求状况经常是不平衡的，一些投资者和借款人可以改变原来的期限偏好来满足这种不平衡。为了让这些投资者和借款人改变原来偏好的特定期限，必须向他们提供某种程度的补偿，这种补偿就是风险报酬。该风险报酬反映了投资者和借款人对利率风险的厌恶程度。

特定期限偏好理论认为风险报酬可正可负，即对 $L_{t-1,t}$ 值不加限定，以吸引交易者改变自己原来偏好的特定期限。例如，如果大部分投资者偏好长期投资，那么流动性报酬就可能为负，期限越长的债券预期收益率反而可能越低。很显然，根据特定期限偏好理论，任何形状的收益率曲线都是可能的。

4. 市场分割理论

投资者由于法律制度、文化心理、投资偏好的不同，一般会比较固定地投资于某一期限的债券，这就形成了以期限为划分标志的细分市场。即期利率水平完全由各个期限债券市场上的供求力量决定，单个债券市场上的利率变化不会对其他债券市场上的供求产生影响。即使投资于其他期限债券市场的收益率可能会更高，风险报酬 $L_{t-1,t}$ 可能无限大，但由于债券市场上的交易者只偏好自己投资的债券市场，不会转而投资于其他债券市场。向下倾斜的收益率曲线说明短期债券市场的均衡利率水平高于长期债券市场上的均衡利率水平；向上倾斜的收益率曲线说明短期债券市场的均衡利率水平低于长期债券市场上的均衡利率水平；而峰形的收益率曲线则说明中期债券市场的收益率最高；水平的收益率曲线则说明各个期限债券市场的利率水平基本一致。图 13－4 说明了不同到期期限的债券市场形成了各自的均衡利率。

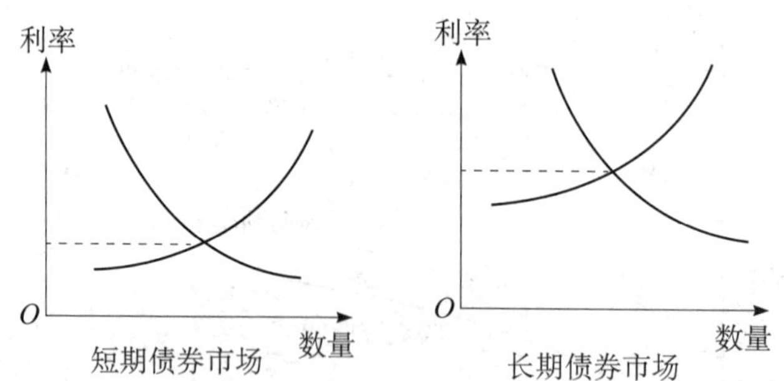

图 13－4　市场分割理论下的短期和长期债券市场供求关系对比

专栏 13－1　中国债券收益率曲线与估值发展前沿

我国债券收益率曲线是随着我国债券市场特别是银行间债券市场的不断发展而不断完善的。1999 年，在我国债券市场上提供债券登记托管等基础设施服务的机构——中央国债登记结算有限责任公司编制了我国第一条债券收益率曲线——中债收益率曲线。2002 年实现中债价格指标产品系统第一次升级，首次推出中债指数系列，并通过中国债券信息网对外发布。2006年3月1日，经过公司内外部专家的深入研究、比较后，结合中国债券市场的实际情况，提出并开发了全新的债券收益率曲线构建模型——Hermite（埃尔米特）模型，实现了中债价格指标产品系统第二次全面升级，使得中债价格指标产品（见图13-5）的质量有了显著提高，标志着具有自主知识产权的债券定价产品在中国正式确立。目前，我国有多家机构在编制债券收益率曲线，其中以中央国债登记结算有限责任公司编制的国债收益率曲线的收益率最合理、曲线品种体系最完整、市场认可度最高。2010年，为了实现中债价格指标产品的可持续发展，中债收益率曲线进入有偿使用阶段，该曲线的明细数据开始向签约缴费用户提供。

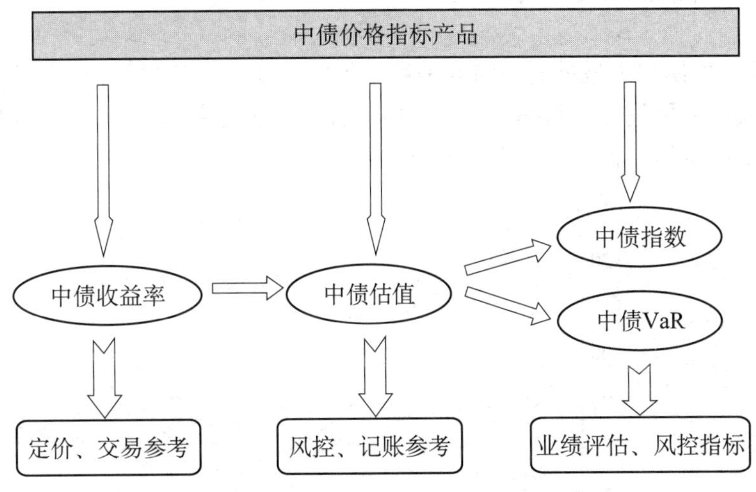

图13-5　中债价格指标产品

中债估值采用现金流贴现模型，将债券未来预期现金流贴现求和，贴现率取自中债收益率曲线中的到期收益率。

$$PV=\frac{C/f}{(1+y/f)^{w}}+\frac{C/f}{(1+y/f)^{w+1}}+\cdots+\frac{C/f}{(1+y/f)^{w+n-1}}+\frac{M}{(1+y/f)^{w+n-1}}$$

式中，PV为债券全价；y为估值收益率；C为按票面利率确定的现金流；f为债券每年的利息支付频率；n为剩余的付息次数，$n-1$就是剩余的付息周期数；D为估值日距最近一次付息日的天数（算头不算尾）；w为$D/$当前付息周期的实际天数；M为债券面值。

中债估值弥补了当前债券市场双边报价品种少、连续性低以及交易结算不活跃、异常价格较多的不足，更加贴近投资人和管理者对完整、连续和公正的债券公允价值的需求。

收益率曲线反映了当前债券市场各期限品种和不同信用等级的利率水

平，是存贷款、固定收益产品等金融产品定价的重要参考基准，也是国民经济的晴雨表之一。债券估值是解决债券交易价格不连续、不完整特点的国际通行手段，为债券投资的会计处理、风险控制和交易定价提供了依据。中债收益率曲线和估值在机构的投资分析及市场决策中起着重要作用，因此在市场的引导下，中债收益率曲线和估值也逐渐为监管层所认可，开始在我国金融市场的监管中发挥不可替代的作用。

资料来源：中国债券信息网。

13.1.3 债券的久期与凸度

在债券定价模型中最重要的因素是利率，因此债券的价格可以表示为利率的函数 $P(r)$，其中 r 是包含了利率期限结构中所有信息的利率因子。一般来说，债券价格是利率的减函数，即 $\mathrm{d}P(r)/\mathrm{d}r<0$，见图 13－6。

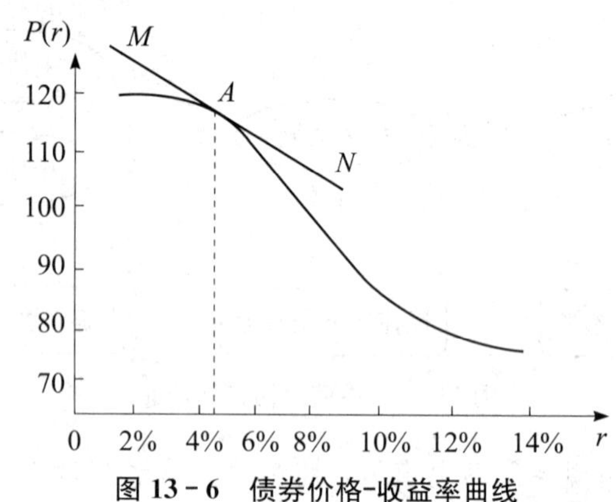

图 13－6 债券价格-收益率曲线

13.1.3.1 久 期

1. 久期的定义

收益率的变化会导致债券价格的变化，我们可以利用久期来衡量债券价格的收益率敏感性。久期就是价格变化的百分比除以收益率变化的百分比。①

$$D=\frac{\Delta P/P}{\Delta(1+y)/(1+y)}=-\frac{\Delta P/P}{\Delta y/(1+y)} \tag{13-18}$$

式中，P 为债券的初始价格；ΔP 为债券的价格变化值；y 为初始收益率；$\Delta(1+y)$（或 Δy）② 为收益率的变化值。

之所以加负号，是因为债券价格与收益率变化的方向相反。将公式（13－18）

① 久期实际上是价格的利率弹性。

② $\Delta(1+y)$ 与 Δy 相等。

重新整理，可以得到如下关系式：

$$\frac{\Delta P}{P}=\frac{-D}{1+y}\times\Delta y \tag{13-19}$$

因此，如果知道某个债券的久期，就可以根据公式（13－19）计算一定的收益率变化百分比导致的价格变化百分比。定义 $D/(1+y)$ 为修正久期，用 D^* 表示，那么公式（13－19）可以转换为：

$$\Delta P/P=-D^*\times\Delta y$$

如何计算债券的久期？根据久期的定义，可以将债券价格对收益率求导。下面计算最普通的附息债券的久期，即该债券没有附加任何选择权，每期期末按照固定票面利率和面值的乘积支付利息，到期还本。由第3章的论述可知，该普通债券的价格和收益率的关系可由公式（13－20）表示：

$$P=\sum_{t=1}^{T}\frac{\mathrm{CF}_t}{(1+y)^t} \tag{13-20}$$

式中，P 为债券价格；T 为期数；CF_t 为每期现金流（包括利息和本金）；y 为债券的收益率。

在公式（13－20）中求价格 P 对收益率 y 的导数[①]，经过整理可得：

$$\frac{\mathrm{d}P}{\mathrm{d}y}=-\frac{1}{1+y}\sum_{t=1}^{T}\frac{t\,\mathrm{CF}_t}{(1+y)^t} \tag{13-21}$$

将公式（13－21）两边同除以 P，可得：

$$\frac{\mathrm{d}P}{\mathrm{d}y}\times\frac{1}{P}=-\frac{1}{1+y}\left[\sum_{t=1}^{T}\frac{t\,\mathrm{CF}_t}{(1+y)^t}\times\frac{1}{P}\right] \tag{13-22}$$

比较公式（13－19）和公式（13－22）可以发现，公式（13－22）右边中括号内的项就是久期，衡量了债券价格对收益率的敏感性。

对于普通债券而言，久期可以通过公式（13－23）计算：

$$D=\frac{1}{P}\sum_{t=1}^{T}\frac{t\,\mathrm{CF}_t}{(1+y)^t} \tag{13-23}$$

美国经济学家弗雷德里克·麦考利（Frederick Macaulay）首先将公式（13－23）称为久期，因此久期又称麦考利久期。可以看出，普通债券的久期是债券现金流到期时间的加权平均，其权重是每次现金流现值占现金流现值总和（即债券价格）的比例。我们曾指出债券的到期时间与价格的利率敏感性具有相关性。但是，用到期时间长短作为价格的利率敏感性大小的测量指标是不完善的，久期——债券现金流（即每期息票利息和到期本金支付）的平均到期时间，才是衡量普通债券利率敏感性的准确指标。

可以说，普通债券的久期是债券的有效到期时间，它是收到每一笔支付的时间的加权平均，权重与支付的现值成比例。一般来说，除了零息债券外，债券的久期比到期时间短一些。零息债券的久期与它的到期时间相等。但对于某些特殊债券，

---

① $\mathrm{d}P$ 与 ΔP、$\mathrm{d}y$ 与 Δy 是等价的。

久期可能会比到期时间更长。请记住，久期是衡量债券价格利率敏感性的指标，某些附加选择权债券的价格利率敏感性很大，即利率的微小变化会引起债券价格的大幅变化，这些债券的久期有可能超过债券本身的期限。

最后需要强调的是，从本质上看，久期就是衡量债券价格利率敏感性的指标，而不是一种期限。因为普通债券的久期等于所有现金流到期时间的加权平均数，所以很多人误以为久期是一种期限。对于一些特殊债券而言，久期就不等于未来现金流到期时间的加权平均数了。

2. 如何计算普通债券的久期

可以通过下面的公式计算普通债券的久期 D：

$$D=\frac{\sum_{t=1}^{T}\frac{t\,\mathrm{CF}_t}{(1+y)^t}}{\sum_{t=1}^{T}\frac{\mathrm{CF}_t}{(1+y)^t}}$$

式中，t 为现金流发生的时间；CF_t 为第 t 期的现金流；y 为每期的到期收益率；T 为距到期日的期数。

上式中的分母是按到期收益率贴现的债券现金流现值，也就是债券的市场价格 P。令

$$W_t=\frac{\frac{\mathrm{CF}_t}{(1+y)^t}}{P}$$

其中，

$$P=\sum_{t=1}^{T}\frac{\mathrm{CF}_t}{(1+y)^t}$$

则

$$D=\sum_{t=1}^{N}t\times W_t$$

公式中的 W_t 是现金流时间的权重，是第 t 期现金流的现值占债券价格的比重。权重之和等于 1，因为按到期收益率贴现的现金流之和就等于债券的价格。需要注意的是，从上式中求出的久期是以期数为单位的，我们还要把它除以每年付息的次数，转化成以年为单位的久期。

【例 13-9】 面值为 100 元，票面利率为 8%的三年期债券，半年付息一次，下一次付息在半年后。如果到期收益率为 10%，计算它的久期。

解：该债券的久期是 5.435 1 个半年，也就是 5.435 1/2=2.717 6 年，计算过程如下：

息票债券久期的计算

时间（期数）	现金流（元）	现金流的现值（元）	权重	时间×权重
1	4	3.809 5	0.040 1	0.040 1
2	4	3.628 1	0.038 2	0.076 4

续表

时间（期数）	现金流（元）	现金流的现值（元）	权重	时间×权重
3	4	3.455 4	0.036 4	0.109 2
4	4	3.290 8	0.034 7	0.138 8
5	4	3.134 1	0.033 0	0.165 0
6	104	77.606 4	0.817 6	4.905 6
总计		94.924 3	1	5.435 1

【例 13-10】 有一种面值为 100 元的三年期零息债券，如果到期收益率为 10%，计算它的久期。

解：该债券的久期是 6 个半年，即 3 年，计算过程如下表：

零息债券久期的计算

时间（期数）	现金流（元）	现金流的现值（元）	权重	时间×权重
1～5	0	0	0	0
6	100	74.621 5	1	6
总计		74.621 5	1	6

可见，零息债券的久期就等于它的到期时间。这是因为零息债券只有一次支付，并且发生在到期日，因此支付的加权平均时间就是到期时间。

根据年金的计算方法，再加以数学推导，我们可以简化久期的计算公式（用 F 表示面值，用 p 表示债券价格，用 c 表示每期票面利率，用 y 表示每期到期收益率，用 T 表示距到期日的期数）：

$$\text{息票债券的久期}=\frac{1+y}{y}-\frac{(1+y)+T(c-y)}{c[(1+y)^{T}-1]+y}$$

在例 13-9 中，利用简化后的久期计算公式，我们可以重新计算该债券的久期：

$$D=\frac{1+5\%}{5\%}-\frac{(1+5\%)+6\times(4\%-5\%)}{4\%\times[(1+5\%)^{6}-1]+5\%}=5.434\ 9(\text{半年})$$

也就是 2.717 5 年，这与前面的结果是近似相等的，存在的微小差异来源于保留小数点位数时的四舍五入。

3. 久期的规则

票面利率、到期时间、到期收益率是影响债券价格利率敏感性的三个重要因素，它们与久期之间的关系也表现出一些规律。

（1）保持其他因素不变，票面利率越低，息票债券的久期越长。呈现这种规律的原因在于：票面利率越高，早期现金流的现值越大，占债券价格的权重越高，使时间的加权平均值越低，即久期越短。所以，零息债券的久期比其他条件相同的息票债券要长。我们知道，票面利率越低，债券价格的利率敏感性越强，而久期是对利率敏感性的度量，这与票面利率越低、久期越长是一致的。

（2）保持其他因素不变，到期收益率越低，息票债券的久期越长。对于这种规律的解释是：到期收益率越低，后期的现金流现值越大，在债券价格中所占的比重也越高，时间的加权平均值越高，久期越长。我们已经分析过，初始收益率水平越低，债券价格的利率敏感性越强，这与债券的到期收益率越低、久期越长也是一致的。当然，对于零息债券，它的久期始终等于到期时间，不受到期收益率大小的影响。

(3) 一般来说，在其他因素不变的情况下，到期时间越长，久期越长。债券的到期时间越长，价格的利率敏感性越强，这与债券的到期时间越长、久期越长是一致的。但是，久期并不一定总随着到期时间的增长而增长。对于收益率很高的某些债券，久期可能会随着到期时间的增长而减短。此外，息票债券久期的增长速度比到期时间的增长速度慢一些。也就是说，到期时间增长一年时，久期的增长小于一年。当然，对于零息债券来说，久期等于到期时间，到期时间增长一年，久期也增长一年。

4. 久期与价格波动的关系

我们已经知道，债券的到期时间与价格的利率敏感性是相关的。与到期时间相比，久期能更准确地衡量债券价格的利率敏感性，是对债券利率风险程度的测量，也是规避资产组合利率风险的重要工具。如果两个债券到期时间相同，但票面利率不同，它们的价格对于利率变动的反应程度是不同的。然而，如果两个债券的久期相等，即使票面利率不同，它们价格的利率敏感性也是相同的。这是因为久期不仅考虑了到期时间不同对利率敏感性的影响，还包含了票面利率这一影响利率敏感性的重要因素。所以，只有对于不存在息票支付的零息债券，到期时间才能准确衡量利率敏感性，因为这种情况下的到期时间与久期正好相等。用一句话来概括就是，债券的价格波动与久期成比例，而不是与到期时间成比例。前面的公式（13－19）清楚地表达了价格波动与久期的关系：

$$\frac{\Delta P}{P}=\frac{-D}{1+y}\times\Delta y$$

定义$\frac{D}{1+y}$为修正久期，用 D^* 表示，那么公式（13－19）可以转换为公式（13－24），即

$$\frac{\Delta P}{P}=-D^*\times\Delta y \tag{13-24}$$

公式（13－24）表明，债券价格变动的百分比（相对数）等于修正的久期与到期收益率变动值（绝对数）的乘积。修正的久期越大，利率变动时价格的波动越大，利率风险就越大。

【例 13－11】 有一种息票债券，相关资料如例 13－9 所示，久期是 2.717 6 年。还有一种面值为 100 元、距到期日还有 2.717 6 年的零息债券，它的久期也是 2.717 6 年。比较两者价格的利率敏感性。

解： 两种债券的久期相等，如果久期确实是利率风险的度量，那么两者价格的利率敏感性应当相等。

息票债券的初始价格是 94.924 3 元。假设收益率上升一个基点，即从 10%上升

到10.01%，息票债券对应的新价格为94.899 7元，基点价格值为0.024 6元，价格变动百分比是−0.025 9%。零息债券的初始价格为：

$$100/(1+5\%)^{2.717\,6\times 2}=76.706\,5\text{（元）}$$

新价格为：

$$100/(1+5.005\%)^{2.717\,6\times 2}=76.686\,6\text{（元）}$$

基点价格值为0.019 9元，价格变动百分比同样是−0.025 9%。

我们也可以直接运用$\Delta P/P\approx -D^{*}\times\Delta y$来求价格变动百分比，结论同上。需要注意的是，由于我们使用的是半年期利率，久期也应当以半年为单位，为5.435 2个半年，修正久期为：

$$5.435\,2/(1+5\%)=5.176\,4\text{（半年）}$$

因此，有

$$\Delta P/P\approx -D^{*}\times\Delta y=-5.176\,4\times 0.005\%=-0.025\,9\%$$

当收益率的变动较小时，用修正久期估计的价格波动百分比是比较准确的，而当收益率的变动越来越大时，这种估计的误差也就越来越大。另外，这种估计也不能体现价格波动的不对称性。不论收益率是上升还是下降，用修正久期计算出来的价格波动百分比大小都是相同的，但实际情况是收益率下降时价格上升的幅度比收益率上升时价格下降的幅度大。为什么利用久期估计会出现这些误差？在用修正久期估计价格波动时，我们认为$\Delta P/P\approx -D^{*}\times\Delta y$，这表明债券价格的变动百分比与收益率的变动值成正比，价格变动百分比相对于收益率变动值的函数绘成图形后，应当是一条直线，它的斜率就等于$-D^{*}$。但是，事实上价格与收益率之间的关系并不是线性的，在图中应当表现为一条下凸的曲线，这就造成了久期估计的误差。我们用图13－7来说明。

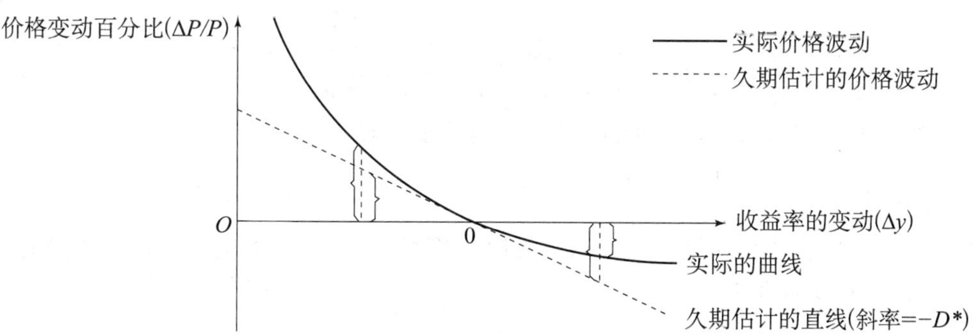

图13－7　实际价格波动与久期估计的价格波动

在图13－7中，实际的曲线与久期估计的直线在初始点（$\Delta y=0$）处相切。对于收益率的小幅变动，两条线之间的距离非常小，用久期估计的价格波动十分接近实际波动。但是，随着收益率的变动越来越大，两条线之间的距离也越来越远，久期估计的价格波动偏离实际波动的程度越来越大，估计值越来越不准确。从图中可知，久期估计的直线始终位于实际曲线的下方。因此，当收益率上升时，实际价格波动较小，使用久期会高估价格的下降幅度；当收益率下降时，实际价格波动较大，使用久期又会低估价格的上升幅度。这就解释了我们在例题中得到的计算结果。

13.1.3.2 凸 度

1. 凸度的定义

价格-收益率曲线是凸的，价格-收益率的关系不是线性的，价格-收益率的图形表示不是直线而是曲线，在收益率更高时变得更加平缓，在收益率更低时变得更加陡峭。因此，当收益率上升时，债券价格以更小的幅度下降；当收益率降低时，债券价格以更大的幅度增长。由于 $\Delta P/P=-D^{*}\times\Delta y$，所以 $D^{*}=-(\Delta P/P)/\Delta y$。因此，久期在数学上对应于价格-收益率函数的一阶导数的绝对值。修正久期与初始价格的乘积是价格-收益率曲线在某点的线性估计。如果利用久期估计收益率变化所导致的价格变化，在收益率降低时会低估价格的上升，在收益率上升时会高估价格的下降。两者的误差等于曲线和直线之间的垂直距离。所以说，只有在收益率变化不大的情况下利用久期估计价格的变化才比较准确；如果收益率变化较大，用久期估计价格变化就会产生较大误差，而且收益率变化越大，误差就越大。

因此，在收益率变化比较大的情况下，为了更精确地估计债券价格的变化，必须考虑价格-收益率曲线的凸度性质。下面用泰勒级数的前两项更准确地计算收益率变化导致的价格变化①：

$$\mathrm{d}P=\frac{\mathrm{d}P}{\mathrm{d}y}\mathrm{d}y+\frac{1}{2}\times\frac{\mathrm{d}^{2}P}{\mathrm{d}y^{2}}(\mathrm{d}y)^{2}+\varepsilon \tag{13-25}$$

式中，ε 为误差项。

将公式（13－25）的两边同时除以债券价格 P，可以得到价格变化百分比的表达式：

$$\frac{\mathrm{d}P}{P}=\frac{\mathrm{d}P}{\mathrm{d}y}\times\frac{1}{P}\mathrm{d}y+\frac{1}{2}\times\frac{\mathrm{d}^{2}P}{\mathrm{d}y^{2}}\times\frac{1}{P}(\mathrm{d}y)^{2}+\frac{\varepsilon}{P} \tag{13-26}$$

如果用 C 表示凸度，凸度的数学定义可用下式表示：

$$C=\frac{\mathrm{d}^{2}P}{\mathrm{d}y^{2}}\times\frac{1}{P}$$

可见，凸度与价格-收益率函数的二阶导数相对应。凸度与初始价格的乘积是价格-收益率曲线的曲率，即

$$C\times P=\frac{\mathrm{d}^{2}P}{\mathrm{d}y^{2}}$$

2. 凸度的计算

为了更准确地计算债券价格的变化，需要计算债券的久期和凸度。对于普通债券来说，凸度 C 的计算公式为：

---

① 泰勒级数可用来计算数学函数的近似变化，此处的数学函数就是债券价格函数，详细内容请参阅高等数学的有关内容。

$$C=\frac{1}{P\times(1+y)^2}\sum_{t=1}^{T}\left[\frac{\mathrm{CF}_t}{(1+y)^t}\times(t^2+t)\right] \tag{13-27}$$

式中，t 为现金流发生的时间；CF_t 为第 t 期的现金流；y 为每期的到期收益率；T 为距到期日的期数；P 为债券的市场价格。

用上式计算出的是以期数为单位的凸度，为了转化成以年为单位的凸度，还要把它除以每年付息次数的平方值。

对于零息债券，凸度的计算公式还可以进一步简化为：

$$C=(T^2+T)/(1+y)^2$$

在公式（13-27）中，令

$$W_t=\frac{\mathrm{CF}_t}{(1+y)^tP}$$

则

$$C=\frac{1}{(1+y)^2}\sum_{t=1}^{N}(t^2+t)\times W_t$$

我们发现，凸度的计算与久期非常相似，区别在于它是 t^2+t（而不是 t）的加权平均，再除以$(1+y)^2$，权重仍是按到期收益率贴现的每期现金流现值占债券市场价格的比重。应当注意，从上式中求出的凸度是以期数为单位的，我们还要把它除以每年付息次数的平方，将其转化成以年为单位的凸度。

【例 13-12】 计算例 13-9 中三年期债券的凸度。

解：计算过程见下表：

债券凸度的计算

时间 t（期数）	现金流（元）	现金流的现值（元）	权重	$t(t+1)\times$权重
1	4	3.809 5	0.040 1	0.080 2
2	4	3.628 1	0.038 2	0.229 2
3	4	3.455 4	0.036 4	0.436 8
4	4	3.290 8	0.034 7	0.694 0
5	4	3.134 1	0.033 0	0.990 0
6	104	77.606 4	0.817 6	34.339 2
总计		94.924 3	1	36.769 4

因此，半年期的凸度为：

$$C=36.769\,4/1.05^2=33.350\,9$$

转化为以年为单位的凸度等于 $33.350\,9/2^2=8.337\,7$。

【例 13-13】 有一种面值为 1 000 元，票面利率为 10%的 5 年期债券，一年付息一次，下一次付息在一年后。如果到期收益率为 14%，计算它的久期和凸度。

解：该债券的久期为 4.100 1 年，凸度为 17.632 3，计算过程如下：

久期与凸度计算的对比

时间 t（年）	现金流（元）	现金流现值（元）	权重	久期（t×权重）	t（t+1）	凸度［$t(t+1)$×权重］
1	100	87.719 3	0.101 7	0.101 7	2	0.203 4
2	100	76.946 8	0.089 2	0.178 4	6	0.535 2
3	100	67.497 2	0.078 2	0.234 6	12	0.938 4
4	100	59.208 0	0.068 6	0.274 4	20	1.372 0
5	1 100	571.305 5	0.662 2	3.311 0	30	19.866 0
总计		862.676 8	1	4.100 1		22.915 0
				D=4.100 1		C=22.915 0/(1+14%)^2 =17.632 3

3. 凸度与价格波动的关系

由于

$$D^* = -\frac{\mathrm{d}P}{\mathrm{d}y} \times \frac{1}{P}$$

$$C = \frac{\mathrm{d}^2 P}{\mathrm{d}y^2} \times \frac{1}{P}$$

因此，公式（13－24）可以修正为久期与价格波动的关系式：

$$\frac{\Delta P}{P} = -D^2 \times \Delta y + \frac{1}{2} \times C \times (\Delta y)^2 + \frac{\varepsilon}{P} \qquad (13-28)$$

公式（13－28）右边第一项是基于修正久期对债券价格波动的近似估计。第二项是引入凸度以后对久期估计的价格波动做出的修正。当收益率变动较小时，$(\Delta y)^2$ 会相当小，公式（13－28）右边第二项代表的修正项的值很小，可以忽略不计，因此不考虑凸度，用久期估计出的价格波动也较准确。当收益率变动较大时，$(\Delta y)^2$ 就会比较大，如果不考虑基于凸度计算的修正项，仅仅根据久期估计的价格波动就会产生较大的误差。从计算普通债券的凸度公式（13－27）很容易看出，凸度不可能为负值。因此，在收益率降低时，根据久期估计的价格波动会低估价格上升的幅度；在收益率升高时则会高估价格下降的幅度。凸度的修正会在一定程度上消除这种高估或低估。当收益率上升时，正的修正项会使估计的价格下降幅度变小；当收益率下降时，正的修正项会使估计的价格上升幅度变大。因此，考虑凸度后估计的价格波动与实际情形更为贴近。

正因为凸度是正值，所以债券的凸度越大，对投资者就越有利。如果其他条件都一样，凸度越大的债券，在收益率降低时债券价格上涨的幅度就越大，在收益率升高时债券价格下跌的幅度就越小。

13.1.3.3 几个例子

1. 久期的计算

通过表 13－2，我们可以得到不同债券的久期。由于 $P(6.65\%)=107.96$，$P(6.79\%)=107.27$，利率变动幅度为 0.14%，则债券在利率为 6.65%处的久期为：

$$-\frac{\frac{107.27-107.96}{107.96}}{6.79\%-6.65\%}=4.57$$

同理，我们计算另两种债券的久期，结果如表 13-2 中的第四栏。

表 13-2　衡量价格的变动（票息为 9%的 16 年期债券，3 年后可以根据面值赎回）

10 年期利率	价格	价格变动	久期
6.65%	107.96		
6.79%	107.27	0.69	4.57
10.85%	82.01		
10.99%	81.20	0.81	7.05
14.20%	64.82		
14.33%	64.25	0.57	6.76

资料来源：布鲁斯·塔克曼．固定收益证券．北京：中国宇航出版社，1998.

2. 凸度的计算

通过表 13-3 可知，只要得到某债券在某一利率区间的狭小变动导致的债券价格变动，如利率在 6.6%～7%之间波动，从而导致债券价格小幅波动，如债券价格在 105～108 之间波动，就可近似计算出价格关于利率的一阶导数和二阶导数，从而得到某一利率的凸度。

表 13-3　凸度（票息为 9%的 16 年期债券，3 年后可以根据面值赎回）

10 年期利率	价格	一阶导数	二阶导数	凸度
6.65%	107.96			
6.79%	107.27	−492.86	−13 646.67	−127.22
6.94%	106.50	−513.33		
10.85%	82.01			
10.99%	81.20	−578.57	5 100	62.81
11.13%	80.40	−571.43		
14.20%	64.82			
14.33%	64.25	−438.46	11 830.77	184.14
14.46%	63.70	−423.08		

资料来源：布鲁斯·塔克曼．固定收益证券．北京：中国宇航出版社，1998.

专栏 13-2　美国长期资本管理公司的兴衰

总部设在离纽约市不远的格林威治的美国长期资本管理公司(LTCM)，是一家主要从事定息债务工具套利活动的对冲基金。该基金创立于 1994 年，主要活跃于国际债券市场和外汇市场，利用私人客户的巨额投资和金融机构的大量贷款，专门从事金融市场炒作，与量子基金、老虎基金、欧米伽基金一起被称为国际四大“对冲基金”。LTCM 掌门人约翰·梅里韦瑟（John Meriwether），这位被誉为能“点石成金”的华尔街债券套利之父，聚集了一批在华尔街从事证券交易的精英——1997年诺贝尔经济学奖获得者默顿和斯科尔斯，前财政部副部长及美联储副主席马林斯（David Mullins），前所罗门兄弟债券交易部主管罗森菲尔德（Rosenfeld）——以至于有人称之为“梦幻组合”。1994—1997年它的业绩辉煌而诱人，以成立初期的12.5亿美元资产净值迅速上升到1997年12月的48亿美元，各年的投资回报分别为28.5%、42.8%、40.8%和17%，1997年更是以1994年投资1美元派2.82美元红利的高回报率让LTCM身价倍增。

然而，LTCM万万没有料到，俄罗斯金融风暴引发了1998年全球的金融动荡，结果它所沽空的德国债券价格上涨、做多的意大利债券等证券价格下跌，期望的正相关变为负相关，结果两头亏损。它的计算机自动投资系统面对这种原本忽略不计的小概率事件，错误地不断放大金融衍生产品的运作规模。LTCM利用22亿美元作资本抵押，买入价值3 250亿美元的证券，杠杆比率高达60倍，由此造成了该公司的巨额亏损。从5月俄罗斯金融风暴到9月全面溃败，短短的150天，LTCM的资产净值下降90%，出现了43亿美元的巨额亏损，仅余5亿美元，走到破产边缘。9月23日，美联储出面组织安排，以美林、摩根士丹利为首的15家国际性金融机构注资37.25亿美元购买了LTCM 90%的股权，共同接管了该公司，从而使LTCM避免了倒闭的厄运。

尽管“梦幻组合”的光环已渐渐黯淡，尽管与冰山碰撞引起的轩然大波已成为海面下汹涌的暗流，但LTCM这艘泰坦尼克号并没有沉没，如同它的故事还远没有结束一样。

专栏 13－3 从雷曼迷你债券危机透视资产管理行业的调整

雷曼迷你债券（minibond series）是指以在开曼群岛注册的太平洋国际金融公司为发行人、雷曼亚洲投资有限公司为安排人、雷曼特殊金融公司为互换交易对手、雷曼控股公司为互换交易担保人，面向零售投资者发行的一系列信贷挂钩票据的总和，其本质属于一种结构性债务工具。与普通债券到期还本付息有所不同，雷曼迷你债券的息票金额及/或最终支付金额会受到一家或一组挂钩公司所发生的“信贷事件”及其他因素影响。中国香港雷曼迷你债券事件就源于中银香港、东亚银行、花旗银行等20家银行在销售与雷曼兄弟公司相关的结构性产品的过程中，涉嫌向部分香港投资者做出失实陈述，或者向不能承担高风险的投资者进行了销售，使部分投资者以为雷曼迷你债券和普通债券一样属于低风险投资。

2008年9月，雷曼兄弟公司在金融海啸中破产，致使迷你债券发行人失去了互换合约的交易对手（雷曼公司），导致此类产品合约终止并平仓，其直接后果是变卖债务抵押证券，用以偿还投资者的投资。由于债务抵押证券价格因金融风暴严重缩水，雷曼迷你债券投资人面临巨额损失风险。部分雷曼迷你债券投资者认为销售这一产品的银行存在误导投资者的行为，要求银行退回本金。香港证监会公布的信息显示，截至2008年9月30日，香港市场发售的与雷曼相关的未到期非上市零售结构性票据金额约为156.43亿港元，占香港市场所有未到期非上市零售结构性产品总金额（约为831.7亿港元）的18.8%，涉及的投资者超过4万人，产品分销商包括3家证券公司和21家银行。此外，雷曼迷你债券在中国台湾、中国澳门、新加坡亦有销售。

在雷曼迷你债券的风险爆发后，香港监管当局迅速采取了一系列应急措施，包括果断对雷曼在港经营机构采取限制措施，及时向社会公众发布事件的最新进展情况，组织人员接受投资者投诉、查询，以及对不当销售行为进行内部调查等。尽管雷曼迷你债券事件的处置进程因为被少数政治团体刻意政治化而受到阻挠，但香港监管当局在应对过程中始终较好地遵循了危机处理的基本原则，将维护市场稳定和保护投资者利益放在了首要地位，同时加强了信息披露和投资者沟通，并且及时就投诉展开调查，从而增强了市场对监管体系的信心。经过漫长的努力，雷曼迷你债券的部分投资者最终获得了相应赔偿。

次贷危机引发的金融海啸，对全球资产管理市场形成了显著的冲击。随着危机的不断深入，无论是金融机构自身的资产管理（自营）还是代客理财等，都出现了程度不同的亏损，促使全球的金融机构开始重新反思资产管理行业未来的发展。在推动理财产品市场和资产管理行业发展的过程中，既要鼓励理财产品创新，以满足投资者的需求，也要加强理财产品设计与运作风险的控制。与此同时，资产管理行业一度十分重视的业绩分红、过高的股权激励等可能会受到抑制。资产管理行业改变原有的营销方式，为不同阶段的投资者提供适于不同人生阶段的简单产品，并由投资者从中自行选择和配置，可能会成为一个新的趋势。

资料来源：巴曙松，张旗．从香港雷曼迷你债券风波透视资产管理行业的调整．中国金融，2009（1）．

13.2 可转换债券定价理论

13.2.1 可转换债券概述

可转换债券是一种集债券和股票特点于一体的混合型证券，它以公司债券的形式发行，持有者可以在到期日前以一定条件将其转换成公司的股票。因此，可转换债券可以看作同时具有债券和股票双重属性的金融工具。例如，A公司发行面值100元的债券，债券条款中规定一份债券可以10元的价格转换10股公司股价。

可转换债券的条款主要包括票面利率、转换价格、转换比例、转换期限、赎回条款、回售条款等。

(1) 票面利率，是指可转换债券作为普通债券所应支付的利率，它给予投资者一个最低收益的保证，通常低于普通债券利率和同期市场的借贷利率，但高于企业股票的分红率。

(2) 转换价格，是指在债券发行时确定的将债券转换成股票所应支付的每股价格。它是可转换债券最主要的财务特征，也是可转换债券发行与转换成功与否的关键所在。

(3) 转换比率，是指可转换债券的持有人在行使转换权利时一个单位的可转换债券所能转换成对应普通股票的数量，即

$$转换比率=\frac{单位可转换债券的面值}{转股价格}$$

(4) 转换期限，是指从协议规定可转换债券开始有权履行转换权利到该权利停止的期间，即可转换债券可以行使转换权的有效期限。在此期限内，债券持有人可自由地将可转换债券按照转股价格转换成相应数量的股票，进而上市交易。当可转换债券到期时，持有人要么行使转换权，要么要求发行公司还本付息。

(5) 赎回条款，是指发行公司在可转换债券发行结束后的某个时期内，可以按照条款约定的价格强制收回发行在外的未转换的可转换债券，赎回价格通常高于可转换债券的面值，以对投资者因可转换债券被强制收回而遭受的损失进行一定程度的补偿。赎回条款可以保护发行企业的利益，回避利率风险和财务风险，避免转换受阻的风险。赎回条款通常是不利于投资者的，赎回条款的制定加速了可转换债券转换为普通股票的过程。

(6) 回售条款，是指当发行企业股票的市场表现长期不佳时，可转换债券的持有人有权要求发行公司以约定的价格购回发行在外的可转换债券，从而将股票市场的价格风险转嫁到发行人身上。它与赎回条款刚好相反，其主要功能在于保护投资者的利益。相应地，作为补偿，含有回售条款的可转换债券较之相同条件下不含回售条款的可转换债券的票面利率要低。

【例13-14】 燕京转债的赎回条款和回售条款。燕京公司规定，在燕京转债转股期内，如果公司股票收盘价连续20个交易日高于当期转股价的130%，则公司有权以102元/张的含当年利息的价格赎回全部或部分未转成股份的燕京转债。若在这20个交易日内发生过转股价格调整的情形，则在调整前的交易日按调整前的转股价格和收盘价计算，在调整后的交易日按调整后的转股价格和收盘价计算。公司每年最多可在约定条件满足时行使一次赎回权，在首次满足赎回条件时，若未实施赎回，则当年不再行使赎回权。

在燕京转债的转股期内，如果公司股票收盘价连续 20 个交易日低于当期转股价的 70%，经燕京转债持有人申请，持有人有权将持有的燕京转债按下列回售价格（含当年利息）回售给公司，并有权选择回售其持有的部分或全部燕京转债：

	第二年	第三年	第四年	第五年
回售价格	101 元/张	102 元/张	103 元/张	104 元/张

若在这 20 个交易日内发生过转股价格调整的情形，则在调整前的交易日按调整前的转股价格和收盘价计算，在调整后的交易日按调整后的转股价格和收盘价计算；申请部分或全部回售的燕京转债面值总额必须是 1 000 元人民币的整数倍。燕京转债持有人每年最多可在约定的条件下行使一次回售权，在每年首次满足回售条件时，持有人可回售部分或全部未转股的可转换公司债券，若在首次回售条件满足时不实施回售，当年不再行使回售权。

专栏 13-4　我国第一只可回售债券和可赎回债券

2001 年 12 月，国家开发银行发行我国首只可回售债券，这在我国债券市场上无疑是值得关注的金融创新。该债券为 10 年期、每年付息的固定利息债券，在第 5 年末的付息日，投资者可以选择以 100 元面值将债券回售给发行方，如果届时投资者选择继续持有该债券，他将不再享有回售权，债券在第 10 年还本付息。

2002 年 6 月，国家开发银行发行了我国首只可赎回债券。该债券为 10 年期债券，该债券前 5 年（2002—2007 年）的票面利率由承销商通过招投标确定，后 5 年（2007—2012 年）的票面利率在前 5 年票面利率的基础上加 120 个基点，但发行人有权选择在 2007 年 6 月以面值全部赎回债券。

专栏 13-5　我国可转换债券的发展历程

我国第一只可转换债券由深圳宝安集团股份有限公司（以下简称“深宝安”）于 1992 年发行。深宝安在发展过程中需要巨额资金，由于当时股票市场和债券市场的规模很小，深宝安管理层积极寻求新的筹资途径，可转换债券作为新的筹资手段由此产生。

可转换债券十几年的发展历程可分为三个阶段：

(1) 萌芽阶段（1992—1996 年）。在深宝安发行可转换债券后，陆续又有南玻集团、中纺机械、庆铃汽车、镇海炼油、华能国际几家企业先后在国际市场上（主要是欧洲和中国香港）以私募方式发行了可转换债券，并取得了一些宝贵的经验。这些可转换债券的发行都是企业行为，国家并没有对这些行为进行过多干预，也没有相应的法规来规范。

（2）试点阶段（1997—2000 年）。1997 年 3 月 25 日，经国务院批准，国务院证券委发布《可转换公司债券管理暂行办法》，选择一些重点国有企业作为发行可转换债券的试点企业，并对可转换债券的发行、承销及相关条件做出明确规定。在此期间，先后有南宁化工、吴江丝绸、茂名石化三个非上市公司和虹桥机场、鞍钢新轧共五家企业发行了可转换债券。这些债券的发行为我国发展可转换债券市场积累了相当多的宝贵经验。

（3）规范发展阶段（2001—2009 年）。2001 年 4 月 28 日，中国证监会发布的《上市公司发行可转换公司债券实施办法》及其三个配套文件正式出台，从政策上保证了可转换公司债券的合法市场地位，极大地规范和促进了可转换债券的发展。这标志我国可转换债券进入规范发展阶段。

（4）快速发展阶段（2010 年以后）。2010 年，我国的债券市场扩容，债券基金等机构投资者涌现，使得可转换债券市场重新活跃起来。从发行规模来看，在 2010 年以后，我国可转换债券市场的规模出现了大的飞跃，发行可转换债券的上市公司也开始以蓝筹公司为主角。

当前，我国上市公司在境内发行可转换债券的指导法规主要是中国证监会于 2006 年 5 月 6 日发布并于 2008 年 10 月 9 日修订的《上市公司证券发行管理办法》，以及 2013 年 12 月 13 日发布并于 2015 年 12 月 30 日修改的《证券发行与承销管理办法》。《上市公司证券发行管理办法》对于上市公司申请在境内公开发行可转换债券（包含分离交易的可转换债券）做出了具体规定，包括一般规定和特别规定。其中，特别规定主要包括发行可转换债券需要满足的盈利、债券额度、可分配利润、评级、担保等条件。

作为一种兼具债权性工具和股权性工具特征的新型融资工具，可转换债券是“普通债券＋看涨期权”的结合体。因此，可转换债券势必受到越来越多的融资公司和投资者的青睐，而可转换债券市场也必将面临巨大的发展机遇。

13.2.2 可转换债券的定价

在可转换债券中，最核心的就是认股权证价格的确定以及风险调整。随着布莱克-斯科尔斯期权定价理论的问世，利用期权定价方法对可转换债券定价模型的研究已经成为主流方向。接下来，我们会比较详细地介绍这种估值方法。

13.2.2.1 可转换债券的价值

可转换债券可看成由以下两部分构成：普通债券加上债券持有者将债券转换为普通股票的期权。由此，可转换债券的价值可分为三个部分：普通债券的价值、转换价值和期权价值。

债券的转换价值等于它立即转换为股票的市场价值。很显然，可转换债券的价值不能低于其转换价值，否则投资者就可以购买可转换债券，然后立即将其转换，并获得无风险的利润。众多投资者采取这种策略必然导致可转换债券的价值不会低于转换价值。同理，可转换债券的价值不会低于其作为普通债券的价值。因此，可转换债券的价值至少不会低于以下两者中的最高者：普通债券的价值和转换价值。

可转换债券的价值通常会超过纯粹债券的价值与转换价值之和。原因在于，可转换债券的投资者不必立即转换债券；相反，投资者可以通过等待并在将来利用普通债券的价值和转换价值两者孰高来选择对己有利的策略（即是将其转换为普通股还是当作普通债券持有），这种可以选择等待而获得的期权也是有价值的，它使可转换债券的价值超过普通债券的价值与转换价值之和。

可转换债券的价值可以通过图13-8说明。

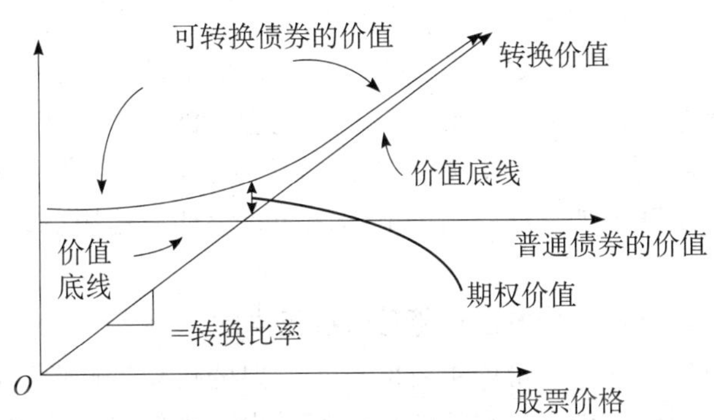

图13-8　可转换债券的价值图解

图13-8表示可转换债券的价值是普通股票价格的函数。我们假设，可转换债券无违约风险。普通债券的价值不依赖于股票价格，普通债券的价值为一条直线。转换价值线的斜率就是转换比率。从图中可以看出，可转换债券的价值等于其普通债券的价值和转换价值两者之间的最大值与期权价值之和：

$$可转换债券的价值=\max(普通债券的价值，转换价值)+期权价值$$

图13-8中可转换债券的价值线和其价值底线间的垂直距离就是期权价值。当公司的股票价格比较低的时候，可转换债券的价值主要取决于普通债券的价值。当股票价值比较高时，即转换价值高于普通债券的价值时，可转换债券的价值主要取决于转换价值。

从理论上说，我们可以将可转换债券看作普通债券加上看涨期权。因此，我们可以分别计算普通债券的价值和转换价值的最大值以及期权价值，然后将两者加总就可以得到可转换债券的价值。但是，实际中很难运用这种方法。这是因为应用布莱克-斯科尔斯期权定价公式需要严格的假设前提，而可转换债券的期权很难满足这些前提条件。

(1) 由于投资者在将债券转换为股票时，相当于按照转换时普通债券的价格购买股票。因此，在转换时普通债券的价值就是期权的执行价格。由于普通债券的价值不断变化，因此期权的执行价格也不断变化，所以不能直接应用布莱克-斯科尔斯期权定价公式计算可转换债券的期权价值。

（2）由于绝大多数可转换债券都规定了可赎回条款和可回售条款，因此债券的期限是不确定的，而布莱克-斯科尔斯期权定价公式要求到期日确定。

为了克服期权定价模型的上述缺陷，英格索（Ingersoll，1977）以及布伦南和施瓦茨（Brennan and Schwartz，1977）等经济学家利用或有索取权的定价方法（contingent claims approach）确定可转换债券的价值。在这种方法中，可转换债券的价值主要取决于发行可转换债券的公司的价值。布伦南和施瓦茨（Brennan and Schwartz，1980）在以前模型的基础上又提出了一个包括利率变化服从随机过程的模型。介绍这些模型需要随机过程的知识，这远远超出了本书的范围，有兴趣的读者可参阅相关文献。

计算可转换债券的价值还有一种比较常用的方法，就是二叉树定价方法。二叉树定价方法的优点是更灵活、更富有弹性。可转换债券的一些特殊附加条款，如可赎回条款和可回售条款，二叉树定价模型都能处理。此外，二叉树定价模型也不需要期权定价模型那些严格的假设，如利率保持不变、执行价格保持不变等。因此，二叉树定价模型在实践中被广泛应用。下面详细介绍如何运用二叉树定价方法计算可转换债券的价值。

13.2.2.2 用二叉树定价方法计算可转换债券的价值

如前所述，可转换债券的价值主要取决于股票的价格，而股票的价格在未来不断变化。我们可以对股票价格未来的变化过程做出合理假设，然后构造出可转换债券价值的二叉树，再利用二叉树计算可转换债券的价值。

股票的价格变化只有两种可能：上升或下降。假设在整个期限内，股票价格每次上升的幅度相同，股票价格每次下降的幅度也相同。如果在某个时期内股票价格上升，下一期的股票价格就是上一期股票价格的 u 倍，$u>1$，称为上涨系数；如果股票价格下降，下一期的股票价格就是上一期股票价格的 d 倍，$d<1$，称为下降系数。将目前（今天）的股票价格表示为 S，下个时期分别用 uS 和 dS 表示上升后的股票价格和下跌后的股票价格。经过两个时期后，连续上升两次的股票价格变为 u^2S，连续下降两次的股票价格变为 d^2S，上升和下降各一次的股票价格变为 udS，依此类推。如果经过 n 个时期，经历过 t 次价格上升和 $n-t$ 次价格下降，则股票价格变为 $u^t d^{n-t} S$。三个时期的股票价格二叉树见图 13－9。

1. 期权价格的确定

要全面、深入地了解布莱克-斯科尔斯期权定价公式[①]需要足够的数学背景知识，该期权定价公式利用了连续时间的随机过程。而二叉树期权定价模型[②]不但能

① Black，Fischer，and Myron Scholes，"The Pricing of Options and Corporate Liabilities"，Journal of Political Economy，1973（81）.

② Cox，John C.，Stephen A. Ross，and Mark Rubinstein，"Option Pricing：A Simplified Approach"，Journal of Financial Economics，1979（7）.

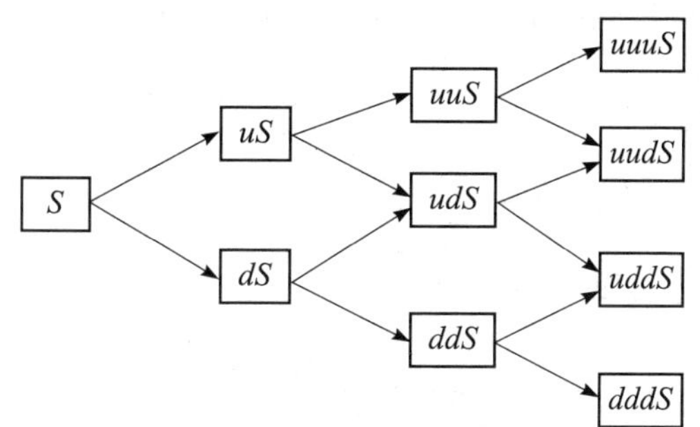

图 13-9　三个时期的股票价格二叉树

把握连续时间随机过程的全部特征，而且其原理非常易于理解，在实践中应用也相对简单。下面通过一个具体例子讲述二叉树期权定价的基本原理。

假设只有一个时期，股票的价格在到期日只有两个可能的价格：股价升高到某个给定的较高价格，或是降低到某个给定的较低价格。尽管这是个高度简化的例子，但对于进一步理解更加复杂和现实的模型非常有用。

假设投资期限为 1 年，某只股票年初的价格是 100 元，以该股票作为基础资产的欧式看涨期权的执行价格为 110 元，该期权的期限正好等于 1 年。年末，股票的价格要么上涨至 125 元（u 为 1.25），要么降低至 80 元（d 为 0.8）。年末，在股票价格上涨时，看涨期权持有人的收入 C_u 是 15 元；在股票价格下跌时，看涨期权持有人的收入 C_d 是 0 元。

$$S=100 \begin{cases} uS=125 & C_u=15 \\ dS=80 & C_d=0 \end{cases}$$

$$C=? \begin{cases} C_u=15 \\ C_d=0 \end{cases}$$

我们可以利用股票和债券的某种组合来复制上述看涨期权。复制就是以股票和债券构成的组合在未来可能出现的两种状态下的现金流与期权的现金流完全一样，即在股票价格上升时组合支付的现金流是 $C_u=15$ 元，在股票价格下跌时组合支付的现金流是 $C_d=0$ 元。无论在何种状态下，以股票和债券构成的组合与看涨期权的现金流完全一样。因此，该股票和债券组合的价值就应该等于期权的价格，否则就会出现套利机会。

假设债券的收益率为 r，我们购买 Δ 股股票和价值为 B 的债券构造一个新的资产组合。其中，Δ 和 B 既可以为正（购买或买空），也可以为负（卖空）。[①] 为了复制看涨期权，需要满足下列条件：

$$\begin{cases} \Delta uS + B(1+r) = C_u \\ \Delta dS + B(1+r) = C_d \end{cases}$$

① 买空是指投资人用借入的资金买入证券。卖空是指投资者自己没有证券，而是向他人借入证券后出卖，将来买回同等数量的证券偿还给借出者。

解上述联立方程组，可得到以下结果：

$$\Delta = \frac{C_u - C_d}{S(u-d)}$$

$$B = \frac{u \times C_d - d \times C_u}{(u-d)(1+r)}$$

因此，在我们的例子中可以求出：

$$\Delta = \frac{C_u - C_d}{S(u-d)} = \frac{15-0}{100 \times (1.25-0.8)} = \frac{1}{3}$$

$$B = \frac{u \times C_d - d \times C_u}{(u-d)(1+r)} = \frac{1.25 \times 0 - 0.8 \times 15}{(1.25-0.8) \times 1.1} = -24.24$$

所以，资产组合的市场价值为：

$$\Delta S + B = \frac{1}{3} \times 100 - 24.24 = 9.09(\text{元})$$

看涨期权的价格也应是 9.09 元，否则就产生了套利机会。如果期权价格低于 9.09 元，投资者就可以买入期权，同时卖空同等金额的资产组合，这样就可以获得无风险的套利利润。如果期权价格高于 9.09 元，投资者就可以卖空期权，同时买入同等金额的资产组合，也可以获得无风险的套利利润。

由于看涨期权的价格等于股票和债券构成的资产组合的价值，用公式可表示为：

$$C = \Delta S + B \tag{13-29}$$

将 Δ 和 B 代入公式（13-29），可以得到如下结果：

$$C = \frac{C_u - C_d}{u-d} + \frac{u \times C_d - d \times C_u}{(u-d)(1+r)}$$

经过变换，可得：

$$C = \frac{1}{1+r} \times \left[\frac{1+r-d}{u-d} \times C_u + \frac{u-(1+r)}{u-d} \times C_d\right] \tag{13-30}$$

我们将公式（13-30）中 C_u 和 C_d 的系数分别用 p 和 $1-p$ 表示：

$$p = \frac{1+r-d}{u-d} \tag{13-31}$$

$$1-p = \frac{u-(1+r)}{u-d}$$

则公式（13-31）可以简化为：

$$C = \frac{1}{1+r} \times [p \times C_u + (1-p)C_d] \tag{13-32}$$

其中，p 被称为风险中性概率（risk-neutral probabilities）。公式（13-32）表明，对于单期的期权而言，期权的价格等于期权收益的期望值按照无风险利率进行贴现的现值。其中，在计算期权收益的期望值时采用的是期权各种可能收益的风险中性概率，而不是实际概率。上述单期的期权二叉树定价方法可以很容易地推广到多期期权二叉树模型。对于多期期权二叉树模型，可以按照公式（13-32）计算每个节点的价值，通过层层递推的方法就可以求出期权的价值。

2. 利用二叉树定价模型计算可转换债券的价值

从本质上看，可转换债券就是一种期权，所以可以用二叉树定价模型计算可转换债券的价值。首先，构建可转换债券价值的二叉树。在确定每一个节点的价值时要考虑各种附加条款对可转换债券的影响，投资者和发行者都会追求自己的利益最大化，在对自己有利的情况下行使权利。投资者有可能将债券转换为股票或提前将债券返售给发行者①，发行者也有可能提前赎回债券。应该综合考虑所有的附加条款，选择最有可能的价值作为该节点处的价值。某节点处的价值可以用公式(13－33)表示如下：

$$某节点的价值=\max[\min(Q_1, Q_2), Q_3] \quad (13-33)$$

式中，Q_1 为通过公式（13－32）计算出的价值；Q_2 为赎回价格；Q_3 为转换价值。

也就是说，某节点的价值应该按照如下原则确定：首先选择普通债券的价值和赎回价格中的较小值，然后在上述较小值和转换价值中选择较大值作为该节点的价值。这是因为，如果赎回价格小于普通债券的价值，发行者将会赎回自己的债券。而投资者在接到提前赎回通知后，会对赎回价格和转换价值进行比较，选择对自己最有利的策略。

一旦可转换债券价值的二叉树构建出来，就可以按照上述期权定价公式逐步倒推出可转换债券的价值。下面通过一个具体例子来说明。

【例13－15】 某可转换债券的面值为1 000元，票面利率为4%，按年付息。该可转换债券发行者的股票价格为50元。该债券的剩余期限为9个月，转换比率为20（也就是转股价为50元）。无风险利率为10%（年化利率）。该公司发行的同样期限的普通债券的到期收益率是15%。假设可转换债券的赎回价格为1 100元。我们采用三个时期的二叉树计算可转换债券的价值，即每个时期的期限是3个月（也就是$\frac{1}{4}$年）。

根据前文所讲的利率二叉树，可以得出：

$$u=e^{0.3\sqrt{1/4}}=1.161\ 8$$

$$d=\frac{1}{u}=0.860\ 7$$

$$p=\frac{1+r-d}{u-d}$$

根据公式（13－31）可以求出 p：

$$p=\frac{1+\frac{10\%}{4}-0.860\ 7}{1.161\ 8-0.860\ 7}=0.546$$

根据上述信息就可以构建可转换债券价值的二叉树，见图13－10。

在图13－10中，每个节点都有3个数字，自上而下分别是股票的价格、普通债

① 由于实践中返售的可能性很小，所以后文将不考虑返售。

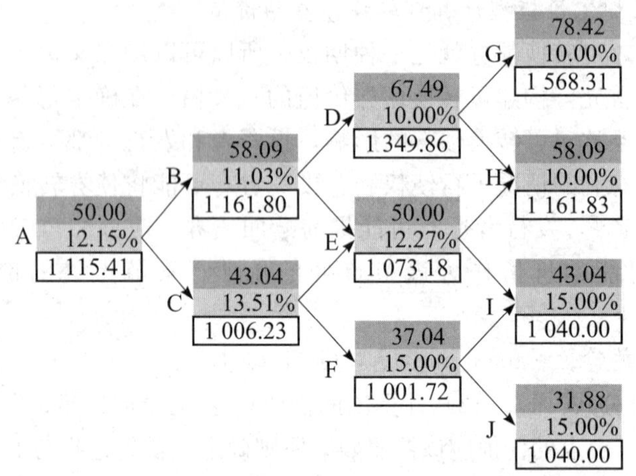

图 13-10 三时期可转换债券价值的二叉树

券的到期收益率和该节点的价值。在节点 G、H，转换价值分别为 1 568.31 元和 1 161.83元，而普通债券的价值是 1 040 元（本金 1 000 元，利息 40 元）。因此，投资者会选择转换，节点 G、H 的价值分别为 1 568.31 元和 1 161.83 元。而在节点 I、J，投资者不会转换，价值都是 1 040 元。在节点 D，由于赎回价格小于转换价值，根据公式（13-33），投资者肯定会转换，该节点的价值等于转换价值，即 67.49×20=1 349.8 元。在节点 E，根据公式（13-32）计算出的结果为 1 073.18 元，小于赎回价格 1 100 元，同时又大于转换价值 50×20=1 000 元。所以，节点 E 处的价值等于 1 073.18 元。在节点 B，根据公式（13-32）计算出的结果为 1 191.13元，超过了赎回价格 1 100 元，所以发行者提前赎回，投资者接到提前赎回通知后会将债券转换为股票，最终获得转换价值 58.09×20=1 161.8 元。所以，节点 B 的价值为 1 161.80 元。在节点 C，根据公式（13-33）计算出的结果为 1 006.23元，小于赎回价格，同时又大于转换价值 43.04×20=860.8 元，节点 C 的价值为 1 006.23 元。在节点 A，根据公式（13-32）计算出的结果为 1 115.41 元，大于赎回价格，同时又大于转换价值50×20=1 000 元，节点 A 的价值为 1 115.41 元。所以，可转换债券的价值就是 1 115.41 元。

专栏 13-6 分离交易可转债定价理论

分离交易可转债属于附认股权证公司债的范围，是指公司债券附有认股权证，持有人依法享有在一定期间按约定价格认购公司股票的权利。此外，认股权证可与公司债券分开交易，在流通市场上自由买卖。与可转换债券相比，分离交易可转债最大的优势是债券与权证可以分离交易，能够满足不同投资者对风险和收益多元化的需求；而可转换债券难以把债券与股票转换权分离开，只能捆绑交易。

分离交易可转债的基本要素包括如下几项：

(1) 票面利率。与可转换债券一样，分离交易可转债也有票面利率。不过，分离交易可转债的票面利率通常要低于可转换债券。

(2) 债券面值。我国分离交易可转债的债券面值通常是100元，最小交易单位是1手10张债券，需要1 000元人民币。

(3) 认股权证。认股权证的具体条文包括标的股票、行权价格、行权期限、行权比率。

(4) 债券期限。分离交易可转债发行公司通常根据自己的偿债计划、偿债能力以及股权扩张的步伐来制定期限，在国际市场上，分离交易可转债的期限通常较长，一般为5～10年。

(5) 其他条款，如还款保障及违约责任、担保及资信评级、本金和利息支付方式等。

分离交易可转债的价值由两部分构成，即纯债价值和股票期权价值。由于分离交易可转债的期权部分和债券部分实现了分离，因此分离交易可转债的价值等于纯债券价值与权证价值之和（纯债券的定价方式参见前文，权证的定价方式参见第11章期权定价部分）。

中国证监会在自2006年5月8日起正式实施的《上市公司证券发行管理办法》中提出分离交易可转债的概念，首次将分离交易可转债列入上市公司再融资品种，并规定“分离交易的可转换公司债券中的公司债券和认股权分别符合证券交易所上市条件的，应当分别上市交易”。分离交易可转债一经推出，立刻受到市场的热切关注。2006年5月12日，G唐钢率先公布了30亿元分离交易可转债的发行方案。后来，马钢、武钢、中石化、深高速等都推出了分离交易可转债的融资方案。

本章小结

本章主要介绍债券定价理论以及可转换债券的基本知识。

对债券进行定价，就是要计算其未来所有现金流的现值总和。只有当债券的价值大于市场上的价格时，债券才值得购买。债券价值的计算大体分为简单和复杂两种情况，在计算中要根据已知的票面利率、时间、到期收益率等条件具体计算债券的价值。

利率期限结构是指不同期限国债即期收益率之间的关系，在图表上是指可观测的不同形状的收益率曲线。一般来说，收益率曲线的形状大致有四种：向上倾斜、向下倾斜、峰形和水平。利率期限结构理论用于说明是什么因素决定了收益率曲线的不同形状。利率期限结构理论主要有四种：无偏预期理论、流动性偏好理论、特定期限偏好理论和市场分割理论。需要注意的是，这里研究的是即期利率的期限结构，而非到期收益率。

债券的久期用来衡量债券价格的收益率敏感性，久期就是价格变化的百分比除以收益率变化的百分比。从本质上看，虽然普通债券的久期等于所有现金流到期时间的加权平均，但它并不是一种期限，而是衡量债券价格的利率敏感性指标。票面利率、到期时间、到期收益率是影响久期长短的三个重要因素。零息债券的久期与它的到期时间相等。当收益率变化较大时，用久期估计价格变化就会产生较大的误差，此时就需要考虑价格-收益率曲线的凸度性质。

可转换债券实际上是一种集股票和债券于一体的混合证券，以公司债的形式发行，持有者可在到期日前以一定的条件转换成公司的股票。可转换债券的价值可分为三个部分：普通债券的价值、转换价值和期权价值。通常用二叉树定价方法计算可转换债券的价值，即先对股票价格未来的变化过程做出合理假设，然后构造出可转换债券价值的二叉树，再利用二叉树计算可转换债券的价值。

本章关键问题

- 债券定价理论
- 利率期限结构
- 债券价格风险的测量、久期与凸度
- 可转换债券定价理论
- 分离交易可转债

本章思考题

一、名词解释

利率期限结构　　凸度　　久期

二、简答题

1. 简述传统理论对利率期限结构的解释。

2. 简述凸度对债券投资的作用。

3. 某只新发行的债券，票面利率为 8%（年末付息一次），期限为 5 年。发行者按面值出售该债券。

（1）请计算该债券的凸度和久期。

（2）如果投资者期望的到期收益率为 10%，能否按面值发行？如果希望全部发行，则发行价格是多少？

4. 假设在债券市场中，国债的面值为 100 元的 1 年期零息债券的价格为 94 元，2 年期零息债券的价格为 88 元。假定某投资者准备按面值购买新发行的 2 年期国债，国债面值为 100 元，年票息率为 10%。

（1）求 2 年期零息债券的到期收益率。

（2）求第 2 年的远期利率。

（3）如果无偏预期理论成立，求新发行国债第 1 年末的预期价格和预期到期收

益率。

5. 休斯在1月初持有一个价值为10万元的债券组合，该组合6个月的平均久期为9年。如果6月份国债期货的现价是108元，当期货到期时可以选择交割的债券久期为8.8年。请问休斯应该如何规避6个月内的利率风险?

6. 假设2020年3月1日债券市场上存在以下几种不同的债券，面值均为100元，每半年付息一次。

到期日	2020-09-01	2021-03-01	2021-09-01	2022-03-01	2022-09-01
票面年利率（%）	5	5.5	6	6.5	6

某债券承销商给出了不同期限的折现率，如下表所示：

时间 t（年）	折现率 $d(t)$
0.5	0.98
1.0	0.96
1.5	0.92
2.0	0.90
2.5	0.86

（1）请根据上表计算各种债券的现在价格。

（2）如果承销商正在承销一只1年期的债券，票面利率为7%，1年后到期，销售价格为104元，投资者是否应该购买这只债券?

第五篇　量化分析与交易策略篇

2003 年 3 月 5 日，吴晓求教授访问纽约证券交易所后在华尔街留影。

2018 年 1 月 13 日，第 22 届（2018 年度）中国资本市场论坛在中国人民大学召开，该论坛的主题为“股市与债市的协调发展”。

第 14 章 量化投资、大数据分析与智能投顾

学习目标

- 深入理解信息比率的定义，能够从历史数据中计算后验信息比率。
- 掌握如何应用信息比率使价值增加值最大化。
- 对于残余收益的经验预测公式、评分的量化以及前瞻信息比率与投资头寸的关系有比较深入的了解。
- 理解如何使用大数据辅助投资决策。
- 理解智能投顾的内涵及其与量化组合管理理论的关系。

投资正在从一门艺术向严谨的理论转变。随着现代金融经济学理论的发展，投资经理人更多地依靠严密的经济学理论和结构化的资产配置来投资，而非单凭个人感性认识和对市场的直觉来做判断。人们对于投资的态度也在不断发生着变化，逐渐由定性投资转向量化投资。

信息比率（information ratio）是量化投资的关键，是对量化投资者投资绩效的度量，也是确定投资头寸的重要指标。首先，本章将介绍有关量化投资管理的一些基本概念，这有助于我们理解信息比率的含义；其次，本章将给出信息比率的定义及其在量化投资中的应用；最后，本章将介绍预期残余收益的预测方法及其在信息比率中的使用。

除了传统意义上的量化投资策略，信息科技的发展也催生出新的数据导向的投资理念。本章的最后两节分别介绍了当前量化投资的两个热点领域——大数据投资和智能投顾，以帮助读者更好地把握量化投资前沿。

14.1 量化投资的基本概念

量化投资是指运用严密的数量方法和严格的程序进行分析来打败市场，获得高于市场收益的投资方式。然而，建立在有效市场假说基础上的现代金融学理论认为：在有效市场中，任何一个投资者都不可能获得高于市场的收益，所以投资经理人对投资组合的管理也就失去了价值。该理论促使积极投资管理转向了消极投资管理，即管理者只需购买市场组合，而不用努力打败市场。尽管如此，在现实中，高于市场收益的机会不但存在，而且可以被科学地发现并加以实施，量化投资者可以通过严谨的量化分析获得高于市场水平的收益率。

专栏 14－1　　量化投资基金

量化投资基金因使用量化投资方法而得名。量化投资基金通过数理统计分析，选择那些未来回报可能会超过基准的证券进行投资，以期获得超过指数基金的收益。对于一个完全的量化投资基金来说，其最终的买卖决策完全依赖于量化模型。

在我国证券市场上，基本面研究占据市场的主流地位。然而，随着证券市场的不断发展、证券数目的增加、金融衍生品的出现以及新业务的推出，基于基本面研究的基金要战胜指数基金的难度也不断增加，因而量化投资将发挥越来越重要的作用。在西方资本市场多年的发展过程中，涌现出了一大批优秀的量化投资基金。根据 Bloomberg 的数据，截至 2008 年 11 月 4 日，1 184 只量化投资基金管理的总资产高达 1 848 亿美元，相比 1988 年 21 只量化投资基金管理的 80 亿美元来说，年均增长速度高达 20%，而同期非量化基金的年均增长速度仅为 8%。

与定性投资相比，在现阶段，我国 A 股市场的特点更适合采用客观、公正、理性的量化投资风格。相对于海外成熟市场，A 股市场的发展历程较短、有效性偏弱，而且 A 股市场上被错误定价的股票相对较多，留给投资者利用量化投资策略去发掘市场无效性、寻找超额收益的潜力和空间也就更大。事实上，尽管量化投资在国内的发展历程较短，但从国内已采用了量化投资方法并运作了一段时间的基金来看，量化投资基金可被证明是适应中国市场的。

资料来源：丁鹏．量化投资——策略与技术．北京：电子工业出版社，2012．

量化投资的一般操作流程如下：首先，确定要进行投资的证券；其次，找到能够预测证券收益率的信息并按照本章介绍的办法对定性的信息进行量化处理，而后通过该信息预测未来的收益率（α）；再次，构建最优的投资头寸，当外部信息发生变化时，要及时调整投资头寸；最终，获得期望的超额收益。在这个操作流程中，数据和信息的获取及量化、收益率的预测方法以及如何选择最优投资头寸都至关重要。后文将要介绍的信息比率以及 α 的经验预测公式在这个过程中具有非常重要的应用。本章将在最后给出量化投资的流程图。

在介绍量化投资的内容前，我们先回顾和审视一下传统的资本资产定价模型（CAPM），这个传统理论中的研究方法可被量化投资者借鉴。

14.1.1 市场收益与残余收益

如前所述，在 CAPM 中有两个重要因素：一个是市场组合 M，另一个是 β 系数。β 系数是将任意股票或投资组合与市场组合联系起来的重要参数。从理论上说，市场组合应该包括市场中的每一只股票，而在现实中，市场组合通常由本国证券交易所的著名指数充当，如中国的上证指数、沪深 300 指数，美国的标准普尔 500 指数等。

超额收益可定义为某资产的收益减去无风险利率后的余值。我们把资产组合 P 的超额收益记为 r_P，把市场组合 M 的超额收益记为 r_M。

对投资组合超额收益 $r_P(t)$ 与同期市场组合超额收益 $r_M(t)$ 做线性回归，其回归方程为：

$$r_P(t) = \alpha_P + \beta_P r_M(t) + \varepsilon_P(t) \tag{14-1}$$

我们定义残余收益 $\theta_P(t)=\alpha_P+\varepsilon_P(t)$。残余收益是指股票的超额收益在去除市场因素后剩下的收益。由于回归方程中随机误差项的期望值为零，故 $\alpha_P=E(\theta_P)$，即 α_P 衡量的是残余收益的期望值。投资组合 P 的 β 值由下式给出：

$$\beta_P = \frac{\operatorname{cov}(r_P, r_M)}{\operatorname{var}(r_M)} \tag{14-2}$$

显然，市场组合的 β 值等于 1，无风险资产的 β 值等于 0。

CAPM 认为，对于所有的股票和投资组合，其残余收益的期望值均为零，即 $\alpha_P=E(\theta_P)=0$。这等价于投资组合 P 的期望超额收益 $E(r_P)$ 完全取决于市场的期望超额收益 $E(r_M)$ 以及投资组合 P 的 β 值，它们之间存在简单的线性关系：

$$E(r_P) = \beta_P E(r_M) \tag{14-3}$$

依据 CAPM 得到的期望收益称为“一致期望收益”。这是因为依据 CAPM 得到的最优投资组合只包含市场组合与无风险资产，市场组合可以看作所有投资者的一致投资组合。

那么，CAPM 对量化投资管理有什么价值？一般来说，量化投资管理者是指那些并不持有大家公认的投资组合（即市场组合）的投资者，所以量化投资者的期望收益与一致期望收益并不匹配。这主要是因为量化投资者所选投资策略的 α 值一般不为零。

如果已知某投资组合的β值，就可以将该组合的超额收益划分成市场收益和残余收益：

$$r_P = \beta_P r_M + \theta_P \tag{14-4}$$

并且残余收益θ_P与市场收益r_M不相关，因而投资组合P的方差为：

$$\sigma_P^2 = \beta_P^2 \sigma_M^2 + \omega_P^2 \tag{14-5}$$

式中，σ_M为市场超额收益r_M的标准差；ω_P为残余收益θ_P的标准差，$\omega_P = \text{std}(\theta_P)$，它度量了残余风险的大小。

14.1.2 基准组合

传统的投资组合理论是基于市场组合构建的，市场组合包含所有资产；然而，即使是股票指数，也只包含了世界上很小范围的股票。我们暂且不说这个市场组合是否存在（其实，持有这样的市场组合是极难的），对于一般的机构投资者来说，市场组合的概念在实际操作中并没有多大的意义。

在实际操作中，量化投资者要求其所管理投资组合的收益要高于某基准组合，而基准组合并不是真正的市场组合。在现实中，大多数基金产品都有一个基准指数作为参考，诸如在理财产品的条款中通常也会规定组合管理人的报酬取决于其组合收益是否优于指定的基准组合。因此，基准组合才是量化投资者应当选择的参照物，而市场组合只是金融经济学中为了建立简洁模型而设定的并不存在的均衡产物，实际指导意义不大。

在引入基准组合后，传统理论中一些概念的含义就发生了变化，比如我们可以定义相对于基准组合的值等。下面将要介绍的积极收益、积极风险、残余收益、残余风险的定义都是建立在基准组合之上的，这些都是在量化投资管理中非常重要的概念。

14.1.3 积极收益与积极风险

风险是一个抽象的概念，在投资学中用资产年化收益率的标准差（即波动率）来定义风险。设r_P是投资组合P的超额收益，其标准差可用下述公式表示：

$$\sigma_P = \text{std}(r_P)$$

在实际中，量化投资者并不关心总风险，而是关心相对风险。因为在总风险中包含了基准组合的风险，而这部分风险被投资者认为是不可避免的。剔除基准组合风险后的风险才是量化投资者真正关心的风险，也是大多数投资者关心的风险。在中国，这一点可以从销售惨淡的指数型基金和销售火爆的股票型基金中看出来。

如果我们规定了一个基准组合B来衡量基金管理者的表现，该基准组合B的超

额收益率用 r_B 表示，而基金管理者所管理投资组合 P 的超额收益率为 r_P，那么两者的差额 $r_P - r_B$ 能够反映出基金管理者相对于基准组合的表现。我们把这一差额称为积极收益，并用 r_{PA} 来表示，它反映了基金管理者因为比基准组合积极而获得的额外收益。相应地，我们把积极风险 ψ_P 定义为积极收益的标准差：

$$\psi_P = \mathrm{std}(r_{PA}) = \mathrm{std}(r_P - r_B) \tag{14-6}$$

下面用一个简单的例子来说明积极风险的含义。考虑最简单的情况，假设基准组合由两只股票组成——60％的中国石化股票和 40％的中国联通股票。图 14－1 描述了积极风险随着中国联通股票积极头寸的变化而变化的情况。其中，积极头寸是指在实际投资组合中中国联通占投资组合的比例减去基准组合中的持有比例（40％）。

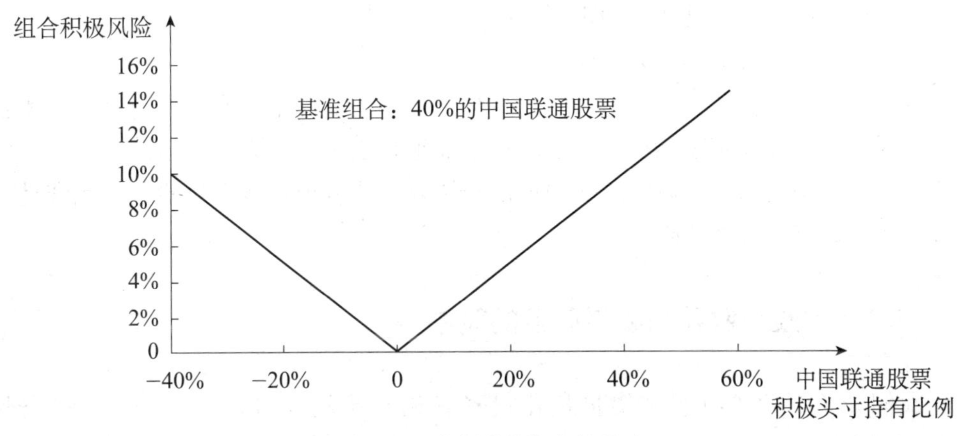

图 14－1　积极收益与积极风险

横轴的最左边表示所有资金都购买中国石化股票，该投资组合的积极头寸为 40％的中国石化和－40％的中国联通；横轴的最右边表示所有资金都购买中国联通股票，该投资组合的积极头寸为－60％的中国石化和 60％的中国联通。当积极头寸为零时，该投资组合完全复制了基准组合，所以积极风险不存在。

与基准组合相同的投资头寸承担了基准组合的风险，而积极头寸则承担了额外的积极风险。在实际操作中，投资者习惯于根据占总资产的比例来限制该资产的积极头寸。例如，中国石化股票在基准组合中的份额是 6％，投资者可能会把对中国石化的投资头寸限定在 3％～9％之间；而对于另一只在基准组合中权重为 0.4％的股票，就会把头寸限制在 0.2％～0.6％之间。这样一来，投资者将中国石化的积极头寸限制在±3％之间，而将另一只股票的积极头寸限制在±0.2％之间。

14.1.4　残余收益与残余风险

沿用 CAPM 的理论框架，只是把市场组合替换为基准组合，我们可以赋予 β 值新的含义。基准组合 B 的超额收益为 r_B，投资组合 P 的超额收益为 r_P，仿照公式

(14-2) 定义组合 P 相对于基准组合 B 的 β 值为:

$$\beta_P = \frac{\operatorname{cov}(r_P, r_B)}{\operatorname{var}(r_B)} \tag{14-7}$$

对普遍意义上的 β 值做了改进后,某资产的 β 值不再与市场有关,而是与基准组合相关。前文曾对投资组合的超额收益进行了划分 [见公式 (14-4)],在考虑了基准组合后,这种划分也发生了改变,即

$$r_P = \beta_P r_B + \theta_P \tag{14-8}$$

相应地,残余收益 θ_P 的定义也与此前有所差异:

$$\theta_P = r_P - \beta_P r_B \tag{14-9}$$

即残余收益是指在投资组合超额收益中与基准组合无关的部分。残余风险 ω_P 被定义为残余收益的标准差,其风险的定义式如下:

$$\omega_P = \operatorname{std}(\theta_P) = \sigma_P^2 - \beta_P^2\sigma_B^2 \tag{14-10}$$

通常说来,我们认为基准组合的风险是不可避免的,是所有投资者必须承担的系统性风险,所以承担残余风险就是承担基准组合之外的非系统性风险。残余风险是在收益风险中与系统性风险正交的那部分风险,或者说,残余风险是与系统性风险相互独立的非系统性风险。

14.1.5 残余收益与积极收益的关系

我们介绍了两种收益来衡量量化投资者相对于基准组合的表现——残余收益与积极收益,它们各自的标准差代表了残余风险与积极风险。两者的定义式如下:

残余收益 $\theta_P = r_P - \beta_P r_B$

积极收益 $r_{PA} = r_P - r_B$

积极收益可分为与基准组合相关的部分 $\beta_{PA} r_B$ 和残余收益 θ_P,即

$$r_{PA} = r_P - r_B = (\beta_P r_B + \theta_P) - r_B = \beta_{PA} r_B + \theta_P \tag{14-11}$$

其中,

$$\beta_{PA} = \beta_P - 1$$

即 β_{PA} 代表了积极收益相对于基准组合的 β 值。

一般来说,量化投资者获得的超过基准组合的收益来自两个方面——择时(投资基准组合的时机选择)和选股。投资者可以被动地持有基准组合,获得与基准组合完全相同的收益或者损失。当然,投资者也可以选择时机持有基准组合,即在基准组合价格上涨时持有,在基准组合价格下降时卖出,则可以获得超过基准组合的收益,而这部分收益就是来自买卖基准组合的时机选择。此外,除了持有基准组合外,投资者还可以通过选择股票,构建不同于基准组合的投资组合,由此获得的收益是来自股票的选择。

14.2 信息比率

14.2.1 信息比率的定义

从广义上说，信息比率是平均残余收益与残余风险的比率，也是衡量投资经理表现的重要指标。首先，我们定义后验信息比率，它可以通过历史数据来衡量量化投资者的表现。一般来说，我们提到的信息比率均为后验信息比率。其次，我们再介绍前瞻信息比率，它是根据预测性的信息计算出的对未来信息比率的预测，是对未来投资机会的衡量。

14.2.1.1 后验信息比率

我们用 IR 表示信息比率，是指（年化）平均残余收益与（年化）残余风险的比率。也就是说，信息比率描述了单位残余风险所对应的平均残余收益。后验信息比率就是依据历史数据计算出已实现的平均残余收益和残余风险，两者的比值就是已实现的（后验的）信息比率。

对于某投资组合 P，当我们得到历史数据后，可以通过线性回归的方式得到残余收益，即

$$r_P(t) = \alpha(t) + \beta r_B(t) + \varepsilon(t) \tag{14-12}$$

设 $r_P(t)$为组合 P 在时间 $t=1$，2，3，…，T 的超额收益，$r_B(t)$为基准组合在各个时间的超额收益。某组合的残余收益 $\theta(t)=\alpha(t)+\varepsilon(t)$。后验信息比率的计算公式为：

$$\mathrm{IR} = E(\theta)\mathrm{std}(\theta) \tag{14-13}$$

在上式中，我们使用残余收益的标准差作为残余收益风险的度量。也就是说，我们用历史数据中残余收益的平均值和标准差的比值来计算信息比率。

如果 $\alpha(t)$不随时间的变化而变化，其为常数，则公式（14－13）可以写成：

$$\mathrm{IR} = \alpha_P \omega_P \tag{14-14}$$

式中，α_P为组合 P 的 α 值（平均残余收益）；ω_P为组合 P 的残余风险，$\omega_P=\mathrm{std}(\theta)=\mathrm{std}(\varepsilon)$。因此，信息比率又称“$\alpha-\omega$ 比率”。

下面用例子说明如何计算某股票的信息比率。我们选择华联股份这只股票，并选取沪深 300 指数作为基准组合；使用的数据是 2008—2012 年的月数据；无风险利率使用的是 2012 年 1 年期记账式国债的票面年利率 2.94%，相当于月利率 0.24%。

首先，根据华联股份和沪深 300 指数的月收盘价得到它们的月收益率数据，再减去无风险利率 0.24%，得到序列 $r(t)$和 $r_B(t)$，见表 14－1。

表 14-1　华联股份和沪深 300 指数的超额收益

时间	沪深 300 指数			华联股份		
	收盘价	收益率（%）	超额收益率（%）	收盘价	收益率（%）	超额收益率（%）
2007-12-28	5 338.27			14.77		
2008-01-31	4 620.40	−13.45	−13.69	12.18	−17.54	−17.78
2008-02-29	4 674.55	1.17	0.93	12.25	0.57	0.33
2008-03-31	3 790.53	−18.91	−19.15	9.98	−18.53	−18.77
2008-04-30	3 959.12	4.45	4.21	9.66	−3.21	−3.45
2008-05-30	3 611.33	−8.78	−9.02	9.66	0.00	−0.24
2008-06-30	2 791.82	−22.69	−22.93	8.06	−16.56	−16.80
2008-07-31	2 805.21	0.48	0.24	7.50	−6.95	−7.19
2008-08-29	2 391.64	−14.74	−14.98	4.92	−34.40	−34.64
2008-09-26	2 243.66	−6.19	−6.43	4.46	−9.35	−9.59
2008-10-31	1 663.66	−25.85	−26.09	3.27	−26.68	−26.92
2008-11-28	1 829.92	9.99	9.75	3.58	9.48	9.24
2008-12-31	1 817.72	−0.67	−0.91	4.33	20.95	20.71
2009-01-23	2 032.68	11.83	11.58	4.94	14.09	13.85
2009-02-27	2 140.49	5.30	5.06	5.10	3.24	3.00
2009-03-31	2 507.79	17.16	16.92	6.37	24.90	24.66
2009-04-30	2 622.93	4.59	4.35	6.70	5.18	4.94
2009-05-27	2 759.71	5.21	4.97	6.94	3.58	3.34
2009-06-30	3 166.47	14.74	14.50	8.32	19.88	19.64
2009-07-31	3 734.62	17.94	17.70	8.41	1.08	0.84
2009-08-31	2 830.27	−24.22	−24.46	7.47	−11.18	−11.42
2009-09-30	3 004.80	6.17	5.92	7.04	−5.76	−6.00
2009-10-30	3 280.37	9.17	8.93	7.88	11.93	11.69
2009-11-30	3 511.67	7.05	6.81	8.70	10.41	10.17
…						

$t=1, 2, 3, \cdots$。假定 α 是常数，建立回归方程：

$$r(t) = \alpha + \beta r_B(t) + \varepsilon(t) \tag{14-15}$$

回归结果为：

$$r(t) = -0.0102 + 0.9634 r_B(t) + \varepsilon(t) \quad R^2 = 0.5378 \tag{14-16}$$

得到 β 的估计值为 0.963 4，而且 t 统计量显著，α 的估计值为 −0.010 2，这里得到的是月残余收益率，对其进行年化可得到年残余收益：

$$\alpha = -0.0102 \times 12 = -0.1224$$

年化残余风险是残余收益标准差的年化。标准差的计算与时间期限相关，我们需要把不同周期的标准差（如日标准差、月标准差等）换算为年标准差。相应的换算公式为：

年标准差＝12×月标准差

年标准差＝52×周标准差

对于股票来说，如果一年有 252 个交易日，则

年标准差＝252×日标准差

在本例中，由

$$\theta_i(t)=r_i(t)-0.963\,4r_B(t)$$

计算得到华联股份的月残余收益序列 $\theta(t)$，$t=1$，2，…。年化残余风险为：

$$\begin{aligned}\omega &= \mathrm{std}(\theta)\\ &= \mathrm{std}[\theta(1),\theta(2),\cdots]\times 12 \\ &= 0.302\,5\end{aligned} \tag{14-17}$$

所以，2008—2012 年华联股份的后验信息比率为－0.40（＝－0.122 4/0.302 5）。信息比率为负，说明该股票的业绩低于基准组合——沪深 300 指数。本例计算的是一只股票的信息比率，若计算投资组合的信息比率，可以分别算出个股平均残余收益和残余风险，再通过加权的方法算得投资组合的平均残余收益和残余风险。具体说来，由于投资组合的残余收益可以由个股残余收益加权得到，同时期望也具有可加权的性质，所以投资组合的 α 也是由个股的 α 加权得到的。假设投资组合 P 中有 N 只股票，则组合 P 的 α 和 ω 分别为：

$$\alpha_P=\sum_{i=1}^{N}x_i\alpha_i \tag{14-18}$$

$$\omega_P^2=\sum_{i=1}^{N}\sum_{j=1}^{N}x_ix_j\mathrm{cov}(\varepsilon_i,\varepsilon_j) \tag{14-19}$$

式中，x_i 为资产 i 在资产组合 P 中所占的权重；α_i 为资产 i 残余收益的期望；$\mathrm{cov}(\varepsilon_i,\varepsilon_j)$ 为资产 i 和资产 j 的残余收益的协方差。

最优信息比率是指在能够得到的所有投资组合中最大的信息比率值。假设 Φ 是所有投资组合的集合，则最优信息比率 IR^* 为：

$$\mathrm{IR}^*=\max(\mathrm{IR}_P\mid\Phi) \tag{14-20}$$

信息比率可用来衡量投资者的业绩。在现实中，IR 可以为负值。如果投资组合的年化残余收益为负，则计算得到的后验信息比率就是负的。负的 IR 说明了投资者的表现并没有胜过基准组合，即投资者承担了残余风险却没有获得相应的补偿，反而产生了更大的损失。与此同时，由前面的分析可知，基准组合的 IR 必然等于零。

信息比率通常呈对称分布，中值为 0，有 50％的量化投资者通过积极管理战胜了基准组合，其他量化投资者因为投资的失败没有达到基准组合的收益水平。管理者应该期望自己的投资组合信息比率大于 0.5。通常说来，我们认为 IR＝0.5 是较好的，而 IR＞1.0 是极好的。

信息比率与样本采集间隔有关。为了方便比较，通常以一年期的信息比率为标准。因为随着间隔时间的变化，预期残余收益与风险都将增加，但风险与时间的平方根成正比，而收益与时间成正比，所以信息比率与时间的平方根成正比。例如，季度数据的信息比率为年度数据信息比率的 1/2，月度数据的信息比率为年度数据

信息比率的 1/12（这里的分母应为 12 开平方）。因此，为了使不同交易策略的信息比率具有可比性，我们选用年化的信息比率，即对股票收益率一律做年化处理，这样得到的信息比率就是年化的信息比率。

14.2.1.2 前瞻信息比率

后验信息比率是依据历史数据计算的，而前瞻信息比率是每承担单位年化残余风险所能获得的年化残余收益的预期值。

从前瞻信息比率的角度看，对 α 值的预测通常是由回归方程得到的。假定在 $t-1$ 时刻，某信息 $g(t-1)$ 对 t 时刻的 $\alpha(t)$ 有一定的预测作用，即 $\alpha(t)=c+bg(t-1)$，则公式（14－12）可以写成：

$$r_P(t)=c+bg(t-1)+\beta r_B(t)+\varepsilon(t) \tag{14-21}$$

因而在 $t-1$ 时刻，对于 t 时刻的预测信息比率（前瞻信息比率）为：

$$\mathrm{IR}_{t|t-1}=c+bg(t-1)\mathrm{std}(\varepsilon) \tag{14-22}$$

假定 $b>0$，若 $g(t-1)$ 越大，则前瞻信息比率 $\mathrm{IR}_{t|t-1}$ 也越大。前瞻信息比率对于投资者实时调控投资头寸具有重要的作用，即当前瞻信息比率大的时候（此时投资效果好），投资者可以选择多投资；反之，投资者可以选择少投资或者不投资。后文还会讲到前瞻信息比率的应用。

专栏 14－2　　夏普比率和信息比率

夏普比率又称夏普指数，由诺贝尔经济学奖获得者威廉·夏普于 1966 年最早提出，是广泛用于衡量基金绩效表现的一个标准化指标。夏普比率可定义为超额收益除以超额收益的标准差，即

$$\text{夏普比率}=\frac{r_P}{\mathrm{std}(r_P)}$$

夏普比率和信息比率都是衡量经风险调整后收益的指标。两者不同的是，夏普比率衡量了投资者承担每单位总风险获得的超额收益，而信息比率衡量了投资者承担每单位残余风险获得的残余收益。与信息比率相比，夏普比率主要考虑了包括基准组合的风险在内的总风险，是在投资专业分工和量化投资的出现之前的投资学早期产物。在使用基准组合衡量量化投资的绩效后，投资者更为看重剔除基准组合风险之后的残余风险，所以对量化投资者来说，信息比率具有更重要的意义。尽管如此，由于夏普比率的形式简洁、计算方便，因而它在评价投资者的绩效时也有广泛的应用。

14.2.2 信息比率的应用

在定义了信息比率后，下面介绍如何在实践中应用信息比率。

14.2.2.1 残余边界

信息比率为投资者提供了投资机会，它表明了每承担一单位的残余风险会带来多少平均残余收益。假设信息比率是 0.5，给定 4%的残余风险，量化投资者能够获得 2%的平均残余收益。

正因为信息比率独立于风险水平，所以信息比率给出了可供投资者选择的残余风险与残余收益的组合边界——残余边界。在残余边界上的任意平均残余收益和残余风险的组合都是投资者能够获得的。图 14－2 展示了在 IR=0.5 的情况下投资者所面临的残余边界。残余边界上的每个点都对应着一种残余风险和残余收益的组合，残余边界是一条通过坐标轴原点的直线。残余边界较好地描述了投资者能够得到的投资机会，而信息比率决定了残余边界。

投资组合 Q 为公式（14－20）的解，是可以获得最大收益的投资组合，直线以下部分所代表的投资组合都是可供管理者选择的。图 14－2 中的原点代表基准组合，其残余收益和残余风险均为零，无风险资产也对应着原点。除 Q 点外，残余边界直线上所有的点都是 IR 值最大的组合。在图 14－2 中，P_1，P_2，…，P_6 表示残余风险从 1%到 6%，它们都在残余边界上。

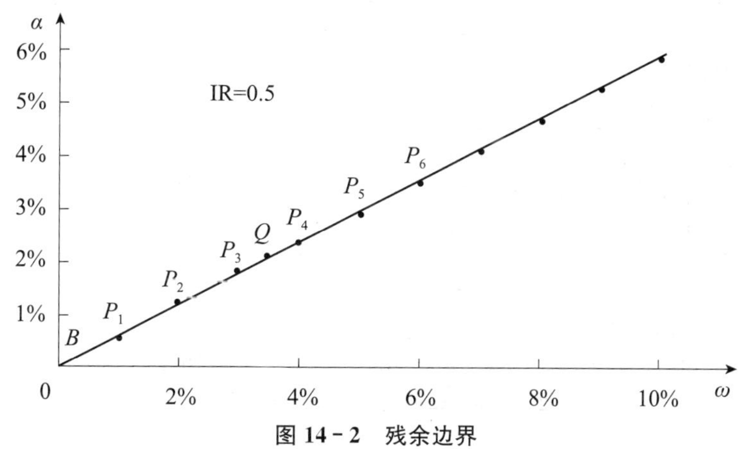

图 14－2 残余边界

残余边界上任意的平均残余收益和残余风险的组合都是投资者能够获得的。假设投资者能够获得 Q 点的平均残余收益与残余风险水平，那么用组合 Q 和无风险资产来构建新的投资组合 P，通过调整投资组合 P 中无风险资产的比例就能得到残余边界上的每一个点。平均残余收益和残余风险水平低于投资组合 Q 的点，能够通过在投资组合 P 中加入无风险资产来实现；平均残余收益和残余风险水平高于投资组合 Q 的点，则需要在投资组合 P 中借入无风险资产来购买投资组合 Q 才能达到。

具体说来，假设投资者的残余风险和平均残余收益水平能够达到 Q 点，坐标为（ω_Q，α_Q）。用投资组合 Q 和无风险资产构建新的投资组合 P，其中投资组合 Q 所占的比例为 w_1，无风险资产所占的比例为 $w_2=1-w_1$。当 $w_2<0$ 时，表示借入无风险资产来购买投资组合 Q。下面计算投资组合 P 的残余风险与平均残余收益，设 R_Q、

R_P分别代表投资组合 Q 和投资组合 P 的收益率，R_F代表无风险收益率。

投资组合 P 的超额收益为：

$$r_P = R_P - R_F = (w_1 R_Q + w_2 R_F) - R_F = w_1 (R_Q - R_F) = w_1 r_Q \quad (14-23)$$

投资组合 P 的 β 值为：

$$\beta_P = \frac{\text{cov}(r_P, r_B)}{\text{var}(r_B)} = \frac{\text{cov}(w_1 r_Q, r_B)}{\text{var}(r_B)} = w_1 \times \frac{\text{cov}(r_Q, r_B)}{\text{var}(r_B)} = w_1 \beta_Q \quad (14-24)$$

所以，投资组合 P 的平均残余收益和残余风险分别为：

$$\theta_P = r_P - \beta_P r_B = w_1 r_Q - w_1 \beta_Q r_B = w_1 \theta_Q \quad (14-25)$$

$$\alpha_P = E(\theta_P) = w_1 E(\theta_Q) = w_1 \alpha_Q \quad (14-26)$$

$$\omega_P = \text{std}(\theta_P) = w_1 \text{std}(\theta_Q) = w_1 \omega_Q \quad (14-27)$$

因此，投资组合 P 的信息比率 $\text{IR}_P = \alpha_P / \omega_P = \text{IR}_Q$，说明构建的投资组合 P 也在残余边界上，并且 P 点的残余风险和平均残余收益水平为（$w_1\omega_Q$，$w_1\alpha_Q$）。随着 w_1 的变化，残余边界上的每一个点都是可以实现的。

图 14－3 给出了三种信息比率下管理者的残余边界，三条直线分别对应绩效较好的管理者 IR＝0.5、业绩很好的管理者 IR＝0.75 以及业绩极好的管理者 IR＝1。

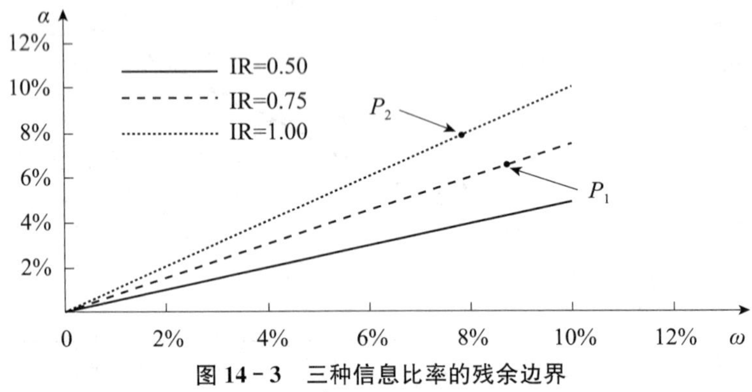

图 14－3　三种信息比率的残余边界

从图 14－3 可以看出，残余边界表示管理者的投资机会，IR＝0.75 的管理者能够获得 P_1 点所代表的残余收益-风险的组合，而 IR＝0.5 的管理者就不能获得。同时，IR＝0.75 的管理者就不能达到 P_2 点所代表的残余风险-收益水平。IR＝1 的管理者拥有最大的投资机会，可以投资于 P_2 点所在直线下方的所有区域，它包含了 IR＝0.5 和 IR＝0.75 的管理者所有的投资机会。当然，为了在同一残余风险水平下获得最高的残余收益，IR＝1 的管理者一定会选择残余边界上的投资组合。

我们说 IR＝0.75 的管理者不能获得 P_2 点代表的组合，并不是说管理者没有资格购买 P_2 点代表的投资组合的股票，而是指由于该管理者信息有限或者处理信息的能力有限，他没有考虑到 P_2 点代表的投资组合。信息比率为量化投资者的业绩描述了一个有效的“预算界限”，其方程为 $\alpha_P = \text{IR}\omega_P$。残余边界表明，管理者要想获得更多的残余收益，必须承担相应的残余风险，它们的比值是由信息比率决定的。

14.2.2.2 量化投资的目标——增加值（value added，VA）最大化

残余边界给出了投资的机会集，为了确定最优的残余风险与残余收益，我们还需要一个目标函数，这个函数应该与收益正相关而与风险负相关。

首先，我们要把风险的成本表示出来，才能使风险与收益在同一量纲下进行比较。通常说来，我们用收益率方差乘以风险厌恶水平来衡量风险成本，风险成本相当于收益的损失。例如，某投资者的残余风险厌恶为 20，在这一风险厌恶水平下，4%的残余风险相当于 $20\times(4\%)^2=3.2\%$的残余收益损失。图 14-4 给出了在残余风险厌恶为 20 的水平下，残余风险成本随残余风险的变化情况。

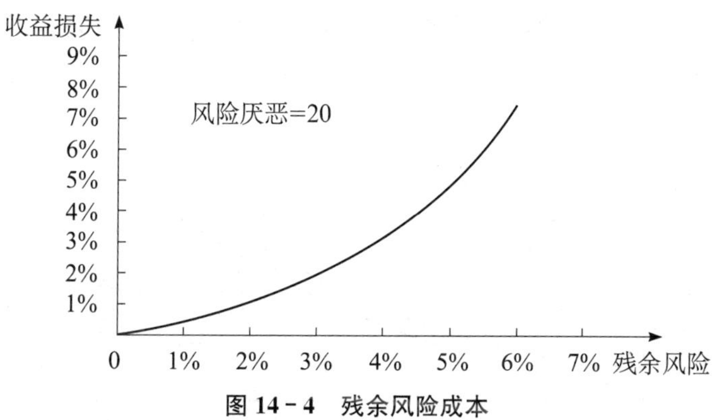

图 14-4 残余风险成本

在传统的总风险-总收益框架下，我们在确定最优投资组合时，是使目标函数最大化，目标函数 $U(P)$ 的定义为：

$$U(P)=f_P-\lambda_T\sigma_P^2 \tag{14-28}$$

式中，f_P为投资组合的平均超额收益；$\lambda_T\sigma_P^2$ 为风险成本，参数 λ_T 度量了对总风险的厌恶程度，这里的总风险包括了系统性风险（由基准组合产生）和残余风险。

与公式（14-28）类似，量化投资者关注的是与基准组合相比，量化投资带来了多少增加值，这里的增加值也可以用类似效用函数的形式来表示。量化投资的目标就是使残余收益和残余风险所对应的增加值最大化。定义 λ_R 是对残余风险厌恶的衡量，那么由量化投资所带来的残余风险和残余收益的增加值为：

$$\text{VA}(P)=\alpha_P-\lambda_R\omega_P^2 \tag{14-29}$$

后文所说的组合 P 的增加值都是指公式（14-29）所定义的增加值 $\text{VA}(P)$。λ_R 是对残余风险的风险厌恶程度，可以通过 λ_R 将残余风险转化成在残余收益 α 上的损失。图 14-5 的三条曲线就给出了在不同残余风险厌恶的程度下，α 的损失随着残余风险变化的曲线。在每种情况中，损失都与 ω_P的平方成正比。

如果固定残余风险厌恶程度 λ_R，我们可以在以残余预期收益 α_P 为纵坐标，以残余预期风险 ω_P 为横坐标的坐标图中，用等增加值曲线来刻画不同的增加值水平，即 $\alpha_P=\text{VA}+\lambda_P\omega_P^2$。如图 14-6 所示，$\lambda_R=10$，三条平行的抛物线代表的增加值分别为 1%、2%和 4%。这三条曲线的方程分别是 $\alpha_P=1\%+\lambda_R\omega_P^2$，$\alpha_P=2\%+\lambda_R\omega_P^2$ 和 $\alpha_P=$

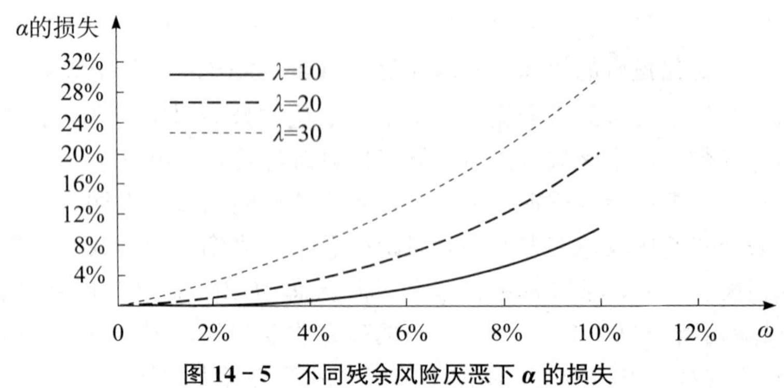

图 14-5　不同残余风险厌恶下 **α** 的损失

$4\%+\lambda_R\omega_P^2$。三条曲线在纵轴上的截距分别为 4%、2%和 1%，表示了残余风险为零时残余收益的大小。

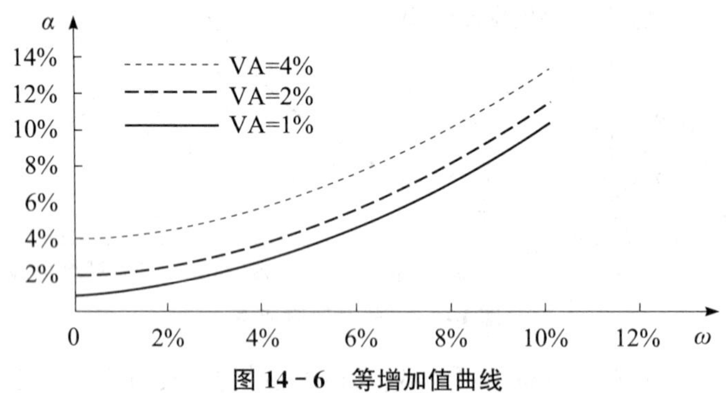

图 14-6　等增加值曲线

14.2.2.3　最优化

量化投资的目标是最大化增加值 VA，从图形上说，就是要尽可能达到较高的等增加值曲线。我们选择资产组合的机会是由残余边界给出的，因此最优的残余风险和残余收益组合点应该是等增加值曲线和残余边界的切点。

如图 14-7 所示，假设残余边界信息比率为 0.8，残余风险厌恶程度 $\lambda_R=10$，切点 P^* 是最优的选择。由于残余边界的约束，我们不能够达到 4%的增加值水平，而残余边界上的其他点（如 P_0 和 P_1）虽然能够实现，但增加值都低于在 P^* 点达到的 2%，所以切点 P^* 所代表的残余收益与残余风险是最佳的选择。

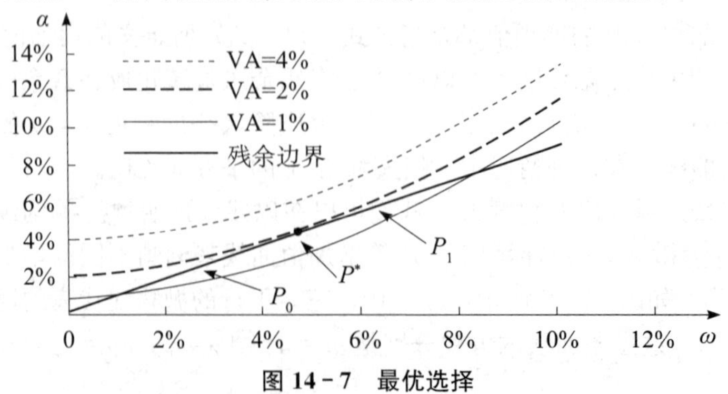

图 14-7　最优选择

我们将残余边界方程 $\alpha_P = \mathrm{IR}\omega_P$ 代入增加值方程（14－29），可得：

$$\mathrm{VA}(\omega_P) = \omega_P \mathrm{IR} - \lambda_P \omega_P^2 \tag{14-30}$$

令 $\mathrm{VA}(\omega_P)$ 最大化，我们可以得到对于量化投资者来说最大的残余风险水平 ω^*，其一阶条件为：

$$\mathrm{IR} - 2\lambda_P \omega_P = 0 \tag{14-31}$$

最优的残余风险水平值为：

$$\omega_P^* = \frac{\mathrm{IR}}{2\lambda_P} \tag{14-32}$$

这个结果说明了残余风险水平会随信息比率（代表投资机会）的增加而增加，随残余风险厌恶的增加而降低。信息比率加倍会使最优残余风险水平加倍，而风险厌恶加倍则会使最优残余风险水平减半。

公式（14－32）还可用于确定任何水平下合理的 IR 与 λ_P。例如，某投资者希望获得 5％的残余风险和 0.5 的信息比率，那么该投资者合理的风险厌恶水平为：

$$\lambda_P = \frac{\mathrm{IR}}{2 \times \omega_P} = \frac{0.5}{2 \times 0.05} = 5$$

人们通常认为，残余风险厌恶 $\lambda_P = 5$ 的投资者是进取型的，$\lambda_P = 10$ 的投资者是适中的，$\lambda_P = 15$ 的投资者为风险厌恶较高的，其投资会受到较多限制。所以，本例中的投资者（$\lambda_P = 5$）是进取型的，具有较低的风险厌恶。

将公式（14－32）的结果代入公式（14－30），可以求出最优的增加值为：

$$\mathrm{VA}(\omega_P^*) = \frac{\mathrm{IR}^2}{4\lambda_P} = \frac{\omega_P^* \mathrm{IR}}{2} \tag{14-33}$$

这说明投资者获得增加值的能力与信息比率的平方成正比，与残余风险厌恶成反比。这个结论似乎说明对风险的厌恶水平越小，就越能获得高的增加值。其实，每个投资者都会努力寻找最大的信息比率。在执行投资策略时，投资者的进取心存在差异，λ_P 是衡量进取心的指标——λ_P 越小，其进取心越强。因此，获得尽可能多增加值的关键是要提高信息比率。

14.2.3 信息比率与其他比率的比较

14.2.3.1 信息比率和 t 统计量

信息比率和 α 值的 t 统计量具有相似性。令 α 不随时间变化，则在如下的回归方程中

$$r_P(t) = \alpha + \beta r_B(t) + \varepsilon(t) \tag{14-34}$$

α 的 t 统计量的表达式为：

$$t_\alpha = \frac{\alpha}{\omega_P / \sqrt{T}} = \mathrm{IR}\sqrt{T} \tag{14-35}$$

式中，T 为样本数据的数目。

例如，如果某投资者的信息比率为 0.4，回归依据的样本数目为 24，那么使用

这个公式可以算出 α 的 t 统计量为 1.96；而自由度为 23、95%置信水平的 t 统计量为 1.71。由于 1.96>1.71，因此可以得到结论，该投资者的残余收益将在 95%的置信水平下显著大于零。

t 统计量可直接用于计算后验信息比率。再来看华联股份的例子，我们可以直接用公式（14-16）中 α 值的 t 统计量（−0.89）乘以样本个数的平方根计算出月信息比率 $\mathrm{IR}=\frac{-0.89}{\sqrt{60}}=-0.115$，年信息比率 $\mathrm{IR}=-0.115\times\sqrt{12}=-0.40$，这与前文的计算结果相同。

14.2.3.2 $\beta=0$ 时的信息比率

很多对冲基金往往采用买卖（long/short）策略以对冲掉相对于基准组合的风险，因而这些基金在公式（14-12）中的 β 值为零，所以这些基金的信息比率为：

$$\mathrm{IR}=\frac{E(r_P)}{\mathrm{std}(r_P)} \tag{14-36}$$

式中，r_P 为对冲基金投资组合的超额收益。

因此，在很多对冲基金中，即使该基金的 β 值略微偏离零，投资者也会使用公式（14-36）来计算基金的信息比率。

专栏 14-3　　另一种信息比率的定义方法

关于信息比率的另一种定义来自利特曼（Litterman）的《现代投资管理》（*Modern Investment Management: An Equilibrium Approach*）一书。在这本著作中，信息比率被定义为积极收益与积极风险之比，即

$$\mathrm{IR}=\frac{r_{PA}}{\mathrm{std}(r_{PA})}$$

利特曼的定义包含了基准组合的时机选择，反映了投资者择股和择时的综合能力。本书选用了基于残余收益和残余收益标准差的信息比率。只有当 $\beta=1$ 时，由两者的定义得到的信息比率才相同。实际中，由于管理者不可能总是保证 $\beta=1$，故利特曼的定义对于考察量化投资经理人的绩效更为全面客观。在选择股票构建投资组合时，利特曼的定义将 α 和 β 掺杂在一起，不便于管理者做出决策。与此同时，利特曼的定义也不利于给出前瞻信息比率和投资头寸的量化关系。因此，大多数量化投资文献使用的是本书的信息比率定义。

14.3 α 的预测与前瞻信息比率

量化投资者相信自选投资组合的收益高于基准组合的收益，这通常源于量化投

资者发现了一定的信息，而利用这些信息对投资组合的收益可以做出准确的预测。通过合理使用这些信息，量化投资者可以打败一般的投资者。因此，量化投资的本质就是预测。下面将介绍如何有效地分析处理信息，对残余收益进行预测。

14.3.1 α 预测的经验法则

假定某个信号 g 对于某资产的超额收益 r 有一定的预测性，即

$$r(t)=c+bg(t-1)+\beta r_B(t)+\varepsilon(t) \tag{14-37}$$

式中，$r_B(t)$ 为基准组合的超额收益率。

在公式（14－37）中，c、b、β 是常数，b 可以写为：

$$b=\frac{\operatorname{cov}[r(t),\ g(t-1)]}{\operatorname{var}(g)} \tag{14-38}$$

对比公式（14－12），可以看出：

$$\alpha(t)=c+bg(t-1)$$

也就是说，由于有信号 g 的存在，投资者在 $t-1$ 时刻就可以对 t 时刻的 α 有一定的预测和判断。

在 $t-1$ 时刻，对于在 t 时刻超额收益的预测为：

$$E_{t-1}[r(t)\mid g(t-1)]=c+bg(t-1)+\beta E(r_B) \tag{14-39}$$

与此同时，对于 r 的无条件期望为：

$$E(r)=c+bE(g)+\beta E(r_B) \tag{14-40}$$

用公式（14－39）减去公式（14－40），有

$$\begin{aligned}E_{t-1}[r(t)\mid g(t-1)]&=E(r)+b[g(t-1)-E(g)]\\&=E(r)+\operatorname{cov}[r(t),\ g(t-1)]\times \operatorname{var}^{-1}(g)\\&\quad\times[g(t-1)-E(g)]\end{aligned} \tag{14-41}$$

我们用

$$\varphi=E_{t-1}[r(t)\mid g(t-1)]-E(r) \tag{14-42}$$

表示信号 $g(t-1)$ 的存在比没有该信号时对于超额收益 r 的预期的变化。与此同时，我们很容易得到 $\varphi=E_{t-1}[\alpha(t)\mid g(t-1)]-E(\alpha)$，即 φ 等于因信号 g 的存在而使对于 α 的预期的变化。在很多条件下（如在 CAPM 中），α 的无条件期望 $E(\alpha)$ 为零，此时 φ 代表了在 $t-1$ 时刻对于 α 的预期，进而可得：

$$\begin{aligned}\varphi&=\operatorname{cov}[r(t),\ g(t-1)]\times\operatorname{var}^{-1}(g)\times[g(t-1)-E(g)]\\&=\operatorname{std}(r)\times\frac{\operatorname{cov}[r(t),\ g(t-1)]}{\operatorname{std}(r)\operatorname{std}(g)}\times\frac{g(t-1)-E(g)}{\operatorname{std}(g)}\\&=\operatorname{std}(r)\times \mathrm{IC}\times z\end{aligned} \tag{14-43}$$

$\operatorname{std}(r)$ 是超额收益率的标准差，若超额收益率为年化收益率，则其为超额收益的波动率。

在此，我们将信息系数（information coefficient，IC）定义为：

$$\mathrm{IC}=\frac{\mathrm{cov}[r(t),\ g(t-1)]}{\mathrm{std}(r)\mathrm{std}(g)} \tag{14-44}$$

容易看出，IC 为 $g(t-1)$ 和 $r(t)$ 的相关系数。IC 越大，就说明信号 g 与超额收益 r 的相关度越大，即信号 g 的预测力越强，或者说发现消息的分析师的水平越高。

我们接着定义 z 评分（z score）：

$$z=\frac{g(t-1)-E(g)}{\mathrm{std}(g)} \tag{14-45}$$

z 评分是对信号 g 的一个标准化，它表明了信号 g 的强度；z 评分越大，说明信号强度越大。

因此，我们有

$$\varphi=\text{波动率}\times\mathrm{IC}\times z\text{ 评分} \tag{14-46}$$

公式（14-46）被称为 α 预测的经验法则。由公式（14-46）可知，信号 g 对于 α 的期望改变 φ 涉及三个因素：波动率、分析师技能（IC）和信号强度（z 评分）。

提到波动率，大多数投资者会持厌恶的态度，因为高的波动率代表着高风险。然而，高的波动率并不一定是坏的。波动率反映了资产和收益两个方向的波动情况，既可能向上波动，也可能向下波动，高的波动率也使获得高收益的可能性更大。对于给定的信息系数 IC 和具有相同 z 评分的两只股票，波动率大的股票就会得到更高的 α。

信息系数 IC 衡量投资者的预测能力，等于投资者所参考的信号和观察到的已实现的残余收益的相关系数。如果 IC=0，那么原始预测中就不包含任何有用信息。合理估计管理者的 IC 对预测是非常重要的。一般来说，对于好的预测者，取 IC=0.1；对于更好的预测者，取 IC=0.2 或者 0.3。高于 0.50 的 IC 通常是事后检验或者使用内幕消息得到的。

一般来说，对原始信息经过量化和标准化后得到 z 评分。量化是指对原始信息中的定性信息（如股票价格是上升还是下降的判断）赋予数值；标准化是通过将原始的赋值减去平均值再除以标准差，使得 z 评分的平均值为零、标准差为 1。

14.3.2 经验法则的应用

下面通过几个例子来说明对于不同的原始信息，怎样计算 z 评分，并用经验法则得到 α 的预测值。

14.3.2.1 股票消息

在买卖股票时，投资者会获得一些关于股票未来走势的消息。我们假设股票超额收益的波动率为 20%，并且需要知道 IC 和 z 评分。在一般情况下，我们应对信息和超额收益做相关系数而求得 IC。但有些时候，某些消息比较难量化，因而我们可以分析消息来源的历史记录：如果消息来源极好，令 IC=0.2；如果消息来源较好，令 IC=0.1；如果这个消息来源是无用的，令 IC=0。对于 z 评分，我们把具有一般正面作用的消息赋值为 1.0，把具有极佳正面作用的消息赋值为 2.0。

14.3.2.2 上涨/下跌的预测

分析师会对未来股票是上涨还是下跌做出预测，这个预测是定性的原始预测。我们可以对上涨预测赋值为+1，对下跌预测赋值为−1，这样就得到了原始的 z 评分。平均来说，市场有 2/3 的时间是上涨的，有 1/3 的时间是下降的，因此 z 评分的均值和标准差分别为 1/3 和 0.942 8。通过标准化后可知，若消息为上涨消息，则其 z 评分为 0.707；若消息为下跌消息，则其 z 评分为−1.414。

假设市场指数的期望年度收益为 6%，年度风险为 18%，于是月度收益率为 0.5%，月度标准差为 5.2%。对于对市场走势有影响的消息来说，由公式（14-46）可知，若消息为上涨消息，则上涨的收益率预测为：

$$0.50+5.2\times IC\times 0.707$$

若消息为下跌消息，则下跌的收益率预测为：

$$0.50+5.2\times IC\times(-1.414)$$

对于中等技能的分析师，取 IC=0.075，则上涨的月收益预测为 0.78，下降的月收益预测为−0.05。

14.3.2.3 买入和卖出消息

如果我们得到了一位分析师对于某些股票买入和卖出的消息，则可以预测这些股票的 α 值。首先，我们假定这个分析师的技能不错，他的 IC 可以设为 0.09。我们将买入消息的 z 评分记为+1、卖出消息的 z 评分记为−1，并且消息的均值为 0、标准差为 1。我们用公式（14-46）可以算出对今后 α 值的预期，相应的计算结果见表 14-2。在这些结果中，超额收益率的标准差大的股票，其预期的 α 值也大。但是，如果我们不用公式（14-46），只是简单地将买入股的 α 记为+1%、卖出股的 α 记为−1%，则投资者一定会选标准差最小（因而风险最小）的股票买入，而这样做恰恰是不合理的。

表 14-2 买入和卖出消息及预期值

股票	超额收益率的波动率	观点	z 评分	α 预测值
中国联通	22.66%	卖	−1	−2.04%
长江电力	12.70%	买	1	1.14%
招商银行	23.91%	买	1	2.15%
上海机场	12.35%	卖	−1	−1.11%
中国石化	19.30%	卖	−1	−1.74%
宝钢股份	17.49%	买	1	1.57%
民生银行	21.93%	买	1	1.97%
万科 A	22.80%	卖	−1	−2.05%
武钢股份	16.53%	卖	−1	−1.49%
中兴通讯	20.86%	买	1	1.88%

续表

股票	超额收益率的波动率	观点	z 评分	α 预测值
中集集团	23.31%	买	1	2.10%
上港集箱	17.03%	卖	−1	−1.53%
浦发银行	18.48%	买	1	1.66%
深发展 A	17.84%	买	1	1.61%
贵州茅台	21.56%	买	1	1.94%
五粮液	16.60%	卖	−1	−1.49%
申能股份	12.99%	卖	−1	−1.17%
盐田港 A	19.50%	卖	−1	−1.76%
南方航空	21.44%	买	1	1.93%
西山煤电	19.25%	卖	−1	−1.73%

我们还可以更精确地处理买入、卖出的建议（或消息）。例如，我们将对股票买入、卖出的建议细分为五个等级：等级 5 表示有 10%的股票或者行业被极端低估，强烈推荐买入；等级 4 表示有 20%的股票或者行业被轻微低估，推荐买入；等级 3 表示有 40%的股票或者行业估值合理，持有；等级 2 表示有 20%的股票或者行业被轻微高估，推荐卖出；等级 1 表示有 10%的股票或者行业被极端高估，强烈推荐卖出。等级 D 的股票的期望 $E(D)=3$，标准差为 $\sigma(D)=1.1$。将原始的预测标准化后得到 z 评分，如推荐买入的股票，其 z 评分为 $[4-E(D)]/\sigma(D)=1/1.1$；强烈推荐买入的股票，其 z 评分为 $2/1.1$。这种方法会使我们的预测结果更加精确。

当然，我们可以将股票分为 10 个等级或者进行更精确的划分；最极端的情况，我们可以对每一只股票都赋予不同的评分。例如，对 800 只股票赋值 1～800，将最好的股票赋值为 800、最差的股票赋值为 1，随后再将原始评分标准化。这样做会使得预测更加精确，但增大了预测的工作量。

14.3.2.4　前瞻信息比率

由公式（14 - 22）可得前瞻信息比率为：

$$\mathrm{IR}_{t|t-1}=\frac{E_{t-1}[\alpha(t)\mid g(t-1)]}{\omega_P}=\frac{E(\alpha)+\varphi}{\omega_P}\tag{14-47}$$

通常可以假设 $E(\alpha)=0$，因而公式（14 - 47）可以写成：

$$\mathrm{IR}_{t|t-1}=\frac{\mathrm{std}(r)\mathrm{IC}}{\omega_P}\times z\tag{14-48}$$

在一般情况下，$\mathrm{std}(r)$、IC 和 ω_P 均是常数，因而信息比率只与 z 评分（即信号 g 的强弱）有关。

用上述方法可以计算出某投资组合的前瞻信息比率。z 评分越大，前瞻信息比率越大，因而应增加买入量。那么，对于不同的 z 评分，投资者最优的投资头寸是多少？假设投资者预测出对某资产组合 Q 的前瞻信息比率为 IR，且该投资组合 Q 对应的残余风险和预期残余收益分别为 ω_Q 和 α_Q。投资者的残余风险厌恶为 λ_R，因而我们可以求出最优的残余风险水平。公式（14－32）给出了最优风险水平 $\omega_P^* = \frac{\text{IR}}{2\lambda_R}$。设投资组合 P 为最优投资组合，由于它也在投资组合 Q 所确定的残余边界上，所以投资组合 P 应该由投资组合 Q 和无风险资产构成。设投资组合 P 中投资组合 Q 所占的比例为 w_1，由公式（14－27）可知，投资组合 P 的残余风险为 $\omega_P^* = w_1\omega_Q$。因此，可以计算出投资组合 P 中投资组合 Q 所占的比例为：

$$w_1 = \frac{\text{IR}}{2\lambda_R\omega_Q} \tag{14-49}$$

故最优的积极投资头寸为：持有 $\frac{\text{IR}}{2\lambda_R\omega_Q}$ 比例的投资组合 Q 和 $1-\frac{\text{IR}}{2\lambda_R\omega_Q}$ 的无风险资产。

我们已经知道前瞻信息比率对调整投资头寸有着重要的作用，而前瞻信息比率又是由经验公式预测得到的，它主要取决于 z 评分，也就是信号 g 的强弱。对于组合 Q 来说，$\text{IR}=\frac{\text{std}(r_Q)\times\text{IC}\times z}{\omega_Q}$。将 IR 代入公式（14－49），可得组合 Q 的持有比例为 $w_1=\frac{\text{std}(r_Q)\times\text{IC}}{2\lambda_R\omega_Q^2}\times z$，$1-w_1$ 为持有无风险资产的比例。

在量化投资中，一个简单易行的买入头寸的计算方法为：

$$w_1 = nz \qquad n > 0 \tag{14-50}$$

式中，$n=\frac{\text{std}(r_Q)\times\text{IC}}{2\lambda_R\omega_Q^2}$ 为投资头寸随 z 评分的变化而变化的幅度。

下面用一个例子说明，如何利用 z 评分来调整投资头寸。我们使用的是 2012—2019 年某股票的季度数据，并选取公司季报中的每股收益作为信号 g，我们判断上一季度的每股收益会对下一季度的股票走势有预测作用。用该股票的季度收盘价数据可以计算出季度收益率，见表 14－3。

表 14－3 某股票的每股收益和季度超额收益率

时间	每股收益（元）	收盘价（元/股）	季度超额收益率（%）
2012－03－31	0.53	6.92	
2012－06－30	0.28	7.65	10.55
2012－09－30	0.45	8.30	8.50
2012－12－31	0.63	9.75	17.47
2013－03－31	0.17	10.86	11.38
2013－06－30	0.41	9.91	−8.75
2013－09－30	1.23	10.62	7.16
2013－12－31	0.85	21.31	100.66
2014－03－31	0.23	26.72	25.39
2014－06－30	0.59	36.59	36.94
2014－09－30	0.39	52.50	43.48
2014－12－31	0.26	52.80	0.57
2015－03－31	0.17	35.40	−32.96

续表

时间	每股收益（元）	收盘价（元/股）	季度超额收益率（%）
2015-06-30	0.13	22.00	−37.85
2015-09-30	0.14	15.62	−29.00
2015-12-31	1.58	13.25	−15.17
2016-03-31	0.52	21.92	65.43
2016-06-30	0.56	23.02	5.02
2016-09-30	1.30	19.65	−14.64
2016-12-31	1.62	21.69	10.38
2017-03-31	0.17	22.78	5.03
2017-06-30	0.79	13.60	−40.30
2017-09-30	1.29	12.96	−4.71
2017-12-31	1.60	12.39	−4.40
2018-03-31	0.42	13.62	9.93
2018-06-30	0.69	9.84	−27.75
2018-09-30	1.07	8.54	−13.21
2018-12-31	0.86	8.49	−0.59
2019-03-31	0.42	8.93	5.18
2019-06-30	0.92	8.13	−8.96
2019-09-30	1.40	7.38	−9.23
2019-12-31	1.83	9.92	34.42

通过表 14-3 可以计算出超额收益率和上一期每股收益的相关系数为 0.514，即信息系数 IC=0.514。用 $r(t)$ 对 $g(t-1)$ 回归得到的结果为：

$$r(t) = -0.1768 + 0.3222 \times g(t-1) + \varepsilon(t) \qquad R^2 = 0.2644$$
$$(-2.11) \qquad (3.23) \tag{14-51}$$

这说明每股收益和股价的相关性较高，回归具有显著性，括号中的数值为 t 统计量。每股收益作为信号 g 对股票走势有一定的预测作用。

根据公式 $z=\dfrac{g(t-1)-E(g)}{\text{std}(g)}$ 可以计算出 z 评分。在计算 $E(g)$ 和 $\text{std}(g)$ 时，使用过去 7 年每股收益的历史数据（即此前的 28 个数据）作为样本计算均值和标准差。随后，利用股票的季度收盘价数据可以计算出季度收益率，相应的计算结果见表 14-4。

表 14-4　z 评分的计算

时间	E(g)	std(g)	z 评分	季度收益率（%）
2019-03-31	0.672 0	0.477 4	−0.521 5	5.18
2019-06-30	0.694 8	0.473 3	0.480 0	−8.96
2019-09-30	0.728 7	0.489 0	1.374 8	−9.23
2019-12-31	0.771 5	0.531 1	1.998 7	34.42

通过 z 评分的大小，根据公式（14-50）可以调整投资头寸。我们算得该股票

超额收益率的波动率为 $r_Q=0.6$，残余风险 $\omega_Q=0.5$，信息系数 IC=0.514，投资者的 $\lambda_R=5$。借助公式（14-50），我们可以算得 $n=0.1234$。在 2019 年第一季度末，我们根据第一季度数据计算得到的 z 评分为 -0.5215，所以该股票的头寸应为：

$$w_1=nz=0.1234\times(-0.5215)=-0.064$$

即卖空占投资者资产比例 6.4%的该股票。从结果来看，2019 年第二季度该股票的股价下降，收益率为-8.96%，所以卖空该股票是正确的。同理，在 2019 年第四季度初，根据第三季度的 z 评分 1.374 8，计算得到的投资头寸为：

$$w_1=nz=0.1234\times1.3748=0.1697$$

即购买占投资者资产比例 16.97%的该股票。事实证明，该股票第四季度上涨，收益率为 34.42%，因而正头寸使投资者获得了更大的收益。并不是所有 z 评分都预测得准确，如第二季度正的 z 评分却对应了第三季度负的超额收益。因此，按照 z 评分的大小确定头寸会在多数情况下带来正的收益，但 z 评分并不是百分之百的准确，因为世界上没有哪一种消息有百分之百正确的预测能力。

14.4 大数据在投资中的应用

证券市场是一个以信息为王的市场，如果一个投资者能获得比其他人更有价值的信息，那么他就有可能战胜市场，赚取超额收益。而数据是信息的载体，在过去相当长的一段时间内，人们主要利用金融市场内部产生的数据进行投资决策，这些数据包括交易所披露的交易数据、上市公司披露的财务和经营数据等。然而，随着信息技术的发展，人类社会正迈入数据“大爆炸”的时代，人们的观点与行为通过各种接口上传到网络并被存储，由此形成了规模庞大、内容复杂的“大数据”仓库。通过大数据，投资者能够以全新的维度来分析和预测金融市场，并获得可观的收益，因此大数据分析逐渐成为金融投资领域的重要工具。

14.4.1 大数据的特征

大数据具有若干不同于传统数据的重要特征，IBM 将其总结为 5V，即规模性（volume）、多样性（variety）、低价值密度性（value）、高速性（velocity）、真实性（veracity）。规模性是指大数据的体量庞大，这对数据的采集、存储、计算都提出了新的要求——这意味着一些传统的数据分析方法会失效，因而在进行大数据分析的时候不能生搬硬套。多样性是指大数据的来源和种类多样化，其数据源可以涵盖社会中的各个领域，而且大数据的数据类型也包含了结构化数据和非结构化数据——多样化的数据意味着投资者可以获取更多维度的信息，但这也对投资者的分析思路提出了挑战。低价值密度性是指单位数据的有效信息含量较低。这主要是因为大数据通常记录个体样本的特征，而大数据的使用者则希望挖掘总体规律。因此，如何减少噪音干扰、定向获取自己所需的信息是大数据分析需要解决的重要问题。高速性是指大数据的价值会随着时间的推移而迅速衰减，因此需要重视大数据分析的时效性，也就是在很多应用场景下，处理数据的速度要比处理数据的精度更为重要。真实性是指大数据需要真实、无偏地反映研究对象的特征，而幸存者偏差、数据造假等问题都可能会使大数据的分析价值大打折扣，这也是在使用大数据时需要谨慎对待的问题。

14.4.2 可用于金融投资分析的若干典型大数据源

大数据分析并没有定式，只要与分析对象相关的数据都具有潜在的利用价值。本节总结了一些目前被广泛使用的大数据源，供读者参考。

(1) 社交网络数据。人们会在社交网络上发表自己的观点或宣泄自己的情绪，这些数据以文本等形式被记录在数据仓库中。通过选取并分析恰当的数据子集，数据使用者能够更好地把握人们关于投资的信念和情绪特征，从而辅助投资决策。一些常用的社交网络数据包括微博博文、财经论坛发帖等。

(2) 电子商务数据。电子商务数据不仅包括商品的真实成交信息，还包括很多其他有价值的数据，比如顾客浏览记录、商品消费评价、商品库存信息等。这些数据可用于分析产品价格、市场供求、品牌竞争力等与公司经营相关的特征，从而有助于投资者进行投资决策。

(3) 泛搜索引擎数据。搜索行为通常被认为能够反映人们对事物的关注程度、信息需求以及对商品和服务的需求等，因此，与搜索行为相关的数据具有重要的分析价值。谷歌和百度等厂商均制作了词条搜索指数，以反映人们通过其搜索引擎对指定词条的搜索频度。除了这些狭义的搜索引擎，人们在资讯软件、金融数据软件等接口生成的搜索行为数据同样能够用于投资决策。

(4) 媒体数据。随着电子化媒体全面替代纸质媒体，媒体的信息容量也在剧增——从政治经济要闻到商业纠纷，都在网络上有迹可循。与此同时，行业自媒体公众号、公司网站新闻等泛媒体渠道也能提供与投资相关的增量信息。如果媒体数据能做到真实客观，那么通过对这些数据的深入挖掘，可以更好地预测公司的经营情况。

14.4.3 大数据的分析工具——机器学习算法

前面提到了大数据的5V特征，这些特征会导致传统分析工具的适用性面临极大的考验。例如，在利用传统数据样本进行回归预测时，需要先假设因变量与自变量之间的函数关系（通常为线性），然后对参数进行估计。然而，对于大数据样本来说，多元化特征意味着各变量之间并不一定存在显式因果关系，而低价值密度性意味着在样本中含有大量的噪音，因此传统的回归方法很可能会忽略或错误解读大数据变量中的关系。又如，基于大数据样本的多因子选股模型通常包含大量的候选因子，但哪些因子能够有效地预测收益率并没有定论。由于传统的分析工具无法有效地从这些候选因子中选取最优子集进行分析和预测，这会导致过度拟合或多重共线性等问题。另外，大数据分析注重时效性，因为这些实时更新变量之间的关系并不稳定，而传统的分析工具很可能对这些关系变化反应不足，从而导致错误的结论。

机器学习算法为解决上述问题提供了一个可靠途径。IBM 的科学家萨缪尔（1957）将机器学习定义为“在不直接针对问题编程的情况下，赋予计算机学习能力的一个研究领域”。也就是说，选择一个机器学习模型并向它不断提供数据，那么该模型能够基于增量数据自动调整参数，以优化分析结果。机器学习的核心是算法。在这里，我们既可以将机器学习算法理解成广义的统计方法，也可以将它看作一套完整的数据分析方案。机器学习算法规定了数据间的结构关系、数据处理步骤、最优化目标等一系列规则，从而使得计算机能够基于数据样本和机器学习算法寻求最优的结论。

按照学习的形式，机器学习可以划分为监督学习（supervised learning）和无监督学习（unsupervised learning）。在监督学习下，存在一个训练样本集，该训练样本集包含输入对象和期望的输出值（称为标签），机器学习算法试图从训练样本集中发现输入对象与输出值之间的映射关系，并用于研究训练样本集以外的数据。在无监督学习下，数据并没有标签，因此不需要使用训练样本集，机器学习算法的目标是对数据本身进行分析，试图找到数据中隐藏的规律。通常说来，监督学习算法的主要功能为回归和分类，而无监督学习算法的主要功能包括数据聚类和数据降维。图 14－8 列举了一些常用的机器学习算法。[①] 其中，神经网络算法具有较高的灵活性，既可以用于监督学习，也可以用于无监督学习。

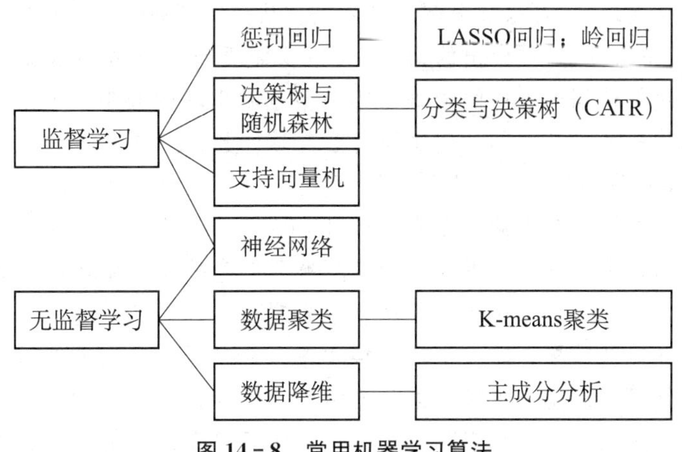

图 14－8　常用机器学习算法

① 关于机器学习算法的原理和实现，本教材不做深入讲解，有兴趣的同学可以参考周志华主编的《机器学习》等相关教材。

专栏 14-4　　大数据在投资中的应用实例

【案例 14-1】 利用财经论坛投资者发帖的文本数据构建投资者情绪指数①

某投资经理获得了某大型财经论坛上投资者发帖的文本大数据。该经理希望从这些发帖中判断投资者的情绪类别（{乐观、中性、消极}中的一种），并汇总成市场情绪，从而帮助其更好地制定短期投资决策。由于论坛的发帖数量较大，因而采用人工手段对每个帖子中反映的投资者情绪进行判断并不可取，而机器学习可以很好地实现这一目标。这包括以下几个步骤：

(1) 构建用于判断文本情绪的词汇表（Lexicon）。帖子中的一些关键词能够用于判断投资者情绪，比如"牛市""看涨""好"等词汇很可能反映了投资者的乐观情绪；"熊市""看跌""不好"等词汇则反映了投资者的悲观情绪；而"利润""销售"等词汇可能反映了投资者做出判断的依据。如何有效地选取词汇表是个难度很大的工作，本例假设投资经理可以根据经验手动设置词汇表。

(2) 文本数据预处理。在原始的论坛发帖数据中，每个样本主要包含三个元素——发帖时间、对应股票板块以及具体的发帖内容；其中，发帖内容以文本形式存在，是典型的非结构化数据，需要进行预处理。通过应用正则表达式，可以将自然语言分解成若干个关键词：例如，帖子"我认为股价将会上涨"，可以被分解成"我"、"认为"、"股价"、"将会"和"上涨"。通过步骤（1）中给出的词汇表，可以将原始样本中的文本数据结构化——通过统计词汇表中的词语在某个帖子中出现的频率，可以将文本数据投影到词汇表上。例如，创建的词汇表为{上涨、利润、看空}，而在一个帖子中，关键词"上涨""利润""看空"分别出现了 2 次、1 次和 0 次，那么该文本在词汇表上的投影为（2，1，0）。

(3) 为训练样本集设置情绪标签。需要注意的是，原始的文本数据是没有标签的，即每个帖子到底是反映了乐观情绪还是悲观情绪没有标准化的界定，此时就需要构建一个训练样本集，并基于经验判断为该训练样本集内每个帖子所反映的市场情绪贴上标签。例如，对帖子"我认为公司股票会上涨"可以贴上"乐观"的标签，对帖子"我认为公司股票有可能会涨，但也有可能会跌"则应当贴上"中性"的标签。训练样本集的规模要适中，如果训练样本集的规模太小，会导致算法难以有效地捕捉规律，而

① 参考 Das and Chen（2007）发表的论文"Yahoo! for Amazon：Sentiment Extraction from Small Talk on the Web"。

训练样本集的规模太大又会导致过度拟合（over-fitting）问题。

（4）基于训练样本集，设计用于情绪分类的算法。情绪分类算法并没有统一的标准，多种思路都可用于实现分类目标，并且不同算法的分类结果并不一定相同。一个简单的分类算法是基于词汇表对帖子进行打分。例如，帖子中每出现一次“上涨”，则该帖子的得分加 1，每出现一次“看空”，则帖子的得分减 1。根据训练样本集，我们可以确定最优的阈值，使得该分类算法与训练样本集所贴的标签尽可能一致。

除了这种“简单算法”，也可以使用 K 邻近分类算法（K-nearest-Neighbor）对帖子进行情绪分类。通过步骤（2）的处理，每一条文本数据都被映射到词汇表上，成为多维向量空间上的一个数据点。我们需要定义数据点之间的距离（如欧氏距离），如果两个数据点的距离很近，我们通常认为相应的原始发帖具有相似的情绪表达。对于一个需要贴情绪标签的帖子，我们分别计算其与训练样本集中每个样本的距离，然后选取其中距离最短的 K 个样本进行分析，如果这 K 个样本中“乐观”样本的比重最大，那么我们就为该帖子贴上乐观的标签，依此类推。

需要注意的是，分类算法没有统一的标准，除了上面介绍的两种算法外，基于贝叶斯法则的分类算法或赋权算法等都可用于划分文本情绪，投资者需要根据数据集选取合适的分类算法。

（5）模拟专家投票。这是针对步骤（4）的补充步骤。由于任意一种分类算法都会捕捉到数据中的噪音，因此很难找到一个绝对优于其他算法的分类标准。如果步骤（4）中设计了多种分类算法，那么通过模拟专家投票的方式，可以有效地消除算法噪音。具体说来，对于一条文本信息，如果有超过半数的分类算法将其划为相同类型，那么该文本信息就可以最终标记上该类型标签；反之，对于某条文本信息，如果没有一种情绪类型得到超过半数的分类算法的支持，那么该文本信息的情绪类型将被标记为缺失值。

（6）汇总各文本信息所反映的情绪，构建整体的情绪指数。如何构建整体情绪指数取决于投资经理希望如何利用情绪指数进行投资决策。如果投资经理关注某只股票的价格走势，那么他可以筛选出与该股票相关的发帖样本，然后统计单位时间内所发帖子的情绪分布——单位时间长度取决于投资者关注的是日内价格波动、短期价格波动还是长期价格波动。如果投资经理关注股票指数的走势，那么他可以将关于不同股票的发帖情绪分布按照某种权重进行汇总。需要注意的是，虽然大量文献表明投资者的情绪与股票市场的表现（如价格走势、价格波动率、交易量等）有着密切的联系，但如何利用情绪指数来具体指导投资行为仍需结合现实情况分析。

【案例 14－2】 利用广义媒体文本数据挖掘上市公司股票之间的相关性

考察上市公司股票之间相关性的传统方法包括逻辑分类和历史数据分

析等。逻辑分类是指从逻辑角度出发，按照上市公司股票的某些显性特征进行分组，比如按照业务所处行业、业务覆盖地区、业务成长性等特征进行分组。历史数据分析是指从统计的角度出发，利用上市公司的股价历史数据来研究不同股票之间的相关性特征。这两种方法对于考察长期相关关系具有比较好的效果，但在针对短期情形时具有明显的缺陷：逻辑分类方法通常只能捕捉简单的逻辑关联，而不能得到综合的相关性特征；而历史数据分析方法往往需要以较长的时间区间作为分析基础，导致对相关关系在时间轴上的变化反映不足。广义媒体数据为研究上市公司股票的相关性问题提供了一种新的渠道。广义媒体包括报刊、网络资讯、分析师报告、公司公告等，这些媒体数据往往能从不同的角度反映上市公司之间的关联。例如，一条关于公司间合作的新闻反映了相关公司在运营上的相关性，而一条关于高新技术补贴名单的新闻则反映了相关公司在技术水平上的相关性。关于如何挖掘这些数据，并不存在一个公式化的思路，在实际操作中要综合考虑数据的可获得性、数据的使用目标、算法复杂度等因素来设计具体挖掘方法。本例将提供一个简化的思路，帮助投资者理解大数据分析的流程。

假设某投资经理获得了一组与上市公司相关的广义媒体文本数据样本，他希望依据这些信息对上市公司进行聚类，从而了解上市公司间的实时相关关系，以便更好地制定投资组合策略，或寻找上市公司间的动量关系以获得超额收益。由于媒体数据本身没有为上市公司贴标签，即投资经理无法基于与公司相关的媒体报道将公司划分至某个特定分类，因此为了实现数据挖掘目标，需要使用无监督机器学习方法。一个简单的分析步骤如下：

(1) 以上市公司为出发点，将非结构化的媒体数据转化为结构化的向量数据。首先，对样本中的全部媒体信息逐条编号，每条媒体信息可视为多维向量空间中的一个维度。然后，针对给定上市公司，统计该上市公司（包括公司全称、公司简称、股票代码等）在每条媒体信息中出现的频率，并将其作为该上市公司在这个媒体信息维度的投影值。通过这种方式，每个上市公司可视作由媒体信息构成的多维向量空间中的一个点，进而可以使用欧氏距离来定义两个上市公司之间的相关性强弱——通常说来，两个公司出现在媒体报道中的步调越一致，对应的两个点的欧式距离越短，那么两者的相关性往往越强。

(2) 使用聚类分析算法对步骤 (1) 中生成的数据进行分类。K-means 聚类是一个常用的聚类算法。

(3) 利用聚类结果辅助进行投资决策。例如，我们可以制定跨公司的积极动量策略，也可以根据聚类结果优化消极投资组合策略的比例，以便更好地分散风险。

14.5 智能投顾

智能投顾（robo-advisor）是一类提供在线组合配置建议及组合管理的理财顾问服务。该类业务兴起于 2008 年全球金融危机后，最初由一些初创的科技公司发起，它以传统私人理财行业挑战者的身份出现，尝试利用人工智能技术替代传统的人工理财顾问服务。私人财富管理行业的特征决定了人工智能在该领域的良好应用前景，这使得近年来智能投顾业务的增长十分迅速，很多传统金融机构也跟进布局。截至目前，在全球范围内，智能投顾已成为金融科技生态系统中最重要的应用场景之一。

智能投顾业务之所以能够如此迅速地普及，以马科维茨的投资组合理论为代表的量化组合管理理论功不可没。智能投顾系统正是以量化组合管理理论为基础，建立了一套可以遵循的量化分析逻辑，从而保证了自动化投资建议的准确性。因此，智能投顾也可以视作本书组合管理篇的一个实际应用案例。

14.5.1 智能投顾的业务流程

智能投顾的核心服务内容与传统人工理财顾问基本一致，都是以客户的具体偏好或需求为导向，为客户进行理财规划。但是，人工理财服务通常为经验导向，理财师通过与客户沟通来了解客户需求，并根据自身的专业技能来提供建议；而智能投顾服务是数据导向的，数据分析贯穿始终。一个典型的智能投顾系统通常包含以下工作流程：

（1）客户画像。通过在线调查问卷或大数据挖掘的方式，对用户的风险偏好（进取型、中立型、保守型等）和理财目标（资金流动性要求、避税需求等）进行定位。

（2）投资组合建议。首先明确可配置的资产集合，然后根据客户的潜在需求，利用量化的投资组合策略模型生成最优的资产配置策略，并为客户提供投资建议。

（3）交易执行。在获得客户许可后，根据制定的资产配置策略进行资产配置。

（4）投资组合再平衡。当可投资品种的构成、预期收益率等外部环境发生变化时，需要重新构建投资组合策略。即使外部环境没有改变，在执行既定投资组合策略一段时间后，若该投资组合中的各类资产比例偏离了计划值，也需要定期或不定期地对该投资组合进行修正。

（5）收益报告。根据在财富管理过程中的收益表现，定期或不定期地向客户提供业绩报告。

14.5.2 智能投顾的主要特征

在现阶段，典型的智能投顾服务具有以下特征：

（1）自动化。智能设备的普及为智能投顾系统与客户之间的信息交换提供了一种更为便捷的渠道。与此同时，通过人工智能技术，智能投顾系统可以自主地对客户信息和投资信息进行分析，从而实现工作流程中各个环节的自动化。全自动化为智能投顾系统带来了两个非常重要的优势：一是规避了代理人问题；二是大幅降低了边际服务成本，使得中低收入人群能够享受投资理财服务。

（2）个性化。与传统的财富管理行业采用标准化调查问卷来挖掘客户的风险偏好和投资目标的方法相比，智能投顾系统可以通过数据挖掘和人工智能的方式更为精准地定位客户需求，从而提供更为个性化的服务。例如，通过使用客户授权的电子商务数据，智能投顾系统可以了解客户的现金流需求特征，并征询客户是否将其纳入理财目标。

（3）以长期财富管理为目标，采用被动投资策略。智能投顾业务的核心是基于用户的长期财富管理目标来合理配置资产，而非通过战胜市场来为客户获取超额收益。因此，智能投顾系统通常是将 ETF 指数基金作为底层资产并采用被动配置策略。在我国，由于现阶段市场上可供投资的 ETF 数量较少、覆盖的类型多偏行业，而且相关的交易需要基金管理人牌照，因此国内的智能投顾服务主要以公募基金为底层资产。智能投顾系统所采用的被动配置策略更强调以定量方式分散组合风险并优化投资者效用，这与人工智能技术的特点高度契合。

14.5.3 智能投顾系统中的量化资产配置策略

马科维茨提出的投资组合理论打开了利用定量风险-收益特征进行资产配置的大门，其理念被广泛用于金融投资领域，而且经久不衰。该理论为智能投顾系统的数量化资产配置决策提供了重要的思想指导。

回顾本书第 10 章对投资组合理论的介绍：通过各风险资产的风险-收益特征，可以计算资产组合的有效边界；在引入无风险资产后，投资者的最优投资策略是按比例配置无风险资产和一个固定的风险资产组合，配置的比例取决于投资者的风险偏好特征。因此，智能投顾系统在利用投资组合理论进行资产配置决策时，需要执行两个核心步骤：第一步，从资产出发，利用历史数据估计资产的风险-收益特征，并寻找最优的风险资产组合；第二步，从客户出发，利用获取的客户风险偏好特征，计算在效用最大化目标下风险资产和无风险资产的配置比例。

投资组合理论在模型的设计上无懈可击，然而它在应用领域仍存在若干问题。首先，投资组合理论假设市场上资产的风险-收益特征是稳定的，但在短期视角下，由于信息不对称问题，投资者可能对某些资产的短期风险-收益特征具有个性化的观点，而投资组合模型并不能很好地将这些观点整合到投资决策中。其次，投资组合模型只考虑了需求而没有考虑资产供给，所以直接应用投资组合模型会带来非均衡的结果。例如，对某些资产出现异常的配置比例，同时非均衡问题也会导致模型对输入参数的过分敏感，不利于实际应用。

BL 模型（Black and Litterman，1992）在投资组合理论的基础上进行了改良，将投资者的主观预期引入模型，具有更好的应用价值。在现阶段，很多主流的智能投顾公司都将 BL 模型作为核心资产配置策略。BL 模型的具体流程如下：首先，BL 模型认为市场组合作为一个均衡结果，隐含了市场上的所有投资者对各资产收益率的先验预期，而这可以通过对投资组合模型的逆向操作来获得；然后，BL 模型外生设定了投资者关于收益率分布的若干观点，并通过贝叶斯公式将投资者的观点整合到市场先验预期中，从而获得投资者的后验预期；最后，BL 模型基于投资者的后验预期，利用投资组合模型计算最优的资产配置权重。由于使用了市场隐含的先验预期，因此最优资产配置权重可以理解为市场组合基于投资者观点的调整。当智能投顾使用 BL 模型时，如何选取观点非常重要，因为这些观点可以来源于专家、客户甚至大数据分析系统。

本章小结

在对本章内容进行总结前，我们先将量化投资的流程图构建出来：

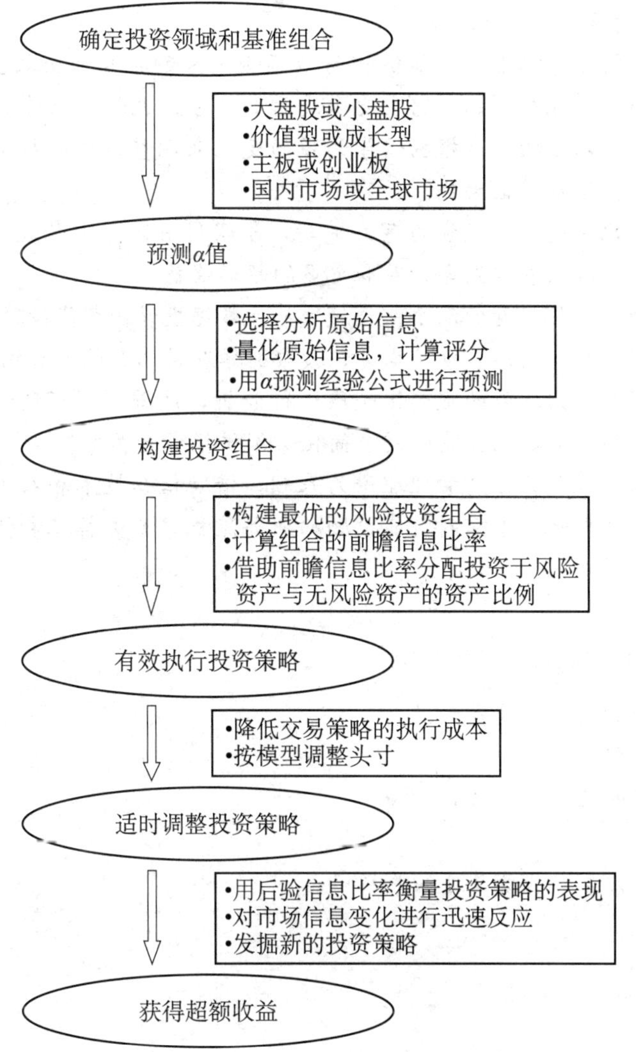

本章主要介绍了量化投资的基本概念，给出了信息比率的定义及应用，讲述了残余收益的经验预测公式，以及如何确定和调整最优投资头寸。

信息比率是平均残余收益与残余风险的比率，描述了单位残余风险所对应的平均残余收益。量化投资的关键就是用定量的方法处理有用信息，然后借助这些信息预测未来的收益，并确定最佳的投资头寸。在这个过程中，信息比率起到了至关重要的作用：后验信息比率能够帮助管理者衡量历史的投资业绩，前瞻信息比率能够预测投资者所面临的投资机会。

信息比率所表示的投资机会可由残余边界表示，投资者的目标可以用等增加值曲线表示，它取决于投资者的残余风险厌恶水平。残余边界与等增加值曲线的切点就是最优的残余风险-预期残余收益水平。从最优增加值的表达式可以看出，管理者获得增加值的能力与信息比率的平方成正比，而与残余风险厌恶成反比。

残余收益的经验预测公式为：

$$\varphi=\text{波动率}\times \text{IC}\times z\text{评分}$$

借助 z 评分将信号标准化，能够较好地预测未来的期望残余收益 α。前瞻信息比率是由经验公式预测得到的，它主要取决于 z 评分，也就是信号 g 的强弱。借助前瞻信息比率，可以使投资者根据信号的强弱变化来调整最佳的投资头寸，从而使得量化投资的价值增加值最大化。

总之，信息比率是量化投资的有力工具。合理利用信息比率做出投资决策，能够帮助量化投资者战胜基准组合，获取更多的超额收益。

本章还介绍了量化投资的两个前沿领域：大数据投资和智能投顾系统。

大数据投资将社交网络、电子商务、搜索引擎及媒体新闻等数据纳入研究对象，采用以机器学习算法为代表的定制化手段进行分析，试图得到有利于投资决策的增量信息。本章列举了大数据投资的两个简化案例供投资者参考。

智能投顾系统以量化组合管理理论为基础，借助信息技术和人工智能技术实现对人工理财服务的替代。本章对智能投顾的业务流程、业务特征和使用的典型资产配置策略进行了阐述。

本章关键问题

- 信息比率的定义及度量
- 价值增加值
- 残余收益的经验预测公式
- z 评分的量化
- 前瞻信息比率与投资头寸的关系

本章思考题

一、名词解释

信息比率　　　　残余收益　　　　z 评分

二、简答题

1. 考虑某投资组合P和基准组合B，去年投资组合P和基准组合B的月收益率由下表给出。假设去年无风险资产的年收益率为2%，那么去年该投资组合的信息比率是多少？

月份	1	2	3	4	5	6	7	8	9	10	11	12
R_P（%）	−26.9	42.8	20.8	1.9	8.9	17.8	22.9	−28.3	−23.5	−6.6	5.8	1.1
R_B（%）	−19.8	25.7	14.1	6.8	−0.9	28.1	13.8	−9.9	−13.7	−2.3	−14.6	−8.2

2. 某信号 g 对未来投资组合P的收益有一定的预测作用，下表给出了信号 g 和投资组合P残余收益率的值，共10期。假设投资组合P的超额收益率的波动率为20%，用经验公式预测该投资组合第11期的期望残余收益。

期数	1	2	3	4	5	6	7	8	9	10
g	1.7	2.1	−4.2	10.6	−4.5	3.1	5.4	3.2	−4.4	2.1
α_P（%）	−6.44	15.75	16.66	−3.74	18.26	−8.48	−1.46	−4.56	3.31	−7.41

3. 假设某投资者预测在未来能选择的投资组合中信息比率最大的为组合Q，其信息比率为0.5。组合Q的残余收益率的波动率为20%。假设该投资者的残余风险厌恶为10，为了获得最大的价值增加值，该投资者应该如何构建投资头寸？

第 15 章 简单量化交易策略

学习目标

- 掌握市值因子与账面市值比因子的经济含义，分析因子与收益率之间的相关性。
- 掌握排序法因子策略构建方法，编写简单的因子策略程序。
- 了解因子策略的参数调整过程，并运用参数调整得到的数据，分析背后的经济含义。
- 掌握动量效应与反转效应背后的行为金融学思想。
- 了解动量和反转策略构建的过程，并编写简单的动量和反转策略。
- 掌握 A 股市场上动量和反转效应的响应时长及反映出的 A 股结构性特点。
- 掌握 MACD 指标的构建方法。
- 掌握如何根据 MACD 指标进行交易。
- 编写 MACD 的实现程序，并分析其收益表现。

量化投资是近些年国内外兴起的一种重要投资方法，金融机构都在组建量化投资的团队、研究量化投资策略，因而量化基金产品层出不穷。简单说来，量化投资就是借助现代金融学、计量经济学、统计学、数学的方法，依靠历史数据和数量化模型，通过编制相应的计算机程序来指导投资，力求取得稳定的、可持续的、高于平均的超额回报。量化投资在海外的发展已有 30 多年的历史，其投资业绩高且稳定，市场份额及规模越来越大，得到了学术界及投资者的认可。从 2004 年起，量化投资在中国蹒跚起步，特别是在 2007 年金融危机后，量化投资的理念和价值才逐渐被投资者熟悉。

本章主要基于几个常用的量化投资策略，介绍一些量化投资的基本方法和相应的程序，使得投资者能够对量化投资有一些初步的认识。本章第一节介绍了量化投资中最流行的多因子量化投资策略；第二节介绍了动量与反转策略；第三节介绍了 MACD。在介绍这些基本策略时，涉及基本的 Python 程序，读者在实际操作中，可以使用相应的 Python 程序，复制这些基本的量化投资策略，理解主观投资和量化投资的异同点。

15.1 多因子量化投资策略

市值是股票交易中非常重要的一项指标，投资者可以根据其变化分析市场走向、判断市场交易的活跃程度以及预测未来的股票收益。在量化投资策略中，市值及其相关指标占据着很高的地位，它们往往是整个量化投资策略构建的基石。法马和弗伦奇的研究指出，根据流通市值和账面市值比构建投资组合，可以进一步反映市场上的风险报酬，这两项指标与市场回报率一起，组成了著名的 Fama-French 三因子。法马和弗伦奇还表明，流通市值和账面市值比在个股层面同样可以产生超额收益，通过构建相应的因子策略，我们可以总结出市值因子变化与个股收益之间的关系。

15.1.1 市值因子与账面市值比的经济含义

根据法马和弗伦奇的研究，本节主要研究流通市值与账面市值比。在构建相应的因子策略前，我们先对这两个因子进行深入的分析与讨论。

流通市值是指在某特定时间内，用当时可交易的流通股股数乘以当时的股价得出的流通股票总价值。在中国，上市公司的股份包含国有股、法人股、个人股等。目前，只有个人股可以上市流通交易。由于股票的市场价格瞬息万变，因而上市公司的市值和整个股市的市值每时每刻都处在变动中。在某些情况下，由于经济或政治形势发生了较大的变化，股价突然大幅下跌，从而市值也应声而下。“泡沫经济”时期的日本就经历了这样的过程：1985 年底，日本股市的总市值只有 196 兆日元，而在 4 年后，其股市的总市值就膨胀到 434 兆日元，而后日本股市泡沫破裂，并对日本经济造成了严重影响。

账面市值比是公司股东权益的账面价值与市场价值的比值。投资者一般认为，股东权益的账面价值波动较小，并根据财务报表的披露不断更新；而股票的市场价值波动很大，因此投资者可以账面市值为标准，衡量股票价格的高估或者低估程度，进而决定投资组合的头寸。

法马和弗伦奇的研究表明，小盘股与高账面市值比的股票一般可以产生超额收益。对于小盘股来说，其交易相对活跃、波动率较高，相应的风险报酬也较高。与此同时，大多数小盘股是处在业绩增长期的年轻公司，它们的未来发展潜力较大，具有较高的利润增长率；而大盘股通常是业绩稳定、架构完善、处于成熟期的大公司，它们的利润增长率长期处于稳定区间，因而相对于小盘股来说，大盘股的收益更为稳定，无须承担较高的风险报酬。通常说来，对于高账面市值比的上市公司来说，其股东权益的账面值较高，而市场上的股票价值较低，这意味着市场上的股票价值被低估，进而为投资者带来了做多的信号；而低账面市值比的上市公司则为投资者带来了做空的信号。因此，我们可以根据以上两个因子构建相应的量化交易策略。

15.1.2 因子策略的构建

因子策略是一种应用十分广泛的选股策略，其基本策略就是找到某些与收益率最相关的指标，并根据这些指标构建投资组合，希望该投资组合在未来的一段时间获得超额收益。因子策略的构建方法有很多，如打分法、排序法、回归法等，其核心是找到各种因子与收益率之间的关联性。本节主要使用排序法对流通市值和账面市值比进行因子策略的构建。

排序法主要分为以下几个步骤，首先找到与收益率相关的多个因子，并确定相关性的正负关系，如果因子与收益率成正相关，说明因子值越高、收益率越高；相反，如果因子与收益率成负相关，说明因子值越低、收益率越高。由此，我们开始对股票进行排序，也就是将与收益率呈正相关的因子按降序排列，而将与收益率呈负相关的因子按升序排列，最终得到相应的股票投资组合。

根据上述分析，我们已经发现了流通市值与账面市值比背后的经济含义以及它们与收益率之间的关联性，因此在市值因子策略的构建过程中，我们应将流通市值按升序排列，将账面市值比按降序排列，再根据投资组合的大小选取相应的股票，并分析该投资组合在样本期内的收益表现。

样本中的数据来源于国泰安数据库的股票月度交易数据和季度会计数据，下面的模型选取了2012—2018年A股沪、深两市股票的月度交易数据以及市净率的季度数据，我们首先对数据进行了清洗和预处理。在每小节的量化策略中，我们默认以表15-1中的数据结构为起点。其中，股票代码为数值型格式，月份为时间型格式。

表15-1 2012—2018年A股股票月度市值因子数据

股票代码	月份	流通市值	账面市值比
1	2012-01-01	51 673 168	0.954 371
1	2012-02-01	53 101 633	0.954 371
1	2012-03-01	48 785 185	0.954 371
1	2012-04-01	51 424 740	1.027 715
1	2012-05-01	48 723 078	1.027 715
1	2012-06-01	47 077 237	1.027 715
…	…	…	…

续表

股票代码	月份	流通市值	账面市值比
603999	2018-07-01	1 359 360	0.576 897
603999	2018-08-01	1 292 544	0.576 897
603999	2018-09-01	1 177 344	0.576 897
603999	2018-10-01	1 110 528	0.602 559
603999	2018-11-01	1 131 264	0.602 559
603999	2018-12-01	2 787 840	0.602 559

15.1.3 因子策略的量化模型

本节讨论的市值因子策略为排序法多因子策略，该模型的思路较为简单，主要包括：

（1）在第 i 个月，找出本月市值最小、账面市值比最高的 n 只股票，根据其经济含义，这 n 只股票组成的投资组合将产生最高的超额收益。

（2）在第 $i+k$ 个月，投资于第 i 个月收益率最高的 n 只股票，并由这 n 只股票形成权重相同的投资组合。由于 A 股市场不能做空，我们只考虑做多的情况。

（3）记录每个月的收益率，转化成 2012—2018 年的累计收益。

在量化模型中，我们设置了两个自由参数：月度投资组合的股票数量 n，在模型中用 stkn 表示；我们还考虑了因子效应的响应时长，在模型中以滞后月份体现，即上面（2）中的 k，在模型中用 lagm 表示。将 DataFrame 命名为 sizfac，并计算了每一期所持样本中所有股票的平均收益率，命名为 avgret。与此同时，我们定义了 cumtrans 函数，将收益率数据转化为累计收益率数据，如下所示。

```
#定义市值因子策略函数,输入值包括投资组合的股票数量 stkn 以及滞后月数 lagm
def sizestrg1(stkn,lagm):
    #定义全局变量
globalsizfac,sharpe,sizemean,sizestd,size
    sizetrd = sizfac.sort_values(['month_x','size','btmr'],axis = 0,ascending = [1,1,0]).
\ groupby('month_x').head(stkn).reset_index()
    #将滞后月份与每月投资组合中的股票进行时间匹配
sizesid = sizetrd['sid'][0:(84 - lagm) * stkn]
sizet = sizetrd['month_x'][lagm * stkn:]
sizeret = []
    for (x,y) in zip(sizesid,sizet):
#筛选出每个月相应股票的收益率数据,形成新的 DataFrame
        mr = sizfac[(sizfac['month_x'] == y)&(sizfac['sid'] == x)].reset_index()['ret']
#如果存在股票停牌的现象,就将其收益率设为 0,即不投资这只股票
if len(mr) == 0:
```

```
sizeret.append(0)
else:
sizeret.append(mr[0])
    size = pd.DataFrame({'sid':sizesid,'sizet':list(sizet),'ret':sizeret})
sizerf = size.groupby('sizet').mean()['ret']
sharpe = np.average(sizerf)/np.std(sizerf) * 12 * * 0.5
sizemean = np.average(sizerf)
sizestd = np.std(sizerf)
plt.plot(cumtrans(sizerf),label = 'size stk' + str(stkn) + ' lagmonth' + str(lagm))
plt.plot(cumtrans(avgret[lagm:]),label = 'Average')
plt.legend(fontsize = 'x - small',loc = 'upper left')
plt.show()
```

15.1.4 因子策略的A股表现

A股市场的许多特点与美国股市有所不同，因此在某些方面可能得到与法马和弗伦奇不同的结论，所以因子策略的表现可能也存在一定的差异。单就投资者结构来说，与个人投资者相比，机构投资者更偏好能带来持续、稳定收益的蓝筹股以及质量优良的股票。而A股个人投资者的水平参差不齐，他们有较高的投机性，喜好追涨杀跌、买小股票，也就是个人投资者的投机性更强。因此，根据A股的特点，我们做出如下推论：

(1) 小市值股票可以带来超额收益，但收益的大小有待进一步验证。超额收益中的主要部分应该源于小市值股票在流动性和额外风险上带来的风险溢价补偿。

(2) 小市值股票常常会被作为借“壳”上市的资源。这部分上市公司往往盈利能力很差、面临退市风险，都具有小市值的特征。因此，“壳”资源可能是导致市值效应的重要原因。

(3) 市值效应存在失效的可能。一方面，政策的变动使得小盘股的“壳”价值越来越小；另一方面，个人投资者逐渐受到良好的教育，整个市场呈现去散户化的态势，这使得市场投机、赌博的氛围越来越弱，投资者开始偏好大市值股票。

(4) 一方面，账面市值比受到市值效应的影响；另一方面，在股东权益的账面价值中，存在不可流通的国有股和法人股部分，它们的变动较小，而且会计数据的更新频率慢，可能导致相关性减弱，并使账面市值的因子效应减弱，如下所示。

```
Sizemean = []
Sizestd = []
SizeSrp = []
Sizemark = []
#选择的投资组合的股票数量为5,10,20;市值因子效应滞后时长为2个月,半年,一年,三年
```

```
Stkn = [5,10,20]
Lagm = [2,6,12,36]
for stkn in Stkn:
for lagm in Lagm:
    sizestrg1(stkn,lagm)
Sizemean.append(sizemean)
Sizestd.append(sizestd)
SizeSrp.append(sharpe)
Sizemark.append('Size stk' + str(stkn) + ' lagmonth' + str(lagm))
Sizeres = pd.DataFrame({'Sizemean': Sizemean, 'Sizestd': Sizestd, 'SizeSrp': SizeSrp, 'Sizemark':
Sizemark})
```

图 15－1～图 15－12 为采用不同参数的因子策略的累计收益表现。

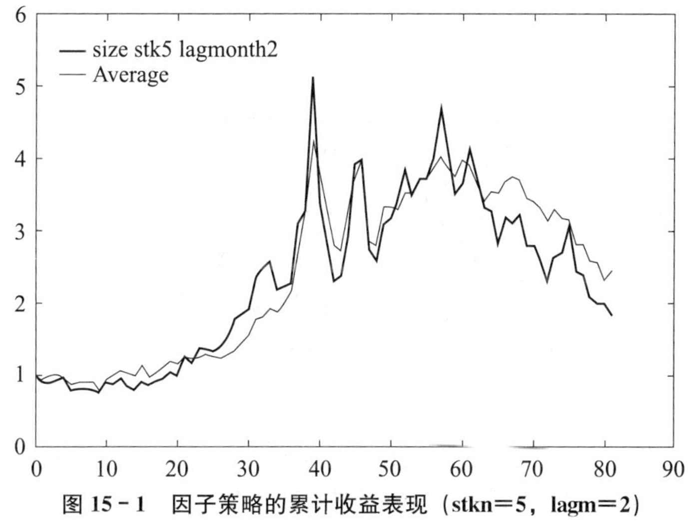

图 15－1 因子策略的累计收益表现（stkn＝5，lagm＝2）

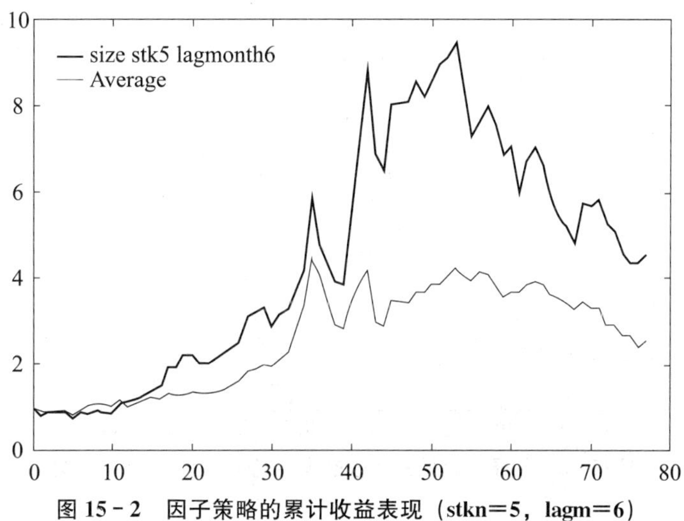

图 15－2 因子策略的累计收益表现（stkn＝5，lagm＝6）

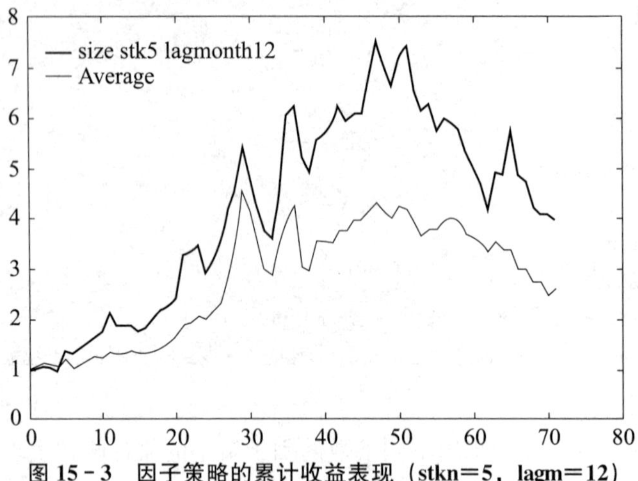

图 15-3　因子策略的累计收益表现（stkn=5，lagm=12）

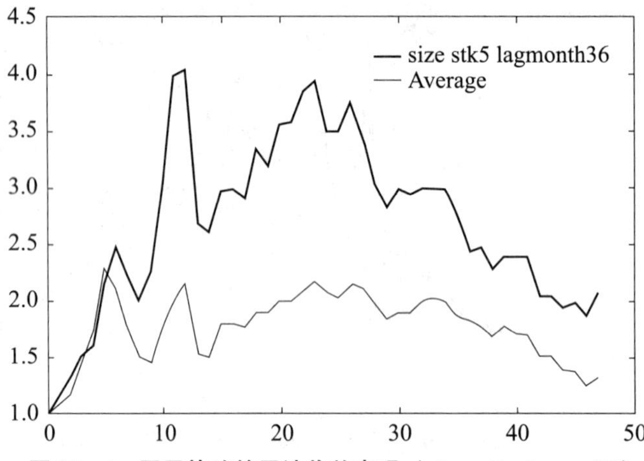

图 15-4　因子策略的累计收益表现（stkn=5，lagm=36）

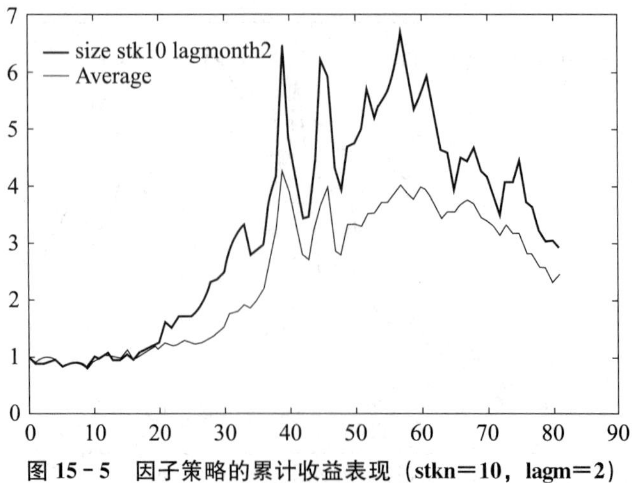

图 15-5　因子策略的累计收益表现（stkn=10，lagm=2）

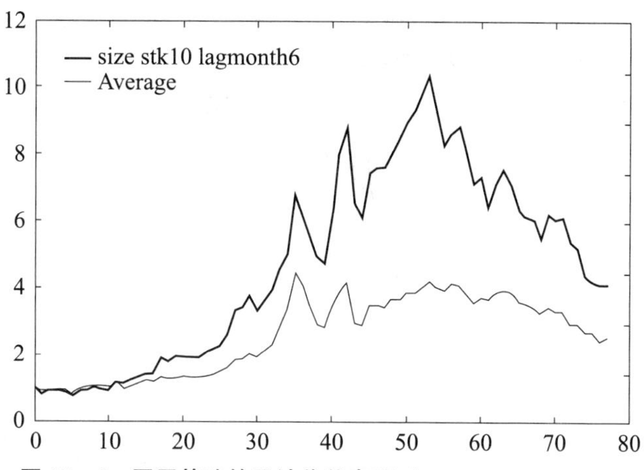

图 15－6　因子策略的累计收益表现（stkn=10，lagm=6）

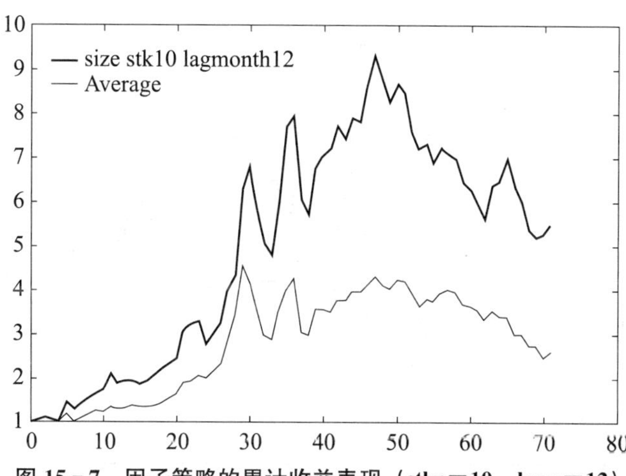

图 15－7　因子策略的累计收益表现（stkn=10，lagm=12）

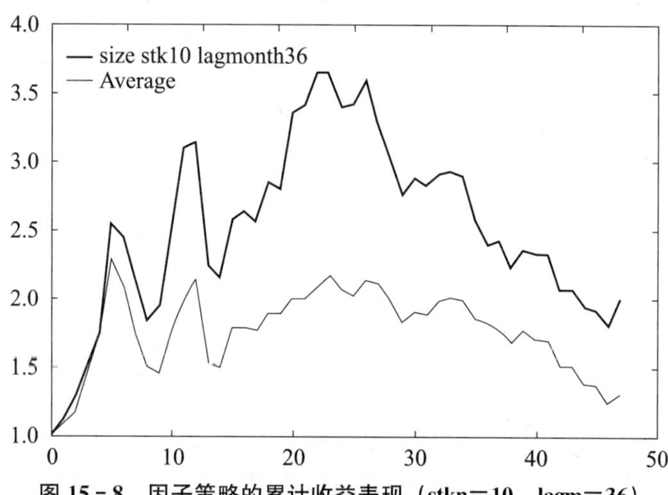

图 15－8　因子策略的累计收益表现（stkn=10，lagm=36）

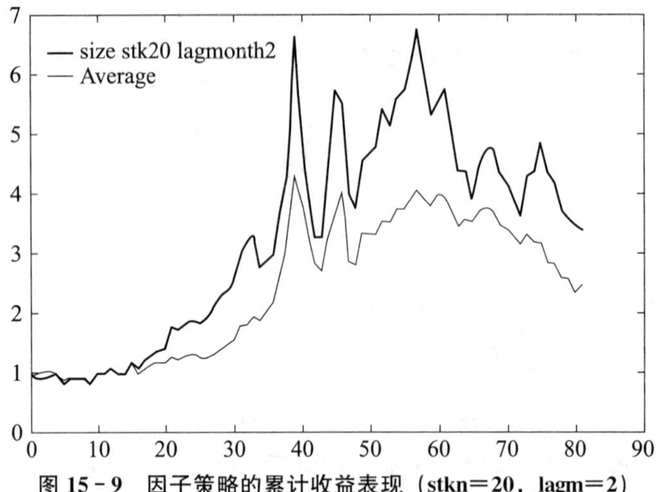

图 15-9 因子策略的累计收益表现（stkn=20，lagm=2）

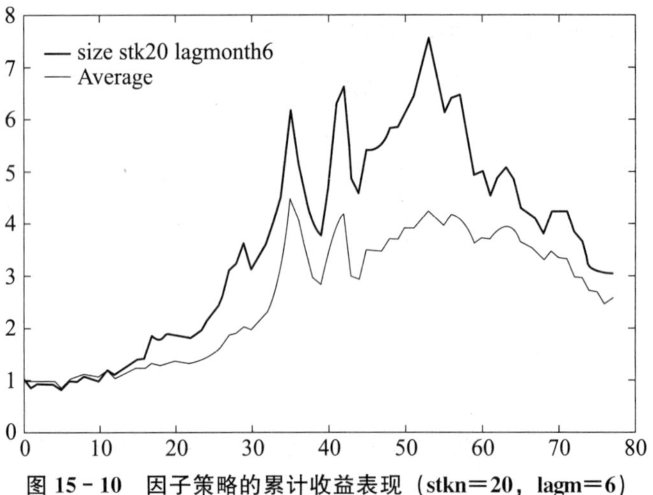

图 15-10 因子策略的累计收益表现（stkn=20，lagm=6）

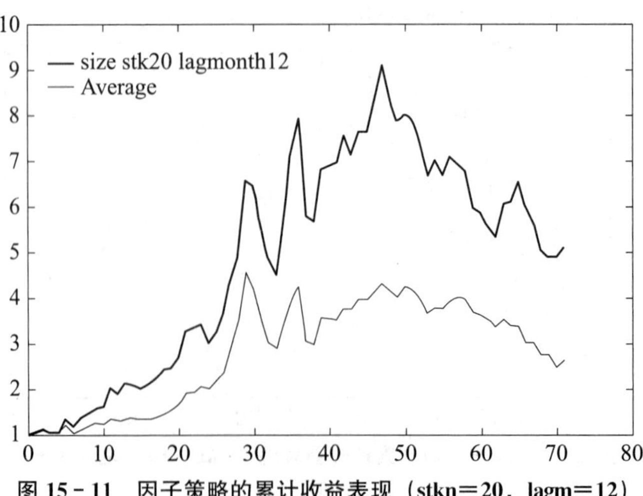

图 15-11 因子策略的累计收益表现（stkn=20，lagm=12）

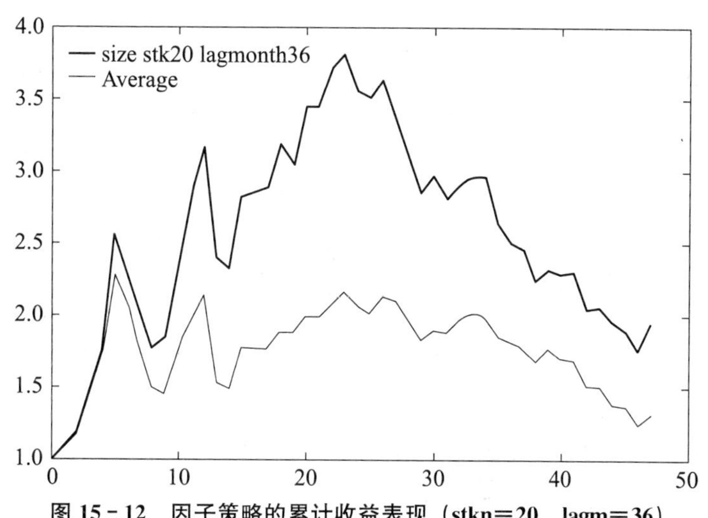

图 15-12 因子策略的累计收益表现（stkn=20，lagm=36）

表 15-2 为市值因子与账面市值比因子策略的收益表现。

表 15—2 市值因子与账面市值比因子策略的收益表现

夏普比率	投资组合股票数量	动量效应滞后月数	收益均值	收益标准差
0.410 2	5	2	0.016 7	0.141 3
0.761 7	5	6	0.028 1	0.127 7
0.764 6	5	12	0.025 6	0.116 1
0.576 3	5	36	0.020 7	0.124 2
0.558 0	10	2	0.021 6	0.134 4
0.740 6	10	6	0.025 5	0.119 3
0.876 5	10	12	0.030 2	0.119 3
0.566 9	10	36	0.020 3	0.124 2
0.601 2	20	2	0.023 2	0.133 5
0.626 5	20	6	0.020 9	0.115 6
0.878 4	20	12	0.028 6	0.112 8
0.550 3	20	36	0.019 5	0.123 1

表 15-3 为市值因子策略的收益表现。

表 15-3 市值因子策略的收益表现

夏普比率	投资组合股票数量	动量效应滞后月数	收益均值	收益标准差
0.510 2	5	2	0.020 6	0.139 9
0.771 7	5	6	0.029 9	0.134 1
0.769 3	5	12	0.027 2	0.122 4
0.490 8	5	36	0.017 8	0.125 6
0.634 7	10	2	0.025 1	0.137 0

续表

夏普比率	投资组合股票数量	动量效应滞后月数	收益均值	收益标准差
0.758 6	10	6	0.025 7	0.117 4
0.867 7	10	12	0.030 5	0.121 9
0.400 4	10	36	0.015 3	0.132 4
0.633 4	20	2	0.024 3	0.133 1
0.651 2	20	6	0.021 7	0.115 5
0.866 2	20	12	0.029 6	0.118 6
0.483 8	20	36	0.018 1	0.129 4

根据上述分析，我们得到以下结论：

(1) 与市场均值相比，市值因子与账面市值比因子确实可以获取超额收益，而且在部分参数上的表现十分明显。

(2) 市值因子在第 60 个月后出现较大的回撤现象，这与市场风格转变相符。从 2017 年开始，白马股的涨势较强，A 股的大多数投资趋向于价值企业与大盘股。

(3) 根据表 15-2、表 15-3 的数据可知，在去掉账面市值比因子后，收益表现并未出现较大的变化，说明账面市值比因子在 2012—2018 年并未产生显著效应。

15.2 动量与反转策略

在过去的交易数据中寻找蛛丝马迹，进而分析决定未来的投资策略是市场上许多投资者使用的方法。在众多的交易数据中，收益率数据是最直观的变量之一，投资者往往最先关注的就是收益率的变化。根据历史收益率的高低进行投资不失为一种有效的投资策略。其实，许多投资者身上都有这类投资策略的影子。例如，追涨杀跌，“强者恒强，弱者恒弱”的理念，寻找市场的转折点进行做多做空，这都是在根据收益率的历史波动进行投资决策。如何在量化投资中实现这种思想，并加以运用呢？下面对这类交易策略进行详尽的分析。

我们先分析历史收益率，进而将在未来进行投资决策的策略分为两类，即动量策略与反转策略。动量策略是指对过去收益率较高（较低）的股票进行做多（做空）的交易策略；反转策略是指对过去收益率较高（较低）的股票进行做空（做多）的交易策略。

量化模型中的数据来源于国泰安数据库的股票月度收益，该模型选取了 2012—2018 年 A 股沪、深两市股票的月度收益数据，我们首先对数据进行了清洗和预处理。在每小节的量化策略中，我们默认以表 15-1 中的数据结构为起点；其中，股票代码为数值型格式，月份为时间型格式。表 15-4 为 2012—2018 年 A 股股票的月度收益率。

表 15-4 2012—2018 年 A 股股票的月度收益率

股票代码	月份	收盘价	收益率
1	2012—01—01	16.64	0.067 351
1	2012—02—01	17.10	0.027 644
1	2012—03—01	15.71	—0.081 290
1	2012—04—01	16.56	0.054 106
1	2012—05—01	15.69	—0.052 540
1	2012—06—01	15.16	—0.033 780
…	…	…	…
603999	2018—07—01	5.90	—0.010 070
603999	2018—08—01	5.61	—0.049 150
603999	2018—09—01	5.11	—0.089 130
603999	2018—10—01	4.82	—0.056 752
603999	2018—11—01	4.91	0.018 672
603999	2018—12—01	4.84	—0.014 257

15.2.1 动量策略

15.2.1.1 动量策略的理论基础

动量策略的基本思想源于动量效应，通常称为“惯性效应”。动量效应是由 Jegadeesh and Titman（1993）提出的，是指股票的收益率有延续原先运动方向的趋势，即过去收益率较高的股票在未来获得的收益率仍会高于过去收益率较低的股票。基于上述效应，投资者可以通过买入过去收益率高的股票、卖出过去收益率低的股票来获利。诺维-马克斯通过使用美国的股票数据对投资组合的形成期和持有期的间隔长度进行了调整，其研究结果说明：动量效应更多地取决于中期历史收益，而不是短期历史收益。众多学者的研究表明，动量效应的中期（2～12 个月）历史收益表现最为明显，而在短期和长期大多表现为反转现象。

动量效应的理论基础是行为金融学的理论，其核心逻辑是投资者基于自身行为的偏差导致了资产的错误定价。在动量效应中，资产价格表现出与历史相同的趋势，而在行为金融学中，资产价格表现为“反映不足”。人们在新证据的基础上更新观点的速度太慢，这可能是由系统的行为偏差或人类的认知能力有限导致的。例如，当一家上市公司发布利好消息时，由于投资者无法确定该利好消息的真实性与持续性，并且无法确定这一利好消息对资本市场产生的影响大小，因而投资者对该利好信息反应不足，并低估了近期收益的信息含量。在这种情况下，即使该上市公司的股价有所上涨，也依然被低估，同时悲观的交易情绪不会引导投资者抬高股价。只有随着时间的推移，该上市公司的股价才能上涨到完全反映基本面信息的地步。因此，在信息发布初始阶段的资产价格只是部分反映了真实的基本面信息，剩余的部分将在未来一段时间回归正常。这个过程形成了动量策略的基本逻辑，即投资者在资产价格有所上涨时买入该资产，那么他在未来剩余信息完全得到反映时就可赚取资产价格再次上涨所带来的收益。

综上所述，动量效应在实际应用中仍存在部分不足，单从以上逻辑来看，有以下几个问题在投资中难以把握。

第一，动量效应的时效性。虽然行为金融学的理论用“反映不足”来解释动量效应，但它只是说明资产价格会在未来一段时间内反映剩余信息，并未说明何时开始反映、何时回归正常价格水平，因此投资者很难做出正确的择时决策。

第二，动量效应的信息真实性。动量效应的假设之一是资产反映的信息是真实有效的，投资者观察到的在信息披露时的资产价格变动并不能反映信息的真实性，虚假的信息或者始终未能证明真实性的信息并不能在未来带来动量效应。

15.2.1.2 动量策略的分类

动量策略可分为时间序列动量策略和横截面动量策略。在时间序列动量策略中，投资者做多此前上涨趋势显著的资产、做空此前下跌趋势显著的资产；做多（做空）的投资策略是相对于单一资产来说的。时间序列动量策略将资产现在的收益与历史收益水平进行比较，如果超过某阈值就做多，如果低于某阈值就做空，从而预期在未来可以获得资产价格动量效应所带来的收益

在横截面动量策略中，投资者做多此前表现相对较好的投资品、做空此前表现相对较差的投资品。在时间序列动量策略中，我们希望投资品可以各自延续其在此前的趋势。而在横截面动量策略中，与各种投资品的绝对走势相比，我们更关注它们相对的强弱走势，希望强者恒强、弱者恒弱，因此横截面动量策略又称 winners-minus-losers 策略。横截面动量策略更适合选择资产构建投资组合，用其投资单一资产可能会出现较高的收益波动和风险，而根据横截面动量策略选择多个资产形成投资组合后在横截面上分散风险，将比运用时间序列动量策略有更稳健的收益表现。

15.2.1.3 动量策略的量化模型

本节讨论的动量策略量化模型为横截面动量策略模型。该模型的思路较为简单，主要包括：

(1) 在第 i 个月，找出本月收益最高的 n 只股票，根据动量效应，由这 n 只股票组成的投资组合将产生最高的超额收益。

(2) 在第 $i+k$ 个月，投资于第 i 个月收益率最高的 n 只股票，并由这 n 只股票形成权重相同的投资组合。由于 A 股市场不能做空，我们只考虑做多的情况。

(3) 记录每个月的收益率，并转换为 2012—2018 年的累计收益。

在量化模型中，我们设置了两个自由参数：月度投资组合的股票数量 n，在模型中用 stkn 表示；动量效应的响应时长，在模型中以滞后月份体现，即上面 (2) 中的 k，在模型中用 lagm 表示。我们将 DataFrame 命名为 trade，并计算了每一期所持样本中所有股票的平均收益率，并用 avgret 表示。与此同时，我们定义了 cumtrans 函数，以便将收益率数据转化为累计收益率数据，如下所示。

```
def cumtrans(listr):
cumr = [ ]
i = 1
    for j in listr:
cumr. append(i)
i = i * (j + 1)
    return cumr
# 导入必要的程序库
import numpy as np
import pandas as pd
import matplotlib. pyplot as plt
import math
from _ _ future _ _ import division
import datetime, time
# 定义动量策略函数,输入值包括投资组合的股票数量 stkn 以及滞后月数 lagm
def momstrg(stkn, lagm):
# 定义全局变量
    global trade, sharpe, mommean, momstd
    # 对 trade 按股票收益率进行排序,找出每月收益最高的 stkn 只股票
    momtrd = trade. sort _ values(['month','ret'],axis = 0,ascending = [1,0]). groupby( \
'month'). head(stkn). reset _ index()
    # 将滞后月份与每月投资组合中的股票进行时间匹配
momsid = momtrd['sid'][0:(84 - lagm) * stkn]
momt = momtrd['month'][lagm * stkn:]
    momret = [ ]
    # 筛选出每个月相应股票的收益率数据,形成新的 DataFrame
    for (x,y) in zip(momsid,momt):
        mr = trade[ (trade['month'] = = y)&(trade['sid'] = = x) ]. reset _ index()['ret']
# 如果存在股票停牌的现象,就将其收益率设为 0,即不投资这只股票
        if len(mr) = = 0:
            momret. append(0)
        else:
            momret. append(mr[0])
            momentum = pd. DataFrame({'sid':momsid,'momt':list(momt),'ret':momret})
# 记录投资组合每月的投资收益均值、标准差、夏普比率,计算累计收益并做图.
momrf = momentum. groupby('momt'). mean()['ret']
sharpe = np. average(momrf)/np. std(momrf) * 12 * * 0. 5
mommean = np. average(momrf)
momstd = np. std(momrf)
```

```
plt.plot(cumtrans(momrf),label = 'Momentumstk' + str(stkn) + 'lagmonth' + str(la \ gm))
plt.plot(cumtrans(avgret[lagm:]),label = 'Average')
plt.legend(fontsize = 'x - small',loc = 'upper left')
plt.show()
```

15.2.1.4 动量策略的 A 股表现

动量策略的模型已构建完成，下面将对该模型的表现进行测试，在测试过程中涉及两个参数，即投资组合的股票数量 stkn 和动量效应滞后月份 lagm 的选择及调整。我们将根据结果讨论动量策略在 A 股市场表现出的特性以及 A 股市场的动量特质，如下所示。

```
#创建空列表记录测试数据
Mommean = []
Momstd = []
MomSrp = []
Mommark = []
#选择的投资组合的股票数量为 5,10,20;动量效应滞后时长为 2 个月,半年,一年,三年
Stkn = [5,10,20]
Lagm = [2,6,12,36]
for stkn in Stkn:
    for lagm in Lagm:
    momstrg(stkn,lagm)
    Mommean.append(mommean)
    Momstd.append(momstd)
        MomSrp.append(sharpe)
    Mommark.append('Momentumstk' + str(stkn) + 'lagmonth' + str(lagm))
Momres = pd.DataFrame({'Mommean':Mommean,'Momstd':Momstd,'MomSrp':MomSrp,'Mommark':Mommark})
```

结合上述参数调整，我们主要关注投资组合分散化以及动量滞后时长给策略收益带来的影响。根据此前的研究结果，投资组合的分散化程度越高，其收益率越低但动量策略的收益波动性越小，而适当的投资组合股票数量可以提高夏普比率。在这里，最小的投资组合股票数量为 stkn＝5，最大的投资组合股票数量为 stkn＝20。由于过大的 stkn 对分析投资组合分散化的效应并不显著，因此我们主要观察在参数 stkn 变动时引起的动量策略表现的变化。对于动量滞后时长来说，在美国市场上，动量效应在中期的表现最明显，在短期和长期的表现都弱于反转效应。由于我国的 A 股市场与美国股票市场存在着较大的差异，因此我们通过考察动量策略的表现分析 A 股市场的动量特质。研究表明，滞后 1 个月的动量效应受到过多短期噪音的影响，因此我们考虑的最小动量效应滞后时长为 2 个月，最长时间为 3 年，见图 15 - 13～图 15 - 24。

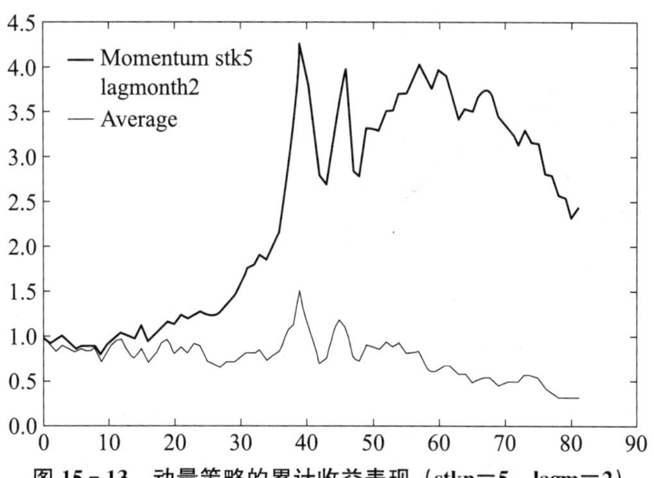

图 15-13 动量策略的累计收益表现（stkn=5，lagm=2）

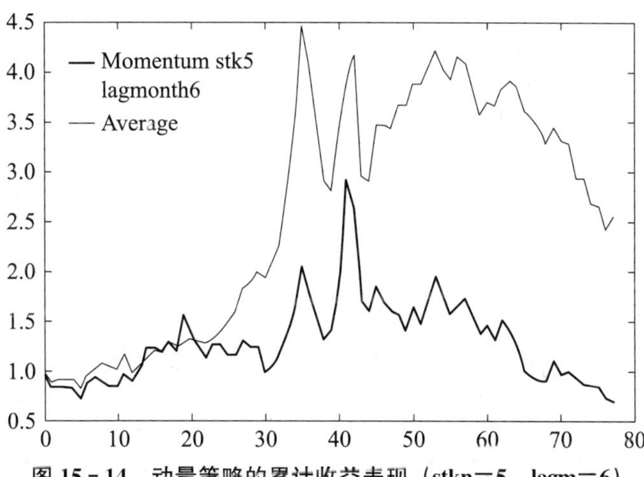

图 15-14 动量策略的累计收益表现（stkn=5，lagm=6）

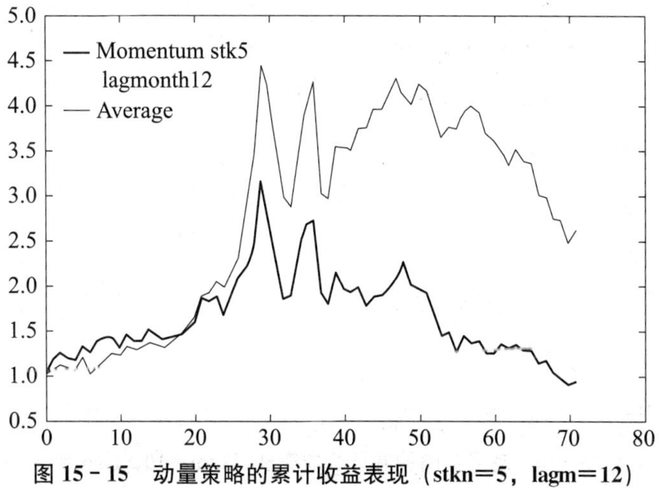

图 15-15 动量策略的累计收益表现（stkn=5，lagm=12）

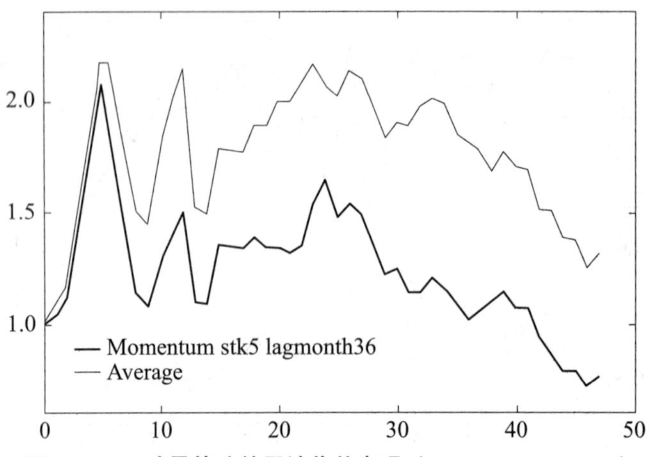

图 15-16　动量策略的累计收益表现（stkn=5，lagm=36）

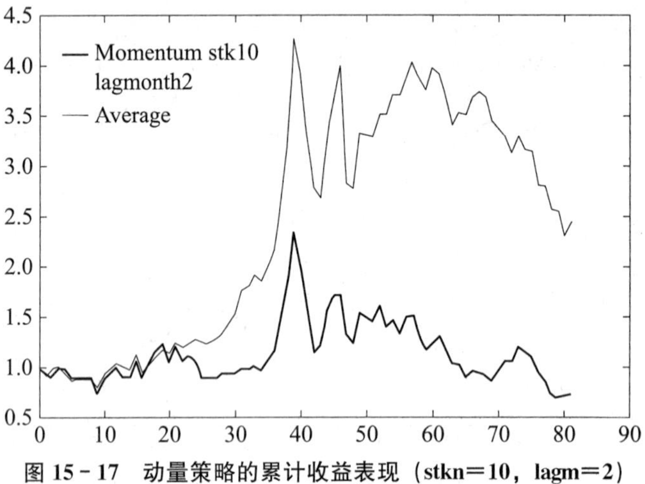

图 15-17　动量策略的累计收益表现（stkn=10，lagm=2）

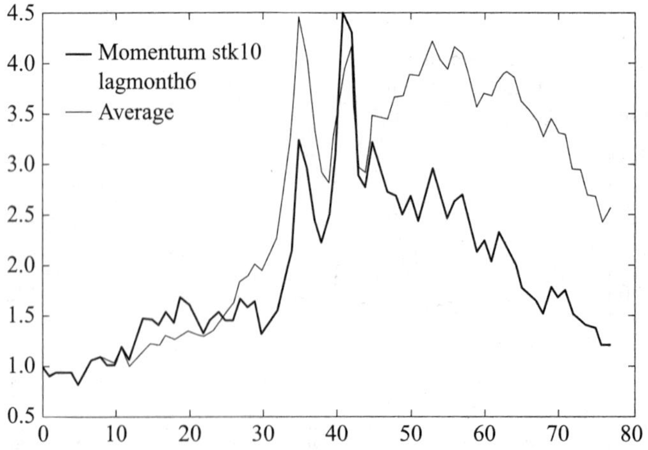

图 15-18　动量策略的累计收益表现（stkn=10，lagm=6）

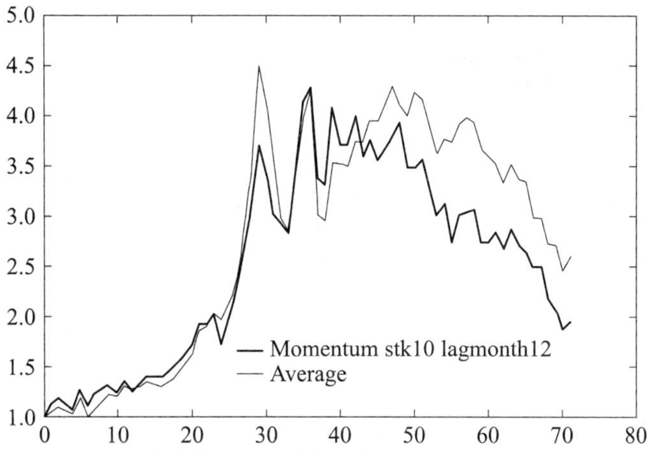

图 15-19 动量策略的累计收益表现（stkn=10，lagm=12）

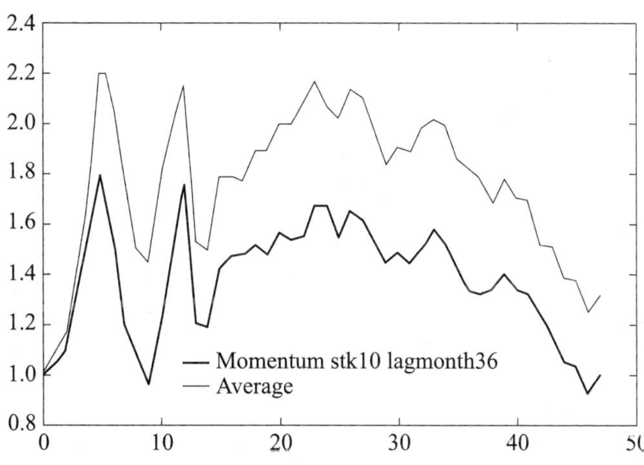

图 15-20 动量策略的累计收益表现（stkn=10，lagm=36）

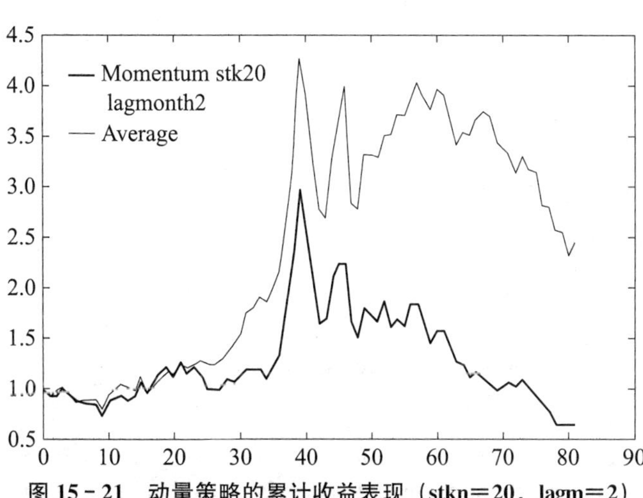

图 15-21 动量策略的累计收益表现（stkn=20，lagm=2）

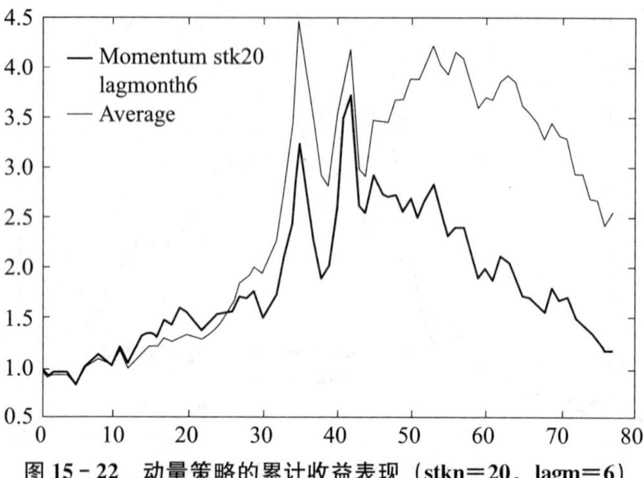

图 15－22　动量策略的累计收益表现（stkn＝20，lagm＝6）

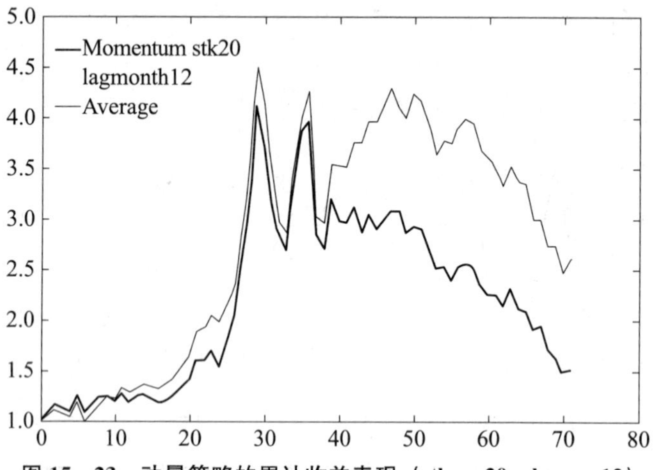

图 15－23　动量策略的累计收益表现（stkn＝20，lagm＝12）

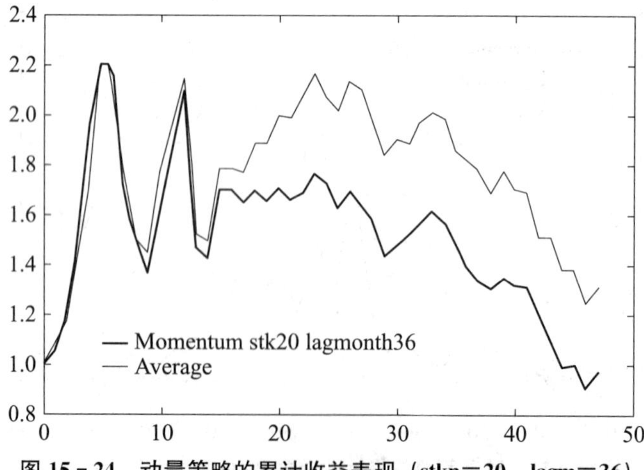

图 15－24　动量策略的累计收益表现（stkn＝20，lagm＝36）

表 15-5 为不同动量策略的收益表现。

表 15-5 动量策略的收益表现

夏普比率	投资组合股票数量	动量效应滞后月数	收益均值	收益标准差
−0.161 1	5	2	−0.006 1	0.131 5
0.110 2	5	6	0.004 5	0.141 4
0.142 0	5	12	0.004 3	0.105 4
−0.032 5	5	36	−0.001 1	0.112 2
0.077 6	10	2	0.002 6	0.117 6
0.264 8	10	6	0.010 2	0.132 8
0.489 0	10	12	0.013 4	0.094 7
0.150 7	10	36	0.004 8	0.110 5
0.007 9	20	2	0.000 3	0.111 5
0.231 8	20	6	0.007 8	0.116 2
0.359 2	20	12	0.010 4	0.100 1
0.128 1	20	36	0.004 0	0.108 3

根据以上分析，我们可以得出如下结论：

(1) 投资组合的收益均值在投资组合股票数量为 10 只时表现最好，同时夏普比率最高，说明投资组合存在最优的股票持有数量，该投资组合的夏普比率随股票持有数量先上升、后下降。

(2) 动量效应在中期表现明显，随着滞后月数的增加呈现出先上升、后下降的趋势。这一效应与此前对美国市场的研究表现出一致的趋势，即中期显著，而短期和长期的表现较弱。

(3) 在 A 股市场上，动量策略的表现并不尽如人意，其表现基本弱于平均水平。

15.2.2 反转策略

15.2.2.1 反转策略的理论基础

反转策略与动量策略恰恰相反，反转效应认为在前一段时间表现较差的资产，在下一阶段反而会出现逆转，也就是过去一段时间收益率较低的资产在未来的收益率反而会高于过去收益率较高的资产，就像我们常说的超跌反弹或者超涨转跌。De Bondt and Thaler (1985) 提出了股市中存在反转效应并能据此获得超额收益。基于上述反转效应，投资者通过做多上一期下跌幅度较大的资产、做空上一期涨势凶猛的资产就能获取收益。这种利用股价反转效应构造投资组合的策略称为反转策略。

反转效应的行为金融学理论基础表现为“反应过度”，即当投资者看到资产出现较高或者较低的收益率时，对当前的资产表现做出过度反应——做多上涨的资产、做空下跌的资产，并导致资产收益的超涨或者超跌，而在未来一段时间里，资产收益回归正常，出现与此前一段时间相反的趋势，进而出现反转效应。

反转效应的理论基础与动量效应的理论基础恰好相反。反转效应表现为，在市场出现上涨或下跌时，投资者预期资产的收益率还存在较大的空间延续此前的表现，从而顺势进行做多或者做空操作，导致资产价格超涨或者超跌，而在未来一段时间，市场反映出资产收益的真实水平，对过度反应做出回调，从而出现反转效应，投资者据此做出反转策略并获取收益。动量效应表现为，在市场出现上涨或者下跌时，投资者预期当前的市场表现并不会在未来有持续性的趋势，甚至怀疑市场表现的正确性，从而导致资产价格并未表现出正常的收益率水平，在未来一段时间内产生动量效应，投资者据此做出动量策略并获取收益。

综上所述，动量效应与反转效应的核心因素是投资者对当前市场表现的态度：积极的态度产生过度反应，导致反转效应；消极的态度产生不足反应，导致动量效应。投资者在选择动量策略或反转策略时，需要对当前市场上的投资者情绪进行分析，判断未来资产收益的回归方向，赚取超额收益。然而，市场上的投资者并不会在同一时刻表现出相同的投资情绪，进而导致动量策略或者反转策略选择上的不一致，最终市场的短期走势由两类投资情绪的博弈胜者决定，而市场的长期走势向真实收益率回归。选择动量策略或反转策略的投资者可以根据市场收益率的进一步变动和真实信息的披露，改变自己的投资策略。在这个过程中，采取动量策略或反转策略的投资者相互博弈，最终出现一边倒的局势。

15.2.2.2 反转策略的不足与挑战

反转效应的发现对传统的有效市场理论产生了巨大的冲击。有效市场理论认为：在一个由风险中性投资者构成的竞争市场中，证券的基本价值和价格是服从随机游走规律的，因此证券收益率是不可预测的，投资者只能获得市场平均收益。萨缪尔森认为，信息是使股价变动的主要因素，因为信息是无法预测的，所以股价也是无法预测的。反转效应打破了这种不可预测性，在一段时间内受到了许多学者的反对和攻击。从客观上说，反转效应确实存在一定的缺陷和不足。

反转效应可能是由规模因素导致的。研究发现，在投资组合形成期的亏损组合大多是小公司，而盈利组合大多是大公司，因此在检验期的累积超额报酬很可能是由公司规模造成的，而非过度反应所致。

反转效应还可能是由季节性周期引起的。部分行业的盈利存在很强的周期性，因此在一个时期内高企的资产收益率很可能在未来的时期内出现相反的趋势，而当企业进入下一个时期时，其盈利水平再次好转，导致资产收益率超跌反弹，这在市场上就表现为反转效应。

反转效应也可能是由风险因素导致的。在投资组合形成期，由于亏损组合中的企业表现较差，公司的财务状况逐渐恶化；而盈利组合中的企业表现一直较好，其财务状况也是逐渐改善。由于财务结构的不同变化，亏损资产在进入检验期后的风险逐渐加大，其平均报酬会逐渐增大；与此相反，盈利组合的风险逐渐减小，其所能获得的平均报酬会逐渐降低。

15.2.2.3 反转策略的量化模型

与动量效应类似，我们可以建立反转策略的量化模型，其参数与动量策略模型一致，主要包括：

（1）在第 i 个月，找出本月收益最低的 n 只股票，根据反转效应，这 n 只股票组成的投资组合将产生最高的超额收益。

（2）在第 $i+k$ 个月，投资于第 i 个月收益率最低的 n 只股票，并由这 n 只股票形成权重相同的投资组合。由于 A 股市场不能做空，我们只考虑做多的情况。

（3）记录每个月的收益率，形成 2012—2018 年的累计收益，如下所示。

```
#定义反转策略函数,输入值包括投资组合的股票数量 stkn 以及滞后月数 lagm
def revsstrg(stkn, lagm):
    #定义全局变量
    globaltrade, sharpe, revsmean, revsstd
    #对 trade 按股票收益率进行排序,找出每月收益最低的 stkn 只股票
    revstrd = trade.sort_values(['month','ret'], axis = 0, ascending = [1,1]).groupby('month').
head(stkn).reset_index()
    #将滞后月份与每月投资组合中的股票进行时间匹配
    revssid = revstrd['sid'][0:(84 - lagm) * stkn]
    revst = revstrd['month'][lagm * stkn:]
    revsret = []
    #筛选出每个月相应股票的收益率数据,形成新的 DataFrame
for (x,y) in zip(revssid, revst):
        mr = trade[(trade['month'] == y)&(trade['sid'] == x)].reset_index()['ret']
#如果存在股票停牌的现象,就将其收益率设为 0,即不投资这只股票
If len(mr) == 0:
revsret append(0)
else:
revsret.append(mr[0])
revsentum = pd.DataFrame({'sid':revssid,'revst':list(revst),'ret':revsret})
revsrf = revsentum.groupby('revst').mean()['ret']
    #记录投资组合每个月的投资收益均值、标准差、夏普比率,计算累计收益并做图
sharpe = np.average(revsrf)/np.std(revsrf) * 12 ** 0.5
revsmean = np.average(revsrf)
revsstd = np.std(revsrf)
plt.plot(cumtrans(revsrf),label = 'revsentumstk' + str(stkn) + 'lagmonth' + str(lag\m))
plt.plot(cumtrans(avgret[lagm:]),label = 'Average')
plt.legend(fontsize = 'x - small', loc = 'upper left')
plt.show()
```

15.2.2.4 反转策略的 A 股表现

反转策略的模型已经构建完成，下面将对该模型的表现进行测试，在这个测试

过程中涉及两个参数，即投资组合的股票数量 stkn 和反转效应滞后月份 lagm 的选择及调整。我们将根据测试结果讨论反转策略在 A 股市场上表现出的特性以及 A 股市场的反转特质，如下所示。

```
#创建空列表记录测试数据
Revsmean = []
Revsstd = []
RevsSrp = []
Revsmark = []
#选择的投资组合的股票数量为 5,10,20;反转效应滞后时长为 2 个月,半年,一年,三年
Stkn = [5,10,20]
Lagm = [2,6,12,36]
for stkn in Stkn:
for lagm in Lagm:
revsstrg(stkn, lagm)
Revsmean.append(revsmean)
Revsstd.append(revsstd)
RevsSrp.append(sharpe)
Revsmark.append('Reversal stk' + str(stkn) + ' lagmonth' + str(lagm))
Revsres = pd.DataFrame({'Revsmean': Revsmean, 'Revsstd': Revsstd, 'RevsSrp': RevsSrp, 'Revsmark': Revsmark})
```

研究表明，反转策略在短期和长期的表现较为显著，我们在此主要关注投资组合的分散化以及反转滞后时长给策略收益带来的影响。反转策略需要调试的参数与动量策略一致。与此同时，我们进一步分析动量策略与反转策略的不同表现。图 15-25～图 15-36 为采用不同参数的反转策略的累计收益表现。

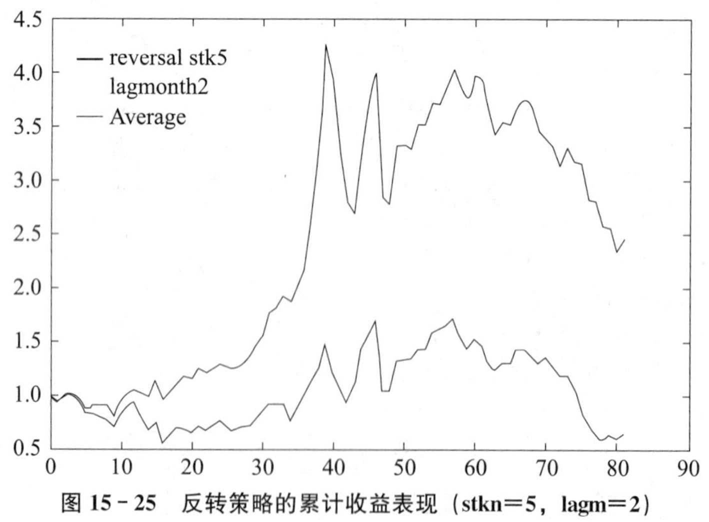

图 15-25　反转策略的累计收益表现（stkn=5，lagm=2）

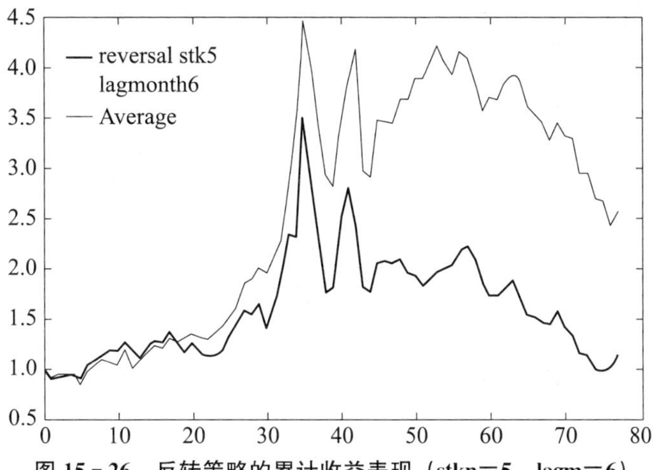

图 15-26 反转策略的累计收益表现（stkn=5，lagm=6）

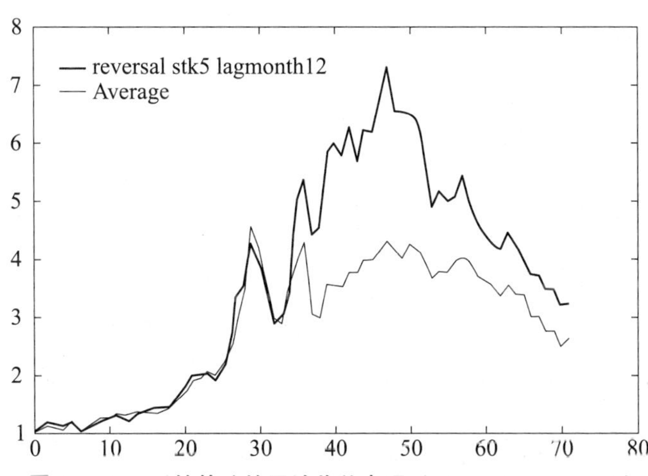

图 15-27 反转策略的累计收益表现（stkn=5，lagm=12）

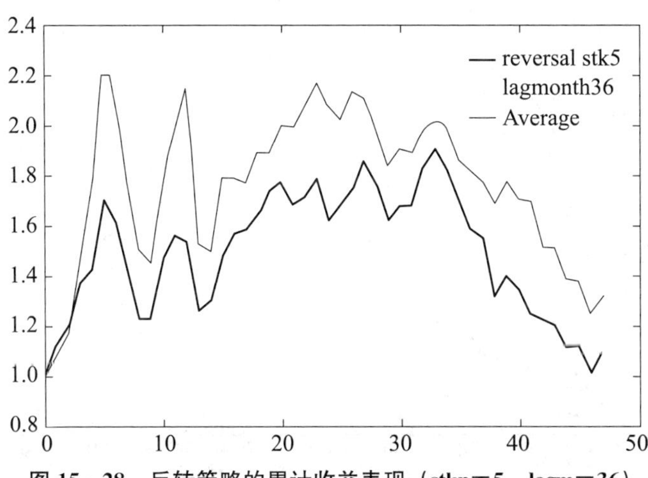

图 15-28 反转策略的累计收益表现（stkn=5，lagm=36）

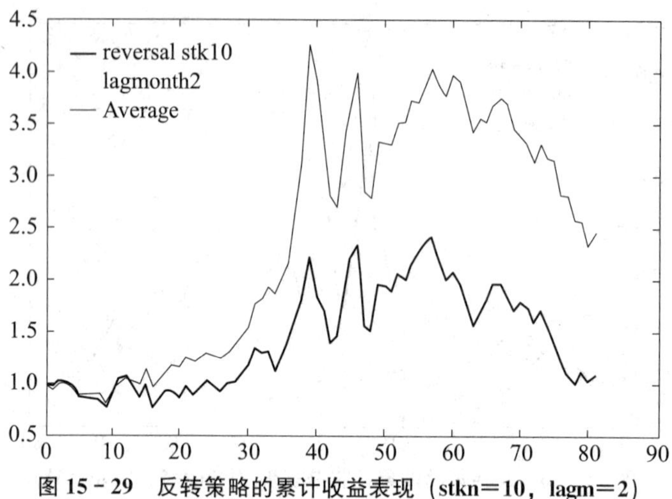

图 15-29 反转策略的累计收益表现（stkn=10，lagm=2）

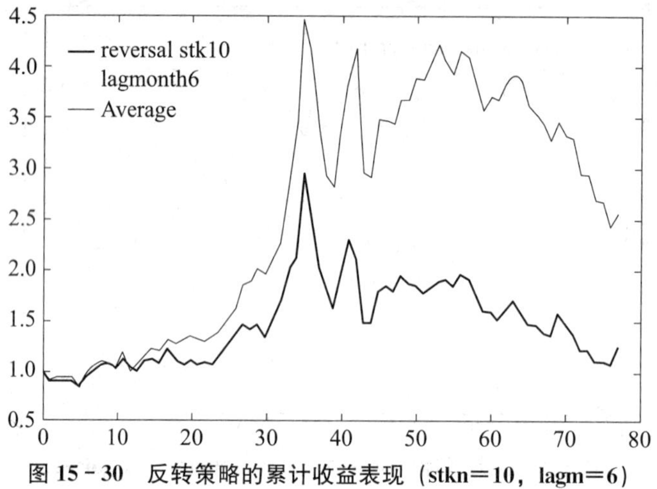

图 15-30 反转策略的累计收益表现（stkn=10，lagm=6）

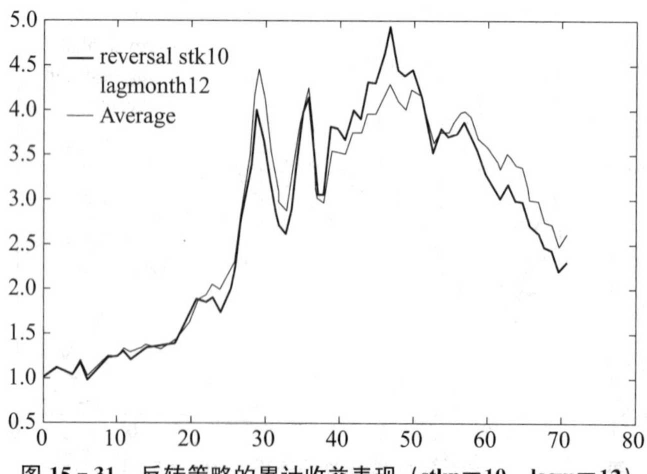

图 15-31 反转策略的累计收益表现（stkn=10，lagm=12）

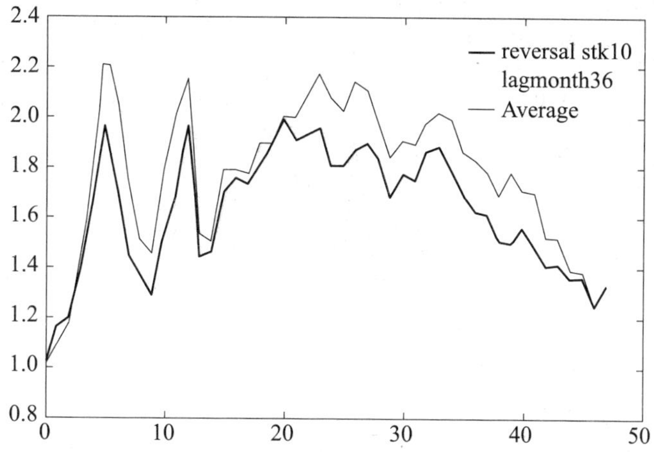

图 15-32 反转策略的累计收益表现（stkn=10，lagm=36）

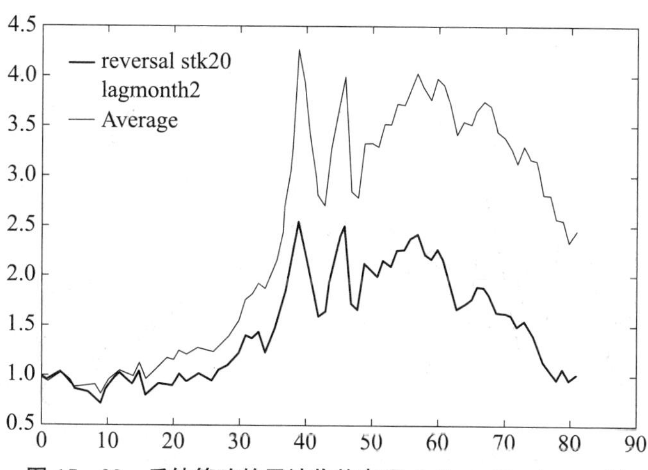

图 15-33 反转策略的累计收益表现（stkn=20，lagm=2）

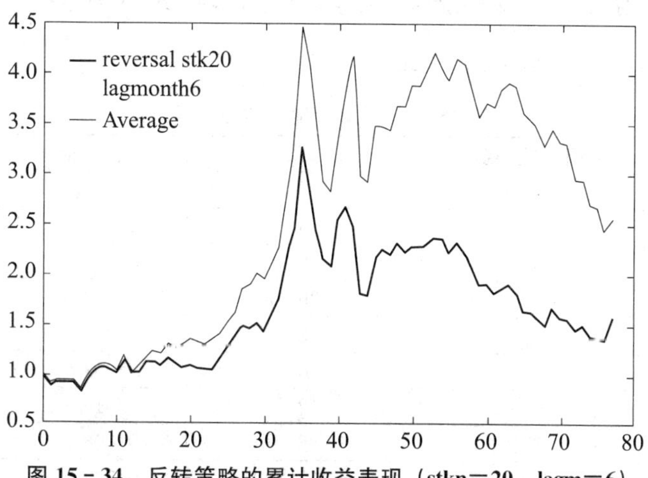

图 15-34 反转策略的累计收益表现（stkn=20，lagm=6）

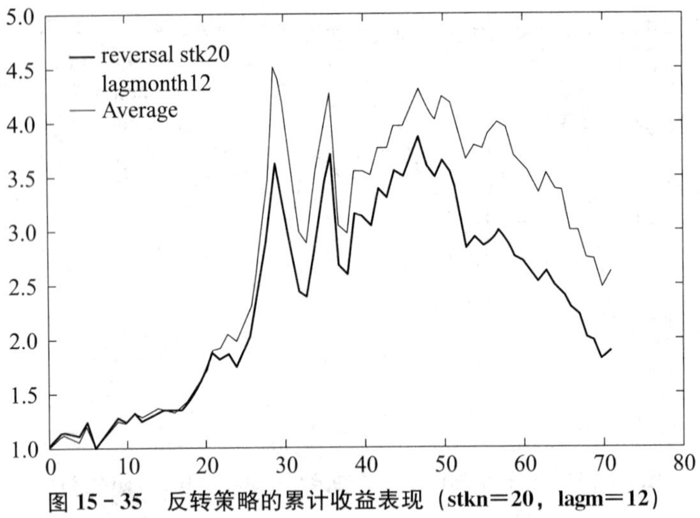

图 15-35 反转策略的累计收益表现（stkn=20，lagm=12）

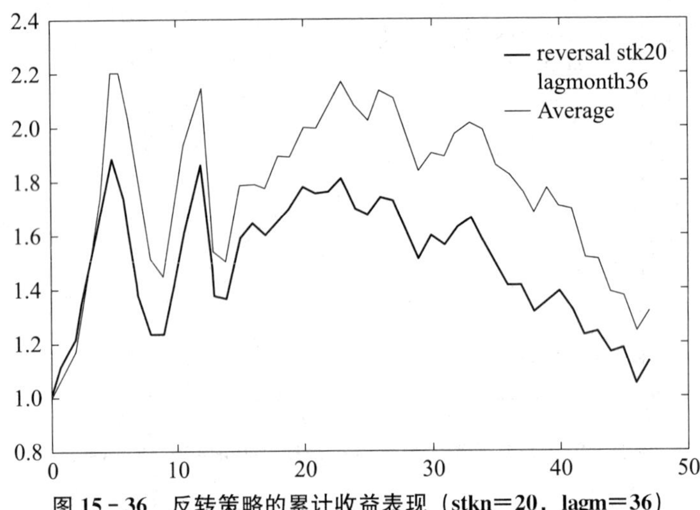

图 15-36 反转策略的累计收益表现（stkn=20，lagm=36）

表 15-6 为反转策略的收益表现。

表 15-6 反转策略的收益表现

夏普比率	投资组合股票数量	动量效应滞后月数	收益均值	收益标准差
0.000 2	5	2	0.000 0	0.116 7
0.258 9	5	6	0.008 7	0.116 9
0.679 6	5	12	0.021 9	0.111 4
0.146 1	5	36	0.003 6	0.084 9
0.182 7	10	2	0.005 9	0.112 2
0.259 4	10	6	0.007 6	0.101 9
0.558 9	10	12	0.016 3	0.100 9
0.335 6	10	36	0.008 9	0.092 4
0.144 4	20	2	0.004 4	0.105 8

续表

夏普比率	投资组合股票数量	动量效应滞后月数	收益均值	收益标准差
0.369 1	20	6	0.010 1	0.094 4
0.359 2	20	12	0.010 4	0.100 1
0.128 1	20	36	0.004 0	0.108 3

根据上述分析，反转策略在 A 股市场上的表现可以归纳为以下几点：

（1）反转策略比动量策略的表现更好，有更高的收益率和夏普比率，同时反转策略表现出与动量策略类似的波动率水平。

（2）反转策略在部分参数值上跑赢了平均收益，但在大部分参数值上没有战胜平均收益。5 只股票滞后一年的反转效应产生了最高的超额收益。

（3）反转策略在中期表现出较高的收益水平。随着时间的变化，收益水平呈现出先上升、后下降的趋势，并未在短期和长期出现明显的反转效应。

15.3 MACD

15.3.1 MACD 的基本概念

MACD 称为异同移动平均线，由短期指数移动平均线（EMA_{12}）减去长期指数移动平均线（EMA_{26}）得到短线 DIF，再由两者作差，得到 MACD 柱。MACD 的意义在于，由长期和短期指数移动平均线的离散、聚合表征当前的多空状态和股价可能的发展变化趋势。MACD 由负变正，是做多信号。MACD 由正变负，是做空信号。MACD 以大角度变化，表示快速移动平均线和慢速移动平均线的差距非常迅速地拉开，代表了市场大趋势的转变。

15.3.2 MACD 指标计算

MACD 指标是由 DIF 与 DEA 之间的差值计算得来的，DIF 与 DEA 是通过在 EMA 指标的基础上计算得来的。因此 MACD 指标的核心在于计算 EMA 的长期与短期指数移动平均线，通过进行加权平均得到最终指标。在此，我们将整个计算过程分为以下几步：

（1）计算移动平均值 EMA。

$$EMA_{12,t}=\frac{11}{13}EMA_{12,t-1}+\frac{2}{13}P_t$$

$$EMA_{26,t}=\frac{25}{27}EMA_{12,t-1}+\frac{2}{27}P_t$$

（2）计算离差值 DIF。

$$DIF_t=EMA_{12,t}-EMA_{26,t}$$

（3）计算平滑移动平均线 DEA。

$$\mathrm{DEA}_t=\frac{8}{10}\mathrm{DEA}_t+\frac{2}{10}\mathrm{DIF}_t$$

15.3.3 MACD的基本运用

在运用MACD方法时，是利用DIF与DEA两条线的相互交叉进行投资决策的。当DIF线向上突破DEA线时就是涨势点，称为“金叉”，即买入信号；反之，当DIF线向下跌破DEA线时就是跌势点，称为“死叉”，即卖出信号。由于移动平均线涉及的时段相对较长，所以MACD通常用于判断中期或者长期的涨跌趋势。

一般来说，在持续的上涨行情中，12日EMA在26日EMA上，其间的正差离值会逐渐增加；反之，在持续的下跌行情中，差离值可能变为负值，而且负差离值会逐渐减小；所以，当行情开始反转时，正（或负）差离值将会缩小。MACD理论就是以正（负）差离值与其9日平滑移动平均线的交点作为判断买卖信号的依据。

15.3.4 MACD模型的构建

根据上述分析，我们运用DIF线与DEA线的交叉策略进行交易，相应的计算机程序如下。随后，我们绘制了MACD各项指标的趋势线，见图15-37和图15-38。

```
#筛选样本中的一只股票(600519)作为分析对象,并创建相应的空列表
ivstd = trade[(trade['sid'] = = 600519)].drop('size',axis = 1)
DIFF = []
DEA = []
MACD = []
macd = 0
diff = 0
dea = 0
ema12 = 0
ema26 = 0
#使用迭代的方式不断更新和记录每一期的diff值、dea值和macd值
for i in ivstd['month']:
    ema12 = ema12 * 11/13 + ivstd[(ivstd['month'] = = i)].reset_index()['price'][0] * 2/13
    ema26 = ema26 * 25/27 + ivstd[(ivstd['month'] = = i)].reset_index()['price'][0] * 2/27
    diff = ema12 - ema26
dea = dea * 4/5 + diff/5
macd = 2 * (diff - dea)
DIFF.append(diff)
MACD.append(macd)
DEA.append(dea)
decis = [int(x>0) for x in MACD]
macdpf = 1
```

```
#计算累计收益率
PAYMACD = []
for (i,j) in zip(decis,ivstd['ret']):
    if i = =1:
macdpf = macdpf * (1 + j)
    else:
macdpf = macdpf
PAYMACD.append(macdpf)
plt.plot(PAYMACD,label = 'MACD')
plt.plot(cumtrans(avgret),label = 'Average')
plt.legend(fontsize = 'x - small',loc = 'upper left')
plt.show()
```

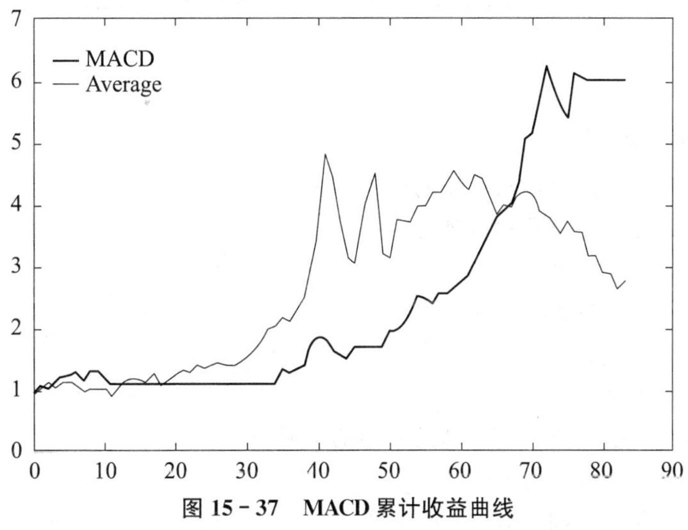

图 15 - 37 MACD 累计收益曲线

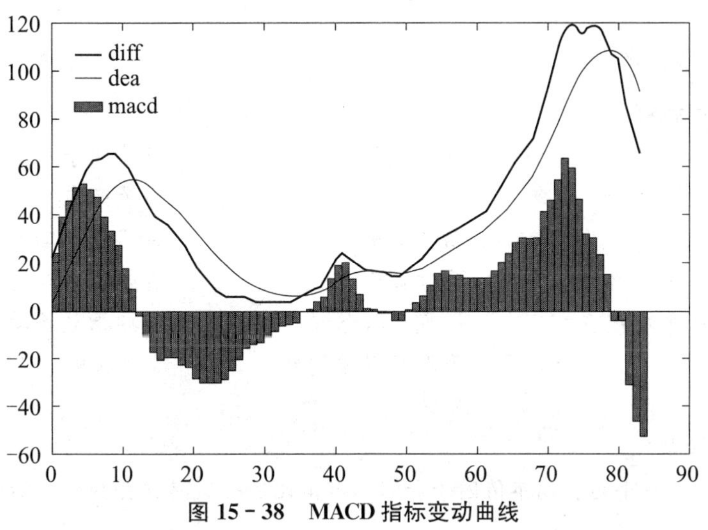

图 15 - 38 MACD 指标变动曲线

结合分析测试结果，我们不难发现：MACD指标在中长期确实获得了一定的超额收益，并且较好地把握了做多、做空的时点。在这里，我们以一只股票的收益数据为例进行了调整，它与市场的整体收益并没有太大的可比性，但在中长期择时方面，MACD的确获得了不错的收益。读者可以对A股市场上的其他股票进行MACD指标分析，以便更好地掌握MACD模型的构建方法。

本章小结

本章主要基于几个常用的量化投资策略，介绍了一些量化投资的基本方法和相应的程序，使得读者能够对量化投资有一些初步的认识。本章第一节介绍了量化投资中最流行的多因子量化投资策略；第二节介绍了动量与反转策略；第三节介绍了MACD。在介绍这些基本策略的同时，书中提供了基本的Python程序，读者在实际操作中，可以使用相应的Python程序，复制这些基本的量化投资策略，理解主观投资和量化投资的异同点。

本章关键问题

- 市值因子与账面市值比因子的经济含义
- 因子与收益率之间的相关性
- 排序法因子策略构建
- 动量效应与反转效应
- 动量策略构建
- 反转策略构建
- A股市场上动量效应与反转效应的响应时长
- MACD指标的构建方法
- 如何根据MACD指标进行交易

本章思考题

一、名词解释

量化交易策略　　量化模型　　市值因子
账面市值比因子　　排序法多因子策略　　动量效应
反转效应　　动量策略　　时间序列动量策略
横截面动量策略　　反转策略　　有效市场理论
异同移动平均线　　短期指数移动平均线　　长期指数移动平均线
差离值　　平滑移动平均线　　交叉策略
金叉　　死叉

二、简答题

1. 构建4～6年的长期市值因子和账面市值比因子策略，并分析背后的经济含义。

2. 简述市值因子和账面市值比因子背后的经济学逻辑。

3. 简述反转效应和动量效应在中国市场上的对应收益表现背后的原因。

4. 收集周度、日度收益率数据，观察动量效应和反转效应在日度、周度的收益表现。

5. 改变 MACD 的时序加权参数，观察收益表现的变化。

6. 分析 MACD 指标在 A 股市场上的表现以及其反映出的经济含义。

参考文献

[1] Aswath Damodaran. 投资股价．北京：清华大学出版社，2004.

[2]（美）爱德华兹，（美）迈吉，（美）巴塞蒂．股市趋势技术分析．9 版．北京：机械工业出版社，2010.

[3]（美）博迪，（美）凯恩，（美）马库斯．投资学．9 版．北京：机械工业出版社，2012.

[4]（美）博迪，（美）凯恩，（美）马库斯．投资学精要．8 版．北京：清华大学出版社，2011.

[5] 蔡国强．香港证券投资．北京：中国宇航出版社，2008.

[6]（美）法博齐，（美）莫迪利安尼，（美）琼斯．金融市场与金融机构基础. 4 版．北京：机械工业出版社，2010.

[7]（英）福布斯．行为金融．北京：机械工业出版社，2011.

[8]（德）高德伯格·尼采．行为金融．北京：中国人民大学出版社，2004.

[9]（美）汉科，（美）李凡特．现金流量与证券分析．北京：华夏出版社，2001.

[10]（美）霍顿．基于 Excel 的投资学．北京：中国人民大学出版社，2003.

[11]（美）霍顿．投资学：以 Excel 为分析工具．北京：机械工业出版社，2010.

[12]（加）约翰·赫尔．期权、期货及其他衍生产品．8 版．北京：机械工业出版社，2011.

[13]（美）杰弗里·A. 穆尔．断层地带：互联网时代如何管理股东价值．北京：机械工业出版社，2001.

[14]（美）坎宁安．向格雷厄姆学思考，向巴菲特学投资．北京：机械工业出版社，2011.

[15] 类承曜．固定收益证券．北京：中国人民大学出版社，2005.

［16］李凤云，崔博．投资银行理论与案例．北京：清华大学出版社，2004.

［17］李向科．证券投资技术分析．4版．北京：中国人民大学出版社，2012.

［18］马特里尼，等．固定收益证券——对利率风险进行定价和套期保值的动态方法．北京：机械工业出版社，2002.

［19］（美）马歇尔，维普尔．金融工程．北京：清华大学出版社，1998.

［20］（美）迈克尔·波特．竞争优势．北京：华夏出版社，2005.

［21］（美）迈克尔·波特．竞争战略．北京：华夏出版社，2012.

［22］（美）米什金．货币金融学．9版．北京：中国人民大学出版社，2011.

［23］（美）墨菲．期货市场技术分析．北京：地震出版社，2004.

［24］（美）纽曼，（美）米尔盖特，（英）伊特韦尔．新帕尔格雷夫货币金融大辞典．北京：经济科学出版社，2000.

［25］（挪）特维德．金融心理学．北京：中国人民大学出版社，2003.

［26］（美）史莱佛．并非有效的市场——行为金融学导论．北京：中国人民大学出版社，2003.

［27］王明夫，王丰．高手身影．北京：机械工业出版社，2008.

［28］王晓芳，许祥秦．证券投资学．北京：北京大学出版社，2007.

［29］吴世农，李常青，余玮．我国上市公司成长性的判定分析和实证研究.南开管理评论，1999（4）.

［30］吴晓灵．新一轮改革中的中国金融．天津：天津人民出版社，1998.

［31］吴晓求，等．变革与崛起——探寻中国金融崛起之路．北京：中国金融出版社，2011.

［32］吴晓求，等．中国证券公司：现状与未来．北京：中国人民大学出版社，2012.

［33］吴晓求，等．中国资本市场：2011—2020关于未来10年发展战略的研究.北京：中国金融出版社，2012.

［34］吴晓求，等．中国资本市场：制度变革与政策调整．北京：北京大学出版社，2013.

［35］吴晓求．对当前中国资本市场的若干思考．经济理论与经济管理，2007（9）.

［36］吴晓求．股权分置改革后的中国资本市场．北京：中国人民大学出版社，2006.

［37］吴晓求．关于当前我国金融改革和资本市场发展若干重要问题的看法．金融研究，2006（6）.

［38］吴晓求．关于股票价格变动与实体经济增长“剪刀差”态势的一种说明//成思危．虚拟经济理论与实践．天津：南开大学出版社，2003.

［39］吴晓求．经济成长、金融结构变革与证券公司的未来发展．财贸经济，2012（3）.

［40］吴晓求．实体经济与资产价格变动的相关性分析．中国社会科学，2006（6）.

［41］吴晓求．市场主导型金融体系：中国的战略选择．北京：中国人民大学出版社，2005.

［42］吴晓求，王广谦．金融理论与政策．北京：中国人民大学出版社，2013.

［43］吴晓求．证券投资学．北京：中国人民大学出版社，2004.

［44］吴晓求．中国创业板市场：成长与风险．北京：中国人民大学出版社，2011.

［45］吴晓求．中国资本市场：从制度变革到战略转型．北京：中国人民大学出版社，2007.

［46］吴晓求．中国资本市场：从制度和规则角度的分析．财贸经济，2013（1）.

［47］吴晓求．中国资本市场分析要义．北京：中国人民大学出版社，2006.

［48］吴晓求．中国资本市场：股权分裂与流动性变革．北京：中国人民大学出版社，2004.

［49］吴晓求．中国资本市场：全球视野与跨越式发展．北京：中国人民大学出版社，2008.

［50］吴晓求．资本市场解释．北京：中国金融出版社，2002.

［51］（美）夏普，等．投资学．6 版．北京：清华大学出版社，2002.

［52］谢军．企业成长性的因素分析：来自上市公司的证据．经济管理，2005（20）.

［53］邢天才，王玉霞．证券投资学．3 版．大连：东北财经大学出版社，2012.

［54］（美）亚历山大，（美）夏普，（美）贝利．投资学基础．北京：中国人民大学出版社，2012.

［55］中国证券业协会．证券业从业人员资格考试统编教材：证券市场基础知识（2012）.北京：中国金融出版社，2012.

［56］Admati，Anat R．，Ross，Stephen A．，“Corrigendum Measuring Investment Performance in a Rational Expectations Equilibrium Model”，Journal of Business，1986，59（2）：367.

［57］A. M. McGahan，“How Industries Change”，Harvard Business Review，2004，82（10）：86－94，156.

［58］Andrade，S. C．，Chang，C．，Seasholes，M. S．，“Trading Imbalances，Predictable Reversals，and Cross-stock Price Pressure”，Journal of Financial Economics，2008（88）：406－423.

［59］Ball，E．，Chiu，H．，Smith，R．，“Can VCs Time the Market? An Analysis of Exit Choice for Venturebacked Firms”，Review of Financial Studies，2011（24）：3105－3138.

［60］Bansal，R．，Gallant，A. R．，Tauchen，G．，“Rational Pessimism，Rational Exuberance，and Asset Pricing Models”，Review of Economic Studies，2007（74）：1005－1033.

［61］Barber，B. M．，Odean，T．，“All that Glitters：The Effect of Attention on the Buying Behavior of Individual and Institutional Investors", Review of Financial Studies, 2008 (21): 785 - 818.

[62] Barber, B. M., Odean, T., Zhu, N., "Systematic Noise", Journal of Financial Markets, 2009b (12): 469 - 547.

[63] Barberis, Nicholas, Ming Huang, "Mental Accounting, Loss Aversion, and Individual Stock Returns", Journal of Finance, 2001 (56): 1247 - 1292.

[64] Barberis, Nicholas, Ming Huang, "Prospect Theory and Asset Prices", Quarterly Journal of Economics, 2001 (116): 1 - 53.

[65] Barberis, Nicholas Andrei Shleifer, Robert Vishny, "A Model of Investor Sentiment", Journal of Financial Economics, 1998 (49): 307 - 343.

[66] Barberis, N., Xiong, W., "Realization Utility", Journal of Financial Economics, 2012 (104): 251 - 271.

[67] Bengtsson, O., Sensoy, B., "Investor Abilities and Financial Contracting: Evidence from Venture Capital", Journal of Financial Intermediation, 2011a (20): 477 - 502.

[68] Benson, D., Ziedonis, R., "Corporate Venture Capital and the Returns to Acquiring Portfolio Companies", Journal of Financial Economics, 2010 (98): 478 - 499.

[69] Bernardi, S., Gnoatto, A., "A Pairs Trading Strategy Applied to the European Banking Sector", Working Paper, 2010.

[70] Bhushan R., Brown D. P, A. S. Mello, "Do the Noise Traders 'Create Their Own Space'?" The Journal of Financial and Quantitative Analysis, 1997 (32): 25 - 45.

[71] Bienz, C., Hirsch, J., "The Dynamics of Venture Capital Contracts", Review of Finance, 2012 (16): 157 - 195.

[72] Black F., M. Scholes, "The Pricing of Options and Corporate Liabilities", The Journal of Political Economy, 1973 (81): 637 - 654.

[73] Bottazzi, L., Da Rin, M., Hellmann, T., "Who Are the Active Investors? Evidence from Venture Capital", Journal of Financial Economics, 2008 (89): 488 - 512.

[74] Breeden, D., Litzenberger, R., "Prices of State-Contingent Claims Implicit in Option Prices", Journal of Business, 1978 (51): 621 - 651.

[75] Breeden, D., "An Intertemporal Asset Pricing Model with Stochastic Consumption and Investment Opportunities", Journal of Financial Economics, 1979 (7): 265 - 296.

[76] Brown Stephen, Goetzmann William, "Performance Persistence", Journal of Finance, 1995, 50 (2): 679 - 698.

[77] Brunnermeier, M., Nagel, S., "Do Wealth Fluctuations Generate Time-varying Risk Aversion? Microevidence on Individuals' Asset Allocation", American Economic Review, 2008, 98 (3): 713 - 736.

[78] Campbell J. Y., A. Kyle, "Smart Money, Noise Trading, and Stock Price Behavior", Review of Economic Studies, 1993 (60): 1 - 34.

[79] Campbell J. Y., J. H. Cochrance, "By Force of Habit: A Consumption Based Explanation of Aggregate Stock Market Behavior", Journal of Political Economy, 1999 (107): 205 - 251.

[80] Campbell, J. Y., "Household Finance", Journal of Finance, 2006 (61): 1553 - 1604.

[81] Carhart, Mark M., "On Persistence in Mutual Fund Performance", Journal of Finance, 1997, 52 (1): 57 - 82.

[82] Chang, Eric C., Lewellen Wilbur G., "Market Timing and Mutual Fund Investment Performance", Journal of Business, 1984, 57 (1): 57 - 72.

[83] Chan L., N. Jegadeesh, J. Lakonishok, "Momentum Strategies", Journal of Finance, 1997 (51): 1681 - 1713.

[84] Chen Nai-Fu, Roll Richard, Ross Stephen A., "Economic Forces and the Stock Market", Journal of Business, 1986, 59 (3): 383 - 403.

[85] Chen, Nai-fu, "Some Empirical Tests of the Theory of Arbitrage Pricing", Journal of Finance, 1983, 38 (5): 1393 - 1414.

[86] Cheridito, P., Filipovic, D., Kimmel, R. L., "Market Price of Risk Specifications for Affine Models: Theory and Evidence", Journal of Financial Economics, 2007 (83): 123 - 170.

[87] Connor Gregory, Korajczyk Robert A., "Performance Measurement with the Arbitrage Pricing Theory: A New Framework for Analysis", Journal of Financial Economics, 1986, 15 (3): 373 - 394.

[88] Cooper, I., Priestly, R., "Time-varying Risk Premiums and the Output Gap", Review of Financial Studies, 2009 (22): 2801 - 2833.

[89] Copeland Thomas E., Mayers David, "The Value Line Enigma (1965—1978): A Case Study of Performance Evaluation Issues", Journal of Financial Economics, 1982, 10 (3): 289 - 321.

[90] Cornell Bradford, "Asymmetric Information and Portfolio Performance Measurement", Journal of Financial Economics, 1979, 7 (4): 381 - 390.

[91] Cox, John C., Jonathan E. Ingersoll, Jr., Stephen A. Ross, "A Theory of the Term Structure of Interest Rates", Econometrica, 1985 (53): 385 - 407.

[92] Cox, J., S. Ross, M. Rubinstein, "Option Pricing: A Simplified Approach", Journal of Financial Economics, 1979 (7): 229 - 263.

[93] Dai, Q., Singleton, K.J., Yang, W., "Regime Shifts in a Dynamic Term Structure Model of US Treasury Bond Yields", Review of Financial Studies, 2007 (20): 1669-1706.

[94] Daniel, Kent, D. Hirshleifer, A. Subrahmanyam, "Investor Psychology and Security Market Under-and Overreactions", Journal of Finance, 1998 (53): 1839-1886.

[95] Daniel, Kent, D. Hirshleifer, A. Subrahmanyam, "Overconfidence, Arbitrage, and Equilibrium Asset Pricing", Journal of Finance, 1998 (56): 921-965.

[96] De Bont W., R. H. Thaler, "Does the Stock Market Overreact?" Journal of Finance, 1985 (40): 793-808.

[97] De Bont W., R. H. Thaler, "Further Evidence on Investor Overreaction and Stock Market Seasonality", Journal of Finance, 1987 (42): 557-581.

[98] Dellavigna, S., Pollet, J., "Investor Inattention and Friday Earnings Announcements", Journal of Finance, 2009 (64): 709-749.

[99] De Long J. A. Shleifer, L. Summers, R. J. Waldmann, "Noise Trader Risk in Financial Markets", Journal of Political Economy, 1990 (98): 703-738.

[100] De Long, J. A. Shleifer, L. Summers, R. J. Waldmann, "Positive Feedback Investment Strategies and Destabilizing Rational Speculation", Journal of Finance, 1990 (45): 375-395.

[101] De Long J. A. Shleifer, L. Summers, R. J. Waldmann, "The Size and Incidence of the Losses from Noise Trading", Journal of Finance, 1989 (44): 681-696.

[102] De Long, J. A. Shleifer, L. Summers, R. J. Waldmann, "The Survival of Noise Traders in Financial Markets", The Journal of Business, 1991 (64): 1-19.

[103] Dominic Wilson, Roopa Purushothaman, "Dreaming with BRICs: The Path to 2050", Goldman Sachs & Co, Global Economics Paper, No. 99, 2003.

[104] Driessen, J., Lin, T., Phalippou, L., "A New Method to Estimate Risk and Return of Non-traded Assets from Cash Flows: The Case of Private Equity Funds", Journal of Financial and Quantitative Analysis, 2012 (47): 511-535.

[105] Duffee, G. R., "Time Variation in the Covariances between Stock Returns and Consumption Growth", Journal of Finance, 2005, 60 (4): 1673-1712.

[106] Dybvig Philip H., Ross Stephen A., "Differential Information and Performance Measurement Using a Security Market Line", Journal of Finance, 1985, 40 (2): 383-399.

[107] Eckhardt, J., Shane, S., Delmar, F., "Multistage Selection and the Financing of New Ventures", Management Science, 2006 (52): 220-232.

[108] Elton Edwin, Gruber Martin, Blake Christopher, "The Persistence of

Risk-adjusted Mutual Fund Performance", Journal of Business, 1996, 69 (2): 133 - 157.

[109] Engel, D., Keilbach, M., "Firm Level Implications of Early Stage Venture Capital Investments: An Empirical Investigation", Journal of Empirical Finance, 2007 (14): 150 - 167.

[110] Eugene F. Fama, Foundations of Finance: Portfolio Decisions and Securities Prices, Basic Books, 1976.

[111] Fama E. F., K. French, "Permanent and Temporary Components of Stock Prices", Journal of Political Economy, 1988 (96): 246 - 273.

[112] Fama E. F., "Market Efficiency, Long-term Returns and Behavioral Finance", Journal of Financial Economics, 1998 (49): 283 - 306.

[113] Fama Eugene F., "Components of Investment Performance", Journal of Finance, 1972, 27 (3): 551 - 567.

[114] Fama Eugene F., French Kenneth R., "Cross-Section of Expected Stock Returns", Journal of Finance, 1992, 47 (2): 427 - 465.

[115] Ferson, Wayne E., Schadt, Rudi W., "Measuring Fund Strategy and Performance in Changing Economic Conditions", Journal of Finance, 1996, 51 (2): 425 - 461.

[116] Fischer Black, Myron Scholes, "The Pricing of Options and Corporate Liabilities", Journal of Political Economy, 1973, 81 (3): 637 - 654.

[117] Frank H. Knight, Risk, Uncertainty and Profit, Beard Books, 1921.

[118] Fulghieri, P., Sevilir, M., "Organization and Financing of Innovation, and the Choice between Corporate and Independent Venture Capital", Journal of Financial and Quantitative Analysis, 2009a (44): 1291 - 1321.

[119] Fulghieri, P., Sevilir, M., "Size and Focus of a Venture Capitalist's Portfolio", Review of Financial Studies, 2009b (22): 4643 - 4680.

[120] Gate, E. G., Goetzmann, W. N., Rouwenhorst, K. G., " Pairs Trading: Performance of a Relative Value Arbitrage Rule", Review of Financial Studies, 2006, 19(3): 797 - 827.

[121] Gompers, P., Lerner, J., Scharfstein, D., Kovner, A., "Performance Persistence in Entrepreneurship", Journal of Financial Economics, 2010 (96): 18 - 32.

[122] Grether, D. M., " 'Bayes' Rule as a Descriptive Model: The Representiveness Heuristic", Quarterly Journal of Economics, 1980 (95): 537 - 557.

[123] Grinblatt Mark, Titman, Sheridan D., "Mutual Fund Performance: An Analysis of Quarterly Portfolio Holdings", Journal of Business, 1989, 62 (3): 393 - 416.

[124] Grinblatt Mark, Titman, Sheridan D., "Performance Measurement without Benchmarks: An Examination of Mutual Fund Returns", Journal of Business, 1993, 66 (1): 47-68.

[125] Grinblatt Mark, Titman, Sheridan D., "The Persistence of Mutual Fund Performance", Journal of Finance, 1992, 47 (5): 1977-1984.

[126] Grossman, Sanford J., Stigliz, J. E., "On the Impossibility of Information Efficient Markets", American Economic Review, 1980 (70): 393-408.

[127] Haitao Li, Yuewu Xu, "Survival Bias and the Equity Premium Puzzle", The Journal of Finance, 2002, 57 (5): 1981-1995.

[128] Harry Markowitz, "Portfolio Selection", Journal of Finance, 1952, 7 (1): 77-91.

[129] Heath, D., Jarrow. R., Morton, A., "Bond Pricing and the Term Structure of Interest Rates: A New Methodology for Contingent Claims Valuation", Econometrica, 1992, 60(1): 77-105.

[130] Hellmann, T., "IPOs, Acquisitions, and the Use of Convertible Securities in Venture Capital", Journal of Financial Economics, 2006 (81): 649-679.

[131] Hellmann, T., Perotti, E., "The Circulation of Ideas in Firms and Markets", Management Science, 2011 (57): 1813-1826.

[132] Hendricks, Darryll, Patel, Jayendu, Zeckhauser, Richard, "Hot Hands in Mutual Funds: Short-Run Persistence of Relative Performance, 1974—1988", Journal of Finance, 1993, 48 (1): 93-130.

[133] Henriksson Roy D., "Market Timing and Mutual Fund Performance: An Empirical Investigation", Journal of Business, 1984, 57 (1): 73-96.

[134] Hirshleifer, David, "Investor Psychology and Asset Pricing", Journal of Finance, 2001 (56): 1533-1597.

[135] Hochberg, Y., "Venture Capital and Corporate Governance in the Newly Public Firm", Review of Finance, 2012 (16): 429-480.

[136] Hong H., J. C. Stein, "A Unified Theory of Underreaction, Momentum Trading, and Overreaction in Asset Markets", Journal of Finance, 1999 (56): 2143-2184.

[137] Hördahl, P., Tristani, O., Vestin, D., "A Joint Econometric Model of Macroeconomic and Term Structure Dynamics", Journal of Econometrics, 2006 (131): 405-444.

[138] Hull, J., White, "A Pricing Interest Rate Derivative Securities", Review of Financial Studies, 1990, 3 (4): 573-592.

[139] Hvidkjaer, S., "Small Trades and the Cross-section of Stock Returns", Review of Financial Studies, 2008 (21): 1123-1151.

[140] Inderst, R., Müller, H., Muennich, F., "Financing a Portfolio of Projects", Review of Financial Studies, 2007 (20): 1289-1325.

[141] Ingersoll, J. E., "A Contingent-claims Valuation of Convertible Securities", Journal of Financial Economics, 1977a, 4 (2): 289-382.

[142] Ingersoll, J. E., "An Examination of Corporate Call Policies on Convertible Securities", Journal of Finance, 1977b, 32 (2): 463-478.

[143] Ippolito Richard A., "Efficiency with Costly Information: A Study of Mutual Fund Performance, 1965—1984", Quarterly Journal of Economics, 1989, 104 (1): 1-23.

[144] Ivanov, V., Masulis, R., "Venture Capital Reputation, Post-IPO Performance and Corporate Governance, with C. N. V. Krishnan, V. Ivanov and A. Singh", Journal of Financial and Quantitative Analysis, 2011, 46 (5): 1295-1333.

[145] Jack Hirshleifer, John G. Riley, The Analytics of Uncertainty and Information, Cambridge University Press, 1995.

[146] Jack Treynor, Fischer Black, "How to Use Security Analysis to Improve Portfolio Selection", Journal of Business, 1973, 46 (1): 66-86.

[147] Jack Treynor, "How to Rate Management of Investment Funds", Harvard Business Review, 1965 (43): 63-75.

[148] Jegadeesh, N., S., Titman, "Returns to Buying Winners and Selling Losers: Implications for Stock Market Efficiency", Journal of Finance, 1993, 48 (1): 65-91.

[149] Kahneman, Daniel, Amos Tversky, "Prospect Theory: An Analysis of Decision Under Risk", Econometrica, March 1979, 47 (2): 263-291.

[150] Kahneman, Daniel, Paul Slovic, Amos Tversky, Judgement under Uncertainty: Heuristics and Biases, New York, Cambridge University Press, 1982.

[151] Lang, Larry, Eli Ofek, Rene Stulz Leverage, "Investment and Firm Growth", Journal of Financial Economics, 1996 (40): 3-29.

[152] Lautebach, B., Paul Schultz, "Pricing Warrant: An Empirical Study of the Black-Scholes Model and Its Alternatives", The Journal of Finance, 1990 (45): 1181-1209.

[153] Lee, M.C. Charles, Andrei Shleifer, Richard Thaler, "Investor Sentiment and the Closed-end Fund Puzzle", Journal of Finance, 1991, 46 (1): 75-109.

[154] Lehmann Bruce N., Modest David M., "Mutual Fund Performance Evaluation: A Comparison of Benchmarks and Benchmark Comparisons", Journal of

Finance, 1987, 42 (2): 233 - 265.

[155] Lerner, J., Schoar, A., Wongsunwai, W., "Smart Institutions, Foolish Choices? The Limited Partner Performance Puzzle", Journal of Finance, 2007 (62): 731 - 764.

[156] Lettau, M., Wachter, J., "The Term Structures of Equity and Interest Rates", Journal of Financial Economics, 2011 (101): 90 - 113.

[157] Lintner, L., "The Valuation of Risk Assets and the Selection of Risky Investments in Stock Portfolios and Capital Budgets", Review of Economics and Statistics, 1965 (47): 13 - 37.

[158] Liu, X., Ritter, J. R., "Local Underwriter Oligopolies and IPO Underpricing", Journal of Financial Economics, 2011 (102): 579 - 601.

[159] Ludvigson, S. C., Ng, S., "Macro Factors in Bond Risk Premia", Review of Financial Studies, 2009 (22): 5027 - 5067.

[160] Lustig, H., Van Nieuwerburgh, S., "The Returns on Human Capital: Good News on Wall Street Is Bad News on Main Street", Review of Financial Studies, 2008 (21): 2097 - 2137.

[161] Machina Mark, Michael Rothschild, "Risk", The New Palgrave: A Dictionary of Economics, 1987 (4): 201 - 206.

[162] Malkiel Burton G., "Returns from Investing in Equity Mutual Funds 1971 to 1991", Journal of Finance, 1995, 50 (2): 549 - 572.

[163] Malloy, C. J., Moskowitz, T. J., Vissing-Jorgensen, A., "Long-run Stockholder Consumption Risk and Asset Returns", Journal of Finance, 2009 (64): 2427 - 2479.

[164] Mayers, David, Rice, Edward M., "Measuring Portfolio Performance and the Empirical Content of Asset Pricing Models", Journal of Financial Economics, 1979, 7 (1): 3 - 28.

[165] Mehra, R., E. Prescott, "The Equity Premium: A Puzzle", Journal of Monetary Economics, 1985, 15 (2): 145 - 161.

[166] Merton, R., "Lifetime Portfolio Selection under Uncertainty: The Continuous-time Case", Review of Economics and Statistics, 1969 (51): 247 - 257.

[167] Merton, Robert C., "An Intertemporal Capital Asset Pricing Model", Econometrica, Econometric Society, 1973, 41 (5): 867 - 887.

[168] Merton, Robert C., "On Market Timing and Investment Performance. I. An Equilibrium Theory of Value for Market Forecasts", Journal of Business, 1981, 54 (3): 363 - 406.

[169] Merton, Robert C., "Optimum Consumption and Portfolio Rules in a Continuous-time Model", Journal of Economic Theory, 1971, 3 (4): 373 - 413.

[170] Merton, Robert C., "Theory of Rational Option Pricing", Bell Journal of Economics and Management Science, 1973, 4 (1): 141-183.

[171] Metrick, A., Yasuda, A., "The Economics of Private Equity Funds", Review of Economic Studies, 2010 (23): 2303-2341.

[172] Michael Jensen, "The Performance of Mutual Funds in the Period 1945—1964", Journal of Finance, 1968, 23 (3): 389-416.

[173] Nath, P., "High Frequency Pairs Trading with U. S. Treasury Securities: Risks and Rewards for Hedge Funds", Working Paper, 2003.

[174] Perlin, M., "Evaluation of Pairs Trading Strategy at the Brazilian Financial Market", Working Paper, 2007.

[175] Peter L. Bernstein, Capital Ideas Evolving, John Wiley & Sons, Inc., 2007.

[176] Peter L. Bernstein, Capital Ideas: The Remarkable Origins of Modern Wall Street, New York, Free Press, 1992.

[177] Robert F. Stambaugh, "On the Exclusion of Assets from Tests of the Two-parameter Model: A Sensitivity Analysis", Journal of Financial Economics, 1982, 10 (3): 237-268.

[178] Robert J. Shiller, "The Use of Volatility Measures in Assessing Market Efficiency", NBER Working Papers 0565, National Bureau of Economic Research, Inc., 1981.

[179] Roll Richard, "Ambiguity when Performance is Measured by the Securities Market Line", Journal of Finance, 1978, 33 (4): 1051-1069.

[180] Roll Richard, "An Empirical Investigation of the Arbitrage Pricing Theory", Journal of Finance, 1980, 35 (1): 1073-1103.

[181] Ross, S., "Arbitrage Theory of Capital Asset Pricing", Journal of Economic Theory, 1976 (13): 341-360.

[182] Ross, S., "Intertemporal Asset Pricing", Bhattacharya, S. and G. M. Constantinides, eds., Theory of Valuation, Rowman & Littlefield Publishers, Inc., 1989b.

[183] Rudebusch, G. D., Swanson, E., "The Bond Premium in a DSGE Model with Long-run Real and Nominal Risks", American Economic Journal: Macroeconomics, 2012 (4): 105-143.

[184] Rudebusch, G. D., Wu, T., "A Macro-finance Model of the Term Structure, Monetary Policy, and the Economy", Economic Journal, 2008 (118): 906-926.

[185] Sebnem, K. O., Elias, P., José L. P., "Financial Regulation, Financial Globalization, and the Synchronization of Economic Activity", Journal of Fi-

nance, 2013, 68 (3): 1179－1228.

[186] Sharpe, W., "Capital Asset Prices: A Theory of Capital Market Equilibrium under Conditions of Risk", Journal of Finance, 1964 (19): 425－442.

[187] Shefrin H. and M. Statman, "Behavioral Capital Asset Pricing Theory", Journal of Finance and Quantitative Analysis, 1994 (29): 323－349.

[188] Shefrin H., M. Statman, "Behavioral Portfolio Theory", Journal of Finance and Quantitative Analysis, 2000 (37): 127－151.

[189] Shiller R. J., "Do the Stock Prices Move Too Much to be Justified by Subsequent Changes in Dividends?" American Economic Review, 1981 (71): 421－498.

[190] Shleifer A., L. Summers, "The Noise Trader Approach to Finance", Journal of Economics Perspective, 1990 (4): 19－23.

[191] Shleifer A., R. Vishny, "The Limits to Arbitrage", Journal of Finance, 1997 (52): 35－55.

[192] Shukla Ravi, Trzcinka Charles, "Sequential Tests of the Arbitrage Pricing Theory: A Comparison of Principal Components and Maximum Likelihood Factors", Journal of Finance, 1990, 45 (5): 1541－1564.

[193] Sizova, N., "Integrated Variance Forecasting: Model Based vs. Reduced Form", Journal of Econometrics, 2011 (162): 294－311.

[194] Solnik, B., Zuo, L., "A Global Equilibrium Asset Pricing Model with Home Preference", Management Science, 2011 (58): 273－292.

[195] Stein J., "Overreactions in the Options Market", Journal of Finance, 1989, 44 (4): 1011－23.

[196] Stephen Ross, "The Arbitrage Theory of Capital Asset Pricing", Journal of Economic Theory, 1976, 13 (5): 341－360.

[197] Subrahmanyam, A., "Behavioral Finance: A Review and Synthesis", European Financial Management, 2008 (14): 12－29.

[198] Tsay, R. S., Analysis of Financial Time Series, 3rd version, John Wiely & Sons, 2010.

[199] Vidyamurthy, G., Pairs Trading, Quantitative Methods and Analysis, John Wiely & Sons, Canada, 2004.

[200] Visser, M. P., "GARCH Parameter Estimation Using High-frequency Data", Journal of Financial Econometrics, 2011 (9): 162－197.

[201] Wachter, J., "A Consumption-based Model of the Term Structure of Interest Rates", Journal of Financial Economics, 2006 (79): 365－399.

[202] Werner F. M. De Bondt, Richard Thaler, "Does the Stock Market Overreact?" The Journal of Finance, Vol. 40, No. 3, 1985.

［203］ William J. Baumol，“Mathematical Analysis of Portfolio Selection，Principles and Application”，Financial Analysts Journal，1966（9）：1－5.

［204］ William Sharpe，“Mutual Fund Performance”，Journal of Business，1966（39）：119－138.

教学支持说明

1. 教辅资源获取方式

为秉承中国人民大学出版社对教材类产品一贯的教学支持，我们将向采纳本书作为教材的教师免费提供丰富的教辅资源。您可直接到中国人民大学出版社官网的教师服务中心注册下载——http：//www. crup. com. cn/Teacher。

如遇到注册、搜索等技术问题，可咨询网页右下角在线 QQ 客服，周一到周五工作时间有专人负责处理。

注册成为我社教师会员后，您可长期根据您所属的课程类别申请纸质样书、电子样书和教辅资源，自行完成免费下载。您也可登录我社官网的“教师服务中心”，我们经常举办赠送纸质样书、赠送电子样书、线上直播、资源下载、全国各专业培训及会议信息共享等网上教材进校园活动，期待您的积极参与！

2. 赠送“经管之家”论坛币

经管之家（http：//www. jg. com. cn）于 2003 年成立，致力于推动经济学科的进步，传播优秀教育资源，做最好的经管教育。目前已经发展成国内最大的经济、管理、金融、统计类在线教育平台，也是国内最活跃和最具影响力的经济类网站。

为了更好地服务于教学一线的任课教师，凡使用中国人民大学出版社经济分社教材的教师，注册成为我社教师会员后，您可填写以下信息调查表，发送电子邮件或者邮寄或者传真给我们，我们将会向您赠送经管之家论坛币 200 个。

教师信息表
姓名：
学校：
论坛 ID：
教授课程：
使用教材：
论坛识别码：pinggu _ com _ 1501511 _ 8899768

3. 高校教师可加入下述学科教师 QQ 交流群，获取更多教学服务

经济类教师交流群：140105952

财政金融教师交流群：182073309

国际贸易教师交流群：162921240

税收教师交流群：119667851

4. 购书联系方式

网上书店咨询电话：010－82501766

邮购咨询电话：010－62515351

团购咨询电话：010－62513136

中国人民大学出版社经济分社

地址：北京市海淀区中关村大街甲 59 号文化大厦 1506 室　100872

电话：010－62513572　010－62515803

传真：010－62514775

E-mail：jjfs@crup. com. cn

图书在版编目（CIP）数据

证券投资学/吴晓求主编．—5版．—北京：中国人民大学出版社，2020.2
经济管理类课程教材·金融系列
ISBN 978-7-300-27815-5

Ⅰ.①证… Ⅱ.①吴… Ⅲ.①证券投资-高等学校-教材 Ⅳ.①F830.91

中国版本图书馆CIP数据核字（2020）第000072号

"十二五"普通高等教育本科国家级规划教材
经济管理类课程教材·金融系列
证券投资学（第五版）
吴晓求 主编
Zhengquan Touzixue

出版发行	中国人民大学出版社		
社　　址	北京中关村大街31号	邮政编码	100080
电　　话	010－62511242（总编室）		010－62511770（质管部）
	010－82501766（邮购部）		010－62514148（门市部）
	010－62515195（发行公司）		010－62515275（盗版举报）
网　　址	http://www.crup.com.cn		
经　　销	新华书店		
印　　刷	北京七色印务有限公司	版　　次	2000年1月第1版
规　　格	185 mm×260 mm　16开本		2020年2月第5版
印　　张	34.75 插页1	印　　次	2020年9月第3次印刷
字　　数	724 000	定　　价	73.00元